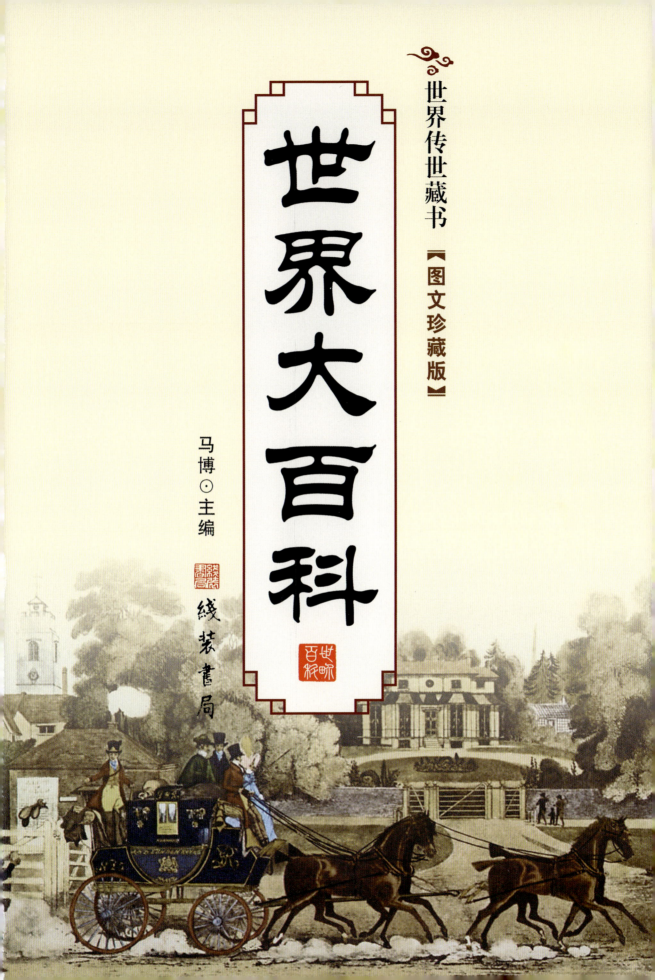

世界传世藏书

【图文珍藏版】

世界大百科

马博⊙主编

线装书局

图书在版编目（ＣＩＰ）数据

世界大百科：全6册 / 马博主编. —— 北京：线装书局，
2014.6
ISBN 978-7-5120-1393-3

Ⅰ.①世… Ⅱ.①马… Ⅲ.①科学知识–普及读物
Ⅳ.①Z228

中国版本图书馆CIP数据核字(2014)第088192号

世界大百科

主　　编：马　博
责任编辑：高晓彬
装帧设计：博雅圣轩藏书馆 Boyashengxuan Cangshuguan
出版发行：线装书局
　　　　　地　　址：北京市西城区鼓楼西大街41号（100009）
　　　　　电　　话：010-64045283　64041012
　　　　　网　　址：www.xzhbc.com
经　　销：新华书店
印　　制：北京彩虹伟业印刷有限公司
开　　本：787mm×1092mm　1/16
印　　张：168
彩　　插：8
字　　数：2040千字
版　　次：2014年6月第1版第1次印刷
印　　数：0001－3000套

定　　价：1580.00元（全六册）

历史百科

　　探寻人类历史发展的奥秘，不仅可以开拓阅读视野，更可以丰富人文精神，古往今来，凡有成就的有识之士，大都是博古通今的人。纵观当代，没有哪一个发达的国家，不是在众多的学科中给历史科学以极高的地位，不是在国民教育中给历史知识教育以特殊的重视，历史教育的普及向历史读物的通俗性和知识性提出了新的要求。《历史百科》以世界范围内的人类历史为主干，以几十万年的古国文明、社会变迁、政治经济、风云人物、历史大事等为多姿多彩的枝蔓编写而成，融汇历史学家、考古学家多年潜心钻研的最新研究成果、考古发现，以及史学界前辈的数载心血结晶，让读者能在紧张的学习和工作之余，轻松地徜徉于历史走廊之中，既了解历史，又拓展见识，更开阔心胸。

地理百科

　　地理是一门综合性的学科，它包罗万象，丰富多彩，学习地理是我们了解世界、开阔视野的最佳途径。地理知识还可以激发人的灵感和探索欲。在今天这个全球化时代，多元文明的融合与碰撞，正在影响和改变着我们的生活。身处地球村的我们，必须具备世界性的胸怀，去了解整个世界。《地理百科》可谓广征博引，既介绍地质地貌、气候、物产，也介绍各地的民俗文化、经济状况、风景名胜、度假胜地等，融知识性、实用性及趣味性于一体。最著名的文化遗产，最奇特的风俗民情，最浪漫的度假胜地，最壮丽的自然景观……世界的多种极致之美在这里汇聚。

军事百科

　　战争的硝烟虽早已散尽，但让今天的人们记住，在我们脚下的这块土地，曾经发生过最残酷壮烈的战争，有过侵略者惨绝人寰的血腥屠杀，无论时光如何流转，都不应当忘记这段历史。《军事百科》从丰富的军事知识宝库中，精选了广大读者最需要的基础的、先进的和相对稳定的知识内容，包括兵器史话、军事名人、军事院校、军事著作、世界军种、军事制度、军事战略、军事战役、军事战术、军事训练、军事法制、特种部队等多方面的内容，详细介绍了军事基础知识、欧美各国精锐的特种部队和各国现在的军事实力，通过一条条精彩的条目将人类军事活动真实地展现在您的面前。

文化百科 —————

　　在漫长的历史长河中，世界上的各个民族、各个地区或各个国家，都创造出了风格独具、光辉灿烂的文化，尤其是历史发展到今天，文化更成了国际竞争的软实力。文化从根本上来说是不分国界甚至民族的，因为人类是一个整体，文化是人类共同创造的，但随着时间的流逝，文化的民族地域色彩越来越浓。到现在，不同的国家民族已经形成各具特色的文化。《文化百科》本着忠于历史事实的原则，同时尽量以翔实的资料、简洁的图片、故事性的叙述来给读者们展示一幅人类的文化发生发展史，让广大读者在学习知识的同时得到种种乐趣！

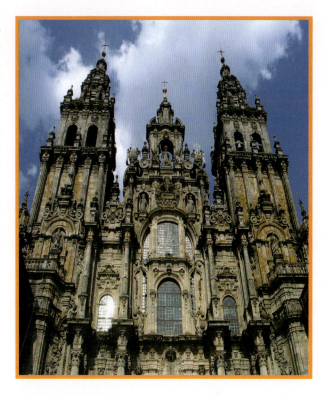

艺术百科 —————

　　人类在缔造光辉灿烂的世界文明的同时，取得了辉煌的艺术成就：备受推崇的美索不达米亚石雕、光耀千古的古埃及金字塔和神庙建筑、神圣肃穆的古印度佛教艺术、被誉为"凝固的音乐"和"石头写的史书"的欧洲中世纪建筑、文艺复兴及之后异彩纷呈的世界艺术这些成就是人类宝贵的艺术，遗产。《艺术百科》采用故事性的体例将世界艺术发展史上最具代表意义的经典故事娓娓道来，这些故事介绍了各领风骚的艺术流派、垂范千古的艺术大师和举世公认的艺术杰作，它们多角度、全方位系统地讲述了世界艺术，堪称一部全面而有趣的世界艺术史。

科技百科

　　科学技术是一个不断更新、充满活力的知识信息系统，是一个门类众多、纵横交织的人类知识宝库。一个人要理解与掌握科学技术，就需要对科学技术知识体系在对其总体有轮廓了解的基础上，对其本质有基本认识。同时，还需要形成与这个知识体系相匹配的知识结构，以便能够与时俱进地进行知识更新。《科技百科》涵盖天文、地理、过去、将来，从宇宙奥秘到现代文明，从远古发现到未来探秘，包含着无穷的趣味和真知。书中精炼的文字、精美的配图，直观而富有感染力，将您迅速的带入多彩奇妙的知识世界，使您于不知不觉间变得博学而睿智。

探索百科

　　千万年来，人类用孜孜不倦的求索精神，不断扩展了对神奇大自然、对奇妙的科学以及对人类自身的认识，在永不停顿的对未知领域的探究中，人类建构起了多彩多姿的迷人世界，对未知事物的探求是人类赖以生存的希望和社会不断前进的动力。《探索百科》探索了人类社会的奥妙，囊括天下万物，浩瀚无边的宇宙天地，精彩纷呈的地球故事，有趣深奥的自然科学，日益发达的高新技术，多姿多彩的社会生活……等等，全书用通俗易懂的文字，配以精美逼真的插图，诠释出丰富而精彩的万千现象，让读者在轻松愉快的氛围中进入一个乐趣无穷、充满未知的知识世界。

旅游百科

与古代文人的游山玩水和科学考察不同，现代旅游是一种不断发展的生活方式，它是在物质生活条件获得基本满足后出现的一种高级的精神欲求。旅游不仅能让旅游者被陶然美景陶醉，还能让旅游者获得通过纵观古今、博览万类以得到充实心灵、完善自我的心理满足。旅游业是一个朝阳产业，旅游学是一门新兴的学科，旅游知识需要人们广泛的了解。《旅游百科》深入浅出，通俗易懂，不仅是一部旅游从业人员的工具书，也是普通民众学习和了解旅游知识的典籍。既填补了旅游科学普及的空白，又是旅游科普的一个突破，为旅游文化事业发展做出了新的贡献。

武器百科

古往今来，从陆地到海上、再到空中，都有无数的武器装备，从古代的一根木棍到近代的刀枪、再到现在的核武器，看似科技在发展、社会在变革，实际上都是一部部血泪史。《武器百科》是专门为广大读者编写的一卷通俗读物，并解答一些各种各样具有代表性的武器装备，同时我们还从浩如烟海的兵器装备中，精选了世界兵器史上最具代表性的著名武器，用真真切切的图片来叙述这些惊心动魄、交织着血与火的历史碎片，并通过客观、准确的描述，较完整地反映了武器概貌；还将从不同方面反映武器艺术的演进、武器战术的运用、军事技术的发展、作战方式的演变等等。

自然百科

　　人类与大自然的关系十分微妙，大自然给我们提供了生存所需要的一切；同时，又给人类制造了大量威胁我们生命的自然灾害，比如说地震、海啸、洪水等。人类在依赖大自然、改造大自然的同时，又在破坏大自然、危害大自然。现在环境问题越来越严重，"温室效应"越来越明显，洪涝灾害频繁发生，各种奇怪的传染病肆虐。古时候，形容一个人博学，会称赞他"上知天文，下知地理"。其实无论是天文还是地理，都是自然的一部分，除了天文地理之外，空气、山脉、河流、动物、植物、微生物等等，都属于大自然的范畴。《自然百科》的问世，其意义不仅在于增长知识、"上知天文，下知地理"上，更重要的是让读者了解人类与大自然的密切关系，然后开始好好保护环境，从我做起！

前　言

在世界各地,不同民族的人民因为文化传统与资源的不同,所在的国家和地区也是千姿百态,世界也正是因此而变得美丽,只有了解世界、认识世界才能感悟世界。自人类诞生以来,一扇通往神奇殿堂的大门便打开了,自亚里士多德开始,科学家们就把认识世界,揭示其无穷奥秘视为自己的神圣责任,但结果常是伴随着一个奥秘地解开,另一个奥秘又随之产生了。我们知道的越多,就会明白我们不知道的也越多,因为就科学整体而言,我们已知的事情是极为有限的,而我们未知的东西却永无穷尽,我们所能做的,就是坚持不懈地探索,永远保持强烈的好奇心。所以寻求知识和探索奥秘对于我们人类来说是一件极富有意义的事。有鉴于此,我们组织了有关专家学者编撰了这套《世界大百科》丛书,一并呈献给大家。

《世界大百科》是一座知识的仓库,你可以从中了解你想要了解的知识,查找你想要的资料;《世界大百科》又是一所没有围墙的大学,它会为你系统自学提供便利。

《世界大百科》是全世界最受读者欢迎,尤其是青少年读者欢迎的百科全书。美国前总统克林顿在其自传《克林顿传》中回忆了在他小时候,他的外婆给他读《世界百科全书》的情景,他还在访问中国,接受中央电视台记者采访时说:"我对中国最初的认识,还是小时候从《世界百科全书》中读来的。"比尔·盖茨也在回忆童年时说:"我是读着《世界百科全书》长大的。"从这些名人的回忆中,足可见《世界百科全书》对青少年影响之大。

我们的世界很大很大,奥秘很多很多,只有一颗充满求知欲的心灵才能发现那些秘密,并找出其中的答案。《世界大百科》就是一扇了解大千世界的窗口,你既可从中看到世界的广阔无垠,又可以了解到它的深奥玄妙;《世界大百科》更是一座美丽的大观园,五彩缤纷,若出其中;心旷神怡,若出其里。

本套丛书文字生动,深入浅出,通俗易懂。超越了作为工具书刻板的话语方式,而是一套追求生动、有趣的图书。它体例新颖,图文精彩,内容上囊括了历史、地理、军事、文化、艺术、科技、探索、旅游、武器以及自然十大部分的奥秘知识,涵盖面极广。同时以新颖的版式设计、图文并茂的编排形式和流畅有趣的语言叙述,全方位多角度地探究了世界各行业多领域的知识点,使读者体验不一样的阅读感受和揭秘快感,为读者展示出更广阔的认知视野和想象空间,满足其探求真相的好奇心,使其在获得宝贵的知识的同时也享受到愉悦的精神体验。

　　站得更高,才会看得更远!让我们一起去认识这个缤纷多彩的世界吧!无论千年文明的传承,还是自然科学的发展;无论地球沧海桑田的变化,还是人类历史的演变,只要轻轻地翻开《世界大百科》的一页,你就仿佛进入了一个神奇的世界。

目　录

历史百科

世界传世藏书

世界大百科

目录

六

地理百科

世界传世藏书

世界大百科

目录

九

世界大百科

历史百科

马博 ⊙ 主编

导　读

你知道 1974 年从报业巨鳄到恐怖组织头目的人是谁吗?

你知道 1983 年"希特勒日记"诈骗案吗?

你知道竟然有人要把埃菲尔铁塔卖掉吗?

你知道埃及艳后为什么自杀吗?

你知道英国王妃戴安娜的真正死因吗?

你知道美国在日本投放原子弹意图何在吗?

你知道苏联是怎么击落美国 U-2 飞机的吗?

你知道犹太人的宝藏究竟藏在哪里吗?

……

《历史百科》就是来回答这些问题的。我们现代人的生活依然会受到历史上所发生的事件的影响,好好地利用这本书,你将会更加透彻地理解今天世界上所发生的事情。

古往今来,凡有成就的有识之士,大都是博古通今的人;纵观当代,没有哪一个发达的国家,不是在众多的学科中给历史科学以极高的地位,不是在国民教育中给历史知识教育以特殊的重视。历史教育的普及向历史读物的通俗性和知识性提出了新的要求。

本部分内容融汇历史学家、考古学家多年潜心钻研的最新研究成果、考古发现,以及史学界前辈的数载心血结晶,使本书具有严谨性、严肃性和创造性。

《历史百科》以世界范围内的人类历史为主干,以几十万年的古国文明、社会变迁、政治经济、风云人物、历史大事等为多姿多彩的枝蔓编写而成,让读者能在紧张的学习和工作之余,轻松地徜徉于历史走廊之中,既了解历史,又拓展见识,更开阔心胸。

历史发展进程

世界古代史话

人类最早的祖先

人类最早的祖先可以溯源至森林古猿。森林古猿最早是在法国发现的。大约在2300万年前到1800万年前，森林古猿就生活在热带雨林地区和广阔的草原上。它们被认为是人类最早的祖先。非洲、亚洲和欧洲的许多地区都曾发现过森林古猿的遗迹和化石。森林古猿的大小跟现在的黑猩猩差不多。它们有矮壮的身材、宽扁的胸廓，前臂和腿一样长。前肢既用来行走，也可以用来采摘悬挂在树上的野果。森林古猿过着一种群居的、类似黑猩猩的生活。后来由于地壳运动、气候变化，连绵不断的森林逐渐变得稀疏，林中空地不断扩大，茂密的森林最终演化成草原。生活在森林里的一些古猿为了生存，由树栖生活改为地面生活，逐渐学会了直立行走，并最终进化成人类。而继续留在森林中的那部分古猿，则进化成了现代的类人猿。

旧石器时代

旧石器时代从大约270万年前至15万年前，这个阶段极其漫长。旧石器时代分为早期、中期和晚期三个阶段。早期是人类出现的阶段，当时的石器制造方法简单，加工粗糙，形状简陋，但这是原始人赖以生存的主要工具。

旧石器时代中期，石器的制作技术有了进步。人类发明了利用石砧打制石器的方法，制作出了小型尖状利器和刮削器，还出现了用于远距离攻击野兽的投矛器和投石器。随着生产技术的发展和狩猎的需要，又发明了弓箭。

旧石器时代的石器更加美观适用。这一时期，骨器和角器广泛流行，有的器具上还装有木柄，成为复合工具。

新石器时代

新石器时代在考古学上是石器时代的最后一个阶段，以磨制石器为主，大约从1万年前开始,结束时间从距今 7000 多年至 2000 多年不等。

这个时期,人类开始从事农业和畜牧业,将植物的果实加以播种,并把野生动物驯服以供食用。人类不再只依赖大自然获取食物,食物的来源变得多样。同时,农业与畜牧业的发展也使人类由逐水草而居变为定居下来,节省了更多的时间和精力。在这样的基础上,人类生活得到了更进一步的改善,人类开始关注文化事业的发展,开始出现文明。

古埃及王国

古埃及是世界上历史最悠久的文明古国之一,它地处非洲的东北部,美丽的尼罗河由南向北纵贯全境。大约在 1 万年以前,最后一个冰河时期过去了,北非逐渐变成了干旱地区。随着环境、气候的变迁,很早就居住在这一地区的居民陆续迁移到尼罗河两岸。后来,他们在这里创造了铜石并用文化,尼罗河文明由此发端。

尼罗河发源于非洲中部高原,从南至北贯穿埃及全境,它全长 6671 公里,是世界第一大河。每年从 6 月开始一直到 10 月,尼罗河洪水泛滥,淹没了沿岸的土地。尼罗河的定期泛滥给埃及带来了丰富的水源和肥沃的土地。洪水挟带着大量的腐殖质灌满了久旱的农田,当洪水退去后,田地里留下一层几寸厚的淤泥,而这些淤泥恰恰是农作物生长的极好肥料。所以,古埃及人称尼罗河是他们的"母亲河"。

尼罗河的泛滥既带来了生命和繁荣,也促成了奴隶制国家的形成。河水泛滥时,人们要疏通渠道,排出积水;干旱少雨季节,人们又要引水灌溉。庞大的工程和繁重的劳动绝非一人一户所能胜任,因此,古埃及很早就出现了联合形式:若干氏族联合为公社,若干公社又以地域关系联合成更大的联合体。于是,沿尼罗河一带就出现了一个个联合体——"州",各州都有自己的名称、方言、图腾、军队和行政机构,实际上就是一个独立的小王国。为了争夺土地、水源和奴隶,这些小国之间经常交战。他们彼此争战、兼并,公元前 3500 年,尼罗河谷地最后分成了两个奴隶制大国,南部被称为上埃及王国,北部被称为下埃及王国。

大约在公元前 3100 年,上埃及国王美尼斯征服了下埃及王国。从此,埃及成了统一的奴隶制国家。美尼斯也被认为是埃及第一王朝的第一位法老(古埃及人尊称国王为"法老")。从那以后,直到公元前 332 年,马其顿国王亚历山大征服埃及,结束了法老时代,此时古代埃及经历了整整 31 个王朝。

古埃及是最早的奴隶制国家,它的诞生标志着人类社会的发展进入到一个新的历史时期——文明时代。作为人类的文明发源地之一,古埃及人民在文字、历法、艺术、科学知识等方面的创造,对人类社会的发展做出了不可磨灭的贡献。

神秘的金字塔

金字塔居古代世界七大奇迹之首,它是古代埃及法老为自己建造的陵墓。在古埃及早期,法老的权力还不是很强大,因此,他们的坟墓和贵族的一样,都是"马斯塔巴"(阿拉伯语,原意是"凳子")——一种形似长方形石凳的坟墓。第三王朝的第二个法老乔塞尔在位时,法老的权力大大加强,他认为"马斯塔巴"不能体现法老的尊贵地位,于是他让多才多艺的伊姆荷太普为自己修建一个高大、不朽的王陵。于是,第一座金字塔便诞生了,它高 61 米,周围还建有高大的祭祀殿堂和围墙。这座金字塔位于今日埃及的萨卡拉。

此后,大约在第三王朝至第六王朝期间(公元前 2686~前 2181 年),统治者们竞相建造金字塔,以显示自己永久无上的权力,这一时期是金字塔建造的鼎盛时期,有"金字塔时代"之称。

古埃及人相信,人死后能够复生,但必须有完整的躯体。因此,为了防止尸体被出没在沙漠中的野兽和强盗破坏,法老们将自己的金字塔陵墓建造得越来越庞大。为了使自己的躯体永远不会腐烂,法老尸体都被做成了木乃伊。这些木乃伊甚至保存到现在都还完好无损。

木乃伊

古埃及人深信人死后灵魂没有死,灵魂只是暂时离开肉体,过一段时间后它还会回来。因此,他们想出来把尸体做成木乃伊保存的方法。

制作木乃伊有一套十分烦琐的程序。人死后,先将死者的内脏取出来,再把尸体浸在防腐液里。数星期后,将尸体取出来晾干,在体内填满各种香料,缝好,在外面涂上树胶以免接触空气,最后用特制的亚麻布条把尸体包缠起来。这样,一具经久不腐的木乃伊就制成了。在安放遗体之前,通常还要举行神秘而隆重的仪式,为木乃伊开眼开鼻,把食物放入它的嘴里。这样,它仿佛就能像活人一样呼吸、说话和吃饭了。做完这一切,木乃伊才被放入特制的棺材里,送进金字塔陵墓,为了让法老死后能够在另一个世界生活得舒适,法老的一部分财宝被同时葬入墓室。同时还有各种食品和饮料。金字塔成了让法老们死而复活的永久的宫殿。虽然这样做的成本十分高,但在当时,人们却相信法老会在另一个世界保佑着埃及,因而这种花费是值得的。

但是,古埃及法老的统治并没有因此万世长存。如今,尼罗河两岸只剩下一座座金字塔,向一代又一代的人们展示古埃及人民的辛勤劳动和超凡智慧。

古巴比伦的足迹

幼发拉底河和底格里斯河流城是人类文明的发祥地之一,古希腊人称这一地区为"美索不达米亚",意思是两河之间的土地。美索不达米亚是古巴比伦的所在地,在今伊拉克共和国境内。

公元前 4000 年至公元前 2250 年是两河文明的鼎盛时期,两河沿岸因河水泛滥积淀了肥沃的土壤,史称"肥沃的新月地带"。公元前 3000 年左右,两河流域境内形成了几十个最早的奴隶制国家,称为"城邦"。为了争夺土地和水源,各城邦之间不断进行战争,并在战争中逐渐走向统一。当时,居住在两河流域北部的游牧部落塞姆(闪)人建立了阿卡得王国,并逐渐强盛起来。阿卡得征服了苏美尔各城邦,在约公元前 2300 年第一次统一了两河流域,建立了巴比伦王国。到了公元前 18 世纪的国王汉穆拉比统治时期,古巴比伦王国达到了它的鼎盛时期。

汉穆拉比死后,古巴比伦王国逐渐走向衰落。公元前 1595 年,北方的赫梯人入侵,古巴比伦王国从此走向灭亡之路。

汉穆拉比法典

汉穆拉比登上王位后,统一了两河流域,建立了中央集权专制制度。为了维护私有制和奴隶主阶级的利益,汉穆拉比吸收以前各邦的立法成果制定了一部法典。《汉穆拉比法典》刻在一根黑色玄武岩柱上,岩柱上部是太阳神和正义神沙马什授予汉穆拉比象征帝王权力的权标的浮雕,浮雕下面是用楔形文字镌刻的法典全文。

《汉穆拉比法典》是世界上最早一部比较完备的成文法典。它应社会经济发展的需要而产生,缓和

汉穆拉比法典

了阶级矛盾,巩固了王权。它对后来的古代西亚北非国家(赫梯、亚述、新巴比伦、波斯)的成文法有着重要的影响。

航海的民族——腓尼基人

公元前13~前11世纪,在今天的叙利亚境内,西临地中海,东倚黎巴嫩山,北接小亚细亚,南连巴勒斯坦的地方,活跃着一个不知从何处来的民族,它的名字叫"腓尼基"。

腓尼基人是一个航海民族,他们凭借地理环境,利用海路与其他的城市通商,因而他们对他国文化事物有所认知。同时,腓尼基人是一群优秀的军事家,他们能控制地中海沿岸的地区。因在海上的经商往来,他们深受埃及文化的影响,所以他们学会了制作木乃伊的技巧,并也把死者遗体制成木乃伊,放入人形的棺椁内。他们也朝拜埃及的神祇。腓尼基人对外贸易发达,与其他民族通婚,因此他们失去了自己的文化特色,渐渐被异族同化了。尽管如此,腓尼基人在新约时代仍是一个强大的民族。

克里特文明

欧洲最早的文明出现在大约4500年前的克里特岛,它因传说中的米诺斯王而被称为"米诺斯文明"。米诺斯人不仅是造船能手,而且还是建造房屋的高手,他们建造了好几座大城市,城市之间用铺筑的道路连接起来。每座城市的中心都有宫殿,城市还配有供水设施、装饰物、窗户和石凳。米诺斯人还擅长制陶和制作手工艺品,他们制造的金银首饰今天看来依然很漂亮。

克里特岛优越的地理位置,便于与其他地区贸易的条件,对其他地区产生了深远的影响。但是,这也是米诺斯人灭亡的原因,迈锡尼人因嫉妒他们的文明而入侵。公元前1450年,克里特岛附近色拉岛上的火山爆发造成了一场大灾难,埋葬了大半个克里特岛。后来,来自希腊半岛的迈锡尼人占领了米诺斯王宫,米诺斯文明走到了尽头。从此,爱琴

文明转入以迈锡尼文明为主的阶段。

世界奇迹之太阳神巨像

太阳神巨像是2300多年前罗得岛居民为纪念反对马其顿侵略战争胜利而修建的。

公元前305年，马其顿国王亚历山大的后裔为争权夺利、瓜分地盘发动了对罗得岛的侵略战争。罗得岛居民在敌众我寡的情况下，同来犯之敌展开了殊死的搏斗。最后，罗得岛人终于打败敌人取得了反侵略战争的胜利。

据考证，这尊巨像高约33米。至于巨像的体积，人们还没精确地测算过。据说，仅巨像的拇指就粗得几乎没有人能够抱住它，这不是一般神像所能比拟的。

公元前226年的大地震震倒了巨像，所以，现在人们只能通过猜测来想象巨像的站立姿态。一些比较权威的学者认为：巨像坐落在罗得港港口一侧。巨像的右脚在前，左脚在后，右手在前额处搭起一顶凉棚，左胳膊搭着下端拖地的披衣。巨像头向右偏，双目凝视远方。建造这尊太阳神像耗时长达12年之久，共花费白银7.5吨。该像建造的时间在公元前290年左右，建造者是著名雕刻家卡勒斯。

迈锡尼文明

迈锡尼是希腊伯罗奔尼撒半岛东北部的一个城市。公元前2000年左右，迈锡尼人从巴尔干迁移到希腊，在一个小山坡上形成一些村落，说着古希腊语。公元前1650年，这些小村落发展成为坚固的城堡，这就是迈锡尼文明的开端。

迈锡尼文明的特点是墓地文化。迈锡尼人在建造城市之前，把首领埋在精心建造的"蜂窝形墓穴"里面。这些墓用大石块建成，有一个大圆顶。富有的迈锡尼人非常喜欢黄金，他们制造出金杯、金面具、金花、金首饰等饰品。

公元前1450年左右，迈锡尼人嫉妒米诺斯人的文明而进攻克里特岛，并把爱琴海周边的国家变成了殖民地。他们在整个地中海地区进行贸易，曾强大一时。公元前1200年，多利安人南下入侵，很多迈锡尼人被迫逃往异国他乡。

荷马时代

公元前12世纪，多利安人入侵希腊半岛，消灭了阿卡亚人的城邦，毁灭了迈锡尼文明，使正在解体中的氏族部落制度重新占据了统治地位。希腊历史进入了暂时的倒退时期。这一时期留下的唯一的一部重要文献是《荷马史诗》，因此后人称这一时期为"荷马时代"。

荷马和《荷马史诗》

公元前9世纪中期，有一位名叫荷马的双目失明的老人，他把人们口头创作和传诵的故事汇集起来,编成两部史诗,然后背着七弦琴漂游四方,靠吟唱史诗来换取食宿。他的诗讲述了希腊许多光辉灿烂的历史故事、神话和传说。后来,人们把他的那些伟大的诗篇记录下来,并以他的名字命名为《荷马史诗》。

《荷马史诗》共分为《伊利亚特》和《奥德赛》两部分。《伊利亚特》以特洛伊战争后流传在民间的传说为题材。《奥德赛》共 24 卷,12110 行,描写的是特洛伊战争结束后,伊塔克国的国王奥德修斯返回故乡和复仇的经历。

希腊城邦的兴起

希腊城邦是由原始公社演化而来的。大约从公元前 8 世纪开始,希腊人除建立了自己的城邦外,还进行了大规模的海外殖民活动,建立了许多新的殖民城市,历史上称之为"大殖民"。这时的希腊各地区的经济、政治、文化发展极不平衡,几百个城邦小国并存,还出现许多城邦联盟。城邦居民按照政治地位分为三类:拥有公民权,能够参加政治活动的自由人;没有公民权的自由人;处于被剥削、被奴役地位的奴隶。城邦的公民作为一个整体构成统治集团,与没有公民权的自由人和奴隶相对立。城邦制的产生和发展,对古希腊和西方社会的历史有着深刻的影响。

犹太王国的建立

犹太人的祖先希伯来人属于西亚塞姆人的一支。他们最初的老家在两河流域下游的乌尔,希伯来人在同迦南人争夺巴勒斯坦失败后,为了生存,于公元前 1700 年左右,在族长以色列带领下,所有的希伯来人离开了巴勒斯坦,历经千难万险,来到了他们梦想的天堂——埃及,定居在尼罗河三角洲东部的草原上。

希伯来人在埃及安定地生活了几百年。大约在公元前 1300 年,埃及法老拉美西斯二世要建造两座巨大的宫殿,于是,希伯来人便成为建造宫殿的奴隶,他们开山挖石,过着生不如死的生活。几十年后,拉美西斯二世死了,埃及受到来自四面八方的野蛮民族和海盗的入侵。希伯来人趁机在摩西的带领下逃出了埃及。在经过西奈山麓的时候,摩西看到他的族人对命运失去信心,十分痛苦。他爬上山顶,在那儿待了 40 天之久。下山后,摩西说,他见到了耶和华(希伯来人敬奉的神),并得到了他的圣诫,有了它,希伯来人就能交好运。后来,摩西作为耶和华的先知,成了犹太教的创始人。

犹太教

犹太教是世界三大神教之一,其主要经典是希伯来文的《圣经》。犹太教的信仰基础是:以色列人为上帝的选民,他们必须充当其他民族的引导者。上帝与亚伯拉罕立约,然后与艾萨克、雅各布、摩西另立新约。从大卫王的时期开始,耶和华的崇拜者即集中于耶路撒冷。公元前 586 年,耶路撒冷圣殿被巴比伦人毁坏,犹太人流亡。后来,拉比犹太教崛起,取代了耶路撒冷的圣殿崇拜。尽管在那时许多国家受到迫害,犹太教仍然保存下来。中世纪犹太教出现分支,并出现了神秘主义要素。18世纪也是犹太启蒙运动的时期。保守派犹太教和犹太教改革派出现于19世纪的德国,试图改变正统派犹太教的严苛,犹太复国主义便是改革的产物。欧洲犹太教在大屠杀期间被残酷镇压。

新巴比伦的建立

公元前1100年,迦勒底人部落从西面迁入亚述和巴比伦境内。在亚述帝国的霸权统治之下,迦勒底人一直顺服于亚述的管辖。公元前626年,由亚述派去驻守巴比伦的迦勒底贵族那波勃来萨自立为王。因为是占领巴比伦城而建国,所以为了与古巴比伦相区别,他将新建的城称为"新巴比伦王国"。那婆勃来萨宣布独立后,与伊朗高原西北部同是亚述帝国统治之下的米堤亚人结成同盟,并在公元前612年攻陷了亚述帝国的首都。从此亚述帝国灭亡,新巴比伦王国崛起。

空中花园

空中花园是公元前6世纪新巴比伦国王尼布甲尼撒二世为其王后米梯斯建造的。巴比伦的空中花园不是吊在空中,而是花园本身建造在4层平台上,由高达25米的立柱支撑。远远望去,花园好似悬于空中的一样。

空中花园被誉为世界七大奇迹之一,这其中还有一个美丽动人的传说。新巴比伦国王尼布甲尼撒二世娶了米堤亚的公主米梯斯为王后。公主美丽可人,深得国王的宠爱。可是时间一长,公主愁容渐生,尼布甲尼撒二世不知何故。公主说:"我的家乡山峦叠翠,花草丛生。而这里是一望无际的巴比伦平原,连个小山丘都找不到,我是多么渴望能再见到我们家乡的山岭和盘山小道啊!"原来,公主害了思乡病。于是,尼布甲尼撒二世命工匠按照米堤亚山区的景色,在他的宫殿里建造了层层叠叠的阶梯花园,上面栽满了奇花异草,并在园中开辟了幽静的小道,小道旁是潺潺流水。工匠们还在花园中央修建了一座城楼,矗立在空中。巧夺天工的园林景色终于博得公主的欢心。由于花园比宫墙还要高,给人感觉像是整个悬挂在空中,因此被称为"空中花园",又叫"悬苑"。

波斯帝国

公元前6世纪初,波斯人还处在米堤亚王国的统治之下,到了公元前553年,出身于阿契美尼德族的居鲁士率领波斯人推翻了米堤亚人的统治,消灭了米堤亚王国。随后,居鲁士先后征服了腓尼基、巴勒斯坦,从东、西、北对新巴比伦形成三面包围。公元前539年,波斯人侵入两河流域,由于新巴比伦的军事贵族奴隶主集团和商人祭司奴隶主集团有矛盾,当祭司集团看到新巴比伦王国不能保护他们的利益时,遂把波斯军队引入巴比伦城内,新巴比伦王国灭亡了。居鲁士兴兵几十年,建立了庞大的波斯帝国。

大流士一世改革

公元前529年，居鲁士在中亚细亚战败身亡，其子冈比西继承他的事业，征服了埃及全境，使波斯成为横跨亚、非两洲的大帝国。在冈比西出征迦太基和努比亚失利后，国内一些贵族趁机发动政变，冈比西在归国平定叛乱途中猝死。公元前522年，阿契美尼德族的大流士得到波斯贵族的支持，杀死政变领袖高马达，并利用智谋登基为王，称大流士一世。

大流士一世上台后，历经18次战役，终于平定了各地的叛乱，恢复了帝国的统治。从巴比伦返回哈马丹的途中，大流士命人在巴赫塔兰附近的贝希斯顿村旁的岩石上，用波斯、埃兰、巴比伦三种文字刻下了镇压一系列起义的过程，这就是著名的"贝希斯顿铭文"。

大流士一世为巩固和加强君主专制，于公元前518年实行一系列新的政治、经济改革。他强化王权，厉行中央集权的专制统治。行政、军事和司法等大权都由他一人独揽。在地方制度上，他将全国划分为23个行省，实行军政分权的统治，并制订了统一的贡赋制度。为了加强控制，他经常去各地巡视，或派人到各地去了解情况，还建立专门的特务组织，监视与刺探总督和高级军官的动向。在军事上，他加强军事建设，把全国划分为五个大军区，每个军区的军事长官统辖几个行省的军事，各军区首领直接对国王负责。为了加强中央和地方的联系，保证军队能够迅速调动，大流士继承并发展了亚述人的修筑道路、设置驿站的制度，在帝国境内修筑若干条驿道。其中，从小亚细亚的以弗所到伊朗高原的苏萨建造的驿道最为著名，被称为"御道"。它是所有驿道中最长的一条，长约2400公里。

佛教的创始人释迦牟尼

释迦牟尼（公元前565~前486年），本名悉达多，姓乔答摩，佛教的创始人。他的母亲摩耶夫人年近五十时才怀孕，按照印度的习俗，她应该回娘家分娩，结果途经蓝毗尼，在树下乘凉时生下了释迦牟尼。释迦牟尼出生7天之后，母亲去世，父亲净饭王就把释迦牟尼交给摩耶夫人的妹妹波阇波提王妃抚养。王妃对他悉心照料，给予了无微不至的关怀。16岁时，他和表妹耶输陀罗结婚，后来生子罗睺罗。29岁时，他放弃了王宫的安逸生活，弃家外出寻道。

释迦牟尼

最初，释迦牟尼向一些著名的婆罗门学者求教，后来依照他们的说法，成为一名苦行僧，进行了长达6年的艰苦修行。由于过分劳累和营养不良，他甚至晕倒在地。醒来后，他意识到苦行并不能带来任何成效。他慢慢走进尼连禅河，用河水将身上多年的积垢洗净，然后又吃了牧女善生送给他的乳粥，等到体力恢复以后，他离开了尼连禅河，准备前往婆罗捺斯。在行进的路上，释迦牟尼来到了一个叫作菩提伽耶的地方，在那里他看到了一棵菩提树。于是，他便坐在树下打坐，想以此获得解除人生苦难的终极办法，并发誓"不获佛道，不起此座"。经过49天的冥思苦想，他终于大彻大悟，创立了佛教的基本教义。

希波战争

波斯帝国在大流士一世统治时期，已成为一个横跨欧、亚、非三大洲的大帝国。公元前6世纪中叶，它侵占了小亚细亚西部沿岸的一些希腊人建立的城邦。公元前513年，波斯帝国国王大流士一世进一步控制了黑海海峡和色雷斯一带，直接威胁到希腊半岛诸城邦的安全与利益。公元前500年，波斯人统治下的位于小亚细亚的希腊城邦米利都发动了起义，并向希腊本土的雅典等城邦求援。雅典随即派出几十艘战舰前往支援，其他希腊城邦也纷纷响应。大流士一世听说雅典帮助米利都，十分恼火，发誓一定要灭掉雅典。公元前494年，大流士一世率领军队镇压了米利都的起义，屠杀了大部分居民，并放火把这个小亚细亚最繁华的商贸城市烧成了一片焦土。随后，大流士一世借口雅典和一些城邦曾帮助过米利都，于公元前492年，率大军向希腊大举进攻。希波战争就这样拉开了序幕。

公元前492年，波斯发动了对希腊的第一次战争。但是，波斯人的舰船在出征途中遭遇飓风，只能中途撤退，而陆路大军也因受到色雷斯人的袭击无功而返。公元前490年，波斯军队约5万人，配合近400艘战舰，第二次远征希腊。他们在距雅典东北约40公里的马拉松平原登陆。在马拉松会战中，希腊军队歼敌6400人，缴获大批舰船，取得了第二次希波战争的胜利。公元前480年春，波斯人第三次远征希腊。起初，他们攻克了希腊中部的温泉关，但在著名的萨拉米海战中，波斯海军遭受了重大损失，仓皇败逃，其陆军也被迫退至北希腊。公元前479年，希波双方陆军在普拉提亚附近举行决定性会战。结果，希腊联军约10万人重创波斯陆军，波斯人的第三次远征也以失败告终。

马拉松战役

马拉松战役是希波战争中，在雅典外部的马拉松平原上进行的一场决定性战役。公元前490年，波斯大军横渡爱琴海，在雅典郊外的马拉松平原登陆。雅典于是派人去斯巴达城邦求助。但斯巴达人却以祖宗规定月不圆不能出兵为由拒绝出兵。雅典人听到斯巴达人不出兵的消息后，并不气馁，他们立即把全体公民组织起来，甚至把奴隶也编入军队，赶往马拉松，占据有利地形。

在敌强我弱的情况下，统帅米太亚得决定不与敌人硬拼，而是把战线稍稍拉长，把精锐步兵安排在两侧，正面战线上的兵力比较薄弱。正是在这样精妙的战术安排下，雅典一举打败了来犯的波斯军队。

米太亚得急于把胜利的消息告诉雅典人民，他让长跑能手菲迪皮茨去传送消息。当这位长跑能手拼命跑到雅典城的中央广场，把胜利的消息告诉大家后便一头栽倒在地，再也没有醒来。为了纪念这场战役的胜利，表彰尽职尽力的英雄菲迪皮茨的功绩，1896年，雅典人在第一届奥林匹克运动会上，增加了一个新的竞赛项目——马拉松赛跑。

伊索寓言

希腊是西方文明的发祥地。公元前8~前6世纪时，氏族社会解体，奴隶主城邦逐渐形成，个人意识增强，个体情感要求多方面的表达。于是，在这一古风时代，文学、诗歌繁荣起来。在希腊民间流传着许多以动物生活为题材的小寓言，相传为伊索所作，因而称为"伊索寓言"。

据说，伊索是生活在公元前6世纪的一个奴隶，天资聪颖，常常编一些小故事，发人深省。主人特别喜爱他，见他才智过人，不忍让他与普通奴隶在一起受折磨，于是释放了他。从此，伊索成了自由人。他到处去讲一些小寓言、小故事，揭露统治者的残暴。他的故事生动形象，深受劳动人民喜爱，于是这些小寓言故事便流传下来。

伊索在世时，他的寓言就在民间以口头文学的形式广为流传了，但当时并未编成书。公元前3世纪左右，也就是伊索死后的二三百年，一个希腊人把当时流行的200多个故事汇编成书，题为《伊索故事集成》，可惜没有流传下来。公元1世纪初，一个获释的希腊奴隶，用拉丁韵文写了寓言100余篇，同时，又有一个人用希腊文写了寓言122篇。到公元4世纪，又有一个罗马人用拉丁韵文写了42篇寓言。以上三种韵文体都被保存了下来。后来，又有人把韵文改为散文，加进印度、阿拉伯和基督教的故事，并多次汇集、编纂和改写，就成了今天我们看到的《伊索寓言》，共有360篇。

《伊索寓言》并不是伊索一个人创作的，其中有他同时代人的作品，也有后人的创作，它是下层平民的生活经验与斗争教训的深刻总结。

苏格拉底

苏格拉底（公元前469~前399年）是古希腊著名的哲学家。青少年时代，苏格拉底曾跟父亲学过雕刻手艺，后来熟读《荷马史诗》及其他著名诗人的作品，靠自学成了一名很有学问的人。他以传授知识为生，30多岁时做了一名不取报酬也不设馆的社会道德教师。许多有钱人家和穷人家的子弟常常聚集在他周围，跟他学习，向他请教。虽然很有学问，但苏格拉底却常说："我只知道自己一无所知。"

苏格拉底的学说具有神秘主义色彩。他认为，天上和地上各种事物的生存、发展和毁灭都是神安排的，神是世界的主宰。他反对研究自然界，认为那是亵渎神灵的。他提倡人们认识做人的道理，过有道德的生活。他的哲学主要研究探讨的是伦理道德问题。

苏格拉底主张专家治国论，他认为各行各业，乃至国家政权都应该让经过训练，有知识才干的人来管理，而反对以抽签选举法实行的民主。他还经常和人辩论，在辩论中他通过问答形式使对方纠正、放弃原来的错误观念，并帮助人产生新思想。他从个别抽象出普遍的东西，采取讥讽、助产术、归纳、定义四个步骤。"讥讽"即通过不断追问，使对方自相矛盾，承认对此问题无知；"助产术"即帮助对方抛弃谬见，找到正确、普遍的东西，即帮助真理问世；"归纳"即从个别事物中找出共性，通过对个别的分析比较，来寻找一般规律;"定义"即把单一的概念归到一般中去。

公元前 399 年,他被以安东尼为首的民主派控告藐视传统宗教和蛊惑青年,将其处死。苏格拉底一生没留下任何著作,但他的影响却是巨大的。哲学史家往往把他作为古希腊哲学发展史的分水岭,将他之前的哲学称为前苏格拉底哲学。作为一个伟大的哲学家,苏格拉底对后世的西方哲学产生了极大的影响。

柏拉图

柏拉图本名阿里斯托克勒,古希腊客观唯心主义哲学家,出生于雅典名门贵族,据说因为他生得一副宽阔的肩膀,所以得了个诨号"柏拉图"。

柏拉图的主要著作有《理想国》《法篇》《斐多篇》,他的哲学的中心思想是:在现实世界之上,还有超经验的理性世界,理念是第一性的,而现实是第二性的,现实世界变动无常,只有理念世界才是永恒真实的客观存在。这种精神第一,物质第二的思想,正是客观唯心论。而在政治上,柏拉图反对民主,拥护贵族政治。这点特别体现在他的代表作《理想国》之中。

公元前 347 年,柏拉图去世,享年 80 岁。作为西方哲学史上第一个使唯心论哲学系统化的人,柏拉图的思想成为中古时代欧洲基督教神学以及近代形形色色的唯心论、经验论及英雄史观的重要源泉。柏拉图的哲学在影响了西方的同时也影响了全世界。他可以说是人类有史以来最伟大的哲学家之一,他的思想是全人类的宝贵财富。

亚里士多德

亚里士多德(公元前 384 年~前 322 年)是古希腊著名的哲学家、科学家。他的父亲是马其顿国王腓力二世的宫廷御医,家境较为富裕。依照传统的习惯,亚里士多德本该继承父亲的衣钵,但他却在医学的熏陶中,对科学产生了浓厚的兴趣。公元前 367 年,亚里士多德拜柏拉图为师,进入柏拉图的学园,在那里学习了很多年,成了柏拉图学园的积极参加者,被柏拉图称为"学园的精英"。柏拉图去世后,亚里士多德来到小亚细亚的阿索斯城。

公元前 342 年,马其顿国王腓力二世向亚里士多德发出邀请,让他担任太子亚历山大的老师。公元前 335 年,亚里士多德在雅典的吕克昂神庙附近开办了一所学园,叫作吕克昂学园。由于他经常带领弟子在校园的林荫道上散步,边走边讨论问题,因此他的学派被称为

亚里士多德

"逍遥学派"。吕克昂学园注重实际,注重多方面收集材料、尝试和探索,这是它与柏拉图

学园最大的不同之处。

亚里士多德总结了前人的研究成果,对当时已知的各个学科,如物理学、伦理学、文学、修辞学、医学、政治学、经济学、战略学等都进行了有意义的探索,并开辟了一些新领域,如逻辑学、动物学等学科,被恩格斯称为"最博学的人"。

在形式逻辑上,亚里士多德提出了归纳和演绎的思维方法,提出并阐释了同一律、矛盾律和排中律这些思维的基本规律。在哲学上,他创立了自己的"四因说"——质料因、动力因、形式因和目的因,认为一切事物的产生、运动和发展,都不外是这四种原因作用的结果。在政治学方面,亚里士多德将政体分为六类:君主制、贵族制、共和制、民主制、寡头制、僭主制。他比较倾向于民主制,主张公民轮流执政,反对柏拉图的"哲学王"理论。但亚里士多德同时也认为,奴隶是不能算作公民的。

公元前 323 年,亚历山大大帝病死后,雅典立刻掀起了反马其顿的狂潮。由于亚里士多德是亚历山大的老师,雅典人便开始攻击亚里士多德,并判他亵渎神灵罪。亚里士多德出逃雅典,前往优卑亚岛的卡尔西斯城避居,并于次年辞世,享年 63 岁。

"数学之神"——阿基米德

阿基米德是古希腊著名的数学家和物理学家。他出生于西西里岛的叙拉古。在数学方面,他测定了圆周率和圆的面积。在物理学方面,他发现了"杠杆定律"。阿基米德曾经说过:给我一个支点,我可以将地球撬起。他在洗澡的时候发现了"阿基米德定律":漂浮在流体表面或浸没在流体中的物体受到向上的浮力作用,其大小等于物体所排开的流体所受的重力。据说,阿基米德利用抛物面镜的聚光作用,将阳光聚集到入侵叙拉古的罗马战船上,使战船自己燃烧。公元前 212 年,罗马军队占领叙拉古城时,阿基米德还在思考着他的几何图形。当士兵用剑指着他时,他还在要求把原理证明完再走。无知的士兵刺死了这位 75 岁的老科学家。他被后世的数学家尊称为"数学之神"。

几何之父

古希腊数学家欧几里得在公元前 300 年编写了一本《几何原本》,它成了 2000 多年来学习几何的标准课本,后世称欧几里得为"几何之父"。

欧几里得生于雅典,学习了希腊古典数学及各种科学文化,30 岁就成了有名的学者。应当时埃及国王的邀请,他客居亚历山大城,一边教学,一边从事研究。

古希腊的数学研究有着十分悠久的历史,曾经出版过一些几何学著作,但都是讨论某一方面的问题,内容不够系统。欧几里得汇集了前人的成果,采用前所未有的独特编写方式,先提出定义、公理、公设,然后由简到繁地证明了一系列定理,讨论了平面图形和立体图形,还讨论了整数、分数、比例等,终于完成了《几何原本》这部巨著。

《几何原本》问世后,它的手抄本流传了 1800 多年。公元 1482 年印刷发行以后,再版了大约 1000 版次,还被译为世界各主要语种。公元 13 世纪时曾传入中国,不久就失传了。公元 1607 年有人重新翻译了前六卷,公元 1857 年又翻译了后九卷。

欧几里得是位温良敦厚的教育家。他治学严谨,循循善诱,反对投机取巧、急功近利的作风。尽管欧几里得简化了他的几何学，托勒密国王还是希望找一条学习几何的捷径。欧几里得说："在几何学里，大家只能走一条路，没有专为国王铺设的大道。"这句话成为千古传诵的学习箴言。一次，他的一个学生问他，学会几何学有什么好处？他幽默地对仆人说："给他三个钱币，因为他想从学习中获取实利。"

古天文学的权威——托勒密

托勒密（约公元90~168年）是第一个系统研究日月星辰的构成、运动，并因此有所成就的科学家。

在继承亚里士多德等人学说的基础上，托勒密创立了宇宙结构学说，写出了13卷本的巨著《天文学大成》。书中进一步发挥和系统总结前人提出的地球是宇宙中心的观点，肯定了地球是一个悬空着的、没有支柱的球体，并且区分出行星和恒星，并认定日、月是离我们较近的天体，走出了把太阳系从众星中识别出来的关键一步。他还编制了包括1022颗恒星的位置表，并且测算出月球距地球的半径距离为29.5倍的地球直径。但是他学说中的糟粕——地心说因为符合人们的经验感觉，所以也长期被人们所推崇。特别是在他死后，他的地心说和《圣经》所说的地球静止不动、上帝把人类安置在宇宙中心的说法相符，因此后来长期被教会利用，成了一个不允许怀疑的教条，统治欧洲思想界达1400年之久。

马其顿的兴起

马其顿位于希腊北部，由上、下马其顿两地区组成。上马其顿是高原山区，仅有几个关隘与外界相通。下马其顿土地肥沃，适于农业种植，是马其顿的政治、经济、文化中心，它对于上马其顿有传统上的宗主权。

马其顿人的民族成分比较复杂。在早期青铜器时代，一批操希腊语的部落迁徙至马其顿，后逐步分批南下，但有一部分人仍留在北希腊。可能在公元前7世纪，这些留下人中的一支——马其顿人占领了埃盖，扩张到了下马其顿的沿海平原，形成了马其顿国家。马其顿人崇拜希腊的神祇，特别崇拜宙斯和赫拉克勒斯。其他希腊语部落则在上马其顿与伊利里亚人、派奥尼亚人、色雷斯人相混合。从整体上看，马其顿人不是纯粹的希腊人，但与希腊人有渊源。

公元前5世纪中期，尚处于原始氏族社会的马其顿在伯罗奔尼撒战争后，变成了商业和奴隶制国家。在阿克劳斯当政期间，他大力发展改革，文武兼修：一方面改革军事，开辟道路，兴建城寨，发展教育，提倡希腊学术文化；另一方面向沿海推进，在沿海建立新首都伯拉，此时的马其顿已经颇具规模，国势日增。

进入公元前4世纪后，马其顿一跃成为希腊北部的重要国家。马其顿国王们把希腊的先进文化引入他们的宫廷，与希腊城邦进行贸易。经济的发展使马其顿的面貌发生了较大变化，村庄变成村镇，佩拉成为马其顿最大的城市和王国的首都。

王政时代

从传说中的罗慕路斯建城到公元前509年罗马共和国建立,这一阶段的罗马历史被称为"王政"时代。此时的罗马是一个大的部落联盟,所以又称为军事民主制时代。当时,全罗马共有3个部落。

王政时代前期,其主要的管理机构是库里亚大会、元老院和勒克斯。库里亚大会就是罗马的民众大会,由氏族的成年男子参与,因为战争时他们全部是战士,所以他们都有资格与会发言。库里亚会议的意见集中到元老院,再由元老院会议做出最后的裁决。元老院由300个氏族长组成,是实际的权力机构。勒克斯是通过选举产生的罗马元首,是执行元老会议决定的最高军政统帅,一般没有民政权力。七王中的前四王全部经选举产生。

王政时代后期,罗马阶级分化日益加剧,平民和贵族之间的矛盾日趋尖锐。第六任国王塞维·图里乌对罗马社会进行了改革,开始打破氏族部落制度。他把原来3个部落搞乱,重新划分了4个地区部落,要求居民按居住区登记户口和财产。他还将所有应该服役的男子按财产分为5个等级,规定每一等级各自筹集若干个百人队。塞维·图里乌的改革冲击了氏族部落制,使罗马的国家特征更为明显。

塞维·图里乌被第七任国王塔克文·苏佩布谋杀。塔克文二世上台后独断专权,凌驾于元老院之上。公元前509年,塔克文二世被推翻,罗马推举布鲁图和柯来提努为执政官。王政时代就此结束,罗马历史进入了共和国时代。

罗马共和国

地中海是世界上最大的内海,被欧、亚、非三大洲环抱,地中海的名字因此而来。地中海地区碧波蓝天,风景秀美,欧洲古典文明的发祥地之一——意大利,就是地中海中部的一个古老国家。它的国土伸入地中海的亚平宁半岛。亚平宁山脉纵贯整个半岛,形状狭长,呈西北到东南的走向。西部有撒丁王国的旧地撒丁岛,南部则是另一个大岛西西里岛,整个意大利半岛形状就像一只长靴。

根据历史传说,早在公元前10世纪,在亚平宁半岛中部的台伯河出海口附近,就出现了许多村落。它们经过几个世纪的联合、归并,逐渐在台伯河的左岸形成了聚集点,因为那里非常适合种植作物,而且离海比较近。公元前753年,罗马人的祖先伊达拉里亚人就在台伯河畔的帕拉丁山冈上围起城墙,开辟广场,罗马城的雏形出现了。那时,罗马的原始社会开始解体,奴隶和奴隶主两大阶级逐渐形成。

大约在公元前509年,罗马不再选举国王,而是建立了奴隶制共和国,并选出两名执政官来处理政事。执政官既是罗马的统治者和法官,又是罗马的军队统帅,在罗马享有崇高的荣誉和地位。但是,只有贵族才能担任执政官,所以罗马共和国实际上是贵族专政的奴隶制国家。贵族利用权势占有大量的国有土地,许多平民因欠债并无力偿还而沦为债务奴隶,这使得贵族和平民的矛盾日益尖锐。

为了争取政治权利,摆脱受贵族欺压的处境,从公元前5世纪初开始,罗马平民进行了长达 16 年的斗争。斗争的结果是,平民获得了政治权利,设置了保民官。债务奴隶制度被取消,平民分到了土地。当然,在罗马真正能够担任高级官职的,不过是少数富裕的平民。因为担任高级官职没有报酬,所以穷人根本没有能力竞选和维持任职。而罗马的奴隶主由于不能再奴役本国平民,此后便走上了大规模剥削外族奴隶的道路。

历史之父

在意大利南部的塔林敦海湾岸边高地上,有一座面向大海的坟墓。墓前的石碑上刻着这样的铭文:"这座坟墓里埋葬着吕克瑟司的儿子希罗多德的骸骨。他是用伊奥尼亚方言写作的历史学家之中最优秀者,他是在多利安人的国度里长大的,可是为了逃避无法忍受的流言蜚语,他使图里奥伊变成了自己的故乡。"这位客死异乡的人,就是伟大的古希腊历史学家、《历史》一书的作者希罗多德。希罗多德因《历史》一书得到了人们无比的崇敬,从古罗马时代开始,他就被尊称为"历史之父"。

格拉古改革

公元前 4~前 2 世纪,是罗马对外大肆扩张的时期。在这 200 年间,由于大量罗马平民应征入伍,连年出战,土地无人耕种。结果,许多农民因此而丧失了土地或耕种条件,并被卖为奴隶。而大规模用奴隶进行劳动的贵族大庄园遍布各地,使平民的小农经济因为无力竞争而纷纷破产。因此,罗马平民强烈要求重新得到土地。

公元前 133 年,提比留·森普罗尼·格拉古当选为罗马的保民官。一上任,他就制定了一个土地改革方案,其中包括:每户公民占有国有土地不能超过 1000 犹格(约合 250 公顷),超过部分由国家偿付地价后收归国有,然后分成每份 30 犹格的小块土地分给无地平民。这个法案立即遭到了拥有大量土地的贵族保守派的反对。他们在竞选保民官的大会上刺杀了提比留·森普罗尼·格拉古。

公元前 123 年,盖约·森普罗尼·格拉古当选为下一年度的保民官。他是提比留的弟弟,比提比留小 9 岁。他为人耿直,处世严正,性格和作风上果敢、咄咄逼人,对民众更具有吸引力,对贵族保守派更具威慑力。盖约上任以后,公开谴责了 10 年前贵族保守派对于提比留的暴行,博得了平民的拥戴。他在继续推行提比留的土地法的同时,还提出了《粮食法案》和《审判法案》。《粮食法案》规定,由国家供应城市贫民以廉价粮食;《审判法案》规定,由骑士取代元老院出任审判官。

盖约的改革计划最后也因为贵族保守派的反对而失败,盖约及其支持者也遭到了武装暴徒的追杀。但格拉古兄弟的改革为缓和社会矛盾做出了一定的贡献,在古罗马的历史上产生了重要的作用。

古罗马的"祖国之父"

西塞罗是古罗马政治家和思想家,以雄辩著称。他于公元前 106 年出生在意大利阿尔皮努姆的骑士家庭。26岁时在罗马法律界崭露头角。公元前63年任执政官,并镇压了喀提林预谋的暴乱,获"祖国之父"称号。

公元前51年,西塞罗任奇里奇亚总督,在"内战"中反对恺撒,支持庞培。恺撒遇刺后,他成为元老院贵族派代表,参与"后三头同盟"的政治角逐,反对安东尼,力主恢复共和国制度,后来被安东尼杀害。西塞罗政治思想的特点是:接受并集中了希腊各学派的主张,结合罗马的社会情况,运用浅显流畅的拉丁文和严谨清晰的文笔,把希腊的政治思想介绍到了罗马,为挽救奴隶主贵族共和制度服务。他的著作是把希腊思想传播到整个西欧的最重要媒介,对后来西方文化的发展影响很大。他从现实出发,用历史演变的观念理解国家,认为国家并非一时一地的创造,而是历史中久经变革的结果。针对罗马共和国末期金融贵族与旧贵族激烈的政治斗争,他强调奴隶阶级内部各种势力的平衡和妥协,提出普遍抽象的国家定义:国家是人心的事业,是人民在共同拥有法律和各项权利、希望分享共同利益的合作下的集合。他认为,最好的国家政体是君主、贵族、平民三种政体互相联合、纠正的混合政体;自然法应成为人类法的准则。

孔雀王朝

公元前500年,印度北部已经有16个主要的王国,其中最著名的奴隶王朝是摩揭陀国。它是孔雀帝国和耆那教与佛教的诞生地。公元前325年,旃陀罗笈多(月护王)率领当地人民揭竿而起,组织了一支军队,赶走了马其顿人。随后,他又推翻了难陀王朝,建了新的王朝,定都华氏城。由于他出身于一个养孔雀的家族,因此,后来人们把旃陀罗笈多建立的王朝叫孔雀王朝。

到了旃陀罗笈多儿子娑头王(频头娑罗)统治时期,孔雀王朝已控制了印度河平原、恒河平原、孟加拉湾、德干高原以及远达阿拉伯海的广大领域。公元前3世纪中叶,阿育王在位时国势强盛,他统一了除了现卡纳塔克邦以南及阿富汗的整个印度次大陆,并将佛教定为国教,到处派遣传教士到各地宣传佛教,一时亚、非、欧三洲都有佛教徒的足迹。佛教遂成为世界重要宗教之一。大约在公元前187年,孔雀王朝为巽加王朝所取代。

埃及艳后克娄巴特拉

克娄巴特拉七世是埃及国王托勒密十二世和克娄巴特拉五世的女儿,生于公元前69年,从小在骄奢淫靡的宫廷中长大。公元前51年其父去世,留下遗嘱指定克娄巴特拉七世和她的异母兄弟托勒密十三世为继承人,共同执政。但他们两人因派系斗争和争夺权力失和。克娄巴特拉七世于公元前48年被逐出亚历山大里亚后,在埃及与叙利亚边界一带召集军队,准备夺回王位。

此时,适逢恺撒追击庞培来到埃及,他对埃及的王位之争进行调停。克娄巴特拉七世得此消息,乘船于夜间潜入亚历山大里亚,以毛毯裹身,由人抬到恺撒房门前。克娄巴特拉七世突然出现在恺撒面前,使恺撒又惊又喜。她很快就成了他的情妇。而托勒密十三世却在对恺撒的亚历山大里亚战争中遭到失败,溺死于尼罗河。克娄巴特拉七世依恃恺撒,巩固了自己的地位,成了埃及的实际统治者,而在名义上则按照埃及的传统,与另一同父异母兄弟托勒密十四世结婚,共同统治埃及。不久,恺撒因战事去小亚细亚,后转回罗马。克娄巴特拉七世为恺撒生下一子,取名托勒密·恺撒。

公元前 45 年,克娄巴特拉七世和托勒密十四世一起应邀前往罗马,眼看她就要成为罗马世界的第一夫人,不料恺撒于公元前 44 年 3 月 15 日被刺身亡。克娄巴特拉七世的美梦顷刻化为泡影,黯然离开了罗马。

克娄巴特拉七世返回埃及后,毒死托勒密十四世,立她和恺撒所生之子为托勒密十五世,共同统治埃及。不久,安东尼成了罗马的真正统治者,于是克娄巴特拉七世开始向安东尼发动“美色”攻势。安东尼很快坠入情网而不能自拔,并在埃及度过了一个冬天。接着,安东尼与妻子奥克塔维娅离婚,并且违反罗马的传统习惯同克娄巴特拉七世结婚。在此期间,安东尼帮助克娄巴特拉铲除了政治对手——同父异母的妹妹雅西娜,进一步巩固了王位。

公元前 30 年,恺撒的甥孙及养子屋大维进攻埃及,包围亚历山大里亚。安东尼看到大势已去,拔剑自刎,克娄巴特拉七世为屋大维智擒。克娄巴特拉七世想以美色迷惑屋大维,却未能奏效。当她得知屋大维生擒她的目的,是要把她带回罗马,以便凯旋之际示众时,绝望的她以蛇咬前胸自尽。随着克娄巴特拉七世之死,长达三百年的埃及托勒密王朝也宣告结束,埃及并入罗马,成为元首的私产。

基督教的起源

基督教最早产生于公元 1 世纪中期散居在巴勒斯坦和小亚细亚地区的下层犹太居民中。

基督教植根于犹太教的思想体系。犹太人原来都信奉犹太教,信奉耶和华为唯一的真神,祈求“救世主”降临,拯救犹太众生。公元 1 世纪,在巴勒斯坦和小亚细亚居住的犹太人中出现一些传道者,他们依据犹太教的这一教义,宣传“救世主”会来拯救贫苦人民。后来,他们又宣传耶稣是上帝的独生子和使者,是基督(救世主),他不久就会降临人间,建立千年太平盛世。只要世人信奉耶稣,就能得救,死后能上天国永远享福。这样,基督教便逐渐产生了。除了上面所说的它的最基本教义外,它还宣扬博爱、忍耐、顺从等调和阶级矛盾的思想。

公元 313 年,罗马皇帝君士坦丁颁布《米兰敕令》,宣布宗教信仰自由,承认基督教的合法地位。到公元 392 年,基督教被罗马皇帝狄奥多西一世宣布为罗马国教,基督教终于完成了与帝国政权的结合,成为统治阶级的工具。

基督教对西方社会有着广泛且深远的影响,涉及文学、艺术、政治、道德法律、社会科学等各个方面。到了近代,基督教在世界范围内得到了更广泛的传播。

罗马帝国的消亡

公元 1~2 世纪是罗马帝国最强盛的时期,它成为当时雄踞地中海一带不可一世的大帝国。可是,罗马的奴隶主贵族穷奢极欲,几乎达到了疯狂的地步。公元 106 年,图拉真皇帝为纪念他在帕提亚的胜利,连续举行了 123 天的节日庆典。一个大官僚为儿子举行游艺庆典，七天就花了 2000 磅金子。宫廷内的奢侈腐化更是有恃无恐，仅御用的美容师就多达数百人。与此同时，罗马帝国的农业大幅度衰落，政局动荡，统治者的争权夺利斗争愈演愈烈。到公元 3 世纪，帝国的统治中心逐渐东移至君士坦丁堡。罗马帝国的经济和政治都陷入了严重的危机。公元 395 年，罗马帝国终于分裂为东西两部分，即以君士坦丁堡为首都的东罗马帝国和以罗马城为首都的西罗马帝国。

正当罗马帝国陷入一片混乱之际，居住在多瑙河、莱茵河一带的"蛮族"日耳曼人各部落，以及来自伏尔加河的匈奴人纷纷进入罗马帝国境内。他们和罗马帝国的起义者联合起来，占领罗马的港口，断绝罗马城内的粮食供应，并屡次包围了罗马，对其进行疯狂的掠夺。公元 476 年，西罗马帝国年仅 6 岁的末代皇帝罗慕路斯·奥古斯都被废黜。至此，西罗马帝国终于在奴隶起义和外族入侵的双重打击下走向了灭亡。从此以后，西欧的历史揭开了新的一页，开始进入了封建制历史时期。

七大奇迹

在人类文明发展史上，曾经创造过无数奇迹，其中最负盛名的，就是古代世界的"七大奇迹"。

最早提出"世界七大奇迹"之说的是腓尼基旅行家。早在 2600 多年以前，腓尼基航海家就完成了环绕整个非洲的航行。公元前 3 世纪，腓尼基旅行家昂蒂帕克总结了沿途所见的 7 处最伟大的人造景观，称它们为"世界七大奇迹"。它们是埃及法老胡夫的大金字塔，约建于公元前 2700 年；巴比伦的"空中花园"，始建于公元前 600 多年前；以弗所的阿耳忒弥斯神庙，建于公元前 6 世纪中叶；奥林匹斯的宙斯神像，约建于公元前 5 世纪中叶；哈利卡纳苏的摩索拉斯陵墓，建于公元前 353 年；罗得岛上的太阳神巨型雕像，建于公元前 305 年；埃及亚历山大城的法罗斯岛上的灯塔，始建于托勒密时期。

可是，由于自然和人为的原因，除了埃及的金字塔外，其他"六大奇迹"至今已经荡然无存。20 世纪初，德国考古学家发掘出巴比伦的空中花园遗址，但它究竟是毁于何时已无人知晓。公元 262 年，以弗所的阿耳忒弥斯神庙毁于哥特人之手。奥林匹斯的宙斯神像毁于公元 5 世纪。公元 7 世纪的一次地震，摧毁了摩索拉斯陵墓。公元前 224 年，罗得岛上的太阳神巨型雕像被地震震倒。据说公元 7 世纪阿拉伯人入侵罗得岛时，太阳神雕像被拍卖给一名商人，后被熔铸，用来制造武器。公元 796 年，埃及亚历山大城的法罗斯灯塔毁于地震。

伊斯兰教的兴起

在古代，从也门沿红海东岸向北，有一条重要的商路，是当时东西方的交通要道。在阿拉伯半岛的这条商路上，逐渐兴建起了一些城市，最著名的是麦加和麦地那。公元 6 世纪，波斯人占领也门后，破坏了这条商路。阿拉伯商人的利益受到很大的损害。当时，阿拉伯贵族为了对内加强统治、对外发展商业，亟须把各部族统一起来。伊斯兰教就是在这种客观形势下产生的。

法兰克王国

法兰克王国是由日耳曼人的一支——法兰克人在西欧建立的封建王国。法兰克人是日耳曼人最强大的一支部落，公元3世纪南迁进入高卢（今法国南部）东北，定居于莱茵河下游地区。法兰克人主要有萨利克与里普阿尔两大部族，处于原始氏族部落社会阶段。随着罗马帝国的衰亡，法兰克人逐步渗入高卢东北部。公元481年，克洛维继任萨利克部落酋长后，开始全力向高卢扩张，消灭了法兰克其他酋长的势力。公元486年，克洛维击溃西罗马帝国在高卢的残余势力，占领高卢大部分地区，建立了墨洛温王朝，以巴黎为首都。部落贵族与亲兵成为封建主，普通法兰克人则成为农村公社中的自由农民。当地罗马贵族、罗马教会、隶农、奴隶与散居的自由农民依然存在，并与法兰克人逐渐融合。公元496年克洛维东征莱茵河中上游阿勒曼尼亚（今属德国），法兰克统治阶层皈依了基督教，得到高卢罗马人的大力支持。公元507年~510年，南征西哥特，占领阿奎丹（今法国西南部）。公元6世纪后，先后征服易北河以西图林根（今属德国）和勃艮第，合并普罗旺斯和加斯科尼（今法国西南部），成为西欧最强大的国家。以后封建贵族势力发展，王权日益微弱，公元751年，宫相矮子丕平篡夺王位。墨洛温王朝灭亡，开始加洛林王朝的统治。丕平之子查理在位时，更大规模向外扩张。公元800年查理加冕称帝，成为查理曼帝国。其疆域东至易北河和多瑙河，西南至埃布罗河，北达北海，南至地中海，并占有大部分意大利。公元843年，查理曼帝国内部分裂为三部分，即后来法国、德国和意大利的雏形。

查理曼帝国

查理曼王国是西欧中世纪早期由法兰克王国发展而来的封建军事帝国。公元768年加洛林王朝国王丕平死后，其子查理与弟卡洛曼共同治理国家。公元771年卡洛曼死后，查理成为法兰克的唯一国王。公元800年，查理接受罗马教皇加冕，号称"罗马人的皇帝"，称查理曼帝国，定都亚琛（在今德国境内）。查理大帝死后，他的三个孙子于公元843年8月签订《凡尔登条约》，把帝国分成三份。高卢、埃斯考河和马斯河以西归秃头查理，称西法兰克王国，后发展成为法国。莱茵河以东，包括莱茵河以西的沃姆斯、美因兹和斯拜伊尔，归日耳曼人路易，称东法兰克王国，后发展成为德国。罗退耳袭用帝号，定都亚琛，分得介于东、西法兰克之间的土地，称中王国，后发展成为意大利。

俄罗斯帝国

由于东欧的偏僻、寒冷、人烟稀少，所以那里的文明起步较晚。而居住在黑海以北的第聂伯河流域到伏尔加河流域一带的广大地区的东斯拉夫人，直到公元9世纪才结束氏族部落生活，联合建立起了许多小国家，称之为公国。公元862年，留里克率兵攻占了诺夫哥罗德，建立了诺夫哥罗德公国。留里克之后的王公奥列格是个野心勃勃的家伙，公元 882 年,他沿第聂伯河南下,征服了其他公国,以基辅为中心,建立了基辅罗斯公国。基辅罗斯的统治者则被称为"罗斯大公"。

13 世纪上半叶,莫斯科公国在各势力的夹缝之中孕育而生,首都莫斯科城建于 1147 年。由于莫斯科公国位于东北罗斯中央,四周有许多小公国作屏障,不易受蒙古、立陶宛等国的直接威胁,因此,经济发展迅速。此外,莫斯科公国的历代统治者利用蒙古统治者的势力,欺压其他公国,壮大自己的力量。公元 1328 年,莫斯科王公伊凡一世用重金贿赂金帐汗国的王公贵族,将负责为金帐汗国征集贡赋的"弗拉基米尔及全罗斯大公"头衔争到了自己头上。人们称他为"伊凡·卡里达"(卡里达意为钱袋)。在伊凡的统治时期,莫斯科成了全罗斯最强大的公国。

莫斯科公国的强大引起了金帐汗国的不安。在伊凡之孙季米特里·伊凡诺维奇执政时,双方开始产生冲突。随着金帐汗国内部产生分裂,莫斯科公国在伊凡三世的带领下摆脱了蒙古长达 200 余年的统治。随后,伊凡三世分别于 1487 年和 1500 年,彻底击败了波兰和立陶宛,夺得德斯纳河流域的广阔土地,为俄罗斯的独立和统一奠定了坚实的基础。伊凡三世的儿子瓦西里三世即位后,先后于 1510 年和 1521 年,将普斯科夫和里亚赞并入莫斯科版图。最终完成了俄罗斯的统一大业。拜占庭帝国灭亡后,一向与拜占庭帝国关系良好的俄罗斯帝国自视为罗马帝国的继承者,首都莫斯科号称"第三罗马"。

阿拉伯帝国

公元 7 世纪,穆罕默德创立了伊斯兰教,并用了 20 年时间,通过伊斯兰教的影响力将分散的阿拉伯部落联合起来,建立起了政教合一的国家。

公元 632 年穆罕默德逝世,阿拉伯贵族推举艾卜·伯克尔任第一任哈里发。哈里发意为"先知的代理人",同时又是集军事、政治、宗教大权于一身的阿拉伯国家元首。艾卜·伯克尔在位期间,平息了部落反抗,基本统一了阿拉伯半岛。在以后几任哈里发统治时期,阿拉伯人发动了大规模的对外战争,领土扩张到亚、非、欧各洲的广大地区。他们首先向东罗马帝国统治下的叙利亚、巴勒斯坦和埃及发动进攻,占领了大马士革、耶路撒冷和开罗。同时又进攻波斯,占领两河流域,夺取了巴格达,北达高加索山。公元 651 年,阿拉伯人灭亡了波斯人的萨桑王朝,将整个伊朗并入了自己的版图。

公元 8 世纪初,阿拉伯人再一次大举征伐。在占领北非全境以后,他们越过海峡,进入欧洲,占领了西班牙。在东方,阿拉伯人又征服了中亚细亚,把疆界推到中国唐朝的边境,还攻占南亚的印度河流域。经过约 100 年的扩张,阿拉伯人的国家成为地跨亚、非、欧的封建军事大帝国。中国历史上将这个庞大的帝国称为"大食"。

公元 8~10 世纪,是阿拉伯帝国最兴盛的时期。可是到了公元 10 世纪中叶,阿拉伯帝国出现了内忧外患的局面,哈里发的势力严重衰落,其领地仅剩下巴格达及其近畿一带。公元 1055 年,塞尔柱突厥人人攻入巴格达,成为阿拉伯帝国疆域内的实际统治者。到了公元 1258 年,第三次西征的蒙古大军荡平了巴格达,杀死了统治者哈里发,灭亡了阿拉伯帝国。

玛雅文化

　　玛雅文化发源于中美洲的洪都拉斯、危地马拉、墨西哥一带。约公元前 2500 年至公元 250 年，玛雅人过上了定居的农耕生活。他们从野生植物中培育出马铃薯、玉米、南瓜、番茄、棉花、辣椒、可可和烟草等多种农作物，学会了养蜂取蜜，饲养家畜，并能制造各种石制工具和金银饰品。

　　玛雅文化的卓越成就在天文历法、数学、文字、建筑等方面都有所表现。由于种植的需要，玛雅人很早就注意观测天象，能推算出月亮、金星和其他行星的运行周期以及日食、月食的时间。他们发明太阳历，得出一年为 365.2420 天的精确数据，和现在的 365.2422 天相差只有万分之二。玛雅人在数学上创造了二进位制，各种数目只用三种符号表示：黑点是 1，短线是 5，贝壳图形是 0。玛雅人使用"0"的概念比欧洲人早 800 余年。

　　玛雅人早在公元初年就创造了自己的象形文字，这种文字既表音又表意，每个字都用方格式环形花纹围起来。玛雅人还用毛发制笔，用榕树皮做纸，写下了大量书籍，内容有诗歌、历史、神话、戏剧、天文历法等，后大多被西班牙殖民者焚毁。玛雅人还有立碑记事的传统，各邦每隔 20 年竖一块石碑，把发生过的重大事件记刻下来。已发现的记年碑刻表明，玛雅人这一传统保持了 1200 多年，直到西班牙入侵才中止。

英格兰的统一

　　英国在公元 5 世纪前称"不列颠"。公元前 1 世纪，不列颠被恺撒征服，成为罗马帝国的一个行省。在日耳曼民族大迁移的浪潮中，不列颠又成了盎格鲁—撒克逊人的地盘。盎格鲁—撒克逊人在确立自己的统治地位的过程中，同当地的米特人以及后来的不丹人、诺曼人等长期结合而形成英格兰民族。在这一民族融合过程中，曾出现许多小国，各国互相争雄，战事频繁。到公元 5 世纪，不列颠大体上由 7 个小王国分治，它们分别是：诺森伯利亚、麦西亚、东昂格利亚、埃塞克斯、肯特、苏塞克斯和威塞克斯。这便是英国历史上著名的"七国时代"。七国时代延续了 300 多年，直到公元 827 年，威塞克斯国王埃格伯特统一了各王国，形成了统一的英格兰。

诺曼王朝

　　公元 9~10 世纪，居住在斯堪的纳维亚半岛和波罗的海沿岸的诺曼人（与丹麦人属同一种族）向外大举扩张。其中一些诺曼人入侵英格兰东北部，而另一些则侵入法兰西的东北部。公元 911 年，诺曼人首领罗伦侵占法国部分领土，建立了诺曼底公国，并得到了法国的承认。诺曼人也承认对法国的附庸关系。到 11 世纪，诺曼人的文化基本上是以法兰西文化为主了。公元 11 世纪初，英格兰与诺曼底关系密切，英王爱德华的母亲是诺曼底的贵族，而他自小也是在诺曼底长大的。公元 1066 年爱德华去世，因死后无嗣，英国贵族哈罗德与诺曼底公爵威廉展开了王位争夺战。

威廉率军扫平了英格兰境内的反对力量,进驻伦敦。公元 1066 年的圣诞节,威廉在威斯敏斯特教堂被加冕为英国国王。诺曼征服战争以威廉的胜利而告结束,从此开始了英国历史上的诺曼王朝。这次征服将西欧大陆的封建制度移植到英国,为英格兰王权的确立奠定了强大的物质基础和阶级基础,并使王权的统治范围扩大到了全国。公元 1086 年,威廉一世完成了对全国土地赋税状况的调查、登记和造册工作。这一举措,确立了英国的封建领地均来自国王的观念。他同时还确立了不同于其他国家的封建原则:英国的大小封建主都要直接受命于国王,直接为国王服役,禁止封建主之间发生争斗。

为了加强王权的统治,威廉一世将教会的审判权严格控制在有关灵魂的案件之内,禁止教会插手其他事务。到亨利二世时,王室的司法权又进一步扩大到教会和领主的某些领地、辖区。王室法庭审理的范围不仅包括重大案件,一般的民事案件的审理也被纳入王室法庭的权限范围。同时,亨利二世还广泛采用陪审制,使司法审判更趋合理。随着王权不断得到加强,到公元 12 世纪末,英格兰的封建化过程宣告完成。

西班牙的强大

公元 1516 年,查理一世继承西班牙王位。公元 1519 年,又继承神圣罗马帝国的王位,称查理五世。那一年,那不勒斯爆发了反对西班牙的起义,但遭到西班牙军队的强烈镇压。此后,米兰、那不勒斯、西西里、萨丁等处均被西班牙占领。

西班牙在意大利的势力迅速扩张,引起了法国国王弗朗西斯一世的不满,他决定与西班牙人在战场上一决胜负。于是公元 1522 年,战争在意大利北部城市帕维亚爆发。这就是持续了几十年的"帕维亚战争"。

公元 1527 年 5 月,西班牙国王查理五世派遣一支由 15 万日耳曼人组成的火绳枪队突袭了罗马。意大利人在强大的火绳枪队面前显得惊慌失措,毫无招架之力,罗马城遭到了火绳枪队肆无忌惮地破坏和掠夺。

在罗马遭到恐怖袭击之后,弗朗西斯一世的军队才到达意大利。但这时反西班牙同盟大势已去,法军分别在伦巴底及拿波利塔诺被打败,又一次成为西班牙人的手下败将。

公元 1547 年,法王弗朗西斯一世去世,他的儿子亨利二世继位。5 年之后,西班牙国王查理五世也把皇冠交给了自己的儿子菲力普二世。虽然两国都改朝换代,战争却没有停止,两个年轻的国王继续大战,惨烈的战争又持续了 10 年之久。

公元 1557 年 8 月 10 日,西班牙军队终于在圣奎提诺打败法军。两年之后,他们签订了《卡托坎布雷西斯和约》,法国在意大利彻底认输,承认了西班牙的胜利。

在与法国争霸意大利的长期对抗中,西班牙没有丧失任何领土,而且建立了几乎囊括整个意大利的专制政权,西班牙国王菲力普二世成为当时欧洲势力最大的统治者。

哥伦布发现新大陆

就在葡萄牙人沿非洲海岸探寻通往印度的新航路的同时,西班牙人也另辟蹊径,向西寻找通往东方的航路,结果哥伦布发现了"新大陆"——美洲。

哥伦布是意大利热那亚的一个水手,他对远航探险活动十分痴迷,并坚信当时盛行的地圆学说,认为从欧洲海岸向西航行可以直达亚洲的印度。多年来,哥伦布一直想组织一支西航印度和中国的探险队,为此,他先后向葡萄牙、英国、法国等国国王请求资助,但都遭到拒绝,于是,他转而求助于西班牙国王。西班牙国王斐迪南二世最终采纳了他的建议,派他以西班牙王室的名义去寻找通往印度和中国的航路。

1492 年 8 月 3 日,哥伦布携带了西班牙国王致中国皇帝的国书,率 87 名船员分乘 3 艘帆船从巴罗斯港出发,开始了探索横渡大西洋航路的第一次远航。船队在经过两个多月的航行后,没有任何收获。就在船员们几乎绝望了的时候,在前方发现了一块陆地。哥伦布欣喜地宣布这里是西班牙的土地,并将这个岛屿命名为"圣萨瓦尔多"。他以为已经到达了印度,因此没有继续向西航行,而是由此南下,到达了附近的古巴和海地。哥伦布到达海地以后,在那里建立据点,开始了对当地人民的血腥统治和疯狂掠夺。但令哥伦布失望的是,这里并没有他想象中那么多的黄金和香料,只有许多他们从来没有见到过的动植物和风土人情。尽管如此,哥伦布还是带着已经抵达"印度"的成就开始返航了。

1493 年 3 月 15 日,哥伦布带着掠夺来的财富和 10 个印第安人回到西班牙,向欧洲人宣布他已经找到了通往印度的航路。这在欧洲引起了轰动,哥伦布得到了西班牙国王的礼遇,成为西班牙的贵族。此后,西班牙国王大力资助哥伦布,在之后的 8 年时间里,哥伦布先后又到达了牙买加、波多黎各诸岛及中、南美洲的加勒比海沿岸地带。就在哥伦布探险远航期间,佛罗伦萨人韦斯普奇于 1499 年随哥伦布前往"印度"考察,断定那里根本不是东方的印度,而是一片"新大陆"。

虽然哥伦布发现了新大陆,但新大陆却并不富饶,没有给西班牙国库带来巨大的财富。哥伦布因此招致人们的误解、谩骂,国王还剥夺了他的财产。1506 年 5 月 20 日,哥伦布在穷困潦倒中死去。哥伦布一直把他所发现的新大陆误认为是印度,后来人们就以他的名字命名这个新大陆为"亚美利亚洲"。

麦哲伦的第一次环球航行

葡萄牙贵族麦哲伦深受哥伦布等人探险的影响,在西班牙国王的支持下,进行了人类的首次环球航行。

1505 年,麦哲伦作为一名海军士兵,跟随葡萄牙首任驻印度总督阿尔梅达参加了对东方的殖民掠夺战争。八年的越洋征战,使麦哲伦掌握了航海知识,熟悉了东方的情况。在对苏门答腊、爪哇、印度尼西亚和摩鹿加群岛(今马鲁古群岛)的考察和游历中,麦哲伦得知摩鹿加群岛以东是一片汪洋大海,由此他想到这片大海的东边离摩鹿加群岛不远的地方应该就是哥伦布发现的美洲大陆。于是,麦哲伦萌发了环球航行的想法。为此,他阅读了大量的航海资料和地理书籍,还拜访了航海家列什波亚、天文学家法利罗等人,最终确定了环球航行的路线。

在西班牙国王查理一世的资助下,麦哲伦经过一年多的准备,于 1519 年 8 月 9 日从塞维利亚的圣罗卡港出发,开始了西航绕过美洲驶向摩鹿加群岛的计划。11 月底,到达巴西东北海岸。随后沿海岸南下,12 月 13 日,进入里约热内卢湾,然后继续扬帆南航。次年 10 月,船队终于在南美洲南端发现了一条海峡。这条狭窄而又曲折的海峡后来被命名为"麦哲伦海峡"。穿越过海峡后,麦哲伦终于进入了他朝思暮想的"南海",这时,他的船队只剩下3艘船了。由于没有做好应有的准备,探险队经历了从未有过的饥饿、干渴和坏血病的煎熬。幸好在这三个月的时间内没有遇上大的风暴,因此,麦哲伦将"南海"命名为"太平洋"。

1521年3月6日,麦哲伦一行在关岛土著那里得到了淡水、粮食和蔬果。10天后发现了较大的陆地——盛产热带水果的锡亚高岛。1521年3月17日是圣拉萨罗节,于是麦哲伦将他发现的土地命名为"圣拉萨罗群岛",后来改名为菲律宾。不幸的是,麦哲伦在圣拉萨罗各岛考察时卷入了当地的一场民族冲突。1521年4月27日,麦哲伦被当地土著居民杀死。

麦哲伦的同伴们继续航行。1521年11月,他们在马鲁古群岛的一个香料市场停泊,以廉价的物品换取了大批香料。次年5月,他们绕过非洲南端的好望角,此时船员已减少到35人。1522年他们返抵西班牙,终于完成了历史上的首次航行。这时船上出发时的234人只剩下了18人。

麦哲伦的环球航行是一次具有重大意义的航海行为,它证明了人类居住的地球的确是一个圆球体,使得人们不再对此产生怀疑。麦哲伦的航行同时还证明了世界各大洋相互连通,而且海洋的面积明显要比陆地的面积大,从而消除了海洋小于陆地的误解。

美利坚民族的形成

公元17世纪初,英国伦敦的一个公司在北美的弗吉尼亚地区建立了殖民地。弗吉尼亚殖民地的管理机构,是由一名总督和一个13人的参事会组成的地方政府。总督和参事由伦敦公司的董事会任命。公元1619年,总督根据公司的指示,成立了一个代议制的议会。议会有权制定地方法规,但不能违背英国法律,还须经设在英国的公司批准。公元1619年的弗吉尼亚议会成为世界上最早的一个代议制机构。从那时起,民主政体尽管受到限制或遭到挫折,却一直成为英属殖民地和后来的美利坚合众国的一项基本原则,也为法制建设开辟了道路。

公元1620年,一群在荷兰流亡了10年的清教徒决定移居美洲。他们乘坐"五月花"号漂洋过海,于初冬时节到达北美,却发现他们的登陆地点不在弗吉尼亚殖民地辖区内。面对眼前的荒凉沙丘和身后的茫茫大海,却没有一个人退缩。他们虽然只有101人,但为了防止内讧,团结一致地战胜困难建立新的家园,就按照教会组织的契约原则,在船上共同订立了一项公约,后人称这项公约为《"五月花"号公约》。他们登岸后,建立了普利茅斯殖民地。根据公约精神,召开全体居民大会,选出一名总督和几名助理,任期一年,由他们负责市镇的公共事务。《"五月花"号公约》与弗吉尼亚议会一起,被称为美国政治制度的两大基石。

由于弗吉尼亚和普利茅斯殖民地开拓的成功,诱使英国的一些社会显贵和富有的商人纷纷涌向北美,开发新的殖民地。到公元18世纪初为止,英国人在北美大西洋沿岸地区共建立13个殖民地。这13个殖民地分为北、中、南三个地区。

殖民地居民十分关心教育。因为要崇敬上帝,就必须人人能够阅读《圣经》。在每个村镇,都设有一所初级小学,教授识字和简单的算术。在较大的市镇,按照英国标准开办了公立中级文法学校，用税款供给经费。男孩子八九岁时进入这种学校，学习拉丁文、希腊文，其他课程开设的很少，学期六年，期满后就有资格升入大学，其中最早的大学是公元1636年建立的哈佛学院。

北美殖民地的建立与发展的过程，是人与自然斗争的过程。人改造了自然，也改造了自己。北美殖民地的居民与在封建桎梏下生活的英国人大不相同，他们追求平等，向往自由，既有个人主义的奋斗，又有团队互助的精神，他们已形成了一个新的民族——美利坚民族。

阿兹特克文明

阿兹特克人原在墨西哥西部的海岛上居住。据传说战神曾给他们这样的启示"如果看到一只鹰站在仙人掌上啄食一条蛇"，那就是他们定居的地方。后来，祭司按照神意带领族人定居在墨西哥的特斯科科湖西岸，阿兹特克人称该地为"墨西哥"，意为战神指定的地方。鹰吃蛇的图案也成了墨西哥的国徽。

1325年，阿兹特克人在湖中的小岛上建立了都城——特诺奇蒂特兰城（今墨西哥城）。至蒙特苏马一世（1440~1469年在位）时期，阿兹特克人已经控制了整个墨西哥盆地，形成了早期奴隶国家。阿兹特克国家的权力机关是"最高会议"，由20名氏族首领组成，从中选出两名执政，一个管民事，一个管军事，后者权力较大，被视为神的化身。土地仍为村社公有，但土地私有和贫富分化现象已经出现，战俘和负债人沦为奴隶的现象普遍存在。阿兹特克人的文化受到玛雅文化的影响。农业是主要的经济形式，他们注意引水灌溉，并用在水中打桩和在木筏上铺湖泥的办法扩大农田和菜园的面积，这种地被称为"浮动园地"。阿兹特克人也能制造金银制品和铜器。他们制造的铜器造型美观，以褐底黑纹为特征。衣料多用棉花和各色羽毛混合织成，色彩艳丽夺目。他们用珍贵的鸟羽和贝壳编织、镶嵌成各种精美的饰品，以其工艺之精巧闻名于世。

阿兹特克人的历法和象形文字与玛雅人的相似。他们将一年定为365.06天，分成18个月，每月20天，每周5天。每天都有特定的名称，如猴日、雨日、海兽日等。阿兹特克人的象形文字的书籍与玛雅人的几乎遭受了同样的命运，多被西班牙殖民者焚毁，保存下来的只有两部"贡赋册"，它是了解阿兹特克人社会生活的宝贵资料。

首都特诺奇蒂特兰城集中体现了阿兹特克人的建筑艺术。城市建在两个小岛上，有三条宽阔的长堤与湖岸相连，其中一条长达11千米，长堤上架有可以阻敌的吊桥。城内街道整齐，花园遍布，供水系统完备，居民超过10万人，比当时的伦敦、巴黎还要大。全城共建有金字塔神庙40座，位于中心广场的最大的一座高达35米，有144级台阶。富人的住宅都涂成白色或红色，极为宏伟壮观。1521年，西班牙殖民者占领了这座城市，将其摧毁。

印加帝国

印加在13~15世纪时，还处在部落联盟阶段。1438~1533年，印加逐步发展为统一而强大的奴隶制帝国，它的版图以秘鲁为中心，疆域北起哥伦比亚，南至智利中部，西濒太平洋岸，东至亚马孙丛林和阿根廷北部，人口约 1000 万。

印加帝国有着比较完善的奴隶制统治机构。国王被视为太阳之子、神的化身，权力至高无上；贵族和祭司享有特权，靠剥削农民和奴隶为生。全国分为四个区，每个区下辖几个省。社会的基层单位是"艾柳"，即农村公社。村社土地分为三种："印加田"归国家所有，"太阳田"归祭司或宗教所用，"公社田"属村社所有。三种土地都由农民耕种。除此之外，农民还要向国家纳税、服劳役。

印加人对人类农业文明的发展做出过巨大贡献。他们培育的农作物约有 40 多种，其中有番茄、草莓、菠萝等，许多作物都是当时其他大陆所没有的。印加人在建筑和交通方面创造了许多奇迹。首都库斯科的殿堂、庙宇一律是由巨石砌成的，巨石之间不用任何泥浆，却丝缝严密，薄刃难进。城内的太阳神庙是全国的宗教中心，庙内大殿正面的墙壁上是用黄金绘制的太阳神像，当太阳照在上面时，就会放射出万道金光。大殿外有一个献给太阳神的"黄金花园"，园中的各种花鸟草木、走兽爬虫都是用金银制成的，做工精巧，足可以假乱真。印加人还修筑了遍布全国的交通驿道，两条主干道长达四五千米，贯通全国。驿道沿线设有驿站，建有烽火信号系统，信息传递极为快捷，无论是建设水平还是长度都超过了古代的罗马帝国。印加人有自己的度量衡，从墓葬中出土过骨、木及银制的天平秤。在医学上，他们也有极高的成就，能制作木乃伊，会从古柯中提取麻醉药，甚至会施行开颅术。印加人没有文字，他们用"基普"——一种结绳记事法来记载历史神话传说。

1532 年，皮萨罗率领西班牙殖民者入侵印加帝国。第二年，他们诱捕了印加王阿塔瓦尔帕，在骗取了印第安人的大量赎金后，又残忍地杀害了他，印加帝国从此灭亡。

朝鲜半岛的统一

早在公元前 4 世纪至公元前 3 世纪，朝鲜北部就出现过一个古朝鲜。公元前 195 年，燕人卫满灭古朝鲜建立卫氏朝鲜。公元前 108 年，汉武帝灭卫氏朝鲜，在该地区设置了乐浪、玄菟、临屯、真番四郡，并派驻太守进行统治。公元 3 世纪初期，东汉王朝灭亡，朝鲜北部的高句丽趁机兴起，并于公元 4 世纪初灭了乐浪郡，在其北与中国展开领土之争，在其南与百济、新罗长期争战不休，形成朝鲜历史上的"三国时代"。就在高句丽与百济争雄时，地处朝鲜半岛东南一隅的新罗乘机与中国联合。因此当高句丽与百济发现新罗已构成对它们的威胁时，便联合向其展开进攻。新罗于是求助于当时的唐朝，在唐朝的协助下，公元 676 年，新罗完成了朝鲜半岛的统一。

朝鲜半岛统一后，类似于中国的封建制度便很快建立了起来。他们首先形成了土地国有制，公元 687 年又颁布禄邑制，由国家对文武官员授予一定数量的收租地作为禄邑。

高丽农民起义

公元 10 世纪末到公元 12 世纪初，中国北方的契丹族和女真族先后入侵高丽。高丽的国力在战争中逐渐被削弱，社会矛盾也激化起来。

首先是统治集团内部争权夺利的斗争加剧。公元 1126 年，外戚李资谦一度专权。

公元 1170 年和公元 1173 年,武将曾两度发动政变,出现武人专权的局面。其次是土地兼并加剧。封建官僚、贵族、地方土豪和寺院利用中央集权衰落的机会,大肆兼并土地。到公元 12 世纪时,田柴科制已无法继续推行。耕田面积日减,政府财政困难。农民无地、失地的情况严重,许多农民被迫沦为封建主的佃农或奴婢。社会矛盾日趋激化,人民起义斗争在全国此起彼伏。

公元 1176 年 1 月,南方爆发了以亡伊、亡所伊领导的农民起义。起义军攻克京畿道的骊州、镇州、牙州等地,控制了京畿道南部的大部分地区。直到次年 7 月,高丽统治者在暴力镇压的同时,采用欺骗的手段诱捕了起义领袖,这样才使起义军逐渐解体。公元 1177 年 5 月后,西北地区爆发了城市贫民和农民的大起义,起义者曾一度占领西京平壤。一年后,在统治阶级的分化收买下,起义失败。公元 1198 年,首都开城酝酿奴隶起义,后因叛徒的告密而流产。公元 1199 年,江原道爆发大规模的农民起义,起义者曾占领东南沿海一带。公元 1200 年,南方晋州爆发了大规模的奴隶起义,起义者惩处了 6000 多名官吏。这些大规模的起义均沉重打击了高丽王朝的封建统治。

帖木儿帝国

帖木儿帝国的创建者帖木儿(公元 1336~1405 年)出身于西察合台的一个突厥化蒙古贵族家庭。他经常结伙拦路抢劫,一次去阿富汗抢掠牲畜,右足被打伤了,人称跛足帖木儿。

公元 1370 年,他联合其他军事贵族击杀西察合台汗国苏丹,并占领撒马尔罕,自立为苏丹,宣布自己是成吉思汗的继承人,决心做世界的君主。14 世纪 80 年代征服波斯、花剌子模等地。公元 1390 年以后多次进攻钦察汗国,攻陷其都城萨莱。公元 1398 年,又挥戈侵占印度,斩杀 10 万余人。公元 1399 年,侵占小亚细亚一带地区。公元 1402 年在安哥拉附近与奥斯曼帝国军队激战,双方出动军队约百万人,结果奥斯曼帝国全军覆没,苏丹巴耶塞特一世被俘,死于狱中。至此,帖木儿建立了一个仅次于蒙古的大帝国。帖木儿甚至梦想征服中国(明朝)。他不顾年迈之身,率领 20 万精兵出征。但到阿姆河时染病,不久(公元 1405 年)死于军中。公元 15 世纪后期,帖木儿帝国陷于分裂,西部形成黑羊王朝和白羊王朝两个独立政权,帖木儿的后裔只保留伊朗的东部地区。公元 1507 年,北方游牧部落乌兹别克人占领帖木儿帝国全境,帖木儿帝国灭亡。

莫卧儿王朝

巴卑尔是帖木儿的第五代孙,他机智、勇敢、力气过人。巴卑尔几次率兵征战,打败德里的苏丹军队。1526 年,巴卑尔以一支 12000 人的精锐骑兵部队击败了土耳其苏丹易卜拉欣的 10 万大军,杀死数千名俘虏,占领德里,建立了莫卧儿王朝。

莫卧儿帝国到了阿克巴大帝时代达到鼎盛。"阿克巴"意即"最伟大的",是印度人对穆罕默德的称呼。他是巴卑尔的孙子,是一个优秀的骑士,喜欢玩马球,并发明了会发光的马球以便夜间也能进行这项运动。他 14 岁那年,被伊斯兰教教士请去,用弯刀砍掉一个俘虏的首级,由此得到了伊斯兰教武士头衔——"异教徒的刽子手"。

在他统治时期,继续向外扩展疆界,经历一连串的战争,征服了次大陆,建立了一个空前庞大的帝国。当时莫卧儿帝国的版图包括:北自克什米尔,南至哥达瓦利河上游,西起喀尔,东到布拉马普特拉河的广大地区。1566年,帝国首都迁至阿格拉。阿克巴建立了一套行之有效的官僚制度和法律制度。政府对全国的土地重新丈量和分类,并根据土地类型按新税制征税。在文化上,莫卧儿王朝推行伊斯兰教,但为了统治广大印度教徒,统治者对他们也大加任用。

阿克巴大帝死后,其子查罕杰即位,继续推行阿克巴的政策。在从阿克巴大帝到其孙子沙贾汗的大约100年的时间内,帝国版图又有所扩大。但到了莫卧儿王朝的奥朗则布皇帝时期,由于奥朗则布对伊斯兰教的虔诚,使得他推行褊狭的宗教政策,毁坏印度教神庙来改建清真寺,致使各地怨声载道,战乱不断,各地独立势力增强,帝国出现衰落的迹象。1707年奥朗则布去世,王朝又经历了几个君主,但时间都很短。这时的莫卧儿帝国实际控制的范围已经很小,后来仅限于德里王宫周围的一小片地区。最后,莫卧儿王朝沦为英国殖民者的附庸,名义上存在到1857年。

世界近现代史话

英国资产阶级革命

1603年,伊丽莎白女王去世。随着都铎王朝(1484～1603)统治的结束,英国进入了斯图亚特王朝统治时期。国王詹姆士一世和他的继承者查理一世在政治上都相信"君权神授",认为"除上帝外,国王不对任何人负责"。他们实行专制,经常触犯资产阶级的利益;又实行宗教专制,迫害反映资产阶级要求的思想意识——清教,掀起了"清教运动",从而导致了政治上的紧张局面。终于在1640年爆发了英国资产阶级革命。

英国资产阶级和新贵族的力量因国内资本主义经济的发展而不断增强,在国会中形成了与专制王权对立的反对派,国会同国王之间的矛盾和斗争不断激化。1628年国会通过了限制王权的《权利请愿书》,国王查理一世为得到国会拨款而勉强批准了。但当国会抗议国王随意征税时,查理一世宣布解散国会,王权同国会之间的矛盾日趋尖锐。

1640年11月,查理一世被迫重组新国会,标志着英国资产阶级革命的开始。1642年1月,查理一世离开革命形势高涨的伦敦,北上约克城组织保王军队,准备以武力镇压国会派的"叛逆"行为。8月22日,他在诺丁汉树起了王军旗帜,宣布讨伐国会内的叛乱分子,从此拉开了英国内战的序幕。

内战初期,国会军队连打败仗。后来,资产阶级和新贵族的代表克伦威尔组织了"铁骑军"和"新模范军",才扭转了局势,并于1645年取得了决定性的胜利。查理一世逃往苏格兰,但被苏格兰扣留。英国国会出资40万英镑将他赎回,并加以囚禁。

革命取得了初步胜利,但反封建阵营和军队内部却开始分裂。查理一世趁机逃出囚室,并纠集保王党的力量卷土重来。面对复辟势力的威胁,革命阵营内部各派暂时联合起来,终于粉碎了保王党的阴谋。公元 1649 年 1 月,由 135 人组成的特别最高法庭判处查理一世死刑,克伦威尔亲自草拟并签署了死刑执行令。5 月,国会宣布英格兰为共和国,共和派掌权。

公元 1640 年开始的英国资产阶级革命,开创了资产阶级的时代,也标志着世界近代史的开端。

查理一世上了断头台

英国内战以资产阶级和新贵族的胜利而告终,国王查理一世被国会军俘虏,关押在伦敦郊区古老的温莎城堡内。

1649 年 1 月 20 日下午,在伦敦进行了对查理一世的公开审判。由部分国会下院议员和高级军官组成的最高法庭特设的审判大厅的大门打开后,最高法庭庭长、伦敦著名大律师布拉德肖率领最高法庭的成员们,神情严肃地步入大厅,各就各位。

查理一世被押到最高法庭后,态度仍然十分傲慢。在听完起诉书后,他更是暴跳如雷,拒绝承认审讯的合法性和权威性。在 22 日和 23 日的审讯中,他仍然在法庭上咆哮,引起了在场军官和士兵们的愤怒。27 日,最高法庭宣判"查理·斯图亚特作为暴君、卖国贼、杀人犯和人民公敌,应斩首"。

查理一世

1649 年 1 月 30 日,是查理一世的末日。下午 1 时,查理一世被押上断头台。随着一声令下,查理,身首异处,昔日不可一世的专制暴君得到了应有的惩罚。

这是英国近代史上,也是世界近代史上第一个被处决的国王。英国保王党和欧洲一些封建国家的政府曾竭力营救查理一世;英国上院许多贵族曾公开反对审判查理一世;下院议员中也有一些人不赞成审判和处决查理一世,法定由 135 人组成的最高法庭,自始至终参与审判过程的不到 60 人。因此,审判和处决查理一世,是英国反封建斗争中的一个伟大胜利。同年 5 月,共和国宣告成立。至此,英国资产阶级革命到达了顶点。

君主立宪制的确立

查理一世被斩首后,克伦威尔掌握了共和国的大权,成为"护国主"。但是,克伦威尔很快就走上了独裁的道路。1658 年 9 月,克伦威尔逝世,他的儿子理查·克伦威尔继任护国主。庸碌无能的他不到一年就被迫辞职,国家政权落到了高级军官集团手中。一片混乱的政局让大资产阶级更加恐慌,于是恢复斯图亚特王朝的统治应运而生。

1660 年 2 月,保王党分子、英国驻苏格兰军队司令蒙克率军进驻伦敦,并召开了以长老派和保王党分子为主的新国会。会议决定请查理一世的儿子查理·斯图亚特回来当国王,称查理二世(1660~1685)。就这样,斯图亚特王朝复辟了。查理二世一上台就对革命进行了疯狂的反攻倒算。他大力捕杀参加革命的人,还挖出了克伦威尔的尸体,吊在绞刑架上示众。他不顾国内人民的反对,把克伦威尔从西班牙人手中夺得的敦刻尔克卖给了法国,引起了资产阶级及人民的不满。

1685年,查理二世去世,他的弟弟詹姆士二世即位。詹姆士二世是个狂热的天主教徒,他比查理二世更加反动。他的一些措施严重损害了资产阶级和新贵族的利益,也遭到了广大人民的反对。到了1688年,反抗运动相继兴起,詹姆士二世却仍然残忍地迫害清教徒。资产阶级新贵族和广大人民的愤怒情绪日益高涨,预示着新的革命的到来。资产阶级和新贵族最终发动了一次政变,结束了詹姆士二世的统治,并向詹姆士一世的女婿威廉发出邀请,请他立即到英国来继任王位。1688年11月5日,威廉来到英国。他的到来受到了贵族和乡绅们的支持,许多高级军官亲自到威廉的驻地表示支持。众叛亲离的詹姆士二世无奈地逃往法国。

1689年2月,议会宣布威廉为英国国王,玛丽为女王,实行双王统治。随后,议会又通过了著名的《权利法案》和《王位继承法》,它们都有利于保护资产阶级的利益。1688年的政变,是一次没有经过流血而完成的政变,所以又称"光荣革命"。"光荣革命"彻底结束了英国的专制主义统治,英国从此开始了君主立宪制的统治。

欧洲启蒙运动

17~18世纪的欧洲,处于从封建社会向资本主义社会过渡的时期。随着西欧各国资本主义经济的发展壮大,资本主义同腐朽的封建制度的矛盾日益尖锐。在这种形势下,一批先进的思想家掀起了一场思想启蒙运动。启蒙运动兴起于西欧,其中心在法国,很快波及欧洲大多数国家,并影响到全世界。欧洲中世纪占统治地位的思想是宗教思想,因此启蒙运动的思想家们首先把矛头指向宗教神学。

英国学者在启蒙运动中占有重要地位,培根、霍布斯、赫伯特等思想家都对宗教思想提出了批判。法国的思想家们把启蒙运动推向了高潮。18世纪,法国还处在封建专制主义的黑暗统治下。启蒙运动的先驱培尔以全面怀疑的态度批判封建宗教,无情地驳斥了正统的基督教信仰;伏尔泰提倡"君主和哲学家的联盟",拥护开明专制制度,主张建立自由、平等、幸福的王国;孟德斯鸠猛烈抨击专制制度,认为专制主义统治下的法国是极不合理、极不公平的社会;经济学家杜尔哥指出,人类社会的历史就是人类理性进步的历史;哲学家孔多塞主张人类要不断前进,消灭阶级间和民族间的不平等。法国启蒙运动的杰出代表还有以百科全书派为中心的一批唯物主义思想家:拉梅特里发挥了唯物论和无神论的精神;霍尔巴赫对宗教进行了无情的讽刺,指责基督教违反理性和自然;爱尔维修攻击一切以宗教为基础的道德;狄德罗终生为自由、真理和社会进步而奋斗,写了一系列唯物主义哲学著作。

在法国启蒙运动中,小资产阶级民主派的代表人物是卢梭,他主张天赋人权、主权在民、自由平等,在政治上他拥护共和国。他的政治思想对18世纪末法国大革命产生了重大影响。

启蒙运动不仅波及整个欧洲,还扩展到亚洲、非洲、拉美地区。启蒙运动的思想家们勇于为真理和正义而斗争，沉重地打击了封建教权和王权的统治。他们的著述描绘了未来"理性王国"的蓝图，启发并培养了一代革命者。启蒙运动为摧毁腐朽的封建制度、确立资本主义制度做了思想上和理论上的准备。启蒙思想家所宣传的自由、平等、民主和法制的思想，对 1775～1783 年的北美独立战争、1789 年的法国大革命以及 19 世纪欧洲爆发的一系列资产阶级革命都产生了极大的影响。

法国投石党运动

投石党运动指公元 1648～1653 年反对专制王权的政治运动。

第一阶段是高等法院投石党运动。公元 1648 年 8 月，法军战胜西班牙的消息传来，政府认为自己的力量已经足够强大，便逮捕了两个提出监督政府财政的法官。为此，巴黎人民发动起义，要求政府释放法官。政府不得不在两天后给予释放。

公元 1649 年 1 月，首相马萨林和王室逃离巴黎，将宫廷迁至圣日耳曼，随即派孔代亲王路易二世围攻巴黎。高等法院感到恐惧，决定向宫廷妥协。3 月 11 日，他们与马萨林签订和约，从而结束了"高等法院投石党运动"。

第二阶段是公元 1650～1653 年的亲王投石党运动。孔代亲王想谋取首相马萨林的职位未成，便联合对宫廷不满的贵族，密谋推翻马萨林政府。公元 1650 年 1 月，马萨林下令拘捕了孔代亲王。亲王的拥护者在外省掀起了一系列暴动。

公元 1650 年底，在孔代亲王支持者和巴黎党人的联合行动下，孔代亲王获释。他获释后同西班牙结盟与政府军展开了激战，使国王和马萨林再次逃离巴黎。但亲王投石党运动缺乏民众支持，内部又争权夺利，很快就被宫廷分化瓦解了。10 月 21 日，国王胜利返回巴黎。公元 1653 年 2 月，马萨林也回到巴黎。之后许多贵族遭到流放，不准高等法院干涉王政，投石党运动遂告结束。此后，专制王权在法国日趋巩固。

普鲁士王国

普鲁士是德意志邦国，原为古普鲁士人居住地，13 世纪被条顿骑士团征服，始称普鲁士。1466 年臣属波兰。1525 年成为普鲁士公国。1618 年普鲁士和勃兰登堡合并。1660 年摆脱波兰的宗主权。1701 年，勃兰登堡大选帝侯腓特烈三世支持奥地利哈布斯堡王朝向法国波旁王朝宣战，借以换取国王称号。1 月 18 日，腓特烈三世在柯尼斯堡加冕成为普鲁士国王腓特烈一世，并从此展开了普鲁士王国 200 多年的显赫历史。

18 世纪后半叶的七年战争和三次瓜分波兰，使其获得奥地利的西里西亚、波兰的西普鲁士等地，逐渐成为封建军事大国。19 世纪，资本主义得到进一步发展。1848～1849 年爆发了资产阶级革命，但最终失败。1862 年俾斯麦就任首相后，通过战争击败了主要竞争对手奥地利和法国，实现了德意志的统一。1871 年建立以普鲁士王国为中心的德意志帝国，帝国皇帝和首相分别兼任王国国王和首相。帝国变成中央集权统治，普鲁士王国失去了"国家"的含义。1919 年德国的十一月革命推翻了帝制，建立共和国，普鲁士王国的名称消失。

俄国的彼得一世改革

俄国沙皇彼得一世为强化中央集权和巩固农奴制,开始在国内进行一次全面的改革。改革的主要内容有:在军事方面,他建立了一支20万人的正规陆军,并创建了海军舰队,更新装备,严格训练军官。在经济方面,彼得一世大力发展各类手工工场,实行重商主义,他还允许工场主大量购买农奴作为劳动力。同时,还建设了通商口岸,发展国内贸易,并实行保护关税政策,奖励输出,限制输入。文化教育方面,彼得创办了各级学校,培养各类专门人才。同时派遣留学生到西欧学习,规定贵族子弟必须接受教育,必须学会算术和一门外语。他还建立了俄国的第一个印刷所、博物馆、图书馆以及剧院。政治上,彼得一世把宗教权掌握在自己手中,改革了行政管理制度,加强了中央集权。社会生活方面,彼得要求俄国人的生活西化,强迫俄国人剪掉引以为傲的长胡须。要求贵族男女们按照西方礼节交往。这些改革改变了俄国生产力水平低、工商业和文化不发达的局面,为俄国跻身于欧洲强国之列奠定了基础。

英国工业革命

公元17世纪时,英国资产阶级通过革命确立了自己的统治,为资本主义的发展扫清了道路。到了公元18世纪中叶,英国已具备了工业革命的基本条件:大量的资金、大批的自由劳动力和广阔的国内外市场。

所谓工业革命,又称"产业革命",是指资本主义的手工工场向大机器生产过渡,以及随之产生的社会生产关系的大变革。英国工业革命首先是从资金周转快、获利丰厚的棉纺织业开始的。公元1733年,凯伊发明了飞梭,提高了织布能力,使得棉纱供不应求,造成了所谓的"纱荒"。公元1767年,纺织工人哈格里夫斯发明了以他妻子名字命名的"珍妮纺纱机"。与传统的手纺机相比,"珍妮纺纱机"可同时纺16~18根纱线,后来更提高到80根线,极大地提高了劳动生产率。所以。它被认为是工业革命的第一台机器,工业革命以此为起点轰轰烈烈地展开了。

后来,织工克朗普顿在上述基础上进一步改革,制成了"骡机"。"骡机"同时可转动三四百个纱锭。纺纱技术的革新倒过来又推动了织布机的改革。公元1785年,棉纺厂开始使用蒸汽机做动力。

纺织工业的不断推进,使得动力问题成为工业革命的下一个目标和关键。公元1782年,瓦特制造并改进了蒸汽机。这一划时代的发明,完成了从工作机到动力机的改造,实现了以机器取代手工劳动,同时极大地推动了矿产、冶金、交通、运输等部门的发明和创造。公元1807年,美国人富尔敦发明了蒸汽机轮船,英国利用这一技术制造出自己的轮船。公元1814年,英国人史蒂芬孙研制出实用的火车机车。到公元19世纪中叶,英国工业革命基本完成。

法国大革命

公元 18 世纪晚期,法国把全国居民分为三个等级:第一等级是教士,第二等级是贵族,他们是统治阶级。他们人数不多却霸占着大片的土地,拥有特权。第三等级包括广大的农民、城市平民和新兴的资产阶级,他们受到统治阶级的残酷压榨,政治上无权,因而十分痛恨封建专制制度。

公元 1789 年 5 月,路易十六为了解决财政危机,在新任财政总监内克的敦促下被迫召开三级会议。三级会议在凡尔赛开幕。第三等级代表提出取消等级区分,遭到拒绝。7 月 9 日,第三等级的代表宣布把会议改为制宪会议。路易十六气急败坏,调集大批军队,准备驱散制宪会议,血洗巴黎。消息传开后,巴黎全城敲响了警钟。7 月 14 日,巴黎人民爆发武装起义,攻占巴士底狱,革命爆发。

1789 年 8 月 26 日,制宪会议通过《人权宣言》,确立人权、法制、公民自由和私有财产权等资本主义的基本原则。议会还颁布法令废除贵族制度,取消行会制度,没收并拍卖教会财产。革命初期,代表大资产阶级和自由派贵族利益的君主立宪派即斐扬派取得政权。斐扬派制定了《一七九一年宪法》,召开立法会议,维护君主立宪政体,反对革命继续发展。1792 年 8 月 10 日,巴黎人民再次起义,推翻君主立宪派的统治,逮捕了国王路易十六(后被处死)。

9 月 21 日召开国民公会,次日宣布成立法兰西共和国。但当政的吉伦特派代表工商业资产阶级利益,既阻止革命深入发展,又不坚决抗击欧洲君主国家的武装干涉。1793 年 5 月,巴黎人民第三次起义,推翻吉伦特派统治,建立以罗伯斯比尔为首的雅各宾派的革命专政,颁布了《雅各宾宪法》。1794 年 7 月,罗伯斯比尔的敌对势力利用革命政权群众基础薄弱的缺点,发动政变,推翻雅各宾专政,建立热月党人统治。

这次革命摧毁了法国封建专制制度,促进了法国资本主义的发展;也震撼了欧洲封建体系,推动了欧洲各国革命。

热月政变

巴士底狱的沦陷拉开了法国大革命的序幕。随后,巴黎出现了一批革命团体。其中,雅各宾俱乐部等在革命中发挥了巨大作用。但是,在革命的过程中,资产阶级内部不断出现分裂。1792 年 8 月 10 日,巴黎人民举行第二次武装起义,推翻了波旁王朝,结束了立宪派的统治。同年 9 月 22 日,法兰西第一共和国成立,吉伦特派上台。1793 年 1 月 21 日,国民公会经过审判,以叛国罪处死路易十六。之后,吉伦特派把主要力量用于反对以罗伯斯比尔为首的雅各宾派。最终,雅各宾派战胜了吉伦特派,建立起雅各宾派专政。

雅各宾派执政后,新政权面临着严峻的形势。雅各宾派政权联合人民群众,采取了强硬的措施。1793 年 6 月 24 日,新政府公布法国第一部共和制的民主宪法;7 月,改组并加强救国委员会;9 月,国民公会把"恐怖"政策提上议事日程。这些措施使形势迅速好转。1793 年底到 1794 年初,外国干涉军全部被赶出国土,国内的叛乱基本平息。

随着国内外形势日趋好转,雅各宾派内部却出现了分裂,分为丹东派、罗伯斯比尔派、埃贝尔派几股政治力量。罗伯斯比尔察觉反对他的人越来越多,便采用更为残酷的恐怖政策。先后把反对他现行政策的埃贝尔、丹东等人送上了断头台。他的恐怖统治,导致了一切反对他的资产阶级议员在国民大会中迅速联合起来,很快成为一股反罗伯斯比尔的势力。

1794年7月27日,在国民议会的一次会议上,反罗伯斯比尔的议员不给罗伯斯比尔任何讲话的机会,就逮捕了他和圣茹斯特、安东等雅各宾派的核心人物,第二天就把他们送上了断头

热月政变

台。这一年是法国共和历的"共和二年",时值热月9日,所以历史上把这次政变称为"热月政变"。这场政变标志着雅各宾派的革命专政的结束,也结束了法国革命的上升阶段。法国资产阶级革命进入了政治上的反动时期。

雾月政变

热月政变之后,热月党人上台执政。热月党人原是各派的暂时结合,并无统一纲领,国内的政局一直都动荡不安。正是在这种情况下,拿破仑·波拿巴登上了历史舞台。

青年时期的拿破仑以卓越的指挥才能充分显示了他卓越的军事天才。法国国民革命军政府非常欣赏他的才能,大胆任用他到各地带兵,拿破仑也不负厚望,对欧洲封建势力进行了有力的打击。

1796年3月,26岁的拿破仑被任命为法国意大利方面军总司令,1798年,拿破仑率军远征埃及。当时埃及被英国占领,在英国的支持下,受到入侵的埃及、叙利亚人民对法国入侵者给予了有力打击。拿破仑进退维谷,难以立即做出决断。正当他陷入困境之时,沙皇俄国军队在沙皇本人的带领下,组织欧洲其他反法的国家,结成第二次反法同盟,向法国发起进攻,试图把法国革命彻底消灭。另外,法国国内保王党人活动猖獗,企图从内部推翻资产阶级统治,督政府政权岌岌可危。

拿破仑在得知情况后,抛下法国远征军,只率少数随行人员,偷偷地离开埃及,急匆匆赶回巴黎。回到巴黎的拿破仑受到了各界人士的狂热支持,也成了资产阶级争取的对象。由于资产阶级不满督政府软弱无力的统治,军功显赫的拿破仑便成为他们新的代言人。巴黎的大银行家出资50万法郎给拿破仑作为发动政变的军费。

1799年11月9日,拿破仑开始行动,他派军队控制了督政府,接管了革命政府的一切事务。这一天是法国共和历雾月18日,所以,历史上称拿破仑在这天发动的政变为"雾月政变"。第二天,拿破仑把法国议会——元老院和500人院全部解散,夺取了议会大权,并宣布成立执政府。在执政府中,他自己担任第一执政官,大权独揽,自此,拿破仑开始了为期15年的独裁统治。

《独立宣言》的意义

《独立宣言》是18世纪美国反英独立战争中的资产阶级革命文献。由杰弗逊等人起草,1776年7月4日在费城第二届大陆会议上通过。它首先概述了新兴资产阶级的民主主义原则,宣称"人人生而平等"。每个人都享有"造物主"赋予的某些不可转让的权力;政府的权力来自被统治者的同意,任何政府如果损害"天赋人权",人民就有权推翻旧政府,建立新政府。接着它从北美民族的利益出发,列举了英王乔治三世及其殖民政府的种种暴政。最后庄严宣告:北美13州"解除对英王的一切隶属关系",建立"自由独立的合众国"。在它的初稿中,原有谴责奴隶制的条文,后因南部奴隶主代表的坚决反对而被删除。《独立宣言》是北美殖民地人民反英斗争的政治纲领,在动员和组织革命力量、促进独立战争的胜利中,起了进步作用。它在历史上第一次以官方文件的形式宣布了"主权在民"的原则。马克思称之为"第一个人权宣言"。它的通过和发表,标志着美国的诞生。后来,7月4日被定为美国的国庆日。《独立宣言》的发表对法国资产阶级革命和拉丁美洲民族独立运动都产生了积极的影响。

美国的领土扩张

1783年,美国独立战争结束,英国正式承认美国独立,并宣布放弃密西西比河以东的其他领土。这一片广袤的土地并入了美国的版图。当时,美利坚合众国的领土只限于大西洋沿岸的13个殖民地。它们被分为美国最初的13个州,领土面积仅约94万平方千米。它的北面是英国的殖民地加拿大,西面和南面分别同西班牙的殖民地路易斯安那和佛罗里达接壤。

18世纪末,老牌殖民主义国家西班牙已日渐衰落。1800年,法国强行从西班牙手中夺得了路易斯安那。1803年,法国同英国为了争夺海上霸权爆发了战争。同时,法国的殖民地海地爆发了黑人起义,前往镇压起义的法军全军覆没。正当法国焦头烂额之时,美国乘机向法国提出,以1500万美元的低价,从法国手中"买"下了面积200多万平方千米的路易斯安那。这样,美国的领土一下子就扩大了一倍多。从这时起,美国开始了大规模的领土扩张。

1810年起,美国把扩张的目标指向西班牙属地佛罗里达半岛。当时的西班牙政府早已没有能力来与美国争夺这片海外殖民地,最终只得于1819年把这个半岛"卖"给了美国。1846年,美国挑起了对墨西哥的战争,最终兼并了墨西哥一半以上的原有领土。同年,美国从英国手中争得了俄勒冈。1867年,美国从沙俄手中购得阿拉斯加和阿留申群岛。1898年,美国又吞并了夏威夷。在不到一个世纪的时间里,美国领土总面积达到936.3万平方千米,约占北美大陆的一半,仅次于加拿大,占世界第四位,相当于英国本土面积的40倍左右,比欧洲面积略小些。这片广袤的土地,为美国资本主义的发展提供了丰富的物质条件。

法兰西第一帝国

拿破仑发动雾月政变，成为第一执政官后，他对自己"第一执政"的权力并不满足。他认为自己的威望与权力还不相称，为了改变这一局面，他先后两次修改宪法，把第一执政的职务变为终身执政，直至加冕称帝。

1804年5月18日，在拿破仑的授意下，元老院宣布拿破仑·波拿巴为法兰西世袭皇帝，号称拿破仑一世，法国为法兰西帝国。历史上称之为法兰西第一帝国。1804年12月2日，罗马教皇在巴黎圣母院为拿破仑主持了盛大的加冕典礼。在加冕典礼仪式上，教皇刚刚捧起皇冠，拿破仑就把皇冠从他手中夺了过去，迫不及待地戴在了自己的头上。然后，他让教皇退席，宣誓效忠自由与和平。在"皇帝万岁"的欢呼声中，法兰西进入了第一帝国时代。

拿破仑帝国代表大资产阶级的利益，拿破仑对内实行多项改革，巩固和发展了法国革命的成果，建立了资本主义的秩序，同时镇压民主运动，防止革命的发生；对外不断进行战争，多次粉碎反法联盟的干涉，打击了欧洲的封建势力。拿破仑帝国不断同英、俄争霸和掠夺欧洲。在1812年侵俄战争中遭到惨败，英、俄、普、奥等国组成反法联盟，1814年3月攻入巴黎，4月拿破仑一世被迫退位。1815年3月，拿破仑一世返回巴黎复位。6月18日，拿破仑一世在滑铁卢战役中失败，再次退位，第一帝国覆灭。

维也纳会议

俄、英、奥、普等欧洲各反动君主国打败拿破仑帝国后，从1814年10月到1815年6月，在奥地利首都维也纳召开了处理战后事务的国际会议。这次会议被称作"维也纳会议"。会议的主要目的是重新瓜分欧洲和殖民地领土，复辟旧王朝，镇压各国革命运动。俄、英、普、奥等少数大国操纵会议。围绕波兰和萨克森问题，英、奥与俄、普之间形成了尖锐的对立。法国不愿俄国称霸欧洲，而站到了英、奥一方，1815年1月3日，法、英、奥三国结成秘密同盟，与俄、普相对峙，最终在1815年2月11日就波兰—萨克森问题达成协议。

正当欧洲封建列强为分赃明争暗斗不休之时，拿破仑从厄尔巴岛返回巴黎，不发一弹便重登皇位。欧洲封建列强慌忙重组反法同盟联军对付拿破仑，并在维也纳会议上做出妥协，于1815年6月9日匆忙签署了《最后总决议案》。

根据会议总决议，奥地利占有了萨尔斯堡、提罗尔、达尔马提亚沿海地区、伦巴第、威尼斯和波兰的加里西亚等地区。俄国占有大部分波兰领土、芬兰和比萨拉比亚。普鲁士占有波兰的波兹南和但泽、荷兰的欧庞和马尔梅迪、原属瑞典的波美拉尼亚、萨克森的2/5领土和莱茵地区与易北河沿岸的一些要塞。英国占有了法国、荷兰、西班牙的许多殖民地，包括锡兰、马耳他、特立尼达、塞舌尔等等。总决议还决定建立德意志邦联。但是，德意志邦联不过是个松散的政治联盟，实际上仍保持分裂局面。意大利又恢复了原来的四分五裂的局面。罗马教皇也恢复了对所辖地的统治。

1815年9月26日，在沙皇亚历山大一世的倡议下，俄、奥、普三国首脑在巴黎共同发

表宣言,缔结"神圣同盟",以维护维也纳会议所建立的欧洲封建统治秩序。不久,所有欧洲大陆封建君主都先后参加了这个同盟。但到 1830 年,逆历史潮流而行的"神圣同盟"就彻底瓦解了。

拿破仑退位与百日王朝

拿破仑执政时期,通过内政外交方面的努力,使法国迅速走向强盛,开始走上了对外扩张的道路。由于拿破仑侵略俄国大败而归,再加上在莱比锡大战中被欧洲第六次反法同盟击败。1814 年,以俄国沙皇亚历山大一世为首的联军攻入法国巴黎。4 月 6 日,拿破仑下诏退位,被反法同盟囚禁在地中海的厄尔巴岛上。5 月 3 日,原法国波旁王朝国王路易十六的弟弟路易十八即位,建立复辟王朝。5 月 30 日,反法同盟与复辟的波旁王朝签订《巴黎和约》,规定法国恢复到 1792 年战争开始前的边界,放弃全部在战争中占领的土地。

1815 年 2 月 26 日夜,拿破仑乘复辟的波旁王朝在国内统治不稳,逃亡贵族纷纷归国,人民群众深感恐惧与不安,反法同盟各国在维也纳会议上因利益分配问题矛盾重重之际,经过周密的准备,偷偷地率领官兵 1050 人逃出厄尔巴岛,在法国南部儒安港登陆,随后进入巴黎。3 月 20 日拿破仑重登皇位,组成新内阁,恢复了法兰西帝国的统治,宣布废除波旁王朝危害革命的法令,允诺进行广泛的政治和社会改革。英、俄、法、奥立即组成第七次反法联盟,以 70 万~80 万军队围攻法国。拿破仑迅速组织起 12 万人的军队。1815 年 6 月 18 日,法军与反法联盟军队在比利时的滑铁卢决战,法军大败,联军再次占领巴黎。6 月 22 日,拿破仑宣布再次退位,被流放到大西洋南部的圣赫勒拿岛,并在那里结束了生命。由于拿破仑在第二次统治法国历时近百天,故名"百日王朝"。

最后的滑铁卢

1815 年 3 月 20 日,拿破仑的铁骑进入巴黎,法国国王路易十八闻讯色变,不敢迎敌,仓皇逃遁,拿破仑重新登上皇位。为了支持路易十八,英国、俄国和普鲁士等国家组成反法同盟,大举围攻巴黎。拿破仑亲自率领 12 万大军迎战,联军不敌,撤退到比利时。这一仗,拿破仑取得辉煌战果,奠定了他在法国的统治地位。过后,拿破仑乘胜追击,率军继续挺进,直逼比利时的边境,以迅雷不及掩耳之势,迅速插入英、普两军防线之间,割断两军的联系,并打败了布吕歇尔领导的普军。但逃散的普军在瓦弗方面重新集结,对法军构成了新的威胁。

击溃了普军的拿破仑转攻英军,威灵顿听到布吕歇尔战败,害怕孤军作战,便迅速撤退到滑铁卢方向。拿破仑也尾随英军至滑铁卢附近。6 月 18 日,大决战在滑铁卢展开了。滑铁卢位于比利时南部,离首都布鲁塞尔不远。清晨,下起滂沱大雨,拿破仑的 270 门大炮只有一小部分进入阵地。上午 11 时 30 分,天气转晴,拿破仑下令出击。法军越过低洼地带,向英军驻守的山冈奋勇冲去。英军顽强抵抗,炮弹像骤雨般落在法军的阵地,法军死伤惨重,不得不撤兵。下午 1 时,法军第二次进攻英军阵地,还是无法成功。

由于普军在布吕歇尔的率领下及时赶到,拿破仑不得不从预备队中抽出 2 个骑兵师迎击布吕歇尔。在英法两军都疲惫不堪的时候,增援的普鲁士军队的到来使英军士气高涨,精神振奋,威灵顿立即命令部队做最后反击,英普联军大败法军,而拿破仑下令增援的格鲁希却不知道去了哪里。拿破仑只好率领残兵败将逃出战场,仓皇离去。

1815 年 6 月 21 日,拿破仑败归巴黎,第二次宣布退位,结束了他的"百日王朝",被流放到位于大西洋南部、远离欧洲大陆的圣赫勒拿岛。拿破仑在岛上度过了他最后的 6 年时光,1821 年 5 月 5 日,不可一世的拿破仑在抑郁中死去。

七月革命

拿破仑帝国灭亡后,波旁王朝复辟,重新上台的路易十八于 1824 年去世,他的弟弟查理十世继位。查理十世是流亡贵族的头目,他的复辟狂热度和专制程度非常强烈。

1830 年 7 月 25 日,查理十世颁布敕令:修改出版法,限制新闻出版自由;解散新选出的议会;修改选举制度。敕令破坏了 1814 年《宪章》的精神,劳动群众和自由资产者对此十分气愤。当天下午,反对派主要报刊的编辑和记者在《国民报》编辑部集会,起草抗议书。他们拒绝承认解散议会,宣布政府已经失去合法性,但并不否认王权。27 日,几千名工人和手工业者走上街头,与军警发生冲突。28 日黎明,起义开始。工人、手工业者、大学生和国民自卫军建筑街垒,夺取武器库,攻占市政厅。以银行家拉法耶特为首的大资产阶级温和派力主与国王谈判,但查理十世和首相波利尼亚克拒绝谈判。7 月 29 日,起义者控制了巴黎,占领卢浮宫和杜伊勒里宫,外省发动的起义也取得胜利。起义群众及其领导者要求宣布成立共和国。在巴黎市政厅成立了以拉菲特和国民自卫军总指挥拉法耶特为首的市政委员会。

查理十世此时不得不收回敕令,命令蒙特马尔公爵组织政府,但已无法挽回局势。30 日,拉菲特召集 60 名议员开会,决定委任奥尔良公爵路易·菲利浦为摄政官。31 日,路易·菲利浦在拉法耶特的陪同下,手举三色旗出现在王宫的阳台上,接受摄政官称号。8 月 2 日,查理十世将王位让与其孙波尔多公爵。路易·菲利浦拒绝承认。8 月 7 日,众议院召路易·菲利浦即位,建立了金融资产者统治的"七月王朝"。

马克思主义的诞生

工业革命不仅推动了社会生产力的发展,同时还引起了生产关系的巨大变化,整个社会分裂为两大相互对立的阶级——资产阶级和无产阶级。随着经济危机的发生,广大工人为了改善自身的处境,19 世纪 30~40 年代,欧洲爆发了三次大规模的工人运动。这三次工人运动,标志着无产阶级反对资产阶级的斗争进入了新的阶段。虽然这三次起义最后都失败了,但它使越来越多的人感到无产阶级革命迫切需要科学理论的指导,这就为马克思主义的产生提供了充分条件。

马克思、恩格斯是马克思主义理论的创立者。在长期的革命实践和理论研究中,他们一方面深入工人群体,揭露并分析资本主义制度的弊端;另一方面,他们广泛汲取人类优秀文化成果,特别是对当时出现的德国古典哲学、英国古典政治经济学、英法空想社会主义加以批判性地继承,从而创立了马克思主义理论。

1847 年 6 月,"正义者同盟"在伦敦召开第一次代表大会。马克思虽因经济困难未能出席,但大会根据马克思的提议,将"正义者同盟"改名为"共产主义者同盟"。以"全世界无产者联合起来"代替了"人人皆兄弟"的口号。大会委托恩格斯草拟《共产主义者同盟章程》。"同盟"的改组宣布了世界上第一个无产阶级政党的建立,它是无产阶级国际团结的最初组织形式,为第一国际的建立奠定了基础。1847 年 11 月 29 日,马克思和恩格斯出席了在伦敦召开的共产主义者同盟第二次代表大会,并受大会委托起草同盟纲领,这就是 1848 年 2 月发表的《共产党宣言》。

《共产党宣言》运用生产力决定生产关系这一唯物史观的原理,剖析了资本主义生产方式的产生、发展的历史过程,揭示了资本主义必然灭亡、共产主义必然胜利的客观规律;对资本主义社会各阶级的历史地位和无产阶级的特性做了科学的分析,论证了无产阶级作为资本主义的掘墓人和共产主义建设者的伟大历史使命;总结了人类历史上阶级斗争的经验,总结了无产阶级反对资产阶级的斗争经验,论证了无产阶级革命和无产阶级专政是无产阶级获得解放的根本道路。《共产党宣言》的发表,标志着马克思主义的诞生。从此,它成为无产阶级进行斗争和改造世界的强大思想武器。

共产党宣言

1847 年 12 月,共产主义者同盟在伦敦召开了第二次代表大会。经过激烈的辩论,绝大多数代表都同意了马克思、恩格斯的观点,通过新的《共产主义者同盟章程》和制定纲领,并受大会委托起草同盟纲领。大会结束后,马克思和恩格斯全身心投入到宣言的起草工作之中,通宵达旦,不遗余力。一个月后,宣言写好了,马克思和恩格斯给它起了一个响亮的名字——《共产党宣言》。

《共产党宣言》包括引言和四章。引言扼要地勾画了早期共产主义运动的图景,描述了共产党人在形形色色的敌人的咒骂、围攻中成长的进程,以及发表《宣言》的目的。

第一章《资产者和无产者》,着重论述阶级斗争的学说,这也是贯穿全书的一条线索。说明了阶级斗争是阶级社会发展的动力;详细分析了资产阶级产生、发展的过程;阐明了无产阶级的发展和它的伟大历史使命;推翻资产阶级统治,解放全人类,最终解放无产阶级自己。

第二章《无产者和共产党人》,首先说明了共产党的性质和特点,规定了党的基本任务和奋斗目标。明确说明共产党是无产阶级的政党,最终要消灭阶级,实现共产主义。

第三章《社会主义和共产主义的文献》,马、恩揭露和批判了当时流行的形形色色的非科学的社会主义和空想社会主义,深刻分析了这些思潮的社会阶级根源和各自代表的阶级利益,从而阐明了科学共产主义同它们在性质上的根本区别。

第四章《共产党人对各种反对党的态度》,阐明了共产党的基本策略思想,要求党在反对资本主义制度的斗争中必须把眼前利益和长远利益、当前斗争同实现共产主义的伟大目标结合起来。

《宣言》的最后,马克思和恩格斯满怀激情,以豪迈的革命气魄,向全世界宣称:让统治阶级在共产主义革命面前发抖吧!无产者在这个革命中失去的只是锁链,他们获得的将是整个世界。

《共产党宣言》是无产阶级革命政党第一个完整的理论和实践纲领,也是国际共产主义运动史上第一个光辉的革命宣言。它的发表,标志着马克思主义的诞生。

1848年2月,《共产党宣言》在伦敦用德文正式发表。不久,一场席卷整个欧洲的革命来临了。随着无产阶级革命运动的广泛开展,它被翻译成多种文字,在全世界广为传播,成为一个划时代的伟大宣言。

俾斯麦统一德国

德意志在历史上曾经是一个长期分裂的国家,境内诸侯林立。维也纳会议后,德意志分成34个邦国和4个自由市,名义上组成德意志邦联,实际上依然各自为政。其中奥地利和普鲁士是最大的两个邦国。

1861年,威廉登上普鲁士王位,称威廉一世。1862年,奥托·冯·俾斯麦出任普鲁士宰相兼外交大臣。他们决心由普鲁士来统一德意志。俾斯麦当上宰相的第一周,就在普鲁士议会宣称:"今天的重大问题不是说空话和多数派决议所能决定的,必须用铁和血来解决!"他主张以普鲁士为核心,用武力打败阻碍德意志统一的一切势力,俾斯麦推行的这一政策被称为"铁血政策"。

俾斯麦先是联合奥地利打败丹麦,把原属丹麦的日耳曼人聚居的什列斯维希和霍尔施坦两公国并入普、奥。然后联合意大利,结成反奥联盟,并利用外交手段稳住了法国。这样普奥战争爆发了。后来在法国的调停下奥地利退出德意志邦联。普鲁士获得霍尔施坦、汉诺威和法兰克福等地。1867年,以普鲁士为首建立了北德意志邦联。

为了完成德意志统一大业,俾斯麦在经过充分准备后,于1870年发动普法战争,大获全胜。1871年1月,普鲁士军队开进巴黎附近的凡尔赛,普法停战议和。普鲁士国王威廉一世在凡尔赛宫镜厅加冕为德意志帝国皇帝,兼普鲁士国王,俾斯麦为首相。德意志的统一完全实现。

俾斯麦的"铁血政策"使德国最终走上统一之路。德意志的统一符合德意志历史发展的潮流和德意志人民的愿望。在英、法等欧洲国家都已通过资本主义走向富强后,德国的经济发展已刻不容缓,它的统一是大势所趋,人心所向。统一后的德国逐渐强大起来,但是"铁血政策"也随之得到加强,最后发展成为军国主义势力,成为世界战争的策源地,进而发动了第一次世界大战。

法兰西第三共和国

1870年夏,西班牙王位继承问题成了普法战争的导火线。法国向普鲁士宣战,普法战争就此爆发。战争开始后,普军长驱直入,所向披靡。法军不堪一击,一触即溃,总指挥拿破仑三世率军逃到色当。9月初,普法双方在色当展开激战。普军在用七百门大炮向色当城内轰击下,色当城内一片火海,法军损失惨重。第二天,拿破仑三世在中央塔楼上竖起白旗,率将帅和8万多名士兵向普军投降。

当法国在色当投降的消息传到巴黎后,1870年9月4日巴黎人民起义,推翻了法兰西第二帝国,建立了法兰西第三共和国。新政权开始时,由资产阶级共和派与保王派联合组成国防政府,梯也尔力图建立保守共和国,但遭保王派与共和派的反对,被迫辞职,极端保王派人麦克马洪当选总统,直接着手恢复君主制。共和派为确立共和制进行长期而激烈的斗争,国民议会终于通过 1875 年宪法,以法律的形式肯定共和制。在 1876 年众议院选举和 1879 年 1 月参议院选举中,共和派取得稳定多数,在人民群众支持下,终于确立共和派的共和国。掌权的资产阶级制定和完善了一些资产阶级制度。二战中 1940 年 5 月 10 日巴黎被占领,6 月 22 日法国投降,成立维希政府,法兰西第三共和国宣告终结。

日本明治维新

19 世纪中叶,日本遭到西方列强的侵略,面临着严重的民族危机。日本人民仇视外国侵略者,更痛恨与侵略者相勾结的幕府政权。因此,中下层武士、商人、资本家和新兴地主中的改革势力兴起了"倒幕"运动。

1867 年,江户幕府已日趋衰落,末代幕府大将军德川庆喜在"倒幕"运动的强大压力下,被迫将政权交还给天皇,但实际上他仍掌握日本军政实权。在萨摩、长州、土佐等藩的倒幕派的策划下,1868 年 1 月 3 日,以明治天皇的名义召开了倒幕派代表参加的御前会议。会议发布废除幕府的号令,确定天皇为国家首脑,改年号为"明治"。

1868 年 1 月 27 日,幕府军和新政府军在京都附近的鸟羽、伏见发生激战。双方兵力虽相差悬殊,但倒幕军士气旺盛,装备精良,训练有素,并得到广大人民群众的有力支持。倒幕军击败了幕府军队,德川逃往江户。倒幕军的胜利,宣告在日本维持了近 7 个世纪的封建幕府制度终结。

明治天皇掌权后,于 1868 年 3~4 月先后颁布了《五条誓文》和《政体书》,命令大名"版籍奉还"——取消封地,取消各大名对各藩的统治权,在全国设了 3 府 72 县。1872 年,天皇废除了禁止土地买卖的法令,承认土地私有权和买卖自由,颁发土地执照,地主取得了合法地位;天皇实行土地改革,将实物地租改为货币地租;扶植资本主义工商业,破除封建主义旧文化;另外还进行教育改革,实行义务教育,发展科学技术等等。这一系列的维新措施,大大巩固了资产阶级的统治,加速了日本资本主义的发展。由于这场维新运动是从 1868 年(明治元年)开始的,所以历史上称之为"明治维新"。

明治维新使日本走上了发展资本主义的道路,资本主义生产力飞速发展。在国家实力不断增强的情况下,日本和外国签订的不平等条约逐步被废除,收回了国家权益,摆脱了民族危机,成为亚洲唯一独立的资本主义强国。

但是,明治维新是一次极不彻底的资产阶级革命,它没有完成资产阶级革命的任务,从上层建筑到经济基础,保留了许多封建残余,天皇制和半封建寄生地主制依然残存,军国主义也因而滋生,为日本后来发展成为一个对外侵略扩张的军事封建帝国主义国家埋下了伏笔。

朝鲜沦为日本的殖民地

1894 年 2 月,朝鲜全罗道古阜郡的农民在东学党人的领导下,爆发了反封建反侵略的甲午农民起义,各地人民纷纷响应。他们占领郡城,建立革命政权"执纲所"。4 月底占领全州,逼近汉城。统治朝鲜的李氏王朝惊慌失措,向清政府求援。日本乘机强行占领汉城,发动政变,组织亲日卖国政府。朝鲜政府完全操纵在日本侵略者手中。1894年7月日本挑起中日甲午战争后,10万朝鲜农民军奋起反抗日本侵略者,12月起义被镇压,日本侵略势力控制了朝鲜。1910年8月,日本强迫朝鲜签订了《日韩合并条约》,规定朝鲜国王将统治权永久让与日本,从此朝鲜沦为日本的殖民地。

第二次工业革命

第一次工业革命后,在资本主义经济迅速发展的同时,自然科学也取得重大突破。为了追求更好的机器和动力来提高生产效率,把科学原理转化为技术和发明,并运用到生产中去,成为一股顺势所驱的浪潮。从19世纪70年代到20世纪初,科学技术的发展迎来了新的春天,取得了一系列大的突破和进展。世界由"蒸汽时代"进入了"电气时代"。这次科技进步被称为近代历史上的第二次工业革命。

这次工业革命以电力的广泛应用为显著特点。1866年,德国人西门子制造出第一台交流"西门子发电机",从而引发了电灯、电报、电话等一系列以电为能源的工具的发明。1870年,比利时的格拉姆发明了电动机。于是,电力作为一种新能源开始用来带动机器。电力的广泛使用,加大了电力的需求量,电力工业迅速发展起来。美国发明家爱迪生建成了第一座火力发电站,以及法国人马·德普勒发明远距离送电的技术,为电力工业的发展创造了条件。一时间,发电、输电和电力设备制造的工业纷纷建立起来。

第二次工业革命的另一项重大成果是内燃机的发明和应用。1876年,德国人奥托制造出第一台以煤气为燃料的四冲程内燃机,效率大大高于以往发明的内燃机,颇受人们欢迎。1883年,德国工程师戴姆勒又制成以汽油为燃料的内燃机,它具有马力大、重量轻、体积小、效率高等特点。1892年,德国工程师狄塞尔研制成较前者更完善的内燃机,不久,便取代蒸汽机在生产中广泛使用。新的动力机械促进了石油的开采,使全世界的产油量达到年产2000万吨。

内燃机的发明还触发了交通领域的变革。1885年,德国机械工程师卡尔·本茨制成第一台汽车,本茨因此被称为"汽车之父"。紧随着汽车的发明,内燃机车、远洋轮船、拖拉机和装甲车等一系列应用内燃机的交通工具都先后出现。1903年美国莱特兄弟驾驶自己研制的飞机第一次飞上天空,从此,人类将翱翔天空的梦想变为现实。

化学工业也在这一时期兴起。无机化学工业、有机化学工业都相继建立和发展起来。纯碱、硫酸的生产,煤焦油的综合利用,促成了化肥、化学药品、人造染料、人造丝和人造纤维等一系列新发明和新产品的出现。炸药工业更成为化学工业的重要部门,瑞典人诺贝尔因发明火药和无烟火药而成为世界名人。

第一次世界大战

第一次世界大战是1914~1918年帝国主义各国为重新瓜分世界、争夺殖民地和霸权而进行的首次世界规模的战争。1914年6月28日的萨拉热窝事件是第一次世界大战的导火线。7月28日,奥匈帝国对塞尔维亚宣战。俄国为支持塞尔维亚,于7月30日宣布军事总动员。8月1日,德国对俄宣战。8月3日德国对法宣战。8月4日英国对德国宣战。土耳其和保加利亚先后加入同盟国,而日本、意大利、罗马尼亚、希腊、美国、中国则加入协约国。战争规模不断扩大,超出了欧洲范围。1917年11月7日俄国十月革命取得胜利,首先退出战争。11月初,德国十一月革命爆发,帝制被推翻,11日投降。大战以协约国的胜利告终。战争给世界造成了巨大的损失,使帝国主义各国的力量对比发生了变化,也促进了各国的革命运动,对军事学术的发展产生了重大影响。

巴黎和会

第一次世界大战以协约国获胜而告终。1919年1月18日在巴黎凡尔赛宫召开了旨在建立世界和平体系的大会,其实是帝国主义列强着手拟定对德和约,重新瓜分世界的一场"盛宴"。27个战胜国共有1000多名代表出席会议,其中全权代表70人。中国作为战胜国,当时北洋政府派外交总长陆徵祥等5人出席了会议。苏俄没有被邀请,德国作为战败国被拒之门外。

这次会议实质上由美、英、法、意、日5国各出2名代表组成的最高理事会控制,因而有"十巨头"会议的说法。而到了3月25日,决策的10人会议又缩减为"四巨头"会议:美国总统威尔逊、英国首相劳合·乔治、法国总理克列孟梭、意大利总理奥兰多。后因意大利在大战中贡献不大,再加上本国实力较弱,也被美英法冷落一边。实际上是"三巨头"操纵着大会的一切。英、法、美三大国各带着自己的一套方案来参加会议,都想损人利己,彼此矛盾重重。

1919年6月28日,列强在尔虞我诈、钩心斗角的争吵中,勉强达成协议,在巴黎凡尔赛宫镜厅签订了《凡尔赛和约》。在人民群众的一片反战浪潮声中,与会各国提议建立国际联盟盟约。盟约规定:除德国集团国家外,其他国家都可申请加入。国联设有大会和行政院。行政院的权力最大,它由英、法、美、意、日5个常任理事国和4个选举产生的非常任理事国组成。

华盛顿会议

第一次世界大战后,美、英、日等帝国主义国家为重新瓜分远东和太平洋地区的殖民地和势力范围,由美国建议召开的国际会议,亦称太平洋会议,也称华盛顿会议。1921年11月12日至1922年2月6日在华盛顿举行。有美、英、法、意、日、比、荷、葡和中国北洋政府的代表团参加。华盛顿会议实质上是巴黎和会的继续,其目的是要解决《凡尔赛和约》未能解决的帝国主义列强之间关于海军力量对比和在远东、太平洋地区特别是在中国的利益冲突,完善第一次世界大战后的帝国主义和平体系。在会议期间签订了《四国条约》《五国海军条约》《九国关于中国事件适合各原则及政策之条约》等。

中国"五四运动"

1918年11月11日,第一次世界大战以协约国的胜利而结束。1919年1月,英、法、美、日、意等国在巴黎凡尔赛宫召开"和平会议"。中国作为战胜国参加会议。北洋政府代表在会上提出废除外国在华特权，取消"二十一条"等正当要求，遭到帝国主义国家拒绝。会议竟决定由日本接管德国在中国山东的各种特权。对这丧权辱国的条约，中国代表居然准备签字承认。消息传来，举国震怒，群情激愤。

1919年5月4日，北京3000多名学生从四面八方汇集到天安门前。他们手持小旗、条幅，上面写着"取消二十一条""还我青岛"，他们高呼"外争主权，内惩国贼""拒绝在和约上签字""抵制日货"等口号。这一运动得到工人和各阶层人士的声援和支持，上海、南京等地的工人纷纷举行罢工或示威。在全国人民的压力下，北洋政府被迫释放被捕学生，罢免曹汝霖等人的职务，并指令巴黎参加会议的代表拒绝在和约上签字。五四运动是一次彻底的反帝反封建的爱国运动，它促进了马克思主义与中国工人运动的相结合，造就了一批具有初步共产主义思想的知识分子，为中国共产党的建立做了思想上、干部上的准备。

俄国十月革命

俄国二月革命以后，出现了两个政权并存的局面，一个是由窃取了革命果实的孟什维克和社会革命党人建立的资产阶级临时政府，它掌握着各级权力机构；另一个是工人士兵代表的苏维埃，它拥有实权，但它只是辅助性政权。由于资产阶级临时政府依然推行沙皇的政策，拒绝满足人民的和平与土地的要求，因此，布尔什维克还必须领导人民继续为退出帝国主义战争，为没收地主的土地，为把全部政权交给苏维埃而斗争。

1917年4月16日，列宁回到彼得格勒，并在党的会议上做了被称为《四月提纲》的报告，它指明了俄国革命的方向。7月，在临时政府的指令下，30多万俄军贸然向同盟国发动进攻，结果遭到惨败，10天内俄军损失6万余人。消息传到彼得格勒以后，群情激愤，50万群众走上街头，举行和平示威，要求全部权力归苏维埃，游行遭到临时政府的血腥镇压，史称"七月革命"。临时政府掌握了全部权力，开始大肆逮捕布尔什维克和革命群众，布尔什维克的活动转入地下。8月，布尔什维克党召开代表大会，确定了武装起义的方针，并粉碎了俄军最高总司令科尔尼洛夫的武装叛乱。

1917年秋天，俄国爆发了全国性危机，促进了革命运动的蓬勃发展。10月20日，列宁从芬兰秘密回到彼得格勒，亲自领导和组织武装起义。10月25日，根据党中央的决定，成立了革命军事委员会。11月7日上午，革命军事委员会散发了列宁起草的《告俄国公民书》，宣告临时政府已经被推翻，政权已转到彼得格勒苏维埃。晚上9点，随着停泊在涅瓦河上的"阿芙乐尔"号巡洋舰上的一声炮响，工人赤卫队和革命士兵立即向冬宫发起总攻。刹那间，起义部队潮水般冲进冬宫，与盘踞在宫里的敌人展开激战。直至深夜，终于全部占领了冬宫。彼得格勒的武装起义胜利了！

在彼得格勒起义的影响下，从1917年11月到1918年3月，社会主义革命在俄国各地先后取得胜利，全国各地相继建立了苏维埃政权，苏维埃俄国的首都也从彼得格勒迁到了莫斯科。十月革命的胜利为历史翻开了新的一页。它为当时处于同样遭遇的各国无产阶级树立了榜样。

共产国际的建立

十月革命胜利后,俄国共产党积极筹备建立第三国际。1918 年 1 月 24 日,俄共在彼得格勒举行了一些左派政党和国际主义者代表会议,建立国际局,负责筹备召开国际共产主义代表会议。会议还确定了出席代表会议的各党各组织的条件。到 1918 年底,成立共产国际的主张得到了许多左派政党组织的支持。1919 年 1 月,许多国家的共产党和左派政党的代表在莫斯科聚会,一致同意列宁提出的在近期召开国际共产党人和左派社会民主党人代表大会的建议。1 月 24 日,《真理报》发表了由俄、波、匈、奥、拉脱维亚、芬兰、巴尔干革命社会民主主义联盟和美国社会主义工人党代表联合签署的邀请书,建立共产国际的准备工作已大体就绪了。

1919 年 3 月 2 日,在莫斯科克里姆林宫里,来自 30 个国家 35 个组织的 82 名代表正式举行共产国际第一次代表大会。列宁在会上做了关于资产阶级民主和无产阶级专政的报告。3 月 5 日,大会通过了由列宁起草的《共产国际宣言》和《共产国际行动纲领》,号召各国无产阶级为夺取政权、实现无产阶级专政而斗争。3 月 6 日,大会选举了共产国际的领导机构——共产国际执行委员会和执行局。执委会又选出列宁、季诺维也夫、托洛茨基、拉科夫斯基和普拉廷 5 人组成执行局。

1919 年 3 月 6 日,共产国际成立大会,即第一次大会胜利闭幕。列宁在总结三个国际的历史任务时指出:"第一国际奠定了国际无产阶级争取社会主义斗争的基础;第二国际是给工人运动在许多国家的广大发展准备基础的时代;第三国际继承了第二国际的工作成果,消除了它的机会主义、社会沙文主义、资产阶级和小资产阶级的脏东西,并已开始实现无产阶级专政。"

共产国际成立以后,世界革命运动更加蓬勃地发展起来。苏俄取得了反对外国武装干涉和国内反革命叛乱的重大胜利。匈牙利和德国巴伐利亚地区一度建立了苏维埃共和国。欧美各国爆发空前规模的群众运动。中国、印度等亚洲国家兴起波澜壮阔的民族解放斗争。在革命高潮中,荷兰、丹麦、保加利亚、墨西哥、美国于 1919 年建立了共产党。希腊、西班牙、印尼、英国于 1920 年春夏也成立了共产党。在共产国际的领导下,世界范围内的无产阶级革命运动轰轰烈烈地开展起来,取得了巨大的胜利。

苏联的成立

1917 年 11 月 15 日,苏维埃政府公布了《俄国各族人民权利宣言》,宣布承认民族自决权,并主张各民族在平等、自主的基础上建立真诚的、巩固的联盟。1922 年,在各个方面均已经成熟的条件下,各苏维埃共和国的共产党都提出了关于国家的联合问题。12 月 30 日,苏维埃社会主义共和国联盟第一次代表大会通过了苏联成立宣言和成立条约。宣布根据自愿和平等的原则成立统一的联盟国家。苏共二大宪法规定,联盟有统一的国家政权、军队、法律和国民经济体系,有统一的国籍;各加盟共和国又有自己的国家政权机关、宪法,有自由退出联盟的权利。到 1956 年,苏联共有 15 个加盟共和国。

第三次英阿战争

　　1919 年 5 月 6 日,英国殖民军向阿富汗宣战。阿富汗国王阿曼努拉向英国宣战,第三次英阿战争开始。战争开始后,英军主要攻击目标是喀布尔,在开伯尔山口一线配置了优势兵力。阿富汗军队和部族人民在开伯尔战线发动了进攻,给英军造成很大伤亡。阿曼努拉及其外交大臣塔齐尔及时提出了停战建议。印度革命运动的热潮和伊斯兰教徒的声援,也为阿富汗人民的反侵略战争造成有利的形势。英国当局迫于这种形势,同意了阿富汗的建议。

　　1919 年 6 月 3 日,双方达成停战协定。同意维持以前的阿、印边界线。英方被迫在条约附录中承认阿富汗是"内政、外交自由的主权国家"。但英国迟迟不愿公开正式地承认阿富汗的完全独立。经过多次外交斗争,英国政府被迫于 1921 年 11 月 22 日同阿富汗缔结最后和约,承认阿富汗完全独立,放弃控制阿富汗外交的特权。阿富汗政府为了庆祝胜利,特意建立了一座独立纪念碑,碑座上用铁链拴着一头狮子,象征着被战败了的英国侵略者永远被锁在独立的阿富汗柱石之下。

智利人民阵线的成立

　　1929 年,世界爆发了严重的经济危机,这次危机使智利政局动荡不安。20 世纪 30 年代后,智利当局加强了与西方法西斯的联系。面对法西斯的威胁,智利共产党、社会党、激进党和劳工联盟等组成人民阵线,并推举激进党人塞尔达为人民阵线的候选人。1938 年塞尔达当选为智利总统,同时宣布智利为西半球第一个人民阵线政府。人民阵线政府成立后,宣布要改善劳动者的生活状况,大力发展民族工业,以及对农业进行援助等。人民群众的政治地位得到了大幅度的改善。1941 年,塞尔达辞职后,人民阵线开始解散。

大案要案

著名女间谍玛塔·哈丽之死

一战期间,玛塔·哈丽是巴黎红得发紫的脱衣舞女,但更是一位周旋在法、德两国之间的美女双料间谍,跻身历史上最著名间谍之列。然而,法国反间谍部门却指控哈丽用"枕边风"为德国人窃取情报,并给法国带来巨大损失,造成5万名士兵身亡。1917年10月15日,她因叛国罪被处死。

玛塔·哈丽原名叫玛嘉蕾莎·吉尔特鲁伊达·泽利,出生在荷兰北部莱瓦顿市附近的一个小镇。她父亲是位荷兰农场主,母亲是个印度尼西亚爪哇人。东西方混血的泽利,既有光洁的皮肤,又有一头东方人的黑发。然而童年并没有给她带来多少欢乐的记忆,父亲在破产之后便与母亲离婚,小泽利跟着父亲生活。

随着一天天长大,泽利出落得楚楚动人,既有东方的神秘风韵,又不乏白种女人傲人的身材。报上的一则征婚启事成就了她生命中首次也是唯一一次婚姻,丈夫是一名曾经离异的军官。泽利嫁进门后才发现,原来丈夫时常酗酒,并在酒后殴打她,更不幸的是他们的儿子由于中毒意外身亡。后来,泽利与丈夫离婚并争取到了女儿的监护权,可是不依不饶的前夫竟然不服法庭判决私下绑架了孩子。

1904年,孤身一人的泽利不名一文地来到了花都巴黎。为了生计,她不惜在一位巴黎剧院经理面前表演起了脱衣艳舞。在那个年头,很少有人的表演如此大胆,剧院经理立即被她这种"带有神秘东方气息的婆罗门艺术"给镇住了,当即拍板将她录用,并且还给她起了个艺名——"玛塔·哈丽",意即"马来人的太阳"。成了职业舞娘的哈丽从此越跳越红,成了当时巴黎红得发紫的舞星。1905年的《巴黎人报》如此评价道:"只要她一出场,台下的观众便如痴如狂。"

1914年,第一次世界大战爆发。德军统帅部的军官巴龙·冯·米尔巴赫在看到哈丽为几个工业巨头做即兴表演时,感到这是一块难觅的间谍好料。于是,"惜材心急"的他派人私下出价2万法郎诱她下水。天资聪颖过人的玛塔·哈丽很快将她的"表演"天才运用到间谍这一新行当里,利用自己无坚不摧的"强大武器"——柔顺的躯体,从那些贪图欢乐、迷恋女色的大臣、将军的口中源源不绝地套取情报。

最先发现哈丽与德军有染的,是潜伏在巴黎的英国秘密情报人员,由于当时英法两国同属协约国阵营,因此英国方面立即将这一重要情报捅给巴黎当时负责法国情报工作的乔治·劳德克斯上尉。劳德克斯上尉当机立断,招募哈丽为双料间谍,以德国间谍的身份为掩护,秘密为法国服务。

哈丽果然没有让劳德克斯失望，在不久之后她便引诱了一名德军上校上钩，并从后者口中得到了重要情报，随后又将其传递到了法国情报部门的手中。德军在蒙受重大损失后，严厉处置了那名泄密上校，并顺藤摸瓜地怀疑到与其有染的哈丽身上。于是，他们故意将玛塔·哈丽为德军服务的消息散布出去。

曾经风光一时的绝色女间谍玛塔·哈丽被法国情报部门以叛国罪的罪名逮捕。

哈丽最终被推上刑场，全因她被捕后的主审法官皮埃尔·波查顿所赐。波查顿历来都被认为是一位秉公执法、受人尊敬的大法官，可是面对哈丽的辩护律师提交上来的哈丽曾为法国窃取德军情报的事实却视而不见。原来，皮埃尔·波查顿由于妻子红杏出墙，时时处处表现出对所有女人的憎恨，这种憎恨之情对于那些"行为放荡的骚娘们儿"更是到了近乎病态的程度。在一张私人便条上，波查顿这样咬牙切齿地写道："可以想象玛塔·哈丽是如何成功窃取情报的，那些正襟危坐的高级军官们甭管思想如何警惕，在这个女人的强大攻势之下，防线将统统土崩瓦解。"

在波查顿眼里，女人一下子全成了"祸水"，作为当时混迹巴黎社交圈"花蝴蝶"的哈丽便顺理成章地成为波查顿的"报复首选"。于是哈丽曾经为法国方面提供众多德军情报的事实被刻意忽略，一纸判决书将她推上了刑场：一来为众多阵亡法军士兵报了"国仇"，二来也为法官波查顿报了对女人的"家恨"。

而当初将哈丽招进门的法国情报部门首脑劳德克斯上尉，一看哈丽被德国情报部门盯上，已经失去情报价值，为了挽回法国情报机构的声誉，不惜牺牲哈丽。在哈丽被捕受审期间，劳德克斯上尉刻意夸大这位红舞星在一战初期为德国充当间谍刺探法国情报的罪行，却只字不提 1917 年她反过来向法国提供德军情报的真相。由于一战开始的头三年里法国军队节节败退，法国政府面对国内舆论的巨大压力，处死玛塔·哈丽正好可以转移公众视线。

1917 年 10 月 15 日，面对荷枪实弹的行刑队，哈丽穿着心爱的红舞鞋，若无其事地踏上了最后的死亡之旅。在巴黎郊外一块叫作万森的多边形空地上，刽子手们开始瞄准射击。迎着呼啸而来的 11 颗子弹，这位 41 岁女人的脸色没有丝毫慌张，相反，她挺起了胸脯，从容地等待死神的降临。

玛塔·哈丽被处死后，她的头颅一直被保存在巴黎阿纳托密博物馆，经过特殊的技术处理后仍保持了她生前的红唇秀发，像活着时一样。2000 年，玛塔·哈丽的头颅不翼而飞，据说是被她的崇拜者盗走了。

玛塔·哈丽到底是叛国者还是爱国者？是英雄还是叛徒？也许只有历史可以解答。

"纳粹女星"的辉煌

俄国著名作家契诃夫的侄女奥尔加·契诃夫娃曾经是风靡全德国的电影明星，还是纳粹元首希特勒最喜爱的女明星之一。然而希特勒到死都不知道，奥尔加竟然是苏联的一名超级间谍，她凭自己的容貌迷倒了众多纳粹高官，并窃取到了许多纳粹核心机密。

奥尔加·契诃夫娃 1898 年生于沙俄高加索地区，她的姑妈是俄国著名作家契诃夫的妻子，同时也是莫斯科艺术剧院中最著名的女演员。16 岁那年，出落得如花似玉、美艳惊人的奥尔加来到了莫斯科，在姑妈家中认识了年轻英俊的米沙·契诃夫。米沙是契诃夫哥哥亚历山德拉的儿子，当时是莫斯科艺术剧院的一名年轻演员。富有表演天才的米沙一下子就将情窦初开的奥尔加给迷住了，她无可救药地爱上了他。喜欢追求女孩的米沙自然不会放过这个崇拜他的小表妹，认识没几天，他就甜言蜜语地向奥尔加求婚。1914年9月，奥尔加决定，从姑妈家中带上护照、手提箱和一件新睡衣悄悄离家出走，与米沙两人到莫斯科的一座教堂中秘密结了婚。

奥尔加从此就居住在了米沙的公寓中，他们的秘密婚事让双方家长大为震怒。而此时，婚后的奥尔加却发现米沙远不是她想象中的"白马王子"。除了酗酒外，他还是一名花花公子。更糟的是，奥尔加此时已经怀孕了，当她说想把孩子生下来时，米沙耸耸肩离开了家。悲伤的奥尔加回到姑妈的家中，几天后当她再返回米沙的公寓时，却听见卧室里面传出淫荡的笑声，她用力推开门，发现米沙带了一个新女友回到了家中。

1916年9月，奥尔加生下了一名女婴，她将女婴送回了自己父母身边。不久后，俄罗斯迎来了十月革命。1920年，年仅22岁的奥尔加离开父母和女儿，孤身一人登上了莫斯科比罗路斯基车站的一列火车，踏上了前往德国柏林的旅程——她想到异国寻找新的生活。

初到柏林的奥尔加立即撞上"大运"，来自契诃夫家族的背景和她出众的美貌一下子吸引了德国影界巨人爱里克·波默的注意。此时奥尔加正好得知德国导演弗雷德里奇·穆瑙正在为他的一部新无声电影《沃吉洛德城堡》寻找女主角，她立即向穆瑙"毛遂自荐"，谎称自己是莫斯科艺术剧院的一名演员，俄国戏剧大师斯坦尼斯拉夫斯基曾亲自训练过她。奥尔加凭借她大文豪契诃夫的亲戚关系成功地当上了女主角。这部电影后来获得了巨大的成功，姿色艳丽、风采迷人的奥尔加立即成了德国电影界的一颗新星。

此后，她以每年8部的数量连续拍电影，奥尔加成了众多德国人心中的偶像，其中一名崇拜者正是阿道夫·希特勒。希特勒向奥尔加发出郑重邀请，请她共进晚宴。

自纳粹上台后，奥尔加就成了纳粹宣传电影中的王牌主角，希特勒经常邀请她参加各种各样的纳粹高官宴会，风采迷人的奥尔加吸引了众多纳粹高官的目光，纳粹宣传部长戈培尔更是称她为"最迷人的女人"。

希特勒做梦也想不到的是，他最喜爱的这名"纳粹女星"已被苏联秘密发展成一名超级间谍——纳粹德国的高级军事机密就这样在毫不知情中通过奥尔加的耳朵传到了克里姆林宫中。

奥尔加如何成为苏联间谍的经过一直是个历史谜团。但很有可能是奥尔加的哥哥莱夫·克尼普亲自将妹妹发展成为一名间谍的。莱夫·克尼普曾是沙皇军队中的一名军官，十月革命后，莱夫·克尼普被免除一死，转而投效苏联情报机构，当时他的主要任务之一就是监控出逃德国的沙俄余孽。莱夫来到柏林后，将妹妹招募成为一个"沉睡的间谍"。

目前尚不清楚当年纳粹德国有多少生死攸关的秘密经由奥尔加悄悄传到了克里姆林宫的案头。但有一点可以肯定的是，直到二战结束，纳粹德国和整个西方情报机构都没有察觉到奥尔加的苏联间谍身份，希特勒至死也不知道他竟然被自己最钟爱的"纳粹女星"给出卖了。

苏联红军攻陷柏林后，苏联情报局首脑维克多·阿巴库莫夫秘密派出一架飞机，将奥尔加接回了莫斯科。

阿巴库莫夫将奥尔加接回莫斯科是为了对她进行审问，因为苏联情报机构怀疑她可能做了双重间谍。在那次审问中奥尔加和阿巴库莫夫之间到底谈了什么，研究者已经找不到任何相关的档案记录。不过那次"审问"后不久，奥尔加返回德国，在慕尼黑开了一个化妆品公司。1980年，奥尔加以82岁高龄去世。

暗杀斯大林

美国《生活》杂志40年代末发表过一篇文章，称斯大林是20世纪上半叶世界上受到保护最佳的三人之一，此话不算夸张，下面请看实例。斯大林一次去别墅时，他的车险些被炸，幸亏事先听从了贝利亚的劝告，中途换了车，才免去了桥断车毁的危险。还有一次坐游艇时，因为事先没有通知岗哨，哨兵开枪示警，贝利亚"奋不顾身"用自己的身体掩护了斯大林。这两件事让贝利亚捞了政治资本，所以，有人怀疑这是野心家贝利亚为了讨好斯大林而故意安排的。

斯大林的确有过几次险情，不过都被苏联反间谍机关化险为夷了。

1938年哈桑湖畔发生大规模军事冲突期间，日本特工机关把部分白匪军编成敢死队，准备让他们潜到斯大林洗温泉澡的马采斯塔疗养院。苏联特工机关得到情报后，在敢死队越境时把他们一网打尽。日本特工机关又于1939年策划了新的暗杀行动——在"五·一"游行观礼

斯大林

时，利用放在列宁墓的定时炸弹炸死斯大林。苏联特工机关从内线得到消息后，又避免了这场灾难。德国军事情报局也不甘落后，他们千方百计地想杀害斯大林，以挽救自己失败的命运。第一次是1944年，计划由德国外长利用出席国际会议的机会下毒手。武器是外形像钢笔的枪，它能射出大口径子弹，有效射程6米至8米。后因德军被打得一败涂地而没有机会。同年8月，德国策划了一次更为凶险的暗杀行动。担任行刺的主角是前红军军官波利托夫，他1942年被德军俘虏，在德国军事情报局特工学校深造，受过特别训练。暗杀计划有两个方案。第一个是用穿甲弹打斯大林的专车。德国情报局的科研人员特意研制出了能在300米内穿透45毫米厚装甲的短筒无后座力炮，它可以固定在右臂上，用按钮发射。第二个方案是用大爆破力磁性定时炸弹，放在斯大林接见前线归来英雄的高级指挥官会议室里。为了便于行动，波利托夫改名为"塔夫林"，成了苏联方面军"斯梅尔什"反间谍机关的少校，战功累累，荣获过"苏联英雄"称号、五枚战斗勋章和两枚奖章，勋章和奖章是从阵亡的苏军将士身上取下的，货真价实。为了让一切都做得天衣无缝，德国甚至伪造了登有苏联最高苏维埃颁奖令及"塔夫林"照片的《真理报》和《消息报》。

"塔夫林"的助手真名叫阿达米切娃，她装成"塔夫林妻子"，实为他的报务员和译电员，随身带有伪造的去"斯梅尔什"出差的证明。一切都做得十分严谨，可惜几个小小的

疏忽却让这个严密的暗杀计划最后落了空。"塔夫林"在里加定制了一件苏式皮衣,要求袖子和口袋都又宽又长。接活的裁缝是苏联反间谍机关的情报员,他在"塔夫林"试衣后跟踪,见他进了德国军事情报人员经常出入的旅馆,于是就把一切通知了上司。"塔夫林"成了苏联的注意目标。第二个意外是先遣部队被苏联军人抓获,这批人供出还有一架飞机要送人来,说出了降落地点。苏联方面用电报发出了假消息:一切正常,接机工作正在按计划进行。狡猾的德国军事情报局居然没有看出破绽,于1944年9月5日派了一架甚至能在农田里着陆的阿拉多—332式飞机送"塔夫林夫妇"进苏联。警惕的防空兵在敌机入境时开炮,飞机被击伤。飞行员只得改变着陆地点,在伸手不见五指的黑夜,侥幸降落成功,虽然飞机又多了几块伤疤,人员总算无恙。"塔夫林夫妇"坐上随机带来的苏制摩托车,向莫斯科进发。

苏联反间谍机关在原定着陆地点扑了空,十分不安,立即下令对通往莫斯科的路口加强警戒。"塔夫林夫妇"乘坐的摩托车在勒热夫区被哨兵拦住,检查证件。一切正常,哨兵准备放行,只是顺便问了一句:"少校同志,您从哪儿来的?""塔夫林"不知着陆地点为何地,只得谎称从某地(即原定着陆地点)。从该地到勒热夫区少说也有4小时的路程,而且当晚阴雨连绵,可是摩托车干干净净,两人的衣服也都是干的。哨兵不动声色地说:"请您到队部去盖个章,否则到下一个哨卡还要补办。这是章程,请原谅。""塔夫林"夫妇点点头,跟哨兵去了队部。哨兵趁"塔夫林"夫妇办手续之机,从摩托车上查出了短筒炮、皮衣、7支手枪等暗杀工具,这次行动也泡了汤。德国军事情报局绞尽脑汁,又造出了杀伤力极强的炸药,它外表如一小团赃物,用只有一包香烟大小的短波发射机起爆,遥控距离可达7英里。这项任务落到了两个苏军俘虏身上,其中一个同斯大林车库的机械师是朋友,行动就更方便了。只要设法把炸药放到斯大林的车上,就万事大吉了。可是两人被空投到斯大林总部所在地后就杳无音讯,或许被抓,或许自首。总之,暗杀没有成功。

柏林隧道窃听案

1951年发生在维也纳的"银子"行动,1953年在柏林又重演了,这一次,中央情报局给它取的代号是"金子"行动。

早在1948年,美国军事情报机构和中央情报局就想要窃听苏联和东欧国家之间的电话。美国方面认为,窃听苏联人的电话可填补收集情报上的空白点。据一些在第二次世界大战结束时去苏联工作、后又回到西方的德国科学家反映,苏联的一些最机密的通讯采用了超高频信号传输技术。因为平时习惯使用的长、短波无线电通讯容易遭到敌方的拦截而被窃听,所以苏联和美国一样,又恢复使用陆上通讯线。在他们看来,只要陆上通讯线没有被人分路搭线,它将是一种绝对安全可靠的通讯工具。中央情报局已经从"银子"行动中尝到了甜头,而今"冷战"正在升级,他们期待着在"金子"行动中狠狠地捞一把。

中央情报局电讯专家卡尔·纳尔森在维也纳工作时发现,通过特殊的手段,可以从电缆线上把加了密的电讯号的回波收集下来,再通过技术处理,可以把它还原成清晰的通讯内容。中央情报局准备把纳尔森的新发现应用于窃听苏联和东欧国家的陆上通讯线,中央情报局一旦在这方面取得突破,这将使新成立的靠拦截无线电通讯收集情报的国家安全局的工作相形见绌。

1953年,中央情报局在华盛顿举行专题研讨会,研究如何在东德窃听苏联人的陆上通讯线。实际上,英国情报机关比美国中央情报局早一步想到要利用东柏林这块敏感地区来打苏联人的主意,他们曾向中央情报局提出过采取联合行动的建议。这次研讨会上,中央情报局便邀请了英国情报人员参加。讨论的话题是如何在柏林下手。苏联与东欧之间最重要的一些通讯线集中在柏林,要是能在柏林的通讯线上安装窃听设备,即使窃听设备被苏联或者东德人发现,他们也只会以为是一些加了密的电讯被窃听了,而这种电讯无法破译,他们会感到无所谓的。别说苏联人对纳尔森发现的"回波效应"窃听技术毫无所知,就连中央情报局的情报伙伴英国人也蒙在鼓里,不知其中奥妙所在!只有中央情报局内部的少数人知道此事。当杜勒斯局长仔细地听取了纳尔森"回波效应"技术汇报后,他立即认定了这项新技术的重要的使用价值。然而,菲尔比事件在杜勒斯的脑海里记忆犹新,他担心英国会出现第二个菲尔比,后来的事实证明,杜勒斯的担心并不是多余的。所以在采取行动之前,杜勒斯下令:"鉴于安全利益的需要,在柏林搞的工程中,要尽量少写书面材料。"因此,在"金子"行动整个过程中,中央情报局始终没把"回波效应"技术透露给英国人。但是,毕竟英国人搞窃听的手段要比美国人高明,杜勒斯便同意在柏林和英国人合作。中央情报局的其他官员也认为,英国情报机关分析情报的能力很强,而且对情报的质量也非常讲究,他们对于收集到的有关苏联的军事、政治情报往往能做出正确的判断,美中不足的是,英国缺少情报来源,他们也想依赖美国的情报机关来获取情报。无形中,英美两国达成了默契,中央情报局准备把在柏林窃听到的材料分一半给英国情报机关,供他们分析研究。

中央情报局根据"银子"行动中积累的一些经验,研讨会后不久便制定出了行动方案。组织者准备挖一条长约1476英尺,直径为78英寸的隧道,延伸至东柏林,拦截在卡尔斯霍斯特的苏联空军司令部与柏林连接的陆上通讯线。隧道底部离地面20英尺,顶部离地面13.5英尺,准备从西柏林南郊的阿尔特格里尼克开始钻孔打洞,因为该地区云集着低矮的棚屋和板房,这是来自东德的难民用旧材料和破砖瓦搭建而成的,在这里钻孔打洞,完全可以避人耳目。杜勒斯批准了这个方案,"金子"行动便秘密地展开了。这的确是一项十分繁重而又复杂的工程。要挖的隧道正好处在苏联驻军和东德巡逻队的脚下,挖掘时,不能发出一点声音。从隧道里挖出的泥土必须神不知鬼不觉地运走。隧道的入口处要尽可能建得小一些,以免引起旁人注意而被暴露。下面在挖掘时,不能使上面的路面塌陷下去,否则将会留下痕迹。一旦隧道建成后,在近乎封闭的隧道里,要安装不少的电子窃听设备和变压器,它们在工作时会散发出大量的热量,这些热量不能及时地排除出去,势必会影响隧道里的机器和设备。这样的话,隧道里必须要有通风装置,但是在这样长的隧道里分段将通风管引向地面,很容易暴露出来,因此,只好改为从隧道入口处压入新鲜空气,让空气沿着隧道行一个来回,然后从隧道口排出,同时在隧道内还得安装空调设备。所以要完成这项工程,面临的困难是可想而知的。

与苏联间谍打了多年交道的中央情报局高级官员比尔·哈维在柏林全面指挥隧道的挖掘工作。中央情报局和英国情报机关做了如下分工。中央情报局担负的工作是:一、选择场地,使隧道的位置正好处在苏联驻军的电缆线下面。二、录下所有收集到的电讯信号。三、把所有电讯材料送到华盛顿处理。英国情报机关的任务是：一、建造通讯管道。二、在苏联的电缆线上搭线，将有用的信号输送到隧道顶端的窃听室录音。三、帮助在现场再建立一个处理录音材料的工作室。为了确保隧道的挖掘工作万无一失，英美双方分别做了可行性试验。美国中央情报局的试验在科罗拉多州进行，主要试验挖掘技术和通讯技术，试验结果令人满意。有关人员估计，只要投入足够的财力和人力，完全有把握大功告成。据初步估计，要消耗2500万至3000万美元。英国情报机关的试验工作在朗莫的皇家工兵部队进行，他们先在地下挖一段隧道并建造了一个窃听室，然后让盲人在隧道上面的地面来回走动，看他们是否感觉到脚下有何异样的情况，试验的结果同样令人满意。

　　隧道的工程正式开始。在柏林的美国工兵部队先在距东西德交界处100多码的地方建了一个半露出地面的地下大仓库，目的是容纳从隧道里挖出的3100多吨泥土。从表面上看，在这个大仓库里进进出出装有电子仪器和泥土的车辆，会被人误认为这里将要建造一个无线电雷达拦截站。当苏联人得知自己的无线电通讯受到西方情报机关的拦截时，他们一点都不在乎，因为凡是重要的通讯他们都加了密，从他们的观点来看，只要密码系统没有受到损害，通讯将是绝对安全可靠的。中央情报局正是利用了苏联人的这一想法，建立伪装的雷达站，以此来迷惑苏联人。事实证明，苏联人确实上当受骗了。

　　乔治·布莱克是英国军情六局驻柏林的高级官员，后来发现，他是一名苏联间谍。布莱克在柏林的隧道建成后，对隧道之事有所了解，不过他不知道美国情报机关应用了纳尔森"回波效应"的新技术，来窃听苏联人的电讯。也许布莱克把柏林隧道的秘密告知了克格勃，然而，苏联人并没有采取紧急措施来阻止中央情报局的秘密行动，因为苏联人认为自己的密码系统绝对安全可靠，为了不使"鼹鼠"布莱克暴露，因此，不急于把秘密隧道揭露出来。

　　在隧道挖掘过程中，各方面的配合十分密切，有专人观察周围的动静，每当东德的巡逻队从隧道上面经过时，下面的挖掘工作便戛然停止。在挖掘过程中碰到的又一难题是必须测量挖掘的位置。从来没有人在如此隐秘的情况下挖掘如此长的隧道，而要对准的目标却是直径只有2英寸的电缆线。为了能测出精确的挖掘位置，中央情报局人员假装在东西柏林的交界处打棒球，他们故意把球远远地打到东德管辖的区域，然而这一把戏却被持友好态度的东德卫兵破坏了。他们见有球过来，便把球又抛回西区。无奈，最后只好让两名中央情报局人员化装成美国兵，驱车去东柏林执行公务，他们在预定的地点停车，假装车胎漏气，要换车胎，借此机会，冒着风险，把两个小型无线电发射器留在选择好的位置，这才使挖掘隧道的人有了比较精确的方位。

　　苏联的电缆线埋在朔纳费尔德公路的一侧，离地面约18英寸，直径为2英寸。朔纳费尔德公路是连接东柏林和卡尔斯霍斯特的主要公路线，交通十分繁忙。隧道和附设的窃听室就建在公路的下面，通风管道必须尽量贴近路面，为了能承受来回车辆的巨大压力，隧道、窃听室和通风管道的结构必须非常坚固。除此以外，窃听室的绝缘要求也很高，否则，公路上车声隆隆，下面的窃听室就像装在一只大鼓里，四周尽是打闷雷的声音。尽管动了不少脑筋，实际使用时的效果仍不能令人满意，以至多次发生使人担惊受怕的事情。一次，一匹马正巧从窃听室的上面走过，马的铁蹄发出异样的响声传入窃听室，在室内工作的人员以为发生了不测事件，引起了一场虚惊。又有一次，那天清晨浓雾弥漫，天气寒冷，窃听室的传声器连续不断地发出有节奏的声音，窃听室的人不知道上面又发生了什么事，束手无策，直到迷雾驱散后，才知道东德的警察正好在窃听室上面设了一个临时检查站，检查来往的机动车辆，声音正是值岗的警察跺脚取暖时发出的，又是一场虚惊。

从1954年8月至1955年2月25日，中央情报局在英国情报机关的协助下，用了7个月左右的时间，终于把隧道挖掘成功。为了防止隧道里面的潮湿空气影响电子设备的正常运转，隧道与其毗邻的窃听室进行了隔绝，使窃听室成了近乎封闭的独立小屋，并在窃听室外面15码处，安装了一扇钢筋混凝土的坚固大门，门上用德语和俄语写道："禁止入内！"安装这扇门是有道理的，中央情报局也估算到这条秘密隧道迟早会暴露，一旦被发现，有人沿着隧道查到门前时，便无法继续向前，窃听室的人就可以利用这点时间做手脚。

中央情报局原先估计，在电缆线上窃听到的通讯量不会很多，后来才发现，苏联的三条陆上通讯线都包含一路有线电报线和四路电讯线，每路线可同时被四方面使用，各条线路上的通讯量都很大。于是，在大仓库里放置了600台录音机，把所有的通讯内容全部录下来，这样，平均每天要使用800盘录音磁带。录音室里的工作确实非常繁忙，机房里工作人员的汗水，录音机散发出来的热量，增加了录音室的潮气，有好几次，不得不中断录音工作，用空调设备来排除室内的水汽。

每星期，中央情报局派出专机将录音磁带运回华盛顿处理，然后将材料分送到中央情报局和英国情报机构，供翻译和分析人员翻译研究。中央情报局里50名精通俄语和德语的翻译在一间面积为45平方英尺的密室里从事翻译工作，人们给这间密室起了个绰号"袜厂"，因为在这幢房子的四周看不见窗户，钢材把四面围了起来，远看就像个织袜机。如此设计这幢房子的目的是，防止室内电子讯号向外散射，被外界收去。翻译人员有严格的保密纪律，这里的负责人对每个来这里工作的人叮嘱："不要打听你翻译的材料是从何处来的。"翻译工作确实十分辛苦，材料堆积如山，他们只好每隔两星期休息一次。后来隧道被苏联人揭露了，"金子"行动不得不终止，然而积压下来的材料花了2年5个月的时间才翻译完毕。

除了华盛顿总部设有大规模的材料处理和材料翻译分析的工作班子，在柏林现场还配备了一支监听人员队伍，这是为了防止一些有时间性的重要情报失去时效。中央情报局的监听人员用经过改装的被他们称之为"野蜂"的苏式译码器，将一些苏联人的电讯在现场打印出来，这种译码器每分钟可打印100个字，然后，再将这些打印材料送交在现场的俄语和德语翻译处理。

1955年4月21日，中央情报局从苏联人的电缆线上窃听到了第一次有价值的通话。在后来不到一年的时间里，他们又窃听到了许多有重要价值的情报，如发现英国在柏林的情报机构里有一名苏联间谍，经侦查，这个间谍就是前面提到的乔治·布莱克，杜勒斯立即把此情报通知了英国情报机关。又如，从一次正常的电讯材料中，证实了东德的铁路线处于严重失修状态，根据这一消息，中央情报局的分析人员排除了苏联会突然向柏林发动进攻的可能性。另外，综合了许多军事通讯后，掌握了苏联武装部队的行动情况和布防安排。还有，从收集到的大量初级、次级情报中，中央情报局综合出苏联、东德两国的政治、现有政策等状况，对此，做出了正确的判断。通过"金子"行动，最主要的收获是：美国对苏联是否有向西方发动进攻的意图有了事先的了解。

然而，好景不长，秘密隧道只被使用了 11 个月又 11 天，就被苏联人发现了。根据中央情报局掌握的情况，苏联人最初发现隧道纯属巧合。中央情报局在隧道终止使用后写了一份报告，说明了这一情况："柏林隧道的暴露，超过了我们力所能及来弥补的可能性。苏联人发现有一根电缆线因长期受到雨水的侵蚀，工作性能差，工作状态欠佳。水气渗透到电缆线内，使电缆传递讯号的功能失灵，于是，他们动手把电缆线挖出来检修，这才发现电缆线被人搭线窃听了。"

"金子"行动的主要组织者们最初断定，即使苏联人发现了秘密隧道，他们也只好哑巴吃黄连，把此事掩盖起来。对这一点，美国人很自信。苏联人不会公开谴责美国人窃听了他们上层人物的电话和机密通讯，这样做，只能使他们自己丢脸显丑。处于冷战时期的美国情报机构，能在柏林成功地挖掘了一条秘密隧道，公众将会认为这是情报战线的出色战绩。然而，结果和"金子"行动的组织者所预料的恰恰相反。美国人认为，这也是偶然发生的。

1956 年 4 月 21 日，柏林卫戍区的苏军司令正巧外出，由代司令主持日常工作。不知这位司令是忽视了莫斯科方面发来的指示，还是不了解莫斯科的意图，他竟然草率做出了决定，向柏林的记者们介绍了如何发现中央情报局的秘密隧道的经过，还让记者们参观了隧道和里面的各种设施。顿时，这成了特大新闻，出现在世界各大报刊上。值得中央情报局欣慰的是，世界各地所引起的反应却是偏向美国。有的报刊称颂："这是现代间谍史上的奇迹。"1956 年 5 月 1 日，《华盛顿邮报》以"爱的隧道"为题发表了社论，高度赞扬了中央情报局特工的聪明才智。5 月 7 日，《时代》周刊以"充满奇迹的隧道"为题目，介绍了柏林隧道的情况。

波士顿杀人狂

安娜·斯利瑟出生于苏联拉脱维亚共和国。1950 年，她带着两个孩子来到了美国，到 60 年代，她搬到了波士顿。她的女儿已于 1960 年结婚，并迁往马里兰州，所以，安娜和她的儿子朱里斯住在一起。1962 年 6 月初，她搬到了距交响乐厅很近的格斯巴拉夫街的一幢三层公寓里。因为在那儿，安娜可以沉迷于她所钟爱的古典音乐之中。

6 月 14 日，朱里斯·斯利瑟到新寓所看望他母亲，他敲了敲门，但是，正如他后来在电视报道中讲的一样，"使我惊奇的是，没有任何回音，因此，我等了一会儿，但是，半个小时或 40 分钟过去后，我觉得肯定是出了什么事，所以我试图找到公寓管理员，以便进入母亲的房间。"

但是朱里斯没能找到管理员，所以他只得使劲撞门，门倒不难撞开，他只撞了两下，门就开了，他找了两间屋子都没有看到他母亲。接着，他去了厨房，他看到，安娜仰面躺在地上，身上除了敞开的浴衣外什么也没有。她的脖子上绕着用她的衣服拧成的蓝布条，并紧紧地打了个蝴蝶结。

朱里斯·斯利瑟马上报了警。起初，他怀疑他母亲是自杀，但是，詹姆斯·马龙警探认为这更像是谋杀，詹姆斯注意到浴缸放了三分之一的水，所以他假定当有人袭击安娜·斯利瑟时，她可能正要去洗澡。他的怀疑得到了证实，验尸报告表明安娜遭到了性骚扰，并被人勒死。

开始时警察认为,有人企图抢劫,破门而入,但他发现安娜·斯利瑟准备洗澡,所以对她进行了性骚扰,后来由于害怕继而杀害了她。这种假设符合一些事实,但不是全部,因为没有任何破门的迹象,而且也没有任何东西被偷走;另一方面,第二种假设也不能成立,因为众所周知,安娜·斯利瑟很内向,没有一个男性朋友,所以她不可能只穿着浴衣,而且也没戴假牙,就开了门让某人进了她的公寓。对于警察来说,这起谋杀真是很令人费解。

1962年6月30日的另一起谋杀,可以解开部分疑团,即安娜遇害两周后,另一名68岁的妇女尼娜·尼考斯的尸体被发现。尼娜也是被勒死的,她被凶手用她的尼龙丝袜勒死,丝袜还是系成了蝴蝶结形。她的便服和衬裙被掀到了胸部,她房屋的东西已被翻动过,但看起来没有什么东西丢失,甚至那架很昂贵的照相机也不曾被拿走,这一切暗示着罪犯的动机不是抢劫。尼娜·尼考斯是在和她妹妹通电话时,被敲门声打断去开门的。但她并没有再回来继续她的电话,所以她妹妹打电话给尼娜公寓的管理员,这位管理员去查看时,发现了尼娜的尸体。

同一天,一名叫海伦·布里克的妇女又在离波士顿几英里远的里恩城被谋杀,但她的尸体几天后才被发现。海伦65岁,退休前是一名护士,她被凶手用尼龙丝袜和胸罩勒死,胸罩带勒在她的下巴底下,她窒息而死。

同样在6月,在阿尔伯特·德萨瓦已被认为是杀人狂而被抓之后,80岁的玛利·穆勒又被杀害了。

在这些受害者身上有些共同点,安娜·斯利瑟是个55岁的离婚妇女,并且没有男性朋友,她喜欢古典音乐;比安娜大12岁的尼娜·尼考斯,丈夫死了20年,很友善,但也没有男性朋友;海伦·布里克曾有过很短暂的婚史(1927年婚姻就结束了),也没有男朋友,据说她也喜欢古典音乐。

无论凶手是谁,他杀人的动机就是杀人,他就是我们现在所说的惯犯,但在60年代的美国,这一现象还没有被广泛地意识到,新任波士顿警察委员会委员爱德华·姆斯纳马若评论说:"我的上帝,我们放跑了一个疯子。"这也许表达了波士顿警方和公众共同的感觉。

由于报纸的报道和推测,恐惧突然之间降临波士顿城,这些报道给了凶手各式各样的名字:"杀人疯子""杀人幽灵""夕阳杀手"。那些推销员和社会调查员突然发现所有的门都紧闭着,人们都买来猎狗进行防卫。商场里也没有足够的保险锁和安全工具来满足顾客的需要,一位制锁工告诉记者,"我们从来没有卖出过这么多锁(各种各样的),工厂已经精疲力尽了。"

8月21日,在海伦·布里克和尼娜·尼考斯遇害几乎一个月后,又一起令人震惊的谋杀案发生了。在波士顿宁静的西郊,退休护士伊达·伊里格被人勒死在她那紧锁着的五层公寓里(警察认为凶手可能是从邻近的屋顶上翻过去的),尸体裸露着,以至于任何一个走进公寓的人第一眼都会注意到,这又和杀人狂联系在一起,伊达·伊里格已经死了两天了。

8月30日,67岁的退休护士珍妮·修利文遇害身亡,法医报告显示,这个受害者和伊达·伊里格死于同一天。

波士顿是一座风景秀丽的城市,它拥有世界闻名的波士顿交响乐团、红裤子棒球队,它悠久的历史可以追溯到殖民地时代，当时印第安人称此地为肖马特。1630年，英国殖民者在这里建立了城市，命名为波士顿。之后，它成为马萨诸塞州的首府和新英格兰最大的城市。它是马萨诸塞海湾的天然优良海港，并成为主要的手工业地区，然而到了20世纪50年代，由于纺织业和皮毛制造业非常萧条，所以大量的手工业工厂倒闭了，这使得波士顿城的港口及商业很快衰败下来，人口也大量流失。政府试图重新恢复城市的繁荣，而且确实在阻止经济继续萧条上有了显著的成效，直到杀人狂的出现。

这种新的威胁又破坏了波士顿的恢复计划，每一起谋杀案都受到广大公众的关注，然而警方和新闻调查又显示了清教徒的弱点，所有波士顿警察局警察的假期都被取消了，他们新制订的计划也是这个城市历史上最大的追捕计划。姆斯纳马若警官组成了一个特别行动小组，他们的任务就是调查谋杀案及抓住凶手，这个小组调查了最近被放出的精神病患者、性犯罪者，而且咨询了精神病医生。根据这些，他们画出了一幅凶手画像，今天我们称之为"心理肖像"。精神病医生把凶手定为18~40岁之间的男性，他们分析此人肯定心里苦闷，并且有恨母情结，所以他总是袭击老年妇女。

杀人凶手的下一个受害者摧毁了这一推断，因为这一次是一个20岁的姑娘，这使得警察不得不放弃心理肖像，再重新开始。这起凶杀案发生在1962年12月5日，受害者名叫索菲亚·克拉克，是一所医学专科学校的学生。她是第一名黑人受害者，住在波士顿后海岸地区。与其他受害者不同的是，她被强奸了。

同月31日，23岁的帕特里夏·比塞提被人杀害，她同样住在后海岸地区。奇怪的是，她的尸体被掩埋了，同时发现她已有一个月身孕。

5个月过去了，表面上看一切风平浪静，再没发现一起谋杀案，尽管阿尔伯特·德萨瓦后来自称在1963年3月杀害了69岁的玛丽·布朗，但是她的死和杀人狂的时间不太吻合。另一起谋杀案，官方声称和杀人狂有关，那就是23岁的巴娃丽·萨蒙斯的死，她的尸体是在1963年6月3日被发现的。她被强奸而后勒死，而且被刺伤了喉咙。她是一名戏剧学院音乐班的学生，同样，她和护理也有些联系，她是医院的音乐治疗者。

案情变得越来越复杂：随着凶手目标从老年妇女转移到年轻妇女身上，他的画像被彻底推翻了；从性骚扰到强奸这种转变是奇怪的；还有在一段时间的沉默之后，凶手的躁动不安也是令人无法理解的。

1963年9月8日，发生的案件又一次改变了新的模式，这次的受害者是一名58岁的妇女，名叫伊芙兰·考宾。伊芙兰已经离婚，但相当富有吸引力，看起来比她实际年龄要年轻。她是一家工厂的工人（和医院没有任何联系），独身一人居住。

1963年11月23日，情况又有所改变，受害者又成了年轻妇女，这次受害者名叫琼娜·格拉夫，一位23岁的女设计师。她是一家星期日学校的教师，她是被凶手用紧身衣勒死的。她的死更加加剧了这座城市的悲伤和震惊。由于几天前，约翰·肯尼迪总统在得克萨斯州的达拉斯市遇刺身亡，琼娜·格拉夫被杀害时，正在看有关总统被暗杀的电视新闻报道。

一个月之后，即12月，又有一名女子被害。这次是个19岁的女秘书，玛丽·修利文，她被谋杀的细节非常令人感到恐怖。她的尸体被恶意破坏了，并且被摆成一个可怕姿势，凶手还在她的脚趾间放了一张新年卡。

在这个案件中，一共有5个警察局介入。在玛丽·修利文被害两周后，司法部长埃德华·布鲁克宣布,今后的调查将在司法部助理部长约翰·博特姆利的领导下协调进行。博特姆利的第一项措施就是设立了一个清理办公室,要求所有的法律执行委员会把关于这个案子的所有文件都送到他那儿。他共收到了37.5万页的资料,并把这些资料输入计算机中进行分析。

同时,调查并没有因为这种新的调查方法而停止。1964年1月29日,当局把荷兰著名的通灵大师彼德·贺考斯请到了波士顿。贺考斯的到来一方面振奋人心,另一方面他关于凶手的描述,也使警方陷于困惑之中。贺考斯得到的信息,都不是从正常的渠道得来的,而是靠自己的"通灵"。最后,警察审问了贺考斯描述的嫌疑犯,但是,这个嫌疑犯有当时不在场的确凿证据,贺考斯只得回家了。

下一轮的谋杀又开始了,这次主要发生在环绕着新英格兰的地带,包括康涅狄格州、马萨诸塞州、新罕布什尔州和罗德岛。在短短的9个多月中,发生了近300起性骚扰案件。袭击者因为经常穿着一条绿色的工装裤,所以被称为"绿衣人"。此人能悄悄地溜入那些妇女的房屋,然后进行性骚扰,有时会强奸她们,最终,一名受害者认出"绿衣人"就是警察知道的"身材测量人"。

在一部电视连续剧的一集中,罗伯特·卡明斯主演一位摄影师,试拍时,他需要很多模特并要为她们量身材,所以他们找到一个名叫阿尔伯特·德萨瓦的人,并叫他在学校附近和居民区多转转。德萨瓦以模特公司经济人的身份,很快就和一些妇女打得火热,有时,凭着他的魅力和诙媚,他可以骗一些妇女上床,有时,她们仅仅穿着内衣让他量身,有时,一些妇女穿着衣服。警方开始注意到这个"身材测量人"是因为他们接到电话说他没有带回任何曾许诺下的合同。警察最终逮捕了德萨瓦,并控告了他,原因就是他是"身材测量人"。德萨瓦被送进监狱11个月,1962年他被释放。

现在,警方又盯住了德萨瓦,并起诉他和"绿衣人"的性骚扰有关。他被送到位于布里奇沃特的州改造中心,那时正是1965年2月。和德萨瓦同居一室的是33岁的乔治·纳塞尔,他正在等待关于一个车库服务员被杀案的审理。据纳塞尔说,德萨瓦告诉他的一切证明他就是"波士顿杀人狂",他们谈话的详细内容不被外人所知。

由于提供凶手的消息可以得到11万美元的奖金,这使得纳塞尔积极和他的律师李·贝利联系,德萨瓦平静地向贝利承认了自己的罪行,其中包括两起和"波士顿杀人狂"没有什么联系的警察谋杀案,这两起案件的细节没有被人公开。贝利把和德萨瓦的会谈录了音,之后交给了警察局,当局确信,杀人狂被抓获了。

阿尔伯特·德萨瓦生于1931年9月3日,其父弗兰克·德萨瓦是一名铅管工,其母夏绿提是一名军火商的女儿。弗兰克·德萨瓦是一个酗酒者,他对妻儿十分凶暴,经常殴打他们,阿尔伯特·德萨瓦在他的孩提时代见过了、也经历了许多殴打,他亲眼看到他的父亲打他母亲,打掉她的牙齿,掰断她的手指,老德萨瓦同样也常带妓女回家,让他的儿子看他们做爱,他还让小阿尔伯特到店铺行窃。这些统统发生在1939年之前,这一年弗兰克·德萨瓦离开了家,并再也没有给过家里一分钱,夏绿提最终在1944年和弗兰克离了婚,并于第二年再婚。

阿尔伯特·德萨瓦一直被性问题所困扰,他在六七岁时就已发生过性行为。当他长大成人后,被送到德国,在那儿,他爱上了一个名叫伊姆格特的姑娘,德萨瓦和她结了婚,并于1954年带她回到了美国。两年后,德萨瓦被指控猥亵一名9岁幼女,但是控告被驳回。

当局的问题是,除了德萨瓦的供词外,没有找到其他任何证据,再加上李·贝利决定把德萨瓦当作他的当事人,力图使他不被判刑,这些都意味着不能定他为谋杀凶手。问题的症结就在于德萨瓦的精神健康状况,在他做了精神检查之后,如果他被确定为患有精神病,他就应承认他的罪行,然后被送进精神病院,如果没有精神病,而且德萨瓦又撤销自己的罪行口供,他就可以被无罪释放,因为没有任何证据可以证明他是有罪的。

贝利熟练地运用了法律,成功地使他的当事人德萨瓦以"绿衣人"的性骚扰和强奸罪接受审判,精神病医生也确定德萨瓦精神失常,阿尔伯特·德萨瓦结果没有以"波士顿杀人狂"的罪名被审。

在法庭上的总结陈词中,贝利言称"阿尔伯特·德萨瓦是一种社会现象,是一个良好的研究机会,我们以前从来没有监禁过这种人。他应该是福特基金会或其他相似机构的一个研究对象。我在这儿所说的不是辩护词,而是一个社会规则。除了道德、宗教、伦理或其他方面的惩罚,处决德萨瓦就如同焚烧色拉姆的女巫一样,是一种浪费、野蛮、无知的行为"。

德萨瓦被送回布里奇沃特的州立改造中心,许多和这个案件有牵连的人都感到很沮丧,因为布里奇沃特更像是一所监狱,而不是医院。而且他们认为在那儿,德萨瓦未必会接受他应受的对待。

1967 年 2 月 24 日,德萨瓦逃出布里奇沃特,在他单间的枕头上,他写着他需要的帮助都没有得到。波士顿市立即被恐惧笼罩着,但是,德萨瓦在 48 小时后自首了,他向记者解释道,是因为他需要心理帮助,而且一名律师正在努力使他得到这种心理帮助,但是,他并没有得到。当局的反应是把德萨瓦送进了位于马萨诸塞州的安全设施最严密的沃尔监狱,这个决定的确是这个案件中一个非常严重的错误决断。

6 年之后,即 1973 年 11 月 25 日,阿尔伯特·德萨瓦在他的单人牢房里被刺死,杀害他的凶手没有找到,也没人为他的死感到悲伤。

公众普遍认为阿尔伯特·德萨瓦是那种惯犯,但他看起来又和许多惯犯不一样,这也是为什么有许多人认为德萨瓦不是"波士顿杀人狂"的原因。值得注意的是,他刚开始仅仅进行性骚扰,然后是强奸,接着突然就开始杀人。在杀人期间还存在着间断性,在杀害巴娃丽·萨蒙斯和伊芙兰·考宾之间间隔了 4 个月,在杀害琼娜·格拉夫前又有 3 个月的时间,然后德萨瓦突然停止杀人,又开始进行性骚扰和强奸。

据德萨瓦讲,他第一次谋杀是以失败告终的,那时,他企图勒死一名斯堪的那维亚妇女,但是,那名妇女进行了反抗。在搏斗中,他碰巧在镜子里看到了自己。后来,他回想起当时的情景,"那就是我,在勒死别人,噢,上帝呀!我在做什么呢?我已经结婚了,是两个孩子的父亲,上帝呀,帮助我吧!"他不想再杀人了,那是 1962 年 6 月初,但是在 6 月14 日,他就杀死了安娜·斯利瑟。

这次,他出门是有意识去杀人的,他告诉妻子,他去钓鱼,但是他却选择了一幢公寓,在走廊里徘徊了一会儿,最后,随便选了一个门。

在关于德萨瓦谋杀案的讨论中,有一个问题一直困扰着人们,那就是他不知道他为什么要杀人,他觉得自己是被强迫的。他说,他并不想去杀人,而且他一直在和那种杀人的欲望进行搏斗,但是,他却不能战胜这股强大的力量,他还说,他不知道为什么他会搜索受害人的房间，他觉得想要找件东西，但他并不知道是什么东西。

德萨瓦认为他妻子伊姆格特是他这种杀人狂行为的直接原因，因为他们的孩子朱迪出生时是一个畸形儿，伊姆格特害怕他们的孩子都是畸形儿，所以就停止和他发生性行为，这一决定使德萨瓦变成了"身材测量员"。在他出狱后，伊姆格特仍拒绝和他做爱。对于德萨瓦，他妻子对性爱的拒绝促使他去杀人，但一些评论反驳了德萨瓦的解释，一些人甚至还在怀疑他是否是真正的"波士顿杀人狂"。

萨达特之死

1981年10月6日，全世界坐在电视机前的观众都目瞪口呆。在现场直播的埃及国庆阅兵式上，一群杀手用冲锋枪向主席台扫射，埃及总统萨达特死于非命。凶手并非埃及人的仇敌以色列，而是伊斯兰原教旨主义分子，目的是为了阻止埃及和以色列之间的和平谈判。

穆罕默德·安瓦尔·萨达特是埃及前总统，阿拉伯世界的杰出政治家。他1918年出生在尼罗河三角洲曼努菲亚省的迈特阿布库姆村，父亲是一名军人。由于家境一直很艰难，因此，萨达特的童年是在贫寒困苦中度过的。

在萨达特的初级教育中读的最多的是《古兰经》，这使他成了一个虔诚的伊斯兰教徒。到了萨达特的中学时期，正赶上埃及人民争取民族独立的伟大时代。当时的埃及虽然于1922年名义上获得了独立，但实际上是英国的殖民地，人民仍然生活在水深火热之中，这使埃及人民感到极大的愤怒，同时也在年轻的萨达特心中种下了仇恨的种子。萨达特特别崇拜印度民族主义领袖莫汉达斯·甘地为反对英国在印度的统治而进行的伟大斗争，因此把甘地作为他人生的榜样，甚至连甘地的服饰他都模仿。

1936年，萨达特考入了埃及皇家军事学院，参加了"青年埃及党"。毕业后，他因为参加反英斗争而两次被捕入狱。1950年，萨达特投到纳赛尔领导的"自由军官组织"中，并成为其中的一名核心成员。1952年7月23日，纳赛尔领导的革命获得了成功，把埃及人民从英国人的统治下拯救了出来。萨达特则代表自由军官组织在广播电台发表了第一个声明，向埃及人民和全世界人民宣告，埃及从此获得了新生。

"7·23"革命后，萨达特从一名普通军官一跃成了执政的"革命委员会"成员。1970年9月28日，当纳赛尔总统逝世后，萨达特担任了埃及总统，开始了他的总统生涯。上任伊始，他便大刀阔斧地进行了一系列政治经济改革。在政治上主张民主，在经济上实行开放政策，在外交上则推行"积极中立"和"不结盟政策"，反对霸权主义，力图打破中东"不战不和"的局面，以谋求和平解决中东问题。这些政策的正确实施，使埃及在国际中的地位得到了迅速的提高。尤其是埃以实现和平，使中东地区消除了一大隐患，为世界和平做出了巨大的贡献。为了表彰萨达特的功绩，诺贝尔和平奖评选委员会和国际记者协会分别授予了他"诺贝尔和平奖"和"哈马舍尔德和平奖"。

但是，萨达特的行动在阿拉伯世界却引起了一场激烈的纷争，一些偏激的势力认为萨达特背叛了伊斯兰世界，因此联合起来制裁埃及。埃及国内的反对势力也乘机开始活动，想推翻萨达特政府，并密谋暗杀萨达特。

埃及是世界文明古国之一，有着悠久的历史和灿烂的民族文化。但自第二次世界大战结束到上世纪 60 年代,以埃及为首的阿拉伯国家与以色列进行了三次战争,几乎是屡战屡败。战争使这个文明古国失去了加沙地带和西奈半岛大片领土,使几千万难民无家可归。

1970 年,萨达特就任埃及总统,他上台伊始便有惊人举动:在国际上加强了同发展中国家的关系;在国内大力发展生产;从苏联进口大批武器,在装备上加速现代化,以报前三次中东战争之仇。

1973 年 10 月 6 日 14 时,在苏伊士运河边,埃及的 2000 门大炮喷出了火焰,200 架飞机闪电般地出击,一举突破了以色列苦心经营的"巴列夫防线"。这次作战,虽然埃及等阿拉伯国家在后期一度转为被动,但击碎了以色列不可战胜的神话。

这次中东战争的总指挥就是萨达特总统,他成了阿拉伯民族的英雄。为了纪念第四次中东战争的胜利,埃及人民在开罗修建了胜利广场,每年的 10 月 6 日,埃及国家领导人都在这里检阅军队。10 月 6 日,成为埃及仅次于国庆的重大节日。

上世纪 70 年代末,萨达特对以色列采取了与以往大相径庭的政策:在美国的斡旋下,他主动与以色列和谈,在美国的戴维营签订了协定。以色列可谓阿拉伯民族的宿敌,和谈自然被大多数伊斯兰教徒视为大逆不道的举动。按照历史的经验,没有永远的敌人,萨达特并没有做错什么,可惜他缺少文官的耐心说服,多了一些军事独裁的味道。

在阿拉伯民族中,宗教派别林立,稍有不慎就可能使社会上出现不安定局面。人们对萨达特的做法不满,一时又无法发泄,各地便出现了一些动乱。1981 年 9 月 3 日,天刚破晓,埃及军队和大批警察按照萨达特的命令,在全国进行了大搜捕。这是空前的大规模搜捕活动,总共逮捕了 3000 多人。在被捕的人中,有学生和普通原教旨主义者,更有埃及社会生活中大约 250 位最著名的人士,这其中有萨达特的政治对手,有僧侣和知名的教长。政府宣称,这次行动的目的在于平息宗教纠纷,但被捕者中有不少是批评政府政策的人士,对此,萨达特本人也不能自圆其说,搜捕行动显然带有政治目的。一时间,整个埃及上空弥漫着不安的烟云,人们谈虎色变。

对此,萨达特曾在有关重大场合解释:采取行动是为了清除那些威胁埃及安定和团结的因素。为了说明他的计划和逮捕行动的必要性和正确性,萨达特先在议会进行解释,后又召开记者招待会辩解,但人们对此反应冷淡,他们似乎仍旧不相信他做的一切解释。最使萨达特气愤的是,每次出席会议讲话时,他都认为自己是以慈父的形象出现在公众的面前,但总是适得其反。他感到公众背叛了他,于是他决定通过电视对全体国民做一次像罗斯福总统那样的讲话,来挽回影响。

9 月 15 日,萨达特在电视机前与观众见面了。开始时,他显得心平气和、通情达理,但讲着讲着便东拉西扯、语无伦次了。他竟用一个小时攻击老资格的民族主义政治家赛拉盖丁,对其进行人身攻击:"这封建王朝的宠儿,过的是花天酒地的生活。"

接着他话锋一转,又攻击埃及的几位宗教领袖。他尖刻地指责他们奢侈的生活方式,谩骂吉汉的马哈拉维教长:"现在这个卑鄙的教长已经进了监狱,像一只狗似的关在牢里。"

马哈拉维教长是位德高望重的教长,萨达特不仅以"莫须有"的罪名关押了他,还用恶毒的语言来攻击他,这是大众所不能容忍的。

更令人反感的是萨达特喋喋不休,信口开河,一会儿讥讽原教旨主义者,一会又挖苦戴面纱的姑娘，说："她们走在街上像一顶顶帐篷。"他还嘲笑那些蓄须青年。尽管他旨在解释他所谓的"九五革命"，但他在长达四个半小时的马拉松式演说中却把听众搞得糊里糊涂，如坠云雾。

阿拉伯世界在宗教问题上非常敏感而又特别严肃认真，萨达特对宗教人士的攻击和对阿拉伯风俗的嘲讽，也引起了其他阿拉伯国家的不满。一些国家的电台开始对萨达特进行攻击，煽动与埃及的对立情绪。这样，萨达特统治的危机到来了。

对萨达特的不满情绪在开罗悄然扩散，原教旨主义小组在暗处四下放风要对萨达特采取行动，在开罗的各教派组织不时传言要杀掉萨达特。事后证实当时有 11 个不同的组织要干掉他。

阿拉法特是知道暗杀萨达特的传闻的。他为萨达特的安全担忧，同时他意识到，如果萨达特真的被暗杀，就会有人对巴勒斯坦解放组织横加指责，阿拉法特会处于十分难堪的境地。为了保证萨达特的安全，为了让他有所防备，阿拉法特认为应当把这些传闻先告知萨达特。他认为这样做，也正表明了巴勒斯坦解放组织与暗杀萨达特的传闻无关。

于是，阿拉法特指示巴解组织驻开罗大使赛义德·卡迈勒与萨达特的儿女亲家奥斯曼·艾哈迈德·奥斯曼（萨达特女儿的公公）取得联系。此人曾长期追随萨达特左右，是萨达特总统身边的智囊人物，前不久还随萨达特访问了以色列。阿拉法特令赛义德·卡迈勒向奥斯曼说明埃及、特别是开罗关于暗杀萨达特的传闻。在开罗的赛义德·卡迈勒比阿拉法特更了解暗杀萨达特的传闻，他身在开罗，对埃及的社会情况比较熟悉，和埃及的上层人物特别是宗教领袖有着广泛的接触，能了解到他们的思想动态。阿拉法特所了解的情况，大部分是通过赛义德·卡迈勒获得的。

赛义德·卡迈勒直接去找萨达特，向他陈述利害。然而萨达特却不为所动。

埃及青年人，包括政府中、军队里收听外国反对萨达特广播的青年很多，其中有一名陆军上尉，他的名字叫哈立德·艾哈迈德·沙乌其·伊斯兰布利。此人长相凶悍，鹰钩鼻子，留着一撮浓密的黑胡须。就是这撮小胡子，前几天曾被萨达特在电视上攻击过。

哈立德家住麦拉威村，其兄穆罕默德是埃及的穆斯林小组的成员之一，因组织从事反对萨达特的政治活动，于 9 月 3 日被军队逮捕并投入监狱。

哈立德因其兄被捕，加上他对政府特别是对萨达特不满，在 9 月 3 日大搜捕后加入属于"伊斯兰崛起"的小团体。这个小团体是由观点相同的原教旨主义者组成的，哈立德参加该组织后被编入"安古"小组。"安古"在阿拉伯语中是"一串葡萄"的意思。"安古"中的某一颗"葡萄"出了事，受影响的只是自己，不会影响其他的人。该组织表面上看比较松散，可内部纪律却十分严密。

"安古"小组在 1981 年一二月间开过一次会，会上讨论了推翻萨达特的统治、夺取埃及政权的问题。有人提议说：祖穆尔中校的家乡与萨达特总统的巴里奇别墅仅一河之隔，萨达特乘直升机回别墅时，必定经过祖穆尔住宅上空，可以在祖穆尔家附近隐蔽的地方架起高射炮，一举击毁萨达特的座机。但由于萨达特回别墅时总是三架直升机一起出动，搞不清他在哪一架上，此方案被否决了。接着，又有人提议趁萨达特在别墅居住的时候，用高射炮平射的办法轰击别墅，因为此方案也不能保证刺杀成功，又被大家否定。与会者认为，必须制订一个更详细更具体的暗杀计划。

会后不久，有人也曾提议利用阅兵式，因为届时萨达特总统和政府要员都将出席，而且会在最显眼的地方出现，趁此机会，可让一架参阅直升机袭击他们。这一方案一直未实施。哈立德参加"安古"小组后，得知了小组的方案。

1981年9月23日上午10时15分，哈立德的上司阿尔少校把他召去，通知他参加10月6日纪念第四次中东战争（1973年）胜利八周年阅兵式，并要求他届时率领一个由12辆炮车组成的分队。哈立德因打算回家乡麦拉威村与家人共度宗教节日，不想参加阅兵式，和少校发生了争论。争论中哈立德想起"安古"小组曾议论在阅兵中刺杀萨达特，而在他看来，这是一项神圣的使命，于是他装作被阿尔少校说服、服从命令的样子说："好吧！我接受这项任务，这是天意，不能违抗。"他已经决心由自己来刺杀萨达特。

哈立德从接受参加阅兵式的任务时起，便神不知鬼不觉地进行着刺杀萨达特的准备工作。

9月24日，是阅兵式的预演日期。哈立德和他的炮兵分队列队从空无一人的检阅台前走过，哈立德两只鹰样的眼睛扫视着检阅台。他向最前一排摆设特殊的座位看了一眼，中间那个位置就是萨达特的。"两周之后，萨达特将率政府要员在那里就座，那时，我就要进行一个神圣的行动……"想到这里，哈立德心中不禁一阵惊喜。他情不自禁地做了一个端枪的动作。接着，他仔细地观察了检阅台四周的环境。这次观察增强了他行动的信心，他确认自己的计划是可行的。他对自己要做的事充满信心，认为有真主保佑，行动一定会成功。但真正实施还需要几名帮手，他下定决心去物色几个可靠的人。

9月25日晚7时，哈立德到一个朋友家中去会见安古小组的精神领袖法拉格，向他汇报前一天预演时实地观察的结果和自己的行动方案与构想，法拉格对他的行动方案大大褒奖了一番。哈立德很是兴奋。接着他请求法拉格为他物色几名可靠的帮手，法拉格未置可否。为此，哈立德有点焦虑和扫兴。他想，是不是这三名助手难以挑选？

哈立德的猜测是对的，他的三名助手着实难找。其首要条件是要像哈立德一样意志坚定，敢于面对死亡；其次是枪法必须精湛，做到马到成功。法拉格没有把握，怎能马上答应哈立德的要求。9月26日，法拉格通知哈立德到他的朋友家中见面。哈立德赶到时，法拉格带着三个人正在等他。三个助手中有一个是"安古"小组的成员，名字叫阿里。阿里当过军官，是一位虔诚的伊斯兰教徒，他认为当兵不是侍奉真主的最好方式，因而自动脱离军队。他在开罗经营一家书店，现在是"安古"小组的联络员。另一个是27岁的预备役军官工程师雷海尔。第三个是民防学校的教官侯赛因，他在学校中担任射击教官，在陆军的射击比赛中连续七年保持"神枪手"的称号。

法拉格面对四个人，神情十分严肃，他认真询问他们是否甘愿为行动付出生命。四个人都做出了十分肯定的回答，行动方案确定后，与会者向真主起誓保守秘密，在诵读了《古兰经》后散会。

9月27日，法拉格派人到一直处于警方严密监视之中的一伙原教旨主义分子那里取来了四枚手榴弹、一支手枪和120发科拉什尼可夫式步枪子弹。随着10月6日这一天的临近，哈立德的准备工作也在加紧进行。他调开了他带领的炮兵支队中的三名成员。他告诉支队的其他人说，支队将调来三名士兵顶替，这三名士兵来自情报部门，因为最近国内形势紧张，他们是奉命来检查阅兵中的安全措施的。哈立德的这个谎言编得比较圆，居然连他的上级军官和下属的士兵都深信不疑。

10月6日凌晨3时,受阅部队开始了受阅的准备工作,他们必须在6点钟之前做好准备。

哈立德从枪械库中挑选出四挺机枪,装上子弹,交给侯赛因。侯赛因在装上子弹的机枪筒里塞上小布条作为标记,再将这几挺机枪混入别的机枪里。出发前,哈立德又将司机支走,把四枚手榴弹藏在车座下边,一切准备就绪。

10月6日,埃及首都开罗天高云淡,秋高气爽。胜利广场彩旗飘扬,彩色的气球在空中飞舞,一派节日景象。

10时30分,胜利广场的四周早已是戒备森严,即使是天上的苍鹰、地上的狡兔也休想逃过保安人员的眼睛。广场的一边,千军万马军容严整,受阅部队列队等待阅兵大典的开始。

埃及政府的官员们前呼后拥到来,各国外交使节和夫人们也陆续登上检阅台。记者来往穿梭,争先恐后地选择最佳拍摄角度。虽然埃及最近的局势给参加庆典的群众心头蒙上了一层阴影,但人们的脸上仍然露出了微笑,不管怎么说,10月6日是他们庆祝胜利的日子,是他们值得自豪的一天。

11时整,萨达特总统健步登上检阅台,他身着灰蓝色的将军制服,左胸前挂满了各种勋章,在斜披的绶带上缀着许多星星。勋章和星星在灿烂的阳光下闪烁着耀眼的光芒,在众多的官员和来宾当中,他最引人注目。他是第二次世界大战以后的埃及领袖中创造奇迹的人。整个广场上的欢呼声震耳欲聋,广场沸腾了。萨达特面带微笑,向欢呼的人们招手致意。庆祝大会开始,每年大会的程序几乎是一成不变的,在奏国歌之后,副总统穆巴拉克和国防部长加札勒跟在萨达特身后,默默地走到无名战士墓碑前。萨达特把花圈端端正正地放好,倒退几步,立正,然后缓缓地举手向英雄敬礼,他注视着墓碑,像是在沉思着什么。

雄壮的军乐奏响了,阅兵正式开始。步兵方队首先接受检阅。步兵们精神抖擞,步伐整齐,同一瞬间,随着响亮的口令,头"刷"地一下转向右边的检阅台,向总统、埃及武装总司令行注目礼。萨达特伫立着,面容严肃庄严,举手还礼。

坦克、装甲车尾随着步兵隆隆驶过。金戈铁马,好不威风。几乎同时,一队伞兵从天而降,恰好落在检阅台前,他们向总统行持枪礼。

萨达特再次举手还礼。

受阅部队继续通过。萨达特突然感到一阵阵疲乏袭来,他紧紧地皱了一下眉头,坐了下来,又拿起心爱的烟斗。

萨达特对阅兵已习以为常了。除了每年的国庆、"十六"两大节日外,他每次出访、国内巡视都要阅兵。他是军人出身,对军人有着偏爱,相信武力能征服一切,但最近在国内遇到了麻烦,虽然动用军队进行了大搜捕,效果却不佳。人们对他的不满情绪强烈,国际上尤其是阿拉伯国家对他的谴责之声不绝,政治问题搞得他心力交瘁。私人秘书哈菲兹对此观察得细致入微,他走到萨达特身边悄声问道:"总统阁下,您的身体?"

萨达特举起拿烟斗的右手,示意哈菲兹别吱声,然后用烟斗指了指正在通过检阅台的队伍。

炮兵分队向检阅台走来,军用卡车牵引着大炮隆隆驶过。炮兵分队的到来,使萨达特顿时兴奋起来。火炮是战争之神,十月战争时,埃及军队一举突破"巴列夫防线",靠的便是火炮。他看着一尊上仰的炮管,情不自禁地站了起来。

正在这时,六架海市蜃楼式战斗机从远处呼啸而来,俯冲而下,几乎擦着检阅台顶端而过。空军的表演惊险刺激,俯冲时人们几乎将心提到了喉咙口,直到飞机掠过检阅台才松了口气。

萨达特叼着烟斗,仰着脸聚精会神地凝视着飞机。空军的特技表演也是萨达特特别喜欢的军事表演项目,但他今天却未露出像往常那样的兴奋笑容。

飞机迅速爬高,机尾喷出了红白蓝三色的彩烟。宛如白云中悬下了彩带,壮观如画,所有的人都沉浸在兴奋与欣慰之中。这些都显示了埃及国防力量的强大。

在人们仰望长空,观赏飞机进行的精彩表演时,突然,一辆受检阅的炮车在检阅台前停下,哈立德从驾驶室里像松鼠般敏捷地飞身而下,向前冲出两步,随即投出一枚手榴弹。手榴弹在检阅台前爆炸。与此同时,侯赛因从卡车上站起来用机枪朝总统所在的方向扫射。首发命中,第一枪便击中了萨达特的颈部,正是这致命的一枪使萨达特毙命。在侯赛因扫射时,卡车司机和哈立德的另两名助手也跳下车来,藏在检阅台后面,雷海尔抛出的一枚枚手榴弹,在卡车和检阅台之间爆炸了。一时间,检阅台上下硝烟滚滚,热血横流。

这突如其来的猛烈袭击,惊呆了在场的人们,许多人都还以为这是阅兵式的一项精彩内容呢。当哈立德的第一颗手榴弹爆炸后,只有秘书哈菲兹明白过来。他大叫"刺客",奋不顾身地向萨达特扑去,一面大声疾呼:"卧倒!快卧倒!总统!"

萨达特看到了眼前发生的一切,也听到了哈菲兹声嘶力竭的呼喊,但他站在那里一动也不动,像铁塔一样屹立着,两眼炯炯发光,注视着发了疯的哈立德。这是英雄与疯子的较量,哈立德一心要杀死萨达特,萨达特则企图以他的威严、他的精神吓退哈立德。

手榴弹突然在检阅台前爆炸,萨达特本能地意识到发生了什么事,应该说他比秘书哈菲兹反应更快。他应卧倒,但萨达特没有这么做。因为他不仅仅是总统,还是三军统帅,他身上佩戴的勋章和绶带,正闪耀着威严的光辉。他戎马一生,在早年推翻法鲁克王朝的斗争中,在同以色列无数次的鏖战中,他曾遇到过多次危机,都没有畏缩后退过,也没有胆怯。此刻他能不顾尊严,蜷伏在地上吗?不,不能,他相信真主,真主会保佑他的。他自信没有人能夺取他的生命。

然而他错了。胜利可以让人自豪、自信,也容易使人固执,这是萨达特有生以来由于自信所犯的最大的也是最后的错误。

侯赛因不愧为神枪手,他不仅首发命中,而且那长长的一串子弹,一个长长的点射,全部击中目标。萨达特的全身像筛子一样向外喷着血。

萨达特倒下了,但他不是瘫下去的,是直挺挺倒下的。

萨达特倒在血泊中,殷红的血还在汩汩地流着,他的面容依然沉着平静,只是偶尔抽动一下,大概是枪伤引起的疼痛。他的嘴角微微地翕动着,似乎用了极大的努力,缓缓发出一串不连贯的模模糊糊的声音:"不可思议。"这是他留给埃及的最后一句话。

萨达特完全处于昏迷状态,血压和脉搏全没了,身体各部均无反射机能,他死了。医生们竭尽全力,使遍了浑身的解数,但都无济于事。萨达特从颈部、前胸到手臂、双膝,全都中弹,以至于医生们一时无法查清到底有多少子弹击中了他魁梧的身躯。医生们不得不在总统死亡证明书上签下了他们的名字。

在检阅台上同时还有 7 人被打死,28 人受伤。

萨达特用自己的鲜血为自己的军事、政治生涯画上了句号。他的鲜血溅洒在勋章上,也浸透了绶带,绶带上所缀的星星也因浸染着渐渐凝固的鲜血而变得黯淡无光。

萨达特终于离开了埃及,他的眼睛始终睁着,仿佛在思索着什么。或许他在想,为什么会发生这一幕。他是带着一肚子的疑惑去见真主的。

哈立德的目的达到了,他与侯赛因等同伙杀死了萨达特。他的下场很明显,他对自己所做的事、所犯下的罪行供认不讳。

事后的审讯中,哈立德交代了刺杀萨达特的原因:

(一)最近许多穆斯林领袖被捕,并受到迫害和侮辱;

(二)埃及现行法律与伊斯兰教义相悖;

(三)政府与以色列讲和。

换句话说,他之所以行刺,是因为对国内社会、经济状况不满,对戴维营协议不满,对政府压迫不满。哈立德等四人在审讯后被处决。

在宗教国家,在一个军人主政的国家,政府在制定内外政策的时候,国家领导人在采取某项重大行动的时候,让大多数人理解是必要的,但如果一些人不理解又该怎么办呢?

1982 年 4 月 24 日,以色列军队按照戴维营协议全部撤出西奈半岛,被以色列占领 15 年的领土终于回到了埃及人民的手中。埃及举国上下沉浸在领土失而复得的欢乐中。为了这一天,萨达特在当总统的 11 年中,曾把人民带入了战争,也主动地把国家带入了和平,无论他的人民对他是否理解,无论国内外各界对他本人的评价如何,他都始终坚信自己是正确的。他就是要洗刷耻辱,要让埃及这个古老国家扬眉吐气。然而,他去了,再也看不到埃及人民为庆祝收复失地而举行的盛大壮观的庆祝场面了。他已不能分享这胜利的喜悦,但他毕竟可以瞑目、含笑九泉了,因为他的夙愿终于实现了。

在举国同庆的时刻,萨达特总统长眠在胜利广场,他的墓地与无名战士墓紧紧相依。他应当和他的战士在一起,因为,在埃及人民的眼里,他毕竟是一位有名字的伟大战士。

英国巴林银行倒闭案

1763 年,弗朗西斯·巴林爵士在伦敦创建了巴林银行,它是世界首家"商业银行",既为客户提供资金和有关建议,自己也做买卖。当然它也像其他商人一样承担买卖股票、土地或咖啡的风险,由于经营灵活变通、富于创新,巴林银行很快就在国际金融领域获得了巨大的成功。其业务范围也相当广泛,无论是到刚果提炼铜矿、澳大利亚贩运羊毛,还是开掘巴拿马运河,巴林银行都可以为之提供贷款,但巴林银行有别于普通的商业银行,它不开发普通客户存款业务,故其资金来源比较有限,只能靠自身的力量来谋求生存和发展。

在 1803 年,刚刚诞生的美国从法国手中购买南部的路易斯安那州时,所有资金就出自巴林银行。尽管当时巴林银行有一个强劲的竞争对手——一家犹太人开办的罗斯柴尔德银行,但巴林银行还是各国政府、各大公司和许多客户的首选银行。1886 年,巴林银行发行"吉尼士"证券,购买者手持申请表如潮水一样涌进银行,后来巴林银行不得不动用警力来维持,很多人排上几个小时后,买下少量股票,然后伺机抛出。等到第二天抛出时,股票价格已涨了一倍。

20世纪初,巴林银行荣幸地获得了一个特殊客户:英国皇室。由于巴林银行的卓越贡献,巴林家族先后获得了五个世袭的爵位。这可算得上一个世界纪录,从而为巴林银行的显赫地位奠定了基础。

尼克·里森于1989年7月10日正式到巴林银行工作。这之前,他是摩根·斯坦利银行清算部的一名职员,进入巴林银行后,他很快争取到了到印尼分部工作的机会。他富有耐心和毅力,善于逻辑推理,能很快地解决以前未能解决的许多问题,使工作有了起色。因此,他被视为期货与期权结算方面的专家,伦敦总部对里森在印尼的工作相当满意,并允许在海外给他安排一个合适的职务。1992年,巴林总部决定派他到新加坡分行成立期货与期权交易部门,并出任总经理。

无论做什么交易,错误都在所难免,但关键是看你怎样处理这些错误。在期货交易中更是如此。有人会将"买进"手势误为"卖出"手势;有人会在错误的价位购进合同;有人可能不够谨慎;有人可能本该购买六月份期货却买进了三月份期货,等等。一旦失误,就会给银行造成损失,在出现这些错误之后,银行必须迅速妥善处理,如果错误无法挽回,唯一可行的办法,就是将该项错误转入电脑中一个被称为"错误账户"的账户中,然后向银行总部报告。

里森于1992年在新加坡任期货交易员时,巴林银行原本有一个账号为"99905"的"错误账号",专门处理交易过程中因疏忽所造成的错误。这原是一个金融体系运作过程中正常的错误账户。1992年夏天,伦敦总部全面负责清算工作的哥顿·鲍塞给里森打了一个电话,要求里森另设立一个"错误账户",记录较小的错误,并自行在新加坡处理,以免麻烦伦敦的工作。于是里森马上找来了负责办公室清算的利塞尔,向她咨询是否可以另立一个档案,很快,利塞尔就在电脑里键入了一些命令,问他需要什么账号,在中国文化里"8"是一个非常吉利的数字,因此里森以此作为他的吉祥数字,由于账号必须是五位数,这样账号为"88888"的"错误账户"便诞生了。

几周之后,伦敦总部又打来电话,总部配置了新的电脑,要求新加坡分行按老规矩行事,所有的错误记录仍由"99905"账户直接向伦敦报告。"88888"错误账户刚刚建立就被搁置不用了,但它却成为一个真正的"错误账户"存于电脑之中。而且总部这时已经注意到新加坡分行出现的错误很多,但里森都巧妙地搪塞而过。"88888"这个被人忽略的账户,提供了里森日后制造假账的机会,如果当时取消这一账户,则巴林的历史可能会重写了。

1992年7月17日,里森手下一名加入巴林银行仅一星期的交易员金犯了一个错误:当客户(富士银行)要求买进20口日经指数期货合约时,此交易员误为卖出20口,这个错误在里森当天晚上进行清算工作时被发现。欲纠正此项错误,须买回40口合约,表示至当日的收盘价计算,其损失为2万英镑,并应报告伦敦总公司。但在种种考虑下,里森决定利用错误账户"88888",承接了40口日经指数期货空头合约,以掩盖这个失误。然而,如此一来,里森所进行的交易便成了"业主交易",使巴林银行的这个账户暴露为风险头寸。数天之后,更由于日经指数上升200点,此空头部位的损失便由2万英镑增为6万英镑了(注:里森当时年薪还不到5万英镑)。此时里森更不敢将此失误向上呈报。

另一个与此如出一辙的错误是里森的好友及委托执行人乔治犯的。乔治与妻子离婚了，整日沉浸在痛苦之中，并开始自暴自弃，里森喜欢他，因为乔治是他最好的朋友，也是最棒的交易员之一。但很快乔治开始出错了。里森示意他卖出的 100 份九月的期货全被他买进，价值高达 800 万英镑，而且好几份交易的凭证根本没有填写。

如果乔治的错误泄露出去，里森不得不告别他已很如意的生活，将乔治出现的几次错误记入"88888 账号"对里森来说是举手之劳。但至少有三个问题困扰着他：一是如何弥补这些错误；二是将错误记入"88888"账号后如何躲过伦敦总部月底的内部审计；三是 SIMEX 每天都要他们追加保证金，他们会计算出新加坡分行每天赔进多少。"88888"账户也可以被显示在 SIMEX 大屏幕上。为了弥补手下员工的失误，里森将自己赚的佣金转入账户，但其前提当然是这些失误不能太大，所引起的损失金额也不是太大，但乔治造成的错误确实太大了。

为了赚回足够的钱来补偿所有损失，里森承担愈来愈大的风险，他当时从事大量跨式头寸交易，因为当时日经指数稳定，里森从此交易中赚取期权权利金。若运气不好，日经指数变动剧烈，此交易将给巴林银行招至极大损失。里森在一段时日内做得还极顺手。到 1993 年 7 月，他已将"88888"号账户亏损的 600 万英镑转为略有盈余，当时他的年薪为 5 万英镑，年终奖金则将近 10 万英镑。如果里森就此打住，那么，巴林银行的历史也会改变。

除了为交易员遮掩错误，另一个严重的失误是为了争取日经市场上最大的客户波尼弗伊。在 1993 年下旬，接连几天，每天市场价格破纪录地飞涨 1000 多点，用于清算记录的电脑屏幕故障频繁，无数笔的交易入账工作都积压起来。因为系统无法正常工作，交易记录都靠人力，等到发现各种错误时，里森在一天之内的损失便已高达将近 170 万美元。在无路可走的情况下，里森决定继续隐藏这些失误。

1994 年，里森对损失的金额已经麻木了，"88888"号账户的损失，由 2000 万、3000 万英镑，到 7 月已达 5000 万英镑。事实上，里森当时所做的许多交易，是在被市场走势牵着鼻子走，并非出于他对市场的预期。他已成为被其风险头寸操作的傀儡。他当时能想的，是哪一种方向的市场变动会使他反败为胜，能补足"88888"号账的亏损，便试着影响市场往那个方向变动。

里森自传中描述："我为自己变成这样一个骗子感到羞愧——开始是比较小的错误，但现已整个包围着我，像是癌症一样……我的母亲绝对不是要把我抚养成这个样子的。"

从制度上看，巴林银行最根本的问题在于交易与清算角色的混淆。里森在 1992 年去新加坡后，任职巴林银行新加坡期货交易部兼清算部经理。作为一名交易员，里森本来应有工作是代巴林客户买卖衍生性商品，并替巴林银行从事套利这两种工作，基本上是没有太大的风险。因为代客操作，风险由客户自己承担，交易员只是赚取佣金，而套利行为亦只赚取市场间的差价。例如里森利用新加坡及大阪市场极短时间内的不同价格，替巴林银行赚取利润。一般银行都有准予其交易员持有一定额度的风险头寸的许可。但为防止交易员会令其所属银行暴露在过多的风险中，这种许可额度通常定得相当有限。而通过清算部门每天的结算工作，银行对其交易员和风险头寸的情况也可予以有效了解并掌握。但不幸的是，里森却一人身兼交易与清算二职。

事实上，在里森抵达新加坡前的一个星期，巴林银行曾有一个内部通讯，对此问题可能引起的大灾难提出关切。但此关切却被忽略,以至于里森到职后,同时兼任交易与清算部门的工作。如果里森只负责清算部门,那么他便没有必要、也没有机会为其他交易员的失误行为瞒天过海,也就不会造成最后不可收拾的局面。

在损失达到5000万英镑时,巴林银行曾派人调查里森的账目。事实上,每天都有一张资产负债表,每天都有明显的记录,可看出里森的问题,即使是月底,里森为掩盖问题所制造的假账,也极易被发现——如果巴林银行真有严格的审查制度。里森假造花旗银行有5000万英镑存款,但这5000万已被挪用来补偿"88888"号账户中的损失了。查了一个月的账,却没有人去查花旗银行的账目,以致没有人发现花旗银行账户中并没有5000万英镑的存款。

关于资产负债表,巴林银行董事长彼得·巴林还曾经在1994年3月有过一段评语,认为资产负债表没有什么用,因为它的组成,在短期间内就可能发生重大的变化,因此,彼得·巴林说:"若以为揭露更多资产负债表的数据,就能增加对一个集团的了解,那真是幼稚无知。"对资产负债表不重视的巴林银行董事长付出的代价之高,也实在没有人想象得到吧!

另外,在1995年1月11日,新加坡期货交易所的审计与税务部发函巴林银行,提出他们对维持"88888"号账户所需资金问题的一些疑虑。而且此时里森已需每天要求伦敦汇入1000万英镑,以支付其追加保证金。事实上,从1993年到1994年,巴林银行在SIMEX及日本市场投入的资金已超过11000万英镑,超出了英格兰银行规定英国银行的海外总资金不应超过25%的限制。为此,巴林银行曾与英格兰银行进行多次会谈。在1994年5月,得到英格兰银行主管商业银行监察的高级官员之"默许",但此默许并未留下任何证明文件,因为没有请示英格兰银行有关部门的最高负责人,违反了英格兰银行的内部规定。

最令人难以置信的,便是巴林银行在1994年底发现资产负债表上显示5000万英镑的差额后,仍然没有警惕到其内部控管的松散及疏忽。在发现问题至其后巴林银行倒闭的两个月时间里,有很多巴林银行的高级及资深人员曾对此问题加以关注,更有巴林银行总部的审计部门正式加以调查。但是这些调查都被里森以极轻易的方式蒙骗过去。里森对这段时期的描述为:"对于没有人来制止我的这件事,我觉得不可思议。伦敦的人应该知道我的数字都是假造的,这些人都应该知道我每天向伦敦总部要求的现金是不对的,但他们仍旧支付这些钱。"

从金融伦理角度而言,如果对以上所有参与"巴林银行事件"的金融从业人员评分,都应给不及格的分数。尤其是巴林银行的许多高层管理者,完全不去深究可能的问题,而一味相信里森,并期待他为巴林银行套利赚钱。尤其具有讽刺意味的是,在巴林银行破产的两个月前,即1994年12月,于纽约举行的一个巴林银行金融成果会议上,250名在世界各地的巴林银行工作者,还将里森当成巴林银行的英雄,对其报以长时间热烈的掌声。

1995年1月18日,日本神户大地震,其后数日东京日经指数大幅度下跌,里森一方面遭受更大的损失,另一方面购买更庞大数量的日经指数期货合约,希望日经指数会上涨到理想的价格范围。1月30日,里森以每天1000万英镑的速度从伦敦获得资金,已买进了3万口日经指数期货,并卖空日本政府债券。2月10日,里森以新加坡期货交易所交易史上创纪录的数量,已握有 55000 口日经期货及 2 万口日本政府债券合约。交易数量愈大,损失愈大。

所有这些交易,均进入"88888"账户。账户上的交易,以其兼任清查之职权予以隐瞒,但追加保证金所需的资金却是无法隐藏的。里森以各种借口继续转账。这种松散的程度,实在令人难以置信。2 月中旬,巴林银行全部的股份资金只有 47000 万英镑。

1995 年 2 月 23 日,在巴林银行期货的最后一日,里森对影响市场走向的努力彻底失败。日经股价收盘降到 17885 点,而里森的日经期货多头风险头寸已达 6 万余口合约;其日本政府债券在价格一路上扬之际,其空头风险头寸亦已达 26000 口合约。里森为巴林银行所带来的损失,在巴林银行的高级主管仍做着次日分红的美梦时,终于达到了 86000 万英镑的高点,造成了世界上最老牌的巴林银行终结的命运。

新加坡在 1995 年 10 月 17 日公布的有关巴林银行破产的报告及里森自传中的一个感慨,也许最能表达我们对巴林银行事件的遗憾。报告结论中的一段:"巴林银行如果在 1995 年 2 月之前能够及时采取行动,那么他们还有可能避免崩溃。截至 1995 年 1 月底,即使已发生重大损失,这些损失毕竟也只是最终损失的 1/4。如果说巴林银行的管理阶层直到破产之前仍然对'88888'账户的事一无所知,我们只能说他们一直在逃避事实。"

里森说:"有一群人本来可以揭穿并阻止我的把戏,但他们没有这么做。我不知道他们的疏忽与罪犯级的疏忽之间界限何在,也不清楚他们是否对我负有什么责任。但如果是在任何其他一家银行,我是不会有机会开始这项犯罪的。"

离奇骗局

君士坦丁的馈赠

骗局实施时间：公元 754 年
骗局发生地点：意大利罗马
骗局设计者：教皇斯德望二世
欺骗对象：教众以及东格特王国。
大骗局的历史影响：巩固罗马教廷的统治。一纸文书，千年教皇国的开国基石。

君士坦丁馈赠书在罗马教会加强其统治地位的时候被作为证明来引用，它与其他伪教令来源通过格拉提安简编与法律联系起来，每一个未来的国王都宣誓捍卫它，若怀疑它便会被视作异教徒逐出教会。教会国家的存在；教皇无限的权力：发动宗教战争、设立宗教法庭、罢免国王和皇帝、焚烧和逐出教会；最后还有对教徒们所有精神世界施加影响——切都建立在伪造的一系列证书上。

丕平献土

天主教教皇的所有权力和权利都建立在伪造证件的基础上，这开始于八世纪中期所谓的君士坦丁的馈赠。教皇斯德望二世想借法兰克国王丕平的帮助战胜伦巴德人，这个要求令整个意大利都振奋起来。为了使丕平统治下的法兰克王国加入这场对原本与之交好的伦巴德作战，教皇必须能够对归属未定的领土给出一个合理的要求。为此，他命人制造了一张君士坦丁（306~337 年）给教皇西尔韦斯特一世（314~335 年）的馈赠证明书，巧妙地利用了关于教皇西尔韦斯特一世的传说。

在中世纪意大利的中部，有一片罗马天主教会的教皇直接管辖的领土，它就是长达一千年的"教皇国"（756~1870 年）。

教皇国的形成经历了一个漫长的过程。它始于公元六七世纪罗马主教掌握了罗马城及周围地区的统治权，格列高里一世（590~604 年在位）是第一位拥有强大势力的教皇。此后八世纪中叶，法兰克王矮子丕平的"献土"使教皇辖地进一步扩大。经过几世纪的变迁，这片土地不断延伸，其行政机构日臻完善。到了十二世纪教皇英诺森三世时期教皇国的势力达到了顶峰。

中世纪教皇国是基于教皇对世俗财产的要求，教皇神权与法兰克俗权相结盟的产物,是西欧封建政教合一统治制度的象征。教皇国的形成,使得教皇在神权之外,又成为一名世俗君主,保障了神权的独立,这是教皇发展成为西欧基督教会首领地位的重要因素。教皇国的出现意味着罗马与拜占庭关系的破裂,为日后西方新的拉丁体系的基督教文明的发展,起了重要影响。

与此同时,教皇国成为世俗和教会贵族争权夺利的"肥肉",教皇神权急剧世俗化。在近代,教皇国成为意大利统一的严重障碍,最后湮没在统一运动的浪潮中。

"丕平献土"并非偶然,这是西欧,特别是意大利、法兰克的政治形势变化与西欧封建化关系的发展所决定的。

中世纪初期的西欧,逐渐出现两股大的政治力量,一是罗马天主教会的神权(神权化的政治势力),另一个是法兰克的世俗政权。

罗马天主教会在罗马帝国时期,已拥有大量的世俗领地和财产,主要是在意大利南部和中部。因为该教会自称是耶稣大门徒彼得所创立,该教会教产统称为"圣彼得产业"。罗马教会借助于优越的地理条件——地处帝国京城,借助于彼得——耶稣最大门徒的继位人的资格,在西欧基督教会中享有较高的威望。它在西欧广泛传教,建立直属罗马教会(称"母教会")的"子教会",这样,罗马教会的势力渗透到西欧各地。

476年西罗马帝国灭亡后,东哥特王国(493~555年)在意大利建立,定都拉温那,尊东罗马帝国皇帝为皇帝。东哥特人信封基督教的阿利乌斯派别,但对所谓正统的罗马天主教采取宽容政策,听任教皇自由发展势力。意大利人民处于日耳曼异族的统治和包围之中,把教皇看成是旧罗马帝国唯一存在的残余,视为罗马帝国存在的象征。教皇的确发挥了保存、维护罗马传统文化的作用。554年以后,东罗马帝国皇帝查士丁尼(527~565年)收复了意大利。他既通过设在拉温那的拜占庭总督控制教皇,又责成教皇和罗马元老院共同管理罗马。603年罗马元老院消失,教皇成为唯一的罗马最高统治者。

位于高卢地区的法兰克人是日耳曼民族强悍的一支。法兰克王克洛维(486~511年)看到基督教会在欧洲根深蒂固,认为要取得当地罗马贵族的支持,在西欧站住脚跟,进而吞并西欧其他信仰阿利乌斯派的日耳曼王国,就必须举起罗马教会的旗帜,于是,他在496年毅然率领亲兵领洗,皈依罗马教会。法兰克王国成为当时西欧唯一的天主教王国。到了8世纪,该王国实权落到宫相矮子丕平手中,当时,国王空有虚名,是个未成年的孩子。尽管如此,法兰克居民仍习惯地把国王当作王国的首领。丕平(741~768年)既想拥有实权,又要王国的最高荣誉,起意篡夺王位。他看到,要废黜国王,必须取得国内业已强大的基督教会的支持,而首先要征得颇有声望的教权首领——教皇的同意。丕平在751年为此事派使者到教皇扎迦利(741~752年)处,教皇很痛快地回答:掌权者应为王。丕平在第二年立即召集王国贵族、教士会议,将国王削发为僧,自己登上王位。

支持是相互的,当伦巴德人从北方进入意大利威逼罗马时,教皇便要求丕平协助解围。

伦巴德人568年开始入侵意大利,直接切断了拉温那和罗马的通道,占领意大利的北部,并在意大利中部和南端进行了扩张,出现了斯波勒托和本尼文托两个伦巴德人公爵领地。教皇的世俗领地和教产被侵占或受到威胁。东罗马帝国的疆域从埃及到波斯边境,从黑海到多瑙河流域,其防御力量是极其有限的,特别是从7世纪40年代起,阿拉伯人对拜占庭经常入侵,东罗马帝国全力以赴反击,对意大利的防卫几乎没有力量,拜占庭不得不默许和承认教皇在意大利的强大地位,让教皇组织抗击伦巴德人的力量。当时在意大利形成拉温那和罗马两个抵抗中心，意大利民众，包括东罗马帝国在意大利的军队，也倾向罗马。拉温那一度被伦巴德人占领。教皇一方面打着为东罗马帝国收复意大利领土的旗号，另一方面为自身收回教产而努力。

733年，东罗马帝国皇帝利奥三世（717~741年）没收了意大利南部的教会财产，作为对罗马教皇抵制"圣像破坏运动"的报复。这个举动激怒了教皇，教皇和拜占庭的关系急剧恶化。为了弥补教产的重大损失，教皇收复伦巴德人占领的领土的决心越坚定，把这些领土据为己有的愿望越来越强烈。因此，当751年伦巴德人兵临罗马城下，并于次年提出罗马归伦巴德人保护，罗马居民每个人头交纳一个古罗马金币的贡金时，教皇斯德望二世（752~757年）先后采取了三个行动：一是向东罗马帝国求救，但后者没能派出一兵一卒。二是教皇光着脚，扛着圣像，带领属下神职人员进入教堂，把灰撒在恸哭的罗马居民头上，向天主乞求赐予和平，但是乞求了半天，也无济于事。最后，教皇把乞求的眼光转向法兰克王丕平，于754年1月赶到法兰克王国。

丕平曾受到教皇的支持，创建了加洛林王朝。教皇有难，丕平不好袖手旁观。考虑到以后还需教皇神权来支撑加洛林王朝，丕平决定全力帮助，丕平先是派出三个使团出使伦巴德王国，进行调停，均告失败，后来决定出兵远征。此时，加洛林王朝尚未强大到可控制意大利领土，丕平的军事行动停留在为教皇收复失地，以赠礼的办法把意大利中部领土赠给教皇。丕平在754年4月于克尔西签订了献土的文件。

从754到756年，丕平两次打败伦巴德人。756年，伦巴德王艾斯托夫根据法兰克、罗马、伦巴德三方协议，把他侵占的意大利中部领土交给教皇。这片领土包括东罗马帝国在意大利的拉温那首府和大部分总督区，在彭达波利斯地区的大部分城镇，以及埃米利亚、科马基奥和纳尔尼的某些城镇。这时没有明确的边界，而是以罗马教皇和拉温那主教、两地贵族所拥有的地产为范围。丕平特意从巴黎派出一名修道院长，去索取这些城市的钥匙，连同754年献土的文本，一起放在罗马梵蒂冈圣彼得的陵墓上，以示丕平向天主、向圣彼得奉献的诚意。

君士坦丁大帝与基督教

754年丕平献土文件是教皇国最早的文字根据，可惜它失传了。另一个根据却是伪造的"君士坦丁的馈赠"。

丕平献土引起了东罗马帝国的抗议，因为丕平理该将意大利中部领土归还拜占庭。丕平称他的献土是为了圣彼得，为了教皇替他的加洛林王朝祈祷。教皇为了确保自己得到的领土，竟然伪造了一封罗马皇帝君士坦丁大帝的书信，称它是写给当时罗马主教西尔韦斯特一世。这封信的第一部分证书的第一部分是由皈依君士坦丁的故事组成的：君士坦丁大帝曾得麻风病，罗马祭司要皇帝用儿童殷红的热血洗澡，君士坦丁不忍心杀害无辜的儿童，没有依从。有一天，君士坦丁梦见天主向他启示，劝他领洗。他决定试验一番，就请求罗马主教为他施洗。当他跳入水池时，天空忽然显现出一只手，神采四射，向他伸来。一出水面，身上的麻风病全好了。于是君士坦丁决定重谢罗马教会：迁都君士坦丁堡，把罗马，以至整个西罗马帝国都交给罗马主教及其后任们管辖。

就这件人所共知的、广为流传的西尔韦斯特传说而言，正如大多数的宗教传说一样并非真实事件:君士坦丁国王从未患过麻风病,更未受过西尔韦斯特的洗礼,而是于公元 337 年躺在临终床上时受到主教优西比乌的洗礼。当时,西尔韦斯特已经去世两年了。

据《新约·使徒行传》记载:公元 1 世纪 30～40年代,即相传耶稣死后的十几年内,耶稣所选使徒们以耶路撒冷为中心,建立了初期教会,过着"凡物公用"、互通有无的集体生活,遵守犹太教规,参加犹太教圣殿的朝拜活动。这时的核心领袖是众使徒之首彼得和耶稣之弟(或表弟)雅各。他们确信耶稣就是弥赛亚,虽然被杀,但已经复活升天,不久还将再临人世。这个教派被视为犹太教的叛逆,受到其他犹太教徒的反对和迫害。当第一个殉道者司提反被害后,其他信徒开始向巴勒斯坦的其他城市和农村分散。在《新约·使徒行传》中,被给予最高评价的一个人是圣徒保罗。

保罗身材高大,健壮英俊。他早年是谨守律法的犹太教法利赛派。"法利赛"意为"隔离者",由文士和律法师为主体组成,遵奉律法书和口传律法,以严守犹太教传统相标榜,强调与异教、异族的隔离。因此保罗一直积极地攻击教会,逼迫基督徒。但在他去往大马士革追捕逃走的叙利亚基督徒路上,一道强光从天照下,照得保罗和他的随从眼睛一片模糊。他们吓得趴在地上。保罗的帮手只看见围绕着他们的大光,保罗却看见在大光中荣耀的主耶稣,他还听见从天上来的声音,耶稣不停问他:"保罗,保罗,你为什么逼迫我?"一心以为是在替天行道的保罗突然发现,原来他做的不是善事。他尽心竭力,却只是一个迫害上帝的人。这位瞎了眼的虔诚的法利赛人开始在上帝面前祷告和忏悔。耶稣派遣亚拿尼亚去见保罗,并指示他把手按在保罗身上,使他恢复了光明。

"保罗的眼睛上好像有鳞立刻掉下来,他就能看见,于是起来受了洗。"从那以后,他就成了传道人。据说,他在大马士革传讲基督教义时,惹火了一些犹太人,他们计划要杀保罗。大马士革的信徒把保罗放在筐子里,沿着城墙放下去,然后他就逃到耶路撒冷。曾不遗余力迫害基督教徒的保罗,后来成了"圣徒保罗",为传讲圣经四处奔走,成为在基督教的传播中所起作用最大的使徒。他在《新约》中的地位仅次于耶稣。

保罗对基督教所做的贡献,并不仅仅在于传讲圣经,更在于他对基督教义的开拓。公元 1 世纪 30 年代后期,基督教已开始传到小亚细亚和塞浦路斯一带。在接触各地其他民族时,出现了一个决定基督教前途的问题:是继续遵奉犹太教的教规(包括割礼),把自己局限于犹太民族之内;还是打破狭隘的民族意识,向非犹太人传教。约在 1 世纪 40 年代后期,在耶路撒冷的一次会议上,以保罗为首的世界派与民族派展开辩论。结果世界派获胜,从此,基督教便沿着世界性宗教的方向发展,并远传到希腊、罗马等地,在各地建立教会。

君士坦丁大帝

公元 3 世纪末，基督教已成为一支相当显著的社会力量，其领导成员成为社会上层，但普通教徒仍属中下层平民甚至是奴隶。基督教诞生 3 个世纪后，即公元 325 年，在罗马帝国东部尼西亚召开基督教普世主教会议，后被称为"第一次尼西亚公会"。第一个信奉基督教的罗马皇帝君士坦丁，将主教们召集到尼西亚。主教们通过投票为耶稣定性，而皇帝则通过法令使主教们的决定正式生效。最后耶稣被认定为"圣父、圣子和圣灵"。罗马的教堂接受了尼西亚对耶稣的定性，并沿用至今。公元 392 年，狄奥多西一世以罗马帝国的名义正式宣布基督教为国教。

基督教从耶路撒冷走进罗马，从恪守犹太习俗的希伯来人走入罗马教会统治下的欧洲，无疑是一种文化上的突破，这也是基督教义里"得自由"的一种体现。在基督教的发展过程中，有一个人居功至伟，他就是第一位信奉基督教的罗马帝国皇帝——君士坦丁大帝。

君士坦丁早年在罗马皇帝戴克里先的宫廷中长大，后以军官的身份参加了征伐多瑙河下游地区的战斗。公元 305 年，他与父亲君士坦提乌斯一道渡海出征不列颠，在不列颠北部大战一场。公元 306 年，君士坦提乌斯在约克去世，君士坦丁随即被军队拥立为帝。公元 312 年，他侵入意大利，在一次闪电式攻击中在罗马附近的米尔维亚桥打败了罗马皇帝马克森提。然后他与已经成为东罗马帝国皇帝的李锡尼结成联盟。公元 316 年，君士坦丁夺取了李锡尼在巴尔干半岛的领地，并在公元 324 年在亚得里诺普和克里索普利斯大败李锡尼。从此，君士坦丁成为罗马帝国的皇帝。公元 330 年，他迁都拜占庭，更名君士坦丁堡。

罗马人的宗教信仰具有自己的特点。在共和时代的罗马，源于原始社会的一些信仰与从周围文化较高的民族，特别是从伊特拉斯坎人以及希腊人那里继承过来的神祇和宗教习俗共同存在，并逐渐融合。罗马人有多得不可胜数的神，而且不断吸收外来的神，其中最重要的就是宙斯（朱庇特）。罗马的主要神祇逐渐与希腊的奥林波斯的主要神祇融为一体。每个家庭都有专门祭祀神灵的地方，都有自己的保护神。每项政治或军事活动，都需要事先通过占卜了解神意。罗马宗教的显著特点是它的形式主义，只要求严格按照固定程式行事，遵守各项禁忌，而不管真正的信仰如何。从屋大维时起，利用对皇帝守护神的崇拜以加强皇权成了传统的政策。但是基督教产生以后，它在政治、经济和文化中的影响越来越大，终于在君士坦丁时代成为用来加强专制统治的工具。

不管君士坦丁信奉基督教的故事是事实还是传说，这故事长久以来不断鼓舞基督教徒。公元 337 年君士坦丁逝世后不久，塞沙里亚（罗马帝国在巴勒斯坦的都城）主教优西比乌把其事收录在《君士坦丁传》中。据说，公元 312 年 10 月的某一天，君士坦丁率领部队向罗马城进军，想把罗马从死对头马克桑蒂亚斯手里夺取过来；此时，君士坦丁在落日余晖映照的天空看到一个巨型十字架，旁边还有一行字："凭这个标记取胜。"就是那一天夜里，基督在君士坦丁梦中显现，吩咐他擎着绣上基督标记的军旗进攻，非如此不能获胜。君士坦丁立刻下令匠人用纯金打造旗标，上面以宝石缀成一个代表基督名字的图案，表示他效忠基督；而根据一些记载，兵士的盾牌上还特别漆上一个十字架。于是，君士坦丁的军队，在台伯河米尔维安桥上大败敌军，马克桑蒂亚斯在台伯河里淹死。君士坦丁旗开得胜，进入罗马，从此成了坚定不移的基督徒。

君士坦丁是否真的经历过优西比乌记述的事情呢？优西比乌说那是皇帝亲口对他

讲的，君士坦丁还指天发誓说绝无虚言，更说不只他自己，甚至在他身边的兵士也清清楚楚看见过天空中耀眼的十字架。

但是在异教徒仍占优势的情况下，君士坦丁必须小心行事。在他掌权的早期，在传统的祭拜中，要求祭司长做的仪式，他都一一照办。他重修异教的庙宇，并令各地赞助修建。在君士坦丁堡落成时，异教和基督教的仪式他都采用。他还用异教徒的秘方来保护收成或治疗疾病。当他权力更加稳固时，他便公开支持基督教，并采取了一系列措施。他将国内钱币上异教徒的雕像逐个去掉，只留下无关宗教的刻字。在成文法上，他给予主教们一种权力，使他们可以在自己的教区内做审判工作；制定法律豁免教会不动产的捐税，使基督教协会成为一种审判团体，可以拥有自己的土地，接受遗产，并将殉道者留下的遗产全数交给教会。君士坦丁捐钱给需要钱的团体在君士坦丁堡和其他地方兴建教堂。他禁止在新教堂敬拜偶像，否认他所颁布的容许异教存在的《米兰敕令》，禁止异端宗派的集会，并下令毁坏他们的会堂。君士坦丁还使儿子接受正统的基督徒教育，经常资助他母亲教会里的慈善事业。在他的支持下，帝国境内的所有基督徒聚集在一起，为他们神的得胜而感激涕零。

不过，在君士坦丁皈依基督教后不久，教会中就因对教义认识的歧义而发生了分裂，使基督教会在得胜的当时，就有毁灭的危险。他于是召集所有的主教在尼西亚城聚会，并担负他们所需的费用。会议由君士坦丁主持，他首先以一篇简短地讲词呼吁主教们恢复教会的团结，然后耐心地聆听 318 位主教的辩论，最后自己也加入了辩论。在他的努力下，会议取得了圆满的成功，签署了一项决议，认为为了今后教会的组织力与生存，需要一个固定性的教义。最后他们达成协议，在基本信仰上一致。君士坦丁的努力，使基督教暂时避免了分裂，使一种根植于新宗教的新文明，从那些枯竭的文化与濒临破产的教条废墟中兴起，欧洲开始步入中世纪。

公元 337 年，在复活节上，君士坦丁庆祝他在位 30 年。后来，他感到死神将至，就请主教优西比乌为他做受洗礼。他有意延迟到现在才受洗，是希望借此洗尽他一生的罪污。然后这位疲惫不堪的君王脱去皇室的紫袍，换上基督信徒所着的白色长衣，然后安详地去世。君士坦丁不愧为帝国最有毅力的传教士，他全力消除异端邪说，在各种事情上求问上帝。他以一个新的宗教、富有活力的组织、纯净的道德律使这个古老帝国重获新生。也正是由于他的推波助澜，基督教才在后来成为罗马帝国的国教，并且历经 14 个世纪成为欧洲生活与思想的主流。所以从这个意义上，称君士坦丁为第一位信奉基督教的罗马皇帝并非过誉。

而到了后来，教皇斯德望又将这个传说和他授权手下伪造的证书中国王慷慨大方的馈赠联系在一起：他把国王至高无上的权力通过罗马交给了教会，把意大利和西方赠送给教皇和他的继承人，确认教皇拥有统治世界上所有教堂和教士的地位，授予他所有宗教和教会问题上的终审权，甚至把皇帝的头衔以及所有代表着皇帝尊严的标志都转让给他。可是因为世俗的皇帝不可能与教会同时统治同一个地方，君士坦丁就迁回了那座以他自己的名字命名的城市。他郑重地许下誓言，无论什么时候，他和他的继承人都不能收回以上的馈赠。证书的结尾有君士坦丁的"亲笔"签名和附注，附注上说，他会亲自把它放在圣彼得的坟墓中，可是没有人确切地知道坟墓在哪里。这么多特权的积累使教皇斯德望二世不仅获得了领土权和统治教会的最高权力，而且通过行使国王的职权把当时的关系翻了个个儿：以前教皇和主教是国王的臣民，现在必须由主教"代替上帝行使恩惠"以涂圣油的仪式册封国王。

斯德望二世将这份所谓的君士坦丁证书作为他754年4月对基尔奇的国会要求的证书出示给法兰克国王丕平，丕平爽快地接受了他的请求，并向教皇保证站在他的这边为收回领土权而加入对伦巴德人的战争。作为答谢，斯德望二世为他涂圣油加冕，并设法让他的两个儿子都成为国王。

掀起制造假证书的潮流

丕平许诺增加教皇的财富，确切地说是增加圣彼得的财富，教皇是他在人世间的代表。实际上就在754年的夏天，丕平就派军队与伦巴德人作战，可是只获得了局部胜利。756年刚刚过去的时候，由圣彼得亲自写给法兰克人的信从天而降，信中再次请求帮助并许诺让他们永远生活在天堂。丕平第二次参战，终于将伦巴德人赶出意大利。教皇达到了他的目的：现在他就是罗马、科西嘉岛、萨丁岛的统治者。因为在君士坦丁的馈赠书里没有具体提到岛屿，后来的教皇哈德里安四世认为将要求延伸至所有西方岛屿是合理的，并于1155年将爱尔兰作为教会财产转交给亨利二世，这导致了一直持续到现在的宗教斗争。

当前的目的达到后，伪证书便暂时失效了，百年后，在一次教会立法大会上它开始发挥它原本的效应。即使是这部内容广泛的"法令"也是一份由教皇的书信、布告、证明和其他教会法规来源组成的赝品，它的任务是保护教会不受世俗国王的干扰。这样，教会的神职人员就不可能被罢免、控告或起诉。随着这道法令的广泛使用，君士坦丁馈赠书也逐渐广为人知，并且在罗马教会加强其统治地位的时候被作为证明来引用。它与其他伪教令来源通过格拉提安简编与法律联系起来，每一个未来的国王都宣誓捍卫它，若怀疑它，便会被视作异教徒逐出教会。教会国家的存在，教皇无限的权力：发动宗教战争、设立宗教法庭、罢免国王和皇帝的政治危机、焚烧和逐出教会，最后，还有对教徒们所有精神世界施加影响，一切都建立在伪造的一系列证书上。

1001年，撒克逊皇帝奥托第一次宣布君士坦丁的馈赠是伪造的。奥托对君士坦丁把首都从罗马迁到君士坦丁堡的行为很感兴趣，他认为这是为了先发制人，不让梅罗文加王朝有机会把统治中心放在罗马以对抗帝国的主教。虽然奥托是德国人，他母亲却来自东罗马帝国。她很清楚在梅罗文加王朝末期，罗马主教有着同样的担心。这就是君士坦丁的馈赠被执行的原因。

奥托的声明对教皇西尔威斯特二世来说，是个不受欢迎的消息，但直到德国神学家和哲学家库萨的尼古拉斯宣布君士坦丁从未写过君士坦丁的馈赠，这一声明才引起人们的重视。虽然尼古拉斯起初认为教皇应该是教会成员意愿的执行者，但他不知为何被主教们震慑住了，于1448年接受了枢机主教的职位，从此成为一名教皇制度的忠心拥护者。

此后，君士坦丁的馈赠再也没有被公开提及，直到15世纪的意大利语言学家洛伦佐·瓦拉猛烈地攻击了它的真实性。瓦拉（1407~1457年）被教皇尼古拉斯五世选中，把希罗多德和修昔底德的著作从希腊语翻译成拉丁语。但瓦拉不仅是一位著名的学者，还是教育改革的热心发言人。他坚决认为希腊、罗马时期的古老精神已经在中世纪丧失了。由于痛心于正统拉丁文的优雅被笨拙的中世纪语言所取代(例如教会文件中的拉丁语就有大量语法和用词错误),他尖锐地批评了教会的拉丁版《圣经》以及翻译时故意犯的错误。受到他的影响,其他文艺复兴时期的古典主义学者,例如德西德里斯·埃拉斯摩(1466~1536年)转而研究原始版本的《圣经》。1516年,埃拉斯摩发表了自己翻译的希腊语《新约》的拉丁语版本,揭露了原来的拉丁文版本《圣经》是故意错译的,他把它称为"二手文件"。

洛伦佐·瓦拉对君士坦丁的馈赠的调查结果。就是公开指责它是8世纪的骗局。在他的报告里,他写道:"我知道已经过了很长时间了,现在人们的耳朵正渴望听到我对罗马教皇的指责和冒犯。实际上,我的指责是很严重的。"然而,正是这份伪造的文件产生了一种新的教皇制度。这一巧妙的骗局让罗马教会掌握了政治权力。

尽管瓦拉在1450年的发现引起了争论,教会还是安然度过了文艺复兴时期,把许多那一时期的杰出思想家贬为异端。因此,瓦拉的著作(被称为《批判》)也悄悄在梵蒂冈档案馆消失。100多年后,17世纪在梵蒂冈图书馆里工作的神父玛拉托才再次发现它。

后来,英国圣公会牧师亨利·爱德华·曼宁(1808~1892年)重新开始讨论君士坦丁的馈赠的性质。但他却跟随库萨的尼古拉斯的足迹,从圣公会改信天主教,成为梵蒂冈会议的成员,并成为威斯敏斯特的大主教。后来,他于1862年出版了著作《耶稣基督代表的世俗权力》。

美国的克里斯多佛·科尔曼开始继续揭露骗局。1924年,他就任印第安纳州立图书馆历史委员会和重大历史事件办公署的负责人。他出版了最新调查结果,名为《洛伦佐·瓦拉关于君士坦丁馈赠的评论》。现在它成为这一领域最权威的著作——在他看来,教皇斯德望设计了一出影响重大的骗局,加强了教会,尤其是罗马教皇的权力。虽然君士坦丁的馈赠是伪造的,但它却把教皇推到了至高无上的地位。虽然斯德望称这是君士坦丁给教皇西尔威斯特一世的诏书,但实际上,当时的文件只是君士坦丁的遗嘱,上面说,把拉特兰宫和其他财产以及建筑物捐赠给了新成立的罗马教会。

从751年《君士坦丁御赐教产谕》被执行起,一直没有任何正式文件提到它,除了1054年教皇利奥九世写给君士坦丁堡大主教迈克尔·瑟卢拉里斯的一封信。然而,到了12世纪,它却成为天主教执行教皇制度的最重要的依据,所有君主都臣服于它。

尽管到了19世纪,天主教教会承认了他们的造假行为,然而还是没有改变他们的法律:1962年10月教皇约翰二十三世在罗马召开高级神职人员大会的时候,天主教法典对于教皇才拥有征兵权这一法律规定给出六个出处的证明,其中三个是伪造的,而另外三个则是由此派生出来的。

君士坦丁证书的伪造给中世纪带来了一股制造假证书的潮流,教皇主教和修道院院长巩固了他们的法令,扩张了他们的财产。最初,每一个主教管区、修道院或慈善机构都被证明制造过帮助他们获得合法地位和财产的伪证书。然而,这不仅仅涉及法律上的问题,还涉及对整个宗教生活的虚构,有些事已被后人证实纯属子虚乌有。历史学家们也对这些没完没了的造假事件感到吃惊,主要因为这些很流行的实际行为与公开的教条相悖。历史学家霍斯特·傅尔曼的解释意味着中世纪作为教堂职业造假的鼎盛时期这一观点的转折,造假者虽然没有得到教会法律的同意,但是已经以某种方式与教会的公正性相协调。他们只是在事后加以证明,按照他们的想法,反正上帝也希望这样,因此也就不受那些不公正意识的限制。

从20世纪60年代初期开始,傅尔曼经常重复提到的这个主题很吸引人,因为他们允许历史学家们没有任何负担地研究这段历史。因此,他们对中世纪的研究便尽人皆知了。当时傅尔曼正在从事伪教令的研究:他所做的大范围的描述只是表面现象,因为他不能假设犯罪意图,他也没有调查造假的目的和结果。傅尔曼及其研究伪造历史的学派得到了公认的荣誉,然而,这些工作的可开脱罪责的特点没有被预料到。由于所谓的缺乏不公正意识而全部宣告无罪,这意味着最后历史学家们终于向令人惊讶的、在每个案件中都可以说明的中世纪造假行为投降。

城堡内的神秘宝藏

骗局实施时间:公元 1891~1917 年

骗局发生地点:雷恩·勒·沙托城堡

骗局设计者:佛朗索瓦·贝朗格·索尼

欺骗对象:教会

大骗局的历史影响:被人遗忘的村庄一跃成为举世闻名的旅游胜地。留下一个所谓的宝藏传奇。

雷恩·勒·沙托城堡的历史就是索尼尔神甫的历史,他将自己同神秘的清洁派教徒、巨大的宝藏紧密地联系在一起。至今,还总有一些人假扮旅游者去那里,装出对那里的景色和建筑很感兴趣的样子,然后到了晚上拿着锄头或是金属探测器到处搜寻。雷恩·勒·沙托城堡成了所有有关研究未被发现的珠宝的书籍必谈的一章……

祭坛下的发现

出乎人们的想象,雷恩·勒·沙托城堡不过是伊尔·维兰省的一个布列塔尼人的海滨小镇。它靠近奥德省,地处在比利牛斯山脉的延伸地段。那里气候炎热,景色虽说荒凉,倒也别致。这个村庄坐落的位置极其特别,是建在一个山顶之上。这个中世纪的堡垒从前是罗马人的一个古城堡,后成为西哥特人的一个有城堡保护的军营。它曾是清洁派教徒的聚集地,遭过西蒙·德·蒙特福特军队的洗劫。就如我们现在看到的那样,它的历史充满血腥和暴力:如果我们再站得远些,一定会找到一些历史的遗迹。

这里的教堂——圣·玛利亚·玛德莱娜教堂的装饰非常少见。圣水缸的支柱是一个人型的彩色石膏。它的造型很吓人,加上玻璃眼珠,让人看了以后除了有病态的感觉外,还多了几分害怕。整个教堂里所有的圣人造型也都是一个模式:彩色石膏作为原料,配上一对玻璃眼珠。这些雕塑摆出的姿势均带有不同寻常的现实主义色彩,两眼直直地盯着来人。有人说这是活着的死人。

教堂的装饰是一成不变的,但是在那里发生的历史却是如此令人难以忘怀。我们这样说的证据就是一个世纪以后，人们还在无休止地谈论着过去的历史。

雷恩·勒·沙托城堡的历史就是索尼尔神甫的历史……

佛朗索瓦·贝朗格·索尼尔的命运不同凡响，他的个人魅力也是如此。他生于1852年，从小就显示出了学习方面的天赋。他是法国南部的纳巴达神学院最优秀的学生。他不仅精通拉丁语、希腊语，还通晓希伯来语。他的优异品行使他成为神甫，而且留在神学院里教书。

可是，这位神甫却有一个致命的缺点：就是他有一些想法，一些在当时来说还是超前的想法。当时的教会对这些新思维是绝不能接受的。

佛朗索瓦·贝朗格·索尼尔对他的那些神学院的学生构成了威胁。主教大人毫不犹豫地严厉惩罚了他，把他打发到他管的教区里最穷的一个社区里去，就是雷恩·勒·沙托城堡，那个比利牛斯山脉延伸地段上最干燥的地区。

在雷恩·勒·沙托城堡，索尼尔神甫看到的是一座破败的教堂圣·玛利亚·玛德莱娜教堂，以及少得可怜的经费。他所有的经费只有他的前任留给他的600法郎和募捐来的518法郎。

但是这些困难并没能阻止他立即满腔热情地投入到他的事业之中。从一开始，他就显示出他不仅仅是个神甫，他有其他的想法。他请了一个叫玛利亚·德纳尔多德的女工。玛利亚还没有到入教所规定的年龄，她刚刚才满18岁。

可是，佛朗索瓦·贝朗格·索尼尔对此不屑一顾，他甚至毫不掩饰自己和玛利亚的关系。其实，索尼尔神甫不仅在政治上，而且在各个方面都具有超前的意识……正是这些意识使他成就了自己的事业。这个30岁的男人，脸上流露出的不仅有一种威严，还有对生活的热爱。年轻活泼的玛利亚和他是那么般配，村里人渐渐接纳了他们……

故事是从1891年开始的。索尼尔神甫终于从市政府那里得到了一笔1000法郎的借款，用来修缮教堂的主祭坛。尽管这是一小笔钱，但是相对于他的收入而言，这已经是天文数字了，要知道，去年整整一年，他只得到了不超过25法郎的捐款。

来了两个泥瓦匠。他们开始拆祭坛，其实，所谓的祭坛不过是一张石板架在一个西哥特人时代的柱子上所构成的简易石桌。两个泥瓦匠相互帮助，使尽全力想用铁杆把作为桌面的石板撬起来。接头处松开了。两个人把石板抬起，翻过来放下。这时佛朗索瓦·贝朗格·索尼尔叫了一声：原来石板的背面居然雕有东西。这是一个非常奇怪的图案，是一个手持权杖的骑马人。更奇怪的是那个柱子是空心的。神甫低头一看，里面有3个木盒子，打开盒子，看到一些羊皮纸。他于是转身对那两个工人说："你们可以走了！我这里现在用不着你们了。"

"但是我们才开始工作。"

"我说了你们可以走了，这里我自己会处理的。"

"那刚刚发现的东西呢？"

"这些都是宗教圣职！"

两个工人知道神甫心里有事时，脾气不会好，可他们还是不知所措地争辩道："市长先生付了我们两天的工钱。我们该怎么办？"

神甫把他们推出教堂，说了句："去喝一杯吧！"

这位神甫一个人没待多久，市长大人就立刻赶来过问此事。

一看见市长，神甫迅速从他的长袍里拿出了一些手稿。

"这些羊皮纸的来历是什么？"

索尼尔神甫没有那份讨好的闲心："它们一直被存放在教堂里，所以应该属于教会所有。我打算把它们卖了，正好可以还我的借款。"

既然言之有理，市长立刻就不再坚持了："好吧，但是我要把里面的内容拿来存档。"

神甫也马上同意："当然可以，我会重新抄一份给您。"

几天以后，玛利亚·德纳尔多德把那份复制本送来了：上面完全是看不懂的古拉丁文。这真是那些羊皮纸的复制本吗？别人谁也没有见过原件。

无论如何，从那时开始，佛朗索瓦·贝朗格·索尼尔神甫开始熬夜。人们经常看见他的房间里的灯彻夜亮着。过了一段时间，他又重新把那两个泥瓦匠叫到教堂来。他指着祭坛附近的一张石板说："你们去把它抬开。"

石板抬开了，这一次看到的情景更让人吃惊：石板抬开后露出一个洞，洞底有一个放满了闪闪发光的东西的罐子。像上一次一样，神甫把两个工人打发走了："就这样了，谢谢。"

"但是，先生，我们发现了一些珠宝。"

"你们可能对这个不是很了解，这都是些没有价值的东西。走吧，晚安！"

消息迅速传遍了整个雷恩·勒·沙托城堡：神甫先生找到了珠宝。

在接下来的那个星期，佛朗索瓦·贝朗格·索尼尔神甫北上去了巴黎。人们议论纷纷，认为他是去巴黎的国家图书馆查找一些资料，为的是找到其余的珠宝。他五天以后回来了。

他好像是有所收获，因为他立刻开始工作了。雷恩·勒·沙托城堡的居民看见索尼尔神甫和玛利亚·德纳尔多德晚上在找什么东西。他们的找法特别奇怪：每隔一个晚上，他们都会到隔壁的公墓去。他们用尺子和细绳测量着什么。他们又挖了个洞，在本子上写些什么。

另一个晚上，两人就会去十几公里以外的哈兹高地，去的时候，每人背一个背篓；大清早回来时，背篓装得沉甸甸的。

难道这些珠宝被分散到两个地方？或者说索尼尔神甫对地点还不确定？除非是两个地方都有，否则神甫肯定是在混淆人们的视线。也许在神不知、鬼不觉的情况下，发掘就在教堂里悄然进行着呢。

这种情况一直持续了好几年。在 1895 年，雷恩·勒·沙托城堡的居民都跑去向省长抱怨神甫在破坏他们家族的墓地："我们是你的选民，我们抗议神甫先生不顾我们多年对墓地的美化和维护，每一家的墓地都或多或少地被他翻过……"

清洁派教徒的宝藏

到了 1897 年，神甫的工作好像突然有了进展。一下子，一切都改变了！

从那一刻起，索尼尔神甫，尽管每年只从他的教徒中收到 25 法郎的捐款，却开始了一掷千金的生活。他在教堂附近买了一块地，建起了他梦想中的大房子，房子的建筑风格是有点令人质疑的新哥特式。他没有亏待了他的情人，旁边就是玛利亚·德纳尔多德的房子。

这位神甫的生活奢华至极。他从牙买加整桶整桶地进口朗姆酒,他用整勺整勺的饼干来喂他自己养的鸭子,甚至花重金请来当时一位著名的女歌唱家和其他一些音乐家来为他的私人音乐会助兴。

周围的人们对神甫的暴富以及穷奢极侈有种种猜测,最为一致的说法是,他在无意间找到了清洁派教徒遗留下来的宝藏。

清洁派的信仰起源于中东。他们有着和天主教同样坚实的信仰基础。他们相信,宇宙分为一个由上帝创造的精神世界和一个由撒旦统治的物质世界。

清洁派并不是基督教中的改革派,他们既不是天主教的异端,也不是新教的异教。清洁派是一种完全不同于基督教的信仰,其起源甚至可以追溯到基督教产生的时代甚至更早。这个教派与基督教面对这个尘世的态度不同,他们漠视现实、漠视他们周围的真实世界,也漠视基督教宣称的神圣的世界。他们认为,那一切,他们都可以在自己心中找到,他们不需要任何仲裁、任何教会,也不需要《圣经》。他们的天堂在来生。

1945 年,在埃及有一个重大发现,他们发现了古代羊皮纸文稿。对这一重大发现的研究使吉力·克斯派尔成为世界闻名的权威。这些古代羊皮纸文稿是诺斯替教徒由于害怕受到基督教徒的迫害而藏起来的古代重要文献。在克斯派尔翻译出版的大量羊皮纸文稿中,包含许多"诺斯替"教义:对他们来说,耶稣的教诲与其说是"信仰",不如说是他们通往他们所认可的那个真正世界所需要的"知识"。对诺斯替教徒而言,他们相信那才是耶稣所要传达的真正信息。他们认为写在羊皮纸上的文字——《多马福音》才是耶稣话中所隐藏着的含义,无论谁领会了这些话的含义,都会得到永生。

《多马福音》从阐述耶稣的语意开始。它不属于官方的新约经文,它们写于马克、马太、鲁克以及约翰《圣经》之前。

清洁派是诺斯替教派的一支。他们是古代居住在埃及亚历山大的诺斯替教派的继承人,他们是处于流亡中的犹太人……他们在自己心中,找到了一个不知名的神。但与此同时,他们却无法在这个现实世界中找到一个与之对应的神,因为这个世界充满了罪恶和苦难。

清洁派认为,这世界犹如一个地狱,它不可能是由仁慈的上帝创造的。他们怀疑天堂到底位于何方?他们说《旧约全书》中的上帝仅仅创造了物质,而那个真实的神圣世界在哪里隐藏?对于"诺斯替"教徒来说,即使耶和华也不是一个完美的神,他虽然创造了人类,但却用物质制约着人类,将人类投入到痛苦之中,直至死亡。他们认为人类是由于太多地卷入到世间的是是非非之中,因而无法察觉到自己内心深处神圣的闪光点。而他们同时相信,人类虽然无法在今生找到神圣的闪光点,但却可以在来世找到,清洁派教徒相信生命的轮回。

当在埃及亚历山大的这些犹太人成为基督徒时,耶稣呼吁他们找回自我,帮助他们学会寻找内心深处的自我的方式。耶稣说:"了解自己才能领会神意。"清洁派教徒认为,耶稣并非上帝的儿子,而是上帝的信使,他带领人们去寻找真正的自我。

根据基督教教义,耶稣的死是为了从罪恶中拯救人类。上帝的决断和仁慈决定了人类的希望,教会便是其中的仲裁者。在基督教早期,针对这一教义在神学上的争论曾经非常激烈。为了解释耶稣神学的争论,罗马第一位基督国王君士坦丁一世在 325 年召集过所有的主教到尼西亚聚会。作为一条法令，国王将其决定通告前来聚集的主教，基本的宗旨就是基督不代表上帝。但他确实是神。他——君士坦丁一世，作为一国之君，他有义务信守教义。

随着基督教教义的迅速传播，当虔诚的基督教信徒开始迫害和残杀异教徒时，清洁派变得无能为力。仅仅在100年间，清洁派教徒几乎被彻底消灭，只有少数幸存者逃到了亚美尼亚山区。

大约在公元1000年，清洁派幸存的教派成员被赶往保加利亚。在那里，他们重新积聚力量。通过四处旅行朝圣，在波斯尼亚赢得了支持者。他们在意大利北部、德国、英格兰以及法国南部朗格多克也赢得了许多追随者。

在自己的教义不断受到威胁时，清洁派在朗格多克看到了希望。在中世纪时，法国南部不仅商业贸易发达，而且在文学和音乐方面也很兴旺进步，不论是书面作品、口述作品，还是歌曲，都散发着强烈的人性自由的气息。

这是对罗马天主教会发起的第一次巨大的挑战。一群布道者传递着爱的信息。经过统一净化思想，他们朝着完美的方向努力。他们放弃追逐世间的物质生活，放弃了婚姻，过着苦行僧般的生活。在他们的理念中，一个人应该清心寡欲。清洁派认为这才是通往天国的道路，才是朗格多克市民。包括那些达官显贵应该尊重的信条。

这些人是献身于知识、受过教育的信仰者。这对于那些不是很富有的贵族来说极具吸引力。清洁派对中世纪上流阶级有着深刻的影响。因为它给予妇女应有的社会地位。在当时各种不同的教会中，清洁派的教义给予妇女在广阔领域活动的权利。妇女不仅可以充当牧师，还可以去做神父。妇女们被允许承担着耶稣曾经赋予他的12个信徒的使命，那就是拯救灵魂。在当时，没有任何其他的基督教会会允许妇女担当这样的角色。

这些有知识的人创造出一块抒情诗般的土地。诗人们聚集在那里吟诵诗歌，赞扬清洁派女子高贵、圣洁的气质以及她们对真神的忠诚。曾经有那么一段时间，爱的赞歌开始到处流传。抒情诗人开启了全新的感情和思维方式。他们高歌典雅的爱情，将妇女尊为圣洁的偶像。这种环境不久便引发了新一轮的神话研究。

罗马教会将清洁派看作一个威胁，因为他们对教会的许多基本信仰提出了质疑。13世纪，罗马教会试图拉近教会和普通人之间距离的尝试在朗格多克遇到失败。于是在1231年，天主教会开始了所谓的异教徒清洗，大批异教徒惨遭屠杀。1209年，在罗马教皇英诺森三世正式发出号召之前，一场声势浩大的对抗清洁派的圣战就已经拉开了帷幕。

1209年夏天，在弗里西亚人、荷兰人以及德国人的增援下，法国北方军抵达了贝济耶城。贝济耶城是一座拥有15000~20000人的城市，地势险峻，是当地手工业和贸易的中心。大概有两百多名清洁派教徒住在那里，天主教代表要求把他们交出来。

城市被包围了一天一夜，到第二天早上，一个大门被冲塌，士兵们蜂拥而入，城里的居民只能把教堂当作避难所。天主教代表发出命令："杀掉他们！我们的主是不会放过他们的。"

教堂成了一个血腥的屠杀场，基督徒互相厮杀，他们全都打着基督教的名义！这是一场史无前例的惨剧！甚至超过了当年对抗"萨拉逊族"时的血腥，成千上万的人被屠杀，整个城市变成了一个人间地狱。冲突之后，一些清洁派教徒逃到了米纳维这个外人难以进入的小山村，这里从此成为第二个悲剧场所。

没有逃出的清洁派教徒被迫投降，他们被要求放弃自己的信仰，清洁派教徒拒绝了。因此，他们被焚烧致死。在一片空旷的场地，迫害者点起了火堆，他们本来是打算要逼迫清洁派教徒进入火中的，但根本用不着。清洁派教徒们自己跳入大火，他们相信那样他们便会很快与自己的神灵相会！他们清楚地知道，他们在人间的时间即将神圣地结束。他们为了自己的信仰义无反顾，纷纷跳入火堆。这次圣战，共有 140 名男女清教徒葬身火海。

据记载，当时从朗格多克小山村到德国的莱茵河畔，到处火光冲天，无数所谓的异教徒惨遭杀害。仅仅一天，在法国的香槟区就有 189 堆大火，而在意大利维罗纳，有 400 多个地点也都燃起了火堆。

在天主教使节西蒙·德·蒙特福特的领导下，法国十字军屠杀了数以千计的清洁派教徒。面对这场史无前例的所谓圣战，甚至连罗马教皇也出面要求节制一些。然而，疯狂的基督教信徒们仍在继续屠杀，并不断侵占清洁派的地盘。

当地同情清洁派的人们为清洁派教徒挖了一些地下通道和山洞，帮助他们藏身，躲避迫害。使清洁派的幸存教徒可以继续生存下来，继续进行他们的宗教仪式，为他们的信徒布道。在随后将近一个世纪的时间里，清洁派幸存者依靠民众的支持，与十字军展开游击战争。随之而来的是宗教审判，结果，审判官最终获胜。朗格多克的战斗精神被彻底粉碎。在那些记录审讯的文档中，清晰地记录下了成千上万次的残酷审讯，它们是审判官进行残忍审问的证明。审判官们所使用的上千种残酷审讯方法也都被记载下来。整个朗格多克山村笼罩在这样的恐怖之中，村庄的人们只能屈从。人们之间也充满了背叛，姐妹对抗、儿子和母亲对抗、邻居之间相互对抗。人们被告知："为证明你的忠实，去揭发你的父母！"朗格多克村庄的大量人口被杀害，这场灾难所产生的恶劣后果大约持续了数百年。但是清洁派并没有被斩尽杀绝，他们顽强地坚持了大约一个世纪的斗争。

在灾难和冲突白热化的芒特斯格尔城堡里，悲剧发展到了极点。芒特斯格尔城堡是清洁派的主要活动场所和布道中心。在经历了 10 个多月的被围攻之后，城堡倒塌。当芒特斯格尔城堡沦陷时，220 名清洁派教徒被焚烧。历史是由胜利者撰写的。清洁派的牺牲者被指控为罪人、残忍的杀人犯。清洁派的一位领导人与其他三个人一起设法逃了出来。他们偷偷穿过敌人的防线，消失在了大山中，他们隐藏在一个山洞中。他们逃出时从城堡中究竟带走了什么，数百年来，人们一直在猜测。

而按照雷恩·勒·沙托城堡人的推测，他们来到了这里，并留下了令世人瞠目的宝藏，而这一宝藏现在却被索尼尔神甫所独占。

聪明的神甫

城堡内的流言蜚语，令教会内部一片哗然。卡尔卡索纳主教撤去了索尼尔神甫的教职，并指控他犯有出卖圣职罪，也就是为了钱，出卖上帝的诺言罪。但这并不影响佛朗索瓦·贝朗格·索尼尔作为一个普通公民在雷恩·勒·沙托城堡继续过他从前的生活。他用钱聘请了那时最有名的律师为他在梵蒂冈进行辩护。1915 年他又恢复了教职……

遗憾的是，佛朗索瓦·贝朗格·索尼尔没有能够实现他的最后一个愿望：建一个带有洗礼池的大教堂。1917 年 1 月，他突然死了。玛利亚·德纳尔多德把他的遗体放在带有金色流苏的丝绒椅子上。雷恩·勒·沙托城堡的居民排队前来吊唁。

当人们打开他的遗嘱，希望了解他的财产情况，甚至知道宝藏的存放地点。但希望有多大，失望就有多大：他没留下一分钱。他把他的财产——那座建筑风格怪异的房子留给了玛利亚·德纳尔多德。从此，所有的目光都集中到了她的身上。现在只有她知道宝藏在哪里了。而她也似乎乐于说两句来激起人们的好奇心："有一天，我会告诉你们，我们是怎么变得富有的……"

如果说她确实知道宝藏之所在，我们只能对一件事可以确信，那就是她从来也没有为她自己用过这些东西。在神甫去世以后，她又活了 36 年。在这 36 年里，她没有过奢侈的生活，甚至应当说过得还相当拮据。她不得不卖掉了所有的东西来养老。在临终之前，尽管有人拿着录音机在她的床边，可她还是一字未说。雷恩·勒·沙托城堡的宝藏成了解不开的谜。

故事还在继续。自从索尼尔神甫去世以后，人们写了几本书和无数的文章来谈论此事。这个比利牛斯山脚下的一个被人遗忘的村庄不仅在法国，甚至在全世界获得了令人难以置信的知名度。总会有一些人假扮旅游者去那里，装出对那里的景色和建筑很感兴趣的样子，然后到了晚上拿着锄头或是金属探测器到处搜寻。雷恩·勒·沙托城堡成了所有有关研究未被发现的珠宝的书籍必谈的一章。

可是，在一本专门讲述诈骗高手的书里，我们看到索尼尔神甫也占了一席之地，尽管这使那些淘金者很失望，但确实是这位神甫自己编造了这一切。这已是一个不争的事实。神甫在那个年代展示了自己惊人的聪明才智。

佛朗索瓦·贝朗格·索尼尔仅仅是个不遵守教规的神职人员，他喜欢故弄玄虚，而且他还有一个致命的缺点：爱钱。所以他确实犯了出卖圣职罪。

19 世纪时，人们还很虔诚，尤其是乡村地区，很多人在临死时或死之前，都会准备一大笔钱给神甫，以求得死后升入天堂。

佛朗索瓦·贝朗格·索尼尔毫不犹豫地接受了这些金钱。只是怎么给这些钱找个正当的来由呢？因为当初他来这里时，留给他的只有区区的不足 1200 法郎，而且他又声称一年只有 25 法郎的捐款。

正当他在琢磨这些问题的时候，1891 年 12 月上帝给他创造了一个奇迹。那天，工人们在祭坛下发现了一些羊皮纸。突发奇想是他常有的事：在那种情形之下，他立刻就明白自己可以利用这个发现来为自己寻找借口。他赶走工人的同时对他们说："这些是圣物！"

他确实没有撒谎！以前，人们在立祭坛的时候，总喜欢把支柱做成中空的，称之为"坟墓"，然后在柱子里放些圣骨，或是一些在上面注明祭坛的设立日期和主持仪式的主教名字的羊皮纸。在那些手稿上没有其他的内容，更不要说宝藏的事了。

后来发生的事是一场精彩的演出：在教堂里的第二次发掘；那个装满珠宝的罐子的发现，其实里面的东西是他自己事先放进去的；巴黎之行，夜晚去公墓的挖掘以及到拉兹高地的搜寻，和玛利亚·德纳尔多德做出背篓装满东西的样子回来。

1897 年，佛朗索瓦·贝朗格·索尼尔最终决定花掉那些几年来他出卖圣职所积累起来的大量钱财。但是所有的人都坚信他是刚刚找到了宝藏。只有教会那帮人没有被骗，因而取消了他的教职……

也许人们惊奇的是,他的情人竟然在他死后只字未说。这是为什么?也许是因为说出来只会损害她所爱的人的名声,于是,她对此缄默不语,甚至还巧妙地用模棱两可的话来让这个谜继续下去……

这里需要说的,而且要一再重复的是:雷恩·勒·沙托城堡之谜并不存在,至今还有一些人不顾事实,坚持去那里,希望能得到相反的结论。雷恩·勒·沙托城堡从来就不曾有过这些宝藏,它只不过是一个聪明人演的一出戏罢了,特别之处在于此人是个神甫。是不是你在心里觉得这个更令人惊奇?

埃菲尔铁塔事件

骗局实施时间:公元1925年
骗局发生地点:法国巴黎
骗局设计者:维克多·卢斯迪格
欺骗对象:五大废铁商
大骗局的历史影响:诈骗之王于是声名鹊起,成就了诈骗史上的一段传奇。

维克多·卢斯迪格静静地看着埃菲尔铁塔,查看它的每一个接缝处。没有一个游客能猜出他此时此刻的想法,否则,他们一定能感受得到平生最令人惊奇的事。这个衣冠楚楚、略带有外国口音的游客在看着矗立在那里的铁塔,心里正在反复问着一个问题:这塔值多少钱?若干年来,他在诈骗这一领域可谓小有成就。但是刚才在他脑子里闪现的想法,无疑将会成为他毕生最大的成就——他要出售埃菲尔铁塔。

得遇明师

1925年7月。这一天,格里洋酒店的门前,出租车排成了长龙。第一辆出租车里的司机突然把报纸折了起来,因为车后门被打开了。一个人上了车。这是个衣着考究的男人,灰色的外套,丝质背心。他上车后,用非常优雅的语气说道:"去埃菲尔铁塔!"

司机一下子就听出了这是个外国人,明白这是位有钱的外国游客,也许还是个美国人。既然这个人住在格里洋酒店,应该小费给得不少。

事实也正如他所料,那个人一到埃菲尔铁塔就扔下一张大钞票,并说道:"不用找了。"然后,他马上就下车走了。他在二月广场上来回转悠,在铁柱之间穿来穿去。他真是一个游客吗?他看起来不像是在观看周围的景色。他甚至没有像其他人一样带着照相机,围着导游转。他一个人自由自在地走着,用带点讥笑的眼光看着那些游客。

没有人注意到他。他一个人站在那里看着埃菲尔铁塔,查看它的每一个接缝处。可是,如果这些游客知道他此时的想法,他们一定能感受得到平生最令人惊奇的事。这个衣冠楚楚的,略带有外国口音的游客在看着矗立在那里的铁塔,心里正在问这样一个问题:这塔值多少钱?

埃菲尔铁塔

　　他叫维克多·卢斯迪格。这几年来,他可谓是小有成就。但是刚才在他脑子里闪现的想法,无疑将会是他最大的成就——他要出售埃菲尔铁塔。

　　也许万事开头难。一旦开了个好头,运气就跟着来了。

　　维克多·卢斯迪格就是这种情况。他1890年出生在奥地利和匈牙利交界的奥司地那。家里很有钱。他的父亲是一个工业家,也是他所在的那个小城的市长。年轻时的维克多接受了最好的教育,上的是最有名的学校。他的父亲对他寄予了厚望。他的英语和法语学得很好。毫无疑问,他在文学方面很有天赋。他的老师们对维克多是赞不绝口。他们对维克多的父母说:"你们的儿子完全具备成为一个律师的条件。"

　　可是,一个小细节却改变了这一切:这就是维克多本人。19岁那年,他轻松地通过了考试。他想有所成就,但不是采用他的老师们和他的父母希望的那种方式。他想马上就成功,而不是10年以后或者是20年以后,要立刻成功。于是,他没有告诉任何人就去了巴黎。他此行的目的非常明确:他要发财,无论采用哪种方式。

　　在1909年,那时的巴黎是全欧洲的中心,是冒险家的乐园,尤其是对那些像维克多这样的人来说:年轻,英俊,没有任何顾虑。

　　维克多优雅的举止、高大的身材、金色的头发,还有他的外国口音,使他很快备受瞩目,尤其是对那些女人具有吸引力。于是他决定去从事一个能尽快挣到钱的职业:

拉皮条。

在拉普大街的街边,经常能看到他那贵族式的身影。但是一件不愉快的事,使维克多明白了自己不是干这一行的料。因为他缺少一个干这一行所需要的一个重要特点:暴力。一天晚上,他的一个对手用刀在他的脸上划了一刀。维克多不敢再待下去了,他连夜离开了巴黎。他要另谋发财之路。很快,他找到了一个更适合他的挣钱方法:在游轮上玩游戏。头等舱里的豪华装饰背景使他觉得比巴黎那炎热的大街舒服多了。他往返于勒阿佛尔和纽约之间。在轮船上,他与同行的游客玩扑克。他打得很好,再加上做些弊,每趟都能挣上 1000~2000 美元。

总之,这是一段舒心的生活。既没有多少风险,又能干得比较长久。可在他的第十趟旅行时,他意外地遇到了一个人,这次相遇彻底地改变了他的生活轨迹。

一天晚上,他刚刚从一个美国人身上赢了几百美元。他看见一个上了年纪的人向他走来。这个人自我介绍了一下:"我叫尼奇·安斯坦。年轻人,我一直很有兴趣地在看你玩牌。你很有天赋,但你还需要一些建议。"

卢斯迪格还没有来得及说一个字,那个人就把他拉到了酒吧,他们就这样聊了起来……

尼奇·安斯坦放下酒杯说:"你瞧,维克多,(当第三杯威士忌下肚,他们就彼此开始用名字直接称呼对方了)我们两人干的活儿一样。我也是靠打牌来过日子。干这一行的,重要的不是牌要打得多好,也不是要懂得如何作弊,重要的是如何让对方陷入只能憎恨自己的境地,让他对自己说:'都是我的错。'不要忘了这一点,维克多。要让你的对手无能为力,束手无策。"

维克多什么也没明白。可尼奇已经起身站了起来,嘴里说道:"你看见那个人了没有,就是一个人坐在桌边的那个?他是波士顿的一个大工业家,旅行一开始,我就瞄上了他。现在,去看看怎么玩。"

安斯坦走到了那个呆呆地坐在一边喝白兰地的工业家身边。自然,工业家邀请安斯坦坐下。他们随口聊了几句,谈了谈雨,又谈了好天气;接着,正如安斯坦预料的那样,那位工业家建议打牌玩:"我们玩玩牌怎么样?"

坐在旁边桌子的维克多对他们的谈话一个字也不错过。

尼奇·安斯坦突然站了起来:"不,先生,我很遗憾,我不能。别再坚持了!"

那位工业家很生气,他不明白怎么了。于是,尼奇轻声地对他说:"听着,先生,既然你对我那么好,我告诉你一件事:我是职业玩家。你明白这意味着什么吗?不,我不想挣你的钱,别坚持玩牌了!"

工业家睁大了眼睛。眼睛里是既担心,又佩服的眼神。他变得很激动。与一个职业玩家玩,与一个作弊的家伙玩,一定很刺激、很过瘾。在这段无聊的旅途上总算有了点事可做。工业家要了香槟,牌局开始了。到第二天早上,这位工业家已输了 5 万美元,但他仍然很高兴。这钱花得值,他回去可以向他的朋友炫耀这个奇遇了。

维克多·卢斯迪格饶有兴致地观看了整个过程。他记住了这一课。他明白了光是骗人是不够的。尼奇·安斯坦是对的,要把他们置于一种他们无能为力的、只能自我埋怨的境地……

现在对维克多来说,就是要把尼奇·安斯坦的理论付诸实施。维克多在这方面表现出了无与伦比的天赋,也可以说是天才。

牛刀小试

在 5 年间,他在往来于巴黎和纽约的客轮上边玩边挣钱。他学会了仔细选择他的玩牌对象,就是那些手头阔绰的人。1914 年,他眼看着自己不得不改行,因为往来客轮的航行太危险了,随时会撞上德国人的鱼雷。于是,他来到美国,打算定居。为什么不呢?他能说一口流利的英语,再说,美国一时还不会被卷入战争。这对于一个骗子来说,是最求之不得的了。

在这片新大陆上,衣着讲究、举止得体的维克多非常抢眼。这个奥地利的帅小伙子还能讲一口很好的英语,为什么不信任他呢?

在美国,维克多还是严格遵照尼奇·安斯坦的嘱托。他总是想方设法地使他的受害人处于一种无法抱怨他的境地。

在他的很多诈骗故事中,有一个是绝无仅有的奇妙故事。

在堪萨斯州一个叫萨利纳的小镇,维克多,这个假奥地利伯爵听说有一个农场要卖。这是一幢废弃、破败的老房子,价值不会超过 15000 美元。

在那个年代维克多·卢斯迪格还是个穷鬼,他口袋里只有价值 25000 美元的假票据。但维克多带着他的贵族气派和自信来到了美国储蓄银行所在地。这家地方银行从破产的房主那儿买下了这幢房子。

假伯爵给银行经理留下了深刻的印象,尤其是当维克多出价 25000 美元买这幢最多只值 15000 美元的老房子的时候。维克多提出要去现场看看房子,那位经理立刻就答应领他去。

卢斯迪格伯爵很快地看了看之后,他注视着破败的房子和荒芜的土地,然后不经意地说了一句:"我明天就把 25000 美元拿到你的办公室来。请你把相应的文件准备好。"

第二天,维克多还是带着欧洲人特有的气势出现在储蓄银行。那位银行经理殷勤地接待了他。他把维克多领进自己的办公室。办公室里已经摆了一瓶香槟准备来庆祝这笔交易的达成。维克多·卢斯迪格从口袋里拿出两叠东西:第一叠是用棕色纸包好的 25000 美元。

"你是不是检查一下?"维克多·卢斯迪格问道。

那位银行经理被这笔意想不到的生意乐昏了头,这个人从他手上买走了一幢不值钱的破房屋,他可不愿得罪这样的客户,于是赶紧说:"伯爵先生,你别想那么多,我们都是绅士嘛!"

维克多把第二包东西很有把握地放到了桌上。这里面就是那价值 25000 美元的假票据:"对了,你还能帮我兑换这些票据吗?"

急于达成这笔交易的经理没有想到。如果只接受那些票据作为所付的房钱,而把那包 25000 美元退还给维克多的话,这样起码可以少损失一半的钱。可他竟然又去保险柜里取了 25000 美元给维克多。

两人握手庆贺。经理弯腰致谢,伯爵谦虚地微笑着……

几个小时以后,这位经理才发现那个棕色纸包包裹着的不过是些报纸,而那些票据则是假的。故事当然还没有结束，这家银行没有就此罢休，他们找了一家私人侦探。侦探毫不费力就找到了维克多。此时，维克多正懒洋洋地躺在纽约的一家酒店里。

看见两个侦探走进了自己的房间，卢斯迪格没有一点反应。他笑着说："你们想要把我怎么样？让我回到萨利纳镇去坐牢？这样的话，会有一些闲话的。闲话对一家银行来说可不是一件好事。我很难想象，当银行的客户听说银行将一幢不值 15000 美元的破房子以 25000 美元的价钱卖出去会怎么想，而且轻易就上当了。你可以打电话给银行的经理问问他是怎么想的。"

两个侦探中的一个拿起电话，在电话里向那位经理重复了维克多·卢斯迪格的话。维克多听不见对方说什么，但他能猜得到。他拍拍侦探的肩膀说："对了，你告诉他，让他再给我 1000 美元。否则，我就愿意回去坐牢，但要求公开审理我的案子。"

维克多得到了他要的 1000 美元。真是高明的骗术。尼奇·安斯坦的教诲从来没有用得这么好。徒弟已经超过师傅了！

出售埃菲尔铁塔

1925 年初，这时战争已结束了。维克多没有经历过任何战场上的泥浆和血腥杀戮的洗礼。因此他没有任何愧疚。他天生聪敏异常，道德的力量在他的才能面前退到了次要的地位。他又重新回到了巴黎。可是，这一次，他来巴黎不是为了来挣钱，而是为了来花钱。他的诈骗为他带来了很多很多的钱。他决定停一下。在哪里花这些钱呢？花一大笔轻而易举地得到的钱是一件多么快乐的事呀。

利都夜总会、疯狂的牧羊女、红磨坊：这些都是疯狂年代的巴黎所拥有的，能让维克多鼓鼓的钱包扁下来的场所。

又过去了一些日子。7 月初，维克多意识到他的钱就像阳光下的积雪一样融化掉了。于是，他决定继续工作，至少要干点以前的活儿来挣点钱。说实话，他还没有想好要做什么。一天，他在看报纸时，一条消息突然吸引住了他。原来，埃菲尔铁塔给巴黎市政府带来了很多烦恼。铁塔需要进行修理，但修理费太巨大了，以致巴黎市政府寻求捐款的人。记者在报道的最后加了一句俏皮话："为什么不把埃菲尔铁塔卖了呢？"

维克多在格里洋酒店的豪华套间里把这篇文章读了又读，渐渐地，笑容浮现在他的脸上。他现在知道该怎么做了。他要去卖埃菲尔铁塔！

当他一旦决定做什么时，他就会迫不及待地去做……他去看了看他将来要做的生意对象。他可是很认真地做这件事。他从一个专门搞伪造的朋友那儿弄到了一张带有巴黎市政府抬头的信纸。就用这张纸，他给巴黎最大的 5 个废铁商写了一封信，告诉他们可能有些会使他们感兴趣的东西要和他们商量。

那 5 个人准时出现在了格里洋酒店的一个会客室。维克多在那里为他们举办了一个鸡尾酒会。维克多让他们在耐心等待的同时，调动起他们心里越来越强烈的焦急和好奇心。然后，维克多来了个富有戏剧性的出场："先生们，你们不会不知道市政府此时为了解决它最宝贵的文物而遇到的困难。我想和你们谈谈埃菲尔铁塔的问题……"

5 个与会者睁大了眼睛听着他的讲话。

"先生们，在共和国总统加斯东·杜梅格和议会主席的要求之下，我希望你们对今天我说的话保守秘密:巴黎市政府准备出售埃菲尔铁塔。我为发标人。铁塔的700万吨的铁将会给出价最高的人。在决定之前,我有权让你们去参观。但是,你们一定要保守秘密……"

陪同五个废铁商参观埃菲尔铁塔是维克多一生中最得意的一段。维克多非常小心,以免让他们生疑。人的轻信毕竟还是有限度的。要想说服他们,只有一个办法:干脆再胆大一些,再来点虚张声势。

维克多身后跟着那5个废铁商。他根本看都没看一眼正在排队的游客,直接来到售票窗口。他当着那5个人的面,将一张印有三色的名片交给工作人员,并说道:"这些先生和我是一道的。"

工作人员就让他们6个人过去了。那些人在看见确实是一位政府官员带着他们时,他们还会对出售埃菲尔铁塔的计划有所怀疑吗?

8天以后,维克多接到了第一个出价。这个废铁商叫普瓦松先生。这是真人真名。维克多决定接受他的出价而不再等其他人的了。凡事不能做过了头。普瓦松先生似乎注定要掉入他的陷阱。本来,要是知道在这样一个故事中,听一听在一个废铁商的脑子里,这个巴黎最出名的纪念塔变成一堆梁和螺丝以后价值多少,他准备出多少钱这一定很有趣。可是,我们无从知道,也不知道普瓦松先生给维克多的酬金是多少。

我们知道的就是:

维克多在拿到钱的当天就离开了巴黎,而那个废铁商却不敢报案。因为他害怕受到嘲笑,可即使这样,消息还是传开了。不幸的普瓦松先生成了人们的笑柄。维克多倒是一下子成了最有名的诈骗高手。

维克多在他的一生中一直都在运用他的高超诈骗技巧。他最后定居在美国。他总共被抓进监狱48次。其中有47次只在监狱里待了不超过两个星期。这都是因为他的受害人一想到这个案子可能会使他们成为笑柄或遭到唾弃,就撤回了起诉。

第48次:他与一位叫爱斯黛尔·斯威尼的18岁女演员在哈瓦那,由于他那时候缺钱,于是决定去弄点钱。他扮作好莱坞的电影导演,成功地从一位纽约的大商人那儿以帮他拍电影为名骗得了40000美元。当然电影是永远也没拍成。

在做这件事时,维克多没有用他的一贯手法。于是,他的受害人,那位大商人毫不犹豫地报了警。维克多·卢斯迪格在这第48回被抓住了,被判入狱20年。

维克多·卢斯迪格1934年入狱,于1947年死于狱中。

维克多·卢斯迪格在第48次骗钱时,是为了用钱来讨好爱斯黛尔。维克多爱上了爱斯黛尔,这是他第一次、也是最后一次爱上一个姑娘。他为此断送了自己的前程。

爱情是他的老师尼奇·安斯坦唯一没有预见到可能发生的事情。

都灵的裹尸布

骗局实施时间:不祥
骗局发生地点:不祥
骗局设计者:有待考证

欺骗对象：教众

大骗局的历史影响：印证耶稣的苦难历程。坚定教徒们的向教之念，并日夜为之顶礼膜拜，堪称中世纪天才的完美骗局。

尽管那块现在在都灵的裹尸布一直得不到天主教会的承认，但很多的信徒仍然坚信：耶稣死后被从十字架上放下来的时候，人们就是用这块布来裹他的尸体的。教皇虽然在对圣物的瞻仰这一方面不反对什么，但他却禁止把这些东西都说成是"真正的耶稣的裹尸布"——因为有关这个主题的布已经多达40块。耶稣的裹尸布已经被证明是赝品，但没有人否认这个中世纪天才的完美骗局。究竟是谁会有这样的技巧和才智，花费如此的周折，和宗教、信徒、甚至与几千年来的科学家开了这样的玩笑？他的目的又何在呢？

耶稣与复活节

1978年的一天，300多万人从世界各地涌向意大利西北部的小城都灵，往日安宁、平和的小城似乎瞬时乱了节奏。但是纷至沓来的脚步和随之而来的喧闹却丝毫掩盖不了笼罩在整座城市上空的肃穆。人群聚拢在都灵大教堂前，虔诚等待着、翘首祈盼着……

这样的场面在都灵50年就会经历一次。对很多人而言，都灵有着巨大的吸引力。而吸引力的来源就是供奉在都灵大教堂里的一块麻布。这块麻布约4米长、1米宽，上面有无数污迹和焦痕。可就是这块麻布，成为千百万基督教信徒心目中不可亵渎的圣物，也成了都灵的镇城之宝。因为虔诚的基督教徒们笃信，这块布曾用来包裹被钉死在十字架上的耶稣的尸体。

早在1578年，耶稣的裹尸布在礼炮齐鸣声中隆重到达都灵，被作为宗教圣物小心保存。每过50年，裹尸布会在教堂的主持下向信徒们展示一次，接受基督教虔诚者的膜拜和赞叹。于是，从公元16世纪起，小城都灵也成了无数基督教徒心中的圣地。

透过裹尸布上隐约的印迹和斑驳的血渍，依稀可见一个男人正面和背面的影像。影像上的男人身高1.8米，蓄着长胡，长发垂肩，双手交叉放置于腹部；影像显示他的肋骨受伤，手腕处有被巨钉钉穿的伤痕，还留有血迹；头部前额有血迹和多个被刺伤的小洞，像是被荆棘所伤；全身有一百多处鞭打伤痕。透过这块裹尸布，时光仿佛倒转，使人们回到耶稣生存的年代……

就在"最后的晚餐"发生后的翌日清晨，仇恨耶稣的大祭司该亚法就把众祭司、文士和长老召集到会堂里，商议给因为门徒犹大出卖而被捕的耶稣定罪治死，但犹太当局没有权力判人死罪，他们只好将耶稣捆绑起来，押送到罗马驻犹太的总督彼拉多那里。

耶稣站在总督面前接受审判。总督问："你是上帝的儿子、犹太人的王吗？"

"你说的是。"耶稣回答。当祭司和长老控告他的罪行时，他拒绝回答。

彼拉多说："他们都是证人，控告了你那么多罪状，你就没听见？没有话要说吗？"

耶稣仍不回答。

总督感到惊讶，他心里清楚，众祭司的话是栽赃陷害，他们完全是由于妒忌才把耶稣交给他审判。因此，他把耶稣带到另一间房，单独审问："你真的是上帝的儿子、犹太人的王吗？"

"你自己认为是呢,还是听别人说的?"耶稣反问。

彼拉多高傲地说:"难道我是犹太人吗?是你的同胞把你交给我,让我判你死刑的。你说说,你到底犯了什么罪?"

"我的国不属于这个世界,所以我才落入罪人之手。"耶稣回答。

"你是王吗?"彼拉多又一次提出这个问题。

耶稣肯定地回答:"是的,我就是为此才来到这个世界上。真理的王国应该建立起来,任何拥护真理的人,都会承认我是真理。"

"什么是真理?"彼拉多性急地打断了耶稣的话,傲慢地问。

这时,彼拉多收到夫人的一张字条,她提醒丈夫"千万不要管这义人的事"。其实,彼拉多有许多密探,他掌握了大量的材料,夫人也听说了不少事,他有心救耶稣,便走到门外,对众祭司说:"我没有查出他触犯罗马法律的罪过。根据惯例,每逢逾越节期间,我都要释放一个罪犯。现在,除了耶稣,还有一个判死罪的乱党首领巴拉巴,你们说我该释放谁?释放耶稣行吗?"

众祭司听了,乱嚷起来:"不!不要释放这个人,要放就放巴拉巴。"

"那么,我该怎么处理耶稣呢?"彼拉多征求大家的意见。

众人喊道:"把他钉上十字架。"

彼拉多又把耶稣带到一旁,问:"你是谁?从哪里来?"他见耶稣不回答,又说:"你怎么不说话呀!你不知道,我有权将你钉上十字架,也有权释放你!"

彼拉多也急了。过了一会儿,他又出来对众人说:"我没有查出他犯有死罪,我要责打他,把他放了。"

耶稣的宿敌们慌了,他们鼓动众祭司诡辩说:"按我们的律法,他是该死的,因为他自称是上帝的儿子。"并威胁彼拉多,大声喊道:"你要是释放这人,你就是对罗马元首不忠。凡自称王者,都是对元首的背叛。"

彼拉多当然畏惧他的最高领导,他怕这些恶棍向元首私下通报。最后,他想出一个脱罪的办法,他让人端出一盆清水,当众洗手,并宣布:"杀死耶稣,流这无罪人的血,罪不在我,你们自己承担吧。"于是,他释放了巴拉巴,鞭打耶稣,并交给手下人将其钉上十字架。

"钉十字架"是一种残酷的刑罚,这种刑罚是把受刑者的手脚都用钉子钉在木十字架上,然后竖直,把受刑的人吊在上面,让他慢慢地、痛苦地死去。这原本是罗马人用来惩罚死囚和逃犯的,后来,随着罗马帝国的强大,又传到殖民地,成为殖民地的一种刑罚。

耶稣被带进衙门,无知的士兵们便肆意地戏弄和折磨他:脱掉他的衣服,让他穿上大红袍,戴上用荆棘编成的冠冕,把一根苇秆放在他的右手里,嘲笑、挖苦、讽刺他是"犹太人的王",又朝他脸上吐唾沫,拿苇子打他的头,最后,就让他扛着很重的十字架游街。

饱受审讯、鞭打和戏弄折磨的耶稣再也支持不住了,现在又背上沉重的十字架,没走几步便晕倒在地。士兵们只得在围观的人群中,随便拉出一个叫西门的古利奈人替耶稣背十字架。到了城外的刑场各各地(意思是骷髅地),士兵们拿出苦胆酒要他喝,耶稣不肯喝,他们便用枪刺他的肋,把他钉在十字架上,还在他的上方钉上一块牌子,上面用三种文字(希伯来文、希腊文、拉丁文)写道:"这是犹太人的王。"

士兵们钉完十字架后,就坐在那里看守他。耶稣在上面俯视围观的民众,当他看见众祭司、文士和长老们，就在心里暗暗祈祷："我的父啊，饶恕他们，赦免他们吧！他们不知道自己在做什么。"

可是，站在下面的众祭司、文士和长老们还在仇恨他、讥讽他："你这总是救别人的人，救救你自己吧！"

"如若你是上帝的儿子，就从十字架上下来嘛！"

"上帝若喜欢你，现在应该来救你呀！"

当时与耶稣同时钉十字架的还有两个强盗，一个在左，一个在右。左边的人同其他人一样嘲笑他。右边的人却忏悔、祈求赦免自己。耶稣对他说："我实话告诉你，今天你要同我一起进入乐园了。"

耶稣被钉十字架的那天，从正午到初申（即12时至17时），大地一片黑暗，耶稣大声叫喊："以利，以利，拉马撒巴各大尼？"（意思是："我的神，我的神，为什么离弃我？"）喊叫声绝，气就断了。这时，殿里的幔帐忽然撕裂为两半，大地震动了，磐石崩裂了，坟墓也开缝了，许多已睡圣徒的身体都起来了。到耶稣复活后，他们从坟里出来进了圣城，向人们显现。

亲眼见到这一切的百夫长和看守的士兵，个个害怕得发抖，他们喃喃地说："这人真是个义人。"有很多从加利利跟随耶稣并服侍他的妇女，其中抹大拉（村名）的玛利亚，还有雅各和约西（耶稣门徒）的母亲玛利亚，这两个玛利亚都是耶稣的忠实信徒，她们只能站在远处静望。

当天晚上，有个人前来面见总督彼拉多，要认领耶稣的尸体。此人名叫约瑟，富甲一方，社会地位高、影响大，彼拉多就吩咐手下人给他。同时，曾与耶稣夜谈，并喜欢和维护耶稣的法利赛人科提麦斯也来了，他带着许多贵重的没药和沉香，两人一起将尸体洗净，涂上没药和沉香，用细麻布包好，安葬在约瑟为自己准备的新坟墓里，又在墓前用大石头封口。做完这些事之后，他们才沉痛地离开。跟着前来的两个玛利亚不愿离去，她们对坐着，守候在坟墓旁。

3天后，当信徒们去吊唁的时候却发现，墓穴口的大石被移开，耶稣的尸体不见了，只剩下包裹尸体的麻布。

耶稣的信徒们坚信，耶稣复活了。这正如后来的《圣经》所言。这个日子后来成为基督教的重要节日——复活节。据说，耶稣后来还3次向信徒现身。复活节对基督教徒而言，意义是非常重大的。耶稣复活意味着"战胜死亡"，从此"死"对于信徒已经不再可怕。因为他们死后，灵魂都能得到基督的拯救升入"天堂"，获得"永恒"的生命。如果没有这样的复活，死亡又怎会给人带来平和呢？

这就是《圣经》中关于耶稣裹尸布来历的神奇故事，但它只是为谜一般的裹尸布开了一个头。民间还流传着许多故事。在这些故事里，裹尸布都以巨大的神力，帮助它的信徒摆脱痛苦，获得救赎。

据说，1955年英国一名遭受着骨髓炎病魔折磨的10岁小女孩约瑟芬（Josepkin），在别人的帮助下，到达了都灵，并被特许用双手触摸裹尸布。事隔不久，她果真渐渐能够如常人般行走了。

但令世人惊奇的裹尸布留下的谜题绝不仅于此。在耶稣复活的故事以后，经书上就再也没有提到有关裹尸布的字眼。只在《伪福音书》中略有一些记载，说它珍藏在耶路撒冷；而史书对它下落的记载也零星得近乎吝啬。一直到13世纪初，一个叫克劳里的编年史家写了一本书，其中记载了他本人于1203年在君士坦丁堡看见过一块据说是耶稣的裹尸布的长形亚麻布。这几乎是1000多年来有关裹尸布第一次有迹可查的记载。

为什么在13世纪前居然没有任何关于它存在的历史记录，就好像是这样的圣物从来没有在人世出现过？在耶稣蒙难后的1000多年中，这块裹尸布究竟藏在了什么地方？越来越多的人开始怀疑。同时不断有人质问：这真的是来自古巴勒斯坦的耶稣遗物，还是只是一个中世纪的伪造者精心炮制的赝品？

甚至有人断言它是赝品无疑，因为这块麻布上有着太多太明显的疑点。怀疑者说，既然尸体是平放在墓穴中的，人像的头发就应该是平平散开的而非现在所见的垂直向下；陈年血迹应该呈黑色，而非现在这样红得好像是有人刻意弄上去的；如果这真的是包裹尸体的尸布，为什么上面的印迹却连一点点因为包裹造成的皱褶扭曲都看不到？为什么布上"耶稣"的轮廓与中世纪法国哥特式绘画中的耶稣形象出奇的吻合，都是身体偏长、偏瘦，鼻子比一般人长，手臂长度也不符合正常比例，甚至还留着在当时的以色列被坚决禁止的长发？

十字军东征与"爱德萨之布"

尽管在经书和史书上"裹尸布"的字眼鲜有出现，但是细心的历史学家还是从字里行间找出了关于真相的只言片语。

故事的起点在耶路撒冷的圣墓教堂的墓室。据说，耶稣被一块亚麻布裹起来，埋葬在教堂里。很自然，耶稣的圣徒们会想到保留一些同耶稣有紧密联系的纪念物。但是它上面有个人形，触犯了犹太法，因为这部法案认为同死人相关的任何物品都是不洁净的。为了保护圣物，圣徒们只能把它偷偷地藏了起来。

十字军东征

公元636年起，信奉伊斯兰教的阿拉伯帝国开始统治耶路撒冷，极端的宗教政策使得那里的基督教徒生活在水深火热之中。1096年，在法国教皇乌尔班二世的呼吁下，信徒们带着宗教的狂热，浩浩荡荡踏上东征之路，轰轰烈烈的十字军东征也就此拉开帷幕。

11世纪的西欧，城市兴起，商品货币关系逐渐发展，封建贵族对城市商品和东方奢侈品的需求日增，从领地上剥削所得已不能满足他们日益扩大的胃口。当时西欧实行长子继承制，封建领地由长子继承，其余诸子成为无地骑士，常靠服军役和劫掠商旅为生。因此，封建主、特别是小封建主，渴望向外夺地掠财，那神话般富庶的东地中海各国就成为他们梦寐以求的宝地，这是导致西欧封建主阶级发动十字军东侵的根本原因。

在十字军远征中起着特别重要作用的是西欧天主教会。它不但是西欧封建社会的精神支柱和最大的封建领主，而且，在封建割据的西欧，它又是巨大的国际中心。教皇企图通过发动东征，一箭三雕：争夺封建霸权，进一步凌驾于西欧各国君主之上，重建统一的基督教世界;扩张到伊斯兰教势力范围中去。以教皇为首的教会上层僧侣是十字军东征的思想鼓动者和总体策划者。他们利用宗教狂热极力扩大罗马教廷的政治影响,企图将希腊东正教置于自己的控制之下,并力图通过掠夺东方国家领土和建立新的"基督教"领地来增加自己的财富。十字军参战者服装均饰以红十字标志,号称"十字军"。社会各阶级均积极参加:

破落的骑士阶层为发财致富的机会所吸引,他们成为十字军的主要成员:

大封建主力图扩大自己的领地和增加收入,并梦想在东方富庶的土地上建立受其支配的国家:

西欧城市商人,特别是威尼斯、热那亚和比萨的商人在筹划十字军东征方面起了重大作用,因为从近东驱逐塞尔柱突厥人,并同居住在地中海东岸的各族人民重建贸易关系,对这些城市十分有利。

11 世纪西欧的农民,大都沦为农奴和依附农民,封建主胃口的扩大,使他们受到更加苛重的剥削与压迫。另外还受到持续灾荒的困扰,11 世纪的法国有 26 个荒年;第一次十字军远征前,1089~1095 年,西欧又连年歉收。濒临死亡的农民被骗往东方,梦想寻找摆脱饥饿和封建枷锁的出路,也参加了最初几次十字军东征。但是,从 12 世纪后半期起,当农民看清这种希望不可能实现之后,便拒绝参加十字军东征。

天主教会宣布十字军军人是"为信仰而战的勇士",把他们置于自己的庇护之下,并予以各种特权。

十字军东征,是天主教会在解放巴勒斯坦基督教圣地(耶路撒冷)的口号下发起的。耶路撒冷和其他拜占庭领土一起是在 11 世纪末叶被穆斯林(塞尔柱突厥人)占领的。塞尔柱突厥人兴起后,于 1055 年占领巴格达并解除阿拔斯哈里发的政治权力;又于 1071 年在曼齐克特大败拜占庭军队,俘获皇帝罗曼拉斯四世,实际上摧毁了拜占庭在小亚细亚的权力。

接着,突厥人又夺取埃及法蒂玛王朝的领地叙利亚和巴勒斯坦,并占领大部分小亚细亚。突厥人在小亚细亚建立罗姆素丹国,定都尼西亚(后迁爱科尼阿姆),他们的前哨与君士坦丁堡隔岸对峙,一苇可航,严重地威胁着拜占庭帝国。11 世纪 80 年代末,突厥人的另一个部落、北方的佩彻涅格人与拜占庭国内异端者的反抗运动联合在一起,于 1086、1088 年在多瑙河附近先后大败拜占庭军队,并进而骚扰色雷斯。1091 年,佩彻涅格大军直逼君士坦丁堡城下,塞尔柱突厥人准备与他们联合行动。尽管佩彻涅格人后来吃了败仗,但拜占庭岌岌可危的处境迫使皇帝阿历克塞一世(1081~1118 年)不得不派遣使臣向教皇和德国皇帝求援。至于塞尔柱突厥人的强盛,为时并不久,1092 年开始分裂为摩苏尔、大马士革、阿勒颇、安条克和的黎波里等几个总督区,它们之间互相敌视,干戈扰攘,无力阻止东征者的进攻。

自 1096 到 1291 年,十字军共发动 8 次东侵,曾攻克耶路撒冷并在那里建立了 4 个十字军国家,还建立了直接隶属于教皇的宗教性军事组织——僧侣骑士团来保卫占领区,位于今天的土耳其境内的爱德萨就是十字军国家之一。在国王阿布贾的统治下,爱德萨成了第一个基督城。各地的基督教徒们纷纷来到这里,开始了平静的新生活。

相传,国王阿布贾得过一次重病,无论怎么医治都不见起色。众人都一筹莫展,只好去向耶稣求救。结果派去的人带回来一块印有耶稣身体影像的布。没想到,这块布真的奇迹般治好了国王的病。这块神奇的布就被后人称作"爱德萨之布"。

几个世纪以来,画家们一直不能确定拿撒勒城的耶稣的长相。但自从发现了爱德萨之布,几乎所有的耶稣画像都开始趋于一致。欧洲各处的基督画像大部分作于十六七世纪,似乎都来自爱德萨。然而好景不长,爱德萨的平静安宁并没有持续太久。很快,伊斯兰教军卷土重来,灭了爱德萨王国,基督教徒遭受迫害的历史命运也重新上演。但虔诚的教徒们为了避免他们心目中神圣的"爱德萨之布"落于异教徒手中,将圣布藏进了城墙。

圣殿骑士与曼迪兰

500年后,阿布贾的时代早已结束,昔日爱德萨王国的中心早已被穆斯林佛塔所主宰。但是即便在伊斯兰教侵入爱德萨后,原有的300多座基督教堂依然稳稳地屹立着,因为这里曾经出现过一块有基督头部影像的麻布。这块麻布很自然地成了受基督教徒膜拜的圣物,基督教徒称之为"曼迪兰"。曼迪兰的存在,使得这里成为基督教朝圣中心的地位再也无可撼动了。早期拜占庭绘画显示,与"爱德萨之布"不同的是,曼迪兰展示的似乎只有基督的头部而已。在希腊,曼迪兰又被称为"台特迪隆",字面义为"折四折"。人们发现,将裹尸布折叠四次后,所能见到的就只剩头像了。历史学家猜测,当时人们之所以将曼迪兰"折四折",是因为人们当时认为,如果整个图像都被展示出来,就会成为异教崇拜物。

但令人意外的是,公元944年8月16日,大审查官乔治向在场人员展示整块布的时候,提到了脸部和上半身。而且有其他证据表明,爱德萨之布中展示了基督的整个身体。从城中经过的一位法国士兵这样描述:"一块布平铺着,可以在上面认出我们的救世主。"并且这位法国十字军战士罗伯特·德·克莱瑞称这块布为"裹尸布"。

公元1000年左右,一支拜占庭军队击溃了穆斯林人的抵抗力量,径直攻到了城门前。但是这支军队的使命并不在于攻城略地,他们答应放过整座城市,释放穆斯林战俘,并且向他们支付巨额财宝。这一切的大度和慷慨,只为了得到一样东西——曼迪兰。

当取胜的拜占庭军队高举着曼迪兰回到东罗马帝国的首都君士坦丁堡时,他们受到了最热烈、最隆重的欢迎。一位编年史学家这样记载这件事:"它至少像圣约中的诺亚方舟一样珍贵;当这幅图像在街道之间穿行展示的时候,人们眼中溢出了激动的泪水,口中不断重复着感恩的祈祷。他们相信,这座城市将成为神圣的城市,永远受到保护,不可征服,直到永远。"

十字军第四次东征改变了君士坦丁堡的命运。1204年,君士坦丁堡被十字军攻陷,进攻者闯入王宫,君士坦丁堡被洗劫一空,整座城市被夷为平地,只剩下一道城墙。而那块神奇的布也悄无声息地失踪了。

在十字军凯旋所带的战利品中,是否包括印有基督影像的神圣之布呢?我们似乎可以从有关圣十字军圣殿骑士团(又称神庙骑士团)的传说中获得一些线索。

圣殿骑士团是十字军中最具有传奇色彩的组织之一。1119年或1120年初成立。总部设立在犹太教圣殿内。当时,耶路撒冷王国成立不久,原来十字军控制的点不多,朝拜圣地的信徒往往受穆斯林的军队骚扰,帕杨等8~9名法兰西骑士发起组织了这个团体,决心保卫朝圣者。他们颁布了《圣殿骑士法令》,并且逐渐取得了稳固的影响。骑士团成立后,军事力量发展很快,并四处征战,掠夺金银财宝,勒索钱财,在近200年的时间里聚集了大量财富,在欧洲许多地方拥有财产。

由于这个骑士团曾经获得了大量财富,引起了国王以及主教们的嫉妒和不满。于是,谣言四起,圣殿骑士团被指责曾经举行过神像崇拜和秘密仪式。终于,法兰西国王菲利浦四世指控圣殿骑士团为异端并且道德败坏,使教皇克雷芒五世于1312年取缔该团。

圣殿骑士团所有成员都否认了神像崇拜的指控。但在严刑拷问下,一名成员说:"我们崇拜一个人头像,没有金银装饰,但有一脸大胡子,类似圣殿武士。"另一个人供认:"这个头像有4只脚,两只在前,两只在后。"这些含糊的供词指的是曼迪兰吗?人们不得而知。

虽经受了百般折磨,圣殿骑士也不愿泄漏他们信仰的真正对象。最后的圣殿骑士——雅克·德·莫雷和杰佛里·德·查尼因此被烧死,其中骑士杰佛里·德·查尼是有关裹尸布的历史记载中提及的第一个历史人物。

裹尸布的真伪

就在两位圣殿骑士被烧死后二三十年,裹尸布又在里瑞出现了,并且由一位同样叫杰佛里·德·查尼的法国骑士拥有。虽然不能完全确定他们两人之间一定有亲缘关系,但两个相同的名字使人们不得不做这样的猜测。有一点人们十分肯定:住在里瑞的这个杰佛里·德·查尼并不是来自偏远村庄的默默无闻的骑士。通过婚姻,他同国王和一些公爵建立了关系。他备受尊重,还写过关于骑士精神的著作。在英法战争中,只有他被授予同法国国旗合葬的荣誉。杰佛里·德·查尼不可能是个伪造者或骗子,他手中的裹尸布应该也不是赝品。那现在的裹尸布与先前有历史记载的爱德萨之布以及曼迪兰之间,到底有怎样的关系呢?

19世纪末,科学理性思想已经战胜了神秘主义。1898年,都灵大主教终于同意第一批科学家直接对耶稣裹尸布进行考察。为了存档,首先要对其进行拍照。当摄像师赛根多·皮亚在暗室里冲底片时,一个奇怪的现象出现了:他从照片底片的负像中看到了更为逼真的"耶稣"形象。他注意到,感光板上清晰地显示出一幅头部的正片,而不是通常底片的那种黑白颠倒的图像。这就意味着裹尸布上的图像本身是底片图像,就是说,裹尸布上的图像是根据一张照相底片绘制的。在摄影术发明前,谁能绘制出一个照相底版来呢?这一发现使怀疑裹尸布真实性的声音明显低沉了许多,越来越多的科学家开始倾向于证明它的真实性。

1898年公开出版的主教皮尔德亚利斯和当时的教皇克鲁蒙七世的往来信件第一次提到,这块布是1389年法国修道院所属教堂首次展示出来的;主教指责这座修道院的院长,说他"不是出于虔诚,而是在利益的驱动下"保管这块布的。因为很明显,只有拥有一件无价的圣人的遗物,才能建立一个众人朝圣的地方。教皇虽然在对圣物的瞻仰这一方面不反对什么,但他却禁止把这些东西都说成是"真正的耶稣的裹尸布"——因为有关这个主题的布已经多达40块;历史上还出现过这样的事:路德1510年在罗马惊奇地发现了耶稣的脐带,但后来又失踪了;还有说从耶稣的行割礼上得到的"神圣的包皮",保存在罗马卡尔卡特教堂,1984 年也被偷了。一些历史学家和有兴趣研究的人花了很多工夫去研究,认为都灵的赫苏斯修道院保存的这块裹尸布可以追溯到耶稣时期。威尔逊的研究最为详尽,他把它同圣殿骑士格奥弗莱德 1354 年带到法国的那幅埃德赛的画看得一样重要。也许是威尔逊提供的证据太完备了,天主教会放弃了他们小心翼翼的观望态度。

1986 年,在科学工作者与宗教界人士长达 10 年的接触和协商后,终于达成协议,科学家被允许用改进了的碳-14 年代测量法对"裹尸布"进行分析。取样在极其秘密的情况下进行,并由国际上 3 个著名的碳-14 实验室分别进行测定。每个实验室都得到 4 个样品,其中,只有 1 个样品是从"裹尸布"上剪裁下来的,其余 3 个样品为不同时代的对照样品,分别装在编好号的金属盒中,但只有都灵大教堂的大主教和英国大不列颠博物馆的考古权威才知道这 4 个样品中哪一个是从裹尸布上剪裁下来的。

结果,3 个实验室的科学家们得出了相当一致的结论:这块"裹尸布"与耶稣毫无关系。因为它的年代在公元 1260~1380 年的可能性为 95%,不早于公元 1200 年的可能性为 100%,也就是说,这块"裹尸布"出现于耶稣遇难的千年之后。

1988 年 10 月 13 日,红衣主教在都灵大教堂举行记者招待会,宣布存放在都灵大教堂的所谓的"裹尸布"为中古时期的赝品。

但毋庸置疑的是,耶稣的裹尸布依然是备受其信徒们顶礼膜拜的圣物,虽然它被证明是赝品,但没有人否认这个中世纪天才的完美骗局。究竟是谁会有这样的技巧和才智,花费如此的周折,和宗教、信徒、甚至与几千年来的科学家开了这样的玩笑。他的目的又何在呢?

巧合趣事

美国曾计划在9·11袭击前进行飞机撞楼演习

据美国媒体2002年8月21日报道,美国一个情报机构——国家侦察局曾经在"9·11"袭击发生前准备进行一次飞机撞大楼的演习,以检验下属对突发事件的应对能力。

报道说,按照国家侦察局领导层的设想,当天早晨,一架出了机械故障的小型飞机将撞向他们位于弗吉尼亚总部4座大楼中的一座,对大楼造成一定的破坏。当然,他们不会出动真的飞机,但为了模仿撞楼造成的破坏,他们将封闭一些楼梯以及出口,让雇员们自己想办法逃生。

可是,没想到的是,2001年9月11日,纽约世界贸易中心就被两架飞机撞上了。来历不明的恐怖组织在美国时间9月11日上午向美国大都会纽约和首都华盛顿展开有系

9·11事件

统、有组织的恐怖袭击行动,以其劫来的飞机和炸弹攻击纽约世界贸易中心和华盛顿一带的政府机关,美国政府几乎陷入瘫痪状态。世界贸易中心两座塔楼在爆炸起火后相继倒塌,死伤惨重。但具体人数未晓。首都政府机关被炸后冒起浓烟,情况危急。同样位于美国东岸的宾夕法尼亚州西部的匹兹堡有一架联合航空公司巨型客机离奇坠毁,但详情未明。

国家侦察局发言人表示:"很难相信会出现这样的巧合,几架飞机真的撞向我们的设施了。当真的袭击事件发生后,我们立刻取消了此次演习。"

该发言人还表示,为了进行此次演习,他们已经筹划了好几个月的时间,但按照他们的设想,恐怖分子不会在其中扮演任何角色,这将仅仅是一个意外而已。

俄国专家认为灾难为巧合

俄罗斯哈尔科夫工学院的毕业生、工程学博士、克里米亚国立农业大学公共工程学教研室主任苏哈列夫教授的专业是应用力学,他对宇宙从未表示过兴趣。可有一次,他突然注意到,现实生活中的一些重大纯技术性灾害同天文预报说要发生的令人不快事件

竟不谋而合,而且大部分重大灾害都发生在"魔鬼日"。所谓的"魔鬼日",星相家们指的是阴历每月的 7 天,即 1 日、4 日、9 日、15 日、19 日、23 日和 26 日。灾害当然是和所谓的"魔鬼"风马牛不相及。作为一个坚定的唯物主义者,苏哈列夫得出结论:是有一种"干扰因素"在对我们的地球施加影响。他花了 5 年的时间去研究,最后得出结论:地球之所以发生灾害,其根源是太阳系的 9 颗行星和它们的 7 颗大卫星。

苏哈列夫形象地将它们比作由 16 枚发出低频波的"音叉"组成的"乐团",只不过它们发出的不是音波,而是重力电磁波。但是,虽然这些行星和卫星是在沿着自己的轨道不停地、不同步的旋转,但难免有时也会产生和音现象——一个波与另一个波相重合。苏哈列夫称这种现象为"天体波共振"。

在将地球上发生的事件和天体扰动现象进行比较的时候,弗拉基米尔·苏哈列夫发现了许多巧合。当火星和土星同时发生"摄动",地球上便发生了 2/3 的全球性灾难和 12 次大的冰川作用。有趣的是,在不少民族的神话中,火星和土星均被视为最危险的行星。而对地球的安宁有着破坏作用的另一对摄动体、水星和火星的"共振周期"可以称为"流行病的周期"。历史上几乎所有最可怕的流行病,像 125 年 5 月的奥罗西鼠疫、549 年 10 月 1 日的查士丁尼鼠疫突发事件、1181 年 9 月 27 日断送一半国人性命的德国感冒大流行、1655 年 9 月 25 日欧洲毁灭性的感冒以及俄国和土耳其的鼠疫……都得算在它们的账上。

有趣的是,"褐色鼠疫"的出现也与水星和火星有关,正是在它们共振的那天——1933 年 1 月 30 日阿道夫·希特勒上台。宇宙中火星和地球的二部合奏则是地球上的水难之源,由此而引发的水难有:世界大洪水、1358 年欧洲各国的大洪水、1955 年 4 月 29 日"新罗西斯克"号战列舰在塞瓦斯托波尔海湾沉没、2000 年 8 月 12 日"库尔斯克"号核潜艇在水底爆炸……

三位幸存者同名

有此巧合神秘莫测,它们的发生殊难预料,不是用概率论能够解释的。

1665 年 12 月 5 日,阳光明媚,一艘船在米内海峡航行。大家沐浴在阳光下幸福地晒着太阳,观赏着海峡周围的美景。美景让人们因多日旅行带来的疲累都消失了。大家快活地议论着,交谈着。可是,令大家意想不到的是,这艘向来非常安全的船不幸卷入一个漩涡中沉没。船上 81 名乘客,只有一个名叫休奇·威廉斯的人活下来。至于休奇·威廉斯为什么能够活下来,至今还是一个谜。

1785 年 12 月 5 日,一艘载有 60 名乘客的船在大海中快速地航行。可是,因为这一天雾太大了,这艘船不幸触礁,船霎时间就破了一个大洞,船里进水了。59 名乘客不幸遇难,只有唯一一名生还者。巧合的是,这名唯一的生还者居然也叫休奇·威廉斯。

75 年后,即 1860 年 12 月 5 日,一艘海船也在正常地航行中。可是,谁也不知道究竟是什么原因,这艘船竟然突然就下沉了。在下沉的过程中,大家都没有察觉。当大家意识到这一点的时候,已经太迟了,船上的许多乘客因为发现太迟而丧生。不过,船上的 25 名船员都幸存了下来。其中一名幸存者也叫休奇·威廉斯。

"巧合"像一道神秘的锁链,把一连串的灾祸连在一起。

世界上还会发生各式各样的离奇的"巧合"现象,它早已不再属于"概率"的范畴,谁能对它做出令人满意的解释呢?也许,只有"命理"这把钥匙才能打开"巧合"这扇神秘的大门。

世界四城市同时遭袭击

2004年,从10月7日傍晚19时到8日凌晨5时,伊拉克首都巴格达、阿富汗首都喀布尔、法国首都巴黎和埃及旅游胜地西奈几乎同时遭到了不同程度的恐怖袭击。这难道是巧合吗?

当地时间10月7日傍晚19时,位于伊拉克首都巴格达市中心的喜来登酒店遭到武装人员袭击。两枚火箭弹落在了酒店附近,随后从邻近的底格里斯河和美国驻伊大使馆附近传来激烈的枪声。据附近巴勒斯坦饭店的警卫人员说,枪声持续了10分钟左右,美军基地附近也有枪声传来。

当地时间10月8日凌晨1点半左右,两枚火箭弹落在美驻阿使馆附近。第一枚火箭弹击中了使馆区大选媒体登记站附近的一处停车场,距美国使馆约二三百米,但没有造成人员伤亡。第二枚火箭弹的具体爆炸位置和造成的损失情况目前尚不清楚。

当地时间10月8日清晨,一枚装有自动引爆装置的中等型号的炸弹在巴黎的印度尼西亚大使馆前面爆炸,造成10个人不同程度的受伤,伤者中包括5名使馆人员。这枚炸弹被安置在使馆前不远处,并用旗子掩盖着。剧烈的爆炸在现场留下一个大坑,方圆30米内的一些建筑物的玻璃被震碎。

近年来,俄罗斯发生的系列恐怖事件、西班牙"3·11"大爆炸和印尼、沙特、摩洛哥、土耳其等国发生的多起惨案均有"基地"的阴影。更具杀伤与冲击力的袭击逐渐成为"时尚",以"基地"为核心的全球恐怖势力正暗中合流,四处蔓延。

精确预言大地震

1993年8月的一个夜晚,正记录甚高频无线电波(VHF)变化、追踪太空陨石的串田发现,记录仪上出现了一连串"很特别的基线波动"。最初他以为设备出了故障,没在意。

1995年元月中旬,这种电波波动与地震的"巧合"重演,他仍未在意,直到两天后即1月17日,打开电视机的他看到惨不忍睹的画面:神户大地震导致6400人丧生,近50万人无家可归。

"我被彻底震住了,以后几天我一直在想:如果我能严肃对待自己的工作,也许会有很多人活着。"串田随即召开新闻发布会,宣布自己的发现,但地震专家对此的评价全是嘲笑与不屑一顾。

面对地震科学家的敌意以及媒体的嘲弄,串田并没有灰心,而是决定放手一搏:他放弃了对彗星的研究——尽管此前已发现了两颗彗星——转而一心扑向地震预报。

目前全球每年发生几千次地震,其中震级在里氏7级以上的强震一般有10来次。在过去一个世纪,世界各国均为地震研究投入了不计其数的人力与物力,研究对象更是无所不包:岩石、地面温度、地下水水位、太阳黑子、月亮、潮汐乃至狗与鲶鱼的异常行为,概而言之，几乎所有可以与地震预报挂钩的现象均纳入了地震研究范围。但专家们无计可施。1997 年，地震学界的 4 位扛鼎学者——凯勒、杰克逊、卡岗与穆拉吉亚在《科学》杂志发表合署论文断言：地震无法预报。

但串田并不认同这一说法。串田的妻子是日本首屈一指的超新星专家。当串田决定开始地震预报后，她就全力地支持丈夫。

夫妇俩于 1995 年筹措了 1000 万日元（约合 75 万元人民币）以购置新设备。

串田骄傲地宣称，过去 10 年，他至少准确预报了 36 次大震。今年 8 月，仪器突然又发出信号，串田据此预言："超强地震会在 9 月 16 日或 17 日袭击东京，前后误差各两天。"

泰坦尼克号的凶兆

超级巨轮"泰坦尼克号"沉没的悲惨故事被拍成一部好莱坞的灾难爱情片而风靡世界，为人们所耳熟能详。然而这条巨轮的悲剧，却早在上世纪末就显出凶兆。

泰坦尼克号

1898 年，英国作家摩根·罗伯森写了一本名叫《徒劳无功》的小说。小说写了一艘号称永不沉没的豪华巨轮，名为泰坦（Titan）号，从英国首航驶向大洋彼岸的美国。这是人类航海史上空前巨大也最豪华的客轮，船上装备了当时力所能及的一切华贵设施，满船乘载的都是有钱的乘客，人们在这巨轮上尽情地享受着。但是，这艘巨轮首次出航就在途中撞上冰山，悲惨地沉没，许多乘客葬身海底。

谁也没有料到，这本小说中写的故事，竟成了 14 年后不幸的现实。人们都说"泰坦尼克号"是不会沉没的。这艘当年在水上航行的最大客轮，在甲板下建有水密舱，即使这些水密舱中有 3 个进了水，客轮仍然能浮在水面上。1912 年 4 月 11 日，"泰坦尼克号"从英国南安普敦港出发驶往纽约，开始了她的处女航。船上有乘客 2224 人，还有船员 800 人。"泰坦尼克号"向西行驶，一连三天三夜，安全无事。

到第 4 天的半夜左右，在纽芬兰海岸外，"泰坦尼克号"在全速行驶时与一座巨大的冰山碰撞。在甲板下面，"泰坦尼克号"的水密舱有了破裂，海水涌入舱内。想不到的事竟发生了——"不沉之船"正在慢慢地沉下去。

当"泰坦尼克号"在纽芬兰海岸外与冰山相撞时，人员开始撤离该船。但由于救生艇不够，乘客惊慌失措。最终随着船尾翘起，船身滑向大西洋底，1513 人与船一起沉没。

悲剧发生后，有人想起这篇小说，发现不仅船的名字几乎相同，两者还有众多的极其相似之处：

两船都是初次出航就沉没，其原因都是撞上冰山，肇事地点都在北大西洋。

两船航行的时间都是在四月份，航线都是从英国到美国。

"泰坦号"所写的乘客和船员人数为 3000 人，"泰坦尼克号"乘客和船员人数为近

3000 人。

　　"泰坦号"设想重量为 7 万吨,"泰坦尼克号"实际重量为 6 万 6 千吨。

　　"泰坦号"长度为 800 英尺,"泰坦尼克号"长度略多于 800 英尺。

　　两船的螺旋桨数均为三个,碰撞冰山的时速均为 23 海里。

　　还有一点相同的是,两船出事后乘客伤亡惨重的原因都是因为船上的救生艇不够。

　　有人比较了《纽约时报》所刊登的"泰坦尼克号"沉没的消息,其情节、过程与罗伯森笔下的小说如出一辙。以至可以说,小说中的故事就是提前了 14 年出现的"泰坦尼克号"沉没的写照。这一切仅仅是巧合吗? 如果不仅仅是巧合,那么又该如何来解释呢?

20 美元上可以看到"9·11"袭击

　　一些美国人最近无意中发现,美国印刷局 1998 年印制的新版 20 美元钞票上竟然能折出类似"9·11"恐怖袭击的场面。只要将钞票对折,再翻折两次,就可以看到纽约世贸中心被飞机撞击冒烟的场面,而反面则是五角大楼正在燃烧的惨状。这真是令人觉得恐怖。

　　20 元美钞,一面是美国第七任总统杰克逊的图像;一面是白宫正面图,两侧是灌木丛,顶端是"美利坚合众国"字样。如果把白宫这面朝外,上下对折,然后手持左右两边,朝中、向下转折,出现的图像很类似两栋世贸大楼正在燃烧(灌木丛仿佛是大火)。翻过来一看,又好像是五角大厦正在燃烧。

　　巧合的还不止于此。把 20 元美钞摊开,一点一点折起来,可以拼出"OSAMA",正好是恐怖分子首脑奥萨玛·拉登的名字。

　　因为钞票中 20 元美钞在 1998 年开始发行,联邦印铸局说,图样设计早在之前数年即已展开,所以出现恐怖攻击图样一事纯属巧合。

　　还有人称,巧合的不止于此,因为恐怖攻击发生在 9 月 11 日。而 9 加 11,正好就是 20。"9·11"刚发生时,曾有人提供了一张照片,显示世贸两栋大楼燃烧时,浓烟笼罩,仿佛是个撒旦魔鬼的图像。

　　真是可怕的巧合。

离奇巧合的死亡

　　这是一些离奇的死亡,巧合得让人难以相信,可是,你又不得不相信,因为这些都是真实的事情。

　　1983 年 7 月,一场风暴席卷意大利那不勒斯市。一位名叫维多利亚路易斯的 45 岁男子,在驾车返家途中被狂风连人带车吹落激流中,几经艰辛,他才打破车窗,挣扎上岸。正当他为自己庆幸时,一株大树被狂风连根拔起,刚巧击中他的头部,就此一命呜呼。

　　1983 年,厂主路达史华兹,在台风中,侥幸从被狂风荡平了的小型厂房中逃了出来,只受了轻伤。他当时还为自己庆幸。但台风后,他返回废墟视察,一堵未被摧毁的砖墙突然塌下,压在他身上,使他丧命。

　　1977 年,纽约市有个男人,在街道上行走时被一辆货车撞倒。奇怪的是,他竟然没有受伤。正当他觉得自己算是幸运，从地上爬起来准备离开时，一个过路人劝他说："你躺在地上，不要动，假装受伤。这样，你便可以向保险公司索赔。"他觉得很有道理，于是听从劝告，横躺在货车前面。就在他躺下的时候，货车司机以为他已经走开，把车子开动，结果他被车子碾过，一命呜呼。

1979 年，英国列斯市 26 岁的商店售货员和路达赫拉斯，由于一双龋齿疼痛异常，而他又最怕见牙齿，于是请他的朋友在他的牙床骨外重击一拳，希望把龋齿打落。他的朋友不好意思推却，于是打了他一拳。不料和路达赫拉斯被击中以后，身躯往后倒下，头部撞在一块凸起的大石上，头骨破裂而死。

谁能解释这一系列的巧合呢？

离奇逃出鬼门关

1894 年 2 月 7 日，在大洋彼岸的美国，年轻的珀维斯被推上绞刑架，他被判处绞刑的罪名是谋杀密西西比州哥伦比亚市一个农夫。

此刻，极度绝望、又倍感冤屈的珀维斯就站在绞架跟前，只要活门板一拉开，珀维斯马上要气绝身亡。珀维斯觉得自己的意志马上就要崩溃了。不料，意外发生了，活门板打开后，绞索竟然松解滑脱。珀维斯惊恐不安地从绞刑架下爬了出来，他仅仅只受了一点皮肉之苦。这真是一个意外的奇迹。

虽然这一次他没死掉，但刑法已定，他还是要受绞刑的。当执法人员再次又要把他推上绞刑架执行绞刑时，亲眼目睹了这一奇迹发生的 3000 多名群众开始制止，他们都大声说："这个人不该死。不然，刚才他就已经死了。上帝这个至高无上的裁判已对他恩赐于缓刑。应该赐他缓刑！"

刑场的气氛也骤然间发生了巨变，本来围观的群众这时却大声地喊叫着歌颂上帝，还把珀维斯视为英雄。执法警官的情绪似乎也被这热烈、虔诚的场面所感染，他进退两难，只得又把犯人送回牢房去。

这件事发生后不久，珀维斯的律师向密西西比州最高法院几次上诉但都被驳回。新的刑期定为 1895 年 12 月 12 日。也许是有了上一次的奇迹，珀维斯对自己生命的存在有了强烈的信心，他的朋友们也都向他伸出了援助之手。就在临刑前几天，珀维斯的朋友劫狱成功，并把他匿藏起来。一个月后，密西西比州的新州长宣誓就任，这是个十分认真、善良的新州长，对珀维斯颇为同情。当珀维斯得知这位州长对他深表关注后，便主动前去自首。1896 年 3 月 12 日，这位州长把他的死刑改判为终身监禁。但是，这时的珀维斯案件已经被美国上下各界所关注，珀维斯本人也成为舆论界的知名人物。在美国各地，有数以千计的信件寄到州议会，信中的内容都是要求把他赦免释放。1898 年末，珀维斯终于重新获得自由。

1917 年，美国一个名叫比尔德的人在临终之时，似乎应了那句话"人之将死，其言也善"。他终于承认过去的那件谋杀案是他干的，与珀维斯毫无关系，珀维斯是冤枉的。就这样，珀维斯多年的冤屈终于沉冤得雪。这使得人们都为他高兴。

令人不可思议的是珀维斯当年在受审讯时，曾多次发誓说："我发誓，我真的是无辜的，我真的没有杀那个人。请你们相信我。"可是，当时的 12 名陪审员对这个可怜的年轻人却毫无同情之心。当 12 名陪审员强行、武断地裁定他罪名成立时，他大为震惊，难以置信，大声道："我将活下去看着你们死掉，你们不死，我是不会死的。"当时陪审员们也没有在意他的誓言。

珀维斯死于 1938 年 10 月 13 日，刚好是 12 个陪审员中最后一个死去的第三天。这也许是个令人不可思议的巧合，然而，珀维斯怎么能够离奇地逃出鬼门关？绞索架怎么能自动解开？难道这一切也都仅仅是巧合吗？

13 起惊人的巧合

1.格林贝利希尔

1911 年在一个叫"格林贝利希尔"的地方，谋杀埃特蒙德爵士的罪犯在伦敦被处以绞刑。这 3 个罪犯的名字正好分别为格林、贝利和希尔。

2.23

1932 年，一个外号叫"荷兰人"、名字叫舒尔茨的酒贩子在纽约 23 号街派人杀害了一个 23 岁、名叫文森特·考尔的男子。舒尔茨本人也于 1935 年 10 月 23 日被人杀死，凶手的名字叫查理·沃克曼，被判无期徒刑。结果在监狱呆了 23 年后被释放。

3.野鹅

1974 年 11 月的一天，诺伊尔·麦凯布一家正在他们坐落在英国得贝市金斯顿大街上的家中欣赏弗兰基·莱恩所唱的歌剧《野鹅》的录音，突然一只加拿大鹅打碎了玻璃从窗子跳进了他们的卧室。

4.空中落婴

1975 年春天在底特律市一个婴儿从 14 层高的楼房摔下，正好落到正在行走的约瑟夫·费格洛克的身上。1 年后又发生了同样的事，费格洛克和这两个婴儿均没死。

5.倒霉的路

1974 年弗兰克·克拉特沃西在一次晚宴结束后驱车返回位于萨默塞特市沃希福特路的家，途中不幸翻车。1 小时后，从同一个晚宴出来的他的孪生兄弟杰克在同一条路上也翻了车。

6.特殊的感谢

4 岁时，罗杰·劳塞在麻省塞勒姆的海滩被一名叫爱丽丝·布莱斯的妇女救起。9 年后，也就是 1974 年，在同一个地方，罗杰划动一只竹排进入水面，把一名男子从水中救起。该男子原来就是爱丽丝的丈夫。

7.孪生兄弟

俄亥俄州利马市的詹姆士·卢斯和俄亥俄州达顿市的詹姆士·斯皮林格是一对孪生兄弟。但是他们出世不久就被分开。他们各自的养父虽然互不相识，却同时给他们取名詹姆士。这两个詹姆士都娶了个叫琳达的女子，而后来都同妻子离婚。两人都给自己的第一个儿子取名为艾伦。两人都喜爱到佛罗里达海滩度假，两人都是 6 英尺高、180 磅重，具有同样的爱好，都曾受过警官的训练。1979 年他们第一次相遇，当时年龄是 39 岁。

8.未卜先知的戏

1938 年初，塔尔博特发表了独幕喜剧《在包格斯考夫斯基家》，讲述一个姓包格斯考夫斯基的人从巴黎罗浮宫博物馆偷走了一幅画。1939 年 8 月 15 日,罗浮宫博物馆一幅画被偷,窃贼真的姓包格斯考夫斯基。

9.等级分明

1906 年德国轮船"大选帝侯"号由不来梅开往纽约,途中有六个婴儿诞生:一个在头等舱,双胞胎在二等舱,三胞胎在三等舱。

10.其死与其名

1974 年,宾夕法尼亚州唐宁镇胡椒岭农场的雇员赫歇,跌落巧克力大罐中遭溺毙。美国一家著名的巧克力糖厂正好名叫赫歇。

11.同名同命

1746 年 2 月 13 日,法国人杜巴雷被处决,犯的是弑父罪。整整 100 年后,即 1846 年 2 月 13 日另一个名叫杜巴雷的法国人也因弑父罪而遭处决。

12.岂非旁证

1678 年 10 月 17 日,英国从政的治安法官高弗莱爵士被人谋杀,尸体丢在伦敦格林培莱山上的一条沟里。有三人被捕,被控谋杀罪,他们的姓是格林、培莱、山。

13.同生共死的发明家

1886 年,美国人霍尔和法国人赫鲁特都在这一年发现了从铝矿石中提炼铝的方法。更令人惊讶的是他们同生于 1863 年,又都死于 1914 年。

20 多年的密友是亲兄弟

20 多年前相遇并成为密友的巴尔班和克拉尔竟然是亲兄弟。

克拉尔是巴尔班婚礼男傧相,他曾在一张照片上写下这样一句话:"你是我真正的兄弟。"当有关人员在查询收养记录时发现 49 岁的巴尔班和 52 岁的克拉尔真是亲兄弟。这太巧合了。

在船运业工作的巴尔班说:"克拉尔和我一直感觉到有一种特殊的关系。可是,我们一直不知道是一种什么样的关系。我们更没有想到,我们竟然会是亲兄弟。"他说,他们是在一间酒吧相遇,而且立即成了好朋友。

据《扬子晚报》报道,3 年前,一名男子因健康原因与州政府官员联络,要求查询他的收养记录。这名男子还发现,他是被父母抛弃的 9 个孩子之一。儿童与家庭部的社会工作者西特利找到有关的档案记录,决定与其他 8 个孩子联络。她首先联络的是克拉尔。克拉尔得知他是被领养的消息后非常吃惊,因为收养他的父母一直没有告诉他真相。于是克拉尔对西特利说:"我最好的朋友也是被人领养的,我想请你帮忙查询一下他的情况。"

然后,西特利问:"你的朋友叫什么?"当克拉尔告诉她时,她沉默片刻后告诉克拉尔,他 25 年的好朋友是他的亲兄弟。这个消息让克拉尔非常地意外。

更让克拉尔意外的是,他还发现,他的一个工作伙伴是他的另一个兄弟。而他曾约会过的一个女孩子是他的妹妹。而且,他们之间的感情还一度很深。

美国全国广播公司也播出了这个巧合的家庭故事。

漂流瓶 44 年后离奇漂回

2000 年,一个放有字条的玻璃瓶在 44 年前被人从一艘船上丢进海里后,竟然在新西兰距离作者住处不远的地方被找到。

媒体报道说,66 岁的奥地利人舒华司在 1956 年乘船到澳洲参加墨尔本奥运会,他以英文和德文写了该字条。写完了后他就把这个玻璃瓶放到了海里。他希望这个玻璃瓶能够帮助他实现自己的愿望。可是,一等等了 44 年,一点消息都没有。据说他也没有实现自己的愿望。

这张写了包括一句"寻找一个太平洋女人"的字条是被一个住在距离惠灵顿北部舒华司现居处大约 70 公里的男人找到的。他是在一种非常巧合非常意外的情况下发现漂流瓶的。刚开始,他找到漂流瓶后并没觉得有什么惊奇的,只是觉得很好玩,因为这个玻璃瓶非常精致。但是,从玻璃瓶的外面看来,又似乎年代久远了。于是,他好奇地打开了这个漂流瓶。当他打开漂流瓶,看到漂流瓶里面的内容后,才知道这个漂流瓶已经在海上整整漂了 44 年了!他于是大大地惊讶了。这真是一个奇迹。漂了那么久,竟然没有被打破,或者出现搁浅的意外,这太不可思议了。

报道又说,未有消息透露该玻璃瓶在哪里被发现及字条上的其他内容,原因是这名没有被点名的发现者已经与传媒机构签了一份独家合约。

冰封 70 年的活人

1917 年第一次世界大战中,法国军队和意大利军队在阿尔卑斯斯杀时遇上了大风雪,一个名叫普里斯的法国士兵因此而失踪了。军方没有找到他,当即作"战死"处理。

时光飞逝,70 年过去了。那些曾与普里斯一起并肩作战的人早已经老死。他的家族也到了第三代。1986 年,一支英国登山队到了阿尔卑斯山。当这支英国登山队攀到阿尔卑斯山 5100 米的高度时,在一条雪崩形成的斜坡底下,隐约看见一个人体半埋在其间。大家都觉得奇怪,以为是登山遇难的人。于是,登山队便立即派人协助挖掘。

经过两小时的挖掘,竟挖出一具男性"尸体"。大家看见他身旁有一套古老军服。于是,有人到他的军服里去翻,翻出了一本《士兵手册》。大家从他身上的《士兵手册》中,知道他名叫普里斯,是法国步兵团第二旅的下士,1890 年出生。

发现一个失踪数十年士兵尸体并非奇事,大家对这种事情都习以为常了,因为这样的事情经常会发生。大家协力把这尸体运到了山下登山总部。经医学专家利巴奴详细检查,竟然发现这具尸体仍有极其微弱的心跳——他仍在生存,并非已死亡。这真是生物学和医学上的奇迹。大家都觉得不可思议。

利巴奴医生立即把这具仍然生存的尸体放入一个氧气罩内,然后又把"活尸"运到英国一家著名的生物研究所去进行拯救工作。有关权威专家说:"我们用尽所有方法和尝试,都不能令普里斯醒转过来。但他仍是活着的,他的心脏机能仍然存在,只是其他一切都停顿了。这真是一个奇迹呀。如果不是巧合,又怎么会如此呢?这真是一个谜呀。"

凑巧得到首相手机旧号码

2004 年 7 月 30 日,据《挪威邮报》报道,一名 16 岁的挪威女孩在大半年的时间里,"冒充"首相秘书接听了世界各地的人们打给首相的大量电话。直到日前,这位"冒牌秘书"才主动向挪威媒体坦白。

这名顽皮的挪威女孩名叫卡米拉·瑞尔斯库德,现年 16 岁,是挪威霍克森德市人。2003 年 12 月圣诞节期间,卡米拉的一位朋友送给她一部手机。卡米拉非常高兴,她得到礼物后立刻到电话公司申请了一个号码。

但没想到的是,由于挪威电信公司规定旧手机号可以循环使用,她所申请到的这个号码恰好就是挪威首相邦德维克以前曾使用过的旧号码。这真是一个意外的巧合。从手机开通的第一天起,卡米拉几乎每天都会接到十几个陌生人找首相邦德维克的电话和短信。起初她感到莫名其妙,但后来终于明白这些电话全都是那些没有及时更新首相号码的人所打来的。卡米拉感到非常有意思,她的好奇心一时兴起。在好奇心的驱使下,卡米拉决定假扮"首相秘书",听听人们会对首相说些什么。

卡米拉在接受当地一家报纸采访时回忆说:"当电话接通之后,那些想和首相通话的人都会诧异地说,怎么接电话的是个小姑娘? 但是,当我告诉他们我是首相的女秘书之后,他们一般都会打消疑虑。有许多次电话都是不同媒体的记者所打来的,希望采访首相。每次碰到这种情况,我都会以秘书的口吻告诉他们首相正忙,不方便接听电话。"卡米拉说:"最有意义的是一名挪威超级足球明星发来短信邀请首相能赏光与他和挪威国家队教练共聚晚餐。我觉得那真的非常有意思。我回短信当然是说首相现在特别忙,无法与他们共聚晚餐。"

卡米拉"冒充"首相秘书的"事迹"被挪威媒体曝光之后,引起了挪威人的极大兴趣。

历法中的巧合

作为 21 世纪、公元第三个千年的起始年的 2001 年,人们翻看它的年历,会惊喜地发现不少巧合的历法现象。

新世纪、新千年的第一天,即 2001 年 1 月 1 日(元旦),刚巧又是星期一;再仔细看传统的干支纪日,恰巧是"甲子"日。无论是日期、星期、干支都是"一"。

古代的犹太人和某些东方民族,很早就用 7 天为一星期的纪日法。公元前 1 世纪时,古罗马日历中已有星期。至公元 321 年,君士坦丁大帝于 3 月 7 日正式公布,始成定制,相沿至今,从未中断。巧合的是,2001 年元旦竟是星期一。

干支即"六十甲子"相当于第一、第二……的序数,是我国古代劳动人民的创造。它以甲子为始,60 为一个循环。在记录时间上它最先应用于纪日,早在殷商时代就已经使用。据专家确切考证,从鲁隐公三年(公元前 722 年)二月己巳日起至今,二千七百多年中没有错乱或间断过。2001 年元旦竟是又一个甲子开始。

2001 年 10 月 1 日是中华人民共和国成立 52 周年国庆节,历本中注明这天又是传统的中秋佳节。在香港、澳门回归祖国大家庭后新世纪开始的第一年,国庆、家庆就喜相逢,给人以意外惊喜。

农历八月十五中秋节在公历中的日期不固定。它所对应的节气是"秋分",故其日期必在"秋分"前后各半个月的范围内。"秋分"基本在 9 月 23 日,因此中秋节最早可出现在 9 月 8 日(如 1976 年),最迟可到 10 月 8 日(如 1938 年)。从 9 月 8 日至 10 月 8 日的每一天,都有可能落到中秋节。辛巳年中有个闰四月,从 2000 年中秋到 2001 年中秋共384 天,比公历年多 19 天,这样 2001 年中秋节日期就要比上年推迟 19 天;上年在 9 月 12日,2001 年中秋节就落在 10 月 1 日。

国庆、中秋喜相逢的历法现象是 19 年一次,上回出现在 1982 年,下回将出现在2020 年。

连连巧合

一个冬天,路面结了冰。一个大夫因为有事,所以开车快速行驶。突然,车子撞在一棵大树上,一连翻了三个跟斗。

使大夫感到惊讶的是,他居然没有受伤。他觉得非常高兴。于是,他从车子里爬出来,心想,真是不幸,我还有那么重要的事情要办呀。这可怎么办呢? 车子肯定要大修了,还是先找个地方打电话叫修理工来抢修车子吧。于是,他抬头四处看,他看见附近有几户人家,便朝那个方向跑去。

屋子里走出一个妇女,认出了大夫,说:"唁,怎么这么快? 刚打完电话你就来啦! 你是坐哪一种名牌高速车来的? 我刚从窗口看到外面有辆汽车出了事,想必司机已经头破血流,不省人事了,所以我赶紧打了个电话请你火速前来。"

"真巧,出事的就是我。不过,我没有头破血流,我还好好的。不过,我的车子可要大修了。所以,我是来打电话叫汽车修理工的。"

"修理工? 你怎么知道这儿就是修理工的家? 你原来到过这里吗?"妇女惊叫道。

"这里就是修理工的家吗? 那真是太好啦! 这下子不用我跑很多地方,也不用我等很久了。刚才我还在担心会误了我要赶去做的重要的事呢。真巧。不过,修理工现在在哪儿?"

"唉,"她指着公路上,说,"他一见汽车出了事,就抄近路赶去了。瞧,他来了,他把车子开到这儿来了。车子没坏。"这一连串的巧合,使得大夫也呆了。

凭直觉找回了失踪 6 年的女儿

6 年前的一场大火,不但烧毁了美国费城一家人的房子,还将一个出生仅 10 天的女婴"烧成灰烬"。但 6 年后,女婴的母亲科瑞丝竟凭着"母性的直觉"找到了"复活"的女儿,并最终找到了当年纵火的疑犯。

31 岁的科瑞丝是在一个朋友的生日派对上发现了她失散 6 年的女儿的。看到小女孩的第一眼,科瑞丝就呆住了:可爱的酒窝、美丽的黑发、似曾相识的眼神。她有一种强烈的预感:"眼前的小女孩就是我的亲生骨肉,我必须证明这一点。可是,该如何证明呢?"

科瑞丝曾看过通过基因检验进行亲子鉴定的电视节目。于是,她走上前,亲切地对小女孩说:"你好,你长得真漂亮。你的头发简直美极了。"然后,她装着去看小女孩的头发,装作意外地说:"哦,亲爱的,你的头发上沾了口香胶,我帮你弄一下吧。"于是,科瑞丝借为小女孩整理头发拿到了小女孩的5根头发。科瑞丝找了一张干净的餐巾纸,小心翼翼地将头发包好,装在塑料袋内。

DNA测试证明,小女孩果然就是科瑞丝的女儿。科瑞丝因此报警了。因为科瑞丝的发现,警方不得不对当年那场火灾重新调查推断。当初曾认为是短路造成失火,小女孩已被烧成灰烬,现在看来,是狡猾的犯罪分子将孩子偷走后,故意制造火灾,企图永远掩盖罪行,把孩子变成自己的"亲生骨肉"。

因找到女儿而万分激动的科瑞丝也向媒体说出了久藏在心中的疑点:"当我冲进了女儿的房间后,床上什么都没留下,但我发现,一扇窗户竟然是开着的,而当时是冬季。

另外,在我女儿出生后没几天,住在新泽西州的亲戚克芮就远道来访,并称她自己怀孕了,火灾当天,克芮还来过我家,但此后再未上门,直到在那个派对上重逢。"

57年后失而复得的钱包

57年了,多么漫长的时间。美国水兵查克·赫勒做梦也没有想到,竟然能够在57年之后重新寻回当年在威灵顿不慎丢失的钱包。

拾金不昧者是一位新西兰女士,名叫路易斯·阿里斯顿。2000年6月,当她将两年前买的沙发搬进新居时,发现沙发的扶手上有一块凸起来的东西,取出来一看,竟然是一个老式的钱包。钱包里装着许多照片、1943年的剪报和一个叫作查克·赫勒的美国水兵的身份证。她立刻把丈夫叫来,丈夫和她都觉得这真是不可思议。因为从这张剪报上看来,这个钱包应该是57年前的了。

"我和丈夫一直在讨论该怎么办,怎么找到这个人。因为我可不想寄到上面写的地址去后却发现没有这个人。毕竟相隔了这么多年。"阿里斯顿说。

于是,她在网上查找了一番。当在互联网上寻找赫勒无功而返后,她将钱包送到了美国大使馆,通过大使馆到赫勒的家乡美国伊利诺伊州的门多塔直接查找。通过一番周折,还真把赫勒找到了。只是,这个时候的赫勒,早就老了。年代久远,这个钱包让赫勒激动得不得了。他觉得这简直是一个奇迹。

不久,阿里斯顿就收到了一封回信和一份当地报纸关于还钱包事件的剪报。上面写到"(赫勒)激动万分,这勾起了他的许多美好回忆。"

原来,1943年时,19岁的赫勒驻扎在威灵顿,在电车上碰到了一个年轻女孩,两人聊得很投机。随后女孩邀请他到她父母家共进晚餐。一天晚上,当赫勒准备起身离开时,发现钱包不翼而飞,他们几人翻遍屋子也没有找到。赫勒只好先离开了。这个钱包就这样不见了。之后,他离开新西兰,参加了4场战役。战争结束后,他回到了美国。

巧合离奇的婚姻

卡尔曼教授亲自目睹过一桩巧合离奇的婚姻之缘:

他有一位亲属，是个非常英俊的年轻小伙子。在第二次世界大战中，他被征入伍。在战场上，他非常勇敢。可是，战场上的子弹是没有眼睛的。在法国战场上，一次激烈的战争中，他被一颗子弹打中了睾丸。可是，离奇的是，这颗子弹穿过睾丸，射入一位正在战场上抢救伤员的女医生腹部。这位女医生当场腹部剧痛，剧痛中的她根本不知道发生了什么事情。而这位年轻人也受伤了，于是，两人住进了医院。

这位女医生是一个纯洁的姑娘，她长得非常漂亮。可是，因为事业，她还从来没有谈过恋爱，因为她根本就没有时间谈恋爱。而且，她的名声一向非常好。可是，经过 280 天后，这位女医生未同任何男性同房，却生下了一个 8 磅重的健康男婴。

医生给她做手术时，取出了一粒破碎的弹片，正是这颗弹片带有精子射入她的卵巢，因而受孕。当医生这样解释的时候，当医生的姑娘相信了这份奇缘。她打听到 280 天前有一位年轻的小伙子正是因为子弹打中了睾丸后受伤的，而且，他与她是在同一个地点受的伤。于是，一年以后，这位女医生带 1 岁的男婴找到了这位睾丸受伤的年轻军官。当年轻的军官听清楚女医生说的一切事情时，惊讶之余又高兴得跳了起来。

就这样，一颗子弹使他们两人喜结良缘。如此巧合受孕成婚是概率论无法计算出来的，更无法预测到。因而卡尔曼认为：是超自然力量形成的。

三次搬家三次巧遇

澳大利亚纽卡斯尔有一名叫玛丽的青年女子，她一直跟父母住在一起。不过，她觉得自己长大了还跟父母住在一起非常不方便，所以，她一直在寻找机会搬出去住。

1990 年的一天，她从报纸的分类广告中看到有房出租，当即租下一间寓所。在朋友的帮忙下，她几天后就住进去了。奇怪的是，人住后玛丽不断收到一位名叫帕特里克的男子的邮件。玛丽每次都在邮件写上"查无此人"而将邮件退回。

两年后，玛丽找到另一份工作，为了方便，她通过报纸广告租到另一间寓所。玛丽同样又经常收到帕特里克的信件，她觉得非常奇怪，不过，她也没有多想，她照样把邮件退回。她想也许是寄错了。

去年，玛丽又找到另外一份薪酬较高的工作。为了工作方便，又租住到另一间寓所，几天后又收到帕特里克的信件。玛丽以为有人同她开玩笑，怎么每住到一处都收到同一名男子的邮件呢？这太奇怪了吧？一天，玛丽与她的三位房东问起此事，终于解开了其中的疑团。该房东对她说，帕特里克与她同在一间保险公司工作，他确实曾相继租住此三处住房。只不过现在搬走了而已。

一周后，该房东将帕特里克介绍给玛丽。他们相识后，都非常地喜欢对方，很快两人就坠入爱河之中，不久两人结了婚，现在已有两个可爱的孩子。玛丽说："我与帕特里克仍然常常提到过去三次搬家令人难以相信的巧合，都觉得不可思议，莫非这就是缘分。"

台湾两妇同名同命同时同地离婚

台湾苗栗县有两个同名同姓的妇人，都生有三名子女，都因丈夫好赌被拖累，不约而同向法院诉请离婚获准。法官原先以为两案是同一人，得知两人同名同姓且际遇相同，不禁感叹造化弄人。

这两名谢姓妇人分别为58岁与47岁。年长的谢姓妇人结婚已36年,她告诉法官说:"我丈夫酗酒、好赌,经常打骂我。甚至,有时候还拿菜刀要杀我。而且,他从来不帮我做事情。一天游手好闲,靠我赚的钱来养活全家。更可气的是,他只要赌博输了钱,一回到家就向我要钱。我哪有那么多的钱给他赌博?并且,他从来就没有赢过什么钱回家。所以,我经常不愿意给。可是,如果我不给,他就会打我。我觉得这样的日子过够了,再也过不下去了。请法院批准我们离婚。"

较年轻的谢姓妇人则结婚20多年,丈夫同样沉迷赌博,积欠多笔赌债,常有人上门讨债,让家人提心吊胆。较年轻的谢姓妇人说:"这样的日子再也没法过了,我一定要离婚。不离婚我就不想活了,因为债台高筑,已经无力偿还,我丈夫竟将家中的金饰变卖,房屋、汽车都设定质押借款,并申办多张信用卡、现金卡使用。真是太气人了。他这样子拖累了家人,这样的日子再也无法过了。"

这两起离婚案判决时间仅相隔两天,两人同名同姓,且人生际遇雷同,法官都认为太巧了。

为挽救婚姻扮阔佬弄假成真中大奖

英国一名男子为挽救婚姻,向妻子诡称自己中了上亿元人民币的彩票奖金,让她尽情花费。他的谎言越说越大,最终还锒铛入狱,但此事反而令他挽回了妻子的心。出狱后他继续买奖券,结果真的中了大奖。

6年前,英国男子霍华德与妻子凯西的婚姻出现低潮,他们的感情面临着危机。但是,霍华德很爱自己的妻子,所以,他努力想办法试图挽回妻子的心。他记得凯西说过,如果买彩票中奖,所有问题都将迎刃而解。一次,他带凯西到商场买鞋子,当看到凯西望着心仪的鞋子恋恋不舍地样子时,为了给妻子惊喜,霍华德诡称自己中了1.2亿元的彩票奖金。

从那时起,为求谎言不被拆穿,霍华德干脆打肿双脸充胖子。他答应妻子购买一栋570多万元的洋房、订购3量豪华轿车,还答应给每名亲友送上36万元并且捐款给慈善机构。

这一切当然全部都未能兑现,霍华德其实是向情妇借了11万元和一辆汽车,以此冒充中奖富翁,同时他还向银行透支了14万元。起初,凯西对丈夫中奖一说信以为真,但当他渐渐摆不出"富豪"的排场,甚至连举行庆贺中奖的派对时,也只以火腿三明治宴客时,她便起了疑心。她向奖券机构查证未遂,索性当面质询丈夫是否真的中奖,直到这时霍华德才承认撒了谎。霍华德对凯西说这全都是因为爱她,可是,凯西一时还是非常伤心的。

霍华德后来因为欺诈罪名被判入狱一年半,不过凯西知道他只是因为爱自己才说谎,最终原谅了他。两人和好如初。两夫妇的故事已被拍成电视剧集,更巧的是,近日霍华德真的中了七万元的彩票奖金,这一次,凯西没有对丈夫起疑心。

婴儿被撞飞过街毫发未损

2004 年 7 月 27 日,在英国爱丁堡一条繁忙的交通公路上,一辆轿车与一辆有篷货车相撞,事故发生地点旁边的一辆婴儿车受到牵连也被撞,童车内婴儿被撞飞过一条街,竟然毫发未损。

27 日,这个爱丁堡地区的未透露姓名的婴儿父母吃过晚饭,推着童车,带着 2 个月大的女儿到街上散步。他们走到伊斯特路和伦敦路交界处的交通繁忙的十字路口时,站在人行道上等待绿灯,准备过马路。忽然,一辆轿车在准备转弯行驶时,由于车速太快,猛地撞上了一辆有篷货车。

两车相撞之后,轿车被货车弹到一边,打着转撞向路边人行道上等待过马路的一家三口。看到轿车撞向自己,婴儿的父母急忙推着童车躲向一边。但是,由于轿车速度太快,这个三口之家还没跑几步,推在前面的童车就被打转而来的汽车撞到,汽车猛地一撞,将车内 2 个月大的女婴撞飞出去,飞过一条街,一直飞到马路对面。

吓得脸色苍白的婴儿母亲以为自己的女儿被撞死了,尖叫了一声后晕倒在地。婴儿的父亲急忙穿过马路,快步跑到婴儿身边,抱起躺在地上的婴儿,以为孩子撞得不轻的父亲含着眼泪检查女儿的身体。谁知,这个悲伤的父亲意外地发现婴儿不仅仍然有意识,而且全身没有一处伤,毫发无损地躺在父亲怀中,对着焦急的父亲咯咯地笑。而她头上只有一点点擦伤的痕迹。

婴儿的父亲看到孩子安然无恙后松了一口气。他唤醒妻子,将女儿送到当地的儿童医院进行检查。检查结果确定这个幸运的女婴身上没有一处伤。但是为了安全起见,婴儿被留在儿童医院接受观察。医生说这真是一个奇迹。

而轿车司机在撞上童车后,又撞到路边的一棵树上。司机被撞晕了过去。

有趣的雷击巧合

苏格兰一位名叫扬娜的农家少女在外面做事的时候,突然感觉在头顶上一声雷响,顿时感到一阵强烈刺痛。但是,她却发现自己只是头发全落,其他安然无恙。

法国一位牙科医生遭受雷击后发现胡子在冒烟,而身体一点都没有被灼伤。遗憾的是,他那一把漂亮的胡子被烧后再也没有长出来。

英国一位教师在某天放学回家路上,突遭雷击——他衬衣上的铜质纽扣全数熔化,但人却未伤一根毫毛。

美国弗吉尼亚州人罗也·沙利文在他 1983 年去世前的 35 年中住所 3 次被雷击中:一次房顶打了个窟窿,一次电话机起火,还有一次只见一颗火红的球雷从前窗潜入又悄悄从后窗飞出。

他本人则经历了多达 7 次的雷击"锻炼",一次大拇指指甲被撕掉,一次烧焦了眉毛,一次灼伤了左臂,一次手表被击碎。还有一次是他正在暴风雨中开汽车时,只听一声雷响,一股无形的力把他"轰"出汽车,帽子被烧焦,头发燃起熊熊火焰,一颗火球轰响着从他胯下蹿过……然而这回他仍死里逃生。

10年后他因病逝世时,他在遗嘱上要求亲人们在他的墓碑上注明"罗也·沙利文先生一个不怕雷公的人",还要求在墓碑上"一定架上一根避雷针!"

法国一位患风湿病症的旅馆经理手腿都不能动,但在一次意外中被雷击昏苏醒后,却惊喜地发现自己健康如初。

英国肯特郡一位瘫痪已达20年的中年男子一天被雷击后突然能起床行走了。

西班牙人一位70岁的老人失明已有3年,但遭雷击后竟奇迹般地重见光明。

意大利一位聋人则在一阵又一阵炸雷后突然恢复了听觉……

撞墙自杀盲女复明

英国一位名叫伊云妮·布朗的18岁姑娘,长得非常漂亮,无论谁见了她,都会为她的美貌而感叹的。可是,遗憾的是,她双目失明。不过,她也不是一生下来就失明,而是在11岁时因一场大病而失明的。从此,她就再也看不到光明了。

可是,她从来不因为这个而自暴自弃,而是努力向上。她努力地学习盲文,她努力地学习做各种正常人能够做的事情。邻居家的男孩觉得她非常坚强,于是,两人在频繁的交往中慢慢地喜欢上了对方。可是,当男孩的爸妈知道自己的儿子喜欢的竟然是一个盲人时,坚决地反对他们的来往。

尽管伊云妮·布朗的男友仍然不肯断绝与她的关系,可是,随着时间的推移,他也觉得她的双目失明是一件不可忍受的事情了。确实,双目失明给生活带来了许多不便。这天,当她的男友对她说:"伊云妮,我们分手吧。我的爸妈不同意我们在一起。如果你不是双目失明,就不会有这个问题了。真的很对不起。"

伊云妮哭了。她说:"你一句对不起就够了吗?你这样说我,你太过分了。"可是,无论如何,伊云妮的男朋友都不肯回头了。他们终于分手了,他再也没有来找过她。伊云妮非常伤心,于是以头撞墙求一死。当她的父母亲发现时,已经来不及了。她的父母当场脸变得惨白惨白的。岂料数分钟后,她的父母却发现她破涕为笑,高兴得跳了起来。原来她的头往墙上一撞,竟然奇迹般地使她从11岁起因一场大病而失明的双目恢复了视力。她立即找来男友,告知他这一喜讯。结果,两人又和好如初,并很快结了婚。

4年后的同月同日同时

在西班牙首都马德里有一位名叫安东尼奥的人,他长得非常帅气。不仅如此,他还拥有一份让人羡慕不已的工作:电视台娱乐节目的金牌主持人。自然,追求与崇拜他的人很多。

不过,安东尼奥与其他的影视圈里的人有些不一样。那就是,他对待感情绝对地真诚,从来不乱来。他很少与同事出去吃喝玩乐,下班后要么就呆在单位学习,要么就回家看看书之类的。一句话,他的生活非常地简单,纯净。这让许多崇拜他的人失望。可是,也正因为如此,他赢得了自己暗自喜爱的一个歌手的爱情。她就是胡亚尼达。只要看电视和听歌的人,几乎没有不知道胡亚尼达的。

胡亚尼达长期在外出差,所以两人呆在一起的时间不多。可是,这并不妨碍两人感情的迅速升温。终于,有一天,安东尼奥在买下了一幢大别墅后就向胡亚尼达求婚了。胡亚尼达面对真诚的他,当即答应了他的求婚。并且,她决定结婚后使自己的工作量减少一些。这样,对两人的感情有好处。

1966 年安东尼奥与胡亚尼达结为夫妇。他们的婚礼举办得非常隆重。当地的一些名流几乎都到场了,这给他们后来的婚姻生活留下了许多美好的回忆。婚后,胡亚尼达真的减少了自己的工作量,在外出差的次数也减少了。安东尼奥对她的牺牲非常感动。两年后的 7 月 2 日下午 7 时,胡亚尼达生下了一个胖小子,他们为他取名叫豪亚津。非常巧合的是,隔了 4 年,胡亚尼达居然在同月同日同时间内生下了长女。这使得他们非常地惊喜。更令人惊讶的是,到了 1976 年,第三个孩子又在 7 月 2 日下午 7 时来到人间。这些惊人的巧合使得他们相信他们的爱情是天注定的。

成双成对的出生

英国伦敦比尔德家所有成员的出生日期可谓凑巧得有点离奇,祖母、父亲、母亲和儿子的出生日期全部成双成对,分别是 10 月 10 日、11 月 11 日、4 月 4 日和 6 月 6 日。

当比尔德在 11 月 11 日出生的时候,祖母就为这个巧合高兴得合不拢嘴。因为她自己是 10 月 10 日出生的。家人都觉得这是一个奇迹。

比尔德渐渐地长大了,他在一家电子公司上班。公司有一女孩罗丝,长得非常漂亮,追她的人非常多。比尔德也非常喜欢她,但是,因为比尔德觉得自己的条件平平,而追求她的人又实在太多了,所以,没有抱任何的希望,只是淡淡地和她相处。正因为这样,罗丝觉得他这个人非常有意思,不像其他人那样做出一些令她厌烦的事情。有一次,两人几乎不约而同地到一个旅游景点去旅游。当他们相遇的那一刻,他们都惊喜不已。

从那以后,他们经常在一起会面。两人都喜欢旅游,所以经常相约去爬山什么的。慢慢地,两人都感觉离不开对方了。一天,两人在街上散步的时候,被罗丝的母亲看到了,罗丝的母亲一眼就喜欢上了比尔德,她高兴地对女儿说:"你什么时候带这个帅小伙子去我们家做客吧。这个小伙子不错。"于是,比尔德在接下来的日子里顺理成章地成了罗丝的丈夫。

他们结婚的时候,比尔德才知道,罗丝是 4 月 4 日出生的。他们成双成对的生日巧合让他们非常高兴。他们觉得他们两人在一起是一种缘分,是上天的安排。

但想不到更凑巧的事情还在后头。一年以后,他们有了自己的孩子。他们的新生女婴竟然在 12 月 12 日中午 12 时 12 分出生,巧合得真令人难以置信。

夺冠与巧合

2002 年世界杯决赛,日本横滨国际体育场。德国人对巴西人研究得很透,赛前的准备也很充分;德国中场施奈德很活跃,中卫拉梅洛很勤奋,但德国人没有好枪,克洛泽浪费着机会,诺伊维尔的致命杀招也没能穿过马科斯镇守的关卡。

但德国队输得不冤,当一支球队决心打攻势足球时,他们放弃自己的强项是可惜的。一支球队可以把进球的希望放在射手身上,但绝不应该把不失球的压力放在门将身上,即便他是独一无二的卡恩——本届世界杯赛新鲜出炉的最佳门将。

上半时德国人的战术似乎很管用,占据着场上主动,控球时间超过对手,但如此占据主动的德国人却在40分钟后才有了第一脚射门,而早在这之前"3R"便已创造出多次破门良机。拉梅洛或许可以屡屡拦截"3R",但他却做不到次次拦截成功,所以,当德国人有些冒进后,罗纳尔多便顺理成章地抓住了机会。这就是差距,一支主攻球队与主守球队间的差距。

不过,巴西人此次的夺冠似乎太过轻松,这让大家想到了世界杯赛前的一件事,说的是关于"3964"的世界杯夺冠巧合。即将巴西、德国、阿根廷3支球队最近两次的夺冠年度相加,会得出一个"3964"的巧合数字。据此推断,3964减去2002,夺冠球队就应该是1962年获得世界杯冠军的那支球队,而那支球队恰恰就是巴西。以本届杯赛前巴西队的状况,大家当然以为巧合只是巧合,巴西队夺冠,在法国人、阿根廷人和意大利人的眼皮底下夺冠,不太可能。

可巧合不仅仅是巧合,竟然还变成了现实。我们这些唯物论者当然不会把如同诺查丹马斯大预言般的"3964巧合"当回事儿,但让人不敢相信的是,一个罗纳尔多伙同另两R便捧起了大力神杯,而且没太费劲。

怀孕仅 22 周顺利产下六胞胎

一名葡萄牙妇女在怀孕仅仅22周后,于2002年2月10日在葡萄牙首都里斯本的一家妇产医院顺利地生下了六胞胎。

由于是早产,这6个小家伙(三男三女)的体重最小的仅为408克,最大的为563克,目前正处于特别护理之中。阿尔弗雷多·达·科斯塔妇产医院的医生说,头48个小时对小家伙们的生命至关重要。全球各地曾有大约100名妇女生过六胞胎,但六个孩子都能最终活下来的还不多见。医生说这就要看小家伙们的运气了。不过,看现状应该是不会有什么问题的。因为这六个小家伙现在状态良好。

这名叫伊达利娜·桑托斯的31岁妇女来自马德拉岛。此前,她已有一个8岁大的儿子。几年前,她曾怀有三胞胎,但由于怀孕并发症,最终不幸流产了。

此次生产前,医生曾建议桑托斯说:"你不如进行流产手术,只保留两个胎儿,以便他们出生后能更好地存活下来。因为,六个胎儿有很大的危险性。能不能顺利生下来,能不能存活,都是一个未知数。"但桑托斯拒绝了这一建议,她说:"不可能,我不可能做流产手术。我让想自己的六个孩子顺利地生下了。如果做流产手术,只保留两个胎儿的话,我以后肯定会后悔的,也会非常伤心。我不能这么做的。"

不过,对于桑托斯来说,如何养活这些孩子还真是个大问题,因为她丈夫只是个木匠,月收入只有350~400欧元(约合305~350美元),而她本人则是家庭主妇。不过,桑托斯表示,无论如何,她都会让自己的孩子们健健康康地成长地。她说尽管目前经济条件不好,但是会好起来的。

奇特的孪生疾病巧合

著名的老年学者罗克斯泰因亲自见到一个惊人的巧合:就在他办公室中工作的女秘书的丈夫,由于心力衰竭,死于星期六。而两天后的星期一早晨,收到一封来自牙买加的信,是他同卵双生兄弟家中发来的,信中说他的兄弟在上星期六亡故。

1975年5月4日的那天,两个空军驾驶员冠心病齐发。他们是孪生兄弟,分别被送到同一城市的两个医院中,两者的家人都不知道在另一个医院的急症室中正在发生的事情。事后,双方的家属才知道,他们兄弟俩不仅死于同样的原因,而且几乎是同时死亡。

英国皇家空军中,66岁的约翰在1975年12月黄昏时突然感到疼痛,被送进布里斯托医院,就在同时,他的孪生兄弟毛福斯也因同样情况被送进温涉医院,而且两人送进医院不久都死于心脏病。他们的姐妹回忆说:"从童年起,他俩做什么事总在一起,通常一个遭到什么事情,另一个也会同样遭到。"

有一对孪生子,都戴同样程度的近视眼镜,在44岁时都做了甲状腺手术。

有一对孪生女,在青春期,差不多在相同的日子修补了相同的臼齿,后来又都做了脊椎切除术,而且切除了相同的椎间盘。

还有一对63岁的孪生兄弟,差不多在同时得了恶性贫血。

1986年7月9日《武汉晚报》也登载了一则消息:"联邦德国有一对孪生兄弟,他们不仅长得一样,遭遇也相同。不久前,老大得了阑尾炎做手术,4小时后他的兄弟也得了阑尾炎。"

30年来,孟德尔研究院总共研究了15000对以上的孪生子,大量记录显示,一种疾病在一个孪生子中出现,不久,在另一个中也出现了。因此,吉列德博士提出了"时间表遗传学"的新理论。他们认为遗传基因携带着时间的遗传信息,对于非孪生子的人们来说,遗传基因决定了某些遗传病发生的时间因素。

印度孪生姐妹同日结婚同日死

印度一对孪生姐妹在同一天结婚,活到114岁时在同一天去世,这个巧合在当地成为一时佳话。

孪生姐妹卡利和巴图利出生于印度中部西耶市,她们两人从小就感情非常地深厚。而且,她们两人不但长得一模一样,就是兴趣爱好也几乎是一模一样的。两人都喜欢穿绿色的衣服,都喜欢跳舞等等。巧合的是,她们同时爱上了各自的男友,又同时与男友谈婚论嫁。更为巧合的是,她们在同一天分别嫁入两个家庭,从此分开生活。不过,因为她们感情好,两个家庭之间经常来往,好得就像一家人。

但是,她们的丈夫相继因病去世。卡利知道妹妹的丈夫也去世后,就对妹妹说:"妹妹呀,你的丈夫现在也去世了,我们就在一起住吧。这样,我们也好有个照应呀。"于是,两人又再住在一起,共度余生。两姐妹共有125名孙子和曾孙,可谓儿孙满堂。

卡利和巴图都成为人瑞,有一天,卡利突然感觉身体不舒服,家人赶紧把她送往医院。可是,不幸的是,当他们把卡利送往医院后,医院经过简单的检查,遗憾地对她的家人说："对不起,她已经停止呼吸了。请你们节哀。"家人顿时哭作一团。

不知巴图利是否和卡利心有灵犀,她也差不多在同一时间,在家中寿终正寝,这两姐妹享年 114 岁。

卡利和巴图利的后人知道她们姐妹情深,决定将她们合葬,令两人永不分离。

美孪生姐妹同日产下孪生兄弟

2004 年 12 月 14 日,美国一对孪生姐妹在美国佐治亚州的同一家医院,分别生下一对活泼可爱的双胞胎兄弟,而前后时间只差了一个小时,真是一个令人不可思议的巧合与奇迹。

据报道,今年 21 岁的阿诗丽·史宾克斯和安德丽亚·史普林格是一对美丽迷人的孪生姐妹,几乎长得一模一样,经常让亲朋好友认错人。她们两人更是好得像一个人。更令人不可思议的是,这对孪生姐妹生活在一个奇特的双胞胎家庭,她们的父母和老公都有双胞胎兄弟或姐妹。今年年初,这对幸福美满的孪生姐妹结了婚,不久又几乎同时怀上了孩子。当怀胎六个月时,她们两人分别去医院进行体检。通过医院的 B 超发现,她们腹中的胎儿竟然都是双胞胎,而且都是两个男孩。更凑巧的是,她们两人的预产期也都是 2005 年 1 月 1 日。消息传出后,她们一家人喜出望外。几周前,姐姐阿诗丽从印第安纳波利斯来到了乔治亚州,与自己的孪生妹妹安德丽亚居住在一起,翘首期盼两对双胞胎的降生。经过商量之后,这对孪生姐妹决定选择同一天在同一家医院进行剖腹产。

12 月 14 日在家人的陪伴下,这对孪生姐妹来到了在乔治亚州的南方医院进行剖腹产。推进产房没多久,两对活泼可爱的双胞胎兄弟就呱呱落地,前后只差了一个小时。看着这 4 个手舞足蹈的小家伙,这对孪生姐妹露出了幸福的微笑。

当天,阿诗丽的丈夫伯特·米恩斯千里迢迢赶到了乔治亚州。米恩斯说:"我做梦也没想到她们姐妹俩竟然同时生下一对双胞胎,而且都是清一色的儿子,简直是一个奇迹!"据米恩斯透露,他们家有生双胞胎的历史,而且从来没有使用药物或其他方式进行人工授孕,所有双胞胎都是自然怀孕。美国妇产科专家拉里·松本说,这种情况十分罕见,双胞胎姐妹同日生下双胞胎的几率大约是百万分之一,而都是儿子的几率则更小。

三姐妹生下三对双胞胎

据一些生育专家估计,一名妇女生养双胞胎的机会约为 1/210,而同一个家庭中三姐妹都生养双胞胎的机会则为 1/9261000。前不久,英国一家三姐妹就成了这极其罕见的幸运的九百万分之一。

这三姐妹中的大姐玛狄今年 44 岁,二姐罗汶娜 38 岁,老幺迈琳达 31 岁。三姐妹从小就关系不错。渐渐长大后,三姐妹先后谈上了男朋友。几年以后,三姐妹先后建立了自己的幸福家庭。不过,各自有了家庭并没有影响她们三姐妹的感情,她们还是与小时候一样要好。

1990 年,大姐玛狄生下一对双胞胎儿子,双胞胎儿子给他们带来了无穷的乐趣。全家都为她感到骄傲,他们都说:"真不错。能生下双胞胎。而且,他们都是那么的可爱。"罗汶娜和迈琳达也羡慕不已。她们想,如果自己也生下一对双胞胎那该多好呀。令大家没想到的是,1999 年,老二罗汶娜竟也生下一对双胞胎儿子,大家惊奇万分。都说:"这太离奇了,太巧合啦。听说,这样的几率非常少呀。"去年秋,老幺迈琳达在经过长久等待后也终于怀孕,朋友们都开玩笑地说:"你们家生双胞胎有传统,没准你肚子里也是两个!到那时候,你们三姐妹都是双胞胎。那该有多开心呀。"老幺迈琳达也是满心地期待。

2003 年 8 月,让大家又惊又喜的是,迈琳达果真生下了一对双胞胎儿子,三姐妹都生下双胞胎儿子,这在英国可是头一例。

地球与人体的神秘巧合

大家都知道,人在母胎中时,是靠肚脐从母胎中吸取生命的养料,所以肚脐是人体的供养点。肚脐位于人体中线上,恰好与把人体"黄金分割"的纬线相交织。从地球上来说,中东地区位于东经 30 度与东经 60 度之间,北纬 30 度穿过此地,恰好把东半球中分。如果把人体的供养点相对于地球的"肚脐",就不难发现,中东地区蕴藏着巨量的液体能源——石油。

而头部,不用说,是人生命的中枢机构,南极又正是位于地球最前端,人们开发南极资源是在 19 世纪 50 年代。差不多正在此时人类开始了对大脑的深层研究。

许多中医发现,人体上有一些绝对不能动的穴位,俗称"死穴"。"肚脐"所对应的左腰上部位,在中医称"命门区",穿过这一区的纬线称之为"保命线"。人体的死穴不仅集中在"命门区"上,而且正好排列成九宫图。按九宫幻方计算,地球的死穴要比现在发现的"百慕大三角"的范围还要广。中东地区所对应的位置恰巧落在北纬 30 度线附近,而关于这一纬度线,人们已发现了许多神秘而有趣的自然现象。

我国的长江、美国的密西西比河、埃及的尼罗河、伊拉克的幼发拉底河等大江大河的人海口竟都在北纬 30 度线附近。地球上最高的山峰——珠穆朗玛峰和最深的海沟——西太平洋中的马里亚纳海沟,也在北纬 30 度线附近。此外,像埃及的金字塔、狮身人面像、北非撒哈拉沙漠的"火神火种"壁画、死海、巴比伦的"空中花园"、远古玛雅文明遗址……还有令人惊恐万状的"百慕三角区"等世界奇迹和迷阵都在这一纬度线上。这仅仅只是巧合吗?

复活节岛上的巧合

1722 年 4 月,由荷兰探险家雅各布·罗格文率领的三艘战舰,在东南太平洋的狂风巨浪中颠簸了数月之久。暮色中,他突然发现前方出现一个小岛。在兴奋和猜度中,他们靠近了这个航海图上没有标记的岛屿。然而,他们简直不敢相信自己的眼睛,这个小岛的四周竟然站立着一排排黑压压的参天巨人。再走近一看,原来那是数百尊硕大无比的巨人雕像。

这一天是复活节,所以他们把这个小岛命名为复活节岛。

小小的复活节岛独处地球偏僻的一角,孤悬于东太平洋上,远离其他岛屿。西距皮特凯恩岛1900公里,东距智利西海岸面700公里。岛长22.5公里,呈三角形,面积在17平方公里。

1862年12月,秘鲁人围捕了岛上的1000多居民,把他们运往秘鲁去掘鸟粪。岛上许多显赫的要人也被掠走,他们所掌握的那些世代相传的特殊知识和技能也随之失传,最终只有15人活着返回岛上,还把天花病毒也带到了岛上。天花流行后,岛上人烟更加稀少,到1877年,岛上的居民只剩下仅有的110人。

复活节岛贫瘠而干旱,岛的中部是风沙横行的沙漠,粮食根本无法生长。岛上也绝少树木,只有杂草。没有供水,没有河流,岛民只能靠挖池塘蓄存雨水度日。除了老鼠,岛上再没有其他野生动物。居民既无法种粮,也无法狩猎,只能用简陋的木制工具打洞栽种甘薯和甘蔗,艰难度日。所以这里的岛民长年累月目所能及的除了大海、太阳、月亮和星星,实在是别无他物了。

然而就是这样一个干旱、荒凉,只有少数土著居住的孤岛上,却遍布着1000多尊巨大无比的巨人石像。这些巨人石像最重的可达90吨,高9.8米,就连最普通的也有二三十吨重。更加令人惊异的是,这些巨大石像还大都顶着巨大的红石帽子。一顶红石帽,小的也有20来吨,大的重达四五十吨。

科学家们从1914年开始,对复活节岛进行全面的考察和测绘,并逐一统计了岛上的石像的分布情况,然而一个个巨大的问号摆在他们的面前,令他们百思不解。

面对着岛上的巨石人像,人们首先产生的疑问必定是:这些人像是怎样造成的?要知道这个贫瘠的小岛居民们无法种植粮食,食不果腹,最多能勉强维持2000人的基本生存需求,靠什么来养活造石人像的强劳力?他们吃什么?而人们发现这个岛时,岛上仅仅生活着几百名尚未开化的土著人。他们怎么能够提供2000名劳力的各种需求,如木材、绳索、食物等呢?

在离复活节岛500米的海面上,有3座高达300米的小岛,分别叫作莫托伊基、莫托努俟、莫托考考。它们四周是危崖绝壁,任何船只都无法靠近。那么究竟为什么船只无法靠近呢?然而岛民们清楚地记得,原来有几尊巨人石像就高高耸立在这危崖的顶端。法国考古学家马奇埃尔证实,这石像确已跌入海中,可石像的基座石坛还稳稳坐落在危崖绝顶上。

考古学家面对着这3个小岛的石坛,真是目瞪口呆。因为他们知道,别说是在史前的原始社会,就是在现代,除了最先进的直升直降的飞行器,谁也无法把这些巨人石像运到悬崖绝顶。

还有,这些巨人石像是谁造的?据第一个到达岛上的罗格文回忆录写道:当时的岛民有的皮肤为褐色,就颜色的深浅而言与西班牙相似,但也有皮肤较深的人,而另一些完全是白皮肤,也有皮肤带红色的人,只有数百口人,却分为多种肤色,这更加让人不可思议。为什么会有多种肤色呢?只有百口人而已。难道又是一个巧合?

更令人惊讶的是,复活节岛的居民称自己居住的地方为"世界的肚脐"。这种叫法,一开始人们并不理解,直到后来航天飞机上的宇航员从高空鸟瞰地球时,才发现这种叫法完全没错——复活节岛孤悬在浩瀚的太平洋上,确实跟一个小小的"肚脐"一模一样。难道古代的岛民也曾从高空俯瞰过自己的岛屿吗?假如确实如此,那又是谁,用什么飞行器把他们带到高空的呢?如果不是的话,又为什么会如此巧合呢?

在复活节岛的悬崖下,有一堆大圆石块,上面刻有许多鸟首人身的浮雕图案,被称为"鸟人"。居民为什么选择了这种"鸟人"作为崇拜对象?鸟首隐喻着什么?

在复活节岛上,一切都是那么神秘莫测,古代和现代纠缠在一起,无法分清。

"泰坦尼克"号幸存者神秘再现

1912 年 4 月 15 日,"泰坦尼克"号超级游轮在首航北美的途中,因触撞一座漂浮流动的冰山而不幸沉没,酿成死亡、失踪达 1500 多人的特大悲剧。

80 余年过去了,正当人们对它已经淡忘时,却又连连爆出了惊煞世人的新闻。

1990 年 9 月 24 日,"福斯哈根"号拖网船正在北大西洋航行,在离冰岛西南约 360 公里处,船长卡尔·乔根哈斯突然发现附近一座反射着阳光的冰山上有一个人影,他立即举起望远镜对准人影,发现冰山上有一位遇难的妇女用手势向"福斯哈根"号发出求救信号。当乔根哈斯和水手们将这位穿着 20 世纪初期的英式服装、全身湿透的妇女救上船,并问她因何落海漂泊到冰山上等问题时,她竟然回答:"我是'泰坦尼克'号上的一名乘客,叫文妮·考特,今年 29 岁。刚才船沉没时,被一阵巨浪推到冰山上。幸亏你们的船赶到救了我。""福斯哈根"号上的所有船员都被她的回答弄糊涂了,这究竟是怎么一回事?

考特太太被送往医院检查时,发现她除了在精神上因落难而痛苦外,其他方面的健康状况良好,丝毫没有神经错乱的迹象。血液和头发化验也表现她确系 30 岁左右的年轻人。这就出现了一个惊人的疑问,难道她从 1912 年失踪到现在,竟会没有一点衰老的迹象?海事机构还特地查找了"泰坦尼克"号当时的乘客名单记录表,确认考特太太登上了这艘豪华游轮。这太离奇怪诞了,以致人们无法用科学常理做出合乎逻辑的解释,难道她真的一直存在于所谓的"时空隧道"中?

正当人们为此而争论不休时,另一件意外巧合的奇事又发生了。

1991 年 8 月 9 日,欧洲的一个海洋科学考察小组租用的一艘海军搜索船正在冰岛西南 387 公里处考察时,意外地发现并救起了一名 60 多岁的男子。当时,这名男子安闲地坐在一座冰山的边缘,他穿着干净平整的白星条制服,猛吸他的烟斗,双目眺望无际的大海,脸上显示出一副早将生死置之度外的表情。但谁也不会想到,他就是失踪近 80 年的"泰坦尼克"号上大名鼎鼎的船长史密斯,并且曾几次拒绝对他的援救。

著名的海洋学家马文·艾德兰博士在救回史密斯船长之后,告诉新闻记者说,没有任何事情的发生会比此事更让他吃惊。他不知道在北大西洋那儿发生了什么,被救的人并非行骗之徒,而是"泰坦尼克"号上的船长,是最后随船一起沉没后失踪的人。更为惊奇的是,史密斯虽已是 140 岁高龄的老人,但仍然像位 60 岁的人,而且在他获救时,一口咬定是 1912 年 4 月 15 日,并几次劝阻救助人员不要救他,船既然已被冰山撞沉了,最后的气浪把他抛到了冰山上,他这个船长也只有与冰山共存了。

精神病心理学家扎勒·哈兰特对他进行了一系列的检查后,认为他的生理和心理很正常。哈兰特博士曾于 1991 年 8 月 18 日的一个简短新闻会上指出,通过保存在航海记录中的指纹验证,可以确认他的身份就是船长史密斯。

欧美的有关海事机关认为,史密斯船长和考特太太均属于"穿越时光再现"的失踪的人。不过,史密斯船长和考特太太能够差不多同时再现并且被救起,这也应该只是一个意外的巧合吧。

46 年后战机重回人间

一架二次大战纳粹德国战斗机,在 1942 年一次执行出击任务后,便音讯全无,再也没有返回基地报到。然而,经过整整 46 年,它又突然出现,降落在苏联一个机场上;而它机舱内的机师,早已变成了一副白骨!

这架属于 BF109~G 型的单引擎战斗机,据说外壳虽然明显地非常残旧,但机件状况却仍十分良好。对于这架古老战机突然重现一事,有关方面并没有立即做出解释,事实上也无人能这样做,而同样令苏联官员感到大惑不解的是,机上的机师早已死掉并腐化成一副白骨,它又如何操纵飞机,在 1988 年 6 月 5 日的清晨安然降落到明斯克机场去?

"我称这是近代航空史上一个最神秘之谜,相信也不为过,"西德法兰克福一位二次大战历史专家艾美·却巴博士说,"苏联方面并没有发放所有他们知道的这架飞机和机师的资料,但从莫斯科新闻的有关报道中,我们知道这架战机是因为燃料用罄才降落在沿海的明斯克机场。"

"那个机师的身份已经证实是空军中尉狄斯·西格,他在 1942 年 12 月 5 日一次飞往苏联上空执行作战任务时失踪,事后当局再也没有收到他的半点音讯。"

"我们也不知道为什么会有这件事发生,我们唯一知道的,就是有一架 1942 年的战斗机,在失踪了差不多半个世纪后,又再次出现在人间。"除了报章上刊载的消息外,苏联当局再也不愿透露更多有关这件怪事的进一步详情。

从机师的骸骨和破烂的制服来看,他们估计西格中尉是在 1942 年他执行那次作战任务时,被苏联战机的子弹击中而当场死掉。当这架幽灵战机突然降落苏联机场的怪事传出后,西方不少科学家都表示愿意协助调查个中真相。

戴安娜与数字 492

过去最让人们好奇、现在仍然让人们觉得十分神秘的是"492"这个数字同戴安娜的关系。戴妃是有意向人们、甚至大众传播媒介展示这个数字,还是无意中向人们"暴露"了这个数字?这个普普通通的 3 位数,在戴安娜心目中到底是不是一个同人生、命运或者个人的重大事件密切相关的数字?

1996 年 9 月的一天,还没从"20 世纪最著名离婚"的阴影中走出来的戴安娜对伦敦儿童福利院进行了一次事先没有透露消息的慰问。可是,事先得到消息的记者还是以最快的速度蜂拥而至。

在福利院门口,记者们终于等到戴安娜出来了。他们惊讶地发现,戴妃的服饰与以前迥然不同,在著名的金发上戴的居然是一顶海军军帽!更让他们感兴趣的是帽子上清晰可辨的号码——492。

传媒以最快的速度做了报道。由此,拉开了欧美对这个数字的真正含义进行猜测的序幕。英国工程师大卫率先提出了"王宫甜蜜日说"。大卫以为,这是戴安娜同查尔斯王子在一起真正幸福日子的数字。戴安娜与查尔斯曾被世界上许多人认为是地球上最美满的"珠联璧合"。这对"世纪婚姻"破裂后，人们惊愕地知晓，这名"选入王宫的灰姑娘"婚后生活并不如人们所预料的那样美满幸福，更不会"白头到老"。当然，他们的婚后确实也有过一段"洒满阳光、铺满鲜花的日子"。让人惊异的是，不少人对他们"真正幸福的婚后生活"做了详细统计，结果发现，两人"甜蜜的日日夜夜"确实约为492个！

戴安娜

不过，这一说法很快就遭到非议。批评的人认为，戴安娜对查尔斯婚后很快就移情别恋一直很不满意，对这种"甜蜜的日子"颇不以为然，根本不会将它标记在自己帽子上。

正当许多人寻找新的"答案"之际，奥利弗·霍尔向报界发表谈话，认定492是戴安娜同他打电话的次数。这就是"电话次数说"。

在英伦三岛人们都知道，霍尔是戴安娜与查尔斯分居后，极少数仍然保持亲密关系的男士之一。1995年英国报刊曾经报道，霍尔曾多次接到神秘的匿名电话。接到电话后，对方常常长时间不说话，或者只是低声饮泣。他知道，打电话的人是戴安娜，她以这种"此时无声胜有声"的方式，向他倾诉内心的痛苦。霍尔记得总共有将近500次。具体数字他记不清了，可是打电话的戴安娜却记清了共有492次。

人们猜测的热情再次被激起。

以后，戴安娜又一次在自己的帽饰上将492公开亮相。1997年8月31日，戴安娜命归黄泉的惊人噩耗传来。一些人在悲痛之余，对492这一神秘的数字的猜测也再次走红。英国作家科林认为，这是戴安娜被情人"带入地狱"的"预言"。他对这种"宿命说"是这样解释的——"大家都知道，8月30日夜，戴安娜答应了她的情人埃及大富豪多迪·法耶兹的请求，同乘一辆车。而造成悲剧的重要原因是这辆奔驰600的司机亨利·保罗酒后驾驶。可以说，是司机和情人带着戴安娜，一起命归黄泉，这时的保罗和法耶兹两人都41岁，而41岁恰好是492个月！"

无独有偶。在香港、澳门、台湾及欧美不少地方的唐人街、华人区也流传着这样一种"宿命说"，说"492"在中国的普通话中同"死酒后"是谐音，暗示戴安娜死于司机"酒后驾车"！

神秘的38

有些重大的历史事件之间的数字巧合，总会令人惊叹不已。

我们以年代的先后顺序为序，算式中前面的数字是后面的人去世时的纪年数字，譬如1820年嘉庆皇帝去世时，1872年出生的道光皇帝恰好38岁。请看与38有关的巧合：

道光皇帝38岁时嘉庆皇帝（爱新觉罗·颙琰）去世（1820～1782＝38）；

慈禧太后38岁时同治皇帝开始"亲政"（1873～1835＝38）；

斯大林 38 岁时肯尼迪出生(1879~1917 = 38);

慈禧太后与光绪皇帝去世时列宁(1908~1870 = 38)38 岁;

孙中山去世时蒋介石 38 岁(1925~1887 = 38);

赫鲁晓夫 38 岁时伪满洲国成立,溥仪(宣统皇帝)"执政"(1932~1894 = 38);

宣统皇帝即位之后的 38 年克林顿和小布什出生(1946~1908 = 38)。

人物与重大历史事件相连的数字巧合也是令人非常吃惊的。

金田起义时的洪秀全 38 岁;

1938 年蒋介石首任国民党总裁;

孙中山去世之前的 38 年,光绪皇帝开始"亲政"(1925~1887 = 38);

中苏"珍宝岛战争"发生时戈尔巴乔夫和叶利钦都是 38 岁;

斯大林去世 38 年后苏联解体(1991~1953 = 38);

肯尼迪遇刺身亡之后 38 年美国发生"9·11 恐怖袭击事件"(2001~1963 = 38);

第一次世界大战爆发之后的 38 年普京出生(1952~1914 = 38);

普京 38 岁的时候两德(民主德国、耶邦德国)统一;伊拉克出兵侵占科威特(1990~1952 = 38);

西藏上层反动集团发动武装叛乱之后 38 年,香港顺利回归(1997~1959 = 38);

达赖喇嘛呼吁联合国帮助西藏摆脱中国的"占领",阴谋分裂中国之后的 38 年,澳门顺利回归(1999~1961 = 38)。

再看与重大历史事件有关的数字巧合(以年代的先后顺序为序):

中华人民共和国成立时正好是中华民国 38 年;

抗美援朝战争胜利之后的 38 年苏联解体;

第一次海湾战争"多国部队"对伊拉克整整实施了 38 天的狂轰滥炸。

两位总统同时逝世

昆西,是一个听着耳熟的词。它是一个小镇的名字,小镇在昆西海湾的南岸,因海湾而得名,距离波士顿只有七英里。

昆西是一个美丽的小城。除了亚当斯父子,因在美国独立战争期间任大陆会议主席而被一些历史学家称为美国"真正的第一总统"的约翰·汉考克,也诞生在这里。所以,昆西也被人们称作"总统城"。

美国革命发起于北方的马萨诸塞,亚当斯是革命初期最主要的领导人。当时在北美,不同的殖民地就像不同的国家一样,在心理上彼此也有很大阻隔。亚当斯看到,没有南方弗吉尼亚的全力参与,美国革命是不可能成功的。1775 年 6 月,第二届大陆议会期间,正是在约翰·亚当斯的提议和促成下,来自弗吉尼亚的乔治·华盛顿被任命为大陆军队总司令。一年以后,又是约翰·亚当斯的极力举荐,来自弗吉尼亚的安静寡言的托马斯·杰斐逊得以参加以亚当斯为首的五人起草小组,并且执笔起草美国历史上第一个最重要的文献——独立宣言。

独立战争胜利后,1789 年,乔治·华盛顿当选为美国第一任总统,约翰·亚当斯是他的副总统。在只有四个人组成的内阁里,托马斯·杰斐逊被任命为国务卿。他们创立了人类历史上第一个联邦制的共和体制的大国,而他们这几个人,是创建这一丰功伟绩的患难战友。

建国以后,约翰·亚当斯和托马斯·杰斐逊在治国理念和方略上的分歧开始浮出水面。

1796 年,乔治·华盛顿发表《告别演说》,坚辞连任总统,回归故里。糟糕的是,按照当时的选举规则,正副总统是由总统候选人中得票最多的两个人分别担任,1796 年大选,亚当斯当选为总统,而和他政见不合的杰斐逊成了他的副总统。治国理念的不同,引出方略的背离,尤其是政治活动中的个人作为损害了他们之间长久的私人友谊。这一对总统和副总统在内政外交的几乎所有重大事务上都针锋相对。

1800 年,由于反颠覆法侵犯民众新闻言论自由而引起普遍不满,亚当斯在大选中败北,他的政敌杰斐逊上台。1801 年 3 月 4 日,杰斐逊宣誓就任总统。在就职演说中,他或许有所触动,向亚当斯一方发出了和解的信息,他说:“我们都是联邦党人,我们也都是共和党人。”可是,亚当斯听不到杰斐逊的呼吁。这个时候,亚当斯的马车正孤独地颠簸在回到北方昆西小镇的路上。他的心已经碎了。

约翰·亚当斯回到昆西的时候,沮丧而愤懑。可是,两人仍然怀着老友之间复杂的感情,私人关系并没有真正破裂。直到差不多四年以后,一个偶然的机缘,双方内心的不满被挑开,两个多年好友终于断绝来往。

1808 年大选,杰斐逊卸任。回归弗吉尼亚故里以后,他仍然是忙碌的。他是一个多方面的天才。与此同时,亚当斯却痛苦不堪。在这些年里,除了家人,给予亚当斯最大安慰的,是他的另一位老朋友,美国《独立宣》的另一位签署者,本杰明·拉什。拉什是一个医生和医学教授。作为一个开国者,他自然是亚当斯和杰斐逊两人共同的朋友。在亚当斯最痛苦的日子里,他持续不断地和他通信。对于亚当斯,拉什是一个最合适的疗伤者,他们讨论历史和对于历史的评判以及对时事和政局的看法。

1809 年,拉什在给亚当斯的信中,描绘了自己有生以来最奇妙的一个梦。他梦到亚当斯写了一封短信给杰弗逊,祝贺他终于能够从公职上退休,然后杰弗逊回了一封充满善意的信。他梦到在此后的在几年里,亚当斯和杰斐逊相互通信,对他们犯过的错误有所认识,分享美国革命的成果,并且弥合了他们众所周知的友谊。他甚至梦到了他们的死亡:他们俩满载人们的赞誉,双双同时沉入坟墓。

两年之后,1811 年,亚当斯向来访的一个朋友表达了自己对杰弗逊的友情,他表示,自己与杰弗逊之间在治国理念和方略上的分歧,从来没有扼杀他对杰斐逊的感情。过去如此,现在还是如此。杰斐逊闻讯之后,立即向拉什写信,表达了他对亚当斯以往政治判断力的敬佩。几天后的 1812 年元旦,亚当斯走出关键的一步。他给杰斐逊寄出了一封信,说是要给杰斐逊寄两块“家织的土布”作为礼物。杰弗逊收到的时候,才发现那是亚当斯的儿子约翰·昆西最近出版的两卷著作。

从此,在此后的 14 年里,北方马萨诸塞州的海边小镇昆西和南方弗吉尼亚的杰斐逊庄园之间,开始了美国历史上最著名的通信。整整 14 个春秋,美国的第二任总统约翰·亚当斯和第三任总统托马斯·杰斐逊,在各自的家里,用笔,用信纸,回顾了他们那一代革命者破天荒的经历和功绩。他们所达到的人生辉煌,几乎无人可以企及。

在筹备庆祝国庆 50 周年的时候,弗吉尼亚和马萨诸塞的人们分别向杰斐逊和亚当斯发出邀请,可是两位老人的健康都不允许他们出席任何公众场合了。杰斐逊用几天的时间,为报纸写下了他对建国50年的总结。

7月3日傍晚,托马斯·杰斐逊突然昏迷。他的最后一句话是问身边的医生和家人:"今天是四号了吗?"他的生命在昏迷中顽强地坚持,似乎是在等待一个命定的时刻。第二天,午后不久,这位卸任总统终于停止了呼吸。50年前的这一刻,美国的一代开国者正开始在他起草的独立宣言上签字。几乎就在杰斐逊死去的同一时刻,远在北方的昆西小镇,约翰·亚当斯坐在椅子上突然中风,失去知觉。下午,约翰·亚当斯去世。50年前的这一刻,美利坚合众国正式诞生了!

独立宣言的两位催生者,在独立宣言50周年这一天同时离开这个世界,相隔不到五小时。多年前他们的好友拉什的梦,竟然成了现实。

每隔20年美国总统遭厄运

美国从1840当选的总统开始,每隔20年所当选的总统就一定会死在任上。

1840年当选的总统、辉格党人老威廉·哈瑞森,上任后一个月先是受凉,后转成肺炎,怎么都医不好,最后不治身亡。

1860年当选的第16位总统、共和党人林肯1865年在剧院观剧时遭南方奴隶制分子暗杀,被刺身亡,死在第二任上。一个南方联盟的同情者布思开枪后逍遥法外。

1880年当选的第20位总统、共和党人加菲尔德于1881年在火车站被一位寻求领事职位未遂的律师开枪射中,两个多月后因感染和内出血而去世,死在任上第10个星期。

1900年连任的第25位总统、共和党人麦坎尼1901年被柯佐罗滋枪杀,死在任上。刺客说:"我尽自己一份责任。我不认为一个人该有这么多的工作可以做,而另一个人(我)无事可做。"麦坎尼对华政策是著名的"开放门户政策"。这期间中国爆发了义和团运动。

林肯

1920年当选的第29位总统是共和党人哈定,1920年暴病而死。有人相信是哈定陷入腐败丑闻,为了免于受弹劾羞辱,哈定夫人毒死了丈夫。

1940年连任的第32位总统、民主党人小罗斯福,是1945年病死在任上

1960年当选的第35位总统、民主党人肯尼迪,是1963年遇刺身亡的。

1980年当选的第40位总统是共和党人里根,他在1980年遇刺,身负重伤大难不死,是唯一逃过厄运的总统。刺客只是为了向女演员福斯特(JodieFoster)献爱心。

据说由于一个印地安人首领特科抹人在天之灵的诅咒,才会使美国的总统隔20年就遭厄运。可是,真的是这样的吗?难道这个人的诅咒有那么灵验?或者,这些都只不过是一个巧合而已?

美国白宫和英国首相发言人辞职巧合

2003年5月19日,英国首相布莱尔的官方发言人戈德里克·史密斯表示,他希望"在今年晚些时候"辞去自己所担任的职务。

史密斯认为,发言人是一份非常好但要求很高的工作,但他觉得自己不能永远从事这个职业。史密斯说:"经过深思熟虑后,我感到现在是做些其他事情的时候了。"

史密斯表示,这完全是他自己的决定,没有任何深层原因,他也不知道今后是否会继续从事行政事务或者转行。

同日,美国白宫主要发言人阿里·弗莱舍也宣布,他将于今年7月辞去白宫新闻秘书职务,进入私营部门工作。据报道。五角大楼的发言人维多利亚·克拉克或白宫副新闻秘书斯科特·麦克莱伦可能是接替他的人选。弗莱舍在接受电话采访时说,他离开白宫的时候已经到了,他希望在布什连任总统竞选攻势全面展开前辞去白宫发言人这一艰难的职务。弗莱舍还表示他辞职后将在私营行业谋职。

经过"9·11"恐怖袭击事件、阿富汗战争和伊拉克战争,弗莱舍俨然成为布什政府的"形象代言人"。报道称,现年42岁的弗莱舍已在政府中工作了21年。他有时与白宫的新闻班子发生矛盾,而且与布什手下一些高级助手关系紧张。但是弗莱舍说辞职决定是他自己做出的,他已将此决定告知布什总统。

史密斯说,这真是一个意外的巧合,出现这样的巧合令人觉得非常"怪异"。

麦克斯韦与爱因斯坦的巧合

麦克斯韦于1831年6月13日出生在苏格兰爱丁堡的一个名门望族,从小便显露出数学天才。他在14岁时就写了第一篇科学论文,次年发表在爱丁堡皇家学会的刊物上。1847年中学毕业后他进入爱丁堡大学学习数学、物理学和哲学。1850年转入剑桥大学三一学院,主攻数学和物理学。1854年以优异成绩毕业。

麦克斯韦是科学革命前的重要转折人物。一方面,他是近代物理学的巨匠、经典物理学大厦的主要完成者之一;另一方面,他由于加速了牛顿力学观的崩溃而成为现代物理学的先驱。麦克斯韦对科学的伟大贡献在于他提出和发展了新的世界观,为未来的科学研究指明了方向。他的电磁学理论通向相对论;他的气体动力学理论对量子论起过作用;他筹建并领导的卡文迪许实验室引导了实验原子物理学的发展。这一切使他成为牛顿之后、爱因斯坦之前最重要的物理学家。

麦克斯韦生前没有享受到他应得的荣誉,因为他的科学思想和科学方法的重要意义直到20世纪科学革命来临时才充分体现出来。然而他没能看到科学革命的发生。

1879年11月5日,麦克斯韦因病在剑桥逝世,年仅48岁。那一年正好爱因斯坦出生。

1879年3月14日,一个小生命降生在德国的一个叫乌尔姆的小城。父母为他起了一个很有希望的名字:阿尔伯特·爱因斯坦。爱因斯坦大学毕业时,正赶上经济危机爆发,由于他是犹太人血统,又没有关系,没有钱,所以只好失业在家。为了生活,他只好到处张贴广告,靠讲授物理获得每小时 3 法郎的生活费。这段失业的时间,给了爱因斯坦很大的帮助。在授课过程中,他对传统物理学进行了反思,促成了他对传统学术观点的猛烈冲击。经过高度紧张兴奋的五个星期的奋斗,爱因斯坦写出了 9000 字的论文《论动体的电动力学》,狭义相对论由此产生。可以说,这是物理学史上的一次决定性的、伟大的宣言,是物理学向前迈进的又一里程碑。

科学史上这种巧合还有一次是在 1642 年,那一年伽里略去世,牛顿出生。

同月同日出生的音乐家

现代人对占星学应该不会陌生,它是五千多年前诞生的一种占卜法,经历了古希腊时期后,发展得越来越强盛。人们将复杂的传统占星学简化为直观易懂的"十二星座",企望它能为人类生活的方方面面服务。后来,占星学与心理学、统计学等学科紧密相连,得出不少规律性的理论。

就拿音乐家为例。同星座的音乐家在个性上当然不一定如出一辙,但确有些相似的巧合。比如说,白羊座似乎确实在富有领导才能的指挥家方面人才辈出。还有两对演奏同样乐器的音乐家,竟然是同一天生日:钢琴家毛里齐奥·波利尼和阿尔图罗·贝内代·蒂·米凯兰杰利都是 1 月 5 日出生,他们是师徒,都是摩羯座的,演奏风格也很相似。

毛里齐奥·波利尼,意大利钢琴家,1942 年出生。早年在威尔第音乐学院从名师学习钢琴,并兼学作曲。

1960 年获国际肖邦钢琴作品比赛大奖。1971 年以后在欧洲旅行演出,颇获成功。他的演奏风格干净利落、健康明快,没有一点忧伤的影子,给人以力量的感染,他弹出了生活的赞歌,是一位热爱生活的钢琴家。

阿尔图罗·贝内代·蒂·米凯兰杰利,意大利钢琴家,生于 1920 年。早年就学于布雷西亚和米兰音乐学院。1939 年,他在日内瓦国际音乐比赛中获奖,从此名声大震,活跃于国内。

二战之后,他在欧洲各地旅行演出,引起轰动。1972 年,他移居瑞士,成为国际上瞩目的钢琴大师。他的演奏具有一丝不苟的求全精神。

还有两位小提琴家也是同月同日出生的,他们是雅沙·海菲兹和弗里茨·克莱斯勒,生日同为 2 月 2 日,水瓶座,这两位都是跻身于最杰出之列的炫技小提琴演奏家。

亚特兰梯斯与史前文明巧合之谜

作为文明古国之一的埃及,金字塔可谓是其古老文明的标志,埃及法老的尸体被制成木乃伊保存在这里,从这看来金字塔似乎只不过是一座座用以盛装尸体的坟墓而已。但你是否会提出这样的一个问题,这些坟墓为什么不是矩形的、方形的呢?现代科学的实验证明金字塔形容器具有独到的防腐性能,它能利用微波振荡形式防腐,是保存尸体的绝妙方式。

然而,这一切现代方才证明了的方法,竟被古老埃及人早所利用,难道这是偶然的吗？再有，建造金字塔所用的如此多的巨大石块，就是用现代的设备来搬运也足以令人们绞尽脑汁了，而在缺少人力物力的古埃及是什么力量使得这些庞然大物规整地排列成这副模样的呢？

无独有偶，在远隔重洋的南美洲玛雅人和印加人也建造了同样类型的金字塔。这仅仅是巧合吗？我们姑且认为金字塔防腐性原理古埃及人并不知晓，建造金字塔形只不过是一种巧合，而搬运石块也是用的人力（假设这些），这一切都是偶然的，但下面一例就不能说仅仅是巧合了。

据考古学证明，几百年来非洲马里的多根部落一直在拜祭一颗肉眼无法看见的恒星——天狼β星。就是小型望远镜都难以将其从天狼星的辉光中分辨出来，何况多根人仅用肉眼。更为奇怪的是，多根人还知道它是在以椭圆形轨道绕天狼星运转，知道它的运转周期，知道它有很大的比重，并且知道它含有一种地球上所没有的物质。直到1865年天文学家才用大望远镜发现天狼β星，后来发现它有椭圆形轨道；到20世纪，方才测出天狼β星的比重约为每立方英尺两千吨，这与多根人所知道的是多么的吻合呀！然而这是近代利用了先进的仪器设备才发现的，且到现在为止都未真正发现天狼β上所含的"地球"上没有的那种物质，这是否说明现代人的科学水平不如千百年前的多根人的科学水平高呢？显然不是。那多根人到底是通过什么方法准确地知道这么多关于天狼β星的奥秘的呢？

中美洲印第安人的霍皮斯部落，在他们的编年史里记载着地球的三次特大灾难：第一次是火山爆发；第二次是地球脱离轴心后疯狂地旋转；第三次是12000年前的特大洪水。这第三次灾难曾使全球的水位上升，淹没了大西洋、地中海、加勒比海等地区的一些陆地及岛屿，后来又由于海底火山的爆发部分陆地下沉形成世界性的特大洪水，这场洪水使得一个具有高度文明的国家顷刻间变得无影无踪。这就是现在的最常见的一种关于古代高度文明的发源地——大西国失踪的说法。其出处最早见于古希腊哲学家柏拉图的著作《齐麦亚》和《克里齐》中。在柏拉图著作中写道：公元前9600年左右，存在一个名叫亚特兰梯斯的地方，其陆地面积比小亚细亚与北非之和还要大，这里气候温和森林茂盛，其文化水平相当发达，这里的人口估计有3000万，这个大陆由于一次特大洪水一夜之间便沉入了海底。这个故事与印第安人纪录的那一次12000年前的特大洪水不谋而合。

我国《藏经》中记载，公元前9564年，在今天的巴哈马群岛、加勒比海以及墨西哥湾处的一片大陆地可能沉入了大西洋。暂且不管写《藏经》的人是怎样知道这件事的，这从时间上与大西国的传说有着惊人的相似之处。再如有关诺亚方舟、大禹治水等等传说，都说明在公元前10000~公元前9000年左右，的确发生过一场全球性的特大洪水，可能毁灭了一个已具有了高度文明的国家。如果这个文明社会确实曾经存在过的话，那南美与非洲的一些惊人相似的奇迹就有可能共同来源于亚特兰梯斯人，其创造奇迹所需的技术亦极可能是亚特兰梯斯人提供的，而印第安人和多根人所具有的天文学、数学等知识也是由亚特兰梯斯传播而来的，大西国不但将其自己的文明传播给了印第安人和非洲人，而且还充当了南美和非洲之间文化的媒介，它的存在对当时的整个地球文明的发展起着巨大的推动作用，要不是由于那场灾难深重的洪水的袭击，说不定目前地球实际文明比现在高得多。虽然说从大量证据来看，大西国的存在是可以肯定了，但我们终究没有拿出一个真正的物证来,甚至连亚特兰梯斯大陆的确切位置还众说不一。

中西方历史上的巧合

中西方历史上曾发生许多巧合事件,不仅性质、规模极其相似,而且都发生在相同时期,东西相映,十分有趣。

一、公元前 3000 年左右,埃及金字塔王朝建立,恰与《史记》中所载的中国炎帝、黄帝同时代。两者俱为东西方文化始源。

二、公元前 22~公元前 18 世纪,古巴比伦创建了以月亮围绕地球旋转周期计算的历法,与我国夏朝所使用的阴历不仅同时,而且都是每隔 2~3 年置一闰月,二者如出一辙。

三、西方伟大的《荷马史诗》产生于公元前 9~公元前 8 世纪,与中国伟大的《诗经》产生时代恰好相同,两者东西相映,俱在世界诗坛发出灿烂的光辉。

四、公元前 6~公元前 3 世纪,为希腊、古罗马文化鼎盛时期,也正值中国春秋战国时期。东西方都处在学术上百家争鸣(西方有苏格拉底、柏拉图、亚里士多德,中国有孔子、墨子、老子、庄子等),军事上天才辈出(西方有波斯居鲁王、马其顿亚历山大大帝,中国有孙武、吴起、孙膑等)的辉煌时代。

五、中国孔子与印度释迦牟尼生于同时代,两人年龄只差 14 岁,一个开创了延续 3000 余年的东方传统文化——儒学,一个创建了世界最大的宗教之一——佛教,两人一东一西,一儒一佛,都对世界产生了重大影响。

六、莎士比亚、汤显祖不仅是同时代的人,而且同于公元 1616 年去世。莎士比亚为西方戏剧之父,汤显祖为中国戏剧之祖。

七、公元 632 年,李渊、李世民父子统一全国,建立大唐帝国;穆罕默德创建阿拉伯帝国,两国分别雄踞东西,同样强大、繁荣,疆域也同样宽广。

八、欧洲组织十字军东征阿拉伯国家,与中国金兵南侵宋朝基本相同,均起于 12 世纪初,蔓延 200 年,结束于 13 世纪末。

九、俄国彼得大帝与中国康熙皇帝同时登位,相继去世。(康熙死于 1722 年,彼得死于 1725 年)。彼得大帝开创了俄罗斯帝国,康熙皇帝奠定了东方最强大帝国,两人俱为一世雄主。

宫廷秘史

古埃及图坦卡蒙法老是死于谋杀吗

　　古埃及以其灿烂的文明和神秘的传说吸引了无数历史和考古学者。在开罗南700多公里的尼罗河西岸,埋葬着30多个法老,学者们称之为"帝王之谷"。

　　1922年,考古工作者在"帝王之谷"内发现了距今3000多年前十八王朝的法老图坦卡蒙的陵墓。图坦卡蒙是著名的阿蒙普特四世(即埃赫那吞)王后尼费尔提提的女婿。这位君主政绩平平,没有什么大作为。他大约于公元前1361年登基,当时年仅10岁,娶了一个12岁的少女。19岁时他便死去了(也有人认为他死时18岁)。这些就是史料传说对他生平的全部介绍。图坦卡蒙的陵墓是迄今为止所发现的最完整、最有价值的古代埃及法老的陵墓。

　　1972年和1976年图坦卡蒙墓中出土的部分珍贵文物先后在伦敦、华盛顿展出,吸引了成千上万的欧美观众,再次轰动了整个世界。图坦卡蒙又一次成为人们津津乐道的话题。

图坦卡蒙法老塑像

　　古老、神秘的图坦卡蒙之墓发掘成功后,人们终于见到基本上完整的法老墓葬,也第一次看到了法老的葬制。

　　整座墓由前室、墓室、耳室、库室组成。除墓室外,所有的地方都放满了家具、器皿、箱匣等各类器物,其中包括墓主人的宝库。墓中的每件器物,都以金银珠玉装饰而成。在墓室中还发现了两尊真人大小的乌木镀金雕像,据学者们认为是图坦卡蒙的形象。这两尊雕像生动逼真、栩栩如生,充分反映了古代艺术家们高超的技术和丰富的想象力。在8年的挖掘过程中,卡特在墓中发现了2000多件文物,墓中奇珍异宝非常丰富。

　　图坦卡蒙的木乃伊被密封在重重的棺椁之中,在棺材外面的4层是涂金的木椁。最里面的是黄金打制成的棺椁。当揭开裹在木乃伊脸部的最后一层亚麻时,人们突然发现图坦卡蒙的脸上靠近左耳垂的地方有一处致命的创伤,创伤是怎么造成的?凶手是谁?这一切都成了谜。

我们结合一些文献史料的记载和刚出土的壁画文物可以大体得知：由于图坦卡蒙登基时年纪非常小，只是同老臣阿伊共掌大权。他在 19 岁时突然死去。在他死后，他的年轻皇后请求赫梯王派一王子与她完婚。可是赫梯王子在来埃及途中被人杀害。接下来，老臣阿伊继承了王位。

可是，我们从这些零散的资料与传说中无法揭开图坦卡蒙猝死之谜，谜底在哪里？也许仍长眠于尼罗河充满神奇色彩的土地下，我们只有期待更多的出土资料来揭开这个谜底，也许会由此发现更多不为人知的谜团，从而为世人留下更多的悬念、无限的遐想。

马其顿亚历山大大帝死于谁手

亚历山大大帝一生纵横无敌，他曾率领马其顿希腊联军发起对波斯帝国的远征，用近 10 年的时间把东方广大地区征服，从而建立了横跨欧、亚、非三大洲的庞大帝国，然而，这位纵横天下的大帝于公元前 322 年夏在巴比伦猝死，他到底死于什么原因呢？

生于马其顿都城伯拉的亚历山大大帝（公元前 356~前 323 年）出身于新兴的王族家庭，他的父亲就是腓力二世。他小时候曾拜著名哲学家亚里士多德为师，从而受到良好的希腊文化教育，他 16 岁就随父出征，从而学得不少军事知识。他公元前 336 年即位，并先后平定宫廷内乱，制服北方诸侯反叛，击败了希腊各邦的反马其顿运动。公元前 334 年春，亚历山大带领着他的马其顿希腊联军，穿过赫勒斯湾海峡远征波斯。公元前 333 年，在小亚细亚伊苏城附近把大流士三世率领的波斯军打得落花流水，并俘获了大流士三世的母亲、妻子。公元前 327 年夏，利用印度诸国之间的矛盾，亚历山大占领印度西北的许多地区。但是由于当地人民的顽强抵抗以及战士的厌战情绪，再加上当地气温高，瘟疫流行，亚历山大被迫撤军。公元前 324 年，亚历山大军队分别从海陆两路回到了巴比伦。

公元前 323 年夏，亚历山大突然暴病而亡，这时他正准备着一次新的远征。是何种疾病夺去了亚历山大的生命？史学家们有许多不同的看法。

第一种看法是他死于恶性疾病，苏联学者塞尔格叶夫曾在《古希腊》中提过。在《亚历山大新传》这本书中，美国学者高勒将军认为"亚历山大由于长期在沼泽地区作战而染上恶性疾病，在 6 月 13 日晚上发作，从此离开人世"。他来不及留下遗嘱，更没时间指定由谁来继位，持同样看法的还有我国史学家吴子谨教授。

第二种看法是，英国著名史学家赫·乔·韦尔斯认为："在巴比伦，亚历山大有一回酩酊大醉以后，突然发烧，从此一病不起，不久就死去了。"《大英百科全书》也有这样的看法："在一次超长的酒宴之后，他突然一病不起，10 天之后，即公元前 323 年 6 月 13 日去世了。"

第三种说法是亚历山大为毒药所害。在古希腊史学家阿里安的《亚历山大远征记》中说部将安提帕特鲁送给亚历山大一服药，正是这副药让亚历山大命丧黄泉。还说药是盛在一个骡蹄壳里，由安提帕特鲁的儿子卡山德送到亚历山大那里去，这副药是亚里士多德替安提帕特鲁配的。卡山德的弟弟埃欧拉斯里是亚历山大的御林侍从。由于亚历山大不久前曾冤枉过他，他一直怀恨在心。但到底是什么原因使得这位正处于人生、事业巅峰的亚历山大大帝一病不起，至今仍让人不得而知，只有让后人面对着他所建立的不朽功勋大发感慨。

恺撒大帝是让私生子杀死的吗

在《哈姆雷特》一剧中，莎士比亚曾借哈姆雷特之口说"弱者，你的名字叫女人"。而在《裘力斯·恺撒》中，与此话形成鲜明对比的却是他对布鲁图的高度赞扬——"这才是一个真正的男人"。布鲁图何许人也？传说中是恺撒大帝与其情人塞尔维利娅的私生子，也是后来阴谋刺杀恺撒的主要策划者之一。

罗马历史上已有尼禄弑母夺权的事迹，那么布鲁图杀父又是为什么呢？他真的亲自参与了刺杀行动吗？

公元前 44 年 3 月 15 日，在庞培议事厅，当每个谋杀者都向恺撒身上捅刀时，布鲁图也刺了一刀，恺撒对别的刺杀者拼命进行反击，并一面喊叫一面挣扎，然而当他看到布鲁图手里的匕首时，竟然默默地用外袍蒙上了头，心甘情愿地挨刺。另有一些人写道："当布鲁图向恺撒行刺时，恺撒用希腊语说道：'是你！我善良的孩子？为什么？'看来，恺撒在将死之时，仍认为布鲁图就是自己的孩子。"

普鲁塔克在给恺撒和布鲁图作传时，是以这些为基调的："恺撒不但深爱塞尔维利娅而且也爱布鲁图，虽然他不过是私生子。"在普鲁塔克看来，恺撒如此仁慈地对待布鲁图，正是源于这种爱。

但当恺撒和庞培为争夺最高权力而开始内战时，人们没有料到的是，布鲁图没加入恺撒一方，而是站到处死自己的父亲的庞培一边。尽管如此，恺撒仍爱着布鲁图。他告诉下属，不许在战争中令布鲁图死亡。如果布鲁图投降，就俘虏他，如果他誓死不当俘虏，就随他便，总之千万不可伤害他。

恺撒对布鲁图可谓仁至义尽。普鲁塔克说，假如布鲁图愿意，他甚至可以成为恺撒最亲密的朋友。那么布鲁图到底为何要一向反叛恺撒，甚至一定要杀死他呢？从根本上说，布鲁图与卡西约一伙作为共和派，他们极端仇视君主专制制度。面对有称王企图的恺撒，布鲁图表示了坚决的立场："为国家自由而死，是我们刻不容缓的职责！"

种种迹象表明，大义凛然的布鲁图对恺撒大帝可谓是恨之入骨，积怨不浅。在他心中，恺撒即是暴君的代表，而除暴安良是他作为"真正男人"所必定要做的。刺杀恺撒天经地义。但以上只是作者普鲁塔克的一些主观倾向而已。究竟恺撒大帝身死谁人之手，还有待做进一步的考察。

埃及艳后自杀之谜

在埃及，几乎无人不识克里奥帕特拉。她常像诡异壮观的金字塔群一样为众人所津津乐道。这不单得益于她沉鱼落雁、闭月羞花般的容貌和维纳斯般的身段，更得益于她那富有传奇色彩的一生及至今不为人知的死亡之谜。

公元前 51 年，托勒密十二世逝世后，依照埃及当时法律和遗诏规定，21 岁的克里奥帕特拉和小她 6 岁的异母弟弟结为夫妻，共同执掌政权。公元前 48 年，在宫廷争斗中失败的她被其弟从亚历山大城逐出去。克里奥帕特拉野心极大，她在叙利亚和埃及边境一带招兵买马,打算重返埃及从弟弟手中夺取王位。

此时,适逢罗马国家元首恺撒追击庞培来到埃及,克里奥帕特拉的一个同党在此过程中为她献计:派士兵扮成商人,把包在毛毯里的女王抬到恺撒的行馆。恺撒打开来看,惊喜万分,在他面前出现的竟是克里奥帕特拉七世——她的美貌立刻使恺撒着迷了。自此,两人共浴爱河,成为一对佳偶。

作为克里奥帕特拉夜闯军营这一“壮举”的回报,她成了埃及女王,独揽大权。克里奥帕特拉不久后便为恺撒生了一个儿子,取名恺撒·里昂或托勒密·恺撒。天有不测风云,公元前44年3月15日恺撒遇刺身亡,她失意地离开了罗马。

公元前31年,屋大维与安东尼在阿克提乌姆海角会战。

公元前30年,屋大维逼近埃及,此时埃及军队发生内乱,安东尼眼看大势将去,便把披甲解去,抽出佩剑,自杀了,时年52岁。

埃及艳后

被屋大维活捉的克里奥帕特拉得到她将被作为战利品带往罗马游街示众的消息后,便请求屋大维让她祭奠去世的安东尼。之前,她已把自己的遗书写好了。沐浴后,她用了一顿丰富的晚餐。此后,便失落地进入自己的卧室,躺在一张金床上,非常安详地睡去,但从此没有再醒过来。

匆忙赶到的屋大维把她的遗书展开,女王请求把她与安东尼埋葬在一起,对她的自杀屋大维虽然有些失望,但由衷地佩服她的伟大,便依照她的遗书,把她的遗体葬在安东尼身边。

那么她究竟是用何种方法自寻死路的呢?

大多数人认为,女王提前安排将一只藏有一条叫“阿斯善”的小毒蛇的盛满无花果的篮子带进墓中,再让小毒蛇咬伤自己的手臂,因中毒昏迷而死亡。抑或是,女王早就在花瓶里喂养了毒蛇,然后用一支金簪在蛇的身体上刺,引它发狂,直到把她的手臂缠住。持这种观点的人依据考证资料提出:卧室朝向大海的一边开着一个窗户,从这里受惊的毒蛇完全可以溜走。此外,女王的医生证明:“她的手臂上,的确有两个不是很明显的疤痕。”

也有不少人不同意上述两种观点,因为咬伤或刺伤的痕迹没有在死者尸体上发现,在卧室中也没有发现任何有毒的小蛇。他们认为服毒而死的可能性最大。

英王威廉二世真是死于意外吗

自古宫廷多纷争。在权势和财富的驱使之下手足相残、杀母弑父之事可谓比比皆是。人称“红面庞”的威廉二世似乎也是因为此类原因而丧命于狩猎场的。

1100年8月的一个下午,黄昏时分,英王威廉二世在新林骑马狩猎。新林占英国南部一大片土地,当时是皇家狩猎苑。威廉的弟弟亨利和一些随从同行。一行人分为几个狩猎小组,国王和他的亲信顾问蒂雷尔一组猎鹿。国王看见一只赤鹿跑过,立刻射了一箭,射中了赤鹿,但是它没有死。很长一段时间威廉坐在马鞍上不动声色,他用手挡着夕阳的斜照光线,想看清楚那只受伤的赤鹿的行走路线。

蒂雷尔就在此时射了一箭,鹿没有射到,却把国王射中,国王向前面倒下去,那支箭在国王摔到地上的时候更深地插入他的胸膛,国王当时便没了气息。蒂雷尔急忙跑出树林向法国逃去。亨利则和其他的人策马飞奔,赶到临近的收藏皇室财宝的曼彻斯特,亨利把财宝抢到并确实予以掌握后,便马上赶回伦敦,加冕登基为亨利一世。此时,距威廉去世之日仅3天,众人从猎鹿的树林离开时,威廉二世仍然暴尸荒野。

但是国王之死至今仍是疑点重重:威廉二世是死于意外,还是被他那充满野心的弟弟谋害了呢?或是如最近有人所说的威廉二世心甘情愿依照异教徒的可怕教规自杀身亡呢?大多数人当然相信传说中所出现的凶兆,这凶兆是威廉到新林行猎前夕所做的一个噩梦,梦见自己躺在血泊中而被惊醒,惊醒时不断狂叫。此外,还有人说听见国王命令蒂雷尔杀死他,因为根据威廉信仰的"宗教",他已经老而无用,作为一个权力逐渐衰落的国王,必须在仪式中引颈就戮。

威廉一世共有3个儿子,威廉二世是老二。威廉一世在世时已给3个儿子分家,留给长子罗伯特的是法国的诺曼底,给次子威廉的是英国,亨利则没有土地,只获得一笔财富。大哥与二哥经常争执不下,甚至兵戈相见,但是二人在1096年以诺曼底为抵押,向威廉借了他们所需的钱。罗伯特在1100年夏季启程返国时,还娶了一个十分富有的女人。威廉决定,决不让哥哥还债把诺曼底赎回,他开始计划强夺诺曼底。新林猎鹿驾崩事件就是在做这种准备的时候发生的。

同时,如果亨利真的企图篡夺英国王位,他一定已把形势看得非常清楚,出乎意料的新发展对他篡位的计划有所妨碍。所以亨利先下手为强,其后只需对付一个哥哥而不必再与两位兄长争雄。威廉驾崩,罗伯特又远在他乡,亨利就能篡夺他原本无权过问的王位。证明亨利要对猎鹿时发生"意外事故"负责的一个有力证据是他从未试图抓蒂雷尔回来以弑君之罪论处,甚至没有没收蒂雷尔的土地以示惩罚。

可是,以亨利的本领和为人是否能组织这样一个谋朝篡位的大阴谋呢?蒂雷尔跟主谋勾结杀掉恩公和朋友,又会得到什么好处呢?事实上自惨祸发生后直到去世时,蒂雷尔都不承认他有弑君行为。

依上所述,亨利的嫌疑不可不谓是最大。但他要策划这样一个缜密的阴谋却也不是件容易的事情。真凶何在,我们拭目以待。

伊丽莎白女王为何终身未嫁

伊丽莎白25岁登基为王,以其美貌、学识和至尊地位引得欧洲大陆无数王公贵胄尽折腰,争相向她邀宠求婚。然而她却终身未嫁,这究竟是怎么回事呢?

伊丽莎白虽然独身终生,但她也曾利用自己的婚姻大事作为资本,于欧洲各大国之间周旋。第一次是在她登基不久,当时国际社会迟迟未承认她作为英格兰女王的合法身份。法兰西人更在为结束西班牙与法兰西之间战争而举行的卡托一堪布累齐谈判中公然向伊丽莎白发难,提出了谁是英格兰王位合法继承人的问题。

伊丽莎白非常明白法兰西人的险恶用意,她不动声色地在暗中打起腓力二世这张牌来。在一段时间内,她对腓力二世的求婚既不回绝又不应允,使腓力二世对联姻怀有希望,然后借助西班牙在国际事务中的影响力,敦促其他国家认可伊丽莎白作为英格兰女王的合法身份。求婚之事因此就拖了几个月。直到伊丽莎白了解到英格兰特使已在卡托一堪布累齐和约上签字,说明国际社会已承认了她作为英格兰女王的合法身份后,她才一改几个月以来的模糊态度,明确告诉西班牙使节,她不能与西班牙国王腓力二世联姻,原因是双方宗教信仰不一样。

伊丽莎白女王

此后,伊丽莎白多次将自己的婚姻用作进行外交的一种工具。众多王公贵胄向伊丽莎白求婚时她都没有答应,她或许根本不打算结婚,然而她严密地隐藏自己的想法,她从不向各国王侯贵胄关上求婚的大门,而是欲言又止,一直让他们对联姻之事怀有希望。

不想结婚的伊丽莎白也喜欢与男人交往,在宫廷之中,就有不少她喜爱的庞臣,达德利勋爵是其中最令她心仪的人。高大强健的达德利是贵族之后诺森伯兰公爵的公子,他英俊潇洒,一表人才。伊丽莎白对他十分宠爱,在1564年竟加封他为莱斯特伯爵。实际上,伊丽莎白早就有与他结婚、永为伴侣的打算。可是有一件事情令她最终放弃了此念。那就是,莱斯特伯爵在成为女王宠臣之前已是有妻室之人。而且很凑巧,莱斯特之妻罗布莎特有一天突然命丧九泉,因此有好事者传说,罗布莎特是其丈夫为与女王成婚而故意谋杀致死的。不管此事是否属实,终究是人言可畏,女王深恐与莱斯特结婚会引来非议,有损君王尊严,终于未能结成连理。

1578年,法兰西国王亨利二世之弟、年轻的阿朗松公爵亲自登门向伊丽莎白求婚,但这场求婚却成了一场马拉松,直到5年之后,即1583年,50岁的伊丽莎白才明确宣布拒绝了他的求婚。

阿朗松成了最后一位求婚者。此后伊丽莎白便没有提过婚嫁之事,其中奥秘如何,那恐怕就是一个无法解释的谜了。

日本皇女和宫下嫁将军德川家茂之谜

和宫是仁孝天皇的第八个女儿,贵为皇女的她在4岁时被许配给了贵族有栖川宫炽仁亲王。然而,在长大后,她却嫁给了将军德川家茂,这究竟是什么原因呢?

有人认为,正像历史上中外古今许多弱女子被作为政治交易的筹码一样,贵为天皇之女的和宫也身不由己地做了牺牲品,被政治的狂风怒涛推到历史舞台的前面。在德川幕府后期,掌握政权的幕府由于西方列强的侵犯,不得不屈从其强大压力,同意与西方各国通商,这种做法受到朝廷和尊王攘夷派的猛烈抨击。为了缓和与朝廷的紧张关系,同时,也为了平息普通百姓的不满情绪,幕府决策机构一方面重新明确幕府受命于朝廷的上下委任关系,另一方面推进"公武合体"运动。"公武合体"运动就是二者的联合,而作为"公武合体"的一项重大步骤,便是幕府奏请朝廷,希望将孝明天皇之妹和宫下嫁给第14代将军德川家茂。为此,幕府进行了许多活动,首先,他们中止了家茂与贵族见宫贞教亲王之妹伦宫的婚姻谈判,并且散布和宫的婚约者有栖川宫因为封禄甚少而对与和宫结婚感到不安等流言。但尽管如此,和宫仍然一如既往地加以拒绝,但是幕府还是再三奏请。孝明天皇迫于无奈,最后 16 岁的和宫只得十分不情愿地于 1861 年 12 月从京都来到江户,第二年 2 月,与同年龄的德川家茂正式举行婚礼。

但是也有人持反对意见,比如据将军府中的人的说法,和宫与德川家茂夫妻感情甚笃,家茂出征前一夜夫妻俩彻夜长谈,和宫还要求家茂顺路到京都替她买西阵出产的腰带,这后来作为家茂最后的礼物按照家茂的遗言被送到和宫手中,和宫收到这个礼物后,睹物思人,竟然茶饭不思,终日饮泣。又如和宫在朝廷官兵临城之际为德川家族通融说情,也似乎不是完全被逼无奈。有人认为,就和宫而言,与有栖川宫炽仁亲王的婚约并非出于自由的选择,其实和宫本人希望避开传统的皇族内部通婚的习俗,为寻求新的人生而与家茂结婚。这样说来,和宫与家茂结婚应该是非常幸福的了。

下嫁将军的和宫究竟是一个勇于追求幸福生活的榜样,还是一个值得同情的对象,这个问题和她下嫁将军的原因一样,成为解不开的谜。

政界谜踪

华盛顿死因难明

美国第一任总统华盛顿在完成了历史赋予他的使命之后,于1798年初冬,悄悄回到了自己离别16年的家乡——弗农山庄。66岁的他准备在这里安度自己的晚年,一年以后,死神却奇迹般地夺去了他的生命。而对他的死因,至今没有一个确切的说法,两个世纪以来一直困扰着史学家们。

1799年12月12日,天空阴沉沉的,好像要有一场大雪。对于这天的天气,华盛顿早有预见。但他仍旧骑上马开始巡视,他是上午10点钟出去的,下午3点钟才回来。

第二天早晨,他感到嗓子痛,不能再出去巡视了。下午,他的嗓子开始嘶哑。到了晚上,嗓子哑得更加严重。但到了夜里,他冷得全身发抖,呼吸不畅,凌晨两三点钟,他叫醒了夫人,但又怕她着凉,没让她起床。清晨,女仆进来生火,才把利尔先生叫来。此时华盛顿已呼吸困难,话也说不清了。他让人去把克雷克大夫请来,同时,在医生没来之前,让罗森斯给他放血。

大约4点30分,他让夫人在写字台中取出他早就写好的两份遗嘱。他看了一下两份遗嘱后,让夫人把其中一份遗嘱烧掉,另一份保留,放到她的密室里。夫人从密室回来后,华盛顿握着妻子的手,说:"这场病可能马上让我离开这个世界,如果真是这样,你要清理一下账目,把款项结清,另外你还要把我那些关于军事的书信文件仔细整理一下。"

大约5点钟,克雷克大夫来到房间里。

华盛顿说:"医生,我现在很痛苦,从一得病我就知道死神这次是不会放过我的。不过,死对我来说并不可怕。"

华盛顿又说:"谢谢你们的照顾,不用替我操心,我很快就要去了。"

他接着又躺了下来,大家也都走出了房间,只留克雷克大夫一人照看。

晚上,又采取了其他的治疗方法,但都收效甚微,这次医生让他服什么药他就服什么药了,利尔先生后来在书中叙述道:

"大约10点钟,他几次都要说话,但都无法说出。最后,他终于说了一句话,'我快不行了。我死后的三天再下葬,葬礼要尽量简单。'我这时已难过得说不出话,只好向他鞠了一躬,表示同意。但他没有理解我的鞠躬,说:'我的意思你明白吗?'我说:'明白了。'他说:'那我就放心了。'"

"在他去世前大约10分钟,他的呼吸通畅了很多。他变得很安详。他还伸手,摸自己的脉。忽然他的脸色变了,我连忙叫克雷克大夫,坐在火边的大夫急忙到了病床边,但一切都结束了：华盛顿的手从腕部垂了下来，停止了呼吸。克雷克大夫蒙着脸哭了起来。华盛顿就这样没有叹息、没有挣扎地离开了我们。"

华盛顿的死因却一直没有被查实，他得的是什么病、医生为他诊断的结果是什么、给他吃的药对病情有没有作用、药名等都无人知道，而他生前为自己准备两份遗嘱的目的是什么？是不是其中另有隐情？

女间谍川岛芳子有没有被枪决

二战时期的女间谍川岛芳子在日本可谓是闻名遐迩，在中国可谓是臭名昭著，在中国抗日战争胜利后，这位风流女间谍的去向如何呢？她到底有没有被枪决呢？

日本在 1945 年 8 月 15 日投降之后，全国人民要求对汉奸进行严惩，几名手持短枪的国民党政府宪兵于 10 月 10 日在北京把川岛芳子逮捕了，他们把手铐戴到了她的手腕上，给她头上蒙上黑布，暂时在一个军队司令部的仓库内关押。两个月后先在北新桥的前日本陆军监狱内关押，后又被转移到远郊姚家井河北第一监狱的女监第 3 号牢房，这是国民党的模范监狱，关押的主要是大汉奸。

川岛芳子

1948 年 3 月 25 日早晨 6 点 40 分，她在第一监狱西南角的场地上被秘密枪决。她在行刑前给狱长和其养父等人写了遗书，并曾请求穿上黑上衣、白绸裤子，但没有被批准。在行刑前各报记者被通知可以采访，但在执行死刑时，除了一位美籍美联社记者外，其他中国新闻记者全部被挡在了门外。事后女尸被停放在第一监狱后门的自强路上，直到 7 时半监狱方面才引导记者对此女尸进行参观。尸体脚朝北，头朝南，身着灰色囚衣，里面穿红色毛衣、蓝色毛裤，子弹从后脑射入，又从鼻梁射出，头发披散，满脸血污，根本无法分辨面目。

但对于监狱方面的出尔反尔各报记者极其不满，不断质问司法部门。对于记者们的质问法院也无可奈何，最终不了了之。但是，对川岛芳子的枪决真相却众说纷纭，闹得满城风雨。传闻最多的是一个名叫刘凤玲的女犯以 10 根金条的代价做了川岛芳子死刑替身。

日本一位研究川岛芳子的专家、东京大学渡边龙策教授还就川岛芳子之死提出一连串质疑：最为关键的行刑场面为何会被搞得这样神秘？为什么会违背惯例，把新闻记者都赶出现场呢？被处决者的脸部为何被弄了那么多的泥土和血污，以致无法辨认人的面目？为何单单选择看不清人的面孔的时间行刑？渡边龙策教授还提道：川岛芳子的哥哥金宪立说川岛芳子已经去了蒙古，之后北上苏联；还有人说川岛芳子已到美国去了。

川岛芳子的来历本来就是一个谜，而到最后，她的死也成了一个谜，看来，这位风流女间谍真可谓做到了"来无影,去无踪"。

苏联政治家基洛夫死因莫测

充满了温馨甜蜜的爱情与充满了权力斗争的政治似乎是风马牛不相及的事情,然而,这二者却总是发生某种微妙的关系,苏联政治新星基洛夫被刺一案就是如此。

1934 年 12 月 1 日,联共(布)中央政治局委员、列宁格勒州委第一书记基洛夫去找州委第二书记丘多夫了解关于取消列宁格勒实行的面包配给制的问题所做的准备工作进度情况。这个时候,基洛夫的警卫却违反了警卫工作守则,走在距离基洛夫很远的地方。当基洛夫伸手去开门时,一个潜伏在走廊已久的刺客向他射出了子弹。

基洛夫被誉为刚刚升起的政治新星,在党内的地位简直可以同斯大林平起平坐了,为什么他会如此神秘地陨落了呢? 基洛夫为何会如此轻易地被谋杀? 有没有其他的人在幕后指使? 到了今天,人们尽管已揭露了许多真相,印证了许多事实,但还是有许多不被人所知的谜有待解开。

说法一是基洛夫死于情杀;说法二是情杀的背后隐藏着一场政治阴谋。总之,似乎都与一个"情"字有关。

许多当事人在回忆这起震撼整个苏联的"基洛夫案"时,谁都没有提到基洛夫有可能死于情杀。但却有大量的事实被揭露,是关于凶手尼古拉耶夫如何杀害基洛夫的内幕。亚历山大·奥尔洛夫将军曾经是一位苏联内务部官员,做了如下的记述:

"在党内地位愈发举足轻重的基洛夫,逐渐成了斯大林的绊脚石,而且他从不对斯大林唯唯诺诺。但在 1934 年的那时候,斯大林还没有足够的权力随意处置一位政治局委员。更何况随着基洛夫的威望越来越高,他的地位也越来越重要,要想定他的罪并不是一件容易的事,唯一的办法就是除掉他,并把这个弥天大罪加在原反对派领袖的头上,继而一箭双雕,一面高喊着'血债血还'的口号,一面大刀阔斧地除掉所有对领袖具有威胁的人。"

而且几乎所有当事人、知情人都非常肯定,"基洛夫案"是有着幕后策划的政治阴谋。常言道:"若要人不知,除非己莫为。"据有关人士透露,早在 1934 年夏,基洛夫在哈萨克斯坦出差时,就有人企图杀害他。距基洛夫被害的 1 个月前,一位在内部工作的高级官员忧心忡忡并好像有先见之明地对他的朋友说:"一场可怕的暗杀活动正在列宁格勒酝酿着。"

如果说基洛夫遇害前的种种迹象已向世人表明,这时一场蓄谋已久的政治阴谋,那么在案发后案件的见证人纷纷"失踪",就更让人坚信这是一场政治的阴谋。

当然,在这个问题上,也有不同意这是一场政治阴谋的说法。基里琳娜就断言,关于斯大林参与谋杀基洛夫的说法是没有根据的,因为从来就没有发现过任何证据,无论间接的还是直接的。

"爱情与阴谋"这出戏在基洛夫案里上演完了,留给观众——后来者的印象是什么呢?

斯大林是死于谋杀吗

谁都不会忘记 20 世纪的那场反法西斯战争,在欧洲战场上,当法、英在希特勒的进攻下纷纷溃败的时候,是苏联人的火炮击碎德国人的坦克。斯大林的一声怒吼,使世界又看到了一位巨人。然而 20 多年后,这位巨人——苏联人的核心却死得不明不白,关于他的死因,至今仍是一个谜。

斯大林的生活以神秘开始,又以神秘告终。

1977 年,斯大林逝世的周年纪念日里,雷宾找到了几个在斯大林逝世时近郊别墅工作过的卫队的工作人员。

雷宾说记录下了他们的叙述作为证词。

"2 月 28 日夜里,政治局委员们在克里姆林宫中看完电影后,就驱车前往别墅。到斯大林别墅去的有赫鲁晓夫、贝利亚、马林科夫和布尔加宁。他们在别墅一直呆到清晨 4 点钟。当时在斯大林处值班的是高级工作人员斯塔罗斯京和他的助手图可夫。别墅值班的是警卫长奥尔洛夫的助手帕维尔·洛兹加乔夫……

"客人走了以后,斯大林就躺下睡觉了。此后他就再也没有走出自己的房间。"

除了这些以外,雷宾还单独记录了斯塔罗斯京、图可夫和洛兹加乔夫的证词。斯塔罗斯京:"从 19 点钟起,我们开始为斯大林房间中的寂静感到不安……在没有召唤的情况下,我们两个(即斯塔罗斯京和图可夫)都不敢擅自进入斯大林的房间。"

于是,他们叫洛兹加乔夫进去看。帕维尔·洛兹加乔夫就成了第一个看见斯大林躺在桌旁地板上的人。洛兹加乔夫说,当把客人送走后,警卫员伊万·瓦西里耶维奇·赫鲁斯塔廖夫传达了"当家的"命令,让大家都去睡觉。洛兹加乔夫还是第一次听说"当家的"说这种话。

斯大林就这样在他自己造成的恐怖气氛和官样文章的环境下死去了。也许,人们永远也不会知道,那天夜里在"当家的"那几间关着的房里究竟发生了什么事情,但不外乎有两种可能:

或者是"当家的"真的让大家都去睡觉,而夜里他中了风;或者是……

或者是赫鲁斯塔廖夫被某人给收买了,受到某人的指使,让服务人员都去睡觉,为的是让某个人们不清楚的人物或者自己可以与"当家的"单独在一起。然而,收买赫鲁斯塔廖夫的又是谁呢?

是赫鲁斯塔廖夫自己潜入了斯大林的房间还是另有其人?抑或他们在"当家的"喝过酒后昏昏入睡的情况下给他打了针而引起了中风?是否"当家的"在感到不适之后仍然醒了过来,并挣扎着试图呼救?是否针剂起了作用,使他只能勉强走到桌旁?如果事情真的是这样,那他们理所当然可以去睡觉了。

后来,直到赫鲁晓夫时期,一直有这样一种传说流传着"当家的"并不像正式公告所宣布的那样死在克里姆林宫里,他是在近郊别墅去世的。

这不过也是传说而已,在找到确凿证据之前,斯大林的死因仍不能定论。

谁谋杀了马丁·路德·金

以《我有一个梦想》的演讲闻名全世界的诺贝尔和平奖获得者马丁·路德·金也许不知道,他真正的"dream(梦想)"应该是让人们查出他被刺杀的真相。马丁·路德·金在 1968 年 4 月 4 日傍晚,在田纳西州孟菲斯市洛兰停车场旅馆遇刺身亡。警方查出凶手的真实姓名是詹姆斯·厄尔·雷,他是个抢劫惯犯,曾被判入狱 20 年,1967 年 4 月成功越狱。他于 1968 年 4 月 4 日早晨住进贝西太太的出租公寓,傍晚开枪把马丁·路德·金打死了。对自己的犯罪事实,厄尔·雷供认不讳,他被判入狱 99 年,可是他在审判后不久就反悔了,坚持说自己是冤枉的,并要求对此案进行重新审理。

马丁·路德·金

使人不解的是厄尔·雷在 1967 年的成功越狱。厄尔·雷是一个令人觉得好笑的三流窃贼,他在打劫杂货店后驾车逃跑被甩出车外,偷打字机时将存折丢下,两次越狱都没有成功。这样一个傻瓜,1967 年为何能成功越狱,并一下子过上富有而体面的生活,甚至四处旅游,挥金如土?

因而,人们怀疑联邦调查局参与了此案,联邦调查局早在 50 年代就对马丁·路德·金在的行动有所注意,1964 年还制定了"消灭金小姐"计划。在记者招待会上,联邦调查局局长胡佛甚至指责马丁·路德·金是全国最大的骗子,胡佛还在马丁·路德·金荣获诺贝尔和平奖之后,派人给他送恐吓信,要他"小心谨慎以谢国人"。

2001 年 1 月,即马丁·路德·金被害 35 年后,一名美国佛罗里达的牧师向《纽约时报》记者透露,杀害马丁·路德·金的直接罪魁就是他的父亲。这位牧师 61 岁,名叫威尔逊。他对记者说:"我父亲亨利是一个三人小组的头,而 1968 年枪杀马丁·路德·金的正是这个小组。"威尔逊指出,虽然亨利并非种族主义者,但他觉得共产主义与马丁·路德·金有联系,因此必须杀掉马丁·路德·金。威尔逊说他父亲已经去世 10 多年了,但他父亲在世时曾反复强调,把马丁·路德·金杀掉是每一个热爱美国的人应该做的事,"为了整个国家的前途",这样做完全是责任所在。

然而直到现在,马丁·路德·金之死还是一个谜,也许他的这篇演讲应该改为"We have adrearn"了,那就是希望这件历史悬案的真相大白于天下。

肯尼迪遇刺之谜

美国总统的宝座似乎背负上了"所罗门的诅咒",因为在这个位子上的人遇刺的几率远大于别人,解放黑人奴隶的林肯如此,多年后,约翰·肯尼迪又处在了这个恶毒的诅咒之中。

1963 年 11 月 22 日,美国总统约翰·肯尼迪乘坐他的轿车在得克萨斯州拉斯市埃尔姆大街上行驶时,突然传来一阵枪声,肯尼迪与陪同他的康纳利州州长同时被子弹击中。

这位美国人颇为崇拜的总统倒在血泊中。

经过缜密调查，美国官方认定刺杀总统的唯一凶手名叫李·哈维奥斯瓦尔德。肯尼迪遇刺后的第三天，在警察局，奥斯瓦尔德被一个名叫杰克·鲁比的夜总会老板枪杀。

对肯尼迪遇刺案的背景，大家说法不尽相同。美国官方认定此案是由于对权力的仇视所引起，并据此推断出几种原因：其一，凶手是由苏联克格勃所指使的。理由是此前凶手奥斯瓦尔德在苏联生活过 3 年，曾娶苏联妇女为妻，加入苏联国籍。其二，古巴当局有可能插手此事。理由是亲卡斯特罗派组织与奥斯瓦尔德关系密切。也有人说奥斯瓦尔德是美国联邦调查局的情报人员，是反对肯尼迪对古政策的古巴右翼分子和联邦调查局中的激进分子所采取的行动。

肯尼迪

事隔 30 年后，有关肯尼迪遇刺案的著作由包括知情人在内的研究人员相继推出。其中，曾经抢救奥斯瓦尔德的肯尼迪的外科大夫查尔斯·克伦肖披露的事件真相，极受人们关注。克伦肖坚信："总统并不是被奥斯瓦尔德在楼房顶上被射中，而是被迎面射来的枪弹击中，凶手另有其人。"但是，经多年调查研究后，弹道专家霍华德·多纳荷指出，肯尼迪是被他的保镖误伤的。多纳荷认为，总统身后的保镖威廉·希基在刺杀事件的一瞬间，因轿车突然起动，手指碰触到扳机，导致步枪走火击中总统后脑。

林肯的遇刺本来就是美国历史上的一个难解之谜，前谜未解，后谜又至，杀死肯尼迪的凶手究竟是谁？事情的真相如何？美国总统之谜又添加了一位新的成员。

拉登财富之谜

拉登 1957 年出生在沙特的一个豪门之家，他的家庭一直保持着经商的传统。40 年代末，居住在也门的拉登的祖父奥克巴迁往沙特阿拉伯。拉登的父亲穆罕默德·本·拉登，白手起家，经过多年奋斗，终于有了数百万家产。在创业期间，他也与政界相联合，与费萨尔国王建立起特殊关系，当然也能凭此不断致富，而且为家族争取了该国的公共设施与房屋建筑业，王宫、清真寺、王室别墅等建设都是可以迅速发财致富的大工程，本·拉登的家族成为沙特百大豪门之一。

1980 年 6 月，27 岁的本·拉登凭他那巨额财富在伊斯坦布尔的郊区设立了他的总部。他在这里对志愿者进行收容、组织，并承诺把他们送到阿富汗。可以说，提起拉登便咬牙切齿地美国人，当时曾把拉登当作亲密的朋友。拉登就是在土耳其这段时间里积聚了巨额财富。

拉登堪称出色的企业家，他经营的分公司遍及伊朗和巴基斯坦和海湾国家，他在日内瓦、苏黎世、法兰克福和伦敦等金融市场也有账户。他的先进的电子设备和武器弹药是通过一个错综复杂的银行网在瑞典、法国和德国购买的。同时，拉登也拥有先进的网络信息系统,办事效率也极高。1982 年底拉登从伊斯坦布尔来到巴基斯坦,在白沙瓦建立了"支持者之家",还在阿富汗边境的柏克蒂亚建立了 16 个游击队训练营地,训练他的恐怖分子。

后来,拉登在阿富汗创办了一个工程公司,并且利用它建立了隐蔽的场所,挖隧道、筑路等,为以后的高明的藏身术打下基础。1989 年 10 月,苏联从阿富汗撤军期间,拉登离开了阿富汗。回国不久,政府就因他"支持恐怖组织"而取消了他的沙特国籍。1992 年他以投资者的身份来到苏丹。1993 年,"拉登控股公司"签订了 8500 万美元的巨额合同,就是承建苏丹喀土穆——尚迪——阿特巴拉之间的干道公路。同时他们还承建苏丹首都商业中心的三座大楼。本·拉登很善于经营,他还联合亲执政党的两个金融家创办了苏丹北方银行。这个银行至今在苏丹仍然是实力最强的。

这以后,本·拉登旅游欧洲各地,伦敦和瑞士是他最常去的地方,他在那里的众多投资都需要他去照看。仅在伦敦,拉登的财产估计已在 5000 万美元之上。拉登在全球拥有那么多公司和子公司,还有一个线面宽广的金融系统和网络系统,他到底有多少财富?这还是一个谜。

政事秘闻

罗马帝国覆亡之谜

公元 410 年,哥特人首领阿拉里克率领日耳曼蛮族大军攻占了有"永恒之城"之称的罗马城,西罗马帝国逐步走向灭亡。但这次事件,并不是西罗马帝国灭亡的真正原因。那么西罗马帝国覆亡的原因何在呢?

在公元 410 年攻克罗马城以前许久,哥特人就在逐渐慢慢地沿用罗马人的风俗习惯,而在边远地区居住的罗马人,几百年来,也不断接受蛮族文化的影响,同时日耳曼民族雇佣的罗马士兵也日渐增多,他们对罗马当然不是忠于职守。

因此,阿拉里克于公元 410 年攻克罗马,并非对罗马帝国致命的打击。不过,因为那是罗马帝国 800 年来第一次被打败,心理上的伤害,很难估量,也许比破坏建筑物更加不能挽回。这个原因使人们更加容易理解,为什么阿拉里克攻克永恒之城,在历史上一直被看作是罗马帝国灭亡的象征;而汪达尔王盖塞里克于公元 454 年攻陷罗马时烧杀抢掠更甚的事实,反而不算什么。

最近掌握的证据,对解释罗马因何在公元 5 世纪为哥特人不费吹灰之力一举攻克,也许帮助很大。1969～1976 年,在英国南部赛伦塞斯特展开的挖掘工作,在一座公元 4 世纪末 5 世纪初的罗马人的墓群里,找到了 450 具骸骨,多数骨头中的含铅量,是正常人 80 倍之多,儿童骸骨则更加厉害。这些人可能死于铅中毒,虽然未能证明这一点。

罗马人对他们的优良供水系统引以为傲,通常都以铅管输送饮用水。罗马人用铅杯喝水,用铅锅煮食,甚至用氧化铅代替糖调酒。吃下如此多的铅,一定会全身无力,吃下大量的铅还有另一个恶果,就是丧失生育能力。后期的罗马皇帝经常鼓励夫妻生育更多子女,可能是为预防人口减少,虽然并无精确详细的人口消长数字证实有这种现象。即使吸收微量的铅,对生殖能力也有影响,所以罗马人很可能因为喝了含铅的酒和水而致死及致使帝国覆亡。

但这种看法并没有充分的依据,只是根据少量考古资料提出的猜测,这种假设还有待更多资料加以证实。

铅中毒也不可能是罗马城于公元 5 世纪被攻陷的唯一原因。如果是这样,东罗马帝国为什么能在西罗马被灭亡后,继续存在 1000 年呢?当然,东罗马帝国仍然能存在,原因很多:边疆不长,较容易抵御,可避免外族入侵;同时,东罗马帝国国内治安维持较好。但有一件事情也值得人们关注,就是东罗马帝国境内的铅矿较西罗马少得多,所以当地居民只得凑合使用自认为较低劣的瓦锅和陶杯。罗马帝国灭亡的真正原因在哪里?也许还有更多的秘密有待探寻,还有更多的谜团有待解开,人们期待着罗马帝国覆亡的原因早日真相大白。

法国圣女贞德从火刑台上逃走了吗

法国历史上著名的民族女英雄贞德于 15 世纪被教会以"女巫"和"异端信徒"的罪名处以火刑。1431 年 5 月的一个早上,贞德被烧死在卢昂一个公众广场上,这个形体纤小、被宣判为异端信徒和女巫的少女在一万多人的注视之下,很快被熊熊烈焰吞噬。很多围现者都听到她高喊耶稣的名字以及那些激励她率领义军把英军逐出法国的圣徒名字。烈火烧了很长时间,她仍旧没有断气,最后她在低吟一声"耶稣"后,便辞别了人世。围观者亲眼看到行刑者扒开火堆后,一具烧焦的尸体露出来。行刑人向周围观者展示贞德烧焦的尸体之后,又一次点燃烈火,将尸体烧成灰烬,之后把这些灰烬撒入塞纳河。不过,当时观看行刑的人,此后曾说起焚烧贞德尸体那时的神奇的景象,一名英国士兵说他亲眼看到在贞德的灵魂离开肉身时,一只白色鸽子从火堆里缓缓向高空飞去,嘴里还有着动听的鸣叫声。一些人说看到火焰中有"耶稣"的字样出现,那分明是贞德灵魂没有散去。不久,有传说说贞德的肠脏和心没有给烧掉,仍然保持完整。又过了不久,又有人说贞德仍然活在人间,一个骑马的年轻女子突然在奥尔良的街头出现。

圣女贞德

他们宣称此女子就是贞德,被施以火刑的不是贞德,而是另一个女子顶替的。实际上,那披上盔甲的女子名叫安梅丝,是个女骗子。在假冒贞德之前,她曾在意大利教皇的军队中服过役,有过一段军旅生涯,当时,她的娴熟的马术和威武的外形,深受群众喜爱,使见到她的人理所当然地相信她就是贞德。法国人既然失去了民族英雄,这也属人之常情。

对贞德两位兄弟的说法,奥尔良市民深信不疑;甚至把自贞德牺牲后一直为她举行的纪念仪式也废止了。贞德的两兄弟以及女骗子的骗局最初是无往不利,处处得逞。在奥尔良及其他法国城市广受尊敬,并享尽美酒盛筵,但好景不长,他们的骗局在 4 年后终于被揭穿了。安梅丝于 1440 年在巴黎原原本本供认出由她参与的骗局。不过,假冒贞德的事件已产生了深远影响;虽然关于贞德在卢昂一个公众广场逃出的谣传,已被确认为无稽之谈,但是部分法国人仍旧相信这种说法,这种传闻以后又在法国民间流传了数百年之久。

后来,法国国王查理七世在 15 世纪中叶基本完成了统一大业。贞德的两名兄弟及其母亲为洗脱贞德的罪名而积极奔走,最后终于使贞德的名声得到了恢复。但尽管如此,贞德到底有没有死的问题仍没有确切的答案,四五百年后的今天,人们已无从知晓贞德的命运到底是怎样的了。

列宁下令枪杀了尼古拉二世吗

作为皇帝,沙皇尼古拉二世可谓是"生不逢时",他成了俄国的末代沙皇,而且最后还惨遭枪杀,那么到底是谁下令枪杀了沙皇尼古拉二世呢?

革命胜利后,尼古拉二世及其全家被新成立的彼得格勒苏维埃和俄临时政府下令幽闭在彼得格勒郊外的皇村宫中。8 月,临时政府将其全家弄到很远的额尔齐斯河畔的托博尔斯克。沙皇一家一直呆到十月革命胜利。1918 年 4 月,苏维埃政权派全权代表到托博尔斯克,接受任务,随后沙皇一家又被转移到乌拉尔山脉东侧的叶卡捷琳堡。他们 4 月 26 日出发,30 日才到达叶卡捷琳堡,尼古拉二世的儿子阿列克塞因生病的缘故直到 5 月 20 日才去叶卡捷琳堡。

1918 年 5 月,苏维埃政权正准备把捷克军团遣返回去,谁知途中捷克军团与白卫分子勾结发动叛乱,

从伏尔加河流域以西西伯利亚的大片土地被占领。叶卡捷琳堡也被围攻,在押的末代沙皇,几乎要被劫走。一切都处于紧急时刻。为防止不良后果的产生,7 月 16 日深夜,尼古拉二世被乌拉尔州肃反委员会委员雅·米·尤罗夫斯基率领的行刑人员处决了。同末代沙皇一起死亡的共 11 人,这 11 具尸体被尤罗夫斯基连夜弄到郊外的树林中焚毁。7 月 25 日,叶卡捷琳堡被叛军如期攻陷。

这种未经法庭审判就枪杀沙皇全家的所作所为遭到许多人的非议,何况他的儿子和仆人也被枪杀,殃及无辜,让人不得不产生疑问,谁会将沙皇全家枪杀呢?

许多苏联的书,包括权威性极高的大百科全书均有记载:白军已攻围了叶卡捷琳堡,危在旦夕,为使尼古拉二世不被劫走,只有将他们就地正法,乌拉尔州的苏维埃政权于是就下命令枪杀了沙皇及其全家。

可是也有人对此表示出巨大的疑问。乌拉尔州苏维埃真有枪杀俄国皇帝尼古拉二世的权力吗? 这可是关系重大的事情。瑞士人皮埃尔·日里亚尔从 1906 年开始就担任俄国宫廷的法语教师,从尼古拉二世被关押就一直呆在沙皇左右,到皇子阿历克塞离开托博尔斯克为止。在叶卡捷琳堡攻陷后,他也非常关注沙皇安危,主动参加自卫当局的调查工作。1921 年日里亚尔写了《尼古拉二世及其一家的悲惨命运》。他的观点是,全俄中央执行委员会主席斯维尔德洛夫亲自下达枪杀沙皇一家的命令是乌拉尔地方苏维埃做出的。由于日里亚尔是内幕的参与者,因此其说法颇有说服力。

后来,更有人指出,尼古拉二世地位和身份非同一般。下令处决他命令的不是斯维尔德洛夫,而是列宁。此观点在西方国家极为流行。1991 年 3 月,美国哈佛大学理查德派斯普教授在莫斯科举行的"列宁与 20 世纪"的国际学术讨论会上就宣称,列宁下令枪杀了尼古拉二世。

西方国家是否出于攻击列宁的目的而提出这种说法呢? 这一点只有他们自己最清楚了。而末代沙皇的死,仍是一个未解之谜。

希特勒血洗冲锋队之谜

杀人狂希特勒草菅无辜并不奇怪,但是 1936 年 6 月 30 日凌晨,曾为混世魔王希特勒上台执政立下汗马功劳的冲锋队在一串机关枪的猛烈扫射之后随即在"世间蒸发",遭受到了同样的噩运。以参谋长罗姆为首的冲锋队对希特勒来说不可不算是自己人。那么对自己人为何还要下此毒手?对此研究者们进行了不少考察,大致归纳出以下一些原因:

其一,冲锋队已经完成了它的历史使命。所以,无论用什么途径,冲锋队必然会从历史舞台上退出去。

其二,希特勒与罗姆之间存在着相当大的矛盾,既可以说是患难之交,但两人同时又有很大分歧。

罗姆在希特勒上台后,不仅加紧发展冲锋队,而且叫嚷着进行"二次革命",建立真正的"民族社会主义"国家。他的这些企图使纳粹政权无法容忍,希特勒便考虑着如何把冲锋队解决掉。

其三,冲锋队与党卫队的斗争。于 1925 年成立的党卫队,即黑衫党,原是冲锋队的下级组织,作为希特勒铁杆卫队的党卫队,在冲锋队膨胀的同时亦迅速发展壮大。在争权取宠的竞争中这两支政治力量必然会发生矛盾冲突,特别从 1929 年希姆莱担任党卫队全国首领后,双方的矛盾更为激化。

其四,冲锋队不被国防军所容。德国军队在一战后受到限制,在冲锋队成立之初陆军方面出于使德国武装起来的目的,对冲锋队采取的是扶持态度,把它作为后备军。但随着罗姆想要取代国防军的意图的日益暴露,军界意识到其特权受到了威胁。部长勃洛姆堡强烈要求希特勒对冲锋队给予一定的限制,把冲锋队排斥在武装部队之外,只把国防军作为"武器的唯一持有者"。希特勒在决定如何取舍二者的过程中,按理说应较为偏祖他的发迹资本冲锋队,但这样做有两大棘手的问题:一是若保留庞大的冲锋队,他将很难向欧洲各国做出恰当解释,他的外交将因此而陷入难堪境地;二是如果把国防军得罪了,继承危在旦夕的兴登堡的总统职位的野心就难以达到。所以,经再三权衡希特勒最后决定让冲锋队牺牲掉。事实上在血洗冲锋队之前,希特勒已得到了军界将支持他继任总统的承诺。

于是希特勒便以冲锋队阴谋"二次革命"为借口,顺水推舟地将除掉惹是生非的冲锋队和取悦资产阶级这两个目的在政治清洗中"毕其功于一役"。毫无疑问,上述四点都是事件背后的原因,但最后真正促使希特勒下定决心、付诸行动的又是由何事直接引发的呢?火药桶之导火索何在?由何人直接引爆?历史学家们还在孜孜不倦以求之。

美国在日本投放原子弹意图何在

原子弹的横空出世无异于上帝毁灭之手的突然降下。1945 年美国在日本的广岛和长崎投放的两枚原子弹就是见证。

如此具有杀伤力的武器,美国为何要选择在日本投放?

传统的观点认为:其最终目的只是为了缩短第二次世界大战,避免美军伤亡,同时对苏联炫耀一下原子弹的威力。而且,在投放原子弹后的第二天,杜鲁门就发表声明,要日本接受提出的条件,早日投降,否则的话,日本只会自取灭亡。

但是有些日本学者对上述的看法提出了质疑。1986 年 3 月,金子郭朗在日本《文艺春秋》特别号上发表《美国选择广岛投掷原子弹的原因》一文。

文章说,日本驻华盛顿的 7 名记者通过查阅美国国会公文文书馆、当时美国政府的有关机密文件和有关人员的日记、著作后发表观点:避免 100 万美军阵亡的说法是不可信的。当时美军绝密文件《日本登陆作战纲要》记载,美军准备在日本进行两场登陆作战,一是九州,二是关东平原,在拟制这份纲要时,美总参谋部曾征询过西南太平洋军司令部的意见,得到的答复是九州登陆作战的头 30 天将死亡 5 万多人,而麦克阿瑟坚持认为事实上不会有那么多伤亡。总之,不论从哪个文件也找不到死亡 100 万人的推算数字。所以,他们认为,宣称避免 100 万美军阵亡完全是一种夸张,是为了使投掷原子弹的行为合理化。

究其最终目的,美国为什么在日本投掷原子弹呢？记者们根据所查阅的资料证明,在原子弹研究初期,美国就已确定对日本使用原子弹,并把它当作一种“巨大的实验”。美国还曾计划把这种未有充分把握的原子弹用来轰炸集合在特鲁克群岛的日本舰队,以避免万一原子弹不爆炸后泄露机密。随着原子弹试验成功,他们坚持要用原子弹进行攻击,目标选择在人口集中,没有遭到普通轰炸的城市,以便科学家同行观测原子弹的功能,检测其威力。这是原因之一。

另有一个原因是,美国迫于议会强大的压力而最终决定使用原子弹,因为美国研制这两颗原子弹耗资巨大,花了 20 亿美元。

原子弹的余威还未消失殆尽,中子弹的研制已大功告成。被称为生物武器的中子弹又将被美国何时投向何方呢？当年原子弹的投放原因至今仍说不清、道不明,以后投放别的炮弹还需要理由吗？

联合国秘书长加利为何未获得连任

在 1996 年 6 月 20 日,美国政府突然宣布,反对当时任联合国秘书长布特罗斯·加利竞选连任下届联合国秘书长,并扬言要以安理会常任理事国的地位,对加利的连任行使否决权。在美国政府做出上述宣布几小时后,加利得知了这一消息,正在德国访问的他立即做出针锋相对地回答:他决定竞选连任下届联合国秘书长。这时距联合国大会决定下届联合国秘书长人选还有半年时间,克林顿政府迫不及待地提前表态,这其中原因确实值得回味。

11 月 19 日,联合国安理会就加利是否能够获得连任提名表决时,美国冒天下之大不韪,在其余 14 个安理会成员,尤其是中、俄、法、英 4 个常任理事国投票赞成的情况下,投了唯一而刺眼的反对票。究竟什么原因导致这种结果呢？

美国反对加利连任的理由是他“缺乏改革意识”,“不是把联合国引向 21 世纪的适当人选”,还指责他对联合国财政困难负有环可推卸的责任。这是搬起石头砸自己的脚,人们不会忘记,正由于美国大量拖欠联合国会费和维和经费,才导致联合国财政困难。

对此,加利不顾美国人尖锐的叫骂声,坚决批评美国对联合国不负责任的态度和做法。

美国以"国际宪兵"自居,它在强调"国家利益至上"的基础上打着自己的如意算盘,在他看来,联合国应该是它实现独霸全球战略的运载卡车。而如今,这辆卡车的司机——加利竟敢与之对着干,还不时加以指责,这是美国所难以容忍的。于是,美国朝野上下难得一致地反对加利连任。

美国国务卿奥尔布赖特在国会上就联合国财政状况作证时说:"当我对人们讲我们将行使否决权,而且如果(布特罗斯·加利)获胜,我们将退出联合国时,我非常清醒。"美国甚至不惜以退出联合国作要挟,可以看出其险恶用心和丑恶嘴脸。

11 月 18 日,联合国安理会 15 个成员国中有 14 个成员国赞成加利连任,1 票反对;美国投了否决票。

12 月 12 日,投票测验结果是 14 票赞成科菲·安南,1 票反对;法国投了否决票。但随着事态的发展,法国总统希拉克不想再孤立,于是决定放弃与美国对抗。

12 月 13 日,安理会和联大同时做出决议,对加利进行了赞扬,并对新任秘书长(安南)进行了正式任命。

奥尔布赖特曾说过一个经典名言,现出了其霸权主义者的嘴脸:"我将让加利相信我是他的朋友,然后我再打断他的双腿。"

美国如何安排"保护总统计划"

在"9.11"事件中,美国纽约世贸大楼、五角大楼先后遭到恐怖分子劫持的美国飞机的袭击,举世震惊。一直以来媒体只对这个恐怖活动的幕后主谋是谁以及如何消灭他感兴趣,但,随后不久,人们对那些国家领导人的人身安全问题也开始关注了。倘若美国遭到大规模的核打击,美国总统及其继任者将如何确保活命?最高指挥机构将如何确保不至于瘫痪?

其实,早在冷战时期,军事问题专家们就已经开始研究"保护总统计划"了,他们争相探知这一机密,并将它列为美国的头号机密。

但是,随着时代的发展,"保护总统计划"并非一成不变,它也需要进一步发展。"全球安全"网站主任约翰·皮克介绍说,20 世纪 80 年代,苏联的侦察卫星技术飞速发展,美国方面也采取了相应的防护措施,尽管美国的指挥中心等大型掩体进行了特殊加固和伪装,但在苏联卫星敏锐的眼睛下还是不易逃脱的。如果苏联导弹同时袭击这些指挥中心的话,美国政府同样会陷入瘫痪。许多安全专家还认为不应该把指挥中心建在一些固定的场所,这样会产生许多安全隐患,也逃不开苏联人的眼睛。有鉴于此,美国政府急令安全部门将"保护总统计划"进行重大的修改,确保苏联人无法一次性"干掉"美国总统及其法定继任者。

老布什总统在 20 世纪 80 年代末把"保护总统计划"这一名称改变了。随后,美国通过了国家安全重组法案,并相应组建了一套由主要指挥中心和次要指挥中心组成的相对分散的系统,分散了指挥中心。显然,主要指挥中心如果被苏联的洲际弹道导弹一举摧毁,而次要指挥中心一样能够下达对苏联进行报复性打击的命令。"保护总统计划"手段也不单一，他们还有其他的辅助手段，如"应急导弹通信系统"，导弹发射后通过无线电可以与地面部队通过密码保持联系。90 年代初，该系统暂停使用，但一切设施都完好无损，随时可以重新起用。还有"打击后指挥与控制系统"，它是由具备发起报复打击能力的飞机组成的网络。据悉，该系统直到今天仍处于"激活"状态。同时，美国情报官员也披露，美国还有每天 24 小时飞在空中的波音 747 飞机，作为战略空中指挥所。由于这个指挥所一直在空中，而且位置不确定，这样敌方要摧毁它，就不那么容易了。飞机执行 8 小时轮换制，机上有一名两星将军。随着冷战结束、东西方关系缓和，空中指挥所也终于降到了陆地上，但一旦进入紧张状态，它马上又可以执行命令了。

宝藏谜案

铁山寺藏宝之谜

在历史悠久、风光独特的中国江苏省盱眙县铁山寺国家森林公园周围,长期以来一直流传着一个古刹宝藏的故事。

东汉末年,汉族出家的第一位僧侣严佛调到盱眙西南崇山峻岭间兴建铁山禅寺。因为严佛调乃汉桓帝、灵帝时在洛阳译经的安息僧安世高弟子,道行极高,因此慕名而来的信徒络绎不绝,铁山禅寺也随之成为闻名遐迩的天下名寺。

在众多来访者中,有一个人名叫张角。此人乃太平道的首领,自称"大贤良师"。太平道为道教一支,奉黄帝、老子为教祖。虽然张角的道教与严佛调的佛教并非同宗,但是他非常钦佩严佛调的才学与人品,故而不惜旅途劳顿,从遥远的冀州来到江苏盱眙铁山禅寺拜访严大师。二人一见如故,品茶对弈谈古论今,颇为投缘。

后来,张角以传道和治病为名,在农民中宣扬教义,进行秘密活动,并且鼓动农民起来推翻东汉王朝的统治。中平元年(公元184年,甲子年)初,张角成为黄巾起义的领袖,率领数十万起义军攻城夺邑,焚烧官府,取得了很大胜利。在这期间,张角在官方仓库里收罗了大量金银珠宝和古玩玉器。张角决定先将这笔巨额宝藏妥善收藏,为日后登基坐天下做个准备。

他吩咐手下一位姓张的副将,带领骑兵、工匠等人,日夜兼程押送数十马车珠宝来到铁山寺,并在一处密林里修建藏宝暗道,把那些价值连城的宝藏悉数埋入地下。因为铁山寺境内山高林密,很容易迷失方向,负责建造藏宝密道的工匠还特意绘制了一张《藏宝图》,并按张角的吩咐把此图交给了寺院住持严佛调保管。

张角的黄巾军由于各自为战,缺乏战斗经验,以致被东汉王朝集中兵力各个击破,最终导致失败。起义失败了,张角病故了,但是他埋藏于铁山寺的宝藏却并未被起用。

难道没有人打那笔巨额宝藏的主意吗?当然有,张角手下那位张副将就是其中的一员。话说那位长着三角眼蛤蟆嘴的张副将,得知张角已死,黄巾军大势已去,遂将那些当年与他一起进山埋宝的工匠、骑兵等人一一杀害,而后悄悄跑进铁山寺找到寺院住持严佛调,谎称是张角叫他来拿《藏宝图》的。

由于当时信息闭塞,严佛调并不知道张角已死,故而对张副将的话深信不疑。于是他从佛像后面的暗道里取出《藏宝图》交给了张副将。

《藏宝图》骗到手之后,张副将便按图寻找当年的埋宝之地。就在他走进那片神秘的埋宝密林之际,晴朗的天空突然乌云密布,天昏地暗,狂风大作,紧跟着就是电闪雷鸣,暴雨倾盆。

张副将被这突如其来的天气变化吓得面如土色，他赶紧跑到一棵大银杏树下，期望可以暂时躲避一下狂风暴雨。可是他做梦也没想到，他刚到树下，就被一个惊天炸雷击中了。随着那一声巨响，那棵百年银杏被一劈两半，躲在树下的张副将也随之一命呜呼。

这场暴雨还引发了一场罕见的森林火灾，大火烧了七七四十九天才慢慢地熄灭了。大火烧毁大片森林，也把张副将及他手中的《藏宝图》化为了灰烬。后来有许多人来此寻宝，而这些人中不乏当年参与埋宝的工匠、士兵的后裔，但是均无功而返，无果而终，因为铁山寺的面积太大，他们根本无法找到当初藏宝的具体位置。

铁山寺藏宝就这样成了一个千古不解之谜。

楼兰宝藏之谜

楼兰，位于中国新疆罗布泊附近，曾经是丝绸之路上的耀眼明珠和著名绿洲，佛教文化鼎盛之邦。它是怎样神秘消失的，至今仍是一个未解之谜。19世纪末20世纪初，随着西方探险家的到来，它静谧的时空被打乱，神秘的面纱被撩开，但同时也揭开了它被污辱的历史。

中国史籍中最早关于楼兰王国的具体记载，见于《史记·大宛列传》。根据记载，我们知道楼兰是一个西域小国，建国于盐泽边上，有城郭，然而"兵弱易去"。这里的"盐泽"，指的是罗布泊。到汉代史学家班固撰写《汉书》时，楼兰王国有1570户人家，共14100口人，国都名"打泥"。《汉书》进一步介绍了楼兰的生态环境："地沙卤少田，寄田仰谷分国。国出玉，多葭苇（芦苇）、枝柳（红柳）、胡桐（胡杨）、白草（芨芨）。民随畜牧，逐水草。有驴马，多骆驼.能作兵，与婼羌同。"

汉昭帝时，楼兰改国名为鄯善，并请求朝廷驻军伊循。昭帝便在伊循城置都尉，行屯田。从此楼兰便成为中央政府控制西域的战略支点。东汉时，楼兰在丝绸之路上依然占据着重要的位置。东汉政府在楼兰大规模屯田，开发楼兰。此后直至魏晋累几百年之久，楼兰一直是内地通往西域的重要交通枢纽，再后来，楼兰便很少见于史载，逐渐地神秘消失了。

19世纪中叶至20世纪初，在位于亚洲北部，一向寂寞荒凉、杳无人迹的塔克拉玛干沙漠之中，不时地闪现出西方冒险家的匆匆身影。这使得这片广袤数万里、一直湮没无闻的区域，一时为世人所瞩目。沉寂在沙海之中千百年前的古代绿洲遗址，逐渐被这些探险者所发现，一队队行色匆匆的驼队，打破了沉寂千年的大漠。

1895年~1896年，瑞典人斯文·赫定沿克里雅河穿越塔克拉玛干沙漠，到达罗布泊地区，沿途进行了艰苦然而极富收获的地质学、生物学和古代文物遗迹的考察，初步摸清了塔克拉玛干沙漠中重要古代遗址的大致情况。

1899年9月，斯文·赫定开始了他的第二次塔克拉玛干之行。这次中亚探险得到了瑞典国王奥斯卡和百万富翁伊曼纽尔·诺贝尔的资助。

斯文·赫定在空寂而清冷的婼羌县（今若羌）稍做停留，便继续向塔克拉玛干东端的罗布泊沙漠前进。1900年2月29日，一个戏剧性的情节，导致了一个非常重要的古代城址的发现。赫定一行抵达罗布泊北岸后，来到一处看来可打出淡水的地方，决定掘井取水时,发现唯一的铁铲丢失了,随同的一名向导被派回原路去寻找。此时暮色迫近,饥饿的向导寻得铁铲后连夜返回,不料路上狂风大作,漫天的风沙使饥肠辘辘的他无法前行。沙暴过后,在他眼前突然出现了高大的泥塔和层叠不断的房屋,一座古城奇迹般地显露出它的面容。向导将这一发现做了汇报。斯文·赫定立刻来到这里。当他亲手从遗址中找出了几件精美的木雕时,他异常兴奋,断定这是个非常重要的古城遗址。赫定后来回忆说:"铲子是何等幸运,不然我绝不会回到那古城,实现这好像有定数似的重要发现,使亚洲中部的古代史得到不曾预料的新光明!"

1901年3月,斯文·赫定对这座古城进行了发掘。他迫不及待地发出了悬赏,若是有人能最先找到任何形式的人类文字,便重重有赏,发掘现场不断有小块毛毡、红布、棕色发辫、钱币、陶片等出土。随着发掘的不断展开,终于有大批的汉文、回鹘文木简、纸文书和一些粟特文书以及精美绝伦的丝、毛织品,别具风格的木雕饰件出土。古城遗址面积很大,比斯文·赫定以前到过的各个古城都更丰富,建有官署、寺庙、僧舍、瞭望塔、马棚和街市,在城外,与之相关联的遗址还相当多。最具兴味的是,在古城附近,还能清楚地看到一条东西向的官道,那显然就是张骞、班超路经的古丝绸之路。也许是建筑基址起了一个固沙作用,附近的土地都已被千年朔风切割得远低于地面达数米,仅有这个楼兰古城,仿佛建筑在一块雅丹的顶部。

整整一个星期,斯文·赫定除了进行发掘外,还调查了古城的寺院遗址和居住遗址。他发现古城出土的简牍上多次出现"Kroraina"一词,根据在遗址内发现的汉文简牍将此城称为楼兰,因而推定楼兰是"Kroraina"的译音。

3月10日,斯文·赫定心满意足地带领满载包裹的驼队离开了古城。斯文·赫定后来在他的学术报告《1899~1902年中亚科学考察成果》第二卷《罗布淖尔》中,曾这样抒写自己在罗布泊的感受:"这里的景物一片死寂,就像来到了月球。看不到一枚落叶,看不到一只动物的足迹,仿佛人类从未涉足于此。"

在新疆探险史上,名声、影响、地位与斯文·赫定大致相称的是英籍匈牙利人奥利尔·斯坦因。

1900年开始赴西域探险时,斯坦因正在印度旁遮普邦任学监。19世纪末正是地理大发现的余波——从事中亚探险的准备阶段,久在与新疆相邻的印度任职,使斯坦因在起步前就处在一个有利的位置上。

当斯坦因手不释卷地拜读了斯文·赫定几年前探索西域,并获得重要成果后出版的《穿越亚洲》后,立即产生了步斯文·赫定后尘,赴中国探险的冲动。

1900年,斯坦因利用年假,自筹资金,开始了他的第一次西域探险之旅。这一次,他的目标非常明确,按照斯文·赫定的探险记录,重走和考察斯文·赫定的发现,只不过他做得更细致、更彻底。但也有意外收获,就是他找到了尼雅古城的精绝故地,并发掘和窃取了大量的回鹘文字木简或木牍。

当获悉斯文·赫定找到了楼兰古城时,斯坦因凭借直觉立刻断定楼兰古城附近还会有未被探访的其他遗址,于是他便着手准备第二次中亚探险。

1906年4月,斯坦因开始了第二次中亚考察,目的为调查"赫定1900年那次难忘的探险所发现的罗布淖尔北面的遗址"。此时,斯坦因还获知了德国探险队的勒柯克和法国探险队都将要进入塔克拉玛干沙漠寻宝的消息。他认为罗布淖尔也是其他探险队瞄准的靶子,他要赶在其他人之前到达那里。

在对喀什、和田、尼雅、安得悦等遗址进行考察窃取之后,他于当年12月初到达了蜡羌,随即开始了对楼兰遗址的探险。

在凑齐了当地所能找到的所有骆驼之后,斯坦因带上五十余名雇工,踏上了去楼兰的征途。

12月17日,斯文·赫定在图上标注的楼兰遗址开始出现在斯坦因面前了。硕大的率堵坡遗址在瑟瑟的寒风中巍然矗立,使得空旷的沙漠更显得荒凉、寂静。斯坦因在它的脚下扎下了帐篷,第二天即开始了发掘。

斯坦因记述中写道:"我所有的努力都是值得的。我们清理的一连串遗址所得到的,要比我对遗址的数量或保存完好程度所期望的还要多。地面受到了严重的侵蚀,最沉重的大梁木也被破坏殆尽。这个甚至比尼雅遗址还小的古代居民点处于交通干线上,目睹了贸易的兴盛,所以构成主要遗址的一打左右的房间中,每一问都出土有丰富的文书……仅一个巨大坚实的垃圾堆中就有二百多件写在木头和纸上的汉文、回鹘文书,各个遗址中出土的回鹘文书足以决定性地证明,这里也像尼雅一样,当地的官方语言是一种古老的普拉克特语。公元3世纪印度影响到达如此远的东方是一个新的重要事实,具有广泛的历史意义。……所有艺术品和丝织品与尼雅发现物有着惊人的相似。犍陀罗风格在所有的木雕与浮雕中颇为流行。发现物种类并不丰富,只装了一骆驼或两骆驼的建筑木雕、漂亮的毛毯碎片、刷漆的家具、妇女精美的绣鞋、青铜艺术等等,但这点东西足以代表……"

楼兰古城位于罗布泊西北,距罗布泊约28千米,其地理坐标是东经89°55′22″,北纬40°29′55″。古城的四周大多是风蚀的雅丹地貌。遗址在两条古河道的中间,古河道是双向注入罗布泊的河流,古城中问有一条水渠与这两条古河道相连,从西北向东南斜穿古城遗址。

楼兰古城的平面略呈长方形。若以复原的城墙计算,东城墙长约333.5米,南城墙长约329米,西城墙和北城墙均长约327米。面积达10余万平方米。南城墙和北城墙因顺东北风势,故保存较长,而东城墙和西城墙因受东北风的强烈风蚀,保存很差。

古城城墙用新土与红柳枝或芦苇间杂建筑,红柳枝层约20~30厘米,粉土层则厚薄不一。

楼兰城内的建筑遗迹,若以斜穿城址的水渠为界,可大致分成东、西两部分。东部主要残留四座建筑遗迹:佛塔与三处房址。佛塔采用夯筑方法,呈八角形,用土坯砌筑,塔身内有柱木。

比较集中的房址有三处:在佛塔东南约60米的台地上,尚可见有三间房室残迹,地表周围还可见到许多散布的木框构件,以及用红柳枝编织的涂泥的残墙。

城内渠道之西遗迹较密集,在楼兰城中略西南处,建筑遗迹规模最大。这是一座大院落,残存房间六个。在西城墙下,也有一组较大的建筑,是由许多房间组成的一组建筑。在城西侧的北郊和南郊也有大量的建筑遗迹,可见,在楼兰城被废弃之前,城内建筑是非常密集的。

斯坦因在城中发掘的一处范围近100平方米的垃圾堆,埋藏着大量汉文简牍和少量的回鹘文简牍,以及陶、铜、木器、漆器、丝、毛织品等。

从出土的汉文简牍分析，城中西南的大院落为长史衙署遗址，其附近为长史衙署的附属建筑。建筑形式一部分具有内地建筑的特点，一部分则保持了当地的建筑形式。城内渠道之东的一组房屋建筑，规模宏伟，是高级官吏邸宅和客馆。散布在城内的其他建筑，可能是当地土著与汉族的寄居区，而南城似乎为军事驻地。

斯坦因指挥民工和助手们在古城夜以继日地挖掘了十余天，获得了大批文书、简牍，仅在一个垃圾堆中就挖出二百余件写在木片和纸上的汉文、回鹘文文书，"其上面所记载的日期表明了这个神秘之城大约是在公元3世纪至4世纪时就被废弃了。"

迎着晨风，站立在斯文·赫定发掘过的官署遗址内，斯坦因体验了一下这位瑞典人当时的心境。他甚至发现了斯文·赫定在1901年遗失的一把金属卷尺！后来，他在伦敦英国皇家地理学会举行的一次宴会上将它还给了赫定。

当斯坦因伫立在窣堵坡（佛塔）遗址的高处，打量这座异常荒凉而又至为珍贵的遗址时，仿佛是在体验着岁月的魔力所创造的悲凉。眼前的一切，几乎使人难以相信，过去这里曾孕育了一个充满生机和繁荣的社会。

当发掘进入最后几日，处境逐渐艰难起来，从外面带来的雇工连续患病，淡水也越来越少，12月29日，斯坦因决定离开这里，向敦煌进发。这天早上，骆驼队装满了楼兰的"发掘品"，在寒冷的东北风中，离开了楼兰。

楼兰是一座早已失去繁华的古城，甚至连它那令人倾心的名字也已消失了。楼兰古城在古代又称磨朗、密远，靠近今天的青新公路，南临楼兰河，处在自敦煌沿疏勒河到楼兰、昆仑山北麓西行的古丝绸之路南道上，是著名的伊循屯垦古城遗址。

楼兰古城是楼兰国最早的王城。始建于东汉时期。公元5世纪中后期，因楼兰国为丁零（高车）所破，民众尽散，城池废弃，其地为吐谷浑所占。唐初，吐蕃势力进入西域，讨伐吐谷浑，随之占据了此地。

早在公元前77年，楼兰国内发生事变，汉王朝册封的新王因久不在国内，担心继位后统治国家力不从心，于是，请求汉兵到伊循城（楼兰）屯垦戍边，楼兰自此繁荣起来。据斯文·赫定在楼兰发现的有关文书记载，楼兰周围有军事扰乱和战争的威胁，而驻守楼兰的官兵却忠于职守，拼死保城。兵士们照常给朋友们写信，丝毫不为即将到来的危险所惊扰。赫定感叹道："这些中国人用这样大的毅力和勇气竭尽他们的责任，真令人感慨不已。由此可以看到这个奇异的民族是怎样统治半壁亚洲的。这并不是幻想力的创造物，也不是诗，这是赤裸裸的事实。"直到后来他还"高兴地梦想着它的伟大"，并自问："我很奇怪，我们瑞典怎么就没有一块比我在楼兰发现的竹简和纸片更古老的石头？"就在楼兰古城彻底荒芜之时，楼兰屯田戍堡则空前强盛，不仅富庶而且安全，于是近在咫尺的楼兰就成了逃离点和接纳点。这或许可以为探索楼兰消灭之谜打开一个窗口。

1907年新年伊始，斯坦因在去敦煌之前，发现了"从未报道过、完全出乎意外"的楼兰壁画。后来他记述道，他在去楼兰的路上感到神秘和荒凉，其神秘就在于它与世隔绝，数个世纪以来从来没人去打扰。更令他激动的是出土了"一堆藏文文书。它们是从守卫着玄奘和马可·波罗都走过的去沙洲路上的古堡垒里出土的"。早些时候，他曾中止挖掘，奔向楼兰，现在他回来了。他在给朋友的信中描绘了楼兰丰饶的文物："比藏文书更让人感兴趣的是一打一打的藏族漆皮鱼鳞战甲残片。各种残片都有，也许能制成一套战甲……"

"我一直认为堡垒附近一些宝塔和寺院建得更早些,我所希望的事被一种使人眼睛一亮的发现所证实。从一座破坏严重的寺院里,我找到了几个完好的涂垩粉的头像,与热瓦克发现物相比一样好或更好些。其中一些体积庞大,运输不安全,但我希望另一些能完整地运到你那里。同一寺院还出土了约公元300年的贝叶书,我还是第一次发现这种书写材料。"他一口气挖掘出的一件又一件稀世珍宝,足以使斯坦因富甲天下了。然而,他做梦也没想到,更大的幸运像天使般向他飞来。

这天,他来到一座大佛寺,在长方形的基座走廊上,发现了一个呈穹顶的圆形建筑。在这里他意外地看见了美丽的壁画——带翼天使的头像。其绘画时间,斯坦因断定不会早于亚历山大之前。他认为:"在我看来,壁画的整个构思和眼睛等等表现,纯粹是西方式的。残存的带有回鹘文的题记的祷文绸带,高度可信地说明,这座寺院废弃于公元3~4世纪。"他终于找到了渴望已久的与尼雅同时期的绘画作品。

此外,还找到了从上面滑落下来的大片壁画残片。移动这些壁画残片中最精美的一些天使像成了很棘手的问题。"我整天忙于包装这些又松又脆的壁画。幸运的是树林很近足以供应木头做箱子,还有芦苇等做填充材料。"

2月5日,斯坦因在另一个围绕宝塔的穹顶寺庙的墙上发现了精美的壁画。"其外侧已变成一堆不成形状的残骸。只是部分上部板片和下面的护墙板没遭破坏,但这些均堪列入最好的犍陀罗雕刻品之列。持花的蒲蒂和周围装饰的快乐的男青年和其间的女郎头像,看起来是希腊—罗马式的,这是一幅多么好的中国边疆佛教寺院里的喜悦的生活场景。"他还以轻松顽皮的语调描述了这个场面:"这些漂亮的女郎从哪里得到玫瑰花冠?这些男青年哪来的酒杯和酒碗?这一切奇怪得像是用魔法在卡尔顿周围创造出了沙漠及其滚滚的沙丘,而一伙迟到的饮宴者正在为之惊奇。"

斯坦因原计划在楼兰挖掘四天或五天,但实际却呆了18天。盗取的文物之多令人惊诧不已。特别是"带翼天使"的发现令他激动不已:"这真是伟大的发现!世界上最早的安琪儿在这里找到了。她们大概在两千年前就飞到中国来了。"楼兰壁画是新疆境内保存最古老的壁画之一,这里的"带翼天使"可以说是古罗马艺术向东方传播的最远点。

驱赶着六峰装载着楼兰文物的骆驼,斯坦因心满意足地离开了这里。

1914年1月,第三次中亚探险考察的斯坦因再次来到楼兰,他对这个令他魂牵梦绕的神秘古城仍心存幻想,幻想着攫取更丰富的、令人痴迷的文物。

2月10日,斯坦因率领大批驼队在天黑时抵达楼兰遗址。此刻,这位身材矮小的探险家,由于前两次塔里木盆地探险"功绩卓著",而在1912年夏季被印度的英国总督授予印度帝国高级骑士头衔。授爵仪式于10月12日在克什米尔的斯利那加举行,也是在此地,斯坦因将前两次考察的情况整理出来,并将报告定名为《两战》,与第一次探险时相比,斯坦因此时颇有功成名就的得意感。

当功成名就的斯坦因开始他的第三次考察时,他已完全受到了一种与以往历次考察完全不同的意识观念和心态的影响。

在接近楼兰遗址的沙漠中,斯坦因又找到了几处古代遗址。城墙由树枝和泥土混合筑成,他们在那里清理出了许多建筑木构件和其他钢铁之物。在另一处比较小的堡垒附近,斯坦因又发现了一些用婆罗谜文、汉文等书写的简牍。他认为这几处遗址大都是公元4世纪初叶以前的建筑。

斯坦因在楼兰遗址清理了一段时间后,将工作重点转移至距楼兰遗址约 6.5 千米的一处孤立的台地上。在那儿,他们找到了一批古代墓葬。各种随葬器皿及丝织物,令斯坦因眼花缭乱:花纹繁缛的各种丝、毛织物和铜镜、汉文文书等,清楚地表明是属于汉代的遗物。织有"韩仁绣"字样的汉代织锦,色彩斑斓,艳丽如新。毛织物的风格明确无误地表明了中西方的交往标志。在一片毛毡残片上,织有典型的罗马风格的人物头像,斯坦因认为是赫密士。

在孤台的东北,斯坦因找到一个城堡,他认为是汉代的卫戍所。城堡的建筑方式与沿途所见的堡垒相同。在北墙附近,发现了有纪年的汉文文书,年代在公元 3 世纪以后。在这个堡垒附近,他们又找到了另一处墓葬,发现了干尸。

"从饰有羽毛和其他猎获物件的毡帽、旁边的箭杆、粗纬的毛衣织物、织得很干净的盛食品的小篮之类看来,都可以推断这是一个半游猎的民族。"这是斯坦因后来做出的研究结论。

夏朗德城宝藏之谜

几百年来,夏朗德的居民一直都会不时地奇迹般地发现闪闪发光的金银财宝和各种罕见的圣物。而且每隔 7 年,在春暖花开的季节总有不少宣称"修道院的珍宝将出现在圣体显供台下"的布告张贴在夏朗德的大建筑物正门和古老市场的柱石上。令当地人心存异动,又不知所措。这使人们更加坚信,此地一定埋有一笔宝藏。

但是它们究竟隐藏在何处呢?

像我们中国的地道战一样,不知 400 多年前的夏朗德人是出于什么动机和目的,把这座小城的地下挖成了纵横交错的地下网道,其复杂程度不亚于现代的迷宫。

这些地下网道大部分都跟地面建筑物相通,一部分地下网道与城堡相连,一部分地下网道与修道院、教堂相接,另一部分地下网道则与住宅、庄园相通,而地下网道之间又彼此相连。进入现代以来,人们越来越讲究"私密性",这些地下通道有的因几百年失修造成坍塌,而大多数已被居民们用水泥砌合的厚墙所隔断,所以要清理发掘这些地下通道几乎已不可能。

克莱蒙家族的后代子孙们一直流传着他们家族在 400 多年前的一次奇遇:

1562 年,有个年轻牧羊人克莱蒙为了逃脱胡格诺派教徒的迫害,躲进夏朗德附近的一个山洞中。他在山洞里偶然发现了一个地下通道网。他沿着其中一条地道一直走了两天以后,发现有一个出口就在离夏朗德 4 千米处一个极为隐蔽的地方。

据克莱蒙讲,这条地道之宽,足可以让一名骑士骑着自己的坐骑大摇大摆地行进。地道里还有一大一小两座教堂,大的可能属于夏朗德城的楠特伊·昂·瓦莱修道院,小的也许属于夏朗德的圣索弗尔修道院。

看来,这些地道结构是非常复杂的,其功能可能是藏宝、作战、修道等。法国作家马德莱娜·马里亚还把这一传说写进了《夏朗德人的故事和传说》一书之中,此书被列为寻找夏朗德城珍宝的参考书之一。

另外,据当地记载,圣索弗尔修道院当年曾修筑有一条 20 千米长的地下通道,可以直达夏朗德城的楠特伊·昂·瓦莱修道院。因此,如果这个神秘的地下通道网确实像牧羊人克莱蒙所讲的那样,那么夏朗德修道院的财宝,尤其是那些体积大且价值昂贵的财宝和圣物珍品,像金盘子、枝形大烛台、餐器等,很可能藏在那里。

前几年,夏朗德有一群孩子在玩捉迷藏游戏时,在佩里隆家所在地区的一幢老房子下面发现了一条地道。孩子们非常好奇,他们偷偷溜进地道中,借着手电筒的亮光,没走多久就发现远处有一个带三个跨度的拱顶大厅,里面还有一个石头祭台。有人猜测,它很可能是一座地下教堂。那么,把教堂修到地下是什么目的呢?

有人认为是出于一种宗教虔诚,是想表明不但在地上,而且在地下人们都供奉上帝;还有的人认为小教堂也许是一种标志,很可能是指明财宝藏于何处的标志。遗憾的是,从这个被认为是地下小教堂大厅延伸出去的地道已经有三分之一的地方被塌下来的土所填满。所以,尽管人们众说纷纭,但再也无法考证。

据那幢房子主人的一个孙子说,他小时候曾跟着父亲在这条没完没了的地道中走了一两千米,直到夏朗德河附近时才发现地道早已被填塞。他父亲经过仔细观察后认为,过去有人也曾进入过这个地道,他们很可能发现了一笔财宝,但在挖掘时,由于误触了机关而使地道塌方,结果人财两空。

许多人都相信这一看法,也有好奇者慕名来此,想进入地道看看到底有什么机关。但遗憾的是,这块地方的主人太太拒绝让任何人进入,这就使进一步的探索无法进行。

当地人还说,有一条从一个谷仓底下开始的地道可通到圣索弗尔修道院及其四周附属的八座教堂。这条地道朝这座房子方向的另一条支道可通往一座地下小教堂,从那里又可以继续通往巴罗尼埃村附近的一个山洞。在这个山洞里还有一个进口,可直达地下大教堂,在大小教堂底下还有一些地道通往不知名的地方,也许那笔巨大的宝藏就埋藏在此处。

总之,在夏朗德这座古城,不仅布满着迷宫一般的地下网道和大小教堂,而且还埋藏着中古时代流传下来的一笔难以估价的珍宝。几百年来,它令一代代寻宝者浮想联翩,但至今仍没有人能够找到。

澳大利亚"黄金礁"之谜

就像我们提到美国就会想起西部牛仔,提到中国就会想起旗袍和陶瓷一样,提到澳大利亚,人们首先就会想到那里几近原始的土著人和金矿,想到羊背上的金山——墨尔本。

在欧洲移民到来之前,澳大利亚约有 30 万土著人和托雷斯海峡居民。他们居住在澳大利亚的大部分地区。100 多年前这里是一片荒芜的草原,只有当地的土著人偶尔来此狩猎。

1788 年 1 月 26 日,在澳大利亚悉尼附近的波特尼湾,一支舰队抛锚停泊,带来了第一批移民:从英国监狱流放到这里的刑事犯。他们是澳大利亚最早的拓荒者。随后移民们陆续来此定居,在青草茂盛的区域建立牧场。这里逐渐发展成为一个小镇。

墨尔本南濒临菲利浦湾,是一个天然良港,也是维多利亚州农牧产品和其他物资的集散口岸。1837 年英国决定以当时首相墨尔本的名字为该地命名。

1840 年,在建筑新南威尔士的一条公路时,一个戴着镣铐的囚犯试图把一块挡在路上的岩石搬到一边,却意外地发现下面有一块金子。当他炫耀他的发现时,别人很自然地怀疑他是把偷来的表或链子熔化了。他受到了看守的鞭笞,并受到威胁说,如果把他的发现告诉别人就要被处死。

由于澳大利亚是英国用来流放犯人的地方,英属殖民地当局并不愿这些流放者知道金矿的存在。但后来发现黄金的证据越来越多。

1842年,波兰伯爵帕维乌·斯切莱茨基在维多利亚山中发现了含金的石英矿。他应澳大利亚总督的要求保持沉默,但他提出以波兰自由战士塔德乌什·科希丘什科的名字对澳大利亚的阿尔卑斯山的最高峰命名作为条件。总督答应了他的要求。

几年以后,地质学家克拉克神父在巴瑟斯特岛偶然发现一块拳头大的金子。他向总督乔治·格里普斯出示了这块金子。

1848年,人们发现了更多的金块。一个民众代表团申请进行地质勘查,但是政府以"为了不打扰公众"为理由,拒绝了他们的申请。但很快,沉默突然被打破了。

1851年5月15日,《悉尼晨报》发表了一个叫哈格里夫斯的人在巴瑟斯特附近的萨默河边发现了大量黄金的消息。这条消息在当时引起了轰动。

哈格里夫斯是一个来自英国的铁匠,原来在澳大利亚南部巴瑟斯特定居。1849年,美国南部的加利福尼亚发现黄金的消息传遍全球后,他迅速变卖了在澳大利亚的全部产业,搭上一艘轮船前往美洲。

在那里,他发现内华达山脉金矿的山坡与他澳大利亚家乡的山坡地质构造惊人的相似,他想:澳大利亚的山脉岩石中一定也含有黄金。于是他很快又返回了澳大利亚。

1851年2月12日,他真的在今天的墨尔本西部一百千米的巴拉腊特发现了大金矿。消息传来,墨尔本居民倾城而出,用牛车载着衣物用品,争先恐后地赶往金矿区。全体警察除两名奉命留守空城外,也都加入了淘金者的行列。淘金热迅速席卷全国,人群蜂拥而至。为了发财,商人们到世界各国用各种手段收罗劳动力,满载淘金者的船只使菲利浦港成为"桅杆之林"。在接下来的七年中,这个本来人烟稀少、殖民化毫无进展的大陆来了一百多万淘金者,使澳大利亚人口激增到将近二百万。

各国的淘金工人夜晚住在帐篷里,白天翻掘每一寸土地,动用了铁锅、篮子、脸盆、木桶等一切能用的器具,淘洗出一粒粒细微的金沙。繁重的劳动和艰苦的生活条件导致不少工人死亡。英国殖民当局对淘金者的政治歧视和经济压榨引起工人们极大的不满。

1854年10月,淘金工人组织了"巴拉腊特改革同盟",提出一系列政治、经济要求。这次斗争虽遭镇压,但慑于工人的力量,殖民当局被迫给予淘金工人选举权,并取消了掠夺性的"试采执照费"。淘金工人的血汗为殖民者积累了财富,黄金口岸墨尔本随之迅速发展起来,1851年修建了全国第一条铁路,1880年建造了古希腊式的议会大厦和国际展览馆。

这座羊背上的"金山"有两个鲜明的特点:

一是有很大的金块,其纯度和规格是世界上任何其他地方都达不到的。在这儿能挖到重量超过50千克的金块,在1858年甚至还发现过一个将近100千克重的金块。在此之前,人们甚至想不到世界上还有一个地方,能有这样大的金块存在。

第二是其黄金的储量和开采量十分惊人。据记载,在1852年11月的某一天时间,就有三艘轮船满载着七吨黄金开往英国。

　　值得一提的是,在巴拉腊特的淘金热潮中,有大批华工涌向澳洲。在 1857 年前后,就有两万余名中国人远涉重洋,到那里去淘金。由于这一历史的原因,华侨把美国的圣弗兰西斯科称为旧金山,而把澳大利亚的墨尔本称为新金山。

　　巴拉腊特的淘金热刚刚平息,1892 年,在澳大利亚西部的库尔加迪又有新的发现吸引了全世界的注意。有消息传说,那里大块的黄金简直就像铺在地上。农场主贝利和福特是最早的发现者,他们是为了追踪偷牲口的贼偶然发现的。有一天他曾在地上捡起了将近 15 千克黄金。新一轮的淘金热又开始了,世界各地的淘金者立即赶赴库尔加迪。

　　来自维多利亚的水手刘易斯·拉塞特大约就在这个时候离开了他所工作的轮船。他听从一位老朋友的建议,动身前往澳大利亚中部的麦克唐那山脉,渴望在那儿找到丰富的红宝石沉积物。

　　据他估计麦克唐那山脉一直延伸到海边,但他在灌木丛和无边的荒漠中艰苦地走了四十多天,还是没有看见海。他走到一座山脉的余脉,举目看见的除了山还是山,绵延数里除了红色的山崖再也看不见别的什么。

　　但幸运女神似乎格外中意他;在没有赐予他宝石的同时,却在别的方面给了他补偿。有一天他发现一堆石头一条线地排得整整齐齐,看来好像是用于即将开工修筑公路的。但仔细看过之后,他注意到石头的颜色很奇怪,是绿的。他取了几块石头把它们劈开——里面有细细的黄金层!他兴奋地沿着这层岩峰跑了几千米,直至这种岩石消失在地下。他发现的是一个真正的黄金国!

　　他在沙漠里接连不停地走了几天,找不到马饲料,马很快就死了。他孤独地继续走,为了省下力气背水和食物,他不得不放弃了大量的黄金,只随身带走了几块样品。又过了几天,水终于喝完了,而他还是没完没了地在沙丘堆里转。

　　天无绝人之路,一个来自阿富汗的人救了他。他苏醒之后,发现自己在一个帐篷里。又过了几天,他在一个叫哈定的地形测量员的照料下很快康复,而那时哈定已经研究过了他的脉岩样品。哈定对这个发现非常兴奋,他催着拉塞特告诉他礁石在哪儿,并要求和他一起去寻宝。

　　1900 年,他们带着一队负载着给养和装备的骆驼出发了。拉塞特又一次找到了他的黄金礁。按照这种发现的一般准则,这两个人把桩子插在地里划定他们的“份额”。哈定把这片礁石粗粗地丈量,大约 15 米长,最宽的地方 4 米,有的地方伸出地面两米。他们带上了一定量的样品就动身返回。

　　几周以后,他们返回营地。这时哈定发现他的表慢了 75 分钟,因为他不知道它是从什么时候开始慢的,而另一方面他又是借助于这个表定向的。于是他们意识到,又回到了几个月前出发时的状态:黄金礁的位置他们还是不知道。但是,再回去已是不可能,首先是给养几乎已断绝,再就是口袋里也没有钱。寻找黄金礁只剩下一种可能:寻找资金雄厚的人一起再来一次。

　　但此时,人们都在附近的库尔加迪和卡尔古利的采金地忙得不亦乐乎,没有哪个探矿人愿意放弃眼前有把握的财富,转而去遥远的沙漠寻找一个位置尚不明确的黄金礁。尽管他们四处出示黄金样品,但没有人对此感兴趣。

　　1916 年,寻宝终于有了转机,澳大利亚政府决定投资寻找黄金礁,他们是通过哈定知道这件事的。但不幸的是,他们派出的两支骆驼探险队不但没找到黄金礁,还遭遇到土著人的袭击,损失惨重。第一次世界大战期间,此事暂告一段落。

耐不住黄金诱惑的拉塞特于 1930 年初的一天,出现在澳大利亚工会设在悉尼的麦克唐那总部办公室里,那是澳大利亚颇有影响的工人组织。他要求与工会主席约翰·贝利谈话。

在谈话中,拉塞特向贝利讲述了黄金礁的故事,附带请求政府对他的行动计划给予财政支持。贝利开始对此事半信半疑,但在派人调查此事后发现,在涉及地形丈量员哈定和受他委托所做的岩脉样品分析方面,他发现拉塞特的陈述是符合事实的。此外,一个地质专家确认,卡尔古利的大矿带确实有可能一直延伸到澳大利亚中部,在拉塞特发现黄金礁的地方又露出地面。

澳大利亚工会主席约翰·贝利终于被拉塞特的诚意所感动,他决定投资成立一个联合组织寻找那个世界上最大的金矿——失踪的黄金礁。约翰·贝利又专门找有关人员测算,根据分析得出的结论是,黄金礁价值有 20 亿美元。这样一笔黄金足可以把澳大利亚从席卷全世界的经济危机中解脱出来。

几个星期之内“中部澳大利亚黄金探矿公司”成立了。新南威尔士政府保证无偿提供铁路运输、预备燃料、油、食物和装备,澳大利亚政府承诺给予一切力所能及的支持。而这时从英国本土也送来了慷慨的捐赠:一辆 6 轮的越野卡车,用于在沙漠里运送考察队。另外还有一架飞机供他们使用,到了黄金礁附近拉塞特可以用它进行观察。这支队伍又找到了经验丰富的向导巴克。

1930 年 7 月 11 日,考察活动正式开始了。他们在沙漠中转悠了将近五个月,但结果一无所获。考察队成员开始变得急躁,他们不断地责问拉塞特。终于在一天夜里,不堪重负的拉塞特逃离了考察队。

这时正是 12 月中旬,澳大利亚最炎热的季节。向导巴克带着他的队伍越来越深入沙漠。巴克不明白,假如没有大量储备水又找不到水源,拉塞特在逃离队伍之后是怎么维持生存的?

在沙漠腹地,他们找到了拉塞特的足迹。又过了几天,他们又发现了一个驮鞍的碎片,驮鞍的碎片旁边有个熄灭已久的火堆,巴克在火堆中翻了翻,什么也没有找到。但是他在检查驮鞍的软垫时发现了一张字条,字条写得仓促潦草几乎无法辨认。上面是拉塞特的叙述。他走到这儿时骆驼带着食物袋逃走了,他陷入绝望之中。字条的最后是:“在离火堆 3 米左右的地方挖掘。”但那儿什么也没有。再继续往前走时,巴克发现了刻在橡皮树上的信息:“在 1.5 米处挖掘。”巴克挖出了一个生锈的罐头盒,里面是空的。

他们跟随着拉塞特的足迹走了几天,最后足迹在一个原始游牧部落的营地终止了。巴克跟踪这个部落 30 千米后,在第三天的傍晚碰到了一群土著人。他们大约有 30 人。他们向土著人打听拉塞特的下落,一个长须飘飘的土著老人悄悄地对巴克说,那个白人已经死了。

第二天清晨,这个老人领着巴克走进枯萎的灌木丛,他面前躺着拉塞特的尸体,旁边是一把空的左轮手枪和他的马嚼子。在灰堆下巴克发现泥土里有一些烧焦的纸片,那是一些缺行少句的信。从这些信看来,拉塞特在死前一些时候就已经失明了。巴克现在才发现,这个部落的一些妇女把拉塞特的家庭照片当头饰戴着。他埋葬了拉塞特,然后在附近的一棵橡树的树皮上草草地刻下了死者的名字。由于拉塞特的身亡,这次考察活动无功而返。

1931 年,又有一支探险队去寻找拉塞特的黄金礁。他们在彼得曼岭的温特峡谷的一个山洞里发现了拉塞特的日记本。从这个日记本中,他们了解到了拉塞特的最后一次寻宝历程。

"我给石英矿围上了篱笆,在地图上标明了黄金礁的确切位置,地图在我的皮包里,我把皮包埋在沙地里了。在营地的火堆 10 米的地方,我的骆驼就是在那儿逃走的,我还在那儿留了一个驮垫……黄金礁的标记、有我名字和日期的牌子以及其他的一切我都拍下了照片。我把三卷胶卷装入一个空的罐头盒埋在沙丘里了。"

他继续写道,在 78 天里他很少能找到东西吃。他跟土著人生活在一起,后来渐渐失明了。他最后的话是:"……吃熟无花果……一切都结束了。"

死前几天他还用刀在一棵橡皮树的树干上刻下了一条至今无法解释的信息:"不挖地首尾夹击。"带着这些疑问,这支探险队又在沙地里寻找了几个月,但依然一无所获。

直到今天,有些寻宝者仍然对拉塞特的黄金礁念念不忘,搜寻还在继续。其中有的人倾家荡产,有的人失魂落魄,有的人至死还念叨着"黄金礁",也有的人像他一样为寻礁付出了生命的代价。

然而,万事都有例外和幸运者,也有人取得了意外的成功,尽管他们找到的并不一定是黄金,但收获还是巨大的。探矿人斯坦利·希尔迪奇的冒险就证明了这一点。

几年前在漫游澳大利亚西部时,希尔迪奇在珀斯北面 1100 千米的荒野深处发现了一座土著人的"圣山"。他们按照它的形状称之为"鲸背山"。此山高 220 米,长 5 千米。在考察后希尔迪奇得出了一个足以引起轰动的发现:"圣山"是一大块纯铁矿!他立即把脉岩样品带到珀斯去分析,结果表明有 68.8%的含铁量。从此,有着 10 亿吨铁矿的"圣山"成为世界上最大的铁矿之一。1967 年 4 月 10 日,五个最大的国际矿业和冶金公司签署了一份开采矿产的合作合同。目前"鲸背山"是日本钢铁工业的主要原料供应地。

对寻宝的人,或许这只是一种安慰。然而,铁矿毕竟不能代替黄金,那么,什么时候人们才能真正找到"黄金礁"呢?

沙漠之狐珍宝之谜

德国纳粹时期的陆军元帅隆美尔生性凶残、狡猾,惯于声东击西的伎俩。在北非的大沙漠上,他以力量悬殊的兵力与强大的英美联军交锋,出奇制胜,因而赢得了"沙漠之狐"的称号。这个"沙漠之狐"在北非的土地上疯狂的屠杀土著居民,掠夺他们的财富,尤其是当地无比富裕的阿拉伯酋长,只要他们稍稍表示拒绝支持纳粹的事业,隆美尔即令格杀勿论。

就这样,隆美尔用如此野蛮的血腥的手段在很短的时间里积聚起一批价值极为可观的珍宝。这批珍宝包括满装黄灿灿金币和各种珍奇古玩的 90 多只木箱及一只装满金刚钻、红宝石、绿宝石和蓝宝石的钢箱。

这批珍宝价值多少?谁也估算不出来。那只钢箱的财宝太迷人了,可谓价值连城,隆美尔自己本人也不清楚这批珍宝的价值究竟是多少?这批珍宝,除供隆美尔大肆挥霍外,还用以收买少数阿拉伯统治者。

隆美尔的挥霍,也仅仅动用了这批珍宝的极少一部分。随着战局的进一步推进,隆美尔自吹所向无敌的非洲军团全线崩溃。为了不让这批珍宝落入英美联军之手,隆美尔秘密调动了一支亲信部队将这批珍宝藏在某一个不为人知的角落里。

1944 年,法西斯德国已经日暮途穷,德军一些高级军官谋刺希特勒,事涉隆美尔。10 月 14 日,希特勒派人至隆美尔住所,要隆美尔考虑决定接受审判还是服毒自杀。隆美尔选择了后者。15 分钟后,隆美尔便离开了人世。

隆美尔一死,唯一知道这批珍宝埋藏地点、方位、标志的线索便中断了。

对于隆美尔这批珍宝,西方一些冒险家们垂涎三尺,朝思暮想,希望有朝一日发掘这批珍宝,成为珍宝的主人。他们不惜重金,派专家南来北往,查阅有关密档,又千方百计地寻找所有可能

隆美尔

知情的人。调查的结果,各种传说都有,但均不甚确凿,搞得冒险家们抓耳挠腮,一时不知从何下手。

一种传说是这样讲的:在隆美尔的非洲军团崩溃前夕,"沙漠之狐"隆美尔曾调集了一支高速摩托化快艇部队,命令将 90 余箱珍宝分装于快艇中,由突尼斯横渡地中海运抵意大利南部某地密藏。某日晚,快艇部队在夜幕的掩护下秘密出航,按预定计划行动。不料在天将拂晓时,快艇部队为英国空军发现。原来英军情报部门早就密切注视着这批珍宝的去向。英军情报部门除派出大批地面特工人员外,又动用飞机与舰艇,在空中和海上昼夜侦察,随时准备拦截。"沙漠之狐"老谋深算,竟也有失算的时候。

英军发现鬼鬼祟祟的德军摩托快艇后,料定珍宝即在其中,于是下令从空中和海上不惜一切代价截获。当摩托快艇行至科西嘉附近海面时,德军深知已无望冲出英军密织的罗网。当此绝望之时,隆美尔竟下令炸沉所有快艇。这支满载着珍宝的德军摩托快艇部队就这样在科西嘉浅海区沉没了。

从那以后,不时有人用高价雇用潜水员一次一次在科西嘉海底搜寻,可是始终是一无所获。是科西嘉的海面过于辽阔呢,还是沉船的具体地点并不在科西嘉岛呢?抑或是隆美尔并没有炸沉快艇,甚至艇上并未载有珍宝?这些,谁也说不清楚。

1980 年,美国《星期六晚邮报》二月号刊载了一篇令冒险家们十分感兴趣的文章《"沙漠之狐"隆美尔的珍宝之谜》,作者署名肯·克里皮恩。作者说,声东击西的"沙漠之狐"并未用快艇载运珍宝。这批珍宝密藏在撒哈拉大沙漠中的一座突尼斯沙漠小镇附近。小镇的附近遍布形状相差无几的巨大沙丘。这批珍宝即藏于其中的某座神秘沙丘之下。

作者说,1942 年 11 月,美英联军北非登陆。次年年初,兵分两路从东西两面夹击德意军队,前锋逼近濒临地中海的突尼斯城。1943 年 3 月 8 日清晨,居住在距突尼斯城不

远的哈马迈特海滨别墅里的隆美尔发觉英军已控制了海、空权,他的珍宝已无法由海路安全运出,决定就地藏宝。

3月8日深夜,在隆美尔与他的亲信严密监视下,这批珍宝被分装在15~20辆军用卡车上,车队在汉斯·奈德曼陆军上校的押运下连夜向突尼斯城西南方向行驶,在撒哈拉大沙漠边缘的一座小镇——杜兹停下。汽车驶至杜兹后,前方即是大沙漠,无法行驶。汉斯·奈德购买了六七十匹骆驼,将珍宝分装在骆驼上,于3月10日踏入撒哈拉大沙漠。

驼队在沙漠中跋涉两天,最后将珍宝按预定计划埋入数以万计的令人无法分辨的某座沙丘之下。负责押送、埋藏珍宝的德军小分队在返回杜兹途中,意外地遭到英军伏击,小分队全部丧生。藏宝人连同宝藏的秘密一起被撒哈拉大沙漠无情的黄沙埋葬了。撒哈拉大沙漠一望无垠,白天温度常在摄氏百度以上,人称之为"无情的地狱"。谁敢贸然叩开这无情的地狱之门?隆美尔的大批珍宝能有重见天日的一天吗?

但有的人对以上说法表示怀疑。他们认为,所谓隆美尔密藏珍宝的说法,只不过是一个引人入胜的传奇故事,谁要是对它认真起来,谁就是一个傻瓜。

印度古钱币之谜

2000年前的罗马人步亚历山大大帝后尘,到达印度。当时交通既不便利也不快捷,这么远的旅行可算是一项壮举。罗马人不畏千里迢迢、甘冒种种艰苦到东方来,是完全可以理解的行动,因为任何一个欧洲商人只要经营东方奢侈品贸易,多有厚利可图。但罗马人面对那些文化迥异、似乎亦无所求于罗马商贾的印度人,有什么可以提供呢?原来在印度南部曾有大量罗马钱币埋藏在一起。

那么,是否有少数魅力过人的印度人垄断了与西方的贸易,而迅速取得大量在印度不能使用的钱财?或者,这些窖藏钱币,对印度收集者具有某种特殊意义?历史学家细心地将东西方贸易的证据集合起来,详加研究,终于对印度宝藏之谜提出别具匠心的答案。

当时罗马帝国国泰民安,商业贸易兴旺发达,罗马富人渴求各大洲、各文明地区的奢侈品,以满足所欲。商贾从未开化的北方人那里输入琥珀和皮毛,从非洲运来象牙、黄金、香料及竞技用的野兽,从印度次大陆则运来充满东方色彩的奇货。

奥古斯都在位期间(公元前27年至公元14年),罗马与印度贸易兴盛。远自亚历山大大帝时期到东方发财的故事本已人人乐道,到这时许多印度商旅来到罗马帝国,更激发罗马人做贸易的兴趣。有一队印度商人带来了许多奇珍或异物,诸如天生无手臂的人、大河龟、蛇,还有"大如秃鹰"的鹧鸪。其他商旅则带来珍珠和宝石。这些是罗马市面洋洋大观、有代表性的进口货。当时每年至少有120艘船,由受罗马控制的埃及乘着季风驶往印度,去装运这些珍贵货物。

在这种贸易中最活跃的代理商就是罗马帝国的批发商人。他们是以亚历山大港为根据地的希腊人。亚历山大港在地中海海岸,是西方主要港口,东方的货物和原料即经此集散和转运。在印度,商人首先沿马拉巴海岸建立贸易站,在这些贸易站采购了大批香料,特别是胡椒,还有平纹细布、香水和象牙。公元1世纪末期,罗马商人从今日称为斯里兰卡的地方,借以物贸方式采购到珍珠和宝石,并且向印度商人购到远东地方的产品,最著名的当然是中国丝绸。

要购买所有这些商品必须有一种方法付款，但是当时印度这个国家的人民多不知有货币，对于罗马商人惯用的钱币，他们并无多大需求，所以免不了产生买卖时如何付款的难题。不过，这种麻烦最后以很巧合的方法解决了。

1775年，首次有一大批罗马钱币在印度出土。当时的考古学家和历史学家都假定这些窖藏钱币，是印度商人的积蓄，由于某种不幸遭遇或意外事故，致使钱币长久埋没了。但现代历史终于了解，印度人有兴趣收藏这许多钱币，并非因为罗马钱币可用于购货流通，当时印度人完全没有货币概念，而仅是把钱币作金锭或银锭看待。

因此每一批窖藏钱币都已称过重量然后印上证明戳记，代表的是某一定量的金子或银子，要购买某种整批的货物时，拿出这样的一批钱币作货款便行。这样印度人收集和应用起来就很方便，从而大大地提高了罗马人的商誉。罗马学者普利尼说过，因为罗马钱币质量不变，尽管上面所铸为历代不同帝王的头像，但所有钱币重量相同，其金或银含量也始终如一，所以斯里兰卡国王有了好感，对诚实的罗马商人颇为优待。

当时的印度人为避免这些钱币重新用作货币，于是在钱币的帝王头像上凿上一道刻痕，很多在印度出土的罗马钱币都是这样毁损的。尽管印度人不用这些钱币做小额交易，但他们并不漠视钱币上的精美可爱图案。印度人以这些图案为蓝本，用赤陶仿钱币制成穿孔或带环孔的首饰，可能还镀金然后佩带。

但从罗马人的观点看来，钱币不断流往东方，而且一去不回，显然并非健全的营商之道，因此很快便实施了钱币出口限制。后来暴君尼禄降低了罗马银币的成色，印度人对罗马钱币的实在价值丧失了信心，于是拒绝再接受任何罗马钱币。商人不得不另谋易货的代用品，因而开始以商品互换，通用商品包括精美餐具、玻璃、亚麻布、珊瑚、灯饰、加工的宝石和酒类等。1940年，印度的阿里卡梅杜发掘出一个罗马人主要的贸易站，发现了大量地中海地区所制陶器的碎片，表明罗马商人运用这种新贸易策略十分成功。阿里卡梅杜的仓库贮藏意大利陶罐、碟、美酒和餐具，在作坊里则可以把珠宝加工和织染平纹细布。

但罗马军团要维持强大的战斗力，罗马人民要安居乐业，并不仰仗与印度的贸易。公元3世纪罗马内部危机重重，引致商业和贸易衰退，商人信息不足，与印度的直接贸易便停顿下来，而从前充任中间人的阿拉伯人和波斯人则将贸易接管了过去。由于亚历山大港的商人不再顺季风扬帆渡洋做买卖，此后在西方人的心目中，印度成了一个充满神秘和难以接触的传说之邦。

亚历山大大帝在位期间（公元前336~前323年）东征西讨，首开地中海地区居民与印度互相交往风气。但由于波斯地方强大的帕提亚帝国的兴起，古代横贯亚洲内陆的路线遭阻截，从地中海至次大陆不能经陆路往来。于是，商人转而向海上谋求安全的商路。

公元前1世纪，一位叫希帕洛斯的希腊商人发现可以利用西南季风来往印度次大陆，并且提供了准确的地理资料。于是，其他商人迅即利用希帕洛斯所说的风与东方做着史无前例的大规模贸易。在七八月间，善于利用季风的商人有40天时间可以从阿拉伯港口直航印度南海岸的马拉巴。12月至1月完成交易后，则经红海，或波斯湾及陆路回到地中海。

到公元1世纪，西方商船队已绕过印度南端到达次大陆东岸的贸易站（次前则经陆路），从此也建立地中海与斯里兰卡的直接贸易，有的船只更远航至缅甸、马来，越南，甚至中国？

马丘比丘宝藏之谜

1492 年，哥伦布发现了美洲新大陆，将人类探险活动推向一个新的历史进程。由此，其他欧洲人随之而来，欧洲文明的巨浪卷到了美洲大陆。欧洲人给美洲带来了棉布、蚊帐、圆玻璃球和小钢铃，同时也带来了雪亮的宝剑、滚烫的枪弹和黑色的绞架。更主要的是，殖民者们从美洲带回的黄金吸引着一批又一批的冒险家。他们或想探险或想寻找新领土，但最多的是怀揣着黄金梦而来。

1531 年 1 月，目不识丁的西班牙冒险家弗朗西斯科·皮萨罗率领一支由 180 人组成的部队，从巴拿马向南美洲出发，直奔南美的印加帝国。这些西班牙人虽然数量不多，但十分凶悍，并且配备了当时最先进的火枪和大炮，还有 62 名骑兵。

印加帝国是当时印第安人在南美建立的最强大的国家，其领域大致在今日的秘鲁及玻利维亚西部和智利北部一带，全盛时期人口达 1200 万。

但此时的印加帝国一直处于内乱之中，国势已大为减弱。原来老皇帝瓦纳·卡佩去世前把国家分给两位不同母亲的王子。瓦纳·卡佩的长子瓦斯卡在京城库斯科即位，另一个儿子阿塔雅尔帕却仍在北面的基多城掌握着帝国的军权并自行称帝。兄弟俩开始了长达 5 年的相互厮杀。

皮萨罗得知这一消息后，认为这正是天赐良机。他不等增援部队到达，就于 9 月底带着他的步兵和 62 名骑兵和几门大炮向南出发了。尽管他的部队中携带火枪等火器的只有 23 个人，但却给整个庞大的印加帝国带来了灭顶之灾。

印加帝国的内乱使这个拥有强大军事力量的国王忽视了外来的威胁。阿塔雅尔帕没有设置任何障碍，反而派出了一名印加贵族携带礼品去迎接皮萨罗，邀请这些人来卡哈马卡城。

1532 年 11 月 15 日，皮萨罗邀请皇帝次日在卡哈马卡城中央广场会晤，阿塔雅尔帕很快答应并许诺不带武器前来与皮萨罗见面。皮萨罗由此看出印加人对这些外来的侵略者竟没有任何防范和戒备，便制定了一个极其大胆、无耻的计划。他将步兵和骑兵分为三队埋伏起来，并事先约定当印加人进入广场时由皮萨罗发出暗号，开始射杀皇帝周围的士兵。他还专门安排了 20 名士兵负责生擒皇帝。

翌日中午，正如皮萨罗所期待的，阿塔雅尔帕带着三四万人浩浩荡荡走进了空旷的广场，只见他左手拿着几只金蛋，右手执一柄皇杖，金灿灿的皇杖顶端是一个镶满珍宝的大金球。他悠然自得地坐在轿子中，身后是其他首领和长辈。他们根本没想到大难临头。皮萨罗见时机已到，就发出了动手的信号。随着隆隆的炮声，骑兵分三路向阿塔雅尔帕冲杀过来。皮萨罗挥舞着佩剑一把抓住阿塔雅尔帕留的很长的头发，把他从轿子里拖出来就五花大绑。尽管印加皇帝带着三四万士兵，但士兵们从没有见过大炮和战马，当西班牙骑兵向他们冲杀时，竟不知该如何抵抗。凶暴的西班牙骑兵乘机猛追猛砍，直追杀到夜幕降临时为止。

皮萨罗把印加皇帝监禁起来，并向他勒索巨额的赎金。阿塔雅尔帕为了保全性命，对皮萨罗说，如果释放他，他愿用黄金堆满囚禁自己的房间，直至他举手所及的高度。那间房子有 7 米长、6 米宽、3 米高。

面对这笔有史以来最高的赎金，皮萨罗惊讶得说不出话来。阿塔雅尔帕以为皮萨罗嫌少，便指着囚室墙壁约8尺高的地方画了一条横线，答应用各种黄金制品堆满到这个高度，还保证用白银来塞满另一个更大的房间。皮萨罗赶紧用红线按照皇帝所说的高度做好记号。直到今天，当游人们来到在卡哈马卡那间当年印加皇帝阿塔雅尔帕的赎金房中时，仍可以看到表示财宝高度的红线，印痕清晰可辨。

在以后的三个月，印加皇帝果然履行诺言，命令部下从印加各地日夜不停地送来成色最好的共13265磅（1磅=0.454千克）黄金和26000磅白银，并很快堆满了房间。随后皮萨罗背信弃义处死了印加皇帝。临死前，这位皇帝向着他们那个时代崇拜的太阳之神，对侵略者发出了可怕的诅咒。

善良诚实的印加人这才看清了这帮侵略者的真正面目。当亲眼看到他们的皇帝被处死后，他们便把更多的黄金隐藏起来。

皮萨罗建造了熔化炉，把皇帝交来的黄金统统熔铸成便于携带的金锭。随后，贪婪成性的皮萨罗又把他的魔掌伸向了印加首都库斯科城。

1533年11月15日，正是西班牙人到达卡哈马卡一周年的日子。皮萨罗领着480名士兵进入了印加首都库斯科，并疯狂地洗劫了这座已有300年以上历史的城市。士兵们挥动着长长的佩剑向印加人心脏刺去，火绳枪口吐出了团团烟雾，他们见人就杀，见东西就抢，整个城市很快倒在血泊之中。

人类古老的文明遭到了最野蛮、最无情的摧毁。他们不但拆光了库斯科神庙、神殿，抢走了皇宫内所有的金器、金像和珍贵物品，就连皇室陵墓内饰以及黄金和宝石的木乃伊也在劫难逃。皮萨罗的兄弟佩德洛·皮萨罗后来写到他们开进库斯科城的情景："我们看着这么多的金银器皿简直都惊呆了，尽管好多器皿已被印第安人带走了，但我们还发现了一尊金塑像，那是印加王朝的始祖像。我们还发现了一些金螃蟹，以及装饰着鸟、蛇、蜘蛛、蜥蜴和其他昆虫的金器皿。所有这些珍宝都是在库斯科城郊区一个洞穴里找到的。一个印第安人对我们说，在一个秘密洞穴里，还隐藏着大量金板，那是印加皇帝阿塔雅尔帕的兄弟瓦斯卡叫人用黄金铸造起来以装饰他的宫殿的。但告诉我们秘密的这个印加人几天后就失踪了。总之，印加人是把财宝都隐藏起来了，而且藏得使人再也不可能找到。祭司叫奴仆们把金银财宝运到隐藏地附近，随后再让另外一些印加人去替换他们。这些人把财宝藏好以后，便遵循主人的命令，毫无怨言地吊死或跳崖自尽了。这个国家里藏有数不尽的财宝，但只有奇迹才能使我们找到它们。"

库斯科的陷落标志着秘鲁被踩在西班牙脚下，而印加帝国从此消失了，给后人留下了几个巨大的问号。

第一，当印加首都库斯科所有的宝物被西班牙人掠夺殆尽时，皮萨罗任命了瓦斯卡的弟弟曼科继承皇位。这时的曼科实际上已被囚禁。后来曼科死里逃生，很快纠集了一支10万人的强大军队。从1536年到1572年，曼科和他的几个儿子领导着这支军队，先后与西班牙人抗争达36年之久。后来人们只知道曼科在无法夺回库斯科的情况下先是撤退到乌鲁巴姆河的大峡谷里，然后又退入安第斯山脉腹地，在维尔卡班巴河上游指挥反抗侵略者，那里是他们"最后的避难所"。但当这位避往深山的皇帝死去时，也把避难所所有的秘密带进了坟墓。

第二，西班牙侵略者最终因分赃不均激烈内讧。1538年7月，皮萨罗冷酷地把他当初并肩作战的同乡迪耶科·阿尔马格罗处死。三年后,幸存的阿尔马格罗的拥护者,用复仇的利剑刺进了皮萨罗的喉咙。而皮萨罗的四个兄弟也都先后被杀死和囚禁,他们掠夺来的那一大批黄金最终不知下落。也有人说,当年皮萨罗并未能拿走那些宝藏。那些金锭后来和阿塔雅尔帕的尸体在一起,被印加人看守并藏了起来。藏宝的地点是在一个秘密的山中。

第三,据说,由于西班牙人对黄金的大肆抢夺,印加人很可能把他们世代积累起来的金银财宝在西班牙人来到库斯科之前,就已经转移了。有人粗略地估计说,1533 年被印加人隐藏起来的黄金是从 11 世纪以来十四个印加皇帝聚敛的财富,其价值相当于 16 世纪至 19 世纪初秘鲁金矿所开采的黄金总和。但是,这批黄金究竟被印加人藏在何处呢?

早在 1768 年,有人就提出一个假设,认为印加人最后的藏匿地点,是传说中的维尔卡班巴城。可是这个城市又在哪儿呢?这个大胆的假设吸引了一批又一批探险家们去寻觅印加帝国的宝藏,美国人宾海姆就是其中的一位。

1909 年,美国青年学者宾海姆在途经秘鲁的阿普里马克时,该省的省长向他谈到传说中的印加帝国之都。

尽管宾海姆当时并没有找到什么,但他是个凡事既认真又执着的人。回到美国后,宾海姆对印加之都一直念念不忘。他查阅了大量的资料,经过两年的准备,宾海姆很顺利地组成了一个科学考察队,于 1911 年再次回到秘鲁。宾海姆从库斯科出发,沿着曼科当年逃避皮萨罗的路线前进。在一条山间小道旁,他们遇到一位住在河边小屋的印第安人,名叫梅尔乔·阿特西加。令人难以置信的是,宾海姆只花了几个铜钱,就从这个人的嘴里获得印第安人世世代代拼命要保守的乌鲁巴姆巴吾谷中最大的秘密。这个印第安人在拿到宾海姆的几个铜钱后表示,他自愿领着宾海姆的考察队去一个神秘的地方。对宾海姆来说,他的发现似乎是难以置信的美梦。他发现的不是几座建筑物,而是一座高耸入云的印加古城——即举世闻名的马丘比丘。"马丘比丘"在印加语中意为"古老的山巅"。它位于库斯科城西北 112 千米的高原上,海拔 2280 米,两侧有高约 600 米的悬崖,峭壁之下是日夜奔流的乌鲁班巴河。四年后,宾海姆再次来到马丘比丘,因为他无法肯定自己是否真的找到了那个印加人最后的避难所——维尔卡班巴。

正当有些寻宝者已经认同马丘比丘就是印加王朝最后的避难所,并准备在马丘比丘探寻印加帝国宝藏时,1964 年,在安第斯山脉又有了前所未有的大发现。一批农民到秘鲁北部去寻找耕地,途中发现了又一座庞大的印加古城——大帕哈顿。从空中测量,在大帕哈顿已有记录的古代建筑遗迹至少有三百座,散布在七座大山中。

好多人迷惑了,到底哪儿是印加王朝最后的避难所?曼科究竟把黄金隐藏在哪里?皮萨罗当年是否真的拿走了那批金锭?印加人隐藏的黄金后来被找到了吗?对于这些问题,人们至今还没有找到答案。

黄金国之谜

1533 年,西班牙入侵者向印加帝国发动突然袭击,杀害了印加皇帝阿塔雅尔帕,掠夺了印加人的黄金和财宝。仅仅一年时间,印加帝国大厦轰然倒塌。

在欧洲人到达南美洲之前,南美印第安人建立的最强大的国家是印加帝国。印加人自称是太阳神的子孙,发源于南美腹地的的喀喀湖畔。12世纪时,他们在今日秘鲁境内的库斯科建立了他们的首都,并逐渐征服了周围的民族。到15世纪初,印加人已在太平洋沿岸和安第斯高原建立起了一个北起厄瓜多尔、南至今日智利的马乌莱河的巨大帝国。

西班牙人劫掠印加首都库斯科的时候,后来的印加皇帝曼科死里逃生,很快就纠集了一支十万人的强大军队,与西班牙侵略者作战。后来又由他的几个儿子坚持与西班牙人抗争达36年之久。这些印加人陆续进入安第斯山脉的幽深峡谷,他们携带着巨额的黄金,建立了另一座城市作为印加帝国最后的避难所。但是,随着这些避入深山的印加人最后消失,特别是当他们的皇帝死去之后,就把这个传说中的城市和避难所的所有秘密也都随之带进坟墓。

那么,这个印加帝国最后的避难所究竟是在哪儿?那些传说中被印加入隐藏的黄金又埋藏在何处呢?

无论如何,皮萨罗带着一支小规模的军队,在南美洲夺到如此巨额的战利品,这可是在世界征服史上绝无仅有的。很快,皮萨罗在南美的"战绩"迅速传遍了整个欧洲,进一步激起了欧洲冒险家们的贪欲。许多西班牙人、葡萄牙人、英国人、法国人和德国人都纷纷漂洋过海,不顾生命危险,如痴如狂地奔赴南美丛林,想要从这里得到黄金。于是,亚马孙河畔热带丛林中,每天都演绎着生生死死的冒险故事。他们捡到的黄金越多,就越想知道这么多的黄金是从何而来,也就越是相信只要穿过更多的难以逾越的天堑、高山和深谷,必定还会获得更多的黄金。

欧洲人决心要找到那个遍地黄金如卵石的地方。尽管他们也找了大量的印第安向导,但由于其态度傲慢,无法取得那些印第安人的信任。被抓来的印第安人向导往往随意敷衍了事般或南、或北、或东、或西乱指一通,告诉他们只需再向前少许,便能发现他们梦寐以求的宝藏。这些故事在轻信传言的探险队之间辗转传述,添枝加叶,越传越神奇,就在所难免增加了那些冒险家更多的幻想。

1515年,曾经参加过远征印加帝国的西班牙人塞瓦斯蒂安·德·贝拉卡萨曾遇到一个年迈的印第安人酋长。那个酋长对他说,在远方有一个"黄金国",那里各种用具都用黄金制作,国王用金粉洒遍全身,然后在一个圣湖里洗浴。匆忙之中,贝拉卡萨听说这个国王被称为"多拉都",即黄金人。后来,这个名字又被讹传成遍地黄金的"爱多拉都",成了传说中的黄金国的名字。

最早陷入爱多拉都魔障的人,是一位名叫贡萨洛西门内斯·德·奎萨达的西班牙人。1536年,他率领九百人从哥伦比亚北岸的圣马塔向内地进发。奎萨达为人老成持重,是一位深受信赖的官员。圣马塔省总督派给他的任务是沿马格达伦纳河南下勘探。

奎萨达探险队在密不透风的森林里前进,步步须用弯刀劈斩开路,惊险重重。队员涉越沼泽,水深及腰,大蟒蛇和短吻鳄又出没无常。在热病、疟疾和敌对土著人的侵袭下,队员相继死亡。就在他们精疲力竭的时候,突然柳暗花明,走到了一处肥沃的山谷。山谷里遍植玉蜀黍、豆类和各种坚果。原来奎萨达等一队人来到了齐布查部落境内。

这时全队人数已从900人减到不足200人。他们进入的是散布在哥伦比亚昆地纳玛边高原上的齐布查族部落。当时的齐布查部落有三位部族国王。西班牙人击溃最南部国王的军队后,发现若干黄金和少量绿宝石。但是一名印第安人告诉他们,若想找黄金和绿宝石,应该向北去,那里盛产这两种东西。于是奎萨达率队转北,迅即征服第一、二位齐布查国王,并且找到很多那名印第安人说过的"小绿石"。奎萨达终于搜集了几千颗宝石。然后,这些西班牙人来到了齐布查族的索加莫索村内,看到一座祭祀太阳神的庙宇。庙里存放着许多齐布查国王的木乃伊。木乃伊的眼窝里塞着绿宝石,干燥的遗体上还覆盖着黄金饰物。

奎萨达感到非常惊讶,他简直不敢相信在这么一个闭塞的地方竟隐藏着这么多的黄金饰品。经询问,齐布查人告诉奎萨达说,这些黄金是他们用盐块向另一个印第安部落换来的。他们还告诉西班牙人,离这里不远的地方有个名叫瓜地维塔的湖,在湖上每年举行一次神奇的仪式,就是黄金人庆祝大典。庆典时,那里的国王全身洒满金粉,戴上黄金饰品,乘坐木筏,从湖岸出发。周围的族人燃起野火,群集的族人奏起各种乐器,国王便滑入湖水中,身上的金粉一洗而净。祭师和贵族们也同时齐向湖中投下贵重的饰物,献给太阳神。

这个故事更使西班牙冒险家们听得垂涎三尺。奎萨达断定这就是传说中的那个黄金国,于是他立即带人出发去寻找该湖。后来他们在海拔近3000米处的一个火山口附近找到了一个湖,附近有几间小屋子,却根本没有黄金国的踪影。

其实这本是多年来流传在印第安人中的一个传说。这个传说带有浓重的幻想色彩,是以印第安穆依斯克族人的习俗和宗教仪式为原型逐渐形成的。穆依斯克人生活于南美西北部崇岭之中,他们特别崇拜太阳与水,把金砂和金制器皿供给太阳神和水神。最隆重的祭祀活动是与选举一个新的最高的祭司一起举行的,这个祭司同时也是部落的最高领袖。身着奇异服装,饰以羽毛金银制品的祭司将推举出的人带到一个神秘、幽静的湖边。在长满青草、鸟语花香的湖边静悄悄地停着一只木排,上面堆满了黄金和绿宝石制成的贡品。四个部落领袖穿着光彩夺目的盛装站在木排上,威严地审视着祭司们的操作。祭司们给新选出的最高领袖脱去衣服,给他全身涂上拌油的泥,然后从头到脚抹上黄金粉末。此时,最高领袖全身金黄,在太阳下闪闪发光,他成了太阳的儿子和化身。此后,他走到木排上,坐在部落领袖们中间。木排离开湖岸,驶向湖中心,新领袖将木排上全部贡品抛入水中,献给水神。

传说人们在圣湖水底发现了许多金砖和绿宝石,有人看见镀金人每天傍晚都要沉入湖水中,洗去身上的金砂。

除了黄金,穆依斯克人不会开采和冶炼其他任何金属。因此在他们的庙宇之中往往有许多黄金制品,这也许就是所谓"黄金国"传说的来历。

与其他一些单纯来寻宝的冒险家不同的是,奎萨达不仅是个寻金者,他还志在扩展疆域。就在他此番动身出征前,还在海拔3500米的地方建造了一些高大的建筑,形成了最初的波哥大城——即今天哥伦比亚的首都。当年,奎萨达不知怎么触动了乡情,想起了他们的祖国西班牙的格拉那达平原,于是就把该地命名为新格拉那达。

令奎萨达万分惊讶的是,他并不是到波哥大高原寻找爱多拉都的唯一的一支欧洲探险队。就在他们的探险队在南美密林中奔波的时候,另外两支欧洲人组成的探险队,也为了寻找爱多拉都专程来到南美洲密林之中。

一支队伍由西班牙人贝拉卡萨率领,此人曾征服厄瓜多尔,并且最初就是他听说黄金人为多拉都。

另一支队伍是由德国人费德曼率领的由四百人组成的探险队。他是应德国伟尔塞银行之聘，专程到南美来找黄金国的。该银行曾获西班牙国王的恩准，早已在委内瑞拉湾的科罗建立了殖民地。费德曼自科罗出发，深入那里的崇山峻岭之中，共搜寻了三年半，结果一无所获。

1539 年，这三只探险队在昆地纳玛迎高原不期而遇。更令人啼笑皆非的是，这三支探险队当初组队时人数不同、路线不同、遭遇不同，但他们相遇时各队人数都正好各剩下 163 名，不多也不少。

三支探险队意外见面后，都彼此派人相互致意，然后又小心谨慎地各自保持相当距离安营扎寨，以表示相互尊重，并商定在波哥大会面。最后他们还达成君子协定：奎萨达送给德国人费德曼 40 磅黄金和绿宝石，贝拉卡萨表示他不索取补偿，三人同意返回西班牙，听从当年的"西印度委员会"分派他们担任总督和管地多少。

然而他们三人的黄金梦没有一个得到满意的实现。德国人费德曼回去后默默无闻而死；贝拉卡萨返回早期征服的地方，死时声名狼藉；奎萨达在黄金国的悲剧中，还有另一幕要扮演。1568 年，将近 20 年之后，垂垂老矣的西班牙人奎萨达仍然念念不忘他梦想中的黄金国。尽管当年的伙伴在淘金路上已全部去世，但他对黄金和珍宝的狂热丝毫不减，竟然再次率领一支由 2800 人组成的庞大探险队前往哥伦比亚。经过三年的艰苦搜寻，还是一无所获。奎萨达这次的探险代价惨重：出发时探险队 1300 名西班牙人仅有 64 人生还，1500 名印第安挑夫仅剩 4 人，1100 匹马仅余 18 匹。

由于黄金的吸引力和诱惑力，传说中神话般的爱多拉都即黄金国，到后来竟煞有介事地开始出现在那时欧洲人绘制的哥伦比亚、委内瑞拉、巴西成丰亚那的地图上。但它毕竟来自传说，所以可笑的是其位置始终无法确定。

此后的 300 多年间，先后有几百支探险队，怀着永不破灭的黄金梦来到了南美丛林，但进去的多，出来的少。有些人在印第安人的庙宇和陵墓中找到了一些黄金器具，但更多的人则是空手而归或魂断异邦。在寻找黄金的路上，不知留下了多少冒险家、士兵和印第安人的冤魂，但那个神秘的"黄金国"却还是无法找到。

19 世纪初，德国著名考古学家彼德率领的一支探险队，在哥伦比亚的昆迪玛加高原找到了真正的瓜地维塔湖。波德是个严肃的科学家，对湖底的黄金并无兴趣，但他找到瓜地维塔湖的消息却激起了一轮新的寻找黄金的热潮。先是一支西班牙探险队在较浅的湖水处捞出了一些黄金制品。

接着，在 1912 年，英国一家公司投资 15 万美元购置了当时最先进的设备，来到哥伦比亚，企图抽干瓜地维塔湖的湖水，以找到传说中的"黄金国"人投到湖底的黄金。经过多次抽吸，露出了部分湖底，但找到的黄金很少，还不够支付一少半探险队的费用。

此后法国、美国、哥伦比亚的探险队都曾来到这里，试图抽吸湖水，寻找黄金，但也都没有成功。后来，哥伦比亚政府看到来寻找黄金的探险队越来越多，为了保护湖中可能存在的宝藏，下令禁止在该湖打捞、抽吸，并派军队封锁了该湖。这样，黄金国的湖底宝藏便成了一个无法揭开的谜。

此后，黄金国的传说对人们的诱惑力逐渐消失了。但事件的发展往往有出人意料之处。到了 1969 年，两名哥伦比亚农场工人在波哥大附近的一个洞穴中，发现了一件纯金制成的印加古代遗物：一个木筏上站着九个人像，其中周围八个头戴金饰，似乎是贵族和侍卫,中间一个高大的人像装饰异常豪华,无疑是国王本人。这似乎可以说是那个黄金国庆典中的木筏模型,它使人感到,那个黄金国的传说也许并非虚构。

但是,它又在哪里呢?

石达开藏宝之谜

中国古代英雄之死,没有一个像清朝太平天国的石达开那样惨烈,也没有一个像石达开那样窝囊,甚至没有一个像石达开那样众说纷纭,这真是奇中之奇!

在走投无路之时,石达开隔河射书给土司王应元,许以良马两匹、白金千两为酬,请求让路,但这时王应元已为骆秉章收买,根本没有答应。1863 年 6 月 9 日,石达开最后一次强渡大渡河失败,王应元乘势杀过松林河,加上另一支土司部队从马鞍山压下来,紫打地失守,石达开率残部奔至老鸦漩。

石达开初到紫打地约有 4 万余人,经过二十多天的苦战,还剩 1 万多人。紫打地又是不毛之地,"至是战守俱穷,进退失据,死亡枕藉。"

由于清军执行坚壁清野的政策,致使石达开一直得不到任何补给,情况越来越严重。在这种情况下,石达开只好命令妻妾抱子沉河,其他伤病员也跟着纷纷投河而死,真是悲壮万分……

无奈之下,石达开终于做出了一个从军事上政治上说是极为错误、从人性上说是极为光辉的决定。他写信给四川总督骆秉章,要求只杀自己一个人而保全剩余的太平军将士。

可是清军凶残成性,根本没有信义可言。当他们将石达开骗俘到军营之后,立即将其押解到成都凌迟处死,而太平军残部 6000 余人,也被清军在大树堡残酷地杀害了!

就刑这一天,还有曾仕和等五人同死。曾仕和"文弱,不胜其楚,惨呼",石达开制止他说:"何遽不能忍此须臾?"而石达开则"自就绑至刑场,均神气湛然,无一毫畏缩态,且系以凌迟极刑处死,至死亦均默然无声,真奇男子也",连四川总督骆秉章也不得不赞叹:"枭桀之气,见诸眉宇,绝非寻常贼目等伦!"

据说,在太平军覆亡前夕,石达开曾经命令亲信将军中大量金银财宝埋藏在了一个隐秘的地方。不仅如此,他在当时还留下了一纸宝藏示意图,图上写有"面水靠山,宝藏其间"的八字隐训。

抗战期间,国民党四川省主席刘湘秘密调了 1000 多名工兵前去挖掘,在大渡河紫打地口高升店后山坡下,工兵们从山壁凿人,豁然见到 3 个洞穴,每穴门均砌石条,以三合土封固。但是挖开两穴,里面仅有零星的金玉和残缺兵器。

当开始挖掘第三大穴时,为蒋介石知道了。他速派古生物兼人类学家马长肃博士等率领"川康边区古生物考察团"前去干涉,并由"故宫古物保护委员会"等电告禁止挖掘。不久,刘湘即奉命率部出川抗日,掘宝之事终于被迫中止。

根据研究人员赴现场考察后判断:该三大洞穴所在地区和修筑程度,好像并不是太平军被困时仓促所建。石达开藏宝之谜的真正揭开,只有留到以后了!

罗本古拉珍宝之谜

罗本古拉是非洲南部祖鲁族的分支马塔贝勒的最后一个国王。马塔贝勒人主要生活在今津巴布韦境内的赞比亚河和林波波河之间，精通冶炼金属的技术，制出了许多金银和财宝。罗本古拉还拥有一支强大的军队，这支军队频繁对外作战，也为罗本古拉赢得了大批财富，罗本古拉积累了天文数字的财宝。

至今，罗本古拉的巨额财宝仍安卧在地下的一个神秘的地方，对这笔财宝，许多探险家进行着十分顽强的努力，但由于恶劣的自然环境和某种神秘因素，罗本古拉的财宝仍未被发现。

关于罗本古拉的财宝，有人曾做过统计，按照现在的价值，至少在上亿英镑以上。

19世纪末，欧洲的白人踏上了这块土地，罗本古拉以友好的态度接待了这批"远方来的客人"。他把寻矿的特许权送给了白人特使，允许他们在他的辖地内勘探矿藏。开始，寻矿特许权的获得者答应一旦得到在特殊地区进行勘探的协议书和文件后，就付给罗本古拉国王大笔现金—罗本古拉开始以为他同白人的交易是在平等进行的，但不久他就发现，白人的欲望根本就无法得到满足。英国殖民者罗得斯在当地贵族的帮助下，开始有计划、有预谋地对罗本古拉的财宝进行掠夺。

1893年发生了马塔贝勒战争，英国政府想乘机将罗本古拉"监护"起来。十分聪明的罗本古拉在英国人这一阴谋还没有付诸实施以前，携带着他的财宝，驾着马车踏上了艰难的生存之路：跟随他的有他的九个妻子、一个巫师、一个私人顾问和几名部落成员。他们想去寻找新的居住地点，远远躲开白人的骚扰，去过平静的生活。

可是白人统治者始终不肯放过罗本古拉，不断派出小分队来袭击他，白人的出发点很明确，一是想追回罗本古拉带走的那笔财宝，二是想通过控制罗本古拉本人，达到控制马塔贝勒人的目的。罗本古拉想摆脱白人的袭击，便派出一名特使，带着45.5千克的黄金，前去跟白人谈判，寻求和平。可是残酷无道的白人却把特使给杀了，黄金也被抢走了。而这时，罗本古拉也死了。

罗本古拉死于1894年，得的是猩红热病。按照马塔贝勒人的习俗，将罗本古拉生前积攒下来的珍宝，作为陪葬品一同埋于地下。他的巫医精心选择了墓地，然后又让军队防守在周围，当埋藏工作完成后，便把挖墓穴的那些士兵全部杀死，葬在国王墓穴的周围，继续守卫国王的灵魂。巫医还传下咒语，诅咒那些胆敢挖掘盗窃国王坟墓的人。接着他又把知道墓穴的所有人都带到一个指定的地方，由其部落成员将他们全部处死。到最后，知道墓穴确切地址的只剩下巫医一个人了。英国在罗得西亚的代理机构决心要找到这一藏宝地点。接下来发生了英国人同当地的布尔人之间的英布战争，寻宝工作不得不停下来。战争结束后，英国人接管了这一地区。有一个名叫李波尔特的英国少校，在详细审查德国军官的档案时，发现了一个很细小的方形叠纸，打开叠纸，看到上面有一幅草图、一些账目表和一系列运输费用，还有一些像是密码性质的东西。经过计算，李波尔特发现，图上标明的地区并不在德国人的控制范围。尤其令李波尔特不解的是图上的那些密码。因为没有别的可供参考的东西，他只好把这些东西放到一边，等到再有一些更为详细的线索之后，再来进一步研究。不久，李波尔特跟随着斯马特斯将军参加了东非战役。

在战争期间,有一次,他在审讯德国人新招募来的两名非洲新兵时,得知这两个人是在战争之前带着一支德国小分队进入罗得西亚的。他们说,德国人让他们去找一个国王呆过的地方,他们就只知道这些。过了不长时间,李波尔特去罗得西亚执行任务。他到了罗得西亚以后,从残存下来的马塔贝勒人口中听说了罗本古拉的事情,知道了罗本古拉是怎么死的,以及被埋藏的财宝等等。罗本古拉死后4年,巫医也死去了,他的儿子把他的尸体埋在了好望角。那些想得到罗本古拉财宝的人,又把兴趣转移到了他的头上。

英国殖民者为了从巫医的儿子口中得到有关罗本古拉财宝的秘密,便把他关进了监狱。他在监狱里装疯卖傻,才在一个传教士的保护下获得了释放。第一次世界大战结束后不久,李波尔特作为政府观察员返回非洲占领地。他随身携带着德国人的有关档案,终于弄明白了上次没有解开的密码。这个密码为找到罗本古拉的财宝提供了一些线索,他开始全面调查这笔财宝。李波尔特经过反复琢磨,把藏宝地点限制在方圆30千米之内。李波尔特组织了一个规模不大的探险队,招募了一些当地的马塔贝勒人充当搬运工和挖掘工。可是当这些当地民工知道了他们要干什么的时候,一股脑儿都跑了。

这一次探宝失败了。但李波尔特并不气馁,两年以后,他从西南非洲又带来了一批工人,新的一次发掘又开始了。埋宝之地是一片灌木丛,那里非常宁静,没有莺鸣鸟唱,没有兽动虫行,总而言之,这里没有任何生命的迹象。工人们放下沉重的担子,脸上露出恐怖的神态,一些人手握着手并排地站着。周围一片异常,让人有一种莫名其妙的恐惧感。

李波尔特怀着紧张的心情,独自走上前去,看到了并列着的线条标记,他拨开表层的土壤,触到了坚硬的石头。但这时候李波尔特产生了一种不祥之感。当晚睡觉时,他梦见了一大群苍蝇在嗡嗡飞叫,这在当地的迷信说法,是死亡的征兆,真是让人不可思议。

挖掘工作在第二天就开始了,可是当他们挖到两个护卫亡灵的断脚骷髅时,工作进行不下去了,因为工人说什么也不愿意干下去了,他们都想回家。当知道他们没有地图和向导根本无法回去时,他们才不得已留了下来。

就在这天晚上,李波尔特的一个助手在离居住地500米之外的地方被一头雄狮吃掉了。这件事发生之后,工人们再也无心工作下去了。他们在天亮之前,就离开了那个神秘的地方。

好奇心极强的李波尔特在3年后,又一次来到了那个地方,这次他带来了不同的魔法和护身符。当第一次出现令人恐怖的信号时,他环绕着那个地方用这些护身符做了几次仪式,来安慰他的队员。但事故还是发生了,一个Y型深沟非常奇怪地出现了塌方,压死了10个人。谁也弄不明白这个深沟为什么会发生塌方。同时,李波尔特也得了很重的心脏病,接着又发烧卧床不起。

到了1934年,当李波尔特再一次准备去找宝时,新的麻烦又出现了。因为他的行动已经公之于众,想要从中分成的人把他给包围了起来。葡萄牙人声称,因为财宝是在属于他们的土地上,他们理应得到财宝的50%;德比尔斯矿产公司要75%,因为他们认为这些钻石和金块是从他们矿山上偷走的;伦敦教区社团要50%,因为这些财宝是属于马塔贝勒人的,而他们自认为是这个民族的托管人。

李波尔特认为,这么多的公司来纠缠着他,这大概是那些神秘的咒语在起作用,接下来要做的只有一件事,那就是把那些深沟平掉,恢复原来的模样。可是,就在李波尔特毁掉那些图纸,把那块宝地平复如初的第二年,又有两位德国人在柏林发现了一个德国文件集,在那里找到了与罗本古拉财宝有关的材料,他们又沿着李波尔特的同样路线到南非去寻宝。可他们怎么也没有找到李波尔特曾经到过的地方。从那以后,再也没有人发现或找到罗本古拉藏宝的地方。

犹太人的宝藏之谜

如果单纯从人口比例来讲,犹太人对人类文明所做出的贡献与他们的人口是最不成正比的。

他们不仅为世界贡献了一部流传千古的《圣经》,而且还为人类贡献了耶稣基督、斯宾诺莎、门德尔松、马克思、海涅、弗洛伊德、爱因斯坦、卡夫卡等许许多多世界级的思想文化巨人,所以人们称犹太人为"智慧的民族"。

从另一方面看,世界上许多民族都有过自己不幸和痛苦的历史,但没有哪一个民族遭受的苦难像犹太民族那样普遍、深刻和长久。3000多年来,不同的统治者——耶布斯人、埃及人、巴比伦人、波斯人、罗马人、阿拉伯人、土耳其人、英国人等等,都在犹太人的圣地耶路撒冷留下了自己的足迹。有人做过统计,耶路撒冷曾先后18次被毁,18次被重建。然而。3000多年来,耶路撒冷始终有犹太人居住,始终是犹太民族的精神中心,是全世界犹太人梦魂萦绕的地方。所以又有人称犹太人为"不死的民族"。

从古至今,犹太人似乎一直遭到歧视和迫害,只不过这种迫害有时较为隐蔽,有时较为公开,有时比较平缓,有时却突然、猛烈地爆发出来,有时表现为人们言行中的厌恶、歧视,有时则发展为大规模的暴力和屠杀。在对犹太人的迫害史上,除了像历史上有名的"巴比伦之囚"之外,二战时,德国法西斯对犹太人也施行了惨绝人寰的大屠杀。德国人建在波兰的奥斯威辛集中营令人毛骨悚然。有一段时期,那里平均每天有一万名犹太人被送进毒气室。仅仅在奥斯威辛集中营,被杀害的犹太人就达将近400万。据统计二战中被杀害的波兰人为530万,而犹太人则多达570万。

早在几千年前,犹太人就在《圣经·创世纪》中记载了金钱的重要性,使金钱具有了双重功能,即他们赚钱是为了经济和宗教的双重目的,所以这种赚钱的思想比单纯的追逐金钱更为深刻,也使得犹太人总是和金钱有着密不可分的关联。欧洲人有句口头禅:"世界的财富在犹太人的口袋里,犹太人的财富在他们的脑袋里。"犹太人的善于经商和富有是举世公认的。犹太人还是有名的节俭的民族,他们几乎家家都存有大批的财富。随着法西斯对犹太人的大屠杀,犹太人世世代代积累的财富被德国人搜掠一空。

二战结束后,这些被纳粹德国劫掠去的犹太人的黄金、珠宝、钱财和艺术品的去向,就成了人们关心的一个重要话题。不论是国际犹太人组织、有关国家政府、寻宝者、探险家还是遇难者的后人,都在怀着各自不同的目的,关注着这笔珍宝的下落。

不久前,一位不愿意透露姓名的神秘的男子前往希腊雅典犹太人总部。到总部之后,他指名道姓地说要见负责人康斯坦丁尼,并且说,假如他的要求得不到实现,他将什么也不说。

这个神秘的人物是谁,他来干什么呢? 原来,他见到康斯坦丁尼后表示,他可以协助总部找到一批被德国法西斯沉入希腊海域的犹太人的财物,这批财宝价值达十多亿美元。

听完这个人的诉说,康斯坦丁尼决定资助他的打捞行动。那么,他为什么能轻易说服康斯坦丁尼呢？原来在这个神秘男子的背后有一段传奇般的故事。

据他自己介绍说，1957年，他因为犯重罪被判入狱，凑巧与在希腊落网的纳粹刽子手默登同囚一室。在囚室里，他发现默登没事的时候，总是一个人在地上用手画个不停，并总是自言自语地计算着什么。默登这种奇怪的举动很快引起了他的好奇，但无论他怎么问，默登就是一声不吭。后来，他想尽一切办法，终于得到了默登的信任。原来，默登在囚室里日夜琢磨的是一笔犹太人的价值十多亿美元的巨大宝藏。这个神秘男子再也坐不住了，他日夜和默登在一起商议怎么能尽快出来，怎么能把那笔宝藏弄到手。最后默登终于给他在地上画出了藏宝地图。

听完他的诉说，康斯坦丁尼不由大吃一惊。原来，就在不久前原本被希腊军事法庭判处25年劳役的默登，于1959年以不妥的理由神秘获释，更为离奇的是德国有关方面竟然派来专机把他接回了德国。

康斯坦丁尼马上联想到，默登是当年的纳粹入侵希腊后执行屠杀犹太裔希腊人的最高官员，他的主要职责就是集中"解决"希腊港口城市萨洛尼尔的犹太人。像奥斯威辛集中营的犹太人一样，在希腊的德国人在处决每一个犹太人前，先要拿来他们厚厚的钱包、行李箱，摘下他们的珠宝、戒指、宝石、项链、耳环、金牙和各种装饰。那时候，纳粹总部每天都会收到像小山一样的犹太人的珠宝和钱财。整个希腊，只有3%的富有犹太人侥幸逃过了纳粹的魔掌。

康斯坦丁尼心想，难怪战争结束后，这批价值十多亿的财宝下落不明，难怪希腊政府曾多次搜寻始终一无所获。难道德国人急着使他"获释"，是想抢先一步得到这批犹太人的宝藏吗？

但他转而又想，据后来逮捕的纳粹战犯说，凡是和默登在一块儿共事的人都知道，此人向来独断专行，贪得无厌，以他的独裁作风，应该已把财物私自收藏起来据为己有。

康斯坦丁尼觉得此事非同小可，等这个人走后，他马上向自己的顶头上司做了汇报。他说："我感到此人所说的一切似乎有些不可思议，但我必须承认他所提供的一切资料，例如该批宝藏的具体描述，以及默登个人鲜为人知的一些嗜好和日常举动，可信度非常高，只有和他常年在一起的人才会了解得这么清楚。因此，我决定依照他的指示进行打捞。"他的上司表示完全支持他的一切想法。

于是，康斯坦丁尼制定了一系列计划，申请了一笔寻宝的经费，并很快把这些计划付诸为行动。然而，他们还没来得及组织寻宝队的人马，那个神秘人物却再次因犯欺诈罪而入狱。

在这种情况下，第一次遥控"探宝"开始了，即这个神秘的男子被关押在监狱里，但他却通过必要的通讯设备来详尽地向探宝队提供地点和准确的资料。按照神秘男子提供的资料，那个埋藏着犹太人巨宝的地点应该在希腊中南部的卡拉迈海域。于是，整个打捞行动将完全听命于他的"遥控"。这次遥控指挥，使寻宝行动增添了几分传奇色彩，所以一时间吸引了世界各地的寻宝者的关注。

根据当初这个神秘男子与康斯坦丁尼签订的协议，假如这次寻宝行动一旦成功，那么这十多个亿美元的宝藏将先分成两半，一半归希腊政府所有，一半由当地犹太人的组织与这个神秘男子平分。

那么，这批财宝是否能够找到呢？让我们拭目以待。

世界大百科

地理百科

马博 ⊙ 主编

导　读

　　地理是一门综合性的学科,它包罗万象,丰富多彩。学习地理是我们了解世界、开阔视野的最佳途径。

　　从地理书中,我们可以一览世界各地的锦绣河山,了解不同民族的风土人情。从诡异的亚马逊森林,到神秘的玛雅古文明遗址,从壮丽的东非大草原,到古朴的欧陆小镇,一切尽收眼底。读世界地理书,其实就是一次愉快的心灵旅行。

　　地理知识还可以激发人的灵感和探索欲。平时读一读地理书,了解一些异域风情和探险故事,可以驱走现实生活的烦闷,使心灵充满活力。德国考古学家谢里曼,就是读了希腊神话之后,对神话中的特洛伊充满了好奇,他决心寻找现实中的特洛伊古城。经过在土耳其的实地考察和挖掘,他真的找到了特洛伊遗址,这件事一下子轰动了整个考古界。可见,人是不能没有一点探索精神的。读一点"远在天边"的事,"胡思乱想"一番,也未必是坏事。

　　从实用的角度说,一个人应该了解和掌握必要的地理知识,这有助于建立必要的知识储备、完善自身的知识结构和提高人文修养,为走向成功打下坚实的基础。在今天这个全球化时代,多元文明的融合与碰撞,正在影响和改变着我们的生活。身处地球村的我们,必须具备世界性的胸怀,去了解整个世界。如果还囿于一隅,孤陋寡闻,必然会落伍。

　　我们编写的《地理百科》部分,可谓广征博引,既介绍地质地貌、气候、物产,也介绍各地的民俗文化、经济状况、风景名胜、度假胜地等,融知识性、实用性及趣味性于一体,图文并茂,蔚为大观。

　　最著名的文化遗产,最奇特的风俗民情,最浪漫的度假胜地,最壮丽的自然景观……世界的多种极致之美在这里汇聚。这既是一本包罗万象的工具书,也是一本很好的旅游指南。

海洋与陆地

海底地貌

　　海底地貌是指海水覆盖下的固体地球表面形态的总称。如同陆地上一样,海底世界有高山,有平原,还有深沟峡谷。这个世界并不像人们所想象的或是像表面看起来那样平缓和宁静,相反却是地球上最活跃最动荡不安的地带。地震火山活动频繁,形成高山峻岭,只不过一切都掩盖在海水之下进行而已。

　　纵贯大洋中部的大洋中脊,绵延8万千米,宽数百至数千千米,总面积堪与全球陆地相比。大洋最深点11034米,位于太平洋马里亚纳海沟,超过了陆上最高峰珠穆朗玛峰的海拔高度(8846.27米)。深海平原坡度小于千分之一,其平坦程度超过大陆平原。整个海底可分为大陆边缘、大洋盆地和大洋中脊三大基本地貌单元,及若干次一级的海底地貌单元。

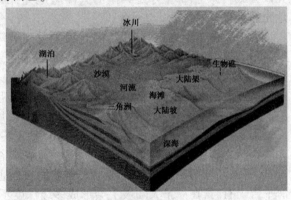

海底地貌

　　①大陆边缘。为大陆与洋底两大台阶面之间的过渡地带,约占海洋总面积的22%。通常分为大西洋型大陆边缘(又称被动大陆边缘)和太平洋型大陆边缘(又称活动大陆边缘)。前者由大陆架、大陆坡、大陆隆3个单元构成,地形宽缓,见于大西洋、印度洋、北冰洋和南大洋周缘地带。后者陆架狭窄,陆坡陡峭,大陆隆不发育,而被海沟取代,可分为两类:海沟—岛弧—边缘盆地系列和海沟直逼陆缘的安第斯型大陆边缘,主要分布于太平洋周缘地带,也见于印度洋东北缘等地。

　　②大洋盆地。位于大洋中脊与大陆边缘之间,一侧与中脊平缓的坡麓相接,另一侧与大陆隆或海沟相邻。占海洋总面积的45%,大洋盆地被海岭等正向地形分割,构成若干外形略呈等轴状,水深约在4000～5000米左右的海底洼地,称海盆。宽度较大、两坡较缓的长条状海底洼地,叫海槽。海盆底部发育深海平原、深海丘陵等地形。长条状的海底高地称海岭或海脊,宽缓的海底高地称海隆,顶图面平坦、四周边坡较陡的海底高地称海台。

　　③大洋中脊。地球上最长最宽的环球性洋中的山系,占海洋总面积的33%。大洋中

脊分脊顶区和脊翼区。脊顶区由多列近于平行的岭脊和谷地相间组成。脊顶为新生洋壳,上覆沉积物极薄或缺失,地形十分崎岖。脊翼区随洋壳年龄增大和沉积层加厚,岭脊和谷地间的高差逐渐减小,有的谷地可被沉积物充填成台阶状,远离脊顶的翼部可出现较平滑的地形。

海底地貌与陆地地貌一样,是内营力和外营力作用的结果。海底大地形通常是内力作用的直接产物,与海底扩张、板块构造活动息息相关。大洋中脊轴部是海底扩张中心。深洋底缺乏陆上那种挤压性的褶皱山系,海岭与海山的形成多与火山、断块作用有关。外营力在塑造海底地貌中也起一定作用。较强盛的沉积作用可改造原先崎岖的火山、构造地形,形成深海平原。海底峡谷则是浊流侵蚀作用最壮观的表现,但除大陆边缘地区外,在塑造洋底地形过程中,侵蚀作用远不如陆上重要。波浪、潮汐和海流对海岸和浅海区地形有深刻的影响。

海洋大陆坡:大陆坡介于大陆架和大洋底之间,大陆架是大陆的一部分,大洋底是真正的海底,因而大陆坡是联系海陆的桥梁,它一头连接着陆地的边缘,一头连接着海洋。大陆坡虽然分布在水深 200 米到 4000 米的海底,但是大陆坡地壳上层以花岗岩为主,通常归属与大陆型地壳,只有极少部分归属于过渡性地壳。大陆坡坡脚以外的深海大洋地壳以玄武岩为主,那里才是典型的大洋型地壳,因而大陆坡坡脚是大陆型地壳与大洋型地壳的真正分界线。

大陆坡由于隐藏在深水区,因此很少受到破坏,基本保持了古大陆破裂时的原始形态。1965 年,英国地球物理学家用计算机绘制了一张大西洋水深 1000 米的等深线图。图形显示大西洋两岸的等深线十分吻合。这从另一个角度证明了大陆漂移说的正确性。

大陆坡的坡度很陡。太平洋大陆坡的平均坡度为 5 度 20 分,大西洋大陆坡的坡度为 3 度 5 分,印度洋的大陆坡深度为 2 度 55 分。坡度变化从几度到 20 多度。大陆坡的表面极不平整,而且分布着许多巨大、深邃的海底峡谷。陆地最大的雅鲁藏布江及澜沧江大峡谷与之相比,也只能是小巫见大巫。海底峡谷有的横切在斜坡上,有的像树枝一样分岔,将大陆坡切割得支离破碎。大陆坡的表面也有较平坦的地方,这些地带被称为深海平台。有时,在一条大陆坡上会形成多级深度不同的海底平台。

海底平地山:二次大战期间,美国著名的地质学家赫斯教授是当时美国海军一艘运输船的船长。他经常指挥他的船来往于太平洋中部和南太平洋之间。在战争要结束的两年里,他从回声探测仪上发现,太平洋海底有许多海底山脉。于是,他利用回声探测仪连续记录下来各点的深度。同时他还发现,洋底的海山顶部是平坦的。这些海底平顶山是由玄武岩一类的岩石构成的。赫斯上校把这些海山一一标在海图上,并且称这些海山为海底平顶山。战争结束后,他用法国地理学家盖约特的名字命名了海底平顶山。后来,他对自己的发现做出了解释:"在距今 6 亿年前的前寒武纪时代,在太平洋的洋面上,有相当数量的火山岛。这些火山岛的顶部由于受到海浪的侵蚀冲击,逐渐形成平坦的顶部,随之变成了浅滩。此后,由于地质原因,这些火山岛沉入海底 1000 米到 2000 米的深处。不过,这种现象究竟是由于火山下沉造成的,还是由于海平面上升造成的,至今不得而知。不过,迄今为止,没有证据证明这些火山形成平坦的顶部是在前寒武纪时代,还是进入古生代以后的地质年代。总之,当时太平洋已经是 3000 多米深的海洋了。"

无论赫斯对平顶山的研究是否正确,但他确实为海底扩张学说的形成提供了有力的证据。

海底山脉：大洋底部存在世界上最长的山系。这个事实直到十九世纪后期才被人类发现。1866年。在铺设横越大西洋的海底电缆时，发现大西洋底的中部水浅而两侧水深。第一次世界大战后，德国人为了偿还债务，梦想从海水中采金。于是建造了一艘"流星"号考察船远赴大西洋考察作业。结果黄金没有找到，却收集了一大批珍贵的海洋资料。他们用超声波装置对大西洋底探测的结果显示，大西洋底有一条从北到南的海底山脉。山脉的高点露出海面形成了亚速尔群岛、阿松森群岛。

1956年，美国学者尤因和希曾首先提出，全球大洋洋底纵贯着一条连续不断的全长达6.4万公里的中央山系，又叫作大洋中脊。中央山系比大洋盆地高约1到2千米。中央山系的宽度约为1000到2000千米，最宽处可达5000公里。大洋山系的总面积约占海洋总面积的30%。其中，大西洋山系北起北冰洋，向南呈S形延伸，在南面绕过非洲南端的好望角与印度洋山系的西南支相连。印度洋山系的东南支向东延伸与东太平洋山系相连。东太平洋山系北端进入加利福尼亚湾。印度洋山系北支伸入亚丁湾、红海与东非内陆裂谷相连。大西洋山系向北延伸到北冰洋，最后潜入西伯利亚。洋底山系全长可以绕地球一圈半。

经过细致测量，人们发现大洋中脊上有一条1到2千米宽的裂谷。为了揭开海底的地质演变奥秘，人们曾经多次下潜到大洋中脊的裂谷中进行实地勘测。在1972年到1974年期间，法国和美国的科学家在地质学家勒皮雄的领导下，使用深潜器观测到了大洋中脊的裂谷。

海沟：海沟是大洋底上比相邻海底深2000米以上的狭长的凹陷陡峭两壁，它是海底的深渊。海沟多分布在大洋边缘，而且与大陆边缘相对平行。对于海沟，目前科学家有许多不同的观点。有人认为，水深超过6000米的长形洼地都可以叫作海沟。另一些人则认为真正的海沟应该与火山弧相伴而生。

一般来说，海沟的形状多为弧形或者直线形，长150千米到4500千米，宽40千米到120千米，水深在6000米到11000米之间。海沟的两面峭壁大多是不对称的"V"字形，沟坡上部较缓，而下部则较陡峭。平均坡度为5度到7度。偶尔也会遇到45度以上的斜坡。

海沟主要分布在活动的大陆边缘。世界上最重要的海沟，几乎都聚集在太平洋。世界最深点所在地——玛利亚那海沟，就在太平洋西部。大西洋的波多黎哥海沟和南桑威奇海沟所处位置都是在大洋边缘。

在地质学上，海沟被认为是海洋板块和大陆板块相互作用的结果。密度较大的海洋板块以30度上下的角度插到大陆板块的下面，两个板块相互摩擦，形成长长的"V"字形凹陷地带。另外，科学家还认识到所有的海沟都与地震有关。环太平洋的地震带都发生在海沟附近。这是因为海沟区的重力值比正常值要低，它意味着海沟下面的岩石圈被迫在巨大的压力作用下向下沉降。

北冰洋的海底地貌有什么特点？

北冰洋不仅规模在四个大洋中最小，而且海水比较浅，海底地貌也比较简单。

在北冰洋中部，横卧着两条海岭，即罗蒙诺索夫海岭和门捷列夫海岭。罗蒙诺索夫海岭略呈西北东南走向，从新西伯利亚群岛起，经北极的中央部分，直达格陵兰海岸。门捷列夫海岭与罗蒙诺索夫海岭大致平行,在东西伯利亚海域符兰格尔岛与加拿大最北端的埃尔斯米尔岛之间,规模比罗蒙诺索夫海岭要小一些。两条海岭把北冰洋海底分为三个海盆,即南森海盆、加拿大海盆和马卡罗夫海盆。其中南森海盆深度 5449 米,是北冰洋的最深处。

北冰洋海底地貌最突出的特点是大陆架非常宽广,总面积达 440 万平方千米,占北冰洋总面积的 33.6%,是世界四个大洋中大陆架面积占大洋总面积比例最大的一个洋。大陆架在北冰洋边缘地区均有分布,但主要分布在亚欧大陆一侧的东西伯利亚海、拉普帖夫海、喀拉海、巴伦支海、挪威海以及格陵兰海海域。在大陆架地区,有极为丰富的石油和天然气资源。沿海岛屿有煤、铁、铜、铅、锌等矿藏。

四大洋

太平洋

概况

位置:位于亚洲、大洋洲、南极洲和南、北美洲之间。

面积:南北长约 15900 千米,东西最大宽度约 19900 千米,面积 17968 万平方千米。占世界海洋总面积的 49.8%,占地球总面积的 35%。太平洋是地球上四大洋中最大、最深和岛屿、珊瑚礁最多的海洋。

范围:太平洋西南以塔斯马尼亚岛东南角至南极大陆的经线与印度洋分界,东南以通过南美洲最南端的合恩角的经线与大西洋分界,北经白令海峡与北冰洋连接,东经巴拿马运河和麦哲伦海峡、德雷克海峡沟通大西洋,西经马六甲海峡和巽他海峡通印度洋,总轮廓近似圆形。

深度:平均深度为 4028 米,最大深度为马里亚纳海沟,深达 11034 米,是目前已知世界海洋的最深点。

地理分区:太平洋通常以南、北回归线为界,分南、中、北太平洋,或以赤道为界分南、北太平洋,也有以东经 160° 为界,分东、西太平洋的。北太平洋:北回归线以北海域,地处北亚热带和北温带,主要属海有东海、黄海、日本海、鄂霍次克海和白令海。中太平洋:位南、北回归线之间,地处热带,主要属海有南海、爪哇海、珊瑚海、苏禄海、苏拉威西海、班达海等。南太平洋:南回归线以南海域,地处南亚热带和南温带,主要属海有塔斯曼海、别林斯高晋海、罗斯海和阿蒙森海。

国家和地区:太平洋地区有 30 多个独立国家,以及十几个分属美、英、法等国的殖民地。

自然环境

岛屿:太平洋约有岛屿一万个,总面积 440 多万平方千米,约占世界岛屿总面积的

45%。大陆岛主要分布在西部,如日本群岛、加里曼丹岛、新几内亚岛等;中部有很多星散般的海洋岛屿(火山岛、珊瑚岛)。海底地形可分为中部深水区域、边缘浅水区域和大陆架三大部分。大致 2000 米以下的深海盆地约占总面积的 87%,200~2000 米之间的边缘部分约占 7.4%,200 米以内的大陆架约占 5.6%。北半部有巨大海盆,西部有多条岛弧,岛弧外侧有深海沟。北部和西部边缘海有宽阔的大陆架,中部深水域水深多超过 5000 米。夏威夷群岛和莱恩群岛将中部深水区分隔成东北太平洋海盆、西南太平洋海盆、西北太平洋海盆和中太平洋海盆。海底有大量的火山锥。边缘浅水域水深多在 5000 米以上,海盆面积较小。

火山与地震:全球约 85% 的活火山和约 80% 的地震集中在太平洋地区。太平洋东岸的美洲科迪勒拉山系和太平洋西缘的花彩状群岛是世界上火山活动最剧烈的地带,活火山多达 370 多座,有"太平洋火圈"之称,地震频繁。

气候:太平洋有很大一部分处在热带和副热带地区,故热带和副热带气候占优势,它的气候分布、地区差异主要是由于水面洋流及邻近大陆上空的大气环流影响而产生的。气温随纬度增高而递减。南、北太平洋最冷月平均气温从回归线向极地为 20~16℃,中太平洋常年保持在 25℃ 左右。太平洋年平均降水量一般为 1000~2000 毫米,多雨区可达 3000~5000 毫米,而降水最少的地区不足 100 毫米。北纬 40° 以北、南纬 40° 以南常有海雾。水面气温平均为 19.1℃,赤道附近最高达 29℃。在靠近极圈的海面有结冰现象。吼啸狂风和汹涌波涛太平洋上的吼啸狂风和汹涌波涛很是著名。在寒暖流交接的过渡地带和西风带内,多狂风和波涛,太平洋北部以冬季为多,南部以夏季为多,尤以南、北纬 40° 附近为甚。中部较平静,终年利于航行。

洋流:太平洋洋流大致以北纬 5~10° 为界,分成南北两大环流:北部环流顺时针方向运行,由北赤道暖流、日本暖流、北太平洋暖流、加利福尼亚寒流组成;南部环流反时针方向运行,由南赤道暖流、东澳大利亚暖流、西风漂流、秘鲁寒流组成。两大环流之间为赤道逆流,由西向东运行,流速每小时 2 千米。

潮汐:多为不规则半日潮,潮差一般为 2~5 米。

海洋资源

太平洋生长的动、植物,无论是浮游植物或海底植物以及鱼类和其他动物都比其他大洋丰富。

渔业:太平洋浅海渔场面积约占世界各大洋浅海渔场总面积的 1/2,海洋渔获量占世界渔获量一半以上,秘鲁、日本、中国舟山群岛、美国及加拿大西北沿海都是世界著名渔场。盛产鲱、鳕、鲑、鲭、鳟、鲣、沙丁、金枪、比目等鱼类。此外海兽(海豹、海象、海熊、海獭、鲸等)捕猎和捕蟹业也占重要地位。

矿物资源:近海大陆架的石油、天然气、煤很丰富,深海盆地有丰富的锰结核矿层(所含锰、镍、钴、铜四种矿物的金属储量比陆地上多几十倍至千倍),此外海底砂锡矿、金红石、锆、钛、铁及铂金砂矿储量也很丰富。

交通运输

航运:太平洋在国际交通上具有重要意义。有许多条联系亚洲、大洋洲、北美洲和南美洲的重要海、空航线经过太平洋;东部的巴拿马运河和西南部的马六甲海峡,分别是通往大西洋和印度洋的捷径和世界主要航道。

海运航线主要有东亚—北美西海岸航线、东亚—加勒比海、北美东海岸航线,东亚—南美西海岸航线,东亚沿海航线,东亚—澳大利亚、新西兰航线,澳大利亚、新西兰—北美东、西海岸航线等。太平洋沿岸有众多的港口。

纵贯太平洋的180°经线为"国际日期变更线",船只由西向东越过此线,日期减去一天;反之,日期便加上一天。

海底电缆:太平洋第一条海底电缆是1902年由英国敷设的,1905年美国在太平洋也敷设了海底电缆。目前加拿大至澳大利亚,美国至菲律宾、日本及印度尼西亚,香港至菲律宾与越南,南美洲沿海各国之间都有海底电缆。近年在太平洋上空开始利用人造通讯卫星进行联系。

大西洋

概况

位置:位欧、非与南、北美洲和南极洲之间。

面积:面积9336.3万平方千米,约占海洋面积的25.4%,约为太平洋面积的一半,为世界第二大洋。

范围:大西洋南接南极洲;北以挪威最北端—冰岛—格陵兰岛南端—戴维斯海峡南边—拉布拉多半岛的伯韦尔港与北冰洋分界;西南以通过南美洲南端合恩角的经线同太平洋分界;东南以通过南非厄加勒斯角的经线同印度洋分界。大西洋的轮廓略呈S形。

深度:平均深度为3627米。最深处达9212米在波多黎各岛北方的波多黎各海沟中。

地理分区:根据大西洋的风向、洋流、气温等情况,通常将北纬5°作为南、北大西洋的分界。大西洋在北半球的陆界比在南半球的陆界长得多,而且海岸曲折,有许多属海和海湾。

重要的属海和海湾:加勒比海、墨西哥湾、地中海、黑海、北海、波罗的海、比斯开湾、几内亚湾、哈得孙湾、巴芬湾、圣劳伦斯湾、威德尔海、马尾藻海等。

重要的岛屿和群岛:大不列颠岛、爱尔兰岛、冰岛、纽芬兰岛、古巴岛、伊斯帕尼奥拉岛及加勒比海和地中海中的许多群岛,格陵兰岛也有一小部分位于大西洋。

自然环境

海底地形:大西洋海底地形特点之一是大陆棚面积较大,主要分布在欧洲和北美洲沿岸。超过2000米的深水域占80.2%,200~2000米之间的水域占11.1%,大陆棚占8.7%,比太平洋、印度洋都大。其二是洋底中部有一条从冰岛到布韦岛,南北延伸约15000多千米的中大西洋海岭,在赤道地区被狭窄分水鞍所切断,一般距水面3000米左右,有些部分突出水面,形成一系列岛屿。整条海岭蜿蜒成S形,把大西洋分隔成与海岭平行伸展的东西两个深水海盆。东海盆比西海盆浅,一般深度不超过6000米;西海盆较深,深海沟大都在西海盆内。在南半球,中大西洋海岭主体向东、向西还伸出许多横的山脊支脉,如伸向非洲西南海岸的沃尔维斯海岭(鲸海岭),伸向南美洲东海岸的里奥格兰德海丘。在中大西洋海岭的南端布韦岛以南为一片水深5000多米的地区,称大西洋—印度洋海盆。南桑威奇海沟深达8428米,为南大西洋的最深点。中大西洋海岭的北端则相反,海底逐渐向上隆起,在格陵兰岛、冰岛、法罗群岛和设得兰群岛之间,海深不到600米。大西洋东部地区,特别在北半球的热带和亚热带,有许多水下浅滩。

气候:大西洋的气候,南北差别较大,东西两侧亦有差异。气温年较差不大,赤道地区不到1℃,亚热带纬区为5℃,北纬和南纬60°地区为10℃,仅大洋西北部和极南部超过25℃。大西洋北部盛行东北信风,南部盛行东南信风。温带纬区地处寒暖流交接的过渡地带和西风带,风力最大。在南北纬40~60°之间多暴风;在北半球的热带纬区5~10月常有飓风。大西洋地区的降水量,高纬区为500~1000毫米,中纬区大部分为1000~1500毫米,亚热带和热带纬区从东往西为100~1000毫米以上,赤道地区超过2000毫米。大西洋水面气温在赤道附近平均约为25~27℃,在南北纬30°之间东部比西部冷,在北纬30°以北则相反。在大西洋范围内,南、北两半球夏季浮冰可分别达南、北纬40°左右。

洋流大西洋的洋流南北各成一个环流系统:北部环流为顺时针方向运行,由北赤道暖流、安的列斯暖流、墨西哥湾暖流、加那利寒流组成,其中墨西哥湾暖流延长为北大西洋暖流,远入北冰洋;南部环流为反时针方向运行,由南赤道暖流、巴西暖流、西风漂流和本格拉寒流组成。在两大环流之间有赤道逆流,赤道逆流由西向东至几内亚湾,称为几内亚暖流。

海洋资源

渔业:海洋资源丰富,西北部和东北部的纽芬兰和北海地区为主要渔场,盛产鲱、鳕、沙丁鱼、鲭、毛鳞鱼等,其他尚有牡蛎、贻贝、螯虾、蟹类以及各种藻类等。海洋渔获量约占世界的1/3~2/5左右。南极大陆附近产鲸、海豹和磷虾,海兽捕获量也很大。

矿物:加勒比海、墨西哥湾、北海、几内亚湾和地中海均蕴藏有丰富的海底石油和天然气。

交通运输

航运:大西洋航运发达,东、西分别经苏伊士运河及巴拿马运河沟通印度洋和太平洋。海轮全年均可通航,世界海港约有75%分布在这一海区。主要有欧洲和北美的北大西洋航线;欧洲、亚洲、大洋洲之间的远东航线;欧洲与墨西哥湾和加勒比海之间的中大西洋航线;欧洲与南美大西洋沿岸之间的南大西洋航线;从西欧沿非洲大西洋岸到开普敦的航线。

大西洋海底电缆:总长20多万千米。从爱尔兰的瓦伦西亚岛和从法国的布列塔尼半岛西北端开始通到加拿大纽芬兰岛的东南端,或一直通到加拿大新斯科舍半岛北端的线路是大西洋海底电缆的主要干线。

印度洋

概况

位置：位于亚洲、大洋洲、非洲和南极洲之间，大部分在南半球。

面积：7491.7万平方千米。约占世界海洋总面积的21.1%，为世界第三大洋。

范围：印度洋西南以通过南非厄加勒斯角的经线同大西洋分界，东南以通过塔斯马尼亚岛东南角至南极大陆的经线为界与太平洋相连。印度洋的轮廓是北部为陆地封闭，南部向南极洲敞开。

深度：平均深度为3897米，最大深度为爪哇海沟，达7450米。

主要属海和海湾：红海、阿拉伯海、亚丁湾、波斯湾、阿曼湾、孟加拉湾、安达曼海、阿拉弗拉海、帝汶海、卡奔塔利亚湾、大澳大利亚湾。

自然环境

岛屿：印度洋有很多岛屿，其中大部分是大陆岛，如马达加斯加岛和非洲东岸边缘许多小岛以及索科特拉岛、斯里兰卡岛、安达曼群岛、尼科巴群岛、明打威群岛等。另有很多火山岛如留尼汪岛、科摩罗群岛、阿姆斯特丹岛、克罗泽群岛、凯尔盖朗群岛等。此外在中印度洋海岭北部上的拉克沙群岛、马尔代夫群岛、查戈斯群岛，以及爪哇西南的圣诞岛、科科斯群岛都是珊瑚岛。

海底地形：海底有一条从印度半岛西岸到澳大利亚大陆以南、自北而南向东伸延的高地，一般在水下约3000~4000米之间，北段为卡尔斯伯格海岭、中段为中印度洋海岭、南段为西南印度洋海岭，西折以后的部分称大西洋—印度洋海岭。这一带高地把印度洋分成东、西两部分，东部为东经90°海岭，海岭南北纵贯，中印度洋海盆和沃顿海盆分列东西，海水较深，其中有些深陷的海沟，以爪哇海沟最深；西部海底地形十分复杂，有许多隆起，海岭交错分布，分隔出一系列海盆：在卡尔斯伯格海岭与亚洲海岸之间有阿拉伯海盆，卡尔斯伯格海岭与非洲海岸之间有索马里海盆。西南印度洋海岭西部有马达加斯加海盆、纳塔尔海盆和厄加勒斯海盆。东部有克罗泽海盆。印度洋南部的凯尔盖朗海岭的东、西两侧为南印度洋海盆和大西洋—印度洋海盆。这些海盆的深度均超过5000米。在印度洋热带沿海区多珊瑚礁和珊瑚岛。

气候：印度洋大部分位于热带，夏季气温普遍较高，冬季一般仅南纬50°以南气温才降至零下。印度洋北部是地球上季风最强烈的地区之一，在南半球西风带中的南纬40~60°之间以及阿拉伯海的西部常有暴风，在印度洋热带纬区有飓风。阿拉伯海和孟加拉湾的东部沿岸地区、印度洋赤道附近降水丰富，年平均降水量2000~3000毫米之间；阿拉伯海西部沿岸降水量最少，仅100毫米左右；印度洋南部大部分地区，年平均降水量1000毫米左右。印度洋西部南纬40~50°之间多海雾。印度洋水面气温平均在20~26℃之间，赤道以北5月份水面气温最高可达29℃以上。

洋流南部的海流比较稳定，为一反时针方向的大环流，由南赤道暖流、莫桑比克暖流、厄加勒斯暖流、西风漂流、西澳大利亚寒流组成。北部海流因季风影响形成季风暖流,冬夏流向相反:冬季反时针方向,夏季顺时针方向。夏季浮冰最北可达南纬55°左右;冰山一般可漂到南纬40°,在印度洋西部,有时可漂到南纬35°。

海洋资源

海洋动植物与渔业:海水上层浮游生物很丰富,盛产飞鱼、金鲭、金枪鱼、马鲛鱼等,鲸、海豹、企鹅也很多。棘皮动物中多海胆、海参、蛇尾、海百合等。海生哺乳动物中儒艮是印度洋特产。波斯湾和斯里兰卡岛盛产珍珠。此外,植物有各种藻类及各种红树林。

矿物:石油极为丰富,波斯湾、红海、阿拉伯海、孟加拉湾、苏门答腊岛与澳大利亚西部沿海都蕴藏有海底石油。波斯湾是世界海底石油最大的产区。

交通运输

航运:印度洋是贯通亚洲、非洲、大洋洲的交通要道。东西分别经马六甲海峡和苏伊士运河通太平洋及大西洋。往西南绕过非洲南端可达大西洋。航线主要有亚、欧航线和南亚、东南亚、东非、大洋洲之间的航线。印度洋的海底电缆网多分布在北部,重要的线路有亚丁—孟买—马德拉斯—新加坡线;亚丁—科伦坡线;东非沿岸线。塞舌尔群岛的马埃岛、毛里求斯岛和科科斯群岛是主要海底电缆枢纽站。沿岸港口终年不冻,四季通航。海运量约占世界海运量的10%以上,以石油运输为主。

北冰洋

概况

位置:大致以北极为中心,介于亚洲、欧洲和北美洲之间,为三洲所环抱。

面积:1310万平方千米,约相当于太平洋面积的1/14。约占世界海洋总面积4.1%,是地球上四大洋中最小最浅的洋。

范围:北冰洋被陆地包围,近于半封闭。通过挪威海、格陵兰海和巴芬湾同大西洋连接,并以狭窄的白令海峡沟通太平洋。在亚洲与北美洲之间有白令海峡通太平洋,在欧洲与北美洲之间以冰岛—法罗海槛和威维亚·汤姆逊海岭与大西洋分界,有丹麦海峡及北美洲东北部的史密斯海峡与大西洋相通。

深度:平均深度约1200米,南森海盆最深处达5449米,是北冰洋最深点。

地理分区:根据自然地理特点,北冰洋分为北极海区和北欧海区两部分。北冰洋主体部分、喀拉海、拉普捷夫海、东西伯利亚海、楚科奇海、波弗特海及加拿大北极群岛各海峡属北极海区;格陵兰海、挪威海、巴伦支海和白海属北欧海区。

北极地区:北极圈以北的地区称北极地方或北极地区,包括北冰洋沿岸亚、欧、北美三洲大陆北部及北冰洋中许多岛屿。北冰洋周围的国家和地区有俄罗斯、挪威、冰岛、格陵兰(丹)、加拿大和美国。北极地区有几十个不同的民族,其中因纽特人分布最广。

北磁极:1985年北磁极的位置在西经102°54′,北纬78°12′。

自然环境

海岸线:北冰洋地区大陆与岛屿的海岸线曲折,沿亚洲和北美洲海岸都有较宽的大陆架。

洋底地形:北冰洋陆棚发达,最宽达 1200 千米以上。中央横亘罗蒙诺索夫海岭,从亚洲新西伯利亚群岛横穿北极直抵北美洲格陵兰岛北岸,峰顶一般距水面 1000~2000 米,个别峰顶距水面仅 900 多米,有剧烈的火山和地震活动,它把北极海区分成加拿大海盆、马卡罗夫海盆(门捷列夫海岭将该海盆分隔为加拿大和马卡罗夫两个海盆)和南森海盆。海盆深度均在 4000~5000 米之间。在北冰洋中部还有许多海丘和洼地。格陵兰岛和斯瓦尔巴群岛之间有一带东西向海底高地,是北极海区与北欧海区的分界。北欧海区东北部为大陆架,西南部为深水区,以格陵兰海最深,达 5527 多米。

气候:北冰洋气候寒冷,洋面大部分常年冰冻。北极海区最冷月平均气温可达-20~-40℃,暖季也多在 8℃以下;年平均降水量仅 75~200 毫米,格陵兰海可达 500 毫米;寒季常有猛烈的暴风。北欧海区受北大西洋暖流影响,水温、气温较高,降水较多,冰情较轻;暖季多海雾,有些月份每天有雾,甚至连续几昼夜。北极海区,从水面到水深 100~225 米的水温约为-1~-1.7℃,在滨海地带水温全年变动很大,从-1.5~8℃;而北欧海区,水面温度全年在 2~12℃之间。此外,在北冰洋水深 100~250 米到 600~900 米处,有来自北大西洋暖流的中间温水层,水温为 0~1℃。

洋流:北冰洋洋流系统由北大西洋暖流的分支挪威暖流、斯匹次卑尔根暖流、北角暖流和东格陵兰寒流等组成。北冰洋洋流进入大西洋,在地转偏向力的作用下,水流偏向右方,沿格陵兰岛南下的称东格陵兰寒流,沿拉布拉多半岛南下的称拉布拉多寒流。

冰盖与冰川:北冰洋水文最大特点是有常年不化的冰盖,冰盖面积占总面积的 2/3 左右。其余海面上分布有自东向西漂流的冰山和浮冰;仅巴伦支海地区受北角暖流影响常年不封冻。北冰洋大部分岛屿上遍布冰川和冰盖,北冰洋沿岸地区则多为永冻土带,永冻层厚达数百米。

极光:在北极点附近,每年近六个月是无昼的黑夜(10 月~次年 3 月),这时高空有光彩夺目的极光出现,一般呈带状、弧状、幕状或放射状,北纬 70°附近常见。其余半年是无夜的白昼。

海洋资源

矿物:大陆架有丰富的石油和天然气,沿岸地区及沿海岛屿有煤、铁、磷酸盐、泥炭和有色金属。如伯朝拉河流域、斯瓦尔巴群岛与格陵兰岛上的煤田,科拉半岛上的磷酸盐,阿拉斯加的石油和金矿等。

海洋生物:海洋生物相当丰富,以靠近陆地为最多,越深入北冰洋则越少。邻近大西洋边缘地区有范围辽阔的渔区,遍布繁茂的藻类(绿藻、褐藻和红藻)。海洋里有白熊、海象、海豹、鲸、鲱、鳕等。苔原中多皮毛贵重的雪兔、北极狐。此外还有驯鹿、极犬等。

交通运输

北冰洋系亚、欧、北美三大洲的顶点,有联系三大洲的最短大弧航线,地理位置很重要。目前北冰洋沿岸有固定的航空线和航海线,主要有从摩尔曼斯克到符拉迪沃斯托克(海参崴)的北冰洋航海线和从摩尔曼斯克直达斯瓦尔巴群岛、雷克雅未克和伦敦的航线。

“四大洋”名称的由来

太平洋——“和平之洋”

公元 1513 年 9 月 26 日,西班牙探险家巴斯科·巴尔沃亚从巴拿马海岸见到此洋,命名为“南海”。1520 年,葡萄牙航海家麦哲伦受西班牙国王委托,率领船队寻找通过东方的航线。经过四个多月的艰难航程。越过狂风恶浪的大西洋,穿过麦哲伦海峡,他们进入了新的大洋。时值当时天气晴朗,风平浪静,与前段航行截然不同,因此麦哲伦便把这个叫作“南海”的大洋改称为“和平之洋”,汉译为“太平洋”。

大西洋——“大力士神的栖息地”

大西洋源于古希腊神话中大力士神阿特拉斯的名字。普罗米修斯因盗取天火给人间而犯了天条,株连到他的兄弟阿特拉斯。众神之王宙斯强令阿特拉斯支撑石柱使天地分开,于是阿特拉斯在人们心目中成了英雄。最初希腊人以阿特拉斯命名非洲西北部的土地,后因传说阿特拉斯住在遥远的地方,人们认为一望无际的大西洋就是阿特拉斯的栖身地,故有此称。

印度洋——“通往东方的海洋”

印度洋的名称最早见于 1515 年中欧地图学家舍尔编绘的地图上,标注为“东方的印度洋”,此外“东方的”一词是和大西洋相对而言。奥尔大利乌斯编绘的世界地图集里正式称之为“印度洋”。因为古代西方对东方的了解很少,只传闻印度是东方的一个富有的国家,因此到东方就是到印度,通往东方的航路也就是通往印度的航路。1497 年,葡萄牙航海家达·伽马东航寻找印度,便将沿途所经过的洋面统称之为印度洋。

北冰洋——“北极之海”

北冰洋大致以北极为中心,介于亚洲、欧洲和北美洲的北岸之间,面积 1310 万平方千米,为世界四大洋中面积最小、深度最浅的洋。由于终年气候严寒,绝大部分被冰层覆盖,因此一度曾经被称为“北极海”“北冰海”,现在称之为“北冰洋”。

七大洲

亚洲

概况

名称:亚细亚洲,简称亚洲。

位置:位东半球的东北部,东、北、南三面分别濒临太平洋、北冰洋和印度洋,西靠大西洋的属海地中海和黑海。

面积:4400 万平方千米(包括附近岛屿),约占世界陆地总面积的 29.4%,是世界第一大洲。亚洲大陆与欧洲大陆相连,合称亚欧大陆,总面积 5071 万平方千米,亚洲大陆约占 4/5。

范围:大陆东至杰日尼奥夫角(西经 169°40′,北纬 60°05′),南至皮艾角(东经 103°30′,北纬 1°17′),西至巴巴角(东经 26°03′,北纬 39°27′),北至切柳斯金角(东经 104°18′,北纬 77°43′)。西北以乌拉尔山脉、乌拉尔河、里海、大高加索山脉、博斯普鲁斯海峡、达达尼尔海峡与欧洲分界,西南隔苏伊士运河、红海与非洲相邻,东南有一系列与大洋洲接近的群岛环绕大陆,东北隔白令海峡与北美洲相望。

地理区域:亚洲共有 48 个国家和地区。在地理上习惯分为东亚、东南亚、南亚、西亚、中亚和北亚。东亚包括中国、朝鲜、韩国、蒙古和日本。东南亚包括越南、老挝、柬埔寨、缅甸、泰国、马来西亚、新加坡、印度尼西亚、菲律宾、文莱等国家。南亚包括斯里兰卡、马尔代夫、巴基斯坦、印度、孟加拉国、尼泊尔、不丹和锡金。西亚也叫西南亚,包括阿富汗、伊朗、阿塞拜疆、亚美尼亚、格鲁吉亚、土耳其、塞浦路斯、叙利亚、黎巴嫩、巴勒斯坦、约旦、伊拉克、科威特、沙特阿拉伯、也门、阿曼、阿拉伯联合酋长国、卡塔尔和巴林。中亚包括土库曼斯坦、乌兹别克斯坦、吉尔吉斯斯坦、塔吉克斯坦和哈萨克斯坦的南部。北亚指俄罗斯的西伯利亚地区。

居民

人口:35.13 亿,约占世界总人口的 60.5%,以中国人口最多,人口在 1 亿以上的还有印度、印度尼西亚、日本、孟加拉国和巴基斯坦。人口分布以中国东部、日本太平洋沿岸、爪哇岛、恒河流域等地最为密集。

种族:黄种人约占全洲人口的 3/5 以上。其次是白种人,黑种人很少。

语言:亚洲语言分属于:汉藏语系、南亚语系、阿尔泰语系、朝鲜语系、日本语系、印欧语系。

宗教:亚洲是佛教、伊斯兰教和基督教三大宗教的发源地。中南半岛各国的居民多信佛教;马来半岛和马来群岛上的居民主要信伊斯兰教,部分居民信天主教和佛教;南亚各国的居民主要信印度教、伊斯兰教和佛教;西亚各国的居民主要信伊斯兰教。

自然环境

海岸线:大陆海岸线长 69900 千米。多半岛和岛屿。半岛总面积约 1000 多万平方千米,是半岛面积最大的一洲,阿拉伯半岛为世界最大的半岛。岛屿总面积约 270 万平方千米,仅次于北美洲居世界第二位。加里曼丹岛为世界第三大岛。

地形:亚洲地形的总特点是地势高、地表起伏大,中间高、周围低,隆起与凹陷相间,东部有一列纵长的花彩状岛弧。平均海拔约 950 米,是除南极洲外世界上地势最高的一洲。山地、高原和丘陵约占总面积的 3/4,其中有 1/3 的地区海拔在 1000 米以上。平原占总面积的 1/4,计 1000 多万平方千米。

全洲大至以帕米尔高原为中心,一系列高大山脉向四方辐射伸延到大陆边缘。主要有天山山脉、昆仑山脉、喜马拉雅山脉、阿尔泰山脉、兴都库什山脉、厄尔布尔士山脉、托罗斯山脉和扎格罗斯山脉等。在以上主干山脉之间有青藏高原、蒙古高原、伊朗高原、安纳托利亚高原和塔里木盆地、准噶尔盆地、柴达木盆地等。在山地、高原的外侧分布着面积广大的平原,主要有东北平原、华北平原、长江中下游平原、印度河平原、恒河平原、美索不达米亚平原、西西伯利亚平原等。亚洲既有世界上最高的高原、山脉和山峰,又有世界上著名的平原和洼地。青藏高原素有"世界屋脊"之称,平均海拔 4500 米;世界上最高的珠穆朗玛峰,海拔 8848 米;西西伯利亚平原东西宽 1500 千米,南北长 2300 千米,大部分地面海拔在 100 米以上;世界最低的洼地死海,水面低于地中海海面 400 米。

亚洲不仅陆上起伏极端,且大陆东缘的弧形列岛与太平洋的海底部分也同样表现出起伏极端,列岛上的山脉与极深的海沟伴生。亚洲最高峰与邻近海域最深海沟高低相差约 20 千米。

火山与地震:亚洲是世界上火山最多的洲,东部边缘海外围的岛群是太平洋西岸火山带的主要组成部分。从爪哇岛和苏门答腊岛向北经尼科巴群岛、安达曼群岛、德干高原北部、伊朗高原北部到小亚细亚半岛一带,为大西洋—地中海—印度洋沿岸火山带的一部分。亚洲也是世界上地震频繁且多强烈地震的洲之一。

水系:亚洲有许多大河,大都源于中部高山地带,呈放射状向四面奔流。流入太平洋的河流有黑龙江、黄河、长江、珠江、湄公河等;流入印度洋的有印度河、恒河、萨尔温江、伊洛瓦底江、底格里斯河、幼发拉底河等;流入北冰洋的有鄂毕河、叶尼塞河、勒拿河等。

内流河主要分布于亚洲中西部干旱地区,有锡尔河、阿姆河、伊犁河、塔里木河、约旦河等。亚洲落差最大的瀑布是印度西南沿海施腊巴提河上的焦格瀑布,落差 253 米。

亚洲湖泊较之其他洲不算太多,但不少湖泊具有特色,闻名世界。如亚欧界湖里海是世界第一大湖、最大的咸水湖;贝加尔湖是世界上最深的湖、亚洲最大的淡水湖;死海是世界上最低的洼地;巴尔喀什湖是一个同时存在着淡水和咸水的内陆湖。亚洲湖泊分布较广,大致可分北亚、中亚、西亚以及青藏高原和长江中、下游五大湖群。

气候:亚洲大陆跨寒、温、热三带。气候的主要特征是气候类型复杂多样、季风气候典型和大陆性显著。东亚东南半部是湿润的温带和亚热带季风区,东南亚和南亚是湿润的热带季风区。中亚、西亚和东亚内陆为干旱地区。以上湿润季风区与内陆干旱区之间,以及北亚的大部分为半湿润半干旱地区。

亚洲大部分地区冬季气温甚低,最冷月平均气温在 0℃ 以下的地区约占全洲面积的 2/3,上扬斯克和奥伊米亚康一带,1 月平均气温低达-50℃ 以下,奥伊米亚康极端最低气温曾低达-71℃,是北半球气温最低的地方,被称为北半球的寒极区。夏季普遍增温,最热月平均气温除北冰洋沿岸在 10℃ 以下外,其余地区均在 10-15℃ 之间。20℃ 以上的地区约占全洲面积的 1/2,伊拉克巴士拉极端最高气温曾达 58.8℃,为世界最热的地方。

降水分布的地区差异悬殊,主趋势是从湿润的东南部向干燥的西北部递减。赤道带附近全年多雨,年降水 2000 毫米以上。印度东北部的乞拉朋齐年平均降水量高达 11430 毫米,为世界最多雨的地区之一。西南亚和中亚为终年少雨区,广大地区年降水多在 150 毫米以下。9、10 月间,西伯利亚和蒙古高原上空经常有强烈的冷空气(寒潮)南下,东亚的大部分地区易遭侵袭。

自然资源

矿物:亚洲矿物种类多、储量大,主要有石油、煤、铁、锡、钨、锑、铜、铅、锌、锰、镍、钼、镁、铬、金、银、岩盐、硫磺、宝石等。石油、镁、铁、锡等的储量均居各洲首位,锡矿储量约占世界总储量60%以上。

森林和草原:森林总面积约占世界森林总面积的13%。用材林2/3以上已开发利用。人工造林有一定的发展。俄罗斯亚洲部分、中国的东北、朝鲜的北部,是世界上分布广阔的针叶林地区,蓄积量丰富,珍贵用材树种很多。中国的华南、西南,日本山地的南坡,喜马拉雅山南坡植物特别丰富,除普通阔叶树种外,还有棕榈、蒲葵、杉属、水杉属等。东南亚的热带森林在世界森林中占重要地位,以恒定、丰富的植物群落著称。其主要树种是龙脑香科,还有树状蕨纲、银杏、苏铁等"活化石"。亚洲草原总面积约占世界草原总面积的15%。

水力:亚洲各国可开发的水力资源估计年可发电量达26000亿度,占世界可开发水力资源量的27%。

海洋渔业:亚洲沿海渔场面积约占世界沿海渔场总面积的40%。盛产鲑、鳟、鳕、鲣、鲭、小黄鱼、大黄鱼、带鱼、乌贼、沙丁鱼、金枪鱼、马鲛鱼以及鲸等,著名渔场有舟山群岛、台湾岛、西沙群岛、北海道岛、九州岛等岛屿的附近海域,以及鄂霍次克海等。中国沿海渔场面积占世界沿海渔场总面积近1/4。

经济简况

亚洲各国中,除日本为发达国家外,其余均是发展中国家,各国经济都有一定的发展,许多国家发挥其自然条件和资源的优势,经营多种热带和亚热带作物;积极勘探、开采矿产资源;大力发展制造业,使经济体制由以农业、矿业为主的"单一"向"多元化"方向发展,亚洲的工业、农业和交通运输业在世界经济中已占重要地位。农业稻米、天然橡胶、金鸡纳霜、马尼拉麻(蕉麻)、柚木和胡椒等的产量均占世界总产量的90%以上。中国稻米产量占世界第一位,印度占第二位;马来西亚的天然橡胶产量占世界第一位,印度尼西亚占第二位。金鸡纳霜主要产在印度尼西亚;马尼拉麻主要产在菲律宾;柚木和胡椒主要产在东南亚各国。黄麻、椰干、茶叶的产量均占世界总产量的80%左右。黄麻主要产在中国、印度和孟加拉国;椰干主要产在菲律宾、印度尼西亚、印度、马来西亚和斯里兰卡等国。茶叶主要产在印度、中国和斯里兰卡。其他还有棉花、花生、芝麻、烟草、油菜籽等的产量在世界上也占有一定的地位。

工业:石油年产量约占7~10亿吨,占世界年产量的27~30%;天然气年总产量约1000亿立方米,占世界年总产量的6%以上,煤年产量约10多亿吨,占世界年总产量的22%以上;年发电量约10000亿度,约占世界年发电量的13%;钢产量年约1.7亿吨,约占世界总产量的24%;锡精矿产量占世界总产量的60%左右,其中马来西亚产量占世界各国中第一位。钨精矿产量约占世界产量的45%。亚洲的畜牧业、渔业也很发达。

亚洲工业:各国各地区工业发展水平和部门、地域结构差异显著。绝大多数国家工业基础薄弱,采矿和农产品加工及轻纺工业占主要地位。中国工业发展迅速,工业体系完整。日本是高度发达的世界经济大国。蒙古工业以畜产品加工为主。新加坡、泰国、马来西亚是新兴工业化国家。印度尼西亚和文莱以生产原油为主要。印度工业较发达。除阿富汗、黎巴嫩和土耳其外。西亚多数国家工业均以生产原油和炼油为主,西亚能源在世界能源中占重要地位。

交通:亚洲的交通各地发展不一。中国东半部、日本、爪哇岛、斯里兰卡西部、印度中部、土耳其西部交通发达,以铁路、公路运输为主。广大内陆地区和沙漠地区以畜力为主。东南部沿海海上运输发达。经济发达地区空运发展迅速。

非洲

概况

名称:阿非利加洲,简称非洲。

位置:位于东半球的西南部,地跨赤道南北,西北部的部分地区伸入西半球。东濒印度洋,西临大西洋,北隔地中海和直布罗陀海峡与欧洲相望,东北隔以狭长的红海与苏伊士运河紧邻亚洲。

范围:大陆东至哈丰角(东经51°24′、北纬10°27′),南至厄加勒斯角(东经20°02′、南纬34°51′),西至佛得角(西经17°33′、北纬14°45′),北至吉兰角(本赛卡角)(东经9°50′、北纬37°21′)。

面积:约3020万平方千米(包括附近岛屿)。约占世界陆地总面积的20.2%,次于亚洲,为世界第二大洲。

地理区域:非洲目前有56个国家和地区,在地理上,习惯将非洲分为北非、东非、西非、中非和南非五个地区。北非通常包括埃及、苏丹、利比亚、突尼斯、阿尔及利亚、摩洛哥、亚速尔群岛、马德拉群岛。东非通常包括埃塞俄比亚、厄立特里亚、索马里、吉布提、肯尼亚、坦桑尼亚、乌干达、卢旺达、布隆迪和塞舌尔。西非通常包括毛里塔尼亚、西撒哈拉、塞内加尔、冈比亚、马里、布基纳法索、几内亚、几内亚比绍、佛得角、塞拉利昂、利比里亚、科特迪瓦、加纳、多哥、贝宁、尼日尔、尼日利亚和加那利群岛。中非通常包括乍得、中非、喀麦隆、赤道几内亚、加蓬、刚果、刚果民主共和国、圣多美和普林西比。南非通常包括赞比亚、安哥拉、津巴布韦、马拉维、莫桑比克、博茨瓦纳、纳米比亚、南非、斯威士兰、莱索托、马达加斯加、科摩罗、毛里求斯、留尼汪、圣赫勒拿等。

居民

人口74800万。占世界人口总数12.9%,仅次于亚洲,居世界第二位。非洲人口的出生率、死亡率和增长率均居世界各洲的前列。人口分布极不平衡,尼罗河沿岸及三角洲地区,每平方千米约1000人。撒哈拉、纳米布、卡拉哈迪等沙漠和一些干旱草原、半沙漠地带每平方千米不到1人。还有大片的无人区。

人种:非洲是世界上民族成分最复杂的地区。非洲大多数民族属于黑种人,其余属白种人和黄种人。

语言:非洲语言约有800种。一般分为4个语系。

宗教:非洲居民多信奉原始宗教和伊斯兰教,少数人信奉天主教和基督教。

自然环境

海岸线:大陆海岸线全长30500千米。海岸比较平直,缺少海湾与半岛。

岛屿：非洲是世界各洲中岛屿数量最少的一个洲。除马达加斯加岛（世界第四大岛）外，其余多为小岛。岛屿总面积约62万平方千米，占全洲总面积不到3%。

地形：非洲大陆北宽南窄，呈不等边三角形状。南北最长约8000千米，东西最宽约7500千米。非洲为一高原大陆，地势比较平坦，明显的山脉仅限于南北两端。全洲平均海拔750米。海拔500~1000米的高原占全洲面积60%以上。海拔2000米以上的山地和高原约占全洲面积5%。海拔200米以下的平原多分布在沿海地带。地势大致以刚果民主共和国境内的刚果河河口至埃塞俄比亚高原北部边缘一线为界，东南半部较高，西北半部较低。东南半部被称为高非洲，海拔多在1000米以上，有埃塞俄比亚高原（海拔在2000米以上，有"非洲屋脊"之称）、东非高原和南非高原，在南非高原上有卡拉哈迪盆地。西北半部被称为低非洲，海拔多在500米以下，大部分为低高原和盆地，有尼罗河上游盆地、刚果盆地和乍得盆地等。非洲较高大的山脉多矗立在高原的沿海地带，西北沿海有阿特拉斯山脉；东南沿海有德拉肯斯山脉；东部有肯尼亚山和乞力马扎罗山。乞力马扎罗山是座活火山，海拔5895米，为非洲最高峰。非洲东部有世界上最大的裂谷带，裂谷带东支南起希雷河河口，经马拉维湖，向北纵贯东非高原中部和埃塞俄比亚高原中部，经红海至死海北部，长约6400千米，形成一系列狭长而深陷的谷地和湖泊，其中阿萨勒湖的湖面在海平面以下156米，为非洲陆地最低点。

沙漠：非洲的沙漠面积约占全洲面积1/3，为沙漠面积最大的一洲。撒哈拉沙漠是世界上最大的沙漠，面积777万平方千米；西南部还有纳米布沙漠和卡拉哈迪沙漠。

火山与地震：东非大裂谷带内及其附近，分布着一系列死火山和活火山，其中高大火山海拔达5000米以上。非洲中、西部亦有不少高大火山。东非大裂谷带也是非洲地震最频繁、最强烈的地区。

水系：非洲的外流区域约占全洲面积的68.2%。大西洋外流水系多为源远流长的大河，有尼罗河、刚果河、尼日尔河、塞内加尔河、沃尔特河、奥兰治河等。尼罗河全长6671千米，是世界最长的河流。刚果河的流域面积和流量仅次于亚马逊河，位居世界第二位。印度洋外流水系包括赞比西河、林波波河、朱巴河及非洲东海岸的短小河流、马达加斯加岛上的河流等。非洲的内流水系及无流区面积为958万平方千米，约占全洲总面积的31.8%。其中河系健全的仅有乍得湖流域。奥卡万戈河流域和撒哈拉沙漠十分干旱，多间歇河，沙漠中多干谷。内流区还包括面积不大的东非大裂谷带湖

撒哈拉沙漠

区，河流从四周高地注入湖泊，湖区雨量充沛，河网稠密，不同于其他干旱内流区。非洲湖泊集中分布于东非高原，少量散布在内陆盆地。高原湖泊多为断层湖，狭长水深，呈串珠状排列于东非大裂谷带，其中维多利亚湖是非洲最大湖泊和世界第二大淡水湖；坦噶尼喀湖是世界第二深湖。位于埃塞俄比亚高原上的塔纳湖是非洲最高的湖泊，海拔1830米。乍得湖为内陆盆地的最大湖泊，面积时常变动。

气候：非洲有"热带大陆"之称，其气候特点是高温、少雨、干燥，气候带分布呈南北对

称状。赤道横贯中央,气候一般从赤道随纬度增加而降低。全洲年平均气温在20℃以上的地带约占全洲面积95%,其中一半以上的地区终年炎热,有将近一半的地区有着炎热的暖季和温暖的凉季。埃塞俄比亚东北部的达洛尔年平均气温为34.5℃,是世界年平均气温最高的地方之一。利比亚首都的黎波里以南的阿齐济耶,1922年9月13日气温高达57.8℃,为非洲极端最高气温。乞力马扎罗山位于赤道附近,因海拔高,山顶终年积雪。

非洲降水量从赤道向南北两侧减少,降水分布极不平衡,有的地区终年几乎无雨,有的地方年降水多达10000毫米以上。全洲1/3的地区年平均降水量不足200毫米。东南部、几内亚湾沿岸及山地的向风坡降水较多。

自然资源

非洲已探明的矿物资源种类多,储量大。石油、天然气蕴藏丰富;铁、锰、铬、钴、镍、钒、铜、铅、锌、锡、磷酸盐等储量很大;黄金、金刚石久负盛名;铀矿脉的相继被发现,引起世人瞩目。许多矿物的储量位居世界的前列。非洲的植物至少有40000种以上。森林面积占非洲总面积的21%。盛产红木、黑檀木、花梨木、柯巴树、乌木、樟树、栲树、胡桃木、黄漆木、栓皮栎等经济林木。草原辽阔,面积占非洲总面积的27%,居各洲首位。可开发的水力资源丰富。沿海盛产沙丁鱼、金枪鱼、鲐、鲸等。

经济简况

工业:非洲是世界上经济发展水平最低的洲。大多数国家经济落后。采矿业和轻工业是非洲工业的主要部门。黄金、金刚石、铁、锰、磷灰石、铝土矿、铜、铀、锡、石油等的产量都在世界上占有重要地位。轻工业以农畜产品加工、纺织为主要。木材工业有一定的基础,制材厂较多。重工业有冶金、机械、金属加工、化学和水泥、大理石采制、金刚石琢磨、橡胶制品等部门。

农业:农业在非洲国家国民经济中占有重要的地位,是大多数国家的经济支柱。非洲的粮食作物种类繁多,有麦、稻、玉米、小米、高粱、马铃薯等,还有特产木薯、大蕉、椰枣、薯芋、食用芭蕉等。非洲的经济作物,特别是热带经济作物在世界上占有重要地位,棉花、剑麻、花生、油棕、腰果、芝麻、咖啡、可可、甘蔗、烟叶、天然橡胶、丁香等的产量都很高。乳香、没药、卡里特果、柯拉、阿尔法草是非洲特有的作物。

畜牧业:发展较快,牲畜头数多,但畜产品商品率低,经营粗放落后。渔业资源丰富,但渔业生产仍停留在手工操作阶段,近年来淡水渔业发展较快。

交通:非洲是世界交通运输业比较落后的一个洲,还没有形成完整的交通运输体系。大多数交通线路从沿海港口伸向内地,彼此互相孤立。交通运输以公路为主,另有铁路、海运等方式。南非共和国、马格里布等地区是非洲交通运输比较发达的地区。撒哈拉、卡拉哈迪等地区则是没有现代交通运输线路的空白区。目前非洲有公路约130多万千米,铁路约78000千米。内河通航里程约52000千米。海运业占重要地位。航空业发展较快。

欧洲

概况

名称:欧罗巴洲,简称欧洲。

位置:位于东半球的西北部,亚洲的西面。北临北冰洋,西濒大西洋,南隔地中海与非洲相望,东以乌拉尔山脉、乌拉尔河、大高加索山脉、博斯普鲁斯海峡、达达尼尔海峡同亚洲分界,西北隔格陵兰海、丹麦海峡与北美洲相对。

范围:大陆东至极地乌拉尔山脉(东经 $66°10'$,北纬 $67°46'$),南至马罗基角(西经 $5°36'$,北纬 $36°00'$),西至罗卡角(西经 $9°31'$,北纬 $38°47'$),北至诺尔辰角(东经 $27°42'$,北纬 $71°08'$)。

面积:1016 万平方千米,约占世界陆地总面积的 6.8%,仅大于大洋洲,是世界第六大洲。

地理区域:欧洲有 44 个国家和地区。在地理上习惯分为南欧、西欧、中欧、北欧和东欧五个地区。

南欧指阿尔卑斯山以南的巴尔干半岛、亚平宁半岛、伊比利亚半岛和附近岛屿,包括南斯拉夫、克罗地亚、斯洛文尼亚、波斯尼亚和黑塞哥维那、马其顿、罗马尼亚、保加利亚、阿尔巴尼亚、希腊、意大利、梵蒂冈、圣马力诺、马耳他、西班牙、葡萄牙和安道尔。西欧狭义上指欧洲西部濒大西洋地区和附近岛屿,包括英国、爱尔兰、荷兰、比利时、卢森堡、法国和摩纳哥。中欧指波罗的海以南、阿尔卑斯山脉以北的欧洲中部地区。包括波兰、捷克、斯洛伐克、匈牙利、德国、奥地利、瑞士、列支敦士登。北欧指欧洲北部的日德兰半岛、斯堪的纳维亚半岛一带。包括冰岛、法罗群岛(丹)、丹麦、挪威、瑞典和芬兰。东欧指欧洲东部地区。在地理上指爱沙尼亚、拉脱维亚、立陶宛、白俄罗斯、乌克兰、摩尔多瓦和俄罗斯西部。

居民

人口:7.28 亿,约占世界总人口的 12.5%,是人口密度最大的一洲。人口分布相对均匀。绝大多数国家人口密度为 50 人/平方千米,仅北欧地区相对稀疏。

民族:欧洲绝大部分居民是白种人(欧罗巴人种),在各大洲中,种族构成相对比较单一。全洲大约有 70 个民族,绝大多数民族的人口均达到一定数量,小民族和小部落较为少见。多数国家的民族构成也较单一。民族构成较复杂的国家有俄罗斯、瑞士等。

语言:欧洲各国语种很多,主要语言有英语、俄语、法语、德语、意大利语、西班牙语等。

宗教:居民多信奉天主教和基督教。

自然环境

海岸线:大陆海岸线长 37900 万千米,是世界上海岸线最曲折的一个洲。多半岛、岛屿和港湾。半岛和岛屿的总面积约占全洲面积的 1/3(其中半岛面积约 240 万平方千米,约占全洲面积的 24%;岛屿面积约 75 万平方千米,约占全洲总面积的 7%)。此外还有许多深入大陆的内海和海湾。

地形:欧洲地形总特点是以平原为主,冰川地貌分布较广,高山峻岭汇集南部,海拔 200 米以上的高原、丘陵和山地约占全洲面积的 40%,其中海拔在 500 米的仅占 15%,海拔 2000 米以上的高山仅占约 2%;海拔 200 米以下的平原约占全洲面积的 60%。全洲平均海拔 300 米,是平均海拔最低的一洲。欧洲平原西起大西洋岸,东至乌拉尔山,绵延数千里,形成横贯欧洲的大平原。阿尔卑斯山脉横亘南部,是欧洲最大的山脉。东南部大高加索山脉的主峰厄尔布鲁士山,海拔 5642 米,为欧洲最高峰。欧洲北部斯堪的纳维亚山脉地势比较平缓,沿岸多深入内陆、两岸陡峭的峡湾。里海北部沿岸低地在海平面以下 28 米,为全洲最低点。

气候:欧洲绝大部分地区气候具有温和湿润的特征。大陆南北跨纬度 35°,包括附属岛屿也只有 47°,除北部沿海及北冰洋中的岛屿属寒带、南欧沿海地区属亚热带外,几乎全部都在温带。是世界上温带海洋性气候分布面积最广的一洲。欧洲西部各地方距海洋均不超过 700 千米,而东部距海洋最远的地方可达 1600 千米,因此欧洲从西向东由海洋性气候过渡到大陆性气候。又由于平原辽阔,从浩瀚的大西洋吹来的湿润西风能无阻地深入内陆,湿润的空气调节了气温,北大西洋暖流使整个西欧及北欧西部沿海地区更为温暖。靠近大西洋的向风坡,年平均降水量达 1000 毫米以上。

水系:欧洲河网比较稠密,多短小而水量丰沛的河流,不少河流之间有运河连接。外流区域约占 80.5%,其中流入大西洋的河流(包括流入地中海、黑海和波罗的海)流域面积约占全洲面积的 68%;流入北冰洋的约占 12.5%;内流区域约占 19.5%,大多注入里海。主要河流是伏尔加河、多瑙河、乌拉尔河、第聂伯河、顿河、莱茵河、罗讷河、泰晤士河等。欧洲落差最大的瀑布是挪威的奥尔默利瀑布,落差 563 米。欧洲湖泊众多,且是一个多小湖群的大陆,但分布很不均匀,主要分布在北部和阿尔卑斯山地区。欧洲湖泊多为冰川作用形成。阿尔卑斯山麓分布着许多较大的冰碛湖和构造湖,山地河流多流经湖泊。

自然资源

矿物:欧洲的地质勘探进行较早,大部分地区已勘查。目前,石油的探明储量约 124 亿吨;天然气探明储量约 37 万亿立方米(多集中在苏联,其次在荷兰、英国和德国);硬煤探明储量 4.7 万亿吨(乌克兰的顿巴斯、波兰和捷克之间的西里西亚、德国的鲁尔和萨尔、法国的洛林和北部煤田、英国的英格兰中部等皆有世界著名的大煤田);钾盐储量约 640 亿吨(多集中在苏联、德国);铁矿储量 3400 亿吨(主要集中在苏联、法国、瑞典、英国和德国);铜矿金属储量约 7100 万吨(其中 50% 以上集中在苏联,其次分布在波兰);铬矿储量约 3.5 亿吨。褐煤、铅、锌、汞、硫磺也较丰富。阿尔巴尼亚盛产沥青,世界驰名。

森林与草原:欧洲森林面积达 8.74 亿公顷,约占世界森林总面积的 23%,其中以苏联森林面积最广大。草原面积约占世界草原总面积 15%。

水利:可开发的水力资源估计年可发电量为 18000 亿度,约占世界可开发水力资源的 18%。

海洋渔业:欧洲沿海渔场面积约占世界沿海渔场总面积的 32%。盛产鲭、鳀、鳕、鲑、鳗、沙丁鱼和金枪鱼等。著名渔场有挪威海、北海、巴伦支海、波罗的海、比斯开湾等。欧洲捕鱼量约占世界30%,捕鱼量最多的国家为俄罗斯和挪威,其次为西班牙、丹麦、英国和冰岛等。

经济简况

欧洲经济发展水平居各大洲之首。工业、交通运输、商业贸易、金融保险等在世界经济中占重要地位,在科学技术的若干领域内也处于世界较领先地位。欧洲绝大多数国家属于发达国家,其中北欧、西欧和中欧的一些国家经济发展水平最高,南欧一些国家经济水平相对较低。工业欧洲煤、铁开采量占世界总开采量的30%以上,汞、钾盐均占60%以上,其主要工业部门是钢铁、机械、化学、食品。汽车、船舶、飞机、发电设备、农机、电子器材等产量占世界40%,俄罗斯、德国、法国、英国等国家的生产规模巨大。此外瑞士的钟表和精密仪器、捷克与斯洛伐克的重型机器、德国的光学仪器、西班牙的造船、瑞典的造船和矿山机械等在国际上素有盛誉。

农业:欧洲农业为次要生产部门。农牧结合和集约化水平高为重要特点。主要种植麦类、玉米、马铃薯、蔬菜、瓜果、甜菜、向日葵、亚麻等,小麦产量约占世界总产量的50%,大麦、燕麦约占60%以上。园艺业发达,主产葡萄和苹果。畜牧业以饲养猪、牛、绵羊为主。

欧洲已形成了庞大的综合运输网络,各种运输方式高度发展,铁路、公路、海运、航空等都非常发达。运输业居世界各洲之首位。

大洋洲

概况

名称:大洋洲。

位置:位于太平洋西南部和南部的赤道南北广大海域中。其狭义的范围是指东部的波利尼西亚、中部的密克罗尼西亚和西部的美拉尼西亚三大岛群。广义的范围是指除上述三大岛群外,还包括澳大利亚、新西兰和新几内亚岛(伊里安岛)等。

面积:大洋洲陆地总面积约897万平方千米,约占地球陆地总面积的6%,是世界上最小的一个洲。

地理区域:大洋洲有14个独立国家,其余十几个地区尚在美、英、法等国的管辖之下。在地理上划分为澳大利亚、新西兰、新几内亚、美拉尼西亚、密克罗尼西亚和波利尼西亚六区。

居民

人口:2900万。约占世界人口的0.5%,是除南极洲外,世界人口最少的一洲。全洲65%的人口分布在澳大利亚大陆。各岛国人口密度差异显著。巴布亚人、澳大利亚人,塔斯马尼亚人、毛利人、美拉尼西亚人、密克罗尼西亚人和波利尼西亚人等当地居民约占总人口的 20%,欧洲人后裔约占 70%以上,此外还有混血种人、印度人、华人和日本人等。

语言:绝大部分居民使用英语,三大岛群上的当地居民分别使用美拉尼西亚语、密克罗尼西亚语和波利尼西亚语。

宗教:绝大部分居民信奉基督教,少数信奉天主教,印度人多信印度教。

自然环境

海岸线:大陆海岸线长约 19000 千米。全洲除少数山地海拔超过 2000 米外,一般海拔在 600 米以下,地势低缓。一般分为大陆和岛屿两部分:澳大利亚大陆西部高原。海拔 200 米,大部分为沙漠和半沙漠,也有一些海拔 1000 米以上的山脉;中部平原海拔在 200 米以下,北艾尔湖湖面在海平面以下 16 米,为大洋洲的最低点;东部山地海拔 800 米,山地东坡较陡,西坡缓斜。新几内亚岛、新西兰的北岛和南岛是大陆岛,岛上平原狭小,多海拔 2000 米以上的高山,新几内亚岛上的查亚峰,海拔 5029 米,是大洋洲的最高点。美拉尼西亚的岛屿多属大陆型,系大陆边缘弧状山脉的延续部分,各列岛弧之间有深海盆和深海沟。波利尼西亚和密克罗尼西亚绝大部分岛屿属珊瑚礁型,面积小,地势低平,不少岛屿有由珊瑚礁环绕形成的礁湖,成为天然的船只停泊地和水上飞机场。此外还有少量由海底火山喷发物质堆积而成的火山型岛屿,如夏威夷群岛、帕劳群岛、所罗门群岛、新赫布里底群岛等,地形特点是山岭高峻,形势险要,多天然掩护的良港。

水系:外流区域约占总面积的 48%,墨累河是外流区域中最长和流域面积最大的河流。内流区域(包括无流区)约占总面积的 52%,均分布在澳大利亚中部及西部地区,主要内流河均注入北艾尔湖。大洋洲的河流与其他洲比较显得十分稀少,河流短小,水量较少,雨季暴涨,旱季有时断流,大多不利航行,但所有河流几乎终年不冻。大洋洲的湖泊较少,最大湖泊是澳大利亚境内的北艾尔湖,面积约 8200 平方千米,随降水而变化;最深的湖泊是新西兰南岛西南端的蒂阿瑙湖,深达 276 米。澳大利亚大陆多构造湖。新西兰除构造湖外,还有由熔岩,阻塞河流而形成的堰塞湖。夏威夷岛上则有火山湖。此外许多岛屿上有由珊瑚礁环绕而形成的礁湖。新乔治亚岛上的礁湖是世界上的大礁湖之一,帕劳群岛中的科梅科尔礁湖也很有名。

火山:澳大利亚东部和北部沿海岛屿是太平洋西岸火山带的组成部分,大洋洲陆上有活火山 60 余座,仅美拉尼西亚就有 30 余座。夏威夷岛的冒纳罗亚火山海拔 4170 米,是大洋洲最高的活火山。

气候:大洋洲大部分地区处在南、北回归线之间,绝大部分地区属热带和亚热带,除澳大利亚的内陆地区属大陆性气候外,其余地区均属海洋性气候。绝大部分地区的年平均气温在 25～28℃之间。最凉月平均气温为北半球从夏威夷群岛最北面向赤道由 16℃递增到 25℃;南半球从南纬 50°附近起向赤道由 6℃递增到 25℃;新西兰的南岛和澳大利亚东南部山区可达 0℃以下。最热月平均气温,北半球从夏威夷群岛最北面起向马里亚纳群岛附近,由 24℃递增到 28℃以上;南半球从南纬 50 度附近起向澳大利亚西北部,由 12℃递增到 32℃。澳大利亚昆士兰州的克朗克里极端最高气温达 53℃,为大洋洲最热的地方。澳大利亚中部和西部沙漠地区年平均降水量不足 250 毫米,是大洋洲降水量最少的地区。夏威夷的考爱岛东北部年平均降水量高达 12000 多毫米,是世界上降水较多的地区之一。新几内亚岛北部及美拉尼西亚、密克罗尼西亚、波利尼西亚三大岛群属全年多雨的热带降水区,迎风坡年平均降水量多在2000毫米以上。美拉尼西亚北部、新几内亚岛北部及马绍尔群岛南部,年平均降水量可达3000毫米,背风坡则仅1000毫米左右。澳大利亚东南部及新西兰属各月降水较均匀、但以冬季稍多的温带降水区,年平均降水量多在500~2000毫米以上,个别地区高达5000多毫米。澳大利亚西南部和西南沿海属地中海式冬季降水区,冬季降水量约占全年降水量的40~60%。

自然资源

矿物:矿物以镍、铝土矿、金、铬、磷酸盐、铁、银、铅、锌、煤、石油、天然气、铀、钛和鸟粪石等较丰富。镍储量约4600万吨,居各洲前列;铝土矿储量46.2亿吨,居各洲第二位。

森林与草原:森林面积约占总面积的9%,约占世界森林总面积的2%,产松树、山毛榉、棕榈树、桉树、杉树、白檀木和红木等多种珍贵木材。草原占大洋洲总面积的50%以上,约占世界草原总面积的16%。

水利:水力蕴藏量约为13500万千瓦,占世界水力总蕴藏量的4.9%;已开发水力280万千瓦,占世界总开发量的1.8%。估计年可发电2000亿度,约占世界可开发水力资源的2%。

渔业:美拉尼西亚附近海域、澳大利亚东南沿海及新西兰附近海域为主要渔场,盛产沙丁鱼、鳕、鳗、鲭和鲸等。

经济简况

大洋洲各国经济发展水平差异显著,澳大利亚和新西兰两国经济发达,其他岛国多为农业国,经济比较落后。农业农作物有小麦、椰子、甘蔗、菠萝、天然橡胶等。小麦产量约占世界小麦总产量的3%,当地居民主要粮食是薯类、玉米、大米等。畜牧业以养羊为主,绵羊头数占世界绵羊总头数的20%左右,羊毛产量占世界羊毛总产量的40%左右。

工业:大洋洲的工业,主要集中在澳大利亚,其次是新西兰。主要有采矿、钢铁、有色金属冶炼、机械制造、化学、建筑材料、纺织等部门。大洋洲岛国工业多分布在各自的首都或首府,一般比较落后,仅以采矿及农、林、畜产品加工为主,多为外资控制,产品多供出口。

旅游业:近年来大洋洲国家重视发展旅游业。汤加、瓦努阿图等国家旅游业收入可观,成为国民经济的重要组成部分。交通大洋洲介于亚洲和南、北美洲之间,南遥对南极洲,是联系各大洲航线的必经之路。许多国际海底电缆均通过这里,海洋航运成为国与国、岛与岛相互交往的重要手段。陆上交通主要有铁路和公路。公路总长100万千米以上。铁路总长46000多千米。内河航运里程约1000千米。有航线通达洲内各国和重要地区的首都和首府,同洲外各重要港口城市也均有联系。

南美洲

概况

名称:南亚美利加洲,简称南美洲。

位置:位于西半球的南部,东濒大西洋,西临太平洋,北滨加勒比海,南隔德雷克海峡与南极洲相望。一般以巴拿马运河为界同北美洲相分。

范围:大陆东至布朗库角(西经 34°46′,南纬 7°09′),南至弗罗厄德角(西经 71°18′,南纬 53°54′),西至帕里尼亚斯角(西经 81°20′,南纬 4°41′),北至加伊纳斯角(西经 71°40′,北纬 12°28′)。

面积:约 1797 万平方千米(包括附近岛屿),约占世界陆地总面积的 12%。

地理区域:从地理区域上划分为:南美北部诸国,包括圭亚那、苏里南、法属圭亚那、委内瑞拉和哥伦比亚。安第斯山地中段诸国,包括厄瓜多尔、秘鲁、玻利维亚。南美南部诸国,包括智利、阿根廷、乌拉圭、巴拉圭。南美东部国家巴西,面积约占大陆总面积的一半。

居民

人口:32500 万,约占世界总人口的 5.6%。人口分布不平衡,西北部和东部沿海一带人口稠密,广大的亚马逊平原是世界人口密度最小的地区之一,每平方千米不到一人。人口分布的另一特点是人口高度集中在少数大城市。

民族:南美洲民族成分比较复杂,有印第安人、白人、黑人及各种不同的混血型,以印欧混血型最多。在近 3 亿人口中,白人最多,其次是印欧混血型和印第安人,黑人最少。

语言:印第安人用印第安语,巴西的官方语言为葡萄牙语,法属圭亚那官方语言为法语,圭亚那官方语言为英语,苏里南官方语言为荷兰语,其他国家均以西班牙语为官方语言。

宗教:居民绝大多数信天主教,少数信基督教。

自然环境

海岸线:大陆海岸线长约 28700 千米,比较平直,多为与山脉走向一致的侵蚀海岸。缺少大半岛和大海湾。岛屿也不多,主要分布在大陆南部沿海地区。

地形:南美洲大陆地形可分为三个南北向纵列带:西部为狭长的安第斯山,东部为波状起伏的高原,中部为广阔平坦的平原低地。南美洲海拔 300 米以下的平原约占全洲面积的 60%,海拔 300~3000 米之间的高原、丘陵和山地约占全洲面积的 33%,海拔 3000 米以上的高原和山地约占全洲面积的 7%。全洲平均海拔 600 米。安第斯山脉由几条平行山岭组成,山体最宽处达 400 千米,全长约 9000 千米,大部分海拔 3000 米以上,是世界上最长的山脉,也是世界最高大的山系之一。安第斯山脉有不少高峰海拔 6000 米以上,其中阿空加瓜山海拔 69600 米,是南美洲最高峰。南美洲东部有宽广的巴西高原、圭亚那高原,其中巴西高原面积 500 多万平方千米,为世界上面积最大的高原。南部则有巴塔哥尼亚高原。南美洲平原自北而南有奥里诺科平原、亚马逊平原和拉普拉塔平原。其中亚马逊平原面积约 560 万平方千米,是世界上面积最大的冲积平原,地形坦荡,海拔多在 200 米以下。

火山与地震:南美洲是世界上火山较多、地震频繁且多强烈地震的一个洲。科迪勒拉山系是太平洋东岸火山带的主要组成部分,安第斯山脉北段有 16 座活火山,南段有 30 多座活火山。尤耶亚科火山海拔 6723 米,是世界上较高的活火山。地震以太平洋沿岸地区最为频繁。

气候:南美洲大部分地区属热带雨林和热带草原气候。气候特点是温暖湿润,以热带为主,大陆性不显著。全洲除山地外,冬季最冷月的平均气温均在 0℃ 以上,占大陆主要部分的热带地区,平均气温超过 20℃。冬季远比北美洲暖和。

大部分地区夏季最热月平均气温介于 26~28℃ 之间,远不及非洲和澳大利亚大陆的热带地区炎热。南美洲各地气温的年较差较小,不像亚洲、北美洲那样变化剧烈。全洲降水充沛,年降水量在 1000 毫米以上的地区约占全洲面积的 70% 以上,为各洲中沙漠面积较小的一洲。

水系:南美洲水系以科迪勒拉山系的安第斯山为分水岭,东西分属于大西洋水系和太平洋水系。太平洋水系源短流急,且多独流入海。大西洋水系的河流大多源远流长、支流众多、水量丰富、流域面积广。其中,亚马逊河是世界上最长、流域面积最广、流量最大的河流之一,其支流超过 1000 千米的有 20 多条。南美洲水系内流区域很小,内流河主要分布在南美西中部的荒漠高原和阿根廷的西北部。南美洲除最南部外,河流终年不冻。南美洲多瀑布,安赫尔瀑布落差达 979 米,为世界落差最大的瀑布。南美洲湖泊不多,安第斯山区的荒漠高原地区多构造湖,如的的喀喀湖、波波湖等;南部巴塔哥尼亚高原区多冰川湖;内流区多内陆盐沼。南美洲西北部的马拉开波湖是最大的湖泊。

自然资源

矿物:资源尚未很好勘探,目前已知现代化工业中所需要的 20 多种最重要的矿物原料大部分都有,且储量丰富。委内瑞拉石油储量、巴西的铁矿储量居世界前列;天然气主要分布在委内瑞拉和阿根廷;煤主要分布在哥伦比亚和巴西;铝土矿主要分布在苏里南;铜矿的金属储量在 1 亿吨以上,居各洲首位,智利铜的储量居世界第二位,秘鲁居第四位;铋、锑、银、硝石、铍和硫磺储量均居各洲前列;锡、锰、汞、铂、锂、铀、钒、锆、钍、金刚石等矿物也很丰富。

森林:森林面积约 92000 万公顷,占全洲总面积的 50% 以上,约占世界森林总面积的 23%,盛产红木、檀香木、铁树、木棉树、巴西木、香膏木、花梨木等贵重林木。草原面积约 44000 万公顷,约占全洲总面积的 25%,占世界草原总面积的 14% 多。

水力资源:水力蕴藏量估计为 46700 万千瓦,约占世界水力蕴藏量的 16.9%;已开发的水力资源为 560 万千瓦,约占世界水力资源总开发量的 3.6%。

渔业:智利北部沿海和巴西东南部沿海盛产金枪鱼,秘鲁沿海盛产鱼,智利沿海盛产沙丁鱼、鳕和鲸。此外,巴西、阿根廷沿海还盛产鲈、鲷、鳀、鲭、鳕等鱼类。秘鲁沿海、巴西沿海为南美洲两大渔场。

经济简况

第二次世界大战后,南美洲经济发展很快,经济结构发生显著变化。但各国经济水平和经济实力相距甚远。巴西、阿根廷已建立了比较完备的国民经济体系,两国国内生产总值约占全洲 2/3。委内瑞拉、哥伦比亚、智利、秘鲁经济也较发达。

工矿业:工业以采矿业和制造业最为重要。采矿业是南美各国的基础部门,大部分矿产供出口,委内瑞拉、阿根廷、厄瓜多尔、秘鲁等国的石油;巴西、委内瑞拉、智利的铁;玻利维亚的锡、锑;智利、秘鲁的铜;圭亚那、苏里南的铝土;秘鲁的铅、锌、银、铋;智利的硝石、钼;巴西的铌的产量或出口量在世界占据重要地位。轻工业为南美多数国家制造业的主体,肉类加工、制糖、饮料、皮革、纺织、服装等部门较发达。钢铁、汽车、化工、橡胶、电器、机械等重工业集中在巴西、阿根廷、委内瑞拉、智利、秘鲁、哥伦比亚等国家。

农业:农业在南美各国经济中具有重要意义。种植业中经济作物占据绝对优势。南美洲是可可、向日葵、菠萝、马铃薯、木薯、巴西橡胶树、烟草、金鸡纳树、玉米、番茄、巴拉圭茶、辣椒等栽培植物的原产地。甘蔗、香蕉、咖啡分别占世界总产量的 20%,其中巴西的咖啡和香蕉产量均居世界第一位;可可、柑橘均占世界总产量的 25% 左右,其中巴西的可可产量居世界第三位;剑麻产量居各洲第二位,主要产在巴西;巴西木薯产量居世界第一位。南美洲向世界提供所需咖啡、香蕉、蔗糖的绝大部分及大量的棉花、可可、剑麻等。东南部阿根廷等国则大量出口肉类和粮食。牛、羊的总头数在世界上占重要地位。沿海盛产鳀鱼、沙丁鱼、鳗鱼、鲈鱼、金枪鱼等,秘鲁和智利为世界著名渔业国。南美洲大部分国家中多数人从事农业生产,但粮食生产仍不足自给,大多数国家需进口粮食。

交通

交通运输以铁路、公路为主。阿根廷和巴西交通较发达。圭亚那、苏里南、委内瑞拉、乌拉圭、智利等国拥有较稠密的公路网。南美洲公路总长约 2000000 千米,铁路总长约 85000 千米,内河通航里程约 100000 千米。

北美洲

概况

名称:北亚美利加洲,简称北美洲。

位置:位于西半球北部。东滨大西洋,西临太平洋,北濒北冰洋,南以巴拿马运河为界与南美洲相分。

范围:大陆东至圣查尔斯角(西经 55°40′,北纬 52°13′),南至马里亚托角(西经 81°05′,北纬 7°12′),西至威尔士王子角(西经 168°05′,北纬 65°37′),北至布西亚半岛的穆奇森角(西经 94°26′,北纬 71°59′)。北美洲除包括巴拿马运河以北的美洲外,还包括加勒比海中的西印度群岛。

面积:2422.8 万平方千米(包括附近岛屿),约占世界陆地总面积的 16.2%,是世界第三大洲。

地理区域：分为东部地区（拉布拉多高原阿巴拉契亚山脉以东的地区）、中部地区（拉布拉多高原阿巴拉契亚山脉与落基山脉之间）、西部地区（属美洲科迪勒拉山系北段，落基山脉是本区骨架）、阿拉斯加、加拿大北极群岛、格陵兰岛、墨西哥、中美洲和西印度群岛九个地区。

居民

人口：46200万，约占世界总人口的8%。全洲人口分布很不均衡，人口绝大部分分布在东南部地区，其中以纽约附近和伊利湖周围人口密度最大，每平方千米在200人以上；而面积广大的北部地区和美国西部内陆地区人口稀少，每平方千米不到1人。

民族：大部分居民是欧洲移民的后裔，其中以盎格鲁萨克逊人最多；其次是印第安人、黑人、混血种人。此外还有因纽特人、波多黎各人、犹太人、日本人和华人等。语言通用英语、西班牙语，其次是法语、荷兰语、印第安语等。

宗教：居民主要信基督教和天主教。

自然环境

海岸线：大陆海岸线长约6万千米。西部的北段、北部和东部海岸比较曲折，多岛屿和峡湾；南半部海岸较平直。

半岛与岛屿：半岛总面积约为210万平方千米。岛屿总面积400万平方千米，居各洲之首，格陵兰岛为世界最大岛。

地形：全洲海拔200米以下的平原约占20%，海拔200米的平原和丘陵约占22%，海拔500米以上的高原和山地约占58%，全洲平均海拔700米。大陆地形的基本特征是南北走向的山脉分布于东西两侧与海岸平行，大平原分布于中部。地形明显地分为三个区。东部山地和高原：圣劳伦斯河以北为拉布拉多高原，以南为阿巴拉契亚山脉，地势南高北低，海拔一般为300~500米。阿巴拉契亚山脉东侧沿大西洋有一条狭窄的海岸平原，西侧逐渐下降与中部平原相接。中部平原：位于拉布拉多高原、阿巴拉契亚山脉与落基山脉之间，北起哈得孙湾，南至墨西哥湾，纵贯大陆中部。平原北半部多湖泊和急流，南半部属密西西比河平原。平原西部为世界著名的大平原。西部山地和高原：属科迪勒拉山系的北段，从阿拉斯加一直伸展到墨西哥以南，主要包括三条平行山地，东带为海拔2000米以上的落基山脉，南北延伸5000千米，是北美洲气候上的重要分界线；西带南起美国的海岸山岭，向北入海，形成加拿大西部的沿海岛屿；中带包括北部的阿拉斯加山脉、加拿大的海岸山脉、美国的内华达山脉和喀斯喀特岭等。阿拉斯加的麦金利山海拔6194米，为北美洲最高峰。东带和中带之间为高原和盆地，盆地南部的死谷低于海平面86米，为西半球陆地的最低点。

火山与地震：北美洲西部沿海地区是太平洋沿岸火山带的一部分。北美洲有活火山90多座，其中阿留申群岛有28座，阿拉斯加有20座，中美洲有40多座。北美洲西部也是世界上地震频繁和多强烈地震的地带。

水系：北美洲的外流区域约占全洲面积的88%，其中属大西洋流域的面积约占全洲的48%，属太平洋流域的各约占20%。除圣劳伦斯河外，所有大河都发源于落基山脉。

麦金利山

落基山脉以东的河流分别流入大西洋和北冰洋,以西的河流注入太平洋。内流区域(包括无流区)约占全洲面积的12%,主要分布在美国西部大盆地及格陵兰岛。密西西比河是北美洲最大的河流,按长度为世界第四大河。其次为马更些河、育空河、圣劳伦斯河和格兰德河等。北美洲的河流上多瀑布,落差最大的瀑布是美国西部约塞米蒂国家公园的约塞米蒂瀑布,落差达700米。尼亚加拉瀑布,落差51米,宽1240米。北美洲是个多湖泊的大陆,淡水湖总面积约40万平方千米,居各洲首位。湖泊主要分布在大陆的北半部。中部高原区的五大湖:苏必利尔湖、休伦湖、密歇根湖、伊利湖、安大略湖,总面积为245273平方千米,是世界上最大的淡水湖群,有"北美地中海"之称。其中以苏必利尔湖面积最大,为世界第一大淡水湖。

气候:北美洲地跨热带、温带、寒带,气候复杂多样。北部在北极圈内,为冰雪世界。南部加勒比海受赤道暖流之益,但有热带飓风侵袭。大陆中部广大地区位于北温带。由于所有的山脉都是南北或近似南北走向,故从太平洋来的湿润空气仅达西部沿海地区;从北冰洋来的冷空气可以经过中部平原长驱南下;从热带大西洋吹来的湿润空气也可以经过中部平原深入到北部,故北美洲的气候很不稳定,冬季时而寒冷,时而解冻,墨西哥湾沿岸的业热带地区,冬季也会发生严寒和下雪的现象。北美洲最冷月(1月)平均气温低于0℃的地区,约占全洲面积的3/4;整个北极群岛(北美大陆以北、格陵兰岛以西众多岛屿的总称)及格陵兰岛的大部分地区都低于-32℃,格陵兰岛中部低达-40℃,成为西半球的寒极区。美国西南部的死谷,极端最高气温曾达56.7℃,为全洲最热地区。北美洲东部地区降水较多。加拿大和格陵兰岛的东南部、美国的东部、加拿大和阿拉斯加的太平洋沿岸地区年降水量约为500~300毫米;加拿大和阿拉斯加的太平洋沿岸高达2000毫米以上,为北美洲降水最多的地区;佛罗里达半岛、落基山脉东麓及大平原、育空高原年降水量250毫米;加勒比海地区属热带雨林气候,终年高温多雨。降水量最少的地区是美国大盆地西南部、科罗拉多河下游以及北极群岛和格陵兰岛的北部,年平均降水量都不到100毫米。北美洲东南部常受飓风侵袭,往往造成严重灾害。北美洲中部和北部冬季常吹寒冷而强烈的暴风和陆龙卷风。西风在翻越落基山脉后,于东麓形成钦诺克焚风。

自然资源

北美洲大部分地区已经过勘查。主要矿物是石油、天然气、煤炭、铁、铜、镍、铀、铅、锌等。北美洲的森林面积约占全洲面积的30%,约占世界森林总面积的18%。主要分布在西部山地,盛产达格拉斯黄杉、巨型金针柏、奴特卡花柏、糖槭、松、红杉、铁杉等林木。草原面积占全洲面积14.5%,约占世界草原面积的11%。北美洲可开发的水力资源蕴藏量约为24800万千瓦,占世界水利资源蕴藏量的8.9%,已开发的水利资源为5360万千瓦,占世界的 34.7%。

北美洲沿海渔场的面积约占世界沿海渔场总面积的 20%,西部和加拿大东部的边缘海区为主要渔场,盛产鲑、鲽、鳕、鲭、鳗、鲱、沙丁、比目、萨门等鱼类,在加拿大东部边缘海区还产鲸。北部沿海有海象、海豹以及北极熊等。

经济简况

工业:美国和加拿大是经济发达的国家,工业基础雄厚、生产能力巨大、科学技术先进。农、林、牧、渔业也极为发达。北美洲其他国家除墨西哥有一些工业基础外,多为单一经济国家。北美洲采矿业规模较大,主要开采煤、原油、天然气、铁、铜、铅、锌、镍、硫磺等,而锡、锰、铬、钴、铝土矿、金刚石、硝石、锑、钽、铌以及天然橡胶等重要的战略原料几乎全部或大部靠进口。主要工业品产量在世界总产量中的比重为:生铁、钢、铜、锌等均占 20% 左右,铝占 40% 以上,汽车约占 37%。

农业:北美洲农业生产专门化、商品化和机械化程度都很高。中部平原是世界著名的农业区之一,农作物以玉米、小麦、水稻、棉花、大豆、烟草为主,其大豆、玉米和小麦产量在世界农业中占重要地位。中美洲、西印度群岛诸国和地区主要生产甘蔗、香蕉、咖啡、可可等热带作物。

交通:北美洲铁路总长 420000 多千米。内河通航里程约 55000 多千米。公路四通八达。美国东北部是交通最发达的地区,其次是美国中部、东南部、西部沿海地区;加拿大东南部;墨西哥东部,以公路和铁路运输为主。古巴的糖厂铁路专用线较发达。加拿大中部地区的夏季河运、冬季雪橇运输也很重要。北部沿海地区以雪橇运输为主。

南极洲

概况

名称:南极洲。是人类最后到达的大陆,也叫"第七大陆。"

位置:位于地球最南端,土地几乎都在南极圈内,四周濒太平洋、印度洋和大西洋。是世界上地理纬度最高的一个洲。

面积:总面积约 1400 万平方千米,约占世界陆地总面积的 9.4%。

范围:由围绕南极的大陆、陆缘冰和岛屿组成,其中大陆面积 1239.3 万平方千米,陆缘冰面积 158.2 万平方千米,岛屿面积 7.6 万平方千米。

地理分区:南极洲分东南极洲和西南极洲两部分。东南极洲从西经 30° 向东延伸到东经 170°,包括科茨地、毛德皇后地、恩德比地、威尔克斯地、乔治五世海岸、维多利亚地、南极高原和极点。面积 1018 万平方千米。西南极洲位于西经 50°~160° 之间,包括南极半岛、亚历山大岛、埃尔斯沃思地以及伯德地(玛丽·伯德地)等,面积 229 万平方千米。

居民:南极洲仅有一些来自其他大陆的科学考察人员和捕鲸队,无定居居民。

简史:1738~1739 年,法国人布韦航海时发现了南极附近的一个岛屿(今布韦岛)。1772~1775 年,英国人库克到达南极附近的南设得兰群岛。1820~1821 年,美国人帕尔默、沙俄人别林斯高晋和拉扎列夫、英国人布兰斯菲尔德先后发现了南极大陆。1838~

1842年,英国人罗斯、法国人迪尔维尔、美国人威尔克斯等先后考察了南极大陆。1911年12月阿蒙森等四名挪威人首次到达南极极点。1928~1929年,美国人作了几次南极飞行考察,并建立了"小亚美利加基地"。

南极考察

国际活动:1959年12月,由12个国家签订了《南极条约》。其主要内容是:南极洲仅用于和平目的,保证在南极地区进行科学考察的自由,促进科学考察中的国际合作,禁止在南极地区进行一切具有军事性质的活动及核爆炸和处理放射废物,冻结对南极的领土要求等。目前,世界上许多国家都加入了《南极条约》。

我国与南极:1984年11月20日,我国派出591人组成的南极考察队,乘"向阳红10号"考察船首次赴南极建站与考察。1985年2月中国南极长城站在乔治王岛菲尔德斯半岛南端落成,地理坐标为南纬62°12′59″,西经58°57′52″,距北京17501.9千米。1988年11月20日~1989年4月10日中国东南极考察队在南极大陆拉斯曼丘陵上建立了中国南极中山站,中山站地理坐标为南纬69°22′24″,东经76°22′24″,距北京12553.2千米,距南极点2903千米?

自然环境

海岸线:南极洲大陆海岸线长约24700千米。

边缘海与岛屿:南极洲边缘海有属于南太平洋的别林斯高晋海、罗斯海、阿蒙森海和属于南大西洋的威德尔海等。主要岛屿有奥克兰群岛、布韦岛、南设得兰群岛、南奥克尼群岛、阿德莱德岛、亚历山大岛、彼得一世岛、南乔治亚岛、爱德华王子群岛、南桑威奇群岛。地形横贯南极的山脉将南极大陆分为两部分。东南极洲,面积较大,为一古老的地盾和准平原,横贯南极山脉绵延于地盾的边缘;西南极洲面积较小,为一褶皱带,由山地、高原和盆地组成。东西两部分之间有一沉陷地带,从罗斯海一直延伸到威德尔海。南极洲大陆平均海拔2350米,是地球上最高的洲。最高点伯德地(玛丽·伯德地)的文森山海拔5140米。大陆几乎全部被冰雪所覆盖,冰层平均厚度有1880米,最厚达4000米以上。大陆周围的海洋上有许多高大的冰障和冰山。全洲仅2%的土地无长年冰雪覆盖,被称为南极冰原的"绿洲",是动植物主要生息之地。"绿洲"上有高峰、悬崖、湖泊和火山。罗斯岛上的埃里伯斯火山是著名的活火山。

气候:南极洲的气候特点是酷寒、风大和干燥。全洲年平均气温为-25℃,内陆高原平均气温为-56℃左右,极端最低气温曾达-89.2℃,为世界最冷的陆地。全洲平均风速17-18米/秒,沿岸地面风速常达45米/秒,最大风速可达75米/秒以上,是世界上风力最强和最多风的地区。绝大部分地区降水量不足250毫米,仅大陆边缘地区可达500毫米左右。全洲年平均降水量为55毫米,大陆内部年降水量仅30毫米左右,极点附近几乎无降水,空气非常干燥,有"白色荒漠"之称。

季节与昼夜:南极洲每年分寒、暖两季,4到10月是寒季,11到来年3月是暖季。在极点附近寒季为连续黑夜,这时在南极圈附近常出现光彩夺目的极光;暖季则相反,为连续白昼,太阳总是倾斜照射。

南磁极与难达之极:南磁极即地磁的南极,1985年南磁极的位置约为东经139°24′,

南纬 65°36′。"难达之极"是约以南纬 82°和东经 55°~60°为中心的高地,由于地势高峻,成为大陆冰川外流的一大分冰线,是难于接近或到达的地区。

自然资源

矿物:南极洲蕴藏的矿物有 220 余种。主要有煤、石油、天然气、铂、铀、铁、锰、铜、镍、钴、铬、铅、锡、锌、金、铜、铝、锑、石墨、银、金刚石等。主要分布在东南极洲、南极半岛和沿海岛屿地区。如维多利亚地有大面积煤田,南部有金、银和石墨矿,整个西部大陆架的石油、天然气均很丰富,查尔斯王子山发现巨大铁矿带,乔治五世海岸蕴藏有锡、铅、锑、钼、锌、铜等,南极半岛中央部分有锰和铜矿,沿海的阿斯普兰岛有镍、钴、铬等矿,桑威奇岛和埃里伯斯火山储有硫磺。

生物:南极洲植物稀少,仅有苔藓、藻类、地衣和几种显花植物。海水中或陆地边缘的常见动物有海豹、海狮和海豚,鸟类有企鹅、信天翁、海鸥、海燕等;海洋中盛产鲸类,有蓝鲸、鲱鲸和驼背鲸等,是世界上产鲸最多的地区。南极周围海洋中还盛产磷虾,可供人类对水产品的需求。

水资源:南极洲是个巨大的天然"冷库",是世界上淡水的重要储藏地。

国家地理

欧洲国家

童话王国——丹麦

丹麦首都为哥本哈根。丹麦为欧洲北部国家,位于北海和波罗的海之间。丹麦人口531万(1999年统计)。主要是日耳曼族的丹麦人(97%)和德意志人。丹麦语为丹麦的官方语言。88%的居民信奉基督教路德宗,0.6%的居民信奉罗马天主教。

丹麦领土由日德兰半岛的中北部以及半岛东侧的西兰、菲英、洛兰、博恩霍尔姆等483个岛屿组成。南与德国接壤,北、东两面隔斯卡格拉克、卡特加特、厄勒三海峡同挪威、瑞典相望。丹麦面积43080平方公里,岛屿部分约占40%。法罗群岛位于挪威海南部;格陵兰岛位于北美洲东北。丹麦海岸线长约7400千米,海岸曲折多峡湾。全境地势低平,平均海拔约30米,仅日德兰半岛中部较高。最高点海拔

丹麦国旗

173米;最低点海拔为-4米,位于拉姆梅福乔德(西兰岛上)。属海洋性温带阔叶林气候。平均气温1月0℃左右,7月17℃,降水量年平均为600毫米左右,多雨雾。矿物贫乏,北海大陆架的石油和天然气的储量比较丰富。森林面积占全国面积11%。海洋资源丰富。

首都哥本哈根所在地西兰岛是丹麦众岛屿中面积最大、人口最稠密的一个,面积为7548平方公里,人口为218万(1996年统计),其中大多数人居住在哥本哈根。西兰岛隔厄勒海峡与瑞典相望。

丹麦经济发达,人均国民生产总值位居世界前列。工业是国民经济的主体,有农产品加工、机械制造、造船、化学、电子仪器、制药、食品加工、纺织等。船用主机、水泥设备、助听器、酶制剂和人造胰岛素等产品世界著名。石油开采量较大,是欧洲第三大石油输出国。农牧业高度发达,农业科技水平和生产效率位居世界前列。畜产品主要是乳制品、猪肉、牛肉、黄油。农作物主要是大麦、小麦、燕麦和黑麦。世界15大渔业国之一,捕鱼量在欧洲位居第二,主要产品是鳕鱼、比目鱼、鲭鱼、鳗鱼。旅游服务业先进。交通运输发达。铁路长约3000千米;公路长约7万千米;水运和航空均有相当的规模。主要贸

易对象是德国、英国、瑞典。

教育事业发达，实行 9 年义务免费教育。著名大学是哥本哈根大学、奥胡斯大学、丹麦工科大学等。主要报刊是《政治报》《贝林时报》等。国家通讯社和广播公司规模很大。丹麦人爱读书。童话作家安徒生的文学作品达到世界文学的顶峰，丹麦经常被赞誉为美丽的"童话王国"，这并不只是因为安徒生是举世闻名的作家，安徒生的童话里所描述的恬静城镇、村庄的美丽房屋、自然的风光及宏伟的建筑奇观，都源于丹麦的自然环境美景。

冰与火之国——冰岛

冰岛是欧洲西北部岛国。介于大西洋和北冰洋的格陵兰海之间，北端靠近北极圈。西隔丹麦海峡与北美洲的格陵兰岛相望，相距 322 公里；东南端距苏格兰 805 公里。冰岛首都是雷克雅未克，它的领土绝大部分位于同名岛上，总面积 10.3106 平方公里。人口 23.9 万（1984 年）。分 23 个省和 21 个自治市。官方语言为冰岛语，英语是他们的通用语言。

冰岛由第三纪以来海底玄武岩喷出而成。岩浆活动迄今仍很活跃，全国活火山多达 30 座，海克拉、阿斯恰等均为世界著名的活火山，是世界上最活跃的火山地区之一。平均每 5 年就有一次较大规模的火山爆发。喷出熔岩量多为火山活动显著特点，平均每世纪已约有 40 亿立方米，占世界总喷出量 1/3。冰期以后的熔岩覆盖面积达 12000 平方公里，占国土面积 1/9。境内地震频繁，因此温泉也很多，有温泉 800 余处，平均水温 75 摄氏度，温泉地热为首都 90% 和全国 70% 的地区提供热源。

冰岛国旗

全境大部为高地，平均海拔 500 米。峭壁直临海岸，沿海平原零星而狭小，仅西南部雷克雅未克附近平原范围稍大。最高峰华纳达尔斯火山海拔 2119 米。南部海岸较平直，西、北、东三面较破碎，并有不少深入内陆的峡湾。在第四纪冰期时，全境为冰川覆盖，冰厚达 700~1000 米，至今冰蚀和冰碛地貌遍布各地。现代冰川总面积仍达 11920 平方公里，占全岛面积的 11.5%。其中瓦特纳冰原即达 8450 平方公里。由于冰川和火山大范围地并存，因此被称为"冰与火之国"。

冰岛是欧洲第二大岛屿。海岸线长约 4970 千米。全境 3/4 的土地是海拔 400~800 米的高原，沿海有狭小平原。约 11.5% 的土地为冰雪覆盖。多火山、温泉和喷泉，是世界火山最活跃的地区之一。最高点为华纳达尔斯火山，海拔 2119 米。多湖泊和湍急河流。主要河流是肖尔索河、菲约德勒姆冰河；主要湖泊是辛格瓦德拉湖、索里斯湖等。北部属寒带苔原气候；南部属温带阔叶林气候。变化无常，因受墨西哥暖流的影响，较同纬度的其他地方温和，年降水量南岸为 2000 毫米左右，北岸 450 毫米左右。渔业、地下热能和水利资源十分丰富，有垩石、褐煤、泥煤、硫磺等矿藏。

渔业在国民经济中占重要地位，有渔船近千艘，总吨位约 12 万吨。工业以鱼产品加工和炼铝工业为主。农业以畜牧业为主,主要饲养牛和羊,大部分的土地种植牧草和饲料。相应的毛纺业和制革业比较发达。旅游服务业发达,主要旅游景观是冰川、火山、地热喷泉和瀑布。

世界上面积最大的国家——俄罗斯

俄国全称为俄罗斯联邦或俄罗斯。它地跨亚欧两大洲,领土包括欧洲的东部和亚洲的北部,面积为1110万平方公里,占世界陆地面积的1/8强,是世界上面积最大的国家,其领土呈长方形,东西跨经度170多度,最长距离达1万多公里,南北跨纬度约40度,最宽距离达4000多公里。疆界长约5万公里,其中海岸线长约4万公里,濒临太平洋、北冰洋和大西洋三大洋和多个边缘海。

俄罗斯共有人口14850万。居世界第五位。其中约3/4的人口集中在俄罗斯的欧洲部分,以东欧平原最密集,莫斯科附近每平方千米人口均达100人以上,为人口最密集的地区;西伯利亚人口稀少,每平方千米不到1人。有130多个民族,其中俄罗斯族占83%,主要少数民族有鞑靼、乌克兰、楚瓦什、巴什基尔、白俄罗斯、摩尔多瓦、日耳曼、乌德穆尔特、亚美尼亚、阿瓦尔、马里、哈萨克、奥塞梯、布里亚特、雅库特、卡巴尔达、犹太、科米、列兹根、库梅克、印古什、图瓦等。

俄罗斯国旗

俄罗斯境内的民族语言分为4大语系,即印欧语系、阿尔泰语系、高加索语系、乌拉尔语系。俄语为主要语言,属印欧语系的斯拉夫语族,是俄罗斯联邦各族人民进行民族交往最常用的语言。俄罗斯联邦境内宗教主要有基督教、伊斯兰教、萨满教、佛教(喇嘛教)和犹太教等。基督教以俄罗斯东正教流传最广,教徒人数最多,约有5000万。

俄罗斯首都莫斯科是世界最大的城市之一,也是俄罗斯政治、经济、科学文化及交通中心。莫斯科位于俄罗斯平原中部、莫斯科河畔,跨莫斯科河及其支流亚乌扎河两岸。大莫斯科(包括环城公路以内地区)面积900平方公里,包括外围绿化带共为1725平方公里。地势平坦,仅西南部有捷普洛斯坦斯卡亚高地(最高点253米)。全市绿化面积约占总面积的1/3,是世界上绿化最好的城市之一。从飞机俯瞰莫斯科,映入眼帘的是蓝天下葱绿的树丛和清澈透明的河湖,城市整洁干净。

俄罗斯境内河流湖泊众多、沼泽广布。欧洲部分有伏尔加河,长3690千米,是欧洲最长的河流,还有第聂伯河和顿河。亚洲部分有鄂毕河、叶尼塞河、勒拿河等,长度均在4000千米以上。这三条河大部分河段均可通航,惟结冰期长,通航期不足半年。主要湖泊里海,位于俄罗斯与伊朗、土库曼斯坦和哈萨克等国之间,是世界上最大的咸水湖,面积371000平方千米;贝加尔湖是世界最深的湖,深1620米。

全境多属温带和亚寒带大陆性气候,位于北极圈内的领土属寒带气候。大部分地区冬季漫长严寒干燥,夏季短促凉爽。气温年较差大,雨量变率很大。北部至南部依次跨越极地荒漠、苔原、针叶林、森林草原、草原等自然带。大部分地区冬季平均气温在摄氏零度以下,上扬斯克和奥伊米亚康绝对气温曾分别达-70℃和-71℃,被称为北半球的寒极区。夏季气温从北向南逐渐升高,里海沿岸可达25℃,年降水量为150~1000毫米。

欧洲的走廊——德国

德国位于欧洲中部。它周围有9个邻国:北邻丹麦,西部与荷兰、比利时、卢森堡和法国为邻,南边是瑞士和奥地利,东部与捷克共和国和波兰接壤。自1990年10月3日德国重新统一以来,这个中心地理位置变得更为突出。它是东西欧之间和斯堪的纳维亚与地中海之间的交通枢纽,其间水、陆、空道路条条通过德国。作为欧盟和北约的一员,德国被称为"欧洲的走廊"。

德国国旗

德国的国土面积为35.7万平方公里。南北之间的直线最远相距876公里,东西之间相距640公里。最外的边境点是:北部是济耳特岛上的理斯特,西部是北莱茵——威斯特法伦州的塞尔夫康特,南部是巴伐利亚州的奥伯斯特道夫,东部是萨克森州的泰斯卡。

德国的地形异常多样,从连绵起伏的山峦、高原台地、丘陵、山地、湖泊直至辽阔宽广的平原。从北到南划为5大地形区:北德低地、中等山脉隆起地带、西南部中等山脉梯形地带、南德阿尔卑斯山前沿地带以及南部的阿尔卑斯山区。整个地势南高北低。

德国人口是8209万,其中绝大部分是德意志人,其他的为丹麦人、吉卜赛人、索布族(属斯拉夫语族)及外籍人。德意志民族是由日耳曼人中的撒克逊人、巴伐利亚人、东部法兰克人、阿列曼人等为基础,结合克尔特人、西斯拉夫人的成分发展而成的。

德国通用德语。文字采用拉丁字母,分高地德语和低地德语两种方言。除德国外,欧洲国家奥地利、瑞士、卢森堡等也将德语当作国语或官方语言,法国、意大利、比利时、美国等国家的部分地区也使用德语,全世界使用德语的人口约有一亿。德语是联合国使用的五种语言之一。

德国是高度发达的工业国家,欧洲经济巨头,经济实力在世界上位于第三位,贸易能力在世界上位于第二位,科学技术居世界领先地位。是世界贸易大国,对外贸易以质量高、信誉好著名。主要对象是西欧国家、美国、日本、俄罗斯等。

德国各类教育都很发达。实行12年制义务教育,公立学校学费全免。小学4~6年学制,中学5~9年学制。高等学校实行自由入学,部分学科有名额限制。职业教育实行在学校理论学习和在企业实践相结合。成人教育和业余教育普及。著名大学有海德堡大学、科隆大学、慕尼黑大学、柏林工业大学、明斯特大学、洪堡大学、柏林自由大学等。

波兰

波兰面积为31万多平方公里,位于中欧东北部。北濒波罗的海;西部是德国;南部是捷克、斯洛伐克;北部和东部与俄罗斯、立陶宛、白俄罗斯、乌克兰相连。面积312683

平方千米,海岸线长 528 千米。地势南高北低,中部下凹,大部分为低地和平原。75% 的国土海拔在 200 米以下,地面平均海拔 173 米,低于欧洲平均高度。

波兰国旗

全境分为沿海平原区、波罗的海湖区、中央平原区、中南部山麓高原区、北喀尔巴阡盆地区、南部苏台德山脉和喀尔巴阡山山地区。境内最高点为塔特拉山的雷瑟峰,海拔 2499 米。较大河流有维斯瓦河,长 1068 千米;奥得河,在境内长 741 千米,两河流域面积分别占国土的 54% 和 32%。北部平原上分布着大小天然湖 9000 多个。介于东欧大陆性气候和西欧海洋性气候之间,为温带阔叶林气候。最冷月份平均气温 -5~1℃。最热月平均气温 17~19℃,年平均气温 6~9℃。年降水量从中部往南为 450~1500 毫米。

波兰人口 3865 万,主要是波兰族(98%),还有乌克兰族、自俄罗斯族、立陶宛族、俄罗斯族、德意志族和犹太族等。波兰语为官方语言。波兰境内 90% 居民信奉罗马天主教。

波兰经济在世界上处于中等发达国家水平。主要工业产品有硬煤、褐煤、焦炭、原钢、轧钢、电解铜、硫磺、小轿车、化肥、水泥等。农村人口占全国总人口的 38.1%。主要农产品有小麦、黑麦、大麦、燕麦、马铃薯和甜菜等。畜牧业比较发达,主要饲养猪、牛、羊。旅游业也比较发达。旅游地主要有首都华沙、沿海城市格但斯克、索波特和什切青,古城克拉科夫,山城扎科帕内和森林区等。铁路总长约 23000 千米;公路总长约 250000 千米;内河通航里程约 4000 千米;有航空线多条,通往世界各大城市。主要出口煤、电机产品、燃料和能源、冶金工业品、船舶、硫磺、铜等;主要进口电机工业品、石油、有色金属、天然气、化工品、粮食、棉花等。主要贸易对象是德国、俄罗斯、意大利、美国等。

有各个等级的教育。著名大学有克拉科夫雅盖隆大学、华沙大学、波兹南密茨凯维支大学、华沙工业大学等。

英国

大不列颠及北爱尔兰联合王国,简称英国。由大不列颠岛上的英格兰、苏格兰和威尔士,以及爱尔兰岛东北部的北爱尔兰共同组成的岛国,还包括一些英国海外领地。英国本土位于欧洲大陆西北面的不列颠群岛,被北海、英吉利海峡、凯尔特海、爱尔兰海和大西洋包围。全境分为四部分:英格兰东南部平原、中西部山区、苏格兰山区、北爱尔兰高原和山区。

主要河流有塞文河(354 公里)和泰晤士河(346 公里)。北爱尔兰的讷湖(396 平方公里)面积居全国之首。英国属海洋性温带阔叶林气候,终年温和湿润。通常最高气温不超过 32℃,最低气温不低于 -10℃,平均气温 1 月 4~7℃,7 月 13~17℃。多雨雾。秋冬尤其厉害。年平均降水量约 1000 毫米。北部和西部山区的年降水量超过 2000 毫米,中部和东部则少于 800 毫米。每年二月至三月最为干燥,十月至来年一月最为湿润。全国气候类型为温带海洋性气候。

英国主要山脉有中部奔宁山脉和北部的格兰扁山脉。格兰扁山脉主峰本内维斯山海拔 1344 米，是大不列颠群岛的最高点。主要河流有塞文河和泰晤士河。塞文河长 354 千米，是大不列颠岛第一长河。泰晤士河全长 346 千米，水位稳定，终年不冻，富航运之利。苏格兰北部、英格兰西北部和北爱尔兰地区多湖泊，其中以北爱尔兰的内伊湖最大。

英国煤、铁、石油、天然气储量丰富，是欧洲共同体国家中能源最丰富的国家。森林覆盖率达 10%。沿海渔产丰富。

英国国旗

英国人口 5920 万。主要是英格兰人（英吉利人占 80%）、苏格兰人、威尔士人、爱尔兰人等。通用语言是英语。威尔士北部还使用威尔士语，苏格兰西北高地及北爱尔兰部分地区仍使用盖尔语。居民多信奉基督教新教、天主教、伊斯兰教、犹太教等。

英国是世界经济大国，工业和贸易在经济中占重要地位。农业以畜牧业和捕鱼业为主，机械化程度很高，主要种植饲料，用以经营高度商品化的乳肉业和培育良种牲畜。包括金融、保险、旅游和商业在内的服务业十分发达。伦敦的金融和商业在世界的范围内处领先地位。旅游资源以古城和歌剧院、博物馆等文化设施为主。

实行 5~16 岁义务教育。著名大学有牛津大学、剑桥大学、伦敦政治经济学院、爱丁堡大学等。报业发达，报纸的人均销量为发达国家之首，有近万种报刊杂志。路透社、英国广播公司 BBC（无线电广播、电视广播）是世界级的传播机构。

欧洲的大门——荷兰

荷兰即指荷兰王国的欧洲部分。西、北两面濒北海、东临德国、南接比利时。荷兰从南到北长约 300 公里、从东到西宽约 200 公里。面积为 41526 平方公里，稍大于比利时，为德国的九分之一。荷兰因位居欧洲大陆的理想位置，素有"欧洲大门"之称。

荷兰地处莱茵河、马斯河和斯凯尔特河三角洲，海岸线长 1075 公里。境内河流纵横，主要有莱茵河、马斯河。西北濒海处有艾瑟尔湖。其西部沿海为低地，东部是波状平原，中部和东南部为高原。"荷兰"在日耳曼语中叫尼德兰，意为"低地之国"，因其国土有一半以上低于或几乎水平于海平面而得名。荷兰的气候属海洋性温带阔叶林气候。由于地低土潮，荷兰人接受了法国高卢人发明的木鞋，并在几百年的历史中赋予其典型的荷兰特色。

荷兰国旗

荷兰地势非常平坦，仅在东部和南部有几座山丘。国名 Nedevtand 原意为"低地"。荷兰的最高点为海拔 321 米、位于东南方的法尔塞山，此处也是荷兰、德国、比利时三国的交界处。荷兰西部和北部的许多区域低于海平面，面积约占全荷兰总面积四分之一。最低点位于鹿特丹附近，低于海平面 6.7 米。

荷兰靠海的地理位置，在过去和现在都对荷兰的经济具有重要意义；西欧的三大河流：莱茵河、马斯河以及斯海尔德河均在荷兰境内入海，更加强了这种重要性。荷兰经济的外向型特点一直以来都很明显。由于其得天独厚的靠海之地理位置，数世纪以来对大部的中欧、西欧及其他地区来说，一直是一个重要的中转国。

高部荷兰（东部和南部）的土壤形成于（第四经前期）更新世（即大约在一万年前结束的冰川）内，因此这个地区的土壤由沙和砾石组成。低部荷兰（西部和北部）的地层基础历史比较短，形成在全新统世（至今不到一万年）内，主要由粘土和泥炭组成。这一区别在地貌上也有体现：高部荷兰较多小山丘，森林与草地交替出现。而低部荷兰则大面积地由平坦的"海埔新生地"组成，即由堤坝围海形成的围圩，其地面水位由人工方式控制。过去借助于风车，如今则使用现代化的泵送装置。

欧洲的十字路口——法国

法国位于欧洲西部，陆地和比利时、卢森堡、德国、瑞士、意大利、西班牙、安道尔、摩纳哥等国家接壤，西北部隔海与英国相望。面积 551602 平方千米（包括科西嘉岛），海岸线长约 3000 千米。

地势东南高西北低，平原丘陵广布。60% 的领土是海拔 250 米以下的平原；20% 的领土是海拔 500 米以下的丘陵。西南部接西班牙境有比利牛斯山脉，东部接意大利境有阿尔卑斯山脉，位于法、意国境的勃朗峰海拔 4807 米，是两国最高点。全境大体分为西南边境比利牛斯山地区、中南部中央高原区、阿尔卑斯—侏罗山（汝拉山）山地区、东北部孚日山脉—阿登高原区、西北部阿摩里卡丘陵区、北中部巴黎盆地区、西部卢瓦尔河平原区、西南部阿基坦盆地区、南部罗讷河谷和地中海沿岸平原区等地形区。

法国国旗

法国河流众多，水量丰富。卢瓦尔河全长 1000 多千米，流域面积约 12 万平方千米；罗讷河全长 800 多千米，流域面积 9.9 万平方千米；塞纳河全长 770 多千米，流域面积 7.8 万平方千米，最富航运之利；加龙河全长 650 千米，流域面积 5.6 万平方千米；莱茵河流经境内。

大部分地区属海洋性温带阔叶林气候，夏季凉爽少雨；冬季温和多雨雪。最热月 7 月平均气温，北部为 16~18℃，南部为 20~23℃。最冷月 1 月平均气温，北部为 1~7℃，南部为 6~8℃。东部和山区大陆性气候显著，冬季寒冷；南部为亚热带地中海式气候，夏季较干燥，冬季温和湿润。年降水量从西北往东南为 600~1000 毫米以上。

法国国土是欧洲西部最重要的十字路口之一，在任何情况下，国际贸易都无法避开这一广阔地区。它三面朝海、得天独厚。法国南部的地中海，海岸终年阳光明媚，普罗旺斯省的海岸蜿蜒曲折，风景怡人。朗格道克省的蓝色海岸，那绵延不断的沙滩，更令人流连忘返。东南部气候温和湿润，阳光灿烂，海岸由沼泽和沙丘相间的沙滩构成。现在法国海滨的主要活动是旅游，从北海到地中海，处处都十分活跃。高品质的海滨地带，连绵起伏的山峦高地、历史名城及乡村,使法国成为欧洲和世界的第一旅游大国。

法国是经济发达的工业国家,国内生产总值位于世界第四位。工业在国民经济中占首要地位。农业发达,是西欧国家中的农业大国。实现了机械化和现代化,生产效率很高。其小麦、大麦、玉米、马铃薯、甜菜、葡萄和牛肉产量均居西欧首位。农产品的出口量很大,是世界农产品出口大国。法国也是世界第一流的旅游大国。首都巴黎等历史名城、海岸风景区、阿尔卑斯山区、科西嘉岛等地是著名的旅游胜地。

教育事业发达。公立小学和中学实行免费教育。著名大学是巴黎大学、格勒诺布尔第一大学、斯特拉斯堡第一大学、里尔第一大学等。法新社是世界五大通讯社之一。

西班牙

西班牙位于欧洲西南部伊比利亚半岛上,北部濒临比斯开湾;东部和东南部临地中海;南部隔直布罗陀海峡和非洲国家摩洛哥相望;陆界葡萄牙、法国和安道尔。面积505925平方千米。是欧洲高山国家之一,主要是古老的高原,有许多山脉并列其间。海拔1000米以上的陆地占全国面积35%。海拔200米以下的平原仅占11%。主要山脉有坎塔布连山、比利牛斯山、中央山及佩尼韦蒂科山等。佩尼韦蒂科山中的穆拉森山海拔3478米,为全国最高点。境内河流众多,但水量小,不利航运。主要河流有埃布罗河、塔霍河、瓜迪亚纳河、杜罗河、瓜达尔基维尔河等。

西班牙国旗

西班牙的海岸线是欧洲国家中最长的,仅本土部分就达3904公里,地中海上的巴利阿里群岛和大西洋上的加那利群岛海岸线分别是852公里和1064公里。

西班牙各地气候差别很大。在全国的中心梅塞塔高原,属大陆性气候,多数地区气候十分恶劣,冬季又长又冷,冰冷的寒风从山里吹来,时而骤雨,时而大雪,夏季干燥炎热,气候直线上升,经常高达摄氏35度。北部和西北部是海洋性气候。大西洋吹来的风为冬、夏两季带来充沛的雨水,调节气温,使这里草木繁盛,四季宜人。南部以及地中海沿岸地区,约占全国面积3/4属干燥的亚热带气候,或地中海气候。

西班牙的官方语言为卡斯蒂利亚语(西班牙语)。在上述三个少数民族地区,各自的民族语言也为官方语言。96%的居民信奉天主教。

西班牙矿物资源丰富。主要有煤、铁、汞、黄铁矿、锡、铀、铜、铅、锌等。汞和黄铁矿储量居世界前列。森林面积约占全国面积的30%,多为欧洲栓皮栎,沿海水产丰富。

工业以采矿、纺织、造船、钢铁、汽车、水泥、建筑、化工、皮革、电力等较为重要。主要农产品有小麦、大麦、玉米、稻米、橄榄、葡萄等,橄榄油产居世界前列。畜牧业以牧羊为主。旅游服务业很发达,其收入在国民经济中占重要地位。旅游资源主要是古老的城市和美丽的海滩。

中小学实行免费义务教育。主要大学有马德里康普鲁腾塞大学、萨拉曼卡大学、巴塞罗那中央大学等。

欧洲的心脏——瑞士

人们常常称瑞士为"欧洲的心脏"。就地理位置而言,瑞士并非位于欧洲的中心,但连接欧洲南北的主要干线是穿越瑞士的阿尔卑斯山。瑞士北部与德国接壤,东临奥地利和列支顿士登,南临意大利,西临法国。欧洲的三种重要文化在瑞士融合,形成了不同的地区,即德语区、法语区和意大利语区。

瑞士国旗

地处中欧南部,内陆国家。和奥地利、列支敦士登、意大利、法国和德国接壤。面积 41284 平方千米。瑞士有欧洲屋脊之称。阿尔卑斯山脉位于境内中部、南部、东南部。占全国面积 60%,一般海拔 3000~4000 米,高山终年积雪,且多冰川。全境山峰林立。超过 4000 米的山峰有 20 余座,其中杜富尔峰高达 4634 米,是全国最高点。西北部是侏罗山脉(汝拉山脉),平均海拔 800 米。两山之间是瑞士中部高原,地表波状起伏,谷地、冰碛湖和冰碛丘陵广布。平均海拔 500 米以上。境内河流纵横,湖泊棋布。主要河流有莱茵河、罗讷河、阿勒河、多瑙河等。湖泊多达 1400 多个,著名的有莱芒湖(日内瓦湖)、博登湖、苏黎世湖等,属山地气候,山间谷地气候温和,高山地区较寒冷。气候变化性较大,年平均降水量 1000 毫米以上。

瑞士四季分明,景色各异。秋季大约从九月到十一月果蔬成熟,是收获的季节。银杏树及各类枫树,用自己独有的色彩将秋天装扮得更加迷人。瑞士的冬季是一个神奇的银色世界:明媚阳光,耀眼积雪,处处可以看到滑雪的人们。春天(三月到五月)来临的时候,万物复苏,树木抽芽,草地新绿。

瑞士是一个联邦制的国家,它实行直接民主制度,即人们可直接参政的制度对其十分重要。世界上共有三十多个实行联邦制的国家,瑞士是其中最小的一个。然而二十六个州的划分及四种语言的使用,使其成为语言最复杂的国家之一。

瑞士工业发达,钟表业在世界最为著名,素有"钟表王国"之称,产量和出口量均居世界前列。农业在国民经济中所占的比重很小。乳牛饲养是农业的主要部门。主要农产品有小麦、大麦、燕麦、马铃薯和甜菜。旅游服务业是国家的第三大收入,仅次于工业和金融业。主要出口商品是机械设备、化工产品、医药、精密仪器、钟表、纺织品、服装以及食品,进口商品主要是原料、半成品和耐用消费品。主要贸易伙伴是欧盟国家和美国。

实行九年义务教育制。著名大学有苏黎世高等工业大学和洛桑高等工业大学等。影响最大的报纸是《新苏黎世报》。

意大利

意大利位于欧洲南部的亚平宁半岛上,国土还包括西西里岛和撒丁岛等。东部濒临亚得里亚海;南部是地中海和伊奥尼亚海;西有第勒尼安海;北部以阿尔卑斯山脉为屏障与法国、瑞士、奥地利、斯洛文尼亚接壤。面积 301277 平方千米。国土形似踢球的大靴子,80%的国境线为海界,海岸线长 7200 多千米。全境 4/5 的面积为山丘地带,平原、低地甚少。北部阿尔卑斯山脉平均海拔 1000 米以上,西北段山势较高,意、法边境上的勃朗峰海拔 4807 米,是全国的最高点。亚平宁山脉纵贯半岛,沿海两侧有狭长的平原。介于阿尔卑斯山地和亚平宁山地之间的是全国最大和最重要的波河平原,大部分地区海拔在 100 米左右。

意大利的幅员虽然并不十分辽阔,但各种岩层的结构复杂,而且差异很大,地形结构复杂多样。除了大陆部分以外,还有 20 多个岛屿,其中最大的是西西里岛和撒丁岛。这种较特殊的地理结构使这个国家的边界线拉得很长,南北最长距离为 1290 公里,东西最长距离为 240 公里,最短为 50 公里。

意大利领土面积的 23%为平原地带,35%为山地,42%为丘陵地带。意大利最大的平原是位于意大利北部地区的波河平原。意大利的森林覆盖面积大约为 21.1%,共计 64,000 平方公里。

意大利的河流特征与其地形和气候条件密切相关。意大利境内共有几十条河流,其中最大的是波河,全长 652 公里,其他主要河流还有阿迪杰、皮亚伟、阿尔诺及台伯河。意大利的河流由于流量有限,而且随季节的变化很大,很少用于航运。

意大利拥有数千个大小不同,起源不同的自然和人造盆地,为此,湖泊颇多,其中最著名的是位于意大利北部的马杰雷湖,面积最大的是加尔达湖和最深的科莫湖。这些湖泊风景秀丽,气候宜人,是著名的疗养和旅游胜地。

西方世界工业强国。工业主要有钢铁、石油、化工、造船、机械、汽车、电子、军火、纺织、电器、食品等。波河平原是主要农业区,大农场多集中在北部。主产玉米、小麦、大米和甜菜。中部的农业多集中在沿海小平原和河谷中,种植小麦、葡萄和水果。

6~14 岁的儿童享受义务教育。著名大学是罗马大学、米兰博科尼大学、波伦亚大学等。

希腊

希腊位于巴尔干半岛南部,三面临海。北部和保加利亚、马其顿、阿尔巴尼亚接壤,东北部和土耳其相连。面积 131957 平方千米。海岸线长 15000 千米。最大半岛是伯罗奔尼撒半岛;最大岛屿是克里特岛。希腊全境多山。品都斯山脉纵贯西部,山脉以东,沿爱琴海海岸,是丘陵与平原相间的地带。东北部奥林波斯山海拔 2917 米,为全国最高点。

位于欧洲大陆最南端的希腊,是一个气候宜人十分美丽的旅游胜地,也是世界上第一个民主政府和欧洲现代文明的发源地。希腊国土面积约 131940 平方公里,四季分明,气候宜人,她拥有五千多年的文明历史,是欧洲现代文明的发源地,也是世界著名的旅游胜地。希腊首都雅典,据欧盟成员国官方统计公布,现代雅典是世界上最安全、最舒适、最美丽、最热情、最刺激的城市,同时也是希腊最重要的商业文化中心。

希腊北部与保加利亚、马其顿、阿尔巴尼亚接壤,东北与土耳其欧洲部分接壤,西南濒爱奥尼亚海,东临爱琴海,南隔地中海与非洲大陆相望。海岸线长约 15000 公里,领海宽度为6海里。境内多山,沿海有平原。品都斯山脉纵贯西部,中部为色萨利盆地。河流短小,多港湾。最大半岛是伯罗奔尼撒半岛,最大岛屿为克里特岛。

希腊属亚热带地中海气候,冬温湿,夏干热。平均气温冬季6~13℃,夏季23~33℃。年平均降水量400~1000毫米。

希腊工业有采矿、冶金、纺织、食品、化学、钢铁、造船、炼油、电气和建筑等部门。农业在经济中占重要地位,农产品大量出口。烟草是重要出口品,葡萄到处都有种植,大都制成葡萄干和果酱出口。油橄榄种植面积广大,橄榄油的出口居欧洲前列。旅游服务业是经济的重要组成部门,旅游资源特别丰富。交通运输以公路和海运业最为重要。拥有世界最大的船队,千吨以上的商船约有3358艘。主要港口是比雷埃夫斯、塞萨洛尼基等。

希腊国旗

亚洲国家

中国

中华人民共和国位于北半球亚洲东部,太平洋西岸。最东的位置在黑龙江与乌苏里江主航道中心线相交处;最北的位置在漠河县北端黑龙江主航道中心线上;最西的位置在帕米尔高原;最南的位置在南沙群岛的曾母暗沙。陆地总面积约960万平方千米,约占全球陆地面积的1/15,仅次于俄罗斯和加拿大,居世界第三位。陆地疆界长2万多千米。

海岸线总长度为3.2万千米。中国地形多种多样,总趋势西高东低。各类地形占全国总面积的百分比是:山地33%,高原26%,盆地19%,平原12%,丘陵10%。通常所说的山区,包括山地、丘陵和比较崎岖的高原,约占全国面积的2/3。

全国主要山脉有阿尔泰山、天山、昆仑山、喀喇昆仑山、祁连山、冈底斯山、喜马拉雅山、横断山、阴山、秦岭、南岭、大兴安岭、长白山等。喜马拉雅山略成弧形位于青藏高原西南边缘,是世界最高大雄伟的山脉,其中珠穆朗玛峰海拔8848米,是世界第一高峰。

中国国旗

中国还是世界上岛屿最多的国家之一,500平方米以上的岛屿有6500多个,其中433个有人居住。它们近86%分布在杭州湾以南的大陆近海和南海之中,其中以台湾岛最大,海南岛次之,长江口的崇明岛是我国第三大岛,此外还有舟山岛、海坛岛、东山岛等。

我国江河众多,流域面积在 10000 平方千米以上的就有 15000 多条。大多顺地势向东或东南流入太平洋,属太平洋水系,主要有长江、黄河、黑龙江、珠江、辽河、海河、淮河、钱塘江、澜沧江等。怒江、雅鲁藏布江受山势影响,向南出国境后入印度洋,属印度洋水系。只有新疆西北部的额尔齐斯河属北冰洋水系。这些注入各大洋的河流,统称为外流河。在外流河中,长江干流长 6300 千米,是我国第一大河,世界第三长河。

我国湖泊众多,外流区湖泊为淡水湖,内流区多为咸水湖。长江中下游平原和青藏高原是我国湖泊最多的两个地区。长江中下游平原主要有鄱阳湖、太湖、洪泽湖、洞庭湖。各湖对当地的自然条件和经济发展有着重大影响。青藏高原主要分布着咸水湖,青海湖是我国最大的咸水湖。

由于疆域辽阔,南北跨温、热两大气候带,再加上多种地形的不同影响,形成了全国气候复杂多样。如黑龙江省北部全年无夏,海南岛长夏无冬,淮河流域四季分明,青藏高原西部终年积雪,云贵高原南部四季如春,西北内陆日温差极大等等。各地平均降水量差异也很大,东南沿海可达 1500 毫米以上,向内陆逐渐减少,到西北部只有 50 毫米左右。山地对气温也有很大影响,如秦岭阻挡季风,使一岭之隔的关中平原和汉水谷地有迥然不同的气候特点。

根据 2000 年第五次全国人口普查结果,中国人口数为 12 亿 9533 万(包括港、澳、台),占世界人口总数的 1/5 以上,是全世界人口最多的国家。有 56 个民族,其中汉族约占 92%。全国各民族不论大小,在政治上都享有平等权利。通用语言为汉语,标准语为北京普通话。部分少数民族使用本民族的语言和文字。

水资源中河流年总径流量达 2.7 多亿立方米,水力蕴藏量 6.8 亿千瓦,居世界前列。但西北部及干旱山区地表水贫乏,北方许多大中城市缺水严重。

日本

日本位于亚欧大陆东端,是一个四面临海的群岛国家,自东北向西南呈弧状延伸。东部和南部为一望无际的太平洋,西临日本海、东中国海,北接鄂霍次克海,隔海分别和朝鲜、韩国、中国、俄罗斯等国相望。此外,在远离本土的西太平洋上还拥有少量小岛的主权。包括北方四岛(齿舞群岛、色丹岛、国后岛、择捉岛)、竹岛等有争议的地区在内,日本国土总面积为 377,887.25 平方千米,约相当于俄罗斯的 1/45,中国和美国的 1/25。

日本国旗

日本的国土由北海道、本州、九州、四国 4 个大岛和 6,848 个小岛组成,东西宽 300 公里,南北长 3500 公里。日本的国土习惯上自北向南分为北海道、东北、关东、中部、近畿、中国、四国、九州等 8 个地区。

日本境内多山,山地成脊状分布于日本的中央,将日本的国土分割为太平洋一侧和日本海一侧。日本位于太平洋火山地震带上,火山活动频繁,给当地人们的生活带来了很大麻烦。但是在火山分布地区,景色优美,温泉资源丰富,成为著名的观光疗养地。

日本的河流大多发源于中部山地,向东西两侧流入太平洋和日本海。由于日本东西狭窄,加之山势陡峭,河流多短而急促。在梅雨和台风季节,水量增大,容易形成洪水。为此,日本修筑了大量的堤防和水库,用于防洪。河水广泛用于生活用水、农业和工业用水、水力发电。平原主要分布在河流的下游近海一带,多为冲积平原,规模较小,较大的平原有关东平原、石狩平原、越后平原、浓尾平原、十胜平原等。

日本海岸线全长33889公里。由于日本是一个岛国,因此其海岸线十分复杂。西部日本海一侧多悬崖峭壁,港口稀少,东部太平洋一侧多入海口,形成许多天然良港。在东部太平洋一侧自南向北均被日本暖流(黑潮)环绕、东北部形成千岛寒流(亲潮),西部日本海一侧是对马暖流和里曼寒流。在寒流和暖流交汇处,鱼类资源丰富,成为天然渔场。

日本是工业高度发达的资本主义国家,工业生产能力和国民经济生产总值均居世界前列。主要工业部门如钢铁、机械、汽车、电机、造船、石油化工、纺织等都具有相当大的实力,另外造纸、印刷、水泥、陶瓷和食品等工业也在世界上占有一定地位。

农业在国民经济中所占份额很小。最大的特点是在小农经济的基础上实行机械化商品性生产。畜牧业规模较小,但乳肉和家禽生产的经济地位很高。渔业发达,年捕鱼量经常位居世界第一位。

旅游业发达,国内旅游者主要到美国、韩国、欧洲、香港、台湾。外来旅游者200多万人。出口贸易商品结构变化很大,从轻纺产品向重化工业产品转移,逐步向知识、技术密集型产品方向发展。

日本实行9年义务教育。著名的大学很多,有东京大学、京都大学、早稻田大学、庆应义塾大学等。

朝鲜

朝鲜民主主义人民共和国,面积222209万平方公里(其中包括南朝鲜9.89万多平方公里),人口6000多万(其中南朝鲜4217万),全国为单一民族,通用朝鲜语,首都平壤。位于亚洲东部的朝鲜半岛。北面与中国、苏联接壤,南面隔海与日本相望。西、南、东分别为黄海、朝鲜海峡、日本海所环绕。由朝鲜半岛和3300多个大小岛屿组成,半岛面积占总面积97%。朝鲜地形多样,气候适宜,资源丰富,景色壮丽,以"三千里锦绣江山"闻名于世。地势东高西低、北高南低,全境多山,山地和高原约占全国总面积的80%。

朝鲜国旗

朝鲜属温带季风气候,南部海洋性气候,北部向大陆性气候过渡。夏季高温多雨、冬季寒冷干燥。年平均气温8~12℃。年均降水量1120毫米。温带季风气候,大陆性显著。冬季寒冷干燥,夏季高温多雨。1月各地平均气温为−20~−

40℃。8 月平均气温均在 20℃ 以上。年平均降水量大部分地区在 1000 毫米以上。

自然资源丰富。煤、石墨、石灰石和金、银、铁、铅、镁、钨、锌、铜等的储量丰富,其中石墨、菱镁矿的储量居世界前列。水力和自然资源丰富。森林面积比例较大。沿海水产资源和海盐资源也很丰富。

朝鲜是以工农业为主的发展中国家。工业主要有采矿、机械、电力、冶金、化工、纺织等。农业以种植业为主,水稻和玉米是最重要的粮食产品,大豆种植也很广泛。经济作物有烟草、亚麻等。高丽人参驰名世界。盛产苹果、梨、桃等水果。主要出口机械设备、金属产品、化学产品、建筑材料等,主要进口石油、焦煤、机械设备等。

朝鲜实行 11 年义务教育制。高等学府主要有金日成综合大学、金策综合工业大学、金亨稷师范大学、人民经济大学等。

韩国

韩国位于韩半岛。韩半岛地处亚洲大陆的东北部,自北向南延伸,全长 1100 公里。韩国的领海与太平洋最西部的海域交汇。韩半岛北部与中国和俄罗斯接壤,东部濒临东海,与邻国日本隔海相望。除与大陆相连的半岛之外,韩国还拥有 3000 个大小岛屿。半岛、海湾、岛屿众多,最大的岛屿是济州岛。

韩半岛的面积为 222154 平方公里,几乎与英国或罗马尼亚相等。韩国位于亚洲大陆东部的朝鲜半岛的蜂腰以南,面积 99262 平方千米。北部以军事分界线与朝鲜相连;东部岸线平直;南部和西部岸线非常曲折。

太白山山脉沿半岛整个东部海岸伸延。由于受东海波涛的冲击,东海岸形成一片悬崖峭壁和岩石小岛。西部和南部坡度平缓,形成平原和许多近海岛屿和小港湾。

韩国国旗

韩半岛有许多风景优美的山川,因而韩国人往往称之为"锦绣江山"。最高的山峰是位于北韩与中国接壤的白头山(长白山),海拔 2744 米。这座山的山顶有一个称之为"天池"的死火山口。白头山是韩国民族精神最主要象征,并被写入韩国国歌之中。

韩国河流较多,这些河流在形成韩国人的生活方式和韩国实现工业化方面都起了重要作用。鸭绿江(长 790 公里)和豆满江(图们江,长 521 公里)是北韩两条最长的河流。它们均发源于白头山,一条向西流,一条向东流,形成半岛北部边界。洛东江(长 525 公里)和汉江(长 514 公里)是半岛南部地区两条主要河流。流经韩国首都首尔的汉江是古代王国生息与沿江人民的生命线,如今则是现代韩国人口密集的中部地区的生命线。

全境多丘陵和平原。从东部的太白山主脉派生出许多支脉向西南伸展,逐渐变成 500 米以下的丘陵。济州岛上的汉拿山为全国最高点,海拔 1915 米。平原主要分布在西部,海拔在 200 米以下。

温带季风气候。四季分明,冬季寒冷干燥,夏季高温多雨,春秋两季较短。1 月份最低气温-12℃,夏季最高气温达 37℃。6~8 月为雨季。

亚洲经济发达的国家。工业先进,主要有钢铁、汽车、造船、电子、化学、纺织等部门。农业人口不到全国人口的10%,生产能力较高。粮食基本自给,农作物以水稻、大麦为主,其次是小麦和杂粮。经济作物有棉花、烟草和麻类。

泰国

泰国位于东南亚中南半岛中部,东临柬埔寨,西部和西北部接缅甸,东北邻老挝,南界马来西亚,全国面积约为514000平方公里,与法国等同,海岸线长2600多公里。泰国人将国家的疆域比作大象的头部,北部代表"象冠"、东北地方代表"象耳"、暹罗湾代表"象口",而南方的长条带代表"象鼻"。

泰国国旗

泰国属热带季风气候,炎热潮湿。全年分为热、雨、凉三季。热季从每年的3到5月,雨季从6到9月,凉季从10月到翌年2月。全年平均气温28℃,气温年较差小,4月平均气温为30℃,12月为25℃。凉季和热季很少下雨,也叫旱季。

境内大部分地区为低缓的山地和高原。地势北高南低,北部和西部是山地,有些山峰高达2000米以上,其中因他暖山海拔2595米,为全国最高峰。东北部是呵叻高原,海拔仅150~300米,地势平坦,高原西部和南部边缘较高,为100~800米。中部昭披耶河(湄南河)流域为平原。主要山脉有以他念他翁山脉为主体的山地,包括达嫩山、比劳山脉、坤丹山,以及栋帕耶费山、山甘烹山脉等。

泰国大部分地区属热带季风气候,沿海平原属热带雨林气候。全年可分为2季:11月至次年4月为旱季,5~10月为雨季。月平均气温22~28℃,以4月份最热;年降水量1000~2000毫米,山地或沿海地区可达3000毫米以上。

主要矿物有钾盐、锡、褐煤、油页岩、天然气,还有锌、铅、钨、铁、锑、铬、重晶石、宝石、石油等。钾盐储量位居世界首位,锡储量占世界的12%。油页岩、褐煤、天然气等矿物的蕴藏量也很大。森林面积广阔,覆盖率为20%,有各种热带常绿乔木和季风林木,如榕树、榉树、金鸡纳树、柚树、铁树、芒果树等。内河和泰国湾盛产各种鱼类。

经济以农业为主,从事农业的人口众多,农产品是外汇收入的主要来源之一。主要产稻米、玉米、橡胶、木薯、甘蔗、绿豆、麻、烟草、咖啡豆、棉花、棕油、椰子果等。是世界上著名的大米生产和出口国。橡胶产量居世界首位。海产品丰富,大力发展淡水养殖业,是亚洲海产大国和世界产虾大国。

工业以私营企业为主,主要工业门类有采矿、纺织、电子、塑料、汽车装配、建材、石油化工等。国营企业主要经营水、电、交通等公用事业和矿业。旅游业发展很快,已成为外汇收入的主要来源之一。清迈、帕塔亚、合艾和普吉岛是全国四大旅游中心。

主要出口产品有大米、橡胶、木薯、蔗糖、纺织品、集成电路、珠宝、加工食品等,主要进口燃料、化工产品、机械设备、汽车零配件、木材等。主要贸易对象是日本、美国、新加坡、马来西亚、中国、中国台湾、韩国、欧共体及东盟其他国家。

马来西亚

马来西亚联邦,简称马来西亚或大马,是一个位于东南亚的国家。马来西亚联邦被南中国海分为两个部分:位于马来半岛的西马来西亚,北接泰国,南部隔着柔佛海峡,新柔长堤和第二通道连接新加坡;东马来西亚,位于婆罗洲岛的北部,南部接印度尼西亚的加里曼丹,文莱国则夹于沙巴州和砂拉越州之间。

东马来西亚,简称东马,是指马来西亚领土中处于婆罗洲的部分,由沙巴州及砂拉越州组成。东马含有许多天然资源包括丰富的石油及天然气待开采。在砂拉越的姆禄国家公园有一个姆禄石洞群,其中包括世界上最大的石灰石窟洞,沙捞越窟洞。西马是一个半岛,北接泰国,南端与新加坡为邻,西部则隔着马六甲海峡,与印尼的苏门答腊岛遥遥相对。东马有两个州,分别为沙巴及沙劳越。它们位于婆罗洲北部,南部和印尼的加里曼丹相接,而文莱坐落在沙捞越的北部。

马来西亚国旗

马来西亚大部分的沿海地区都是平原,中部则是布满茂密热带雨林的高原。最高山峰是处于沙巴州的基纳巴卢山,海拔4101米。河流主要有霹雳河、拉让河、基纳巴唐岸河等。马来西亚靠近赤道,气候潮湿炎热。每年四月至十月间吹西南风,十月至二月间吹东北风。海岸线长4192公里。属热带雨林气候。内地山区年均气温22℃至28℃,沿海平原为25℃至30℃。

马来西亚的常年平均雨量达到2000毫米至2500毫米之间。在每年的十一月至二月之间的雨季,东北季候风将为西马东海岸、沙巴及沙捞越各州带来大量的雨水,有时连续几天不间断的雨水,造成这些州的某些低地泛滥成灾。

马来西亚境内自然资源丰富,重要矿产有锡、石油、铁、铝土、金、铜、钛等。农业中热带经济作物种植居重要地位,盛产橡胶、油棕、可可、椰子等,粮食作物以水稻为主。近海渔业发达。全国森林覆盖率达2/3,木材蓄积量丰富。锡与橡胶产量和出口量居世界前列,木材、石油、胡椒、棕油等出口也居重要地位。土地利用:永久性可耕地占:3%;农业用地占:12%;森林和林区占:68%;其他占:17%。

"远东"十字路口——狮城新加坡

新加坡在13世纪中叶被称作"淡马锡",意即"海城",后改称"星加坡拉"或"狮城"。它位于赤道以北136.8公里,东经103度38分至东经104度6分,北纬1度09分至1度29分,由主岛和周围的60多个小岛组成。主岛陆地面积大约640平方公里。新加坡有着总长度达135.7公里的海岸线。

新加坡东临南中国海,与加里曼丹遥遥相对;西连繁忙的马六甲海峡,南面一水之隔是印度尼西亚的廖内群岛,北面通过一条堤道与马来西亚相连接。新加坡恰恰处在东南亚半岛区和群岛区水域的中央,是东南亚地区海上交通的十字路口。由于它地处马六甲海峡的咽喉地带,所以又是国际航运线的枢纽,素有"远东十字路口"之称。得天独厚的地理位置使新加坡发展成为一个主要的商业、通讯、旅游中心。

新加坡地处赤道附近,属热带海洋性气候,常年高温多雨。年平均气温 24~26℃,年平均降水量 2400 毫米。每年 10 月至次年 3 月多雨,4~9 月少雨。

新加坡人口有 389 万,其中有华人(77%)、马来人(14%)、印度人(7.6%),其他民族(1.4%)。马来语为国语,英语、华语、马来语、泰米尔语为官方语言,英语为行政用语。马来人和巴基斯坦人多信奉伊斯兰教,华人和斯里兰卡人多信奉佛教,印度人信奉印度教。此外还有人信奉基督教和天主教。

新加坡是世界转口贸易、商业和金融发达的国家。经济主要以转口贸易、加工出口、航运、金融为主。转口和加工出口贸易一直是对外贸易的主要支柱。主要工业部门有炼油和石油化工、造船和钻井平台建造、电子和电器、纺织、交通设备等。可耕地面积很小,种植蔬菜、鲜花,粮食全部靠进口。旅游业发达。

主要进口原油、机械设备、工业原料。主要出口石化产品、电子产品、纺织品等。主要贸易对象是马来西亚、美国、日本、中国香港、泰国等。

交通高度发达。世界著名的海洋和航空转口港。有 500 多条航海线连接世界 700 多个港口,货物吞吐量居世界各商港前列,附近各国所产锡、橡胶、石油等多经此转运。航空线连通世界 50 多个国家的 151 个城市。公路长 3000 千米,铁路长 67 千米。

中小学教育实行双语教育和资讯科技教育。大学有国立大学和南洋理工大学。报业、电台、电视台都很发达。

印度尼西亚

印度尼西亚共和国简称印尼。位于东南亚最南部,地跨赤道,处于亚洲东南部的太平洋与印度洋之间、亚洲大陆与澳大利亚大陆之间的海洋中,地跨赤道,是世界最大的群岛国家。由约 17508 个大小岛屿组成,面积 1904443 平方千米。海岸线长约 35000 千米。岛屿东西延伸约 5000 千米,南北宽约 1800 千米。海面广阔,岛屿分布较分散,可分为大巽他群岛、努沙登加拉群岛、马鲁古群岛和伊里安岛的西部等四大部分。

全国有火山约 400 座,其中 120 多座为活火山。除加里曼丹岛外,各岛几乎都有火山,地震频繁,是太平洋西岸火山带和地震带的一部分。各岛内部多崎岖山地和丘陵,仅沿海为平原和沼泽,并有浅海和珊瑚环绕。爪哇岛火山最多,地震最为频繁,岛的北部是平原,南部是熔岩高原和山地,

山间多宽广的盆地。

河流一般较短,爪哇岛的梭罗河全长 560 千米,为全国最著名的河流。加里曼丹岛有不少较大河流。以巴里托河、卡普阿斯河、马哈坎河为最长。苏门答腊岛河流水量丰富。

印尼的内海面积大于陆地面积,主要有爪哇海、苏拉威西海、弗洛勒斯海、阿拉弗拉海、班达海等。除爪哇海、阿拉弗拉海为浅海外,多为深海。班达海是世界著名的深海,最深达 7000 米以上,海中珊瑚礁分布甚广。

印尼人口 20790 万。世界上人口众多的国家之一。人口的分布极不平衡,爪哇、马都拉的人口占全国人口的 1/2;雅加达平均每平方千米高达 11000 多人;中加里曼丹和东加里曼丹等地每平方千米不到 10 人。有 100 多个民族,人口在 200 万以上的民族不到 10 个。另外还有华人、印度人、阿拉伯人和外侨的后裔。

农业人口约占总人口的 55%,农业以种植粮食作物为主的小农经济和种植园经济两种形式。胡椒、木棉、奎宁、藤的产量均居世界第一位,天然橡胶产量居世界前列。

工业可分采矿业、原料加工业、装配制造业、纺织和轻工业。石油和天然气产量增加很快,其次化肥、水泥和造船业也有发展。重视旅游业,旅游的外汇收入在经济中占重要地位,全国有旅游中心多处。

印度

印度位于南亚次大陆。与巴基斯坦、中国、尼泊尔、不丹、缅甸和孟加拉国为邻,濒临孟加拉湾和阿拉伯海。海岸线长 5560 公里。属热带季风气候,气温因海拔高度不同而异,喜马拉雅山区年均气温 12℃~14℃,东部地区 26℃~29℃。

北部高山区属喜马拉雅山脉南坡,海拔 7000 米以上,中部平原区的东部由恒河和布拉马普特拉河冲积而成,西部是印度河平原的一部分;西部沙漠地带主要是以沙质荒漠为主的印度沙漠区,平均海拔 100~200 米;南部高原区西高东低,平均海拔 600 米左右。德干高原构成印度半岛的主体,东、西高止山脉分列两侧,沿海有狭窄平原。恒河为第一大河。其他重要的河流有布拉马普特拉河、讷尔默达河、戈达瓦里河、克里希纳河等。

印度国旗

印度大部分地区属热带季风气候,西北部属山地气候,印度河平原属亚热带草原、沙漠气候,印度半岛西南属热带雨林气候。每年 3~6 月为暑季,7~9 月为雨季,10 月至翌年 2 月为凉季。气温随海拔高度的不同而有异,喜马拉雅山区年平均温度 12~14℃。

印度人口 10.27 亿,是世界上的人口大国。有 10 个大民族和几十个小民族。主要民族是印度斯坦族(46.3%)、泰鲁固族(8.6%)、孟加拉族(7.7%)、马拉地族(7.6%)、泰米尔族(7.4%)、古吉拉特族(4.6%)、坎拿达族(3.9%)、马拉雅拉姆族(3.9%)、奥里雅族(3.8%)、旁遮普族(2.3%)等。印地语和英语同为官方语言。

印度以农业为主,农村人口占 71%。农作物主要是水稻、小麦、豆类、油料、棉花、黄麻、甘蔗、茶叶等。畜牧业在经济中占有重要地位，饲养牛、羊、猪等牲畜，养牛头数位居世界第一。渔业资源丰富，年捕鱼量位居世界前列。

工业已形成较为完整的体系，有相当基础。传统工业主要有采矿、纺织、钢铁、石油、电力、化工、黄麻、茶叶等部门。电子、计算机、航空和空间等高科技产业发展迅速。科学技术发展迅速，科研力量较强。

印度的旅游业发展很快，已成为国民收入的重要来源。主要旅游地有：阿格拉、勒克瑙、阿旃陀、德里、斋浦尔、金奈、孟买。

印度实行中小学 12 年一贯制教育。高等教育有学士、硕士、博士三级。有 200 多所高等学府，著名大学有德里大学、尼赫鲁大学、加尔各答大学等。

蓝色土耳其

土耳其地跨亚洲、欧洲两洲，位于地中海和黑海之间。大部分领土位于亚洲的小亚细亚半岛，欧洲部分位于巴尔干半岛东南部，全国总面积约 780576 平方公里。东界伊朗，东北邻格鲁吉亚、亚美尼亚和阿塞拜疆，东南与叙利亚、伊拉克接壤，西北和保加利亚、希腊毗连，北滨黑海，西与西南隔地中海与塞浦路斯相望。博斯普鲁斯海峡和达达尼尔海峡以及两海峡间的马尔马拉海，是沟通黑海和地中海的唯一水道，战略位置十分重要。海岸线长 3518 公里。地形东高西低，大部分为高原和山地，仅沿海有狭长平原。

土耳其位于亚洲西部和欧洲巴尔干半岛东隅，是地跨两洲的国家。97% 的领土在小亚细亚半岛上，和格鲁吉亚、亚美尼亚、阿塞拜疆、伊朗、伊拉克、叙利亚接壤。在巴尔干半岛上和希腊、保加利亚为邻，北、西、南部分别濒临黑海、爱琴海、地中海。

境内多高原和山地，仅沿海有狭窄平原。小亚细亚半岛中部为安纳托利亚高原，地势东高西低，平均高度 800～1200 米，高原周围环绕着山地。高原以东的山地是土耳其最高峻的地方，多火山、地震，东端大阿勒山海拔 5165 米，是全国最高峰。高原西部的山地破碎，没入海中形成许多岛屿和岬角。

东部的凡湖面积 3760 平方千米，是境内最大的湖泊，为咸水湖。河流大多水流湍急，不利航行。东南部山地为底格里斯和幼发拉底两河上游。安纳托利亚高原中部有克孜勒河，是半岛上最主要的河流。西部注入爱琴海的河流多迂回曲折。

土耳其绝大部分地区属亚热带地中海型气候。黑海沿岸地区为黑海型气候，最冷月平均气温约 6℃，最热月平均气温约 20℃。年降水 700～2500 毫米。西部沿爱琴海地区，最冷月平均气温从沿海地区向内地递减为 4℃ 左右，最热月平均为 23～27℃，越向内地昼夜温差越大，年平均降水量从沿海向内地递减，约为 750～380 毫米。南部地中海沿岸地区，夏季干热，冬季温暖多雨，最冷月为 5～11℃ 左右，最热月 20～23℃，昼夜温差大，年降水量 250～400 毫米。

农业在国民经济中占有一定地位，主要农产品有小麦、大麦、玉米、棉花、烟叶等。粮食自给有余。畜牧业发达，主要饲养绵羊、山羊、牛、马等，著名的安卡拉羊在世界负有盛誉，毛产量居世界前列。

工业具有一定的规模，以纺织、食品、石油化工、钢铁、水泥、制糖和化肥等为主。旅游业在经济中占有重要地位，具有旅游资源的城市很多。

世界上最大的内陆国——哈萨克斯坦

哈萨克斯坦共和国北同俄罗斯联邦交界,南与吉尔吉斯斯坦、乌兹别克斯坦、土库曼斯坦三国接壤,西至里海与乌拉尔山,东与我国的新疆毗连。面积约 270 万平方公里。1990 年有人口 1669.1 万。

哈萨克斯坦北部为平原,中部为东西长约 1200 公里的哈萨克丘陵,海拔一般 300~500 米,东缘多山地,西南部属图兰低地和里海低地。半荒漠和荒漠地带占全境面积的 60%。哈萨克斯坦的气候为显著的大陆性气候,夏季炎热,冬季寒冷,除高山地区外,一般是干旱少雨,因此南部地区农业必须依靠人工灌溉。境内大部分河流都属于内陆封闭流域。主要

哈萨克斯坦国旗

河流有锡尔河、乌拉尔河、恩巴河、伊犁河和额尔齐斯河等。湖泊除里海和成海部分湖区外,尚有巴尔喀什湖、斋桑泊和阿拉湖等。

哈萨克斯坦矿产资源丰富。铜、铅、锌、铬的储量居独联体各国首位,此外,还有铝、锰、钼、钛、锑、汞、金等矿藏。有色金属、稀有金属和贵金属矿主要分布在哈萨克中部,东哈萨克的阿尔泰山区,南哈萨克的山地。煤炭资源主要蕴藏在哈萨克中、北部。铁矿主要分布在北哈萨克的库斯塔奈州。石油资源集中物中,除南哈萨克的卡拉套山和阿克纤宾斯克附近蕴有磷灰石外,盐、芒硝、硫磺等矿藏储量也较丰富。

工业是哈萨克斯坦国民经济的主导部门,在经济结构中占有相当大的比重。该国工业的显著特点是以矿业(包括有色金属、煤炭、石油、铁矿、铬矿和磷灰石的开采等)为主,加工工业较为落后。煤炭工业是哈萨克斯坦的主要工业部门之一。哈萨克斯坦也是苏联石油重要产区之一。

哈萨克斯坦主要城市有阿拉木图、卡拉干达、巴甫洛达尔、奇姆肯特等。阿拉木图市是共和国的政治、经济和文化中心,位于哈萨克的东南部,伊犁河的支流大、小阿尔马廷卡河畔。该市曾称维尔内。因城郊盛产苹果,于 1921 年改称今名(哈萨克语意为"苹果城")。

大洋洲国家

太平洋上的孤单大陆——澳大利亚

澳大利亚位于南半球,在太平洋西南部和印度洋之间的澳大利亚大陆上。是一个与世界其他国家隔离的大陆岛国。全国分昆士兰、新南威尔士、维多利亚、南澳大利亚、西澳大利亚和塔斯马尼亚六个州,以及澳大利亚首都与北领地两个行政区。由于幅员辽

阔，全国分为三个时区，即东部、中部和西部时区。东部濒临珊瑚海和塔斯曼海，北部、西部和南部面临印度洋及边缘海。领土由澳大利亚大陆及塔斯马尼亚岛等周围海岛组成。东西距离约 4000 千米；南北距离约 3860 千米。面积 7682300 平方千米，居世界的第六。

澳大利亚国旗

澳大利亚是仅次于俄罗斯、加拿大、中国、美国和巴西的世界上第六个陆地面积最大的国家。澳大利亚是世界上唯一管辖整个洲和它的外围岛屿的国家。澳洲大陆是世界上最古老的土地之一，因侵蚀而裸露的大陆基岩已有 30 亿年。同时，澳洲也是最平坦的大陆。除南极以外，它是降雨量最少的大陆。大片土地是干旱或半干旱的，不适宜人们定居。澳大利亚平均海拔低于 300 米，而世界的平均海拔为 700 米。东南部的澳大利亚阿尔卑斯山是澳大利亚最高的地带，其最高点是科西阿斯科山（2228 米）。澳洲约有三分之一的地区属于热带，其他部分则属于温带，因此各地气候悬殊。北部为热带，南方温和。最冷的地区在塔斯马尼亚的高原地带及台地和大陆的东南角。

澳大利亚大陆是地球上最大的岛屿，也是地球上最小和最平坦的陆地。澳大利亚位于南纬 10 度到 39 度之间。澳洲大陆的最高点科西斯科山仅有 2228 米。其地形的特点是古老而又平坦。因此，乌云吹过时不会受到高山的阻拦，导致全国大部分地区缺少充足的降雨。除南极外，澳大利亚是降雨量最少的大陆。

人口 1875 万。每平方千米仅 2 人，是世界上人口密度最低的国家之一。人口主要分布在沿海到内地 120 千米距离的范围内，城市人口约占总人口的 90% 以上，是世界上城市化程度最高的国家之一。广大地区人烟稀少，还有大量的无人居住区。居民主要是英国及爱尔兰移民的后裔（74%）、土著人（2%）、亚裔（5%）等。

矿物资源丰富。铝矾土、铁矿石、镍、锌、锰的储量和产量位居世界前列。铀、铌、钽、磷酸盐、煤、黄金、石油也有很高的开采价值。地下水资源丰富，地下潜水区几乎占全国面积 1/3。大自流盆地是世界上最大的自流盆地。森林覆盖率为 20%，尤多桉树，共有 600 余种。此外澳大利亚以动植物珍异闻名，有袋鼠、针鼹（食蚁兽）、鸭嘴兽、黑天鹅、鸸鹋等珍奇动物。渔业资源十分丰富，海洋和淡水鱼种类超过 3000 种。

澳大利亚农牧业发达，自然资源丰富，两者为澳传统产业。采矿业主要集中在新南威尔士州、西澳大利亚州和昆士兰州。制造业绝大部分分布在东部的新南威尔士州、维多利亚州和昆士兰州。重工业最大部门是冶金、机械制造（船舶、汽车、农机和机车）和化工等。轻工业以纺织和食品为主。

全世界最早进入新一天的地方——新西兰

新西兰位于太平洋南部，介于南极洲和赤道之间。西隔塔斯曼海与澳大利亚相望，北邻新喀里多尼亚、汤加、斐济，在南纬 34 度至 47 度之间。新西兰由北岛、南岛、斯图尔特岛及其附近一些小岛组成，面积 27 万多平方公里，专属经济区 120 万平方公里。海岸线长 6900 公里。

新西兰素以"绿色"著称。虽然境内多山,山地和丘陵占其总面积 75% 以上,但这里属温带海洋性气候,四季温差不大,植物生长十分茂盛,森林覆盖率达 29%,天然牧场或农场占国土面积的一半。广袤的森林和牧场使新西兰成为名副其实的绿色王国。新西兰水力资源丰富,全国 80% 的电力为水力发电。森林面积约占全国土地面积的 29%,生态环

新西兰国旗

境非常好。北岛多火山和温泉,南岛多冰河与湖泊。北岛第一峰鲁阿佩胡火山高 2797 米,火山上有新西兰最大的湖泊陶波湖,面积 616 平方公里。南岛横跨南纬 40°~47°,岛上有全国第一峰库克山。阿尔卑斯山中的弗朗茨·约瑟夫冰川和福克斯冰川,是世界上海拔最低的冰川。山外有一系列冰川湖,其中特阿脑湖面积 342 平方公里,是新西兰第二大湖。苏瑟兰瀑布,落差 580 米,居世界前列。岛的西南端有米福国家公园,奇峰突兀。

新西兰全国面积 27.0534 万平方公里,专属经济区 120 万平方公里,列世界第 73 位。两座主要岛屿(南岛与北岛)面积约为 266200 平方公里(103735 平方英里)。大小约和日本及美国加州相同,比英国略大。

新西兰人口 4119900(2006 年 3 月统计,世界第 122 名)。北岛的总人口为 3102500(2006 年 3 月统计),占新西兰总人口的 75%,南岛人口为 1013800(2006 年 3 月统计),人口密度为 15.229/平方公里(世界第 193 名)。欧洲移民后裔占 78.8%,毛利人占 14.5%,亚裔占 6.7%。奥克兰地区的人口占全国总人口 30.7%。首都惠灵顿地区的人口约占全国总人口的 11%。奥克兰市是全国人口最多的城市;南岛基督城是全国第二大城市。70% 的居民信奉基督新教和天主教。新西兰是世界上人口都市化最高的国家之一。

新西兰首都惠灵顿是世界上处于最南端的首都。惠灵顿是新西兰地理、文化和政治中心,再现新西兰的传统。惠灵顿是世界电缆线最多的国家中电缆线最多的城市,惠灵顿有世界最快和最大的光纤电缆线路之一,为市中心商业区提供高速数据转换和网络进入。

新西兰属温带海洋性气候,季节与北半球相反。夏季平均气温 25 摄氏度左右,冬季 10 摄氏度左右,全年温差一般不超过 15 度。各地年平均降雨量为 400~1200 毫米。

新西兰很接近国际日界线,是全世界最早进入新的一天的国家之一,新西兰北岛的查塔姆群岛和吉斯伯恩市。是全世界最先迎接新一天到来的地方。

巴布亚新几内亚

巴布亚新几内亚位于太平洋西南部的岛屿国家,领土包括新几内亚岛东半部、新几内亚岛东面的俾斯麦群岛、布干维尔岛、路易西亚德群岛等 600 多个岛屿。在新几内亚岛上,与亚洲国家印度尼西亚接壤;南部隔托雷斯海峡与澳大利亚相望。面积 462840 平方千米。海岸线长 8300 千米。

新几内亚岛上高原起伏不平,山峰海拔多在 4000 米以上,有不少终年积雪的高峰。

最高峰威廉山海拔 4509 米。山地南侧有大面积的冲积平原。主要河流有弗莱河和塞皮克河。地近赤道，全年高温多雨。海拔 1000 米以上属山地气候，其余地区属热带雨林气候。沿海地区气温为 21~32℃。一年分旱季和雨季。年平均降水量沿海 1000~3000 毫米。

巴布亚新几内亚国旗

矿物以铜储量最为丰富，主要分布在布干维尔岛。还有金、银、铝矾土、铬、镍、海底天然气和石油等。森林广布，多为天然热带雨林，可采伐林木蓄积量达 5 亿立方米。渔业资源面积达 230 万平方千米，是南太平洋地区最大的捕鱼区之一。有些水域是世界金枪鱼的盛产地，年潜在捕获量达 40 万吨。还盛产对虾和龙虾。

人口 430 万。有美拉尼西亚人（98%），其余为密克罗尼西亚人、波利尼西亚人、华人和白人。

农业是国民经济的支柱，87%的人口从事农业生产。主要经济作物有椰子、可可、咖啡、棕榈和橡胶，为南太平洋最大的椰油和椰干产地。生产铜、椰子油、椰干、胶合板等产品，还有小型卷烟、电缆、建筑材料、油漆、家具等工业。旅游业在经济中占一定地位。

巴布亚新几内亚有莫尔兹比港、莱城、拉包尔等港口，水运占重要地位。开辟有飞往澳大利亚、日本、新加坡、南太平洋岛国等地的航空线。主要出口铜、金矿砂、木材、椰干、椰油、可可、咖啡、棕榈油、橡胶等，进口食品、纺织品、化工品、燃料油、金属制品等。主要贸易对象是日本、德国、澳大利亚及英国、美国等。

美洲国家

枫叶之国——加拿大

加拿大国旗是红白色枫叶旗。红枫叶代表人民，加拿大素有"枫叶之国"的美誉。两侧的红色象征太平洋和大西洋；白色象征辽阔的国土。

位于北美洲的北半部。东临大西洋；西濒太平洋；北濒北冰洋；西北部邻美国的阿拉斯加；南界美国本土。面积 9970610 平方千米。海岸线长约 20000 千米。地势低平，平原广袤，山脉集中，是世界第二大国。从东到西，加拿大横跨六个时区。加拿大是世界上海岸线最长的国家。南部与美国接壤，国境线长达 8892 公里。北部隔海与俄罗斯相望。

由于北部的严寒气候，只有 12%的土地适合耕

加拿大国旗

种。因此,加拿大的三千万人口大多居住在气候温和,距离南部边界几百公里以内的狭长领土内,尤其是与美国接壤的湖群和圣劳伦斯地区,地势平坦、土地肥沃、物产丰富,是加拿大人口最稠密、工农业最集中的地区。

加拿大湖泊众多。如果在夏天飞过曼尼托巴或北安大略,你将看到水面多于陆地,大大小小的湖泊不计其数。据估测,加拿大拥有全世界七分之一的淡水量。除了与美国相连的五大湖,加拿大还有众多的河流。

加拿大是一个雨雪量都非常丰富的国家,林木和农作物都能得到充分的水量,因而生长得茂密繁盛。而变化多端,光彩夺目的雪峰景色,更是举世闻名。

加拿大的森林覆盖面积为占全国总面积的 44%,仅次于俄罗斯和巴西,居世界第三位。

加拿大有丰富的矿藏,是世界上除美国和俄罗斯以外最大的产矿国之一。

加拿大有五大地理区,分别是东部大西洋区、中部区、草原区、西海岸地区和北部区。东部区以渔业、农业、森林、采矿业等为主;中部的安大略和魁北克省是人口最密集的地区,占加拿大四分之三的制造业都位于这里;草原区包括曼尼托巴、萨斯喀彻温和阿尔伯达省,这里土地平坦肥沃,能源资源丰富。西海岸区是卑诗省,是著名的山区和森林区,木材、水果、海洋资产等资源丰富;北部区由育空和西北领地组成,盛产石油、天然气、金、铅和锌。

世界经济发达的国家,是西方七大工业化国家之一。制造业和高科技产业发达,资源工业、初级制造业和农业是国民经济的支柱。工业中的造纸、汽车业最为发达,其次是冶金、钢铁、炼铝、炼锌、石油、化学、木材加工、食品和纺织等。采矿业和有色金属冶炼业先进,锌、镍、石棉、铀、金、钼、钴、天然气、硫磺、铁的产量均居世界前列。农业机械化程度和商业性都比较高。耕地面积大,农业劳动力仅占全国劳动力的 5%。农业生产以小麦为主,马尼托巴、萨斯喀彻温、艾伯塔等地被称为"加拿大谷仓"。此外还产燕麦、黑麦、大麦、油菜籽、玉米、豆类、亚麻、马铃薯、甜菜等。畜牧业在农业中也占重要地位。渔业发达,盛产鳕、鲱、鲑、大比目鱼等。纽芬兰沿岸是世界著名的渔场。旅游服务业非常发达,自然风景区和国家公园很多。

交通运输业先进。有铁路 96000 千米,公路 880000 多千米,有全世界最长的高速公路。圣劳伦斯运河为深水航道。

加拿大的教育管理权归各级省政府。普及中小学教育。著名大学是多伦多大学、不列颠哥伦比亚大学、拉瓦尔大学、艾伯塔大学和麦吉尔大学等。

美国

美国位于北美洲中部,东临大西洋,西濒太平洋,北靠加拿大,南接墨西哥。所属阿拉斯加州位于北美洲西北部,夏威夷州位于中太平洋北部。总面积 9372614 平方千米(本土面积),海岸线长 20000 千米。

本土地势东西高,中间低,无东西走向的山脉。东南部沿海平原:沿东海岸向墨西哥湾沿岸逐渐展宽,一般宽几十千米至几百千米,海拔多在 200 米以下。密西西比河下游土地肥沃。沿海多沙咀、泻湖、沼泽地。大西洋沿岸平原西接皮德蒙特山麓高原处形成一急斜面,高原河流在此形成许多瀑布和急流,这一带称为瀑布线。东部阿巴拉契亚山地:大致与大西洋海岸平行,海拔一般为 1000～1500 米,也有超过 2000 米的山峰。西部山地:包括海岸山岭、喀斯喀特山脉—内华达山脉、大盆地和高原区、落基山脉等部分。大盆地和高原区,北部为波状起伏的哥伦比亚熔岩高原,平均海拔 1500 米左右;中部为大盆地,盆底海拔 1300～1800 米,内部有很多小盆地;南部为科罗拉多高原,海拔 2000～3000 米,地表平缓,间有熔岩丘陵和火山,并为深邃的峡谷所切割。科罗拉多大峡谷和北美洲陆地的最低点死谷也在这里。中部平原:北起五大湖沿岸,南接墨西哥湾沿岸平原。东部海拔一般在 500 米以下,西南部较高。密苏里河和俄亥俄河以北多大小湖盆。西部海拔 500～1800 米,平原上牧草丰茂,又称大草原。

美国国旗

本土主要有密西西比河、康涅狄格河、哈得孙河、科罗拉多河、哥伦比亚河、育空河等。密西西比河是最主要的河流,以密苏里河为源,全长 6262 千米,是世界第四长河。密苏里河为其最长支流,源自落基山脉,长 4368 千米。东北部与加拿大交界处的五大湖是世界最大的淡水湖群,其中苏必利尔湖是世界最大的淡水湖。

自然资源丰富。煤、石油、天然气、铁矿石、钾盐、磷酸盐、硫磺等矿物储量均居世界前列。其他矿物有铝、铜、锌、钨、钼、铀等。钛、锰、锡、钴、铬、铌、镍等 20 多种矿物主要依赖进口。森林、草地与山地牧场广布,森林覆盖率达 33%。水力蕴藏量极为丰富。

全国分为 50 个州和首都所在地哥伦比亚特区,有 3042 个县。联邦领地包括波多黎各和北马里亚纳;海外领地包括关岛、美属萨摩亚、美属维尔京群岛等。人口 2.7313 亿。主要是白人(84%)、黑人(13%);还有墨西哥人、阿拉伯人、波多黎各人、印第安人、华人等。

美国是世界经济最强大的国家,具有高度发达的市场经济。劳动生产力、国内生产总值和对外贸易额均居世界首位。工业门类齐全,拥有巨大的生产能力、设备和生产规模。农业高度发达,实现了区域化,专业化、机械化、社会化和商品化。旅游业和服务业也高度发达。美国一直是世界对外贸易额最大的国家。主要贸易对象为加拿大、日本、墨西哥、英国、德国、中国和中国台湾等。

美国教育先进。多数州实行十年义务教育。世界级的高等学府很多,以哈佛大学、麻省理工学院、哥伦比亚大学、加利福尼亚大学伯克莱分校、斯坦福大学、芝加哥大学、华盛顿大学、耶鲁大学、加州理工学院等最为著名。

高原明珠——墨西哥

墨西哥面积 1964375 平方公里,是拉美第三大国,为中美洲最大的国家。位于北美洲南部,拉丁美洲西北端,是南美洲、北美洲陆路交通的必经之地,素称"陆上桥梁"。北邻美国,南接危地马拉和伯利兹,东濒墨西哥湾和加勒比海,西临太平洋和加利福尼亚湾。海岸线长 11122 公里。其中太平洋海岸 7828 公里,墨西哥湾、加勒比海岸 3294 公里。有 300 万平方公里经济专属区和 35.8 万平方公里大陆架。著名的特万特佩克地峡将北美洲和中美洲连成一片。全国面积 5/6 左右为高原和山地。墨西哥高原居中,两侧为东西马德雷山,以南是新火山山脉和南马德雷山脉,东南为地势平坦的尤卡坦半岛,沿海多狭长平原。全国最高峰奥里萨巴火山,海拔 5700 米。主要河流有布拉沃河、巴尔萨斯河和亚基河。湖泊多分布在中部高原的山间盆地中,最大的是查帕拉湖,面积 1109 平方公里。

墨西哥国旗

墨西哥气候复杂多样。沿海和东南部平原属热带气候,年平均气温为 25~27.7℃;墨西哥高原终年气候温和,山间盆地为 24℃,地势较高地区 17℃ 左右;西北内陆为大陆性气候。大部分地区全年分旱、雨两季,雨季集中了全年 75% 的降水量。年平均降水量西北部不足 250 毫米,内地为 750~1000 毫米,墨西哥湾沿岸中部与太平洋沿岸南部为 1000~2000 毫米。因墨西哥境内多为高原地形,冬无严寒,夏无酷暑,四季万木常青,故享有"高原明珠"的美称。

墨西哥人口 1.069 亿(2006 年底统计),在拉美仅次于巴西,居第二位,位居世界第十一位。其中印欧混血种人占 90%。印第安人占 10%,还有白种人等。官方语言为西班牙语,有 8% 的人讲印第安语。

墨西哥是拉美经济大国,国内生产总值居拉美第一位。全国约 197 万平方公里的土地中,六分之五是高原和山地。矿业资源丰富,地下天然气、金、银、铜、铅、锌等 15 种矿产品的蕴藏量位居世界前列,主要有石油、天然气、金、银、铜、铅、锌、砷、铋、汞、镉、锑、磷灰石、天青石、石墨、硫磺、萤石、重晶石、氟石等。其中白银的产量多年来居世界之首,素有"白银王国"之称。铋、镉、汞产量占世界第二位,重晶石、锑产量居世界第三位,碘、水银居第四位。

森林覆盖面积为 4500 万公顷。约占领土总面积的 1/4。海产主要有对虾、金枪鱼、沙丁鱼、鲍鱼等,其中对虾和鲍鱼是传统的出口产品。全国有可耕地 3560 万公顷,已耕地 2300 万公顷。主要农作物有玉米、小麦、高粱、大豆,水稻、棉花、咖啡、可可等。墨西哥古印第安人培育出了玉米,所以该国享有"玉米的故乡"的美誉。有"绿色金子"别称的剑麻也是墨西哥领世界风骚的农产品,其产量居世界前列。

世界糖罐——古巴

古巴位于加勒比海西北部。东与海地相望,南距牙买加 140 公里,北离美国佛罗里达半岛南端 217 公里。由古巴岛、青年岛等 1600 多个岛屿组成,是西印度群岛中最大的岛国。

古巴北部与美国、东部和海地隔海相望;南部距牙买加 140 千米。全境由古巴岛、青年岛等 1600 多个大小岛屿组成,面积 110860 平方千米,是大安的列斯群岛中最大的岛国。海岸线总长 6000 多千米,任何地方离海岸都不超过 100 千米。各岛地势多平坦。古巴岛东部和中部为山地,西部多丘陵。最高海拔图尔基诺峰 1974 米。多为热带草原气候,平均气温为 25.5℃。1 月为最冷月,5~10 月为雨季,常遭飓风侵袭,其他月份为旱季。

除少数地区外，年降水量在:1000 毫米以上。矿产以镍、钴和铬为主。钴、镍储量位居世界前列。森林覆盖率为 21%，产贵重硬木。

古巴国旗

人口 1091 万，多为白种人，次为混血种人黑人等。部分居民信奉天主教，讲西班牙语。

古巴首都哈瓦那是古巴政治、经济、文化和旅游中心，是西印度群岛中最大的城市和世界上最美丽的城市之一，有"加勒比海的明珠"之称。哈瓦那老城是建筑艺术的宝库，拥有各个时期不同风格的建筑，1982 年被联合国教科文组织列为"人类文化遗产"。

古巴岛大部分是平原，只有西北部、中部和东南部有一部分山地和丘陵。境内大部分为热带雨林气候，仅西南部沿海地区的背风面为热带草原气候。森林面积约占全国面积 20%。甘蔗是主要农产品，种植面积占全部已耕地面积 55% 以上。

经济长期以单一的制糖工业为主，是世界主要产糖国之一，素有"世界糖罐"之称。采矿、炼钢、食品、发电、纺织等工业部门有一定的基础。1/2 以上的耕地种植甘蔗，还有稻谷、烟草和柑橘等作物。旅游资源丰富，海滩特别美丽。主要出口蔗糖、镍、水果、雪茄烟等；进口粮食、石油及石油制品、工业原料、机动车、消费品等。交通运输以公路为主。全国有铁路 15000 千米，公路 49000 千米。海运船近 120 艘。

哥伦比亚

哥伦比亚位于南美洲西北部，东邻委内瑞拉、巴西，南接厄瓜多尔、秘鲁，西北角与巴拿马相连，北临加勒比海，西濒太平洋，是南美洲唯一面向两个大洋的国家。陆界的东部是委内瑞拉、巴西；南部是厄瓜多尔和秘鲁；西北角和巴拿马毗邻。面积 1141748 平方千米。海岸线长 2900 公里，其中加勒比海沿岸长 1600 千米，太平洋沿岸长 1300 千米。地处热带，气候因地势而异。平原南部和太平洋沿岸为热带雨林气候，向北逐渐转为热带草原和干燥草原气候。

哥伦比亚国旗

全境可分为两大自然区。东部是亚马逊河和奥里诺科河的支流所形成的冲积平原，约占全国总面积的一半，除中心地区海拔 900 多米外，地势平坦，雨季大部分地方常被洪水淹没。西部是被安第斯山脉所盘踞的山地，山体分成相互平行的西、中、东三支科迪勒拉山脉。西科迪勒拉山脉靠近太平洋岸；中科迪勒拉山脉雄伟高峻，海拔 3000 米以上，连绵 800 千米，有的高峰超过 5000 米，顶部终年积雪；东科迪勒拉山脉东西宽达 200 多千米。三条山脉之间有宽广的山间高原、盆地和谷地。

瓜希拉半岛西南的哥伦布峰海拔 5800 米，为全国最高峰。西部的马格达莱纳河是全国第一大河，注入加勒比海，考卡河是它的一大支流；东部有奥里诺科河；南部河流属亚马逊河系。地处热带，气候因地势而异。平原地区和太平洋沿岸比较炎热，属热带雨林气候；1000~3000 米的山地比较温和，属热带森林气候（其中海拔 1000 米，年平均气温为 24~28℃,海拔 1000~2000 米,年平均气温为 17~24℃,海拔 2000~3000 米,年平均气温为 8~17℃);4500 米以上的高山终年积雪;西北部属热带草原气候。

矿物资源丰富,主要有石油、煤、铂、金、铁、铜、绿宝石等。石油储量约 45 亿桶。煤储量 240 亿吨,是南美储煤量最多的国家。铁储量约 3 亿吨,绿宝石储量居世界第一位。此外还有天然气、铅、锌等。

经济以农业为主,是传统的咖啡生产国,现在咖啡仍是国民经济的主要支柱,种植面积达 100 万多公顷,产值占农业总产值的 1/3 以上,咖啡的产量和出口量居世界前列。此外,还生产稻米、棉花、甘蔗、香蕉、玉米、高粱、烟草等。粮产量 834 万吨。

工业有榨糖、咖啡加工、纺织、酿酒、水泥、钢铁、制碱等,其中轻工业产值占的比重大。采矿业主要开采石油、煤、金、绿宝石等。绿宝石产量居世界前列,石油及其产品已成为经济的第二大支柱。旅游业发展较快。

秘鲁

位于南美洲的西部,太平洋东岸。面积 1285216 平方千米。海岸线长 2254 千米。境内多山,山地占全国面积的一半。滨海沙漠区,宽约 30~130 千米,为狭长的干旱地带。但由于多短小的河流,形成众多的绿洲;中部山区平均海拔约 4000 米,山间多高原和盆地;东部亚马逊林区地面平缓,河网蔓延。较大的河流有乌卡亚利河、马拉尼翁河和普图马约河等,都属亚马逊河系。与玻利维亚交界处有世界海拔最高的淡水湖的的喀喀湖,湖面海拔 3812 米。

秘鲁国旗

西部滨海沙漠区属热带沙漠、草原气候,干燥而温和,年平均降水量一般不足 50 毫米;中部山区气温变化较大,年降水量一般不足 250 毫米;东部亚马逊林区,属热带雨林气候,酷热而潮湿,年平均降水量在 2000 毫米以上。安第斯山脉的气候从温热一直到寒冷,变化较大。

地下资源丰富,矿藏种类多。铋、钒等稀有金属及铜、银、铅、锌等的储量均居世界前列。此外还有大量的石油、金、铁、煤、水银等矿物。森林占全国面积的 57%,天然林面积广大。东部地区多金鸡纳树和可加树。沿海水产丰富,盛产秘鲁沙丁鱼。各小岛堆积有大量的鸟粪。

采矿和冶炼在国民经济中占重要地位,其他工业有纺织、制糖、食品加工、造纸、造船等。主要产铜、银、铅、锌、原油等。农牧业增长较快,主要农作物有玉米、稻米、麦类、甘蔗、棉花、马铃薯和咖啡等。鱼粉和鱼油产量居世界前列。旅游业在经济中占重要地位。众多的古文化遗址吸引着世界各地的大批游客。全国铁路总长 2000 多千米。是南美洲最早修建铁路的国家。公路长 7 万多千米。有 20 多个海港和 30 多个航空港。

秘鲁是印加文化的发祥地,古代文化影响深刻。有各类学校。主要报刊是《商报》《快报》等。秘鲁新闻社和安第斯新闻社是官方通讯社,电台和电视台众多,多为私人经营。

咖啡国——巴西

位于南美洲东南部。东濒大西洋,北部和法属圭亚那、苏里南、圭亚那、委内瑞拉和哥伦比亚等国家接壤;西部邻秘鲁、玻利维亚;南部是巴拉圭、阿根廷和乌拉圭等国家。国土形状大体为方形,南北长 4320 千米,东西宽 4328 千米,总面积 8547403 平方千米,占南美洲总面积的一半以上,是南美洲面积最大的国家,是世界面积第五大国家。海岸线全长 7400 多千米,岸线比较平直。

巴西约 90% 的面积位于赤道和南回归线之间。毗邻大西洋,蜿蜒的海岸线长达 7367 公里。西部与讲西班牙语的南美洲国家相连,国境线长 15719 公里。地形以巴西高原为主,从与整个海岸线平行的山脉到亚马逊平原,平原西部的内布利纳峰海拔

巴西国旗

3024 米,是巴西的最高峰,再一直到巴拉圭盆地。巴西的全部土地几乎都是可耕地,蕴藏丰富的矿产资源。巴西的亚马逊丛林含有世界上最大的氧气保留地。巴西的河谷(面积达四百万平方公里)位于亚马逊地区。

巴西是世界河流较多的国家,有亚马逊、巴拉那和圣弗朗西斯科三大河系。亚马逊河由西向东横贯国境北部,河宽水丰,多支流,是世界最大的河流之一。干流流经巴西境内约 3000 多千米,河床平缓,雨季经常泛滥。亚马逊河每年注入大西洋的水量占全世界河流注入海洋总水量的 1/10。全境大部分地区处于热带,仅最南部地处亚热带。

巴西拥有人口约 1.64 亿,大部分沿海岸居住,主要集中在东南部地区,因为这里有两个大都市里约热内卢和圣保罗,还有贝洛奥里藏特等重要的内陆城市。

巴西自然资源丰富。矿物资源主要有:铁矿,质量好,产量和出口量居世界第二位,伊塔比拉露天铁矿是世界储量最大的优质铁矿之一。锰矿储量丰富,是世界四大产锰国之一。镍、铬、铝土、铀、锡的储量也很大。铌、钽、铍的储量均居世界首位。森林覆盖率为 52%,约占南美洲森林总面积的一半,居世界第二位,盛产桃花心木、花梨木及橡胶树等,亚马逊热带雨林是世界最大的原始热带林。

经济实力位居南美国家的首位,居世界十大经济强国之列。工业在南美洲各国中最为发达,有比较完整的工业体系,主要工业部门有钢铁、汽车、造船、采矿、石油、水泥、电力、纺织等,核电、通讯、电子、飞机制造、信息、军工等工业已跨入世界先进国家的行列。

农业在经济中占重要地位,咖啡产量居世界第一位,素有"咖啡国"之美称。可可、甘蔗、柑橘、大豆、玉米产量均居世界前列。粮食基本自给。畜牧业分布很广,牛、猪、马的总头数居南美之冠。

教育分基础教育和高等教育两大部分。著名大学是圣保罗大学、里约热内卢大学、圣保罗天主教大学、巴西利亚大学等。

铜矿之国——智利

智利位于南美洲南部西海岸,安第斯山脉西麓。东邻阿根廷,北界秘鲁、玻利维亚,西濒太平洋,南与南极洲隔海相望。面积 756626 平方米,海岸线长约万余千米。智利国土轮廓特别狭长,南北长 4200 千米,东西宽仅 90~400 千米。地形大致由南北走向互相平行的三条并列带构成。东为高峻连绵的安第斯山西坡;西为海拔 300~2000 米的海岸山脉,绝大部分地段均沿着海岸伸展,多以断崖面向浩渺的太平洋;中间为由冲积物填充的、南北延伸的陷落纵谷。国境北部被阿塔卡马沙漠覆盖。海岸山脉和纵谷的南段则被海水淹没,形成岛屿星罗棋布、海峡纵横交错的曲折海岸。活火山众多,地震频繁。有独流入海的短小河流约 30 多条,均发源于安第斯山脉,注入太平洋。

智利国旗

全境可分为北、中、南三个明显的不同地段:北段(约南纬 30 度以北地区)主要是沙漠气候,气候干燥,几乎全年无雨;中段(约南纬 30~43 度)是冬季多雨、夏季凉爽干燥的地中海式气候,气候温和,雨量适中,年平均降水量 500~1000 毫米;南段终年温凉湿润,是温带海洋性气候,愈向南雨量愈多,风愈大,气温愈低。年平均降水量在 2000 毫米以上。最南部可达 5000 毫米。

矿产较丰富,以盛产铜闻名世界,铜储量居世界第一位,有"铜矿之国"的称号。还有铁、锰、钼、铅、锌、汞、金、银、石油、天然气等矿物。森林面积约占全国面积的 21%。沿海渔业资源丰富。

矿业是智利经济的主体,工矿业约占工农业生产总值的 60%,矿产约占出口贸易的 90%。以铜的开采和冶炼最重要,丘基卡马塔、萨尔瓦多和埃尔特尼恩特是智利三个最大铜矿。此外还开采铁、煤等。工业以冶金、电力、制造、纺织、化工等较重要。主要农作物有小麦、燕麦、大麦、玉米、马铃薯、水稻等。渔业发达,内河、湖泊鱼类养殖业发展较快,捕鱼量居世界前列。

阿根廷

阿根廷位于南美洲南部,面积 2776889 平方公里(不含马尔维纳斯群岛),仅次于巴西,是拉美第二大国。东濒大西洋,西同智利以安第斯山脉为界,北部和东部与玻利维亚、巴拉圭、巴西、乌拉圭接壤。南北最大距离为 3693.8 公里;东西最大距离 1460 公里。

阿根廷地势西高东低,安第斯山脉纵贯南北。以安第斯山脉为主体的山地约占全国总面积的 30% 以上,最高峰阿空加瓜山海拔 6960 米,为南美第一高峰。东部和中部潘帕斯草原为一望无际的大平原,是著名的大农牧区。北部查科平原为广阔的低平原,多沼泽洼地,有大片森林。南部巴塔哥尼亚高原,地势由西向东自海拔 1000 米呈阶梯状下降至 100 米,地表受河流切割与冰川侵蚀,形成深邃而宽阔的谷地及冰川湖。河流除巴拉那河外，多发源于安第斯山脉东坡，向东流入大西洋。巴拉那河发源于巴西高原，流经巴西、巴拉圭进入阿根廷。拉普拉塔河以巴拉那河为源，全长 4700 千米，为南美洲第二大河。

阿根廷各地气候相差悬殊。除巴塔哥尼亚高原以南为寒带气候外，大部分地区属亚热带和温带气候，北热南冷、中部温和。年平均气温北部为 24℃，南部为 5.5℃。年平均降水量东北部为 2000 毫米，西北部和南部约 250 毫米。

阿根廷国旗

自然资源丰富，有石油、天然气、铀、铁、煤、铅、锌、铝、锰、锡、银、钨等矿藏。森林约占全国面积的 1/3，多硬木和半硬木。水力资源丰富，沿海拥有丰富的渔业资源。

在拉美国家中，阿根廷属经济发达，综合国力较强的国家。工业门类齐全，主要工业部门有钢铁、电力、石油、化工、机械、食品、纺织等，核工业和钢铁工业的水平位拉美国家前列。农牧业发达，是世界粮食和肉类的重要生产国和出口国之一。全国土地 1/2 以上为牧场，潘帕斯平原是最重要的耕作区。林业中橡胶生产占世界产量的 60%，是天然橡胶主要出口国。渔业发展较快。

非洲国家

埃及

埃及位于非洲东北部，大部分领土位于非洲，小部分领土(西奈半岛，面积约 6 平方公里)位于亚洲的西南角，是地跨非、亚两洲的国家。西部连接利比亚，南部和苏丹接壤，东部濒临红海，并与亚洲的巴勒斯坦地区和以色列接壤，北部是地中海。面积 1002000 平方公里。海岸线长约 2700 千米。

埃及境内地势平坦，沙漠广布，覆盖全国 96% 以上的面积。西部的利比亚沙漠区是撒哈拉沙漠的东北部分，为自南向北倾斜的高原，地势起伏，多低山和丘陵，有绿洲。尼罗河谷地及三角洲地区地表平坦低平，有一些湖沼。北部地势平缓，地中海沿岸多沙丘。西奈半岛上大部分地方也是沙漠，南部山地有埃及最高峰凯瑟琳山，海拔 2637 米。

埃及国旗

尼罗河是世界著名的长河和非洲国际河流，全长 6670 千米，纵贯埃及，在埃及境内长 1350 千米。阿斯旺建有高坝，形成巨大的纳赛尔水库。尼罗河三角洲地区支流纵横，土地肥沃，多盐沼、泻湖。苏伊士地峡区有大苦湖和提姆萨赫湖等湖泊，苏伊士运河是世界上最重要的国际航道之一。尼罗河流出河谷,在开罗以北注入一个大海湾,现在已完全被肥沃的泥土填满,形成宽阔平坦的三角洲。尼罗河在这里分成两条支流,东边是代米埃达河,西边是罗塞达河。埃及大约三分之二的耕地在三角洲。埃及境内明显分成尼罗河谷和三角洲两个部分。

埃及全境炎热干燥少雨,广大地区属热带沙漠气候。沙漠地区终年无雨,各地日温差都很大,最大可达40℃。尼罗河三角洲和沿海地区气候温和,有地中海型气候的特点,冬暖夏热,年平均降水量在50~200毫米之间,多集中在12月至次年1月。每年4~5月间有来自撒哈拉沙漠的干热风为害。

经济以农业为主,是非洲工业发达的国家。农业人口约占总人口的56%。农业区主要集中在尼罗河河谷和尼罗河三角洲,主要农产品是棉花、水稻、小麦、玉米、甘蔗、蔬菜等。是非洲最大的产棉国,棉花质地优良,所产长纤维棉占世界长纤维棉总产量的1/3,有"白色金子"之称。牲畜有羊、牛、骆驼等。

工业以纺织、食品加工等传统工业为主,成衣及皮制品、石油工业、建材工业、水泥生产、肥料、药品等发展较快,化肥可自给。石油工业在经济中占重要地位,已成为非洲第四大产油国。旅游业兴盛,其收入已成为国家第一大外汇来源。

阿尔及利亚

阿尔及利亚位于非洲西北部,面积2381741平方千米,海岸线长约1200千米。地中海沿岸是狭窄滨海平原;中部高原平缓开阔;南部沙漠区约占全境面积的80%。全国最高峰塔哈特山海拔2918米。多间歇河,谢利夫河全长700千米。

阿尔及利亚在地理上可分为北部地中海沿岸平原、中部阿特拉斯山地高原和南部撒哈拉沙漠三大部分。北部地中海沿岸平原为一向北倾斜的狭窄的不连续的沿海平原,属冬季温和多雨、夏季炎热少雨的地中海式气候。这里人口、城市密集,交通和农业比较发达,葡萄种植很广,山麓地带盛产柑橘、油橄榄、栓皮栎等。中部为阿特拉斯山地高原区,北为西高东低的小阿特拉斯山,南为高4000多米的大阿特拉斯山,两山北坡皆有森林分布。高原被中阿特拉

阿尔及利亚国旗

斯山分割成东西两部分,西为向西倾斜的摩洛哥高台地,东为阿尔及利亚的旭特高原,自西(1000米)向东降低(800米),降水少,属于草原气候,多内陆盐沼,为阿尔及利亚的农牧业地区,以种植耐旱作物和放牧牛羊为主。阿尔及利亚南部为撒哈拉沙漠地区,面积广大、人口稀少,气候炎热干燥,以绿洲农业为主。地下蕴藏有丰富的石油和天然气,通过油气管道输往地中海沿岸港口,产量和出口量均居非洲前列。

沿海地带属地中海型气候,南部沙漠地区属热带沙漠气候,大部分地区常受干热风危害。沙漠地区蕴藏有丰富的石油和天然气,森林和草地广大,沿海水产很多。旅游资源丰富,名胜古迹较多。

石油和天然气工业是经济支柱,建有现代化的石油和天然气生产体系。民间手工业

历史悠久,主要有地毯、羊毛制品、阿尔法草编织品、制革、木器制造及金银首饰加工等。农村人口众多,主要农产品有小麦、大麦、燕麦、葡萄、橄榄、柑橘、烟草等。葡萄种植历史悠久,种植面积较广。牲畜有牛、羊、马、骆驼等。公路长 100000 千米,铁路长 4200 多千米。境内建有大型输油、输气管道。主要贸易对象是西欧国家和美国。

主要城市奥兰(瓦赫兰)是全国第二大城市和港口。它兼有阿拉伯城市风貌和现代化城市特色。文化和经济均较发达。东北约 40 千米处的阿尔泽为石油工业基地。君士坦丁也是历史名城,有很多古迹。

尼日利亚

尼日利亚联邦共和国领土面积 923768 平方公里。尼位于西非东南部,南濒大西洋几内亚湾。西同贝宁接壤,北与尼日尔交界,东北隔乍得湖与乍得相望,东和东南与喀麦隆毗连。海岸线长 800 公里。地势北高南低。沿海为宽约 80 公里的带状平原;南部低山丘陵,大部地区海拔 200~500 米;中部为尼日尔—贝努埃河谷地;北部豪萨兰高地超过全国面积 1/4,平均海拔 900 米;东部边境为山地,西北和东北分别为索科托盆地和乍得湖湖西盆地。河流众多,尼日尔河及其支流贝努埃河为主要河流,尼日尔河在境内长 1400 公里。属热带季风气候,全年分为旱季和雨季,年平均气温为 26~27℃。

尼日利亚国旗

人口 1.22 亿(2002 年 4 月统计)。有 250 多个部族,其中最大的是北部的豪萨—富拉尼族(占全国人口 29%)、西部的约鲁巴族(占 21%)和东部的伊博族(占 18%)。官方语言为英语,主要民族语言有豪萨语、约鲁巴语和伊博语。

首都阿布贾人口约 40 万(2001 年统计)。原为国家锡矿开采地、中部公路网中心和农畜产品集散地。为加强联邦政府与各地区、各民族之间联系,并解决拉各斯规模过分膨胀所带来的问题,1975 年,穆罕默德军政府提出了兴建新首都的建议。1979 年 10 月,沙加里文官政府正式批准新首都阿布贾的设计蓝图,并开始第一期建设工程。1991 年 12 月正式从拉各斯迁入。约至 1996 年,各大部门的搬迁工作才渐渐收尾。市区分两部分。中心区为政府机关、文教区,居民区有商店、娱乐场所。有机场和通往各州首府的高速公路。

尼日利亚是非洲最大的石油生产国和世界第六大石油出口国,也是石油输出组织(欧佩克)成员国之一。尼日利亚资源丰富。已探明有 30 多种矿藏。主要有石油、天然气、锡、煤、石灰石等。尼日利亚天然气资源也很丰富,已探明天然气储量达 3.4 万亿立方米,居世界第五和非洲第一位,目前已开发量仅占总储量的 12%。煤储量约 27.5 亿吨,为西非唯一产煤国。森林覆盖率为 17%。石油工业是国民经济的支柱。

主要制造业为纺织、车辆装配、木材加工、水泥、饮料和食品加工,大多集中在拉各斯及其周围地区。农业在国内生产总值中占 40%。全国 70% 的劳动力从事农业。农业主要产区集中在北方地区。农业生产方式目前仍以小农经济为主,粮食不能自给,每年仍需大量进口。

东非水塔——埃塞俄比亚

埃塞俄比亚位于非洲东部,为内陆国家。面积 1103600 平方公里。境内中部隆起,有"非洲屋脊"之称,最高峰达尚峰海拔 4620 米。东非大裂谷斜贯,两岸陡峭。有 30 多条大河发源于中部高原,故有"东北非水塔"之称。气候复杂,各地气温相差较大。矿物种类较多,地热、水力、森林资源丰富。

埃塞俄比亚是一个自然差异巨大的国家,高地有崎岖的瑟门山,低处则有达纳奇尔盆地。这个盆地低于海拔 120 米,是世界上海拔最低的沙漠地。埃塞俄比亚地处热带,但因地势较高,气候温和,且呈明显垂直变化,类型多样。年平均气温 10～27℃。高原地区的年降水量为 1000～1500 毫米,低地和山谷地区为 250～500 毫米。有热带、亚热带、寒带等多种气候类型。

埃塞俄比亚国旗

埃塞俄比亚高原虽近赤道,可大部分地区并不炎热,因为它高耸的地势大大削弱了一般低纬度地区高温的特征,并使气候和自然带呈现明显的垂直变化。海拔 500 米以下的平原和低地为贝雷哈带(意为"沙漠带"),年平均气温 30℃以上,终年酷热,为热带沙漠景观;海拔 500～1800 米为科拉带(意为"炎热带"),年平均气温 22～26℃,气候炎热,降水较少,为热带稀树草原景观;海拔 1800～2400 米为沃伊那德加带(意为"种植葡萄的地方"),属亚热带,年平均气温 18～20℃,四季如春,降水丰富,适宜多种作物生长;海拔 2400～3500 米为德加带(意为"凉爽带"),年平均气温 15℃左右,降水十分丰富,适宜低温作物和牧草生长,牛羊放牧条件好;海拔 3500 米以上的高山为维契带,年平均气温 10℃以下,常见冰雹和霜冻。以上五带中的沃伊那德加带和德加带,是埃塞俄比亚最重要的农牧业地带,全国 2/3 的人口和耕地以及城市都集中在这里。

埃塞俄比亚的自然环境和野生动植物资源十分丰富。其地理位置横跨撒哈拉沙漠和撒哈拉沙漠以南之非洲地区,加上跨度巨大的海拔高度,使得该国家拥有不同于该区域的多样化的自然生态环境。因此,这里的沙漠、森林、草原和山地成为众多稀有动植物(包括一些埃塞俄比亚特有的物种)的家。迄今为止所做的研究表明,埃塞俄比亚拥有大量的地区性野生生物。研究中发现了 31 种哺乳动物、28 种鸟类、10 种爬行动物、30 种两栖动物以及四种埃塞俄比亚所特有的鱼类。

埃塞俄比亚经济以农牧业为主。农作物有苔麸、大麦、小麦、高粱、玉米等。世界十大咖啡生产国之一和牧业大国。

微型非洲——喀麦隆

喀麦隆位于非洲大陆中西部,西南濒几内亚湾;西接尼日利亚,东北接乍得,东部和中非、刚果（布）相连，南与加蓬和赤道几内亚毗邻。面积 475422 平方公里。其中陆地面积 466050 平方公里，海域面积 9600 平方公里。海岸线长 354 千米。喀麦隆不仅山川秀美，而且部族众多，素有"微型非洲"的美称。

喀麦隆人口 1400 多万。全国有富尔贝、巴米累克、赤道班图、俾格米、西北班图等 200 多个部族。法语和英语为喀麦隆的官方语言。首都雅温得坐落在喀麦隆中部高原偏南的丘陵地区，全城满目青翠，独具风光。

喀麦隆国旗

境内大部地区为高原，平原仅占国土的 12%。西南沿海为平原，南北纵长；东南为喀麦隆低高原，有大片的沼泽和湿地；北部贝努埃河—乍得湖平原，平均海拔 300～500 米；中部阿达马瓦高原是中非高原的核心部分，平均海拔 1000 米左右；中西部喀麦隆火山山地多锥形火山体，一般海拔 2000 米。近海处的喀麦隆火山海拔 4070 米，是全国、西非地区的最高峰。萨纳河是第一大河，此外还有尼昂河、洛贡河、贝努埃河等。西部沿海和南部地区属典型的赤道雨林气候，终年湿热，往北过渡到热带草原气候。喀麦隆火山西麓年降水量 1 万毫米，是世界雨量最多的地区之一。

喀麦隆自然资源丰富。有铝矾土、铁、铀、金、钻石、铜、石油等矿物，但开发很少。森林面积约占全国 40%。水力资源约占世界水力资源的 3%。

国民经济以农业为主。素有"中部非洲粮仓"的美誉。农业人口约占全国人口的 71%。有薯类、高粱、稻谷、芭蕉、可可、咖啡、棉花等多种农作物。正常年景可可产量居世界前列。北部畜牧业较发达，阿达马瓦高原是非洲最大的养牛区。工业水平在黑非洲居前列。有电力、炼铝、炼油、锯木、纺织、农产品加工等部门。旅游业正在兴起，境内景观有"微型非洲"之称。

交通以公路为主，公路长约 4.9 万千米，占运输总量的 85%。铁路长 1115 多千米，窄轨。有少量的水运和航空运输。

主要出口可可、咖啡、木材、原油、铝制品等。主要进口工业设备和企业消费物资等。主要贸易对象是法国、意大利、西班牙、荷兰、德国、美国等。

黄金之国——南非

南非位于非洲大陆的南端。国境连着纳米比亚、博茨瓦纳、津巴布韦、莫桑比克、斯威士兰，国土中还包含有莱索托。自然环境变化丰富。国土的中央是占地 40 万平方公里，海拔 1500 米以上的干燥盆地大卡鲁盆地。东中部耸立着海拔超过 3000 米的连绵山脉德拉肯斯山脉，山脉德东部是印度洋，它的沿岸是绿树荫荫的平原。南非的西北部是卡拉哈里沙漠。发源于德拉肯斯山脉德奥兰治河，蜿蜒曲折，横断南非的东西。

南非总体以高原为主。3/4 以上领土海拔 600 米以上，约 1/2 领土介于海拔 1,000～1,600 米之间。仅位于西部、南部和东部的沿海狭窄地带海拔不超过 500 米。东部的德拉肯斯堡山脉和南部的开普山脉是内陆高原与两洋沿海平原的天然界线。德拉肯斯堡山脉向印度洋一面峭壁高耸,构成"大断崖"主体。内陆高原呈阶梯状,自东南向西北递降,与莱索托东界相连处为最高峻地段,海拔达 3600 米;北部的莫洛波河流域一带最低,已进入卡拉哈里盆地,海拔 800 米以下。高原东段为大斜坡,由 2000 米降到海平面;南段有一系列山脉和沿海平地;西段几乎均属纳米布沙漠,为沙质平原。

南非国旗

南非位于南纬 19 度至 33 度的半沙漠和沙漠地带,全国 2/3 以上的面积气候干旱,水量充沛的河流不多。干旱为周期性灾害,影响全国半数地区。内陆中部地区,特别是中层草原和大卡鲁高原干旱严重。

境内主要河流有两条:一条是自东向西流入大西洋的奥兰治河,全长 2160 公里。系全非大河之一,流域面积约 95 万平方公里。水位季节性变化大。上游多急流瀑布,适于发电。下游水量小,无支流,无航运之利,为世界上有名的"客河"之一。另一条是主要流经博茨瓦纳、津巴布韦边界并经莫桑比克汇入印度洋的林波波河,全长 1680 公里,流域面积 38.5 万平方公里。该河多险滩,不利航运。

南非全境大部分处副热带高压带,属热带草原气候。每年十月至次年二月是夏季,六至八月为冬季。德拉肯斯堡山脉阻挡印度洋的潮湿气流,因此愈向西愈干燥,大陆性气候越为显著。降水主要集中在夏季,全年降水由东向西从 1000 毫米降至 60 毫米。

南非在非洲国家中经济最为发达。矿业、制造业和农业是经济的三大支柱。采矿业在国民经济中占主导地位,以黄金、钻石、铀和煤开采为主要。黄金、钻石、白金族金属、钒、铬、锰、铀、石棉等的产量均居世界前列,是世界最大的黄金生产国,因此又被誉为"黄金之国"。

南非农业较发达,主要有玉米、小麦、甘蔗、柑橘、高粱、棉花、烟草等作物。畜牧业较先进,天然牧场辽阔,有牛、绵羊、山羊、猪等牲畜,羊毛产量位居世界的前列。南非是世界渔业较发达的地区之一,鱼类制品产量位居世界的前列。

世界名城

用心去看一座城市，就会发现它的历史、人文、建筑和生活以及这座城市里的人们都充满了无穷的风情、无尽的魅力。

城市的生活，需要有质量的"精神化生存"。人文城市注重历史文化底蕴的生态性构建，人文化、人性化、自然化、情调化、生活艺术化成为城市显性形态。

一个城市的现代化，除了经济的高速发展、基础设施的完善、科学技术处于前沿地位外，还必须实现历史文化在生活中重现度高、社会环境高度人文化、广义文化的覆盖率高。

只有从过去、从传统、从历史文化遗产中，现代都市人才能获得认识自身以及环境的必要知识，才能认清自己是谁，是从哪里来的，现在何处，能够而且应当干什么，以及将走向何方。

蒙古的"红色英雄城"乌兰巴托

"乌兰巴托"在汉语中的意思是"红色的英雄城"，它始建于1639年10月29日，到如今，这座城市已有300多年的历史了。乌兰巴托是蒙古国的政治、文化和经济中心，在这里聚集了大约全国60%的工业企业。它是个草原城市，盛产羊纺织品，这里生产的纯羊毛地毯和羊绒衫多次在国际博览会上获奖，裘皮衣服和驼绒制品的质量也称得上一流。乌兰巴托是一个年轻人的城市，在80万的城市总人口中，30岁以下的人占70%以上。年轻人多，使得整个城市充满了青春活力。

乌兰巴托

乌兰巴托位于蒙古高原海拔1351米的图拉河谷中，南北两面都是绵延起伏的群山，山上终年郁郁葱葱。城南的图拉河由东向西缓缓流过博格多山，河水清澈，河两岸烟柳朦胧。从博格多山上俯瞰乌兰巴托，草原风光可以尽收眼底：蓝天白云，山川湖泊，溪流牛羊，剽悍的牧羊人，以及点缀在茫茫草原上的洁白蒙古包。

乌兰巴托的城市布局是越往东西两端走越狭长，东西两面分布的都是一排排拔地而起的现代住宅楼。这些楼房多粉刷成蓝色和白色，它们在阳光下交相辉映，显得柔和、漂亮。除了鳞次栉比的现代化建筑群之外，还有面积达5.2万平方米的苏赫巴托广场。苏赫巴托广场正中竖立着蒙古人民革命领袖苏赫巴托策马扬鞭的巨大雕像。在广场的北侧是庄严肃穆的国家宫。在城北的山坡上，到处都有像白云、珍珠一样的蒙古包。在乌兰巴托，游牧民族的古老文明和现代化的都市文明融为了一体。在宽阔而整齐的乌兰巴托大街上，两旁的树木碧绿挺直，林荫大道边上的草坪里牛羊悠闲自在地吃草，身着蒙古袍的牧民们则骑着马在大街上闲游。

　　蒙古国近几年虽然经历了经济困难，但勇敢豪爽的乌兰巴托人根本不知道忧愁是什么，依然乐观地面对困难，他们的生活依旧洒脱、浪漫。在乌兰巴托旅游，你经常会看见，那里的人们会在下班后或节假日，带着一家人或去剧院观看精彩的文艺演出，或驱车到郊外欣赏大自然的美景，因为距离乌兰巴托几千米的地方便是辽阔美丽的草原。

　　乌兰巴托是一个古老的城市，同时也是一个年轻的现代化城市。这里到处都是新与老，今与古的结合：古老的庙宇和新建的高楼大厦；传统的蒙古袍和现代的西装革履；转经筒和电脑；骏马和轿车。昨天的回忆、今天的现实、明天的理想在这里交织、碰撞和融汇。乌兰巴托是美丽的城市，乌兰巴托人是潇洒的草原人！

富有的"弹丸之地"新加坡

　　1819年，有一个莱佛士爵士宣布了对新加坡的主权，并在那里建立了一个港口。那时它还是个小渔村，到处是丛林和沼泽。后来的新加坡证明，莱佛士爵士是有眼光的——这里是贸易商最理想的去处，莱佛士建立的港口很快就成了一个国际贸易中心，各种肤色和文化的商人聚集于此，讨价还价。新加坡有许多的名字，除了叫"Singa Pura"或"狮子城"外，新加坡还有一个名字——"花园之城"，至于它为何有这个名字，你只要看一看沿途有树的马路，绿色的公园和丰富的自然保留区就会明白了。或许新加坡最确切的名字应是"立即的亚洲"，因为这里有许多来自不同地区的亚洲人，能立即给观光客一个亚洲的印象。

新加坡

　　新加坡现有永久居民316万多，加上居住一年以上的外国人共368万多，人口密度每平方千米约5965人，人均本土国民生产总值约为3486840新加坡元。新加坡是个美丽的岛国，既充满了热带风情，又有国际都市的快节奏。"业街"，即"鸟节路"，是新加坡的购物和休闲娱乐中心。这里高楼林立，世界城、先得坊购物中心、百丽宫、文艺复兴广场等多家本地与国际大百货公司以及音乐唱片店、时尚精品店都聚集于此。每年5~7月举行的新加坡热卖会期间，全岛疯狂大减价，各大百货商场会纷纷推出优惠折扣，让人们疯狂采购。

　　新加坡虽然是个小岛，面积还没台北大，但若看过它井然有序的都市景观及先进的道路规划，谁都得承认它是一个具有大都市气质的小国家。它虽地处东南亚，却没有浓郁的热带气息，反倒散发出一股清爽的快感。这似乎是一种矛盾，但新加坡人却以极大的包容力，包容着包括这种矛盾在内的一切矛盾！

　　新加坡是个包容性很强的国家，在这个城市中存在着许多种语言、文化、种族和宗教。在这里，中国人、马来人和印度人比邻而居，印度尼西亚人、阿拉伯人以及欧洲人……许许多多的其他人种也都将新加坡当成自己的家,为新加坡丰富的文化加上了更多的调料。各民族传统服饰,料理和节庆的组合更使新加坡展现了它旺盛的生命力。

美丽的朝鲜首都平壤

平壤是朝鲜的首都,它是一座美丽、清洁、文明的现代化都市,同时,它也有着悠久的历史。作为亚洲的两个社会主义大国之一朝鲜的首都,平壤是朝鲜人民心中的骄傲。

平壤地处大同江下游平原和丘陵的交接处,背靠大山,面向大河,整个城市的平均海拔在 84 米左右。由于地理位置得天独厚,山水环抱的平壤自然风光十分优美,有着朝鲜"美丽首都"之美誉。这里的气候属于温带季风气候,四季分明,年平均气温在 9.7℃左右。平壤城的南面是一片开阔的平原,东、西、北三面则是绵延起伏的山丘。市区内有花团锦簇的美丽山峰——牡丹峰,郊区有树木葱翠的大城山、峨眉山、云头峰等名山。碧绿的大同江从牡丹峰下流过,将平壤城分成了东、西两部分,大同江的支流普通江则流过了整个西平壤。

平壤

平壤的历史源远流长。据史书记载,公元 427 年,古高丽王国将首都从丸都城(位于今天中国吉林省集安市的西北山城)迁往平壤,与分别定都于庆州和慰礼城的新罗、百济两国形成了三足鼎立的局面。从那时起,平壤就开始成为朝鲜的首都。平壤是朝鲜历史上著名的古都,历史上曾有"镐京""长安"等其他许多名称。平壤也有一度处于窘困的时期。在新罗统一朝鲜半岛之后,平壤的地位逐渐下降,最后连一个普通州的州治也不是了。1392 年,李成桂在威化岛回师,发动政变并取得了成功,顺利地建立了李氏朝鲜王朝,平壤于是就成为平安道的首府。朝鲜民主主义人民共和国建国后,平壤成为首都,建为平壤特别市。1500 多年来,平壤经历过多次战火破坏,但又多次得到重建。这一点,人们可以从牡丹峰的古松林和大同江边的悬崖峭壁以及许许多多的文物古迹那里得到了解。

在大城山下的茫茫荒草之中,人们仍然可以看到高丽王国的宫殿遗址。这座美丽的城市曾饱受战争的洗礼,特别是在 1950～1953 年的朝鲜战争中,美国在平壤投下了 42.8万枚炸弹,整个平壤几乎被夷为平地,到处是断壁残垣。但是,英勇的朝鲜人民并没有被吓倒,他们在打跑侵略者之后,用了不太长的时间便将平壤又建成了一座崭新的现代化城市,平壤又恢复了昔日的光彩!

尼泊尔的"千庙之都"加德满都

加德满都是尼泊尔的首都,建于公元 723 年,又名"木寺城"。据说它是由加德满都寺发展而成的,这座寺只用了一棵树做建筑材料。现在,这座有着悠久历史的庙宇仍然屹立不倒,守望着这个城市。

加德满都由三座古城组成：加德满都、帕坦和巴卡塔布尔（当地人又称为"巴德冈"）。三座古城在结构上很相似，每座古城都有一个皇宫，每个皇宫外都有一座御用的印度教寺庙，也都有一位活女神库玛莉驻守，皇宫的大门都叫作"黄金门"，围绕皇宫的广场也一律称作"杜尔巴广场"。这三个古城的主要色调均是砖红色，由此形成了这里独特的建筑风格。

加德满都老旧的大街小巷就如同一个巨大的艺术博物馆，无论是皇宫、庙宇，还是普通民居，都喜欢雕刻上图案和花纹。这些各种各样的雕刻作品多为宗教题材，佛像、菩萨、湿婆、毗湿奴衬托着古老的墙壁。这些古建筑复杂的雕刻形式大致可以分为浮雕、镂空雕刻、立体圆雕和浅雕四种。屋顶的梁上很少有雕花，雕刻大量运用于大门、门楣、斗拱、窗户、门边立柱、抬梁上。门楣和斗拱多使用浮雕，镂空雕刻大量运用在窗户上，圆雕多装饰圆柱，浅雕则更多被用来衬托主体雕像。木雕的材料一般是硬木，以核桃木和檀香木最为贵重，因为只有坚硬的木质才能让刻像长久地保存。从雕花的复杂程度可以看出家道的富有程度：以原木色和深棕色为主的木雕多用在民居家里；皇宫和庙宇有的保持着原木的颜色，更多的则加上了彩绘装饰。

在加德满都，最引人注目的是位于皇家广场的加达纳许庙（印度教尊为主宰宇宙之神的庙），这个庙又叫作"性庙"，是加德满都皇家广场最古老的建筑。为什么叫"性庙"呢？因为这里有许多描写性行为的雕塑：在佛像下是男女交欢的场景，当中还掺杂着动物交配的雕塑。庙宇里面用来支撑屋檐的斜托木使用的是彩绘浮雕，长1米多，宽30厘米左右。围绕屋檐共有20多根这样的斜柱，每一根柱子上刻画的形象都不一样，但特色都是既细腻又大胆奔放。为什么在这样神圣的地方却有如此异类的表现呢？据说是因为印度教徒把性当成一门学问，如果好好钻研学习的话，人的烦恼会降低到最低。还有一种说法是为了防雷击，因为印度教中的雷电神是个处女神，见到情爱的场面就会害羞地躲起来，于是庙宇就可以避免雷击了。另外还有一种说法：尼泊尔有段时间受到了佛教的影响，出现了很多独身教徒，不料当时瘟疫流行，人口急剧下降，所以庙中特意用情色的雕刻来鼓励人们生育。

"东方威尼斯"曼谷

有"东方威尼斯"之称的曼谷是泰国的首都，它位于湄南河的下游，距离暹罗湾40千米，是泰国的政治、经济、文化和交通运输的中心，人口约有800万。曼谷为什么被称作"东方威尼斯"呢？这还有些来头。原来，曼谷地势低洼而且有许多河流，后来还挖了许多运河，到19世纪时，曼谷已经成为一个河道纵横的水上都城。市区经常可以看见如梭的舟楫以及繁忙的水上市集，那景象就好像欧洲水城威尼斯，因此人们就将曼谷称作"东方威尼斯"。随着陆路交通及现代化工商业的发展，河流逐渐丧失交通要道的作用。从1969年起，曼谷的大多数河道都被填平成了林荫道或马路，"东方威尼斯"就名不副实了。

曼谷的历史十分悠久。1767年，吞武里王朝兴起的时候，在现在的曼谷逐渐产生了一些集市和居民点。1782年，曼谷王朝的拉玛一世将都城从湄南河西面的吞武里迁到了河东面的曼谷。拉玛一世在这里修建宫殿、城墙，还修了九条街道。在这些街道中，尤其以"三聘街"最为出名。拉玛二世和拉玛三世统治的时候(1809~1851年),曼谷城内增建了许多佛教寺庙。拉玛五世的时候(1868~1910年),曼谷的大部分城墙被拆除,新建了许多马路和桥梁。1892年,曼谷城内开通了电车。1916年曼谷人有了自己的大学——拉玛隆功大学。1937年曼谷被划分成了曼谷和吞武里两个市。第二次世界大战结束后,曼谷得到了很快的发展,无论是人口,还是市区面积都大大地增加了。1971年曼谷和吞武里两市合并成了曼谷—吞武里都市区,人们称之为"大曼谷"。

曼谷

曼谷是一个著名的旅游城市,城市中有许多的名胜,景色十分宜人!曼谷最大的广场"王家田广场"原来是曼谷国王举行典礼的地方,现在除了用来庆祝春耕节和泰历新年外,多数时候已成为群众集会和周末集市的场所。因为泰国人大多信奉佛教,所以曼谷市内佛寺云集,大概有300多所,因此曼谷又有"佛庙之都"的美称。曼谷的大王宫、玉佛寺、金佛寺和金山寺等都远近驰名,此外,还有纪念中国航海家郑和的"三宝公庙"。国柱神隍庙内则保存着为纪念1782年曼谷建都而打下的第一根桩,当地人把它叫作"国柱"。曼谷市内常年鲜花盛开,到处姹紫嫣红,"三顶尖"式的泰式屋宇在百花映衬下显得更加金碧辉煌。"三聘街"是华人聚集的地方,被称为曼谷的"唐人街"。经过200多年的发展,"三聘街"已成为泰国最繁华的市场。除了这些名胜古迹,曼谷还有不少现代化的建筑和旅游设施。因此曼谷每年都吸引了大批游客,成为亚洲旅游业最兴旺的城市之一。

泰国人把曼谷叫作"军贴",意思是"天使的城市",其实如果将泰国的泰文全称转译为拉丁文,可长达142个字母,它的意思就是:"天使之城、伟大的都市、玉佛的宿处、坚不可摧的城市、被赠予九块宝石的世界大都会"。

"灵魂的泣诉地"耶路撒冷

耶路撒冷是著名的宗教圣地,从3000年前大卫王的王国建都于此以来,就一直是犹太人精神生活的中心所在。

"耶路撒冷",在希伯来语中的意思是"和平之都"。然而,现实中的耶路撒冷却是个充满战争的城市。据史书记载,公元前2000年中叶,有一支希伯来人的游牧民族从东方进入了巴勒斯坦。公元前2000年末,希伯来的北方部落形成以色列王国,继而南方各部落形成犹太王国。那个时候,腓力斯丁人攻占了巴勒斯坦地区,以色列人和犹太人便同腓力斯丁人进行了长期艰苦的斗争,以色列第一个国王扫罗甚至战死疆场。公元前10世纪,犹太王大

耶路撒冷

卫在统一了以色列和犹太王国后,建立了以色列—犹太王国,并将腓力斯丁人驱逐出巴勒斯坦地区。在这番丰功伟绩之后,他选择了迦南古城耶路撒冷作为统一后国家的首都。然而,大卫之子所罗门死后,统一的国家又分裂了,北为以色列王国,南为犹太王国。公元前721年,亚述帝国灭以色列王国。公元前586年,新巴比伦灭犹太王国,摧毁了耶路撒冷,犹太人被掳到巴比伦,成为"巴比伦之囚"。公元前538年,波斯帝国居鲁士大帝在攻陷巴比伦城后释放了被囚在巴比伦的犹太人,并允许他们重返耶路撒冷。返回的犹太人,建立起了臣属于波斯帝国的神权政体。从公元前4世纪起,马其顿、托勒密、塞琉古诸王国相继侵占巴勒斯坦。公元前63年罗马占耶路撒冷后,这一地区就成为罗马帝国的一个行省。公元70年,犹太人反叛罗马失败,从此流散世界各地。中世纪,这里没有幸免于十字军东征的铁蹄;16世纪,这里也没有摆脱奥斯曼帝国的控制。

耶路撒冷,是犹太教、伊斯兰教、基督教信徒的圣地。犹太教徒相信这里就是上帝送给犹太子孙的土地;基督教徒相信,这里是基督受难、死后复活的地方,伊斯兰教相信,这里是先知穆罕默德登宵夜游的地方。耶路撒冷的魅力在于它神秘、神圣的宗教色彩,它也是世界上唯一被三大宗教——犹太教、回教、基督教(天主教)认定为信仰源流和精神指针的圣地城市。犹太教的哭墙便在此处;作为先知穆罕默德的升天之地,耶路撒冷也是伊斯兰教三大圣地之一,是全世界最美丽的伊斯兰教寺——金顶回教寺所在地;对于基督教(天主教)来说,这里是耶稣传福音、背十字架受钉以及复活的圣地。这里一直吸引着世界各地的信徒来此朝拜敬仰。

越南的首都河内

河内是越南社会主义共和国的首都。这个有着千年历史的古城就像一个花木葱茏的大花园。在建筑物周围、街道两旁,到处都生长着高大的铁树、椰子树、棕榈树,街心花园千姿百态、姹紫嫣红的鲜花也是四季盛开不断。繁华的河内市内点缀着西湖、还剑湖、七亩湖、禅光湖、列宁公园、百草公园等著名景点,它们让这座本已十分秀美的城市更加迷人!

河内

河内是一个历史名城。据说,在公元11世纪以前,这里就已经有人居住了,只不过那个时候这里被称作"龙编""螺城""大螺城"等。1010年,李朝创建者李公蕴从华闾迁都大螺城后将其改名为"升龙"。后来的李朝统治者又先后将其改称"东都""东京""中都""北城"。公元1831年的时候,当时的阮朝明命12年,这里被改名为河内,取意于环抱在红河大堤之内。这个名字一直沿用到了今天。

在越南改革开放的年代,河内正以它青春焕发的秀丽姿态迎接着来自四方的客人。河内位于红河平原的西北部,四周分别与河北省、北太省、永富省、河西省接壤。红河从市区旁边缓缓流过,最宽处有2000米左右。章阳桥、龙编桥、升龙桥从东、北两个方向把市区和郊区连接起来。河内市是越南第二大城市,地处红河三角洲西北部,面积为920平方千米,人口210余万。

河内是越南的政治、经济、文化中心。市区的巴亭广场是举行大型集会和重大政治活动的场所,也是当年胡志明主席宣布越南民主共和国成立的地方。广场正面居中是胡志明主席的陵墓。广场四周有主席府、巴亭会堂及党政军机关。主席府内有胡志明主席故居,是胡志明主席当年工作和生活的场所,供人们参观学习。市内有高等院校、科研机构,也有机械、纺织、碾米、制糖等工业。郊区农产富饶,以稻米为主。主要名胜及风景区有文庙、还剑湖和西湖等。河内是越南重要的交通枢纽之一。铁路南可抵胡志明市,北可达钢都太原,东连海防,西北经老街可到中国的云南,东北经谅山与中国广西相连。公路通往全国各地乃至老挝和柬埔寨。水路可由红河向东直通大海。河内内排国际机场是越南主要机场之一。国际航线可达万象、曼谷、北京、莫斯科、巴黎等。现在,河内正以其优美的自然风光,吸引着越来越多的游客前来旅游观光。

东方的罗马——日本奈良

奈良有"东方的罗马"之誉。日本人称奈良为"精神上的故乡"和"丝绸之路的东方终点"。早在公元 3~5 世纪时,奈良就是日本"大和国"的中心;6~7 世纪,日本有几代天皇都在此建都。奈良的建筑遗产反映了日本灿烂悠久的文化。

奈良的佛教庙宇和神道建筑,都表现了永恒的精神力量,这种精神力量通过杰出的建筑风格对宗教产生了深刻的影响。在这些古建筑中,最著名的有东大寺、星福寺、法隆寺、药师寺和唐招提寺。

东大寺位于奈良的杂司町,是日本佛教华严宗的总院。东大寺始建于公元 745 年,当时名为"总分国寺",由圣武天皇仿照中国寺院建筑结构修建。东大寺的大佛殿东西宽 57 米,南北长 50 米,高 46 米,是目前世界上最大的木制建筑物。大佛殿金堂中的

奈良

"宇宙佛"毗卢遮那镀金铜坐像高达 16.21 米,是日本第一大佛,称为"奈良大佛",仅次于中国西藏扎什伦布寺的"未来佛",是世界第二大铜佛。大佛殿东面的大钟楼修建于镰仓时代,是仿造天竺样式的建筑。大钟楼内有公元 752 年铸造的一口梵钟,钟高 3.86 米,直径 2.71 米,是日本的国宝。大佛殿西面的松林中有一个戒坛院,是为中国唐代来日本传授戒律的鉴真大师建造的。大佛殿北面的正仓院里收藏着当时天皇的用品、东大寺寺宝和文书、奈良时代的美术品以及从中国、波斯、西域等地传入的 9000 多件艺术品。

春日大社始建于公元 768 年,后来被战火烧毁,现在的建筑是江户时代重建的。它的楼门、石灯笼、石佛、铠和胄等都是珍贵的文物。每年春日大社举行社火活动时,会有千余只驯鹿漫步社中,原始森林的韵味和春日大神殿的庄严气氛融为一体,成为文化风景的典范。

奈良近郊的药师寺,是公元 680 年天皇为祈祷皇后的疾病早日痊愈而修建的。寺内有东塔、东院堂、铜铸如来佛坐像、观音菩萨坐像等。东塔高 37.9 米,是现在仅存的奈良时代初期的古建筑。这座塔建造奇特,塔身本来共有 3 层,但大屋顶下又分出小屋顶,大小屋顶形成了和谐的组合,因此看上去像有 6 层塔。

气势雄伟的唐招提寺在奈良西京的五条町,极具中国盛唐的建筑风格。它是公元759 年根据圣武天皇敕命,为鉴真大师修建的,原名"律宗寺",据说鼎盛时期曾有 3000 多名学僧在此学经。寺院大门上的红色横额"唐招提寺"是日本效谦女皇仿中国书法家王羲之、王献之的"王体"书写的。寺内的御影堂中供奉着鉴真大师的坐像,这尊塑像是公元 763 年鉴真大师圆寂后,他的弟子忍基制作的,也被尊为日本的国宝。

日本的古老都城东京

东京的俗称叫作"武藏",现在是日本的首都,也是日本的政治、经济、文化中心,是一个现代化程度非常高的国际大都市。

很多年前,东京还只是一个芦苇丛中荒凉偏僻的小渔村。原来的东京被称作"千代田"。公元1457 年时,大领主太田道灌在这里大兴土木,筑造了江户城堡。后来有文献记载,江户城堡就是现在东京的前身,只不过当时江户城堡的规模十分的小。1603 年的时候,德川幕府的德川家康掌握了全国政权,他在江户开设幕府后,使江户成为日本的行政中心,也让该城得到了很大的发展:江户城堡大大扩宽了自己的领地。到 1700 年时,这里已成为一个人口总数超过 100 万的世界级大城市。1869 年,明治天

东京

皇将首都迁到了江户,并因为它的位置在日本京都的东部而将其命名为东京,东京从此就诞生了。1943 年的时候,东京市改名为东京都(就相当于我国的直辖市),管辖范围得以扩大。

东京是日本文化和教育中心。这里分布着各种类型的大专院校,如果将短期大学包括在内,估计可多达 190 所。东京还有一个筑波科学城,在那里设有 43 个科研机构和大学,其中包括日本空间计划和宇宙研究试验中心,是日本的高科技中心,可以说得上是日本的"硅谷"。

东京是一个将日本的传统文化和国际大都会气息结合得非常好的城市,这里到处都是历史古迹和现代建筑群落,它们搭配得十分和谐。东京是日本最大的工业城市,那里聚集着全日本 11% 的工厂,主要有钢铁、机械、化工、精密仪器、印刷、出版、服装等各种各样的产业。除了这些产业之外,日本也是全国的经济、金融和商业中心。据统计,总资本在 50 亿日元以上的公司,有 90% 都开设在东京;全日本岛各大银行的总行或主要分行均设在这里;东京还是世界三大金融中心之一,拥有世界知名的股票交易市场,日本的商贸业也十分的发达,那里有着占全国 18% 的大批发商店和占全国 31% 的小批发商店,日本最繁华的商业街"银座"也在东京,那里每天都要迎来成千上万的国内外购买者。

东京还是日本最大的交通枢纽。作为著名的国际大都市,这里的交通行业十分发达,飞机和轮船可以通向全国各地和世界各地。东京海港的规模名列全日本第 4 位,年吞吐量有 4000 万吨之多;东京共有 4 个机场,成田和羽田机场是这里的空中门户。除了航空与海运中心外,东京还是日本高速铁路干线汇合点。那里的地铁也是四通八达,来

此处旅游的游客乘坐地铁很方便。

无论是观光市容,参观博物馆,还是娱乐和购物,在东京都能得到满足。

"孔雀国"的首都新德里

今日我们所说的新德里实际上是老城德里的一部分。德里分为新、旧两城,两城中间隔着一座"德里门"。新、旧德里城还以著名的拉姆利拉广场为界,广场以南为新德里,广场以北为旧德里,新德里是今日印度的首都。至于"德里"一词的来历,历来有许多不同的说法。有的学者认为,"德里"是根据孔雀王朝的国王"德鲁"的名字演变而来,是"德鲁"的变音,有的学者认为,公元前10世纪时这个城市就以因陀罗·婆勒斯特而闻名,国王阿恩格巴尔曾把它改名为拉勒高德,还建立了许多铁柱。由于铁柱立得不稳,虽经加固却仍然不牢。"不牢"一词在印地语中读作"梯里",因此此城便以"梯里",即"德里"命名。而实际上,现在的新、旧德里已经完全连在一起了,人们说起这里时也通常叫"德里",而非"新德里"。

新德里

德里位于印度恒河支流朱木拿河边,据说在这块土地上曾先后出现过七个德里城。第一个德里叫作"因陀罗普拉斯特",意思是"因陀罗神的住所",相传是印度史诗《摩诃婆罗多》中的英雄所建。公元8世纪时,曲女城的土邦王迪里曾重建此城,但由于当时处于诸侯割据时代,常年征战。战乱中的德里几度兴衰,阅尽了沧桑。12世纪末时,外来的穆斯林征服了印度,并开始在这里建立都城。到17世纪中叶的时候,莫卧儿王朝的第五代皇帝沙杰汗将都城从阿格拉迁到了这里,并花了10年时间建成了上面说的七个德里城中的最后一个。19世纪中叶,英国在殖民扩张中吞并了印度,英国人将英属印度的首都迁到了加尔各答。1911年,德里又一次被宣布作为首都,紧接着政府在德里城的西南面兴建了一座新城,这座城于1931年完工,它就是现在的新德里。1950年1月26日,印度宣布脱离英国的殖民统治独立,并成立了印度共和国,独立后的印度最终还是将都城定在了新德里。

今天的德里是印度政治、经济、文化、旅游中心,也是印度乃至南亚的交通枢纽。德里城占地只有1485平方千米,但人口却太多了:据统计,德里的人口在1991年时为838万,到1997年时竟达到了900万以上。如此小的地方却生活着这么多的人,可以想见那里的人口密度有多大。德里城是整个印度的心脏,在那里你可以感受到整个国家跳动的血脉,许多印度国内的大事件都是在此处产生的,你能在那里感受到现代都市的气息。然而德里又是一面历史的镜子,在那里你可以看到印度古老辉煌的历史。旧德里、新德里紧密相连,古老与现代交相辉映,构成了一幅幅引人入胜的优美画卷。

"天国中的城市"——大马士革

"大马士革"一词是希腊人用希腊文记录下来的阿拉伯语,意为"手工作坊"。大马士革就因为手工业发达而得到了这个名字。古代的大马士革被称为"天国中的城市"。阿拉伯古书中这样写道:"人间若有天堂,大马士革必在其中;天堂若在太空,大马士革与它齐名。"当地居民中流传着这样一个美妙的故事:有一天,伊斯兰教创始人穆罕默德来到大马士革郊外,他从山上眺望全城,立刻就被城市的景色感动,但是他观赏一会儿后却没有进城,反而转身往回走。随从十分惊讶,连忙问为什么。穆罕默德解释说:"人生只能进天堂一次,大马士革是人间天堂,如果我现在进了这个天堂,死后怎能再进天上的天堂呢?"这虽然是传说,但现实中的大马士革的确是一座天堂般的城市。古阿拉伯的文武大

大马士革

臣、王公贵族都希望活着的时候能住在大马士革,死后能安葬在这里,这都是因为一部古书中曾这样写道:"真主宠爱谁,就把谁安顿在大马士革。"

历史上的大马士革经历了许多帝国的兴衰,阅尽了沧桑:它看见过罗马帝国和拜占庭帝国被新兴的阿拉伯帝国击败;看见过全盛时期的奥玛亚王朝;经受过阿巴斯王朝给予的毁灭性打击;经历过阿拉伯民族英雄萨拉丁大败十字军的著名战役;也接受过奥斯曼土耳其帝国长达400年之久的统治。不断的战争,不计其数的天灾人祸,使大马士革的许多珍贵文物遭到了严重的破坏。

如果你今天漫步大马士革城,你会看见一座"古迹之城"。全城共有清真寺250座,其中建于公元705年的奥玛亚清真寺是伊斯兰最著名的清真寺,也是世界上最古老的清真寺之一。清真寺附近有一座罗马神话主神朱庇特的神庙,还有阿拉伯民族英雄萨拉丁的陵墓,这些都是久负盛名的古迹。大马士革至今仍然享有"阿拉伯世界古文物荟萃地"的美誉,古城区也于1980年被联合国教科文组织列入世界文化与自然遗产保护名录。

大马士革城面积约100平方千米,人口143万,位于克辛山山脚的一片平原上。它坐落在巴拉达河两岸,美丽的阿瓦什河从城郊流过,整个城内沟渠纵横,水波荡漾。河道两旁是一排笔直的白杨树,市内到处绿草如茵,鲜花灿烂。一幢幢典雅别致的白色房屋掩映在绿荫之中。夕阳西下时,落日将整座城市染成了金黄色,清真寺的宣礼塔上传出呼唤人们开始祈祷的声音,整座城市顿时充满了浓厚的宗教气氛。大马士革悠久的历史和它流传下来的神话及众多的古迹,再加上得天独厚的自然环境,都给它带来了勃勃生机。

"神赐的地方"——巴格达

巴格达是伊拉克的首都,它位于伊拉克中部,跨越底格里斯河两岸。巴格达市的面积有860平方千米,人口有500多万,那里是伊拉克的政治、经济、文化和宗教中心。"巴格达"这个词语源于古代波斯语,意思是"神赐的地方"。

巴格达拥有悠久的历史。公元762年时,巴格达城被阿拔斯王朝第二代"哈里发"曼

苏尔定为王朝的首都,他将巴格达命名为"和平之城",以期望自己的统治能永享太平。当时的巴格达城中央是曼苏尔的"金宫","金宫"的四周则是皇家显贵居住的楼阁亭台。因为当时的巴格达城是建在一个圆形城墙内的,因此又被称为"团城"。8～13世纪时,随着巴格达城规模的不断发展,它的市区面积逐渐扩大,因而渐渐形成了现在跨越底格里斯河两岸的格局。横跨底格里斯河东、西两岸的巴格达先后建起了5座大桥,以相互联系。在这5个世纪里,

巴格达

巴格达不仅修建了许多具有阿拉伯民族风格的建筑,而且收藏了世界各地的许多金银器皿以及文物古董,因此被人们誉为"博物之城"。当时的巴格达是一个包容性很强的城市,来自世界各国的名医,数学家、地理学家、占星士甚至炼金术士都云集到此,形成了许多学士文人聚会的场所,曾经在人类的文化史上留下光辉的一页,举世闻名的阿拉伯语名著《一千零一夜》就是在这个时期开始成形和流传的。巴格达城在1258年被蒙古人攻陷,1508年和1534年被波斯和土耳其人分区占领,在1638年之后则长期处于奥斯曼土耳其帝国的统治下,1917年它落入了英国人的手中,直到1921年伊拉克独立,巴格达才重新成为首都。

巴格达是一座文化底蕴极其深厚的古都。这里有9世纪时兴建的、拥有天文台和图书馆的"智慧宫",还有1227年建成的、世界最古老大学之一的穆斯坦西利亚大学,还有规模仅次于开罗大学、拥有15个二级学院的巴格达大学。除了这些之外,这里还有伊拉克博物馆、巴格达博物馆、军事博物馆、自然和兵器博物馆等几十个藏有众多珍贵文物的博物馆,其博物馆数量之多堪称中东各大城市之最。

巴格达市的经济很发达,这里拥有全伊拉克40%的工业企业,主要包括:炼油、纺织、制革、造纸、食品等城市工业。巴格达还拥有先进的现代交通体系,铁路、公路和航空构成了巴格达的立体运输网络,成为巴格达经济发展的重要配套设施。除了现代工业的发达之外,这里的商贸业也十分的繁荣,巴格达不仅有许多现代化的大商场,也有一些传统阿拉伯式的古老商店,这些商场和商店每年都为巴格达赚取大量的外汇。

然而,巴格达却是一个多灾多难的地方。上世纪的两伊战争和海湾战争已经使它遭受了严重的打击,经济发展受到了严重的影响,近年来美国对伊拉克的战争,使得巴格达再次变得不安定起来。希望巴格达能像曼苏尔命名的那样,成为真正的"和平之城"!

俄罗斯的"红色"首都莫斯科

俄罗斯是个地跨欧亚两洲的大国,莫斯科则位于俄罗斯欧洲部分的中心。莫斯科市区横跨莫斯科河和雅乌扎河的两岸,分布在7个小山丘上。在公元9世纪时,莫斯科已经有居民居住了,但直到1147年的时候才正式在史书上出现莫斯科这个名称。15世纪末期的时候,俄罗斯公国的伊凡三世将莫斯科定为公国的首都。1712年时,彼得大帝将他的首都迁到了圣彼得堡,莫斯科丧失了都城的地位。1812年,莫斯科还一度被拿破仑占领。一直到1918年的"十月革命"建立苏维埃政权之后,列宁才将首都迁回了莫斯科。

从那以后,莫斯科一直是苏联和今俄罗斯的首都。

　　有着如此悠久历史的莫斯科自然拥有许多传统建筑物,莫斯科大主楼、外交部、乌兰克饭店等斯大林式建筑已经成为那里的标志性建筑。除了这些传统风格的建筑外,莫斯科还有许多现代化程度很高的城市设施。莫斯科有着方便的交通网:9 座客运火车站、全电气化的铁路、550 千米的大环铁路、13 条公路主干线、闻名于世的莫斯科地铁等交通网络四通八达。莫斯科还是一个世界文化中心,那里有 80 多所高等学府,138 所职业中专,1000 多所各种科研机构,65 座博物馆,4000 多座图书馆,各种各样的

莫斯科

影、剧院随处可见。除了这些之外,随着现代社会的高速发展,商贸业的日益发达,现在的莫斯科还是一座商业气氛十分浓厚的现代化城市。来自各个国家的商人,带着琳琅满目的商品云集于此,使得莫斯科成为一个很大的商品交易地。往日的中国商人在莫斯科受到了许多歧视,如今在经历了种种磨难之后,他们已能在那里占有一席之地了。各种商业楼、集装箱商品集散市场和宾馆餐馆也已形成了相当大的规模。莫斯科又是一个有着 800 多年历史的古城。为了大量赚取外汇和传播俄罗斯文化,莫斯科大力发展旅游业,近年来,莫斯科每年都迎来无数的游客,它成了进出俄罗斯的大门。旅游旺季时,游客无处不在,那里的流动人口每天可以达到 200 万之多,非常的热闹。

　　俄罗斯人自己经常说:"莫斯科不是一个城市,莫斯科是一个世界"。从这句话我们可以看出莫斯科的开放态度。正是基于这种态度,才使得莫斯科成为一个越来越令人瞩目的现代化大都市。

乌克兰的里沃夫历史中心

　　里沃夫建立于中世纪后期,是乌克兰著名的政治、宗教和商业中心。那里完整地保存了中世纪时的城市布局以及文化传统,后者则主要反映在居住在那里的异教徒团体中。在中世纪时,那里的政治和商业地位吸引了众多有着不同文化和宗教传统的异教徒前来居住,他们建立了至今联系十分紧密的社会团体,这在其他城市中是非常少见的。除此之外,里沃夫还保留有许多巴洛克风格的建筑,这里的城市建筑是东欧、意大利、德国建筑艺术完美结合的产物和代表。

　　乌克兰的里沃夫历史中心建立于公元 13 世纪中叶,其建立者是加利西亚的哈雷斯基公爵。这位公爵是基辅罗斯公国的创建者。1256 年的编年史中第一次提到了里沃夫。1993 年的考古发现,里沃夫最早的定居点出现在公元 6 世纪。在接下来的几个世纪里,里沃夫很快成了加利西亚地区的商贸中心,

里沃夫

良好的地理位置——占据贸易路线的交叉点,导致了里沃夫经济的迅速增长。14世纪时加利西亚被波兰占领,贵族们最终接受了波兰语和罗马天主教,但是多数人民保持了乌克兰的传统并在后来加入了希腊天主教,但他们仍须承认罗马教皇至高无上的权力。从1356年始,里沃夫的城市居民有了选举政府官员的权利,所有城市法令都要由"城市委员会"讨论,由富有的市民进行表决。17世纪上半叶可说是里沃夫发展最活跃的时期,那时城里有2.5~3万人口,差不多有30多个手工业行会,包括了133个不同行业。1784年,里沃夫的第一所大学开学,学校的课程用拉丁语、德语、波兰语、乌克兰语讲授。19世纪的下半叶到一战爆发,里沃夫的建筑、贸易、运输等行业开始迅速发展。19世纪末期,里沃夫逐渐成为"新乌克兰国家运动"的中心,许多优秀的文化与政治精英住在这里,乌克兰文化、波兰文化与犹太文化在这里交流融汇。一战后,哈布斯堡帝国崩溃,里沃夫遂被确定为西乌克兰独立共和国的首都。但是,波兰军队又控制了整个城市,里沃夫重新落入了波兰人的统治之下,这种状况一直持续到1939年9月苏联红军接管里沃夫。二战的时候,里沃夫又被德军占领,那里的集中营里堆满了犹太人的尸骨。经过不懈的斗争,1944年,里沃夫又重新回到了苏联的怀抱。

里沃夫是乌克兰最主要的反政府活动中心。20世纪80年代末,这里还变成了乌克兰"独立和民主化运动"的中心。这个运动组织的坚持活动让乌克兰最高议会终于在1991年8月24日宣布了乌克兰独立,里沃夫的历史也揭开了崭新的一页。

世界"绿化冠军"波兰华沙

华沙是波兰的首都,它位于欧洲北部平原的心脏地带,地处维斯图拉河边的斜坡上,横跨维斯图拉河两岸,是一座有着悠久历史的城市。

在历史上,华沙一直是波兰的政治中心,现在仍然是它的首都。公元1280年马佐瓦亚公爵在维斯图拉河渡口修建城堡,这是华沙的前身。1344年,华沙成为马佐瓦亚公国的首都。随着城市功能的迅速增多,华沙的政治作用越来越大。1596年,波兰首都从克拉科夫迁到华沙,从那时到现在,华沙就一直是波兰的政治中心。华沙经过了两次劫难:1656年和1702年两次被瑞典人摧毁。之后城市得以重建,到18世纪末时,华沙成为欧洲最大的城市。华沙古城

华沙

的南面有一座五边形的华沙王宫,装修得富丽堂皇,王宫里陈列的全是波兰画家扬·马特伊科描绘波兰历史的油画。华沙王宫是波兰历史传统的象征,也是民族兴衰的见证。华沙王宫的历史是从13世纪玛佐夫舍公国建造防御性木结构城堡开始的,在那以后不久,第一批石结构建筑物就取代了木结构城堡。王宫最古老的建筑物是14世纪上半叶建造的哥特式"大庭院",它是华沙王宫的主要景观。王宫西侧是一个小广场,广场的南端立有一根22米高的花岗石圆柱,圆柱顶端塑有定都华沙的奇格蒙特三世青铜铸像,它是华沙的标志性建筑。

华沙的城市布局很有特色:以集市广场为中心,主要街道按方格网状规划。街道离

市中心越远,这种规范的布局就越不明显。华沙城中有许多16~18世纪建筑物的外墙,这些外墙是那里一道独特的风景线,斑驳的城墙仿佛在向我们讲述着华沙的老故事。城中的建筑风格十分混杂:既有哥特式和文艺复兴式的建筑,又有巴洛克式的建筑,它们反映了华沙在世界文化交流中的重要作用。今天的华沙依然保持着新、老两城的布局:各种有历史意义的名胜古迹大多集中在老城区,比如宏伟的宫殿、巨大的教堂,各式各样的箭楼、城堡等,那里每年都吸引着大批游客前去观光旅游;在新城区,一幢接一幢的高楼大厦,各种商店、宾馆到处都是,环境幽雅的居民住宅区里花草广植,犹如花园一样,各种高等院校、艺术馆、影剧院、体育场分布各区,使得整个城市充满了生机。如果你去那里旅游,千万不要忘记登上230米高的文化科学宫顶端,在那里举目远眺,一座景色如画的国际旅游城市就一览无余了。

瑞士的"和平之城"日内瓦

日内瓦是瑞士第三大城市,仅次于苏黎世及巴塞尔,除了是瑞士法语区的首善之都,更俨然是世界的缩影,超过了200个国际重要机构设于那里,其中包括:联合国驻欧洲总部、国际劳工组织、万国红十字会、童子军总部、妇女和平自由联盟等,可谓是一个国际政治、经济及文化中心。日内瓦是一座历史悠久的国际都市,那里有着深厚的人道主义传统,正因此,日内瓦被世人誉为"和平之都"。日内瓦也是世界的"钟表之都",钟表业与银行业是日内瓦的两大财政收入支柱。除此之外,日内瓦还以其丰富多彩的文化活动、清新的市郊风景及众多的游览项目和体育设施著称于世。每年,数以百计的会议、展览和庆祝活动在这里举行,吸引了无数来自世界各国的游客。

日内瓦

日内瓦位于欧洲的中心,从这里坐船、乘火车或者坐长途汽车到瑞士其他地区游览极为方便。一般的旅游路线是:去中世纪的小镇格里耶参观著名的乳酪厂;去策尔马特观看终年积雪的马特霍恩峰;或者参观举世闻名的什雍古堡;还可去法国的夏豪厄镇游览巍峨壮观的欧洲最高峰——勃朗峰。除了拥有重要的国际地位,日内瓦也是一座满是山光、水色、彩花、绿树的美丽都市。日内瓦依傍着群山——白郎峰雄立于城的东南面,侏罗山矗立于城的西北方,皑皑雪峰为本已十分秀美的风景更添风采;市内花园遍布,隆河穿城而过,好像仙女身上的绿绸带,飘逸俏丽之极;加上湖滨公园的绿树繁花,让这个依山临湖,绿水环流,风景如画的都市美得就像一首诗。

日内瓦是瑞士有名的旅游胜地,那里有许多的名胜古迹。法国的启蒙思想家卢梭诞生在日内瓦一座古老的住宅里;英国诗人拜伦1816年曾住在科洛尼区一栋名叫"迪奥大迪"的别墅里,而在这座别墅不远处,则是英国浪漫派诗人雪莱的旧居。除了这些名胜古迹值得一游外,日内瓦市内还值得一游的地方有:著名的宗教改革国际纪念碑、圣·皮埃尔大教堂、大剧院、艺术与历史博物馆、日内瓦大学等。另外,如果你在晴朗的日子里泛舟日内瓦的莱蒙湖,就更是别有一番情趣了。

日内瓦市民注重保护大自然,人们的生活与环境融为一体。在日内瓦,有多种多样在大自然中开展体育活动的方式:在罗纳河和莱蒙湖上游泳嬉戏;在郊外骑马、骑自行车或散步;在邻近的阿尔卑斯山区或法拉山区滑雪等等。无论是攀登峭壁,还是在空中翱翔,或在湖中游泳,对热爱大自然和体育的人来说,日内瓦实在是最理想的地方。

看过上面的介绍,如果您有意去日内瓦,就早点动身吧!

奥地利的"音乐之都"维也纳

维也纳是奥地利的"音乐之都",它也是一座享誉世界的文化名城。这座位于多瑙河畔、阿尔卑斯山东北麓的美丽城市,在几个世纪里诞生了无数闻名于世的音乐家、文学家、美术大师和建筑家,他们为维也纳树起了一座座丰碑。这里无法计数的文艺作品为世界艺术宝库增添了异彩,欢快动人的华尔兹早已把"音乐之都"的美名传遍世界。

维也纳市共分为 23 个区,它们由内向外分布。内城里以"斯蒂芬教堂"为中心的一区一直有"维也纳心脏"的叫法。这座教堂建于公元 12 ~ 15 世纪,几百年来都是维也纳的标志性建筑。当你登上 137 米高的教堂南塔时,就能将满城美景尽收眼底:片片红砖赤瓦中是分外夺目的铜绿色建筑拱顶;笔直向上的哥特式建筑与富丽堂皇的巴洛克式殿堂错落有致地比肩而立;夹杂在古典建筑中的幢幢新式高楼

维也纳

虽显得有些不和谐,但也为都市交响曲增加了现代化的节奏;绕内城的环城大道是维也纳最美丽的街道,大道两旁坐落着许多大型建筑——议会大厦、市政府大楼、皇宫,以及歌剧院等。在这些大型建筑中,维也纳金色大厅或许是最令人向往的地方,她是音乐爱好者心中的圣殿。在这座金色大厅里,高高的天花板上悬着数盏巨大的水晶吊灯,灯上雕有阿波罗太阳神和专司音乐的女神,大厅两侧也有 20 多个女神雕像,显得一派金碧辉煌。

除了金色大厅,维也纳最出名的或许就是它的歌剧院了。有着 350 年歌剧传统的维也纳,其国家歌剧院已成为世界歌剧的中心。国家歌剧院从创建以来就有着自己独特的演出风格,聘用过许多音乐大师主持歌剧院事务,像古斯塔夫·马勒尔、理查·施特劳斯和卡拉·扬等。歌剧院一般从每年秋季到第二年夏季演出 300 多场世界一流歌剧和芭蕾舞剧。现在,维也纳国家歌剧院已成为世界歌剧和舞台剧的中心。这座如今举世闻名的歌剧院有着悲惨的历史,二战结束时,她曾被炸成一片废墟。战争结束后,奥地利人历时 8 年将其修复。歌剧院的建筑风格是希腊和罗马风格的混合:高拱门、拱式雕花窗,有石雕装饰的屋顶。歌剧院内部装饰极其豪华,舞台非常大,观众席位有 1600 多个,其中包括为生活窘困的音乐爱好者提供的 67 个站位。在这座艺术走廊里,塑有 14 座著名作曲家的半身雕像,其中包括有莫扎特、贝多芬、罗西尼等世界闻名的大音乐家雕像。

维也纳不愧为"音乐之都",这里到处都是音乐家的雕像。在它的市立公园里,你会见到这样一些音乐大师:雪松旁边的管内琴大师 Bwcknu 半身像、"抒情曲之王"舒伯特的

大理石全身坐像、大理石拱门内约翰·施特劳斯拉小提琴的金色雕像等等。漫步在市立公园,你会经常地感受到强烈的艺术氛围。市立公园有一所可以容纳150人的音乐厅,冬季就在这里举行音乐会。音乐厅前有个青藤环绕的亭子,那里是施特劳斯拉小提琴的地方,睹物思人,耳边仿佛又响起《春之声》的旋律,让人感觉非常亲切,看来艺术的魅力真是永恒的。

瑞典的"北方威尼斯"——斯德哥尔摩

　　幽默的瑞典人常说,他们的首都从欧洲最大的小城镇变成了欧洲最小的大都会。这个首都就是斯德哥尔摩。它位于波罗的海西岸,坐落在梅拉伦湖入海处,市区分布在14座岛屿和一个半岛上,70余座大小桥梁把它们联为一体,这里素有"北方威尼斯"的美誉。斯德哥尔摩城始建于公元13世纪中叶,常遭海盗侵扰,于是人们便在梅拉伦湖入海处的一个小岛上用巨木修建了一座城堡,并在水中设置木桩以便抵御海盗,后来这个岛便得名为"木头岛","斯德哥"就是木头的意思,"尔摩"则是岛的意思。关于斯德哥尔摩这个名称,在当地还有传说:古时候的梅拉伦湖上漂浮着一根巨大的木头,就是这根木头引导来自锡格蒂纳的第一批移民来到这里,建立了这座城市。由于斯德

斯德哥尔摩

哥尔摩的地理位置适中,气候又温和,于是在1436年被定为都城,并逐渐发展成为斯堪的纳维亚半岛上最大的城市。

　　斯德哥尔摩是一个波光荡漾的城市:梅拉伦湖环绕在湖心岛边缘,水光映得都市的每个角落都鲜活动人。从市内的卡克岬电视台150米高的塔楼上俯瞰,只见在一片蓝色的水域中,包围着一个美丽的公园,那里汇集了大量的珍稀动植物。市内到处可以看到褐红色砖砌成的古老的建筑,新兴的住宅区是一尘不染的乳白色。一年一度举行诺贝尔奖颁奖典礼的市政厅,被认为是20世纪欧洲最美丽的建筑物之一。有"北欧凡尔赛宫"之称的多洛尼库尔摩王宫,则使人仿佛置身于18世纪。斯德哥尔摩南区的斯塔丹岛是当年的旧城遗址。老城区大街小巷的街道均采用石头铺筑,最宽处不过5~6米,最窄处不足1米,不但汽车、摩托车和自行车无法通行,就是两个人对面走过也得侧身相让。街道两旁是一些古老的店铺,出售古朴而精美的手工艺品。瑞典王宫、皇家歌剧院、皇家话剧院、议会大厦以及斯德哥尔摩市政厅都聚集在这里。其中的瑞典王宫建于17世纪,是一座方形小城堡。里面珍藏有历代瑞典国王遗存的金银珠宝、各种精美的器皿以及很多美丽的壁画。

　　斯德哥尔摩也是一座文化名城。市内有50多座博物馆,如民族、自然、美术、古文物、兵器、科技博物馆等,分类十分科学。在斯坎森露天博物馆,有150座从瑞典各地搬来的农家小舍。如果你想要知道这里的人文底蕴,你只要到藏书100余万册的皇家图书馆和拥有100多年历史的斯德哥尔摩大学走一圈就可以了。

　　1809年以来,瑞典一直没有卷入各种战争。在两次世界大战中,瑞典宣布成为中立

国,那里的人们照样过着平静安宁的生活。因此斯德哥尔摩又被人们称为"和平的城市"。

冰岛的"无烟城市"雷克雅未克

冰岛首都雷克雅未克位于冰岛西部的法赫萨湾东南角、塞尔蒂亚纳半岛北侧,是冰岛最大的港口城市。这里西面临海,北面和东面被高山环绕,受北大西洋暖流影响,气候温和。雷克雅未克始建于公元874年,1786年正式建城,1801年为丹麦统治当局所在地。
1904年,丹麦承认了冰岛内部自治,雷克雅未克成为自治政府所在地。1940年纳粹德国占领丹麦,冰岛和丹麦关系中断。1944年6月,冰岛正式宣布解散"冰丹联盟",成立冰岛共和国,雷克雅未克成为其首都。

雷克雅未克

雷克雅未克地处北极圈附近,有许多温泉和喷气孔。传说公元9世纪时,人们来此定居,远远就看到岸上升起袅袅"白烟",于是就将这里称为"雷克雅未克",冰岛语中的意思是"冒烟的城市"。其实,那些"白烟"是温泉里蒸腾的水汽。由于这里地热资源丰富,冰岛人早在1928年就在雷克雅未克建起了地热供热系统。后来经过不断钻探、扩建,已在全市铺设了370英里长的热水管道,首都10个区的热水全来自4个地热区。此外还建立了10个自动化热水站,专门为全市居民提供热水和暖气。这些能源每年可以节约几十亿冰岛克朗的开支。由于地热能为城市的工业提供能源,因此人们在这里看不到其他城市常见的锅炉和烟囱。走在大街上,你会发现雷克雅未克天空蔚蓝,几乎没有污染,因此人们就将雷克雅未克称为"无烟城市"。

雷克雅未克是全国的政治、商业、工业和文化中心,政府各部、议会、中央银行及重要的商业银行均设于此。雷克雅未克的工业约占全国的一半,主要有鱼类加工、食品加工,造船和纺织等。航运在雷克雅未克的经济中占有重要的地位,每天都有客、货班轮通往世界各地。距离雷克雅未克47千米的凯夫拉维克机场是冰岛的国际机场,有定期的航班飞往美国、丹麦、挪威、瑞典、德国和卢森堡等国。雷克雅未克的冰岛大学是全国唯一的一所大学,始建于1911年,是一所包括文学、自然科学、神学、法学、经济学和医学的综合性大学。雷克雅未克市内有5家出版社和许多书店,还有可容纳上千人的国家剧院和规模不大但别具风格的历史人文博物馆、国家画廊、茵那尔雕塑博物馆等文化机构。

雷克雅未克是个美丽的城市。每当朝阳升起或夕阳西下,城市两面的山峰便现出紫色,海水则变成深蓝色,使人如置身画中。雷克雅未克市内建筑布局匀称,住房都小巧玲珑,而且大多被涂成红绿色,在太阳的照射下更是色彩缤纷。在这座美丽的"无烟城市"居住和旅游,一定会得到很大的享受与满足。

天主教的中心梵蒂冈

梵蒂冈又称"梵蒂冈城国",是罗马教廷所在地,位于罗马城的西北部,是一座历史悠久的文化与宗教名城。公元4世纪时,罗马主教向罗马皇帝要求受赠罗马城周围的财产和土地。公元321年,罗马皇帝君士坦丁一世将"拉托兰宫"赠给了罗马教会,这是罗马主教拥有财产的开始。西罗马灭亡后,罗马教皇控制了罗马城。公元756年,法兰克国王丕平为了酬谢教皇支持他篡位,将意大利中部的大片土地赠给教皇,这是教皇国建立的开始。教皇国的领地不断扩大,但中间也有不少周折,主要就是被拿破仑战争打断。梵蒂冈在约公元4~6世纪时成为罗马主教的官邸,13世纪时,这里得以重建和扩建。教皇原来住在拉托兰宫,大约在14世纪下半叶,由于拉托兰宫被焚毁,梵蒂冈就成为教皇的主要驻地,并开始在这里举行选举教皇的会议。19世纪60年代,在意大利

梵蒂冈

统一运动过程中,教皇国的领地陆续被意大利王国合并。1870年,教皇的管辖范围就只有梵蒂冈了。1929年,教皇与墨索里尼签订了《拉托兰条约》,此后,梵蒂冈成为以教皇为君主、政教合一的独立主权国家。

今天的梵蒂冈虽然面积不足半平方千米,但它却拥有一个主权国家的所有功能,它的影响力远远大于它的领土范围。梵蒂冈有自己的货币和银行系统、邮政电讯系统及公用事业设施,它的内部安全由瑞士籍的青年教徒组成卫队负责。由于自己无法生产日常必需品,因此其用品全部由外界供应。另外,梵蒂冈具有强大的经济实力:它拥有大量的黄金储备,在世界各地有大量的投资和地产,广泛参与国际金融活动。在教育方面,梵蒂冈设立了圣经学院、乌尔班大学等13所高等学校,这些学校里有来自世界各个国家的留学生。梵蒂冈非常重视在国际领域里发挥自己的作用,它往许多国家和国际组织派遣了外交使节,积极进行国际交流。作为天主教的中心,著名的教堂在这里是不会少的。圣彼得大教堂就是梵蒂冈城国内最著名的一座教堂,它曾被摧毁过,现在的教堂是在4世纪建的旧教堂原址上重建的,1506年开始重建,1626年建成,前后花了120年的时间。圣彼得大教堂的建筑风格具有明显的文艺复兴时期提倡的古典主义特点,主要特征:是罗马式的圆顶穹窿和希腊式的石柱及平的过梁相结合。文艺复兴时期意大利许多著名建筑大师和艺术大师都参加了这座教堂的设计和建设,如勃拉芒特、拉斐尔、米开朗琪罗、贝尔尼等。圣彼得大教堂的堂基呈拉丁式十字架形,长212米,宽137米,中殿高46米,圆顶直径达46米。屋顶有一座高耸的十字架,十字架的顶尖离地有137米。据说,这座教堂可以容纳25000名教徒。在这样宏伟的宗教圣殿里,有谁能不感受到强大的心灵震撼呢?

荷兰的"北方威尼斯"阿姆斯特丹

就像瑞典的斯德哥尔摩一样,荷兰的首都阿姆斯特丹也有着"北方威尼斯"的美称。阿姆斯特丹有小岛 90 个,运河 160 条,另外还有 1281 座桥梁。阿姆斯特丹是个有着悠久历史的都市,自 17 世纪以来就是欧洲的市民生活中心。

阿姆斯特丹市中心的达姆广场是城市的心脏,广场旁边坐落着著名的王宫,它是由荷兰著名建筑师范坎本设计的。阿姆斯特丹因为拥有美丽的郁金香、浪漫的运河、随处可见的脚踏车、闪烁的钻石、珍贵的艺术珍藏以及心胸开放的居民,一直吸引着许多来自世界各地的观光游客。阿姆斯特丹市区的道路规划科学,交通秩序井然,船只可以在市区的运河中自由航行到市区任何地方。除了坐船,徒步也是领略这个城市内涵的好方法,几乎所有的观光景点

阿姆斯特丹

均可靠步行到达。在阿姆斯特丹,你可以悠闲地从"安妮之家"沿着"绅士运河",散步到国立博物馆在路上,你也别忘了找家咖啡屋歇歇脚,来杯浓郁的咖啡,要不就到美丽的市立公园长椅上,享受热闹中的宁静。不论哪种方式,你都会感到无比的欢欣与惬意。

阿姆斯特丹是个繁荣的城市,这里的居民约有 71.8 万。阿姆斯特丹最出名的还是它的水,世界上只有很少的城市能够与它相比。为什么这么说呢?原因在于,这块肥沃的新开地上所有的东西都不是不劳而获的,荷兰人经过了长年与水为敌的过程才挣扎出今日的成果。在这座城市里,旧日的豪华大宅显示出几个世纪前的富庶与繁荣,但令人奇怪的是,在这个国家里,你却找不到封建社会的宏伟宫殿。原来,荷兰勤劳的商人和工匠都不喜欢极权统治,主张极权主义的统治者大多遭到了人民的排斥。

阿姆斯特丹市内有众多的博物馆,那里收藏着伦勃朗等艺术大师的优秀作品。除此之外,这里还是哲学家斯宾诺莎的故乡,还开设有绘画艺术家梵高的纪念馆。在阿姆斯特丹这座水上城市旅游,你可以乘上平底的玻璃船,穿行在纵横交错的运河中,观看最具荷兰风情的大风车。

阿姆斯特丹在世界上出名的原因还在于此地盛产钻石。阿姆斯特丹的钻石历史十分悠久,可以追溯到 16 世纪。英国王室的至宝,108.8 克拉的名钻,便是在阿姆斯特丹雕琢而成的。阿姆斯特丹不仅为王室服务,同样也可以让对钻石感兴趣的普通人如愿以偿。

阿姆斯特丹的人常抱着"坚强活下去,也要让别人活下去"的精神去生活,这也吸引了世界上许多追求自由的人前来此地。

丹麦的"童话故乡"哥本哈根

丹麦的首都哥本哈根是北欧第一大城市,它位于西兰岛东岸,与瑞典的马尔默海港共同扼守着波罗的海的出口。这座已有 800 多年历史的古城是随着海上贸易的发展而

日渐繁盛起来的，现在仍是全国最大的海港、最大的工业和文化中心。哥本哈根市容整洁，众多的桥梁、纵横的水道以及穿插在现代建筑群中的尖顶或圆拱的教堂、宫殿与古堡，构成了这里独特的风貌。

哥本哈根

哥本哈根是童话大师安徒生的故乡，这里有童话里的"美人鱼"雕像，美丽的神农喷泉，北欧古老的市政厅，金碧辉煌的佛烈得利克波城堡以及靠莎士比亚名剧"哈姆雷特"而闻名于世的克伦波城堡。要游览这个城市，就得先从水边游起。港口处有丹麦最有名的路标，那就是"美人鱼"。这个离开了海底世界，想变成一个真正人类的小精灵，曾让我们无比地感动。在这个港口，你还可以领略到迷人的"绿色塔尖城"的魅力：无论晴天还是阴天，被青铜覆盖的旧堡垒和教堂的塔尖都会让这座城市笼罩上一种梦一般的气息。在那里游览，你会以为自己走进了一幅水彩画之中。自港口沿着河岸漫步，你先看到的是外观并不起眼的阿马林堡皇宫。这座皇宫完工于18世纪中叶，直到今天皇室仍住在这里。教堂与古堡大概是古城唯一遗留下来的建筑。哥本哈根在1445年成为丹麦首都，到16世纪末期贸易繁荣，因此带动此城成长。但是，1728年和1795年的大火烧毁了城中旧的木造建筑物，今天我们所看到的大部分建筑都是在19世纪和20世纪初建造的。古堡和教堂最引人注目的是它们的塔尖。据说，其中最高的一座塔共有150层阶梯。如果你爬上塔尖，你就会领略到无比壮美的景观。当你又稳稳地站在地上时，通过最近的桥到达"城堡岛"，在那里你会看到一个1619年建造的、欧洲最古老的股票交易中心。在这个交易中心的上面有个奇特的塔尖。这个塔尖是由三条互相缠绕的龙尾巴组成的，它们代表的分别是丹麦、瑞典和挪威。继续往前走，就到了克里森堡宫，哥本哈根便始于此处。这是一座中世纪的古堡，同皇宫一样，它也对游客开放。看完克里森堡宫，下一站就是著名的尼哈芬了，它是1673年一群士兵挖成的一条狭窄水道，安徒生曾把这个迷人的水道当成他自己的家。在他的公寓窗户外有一片特别的镜子，这片镜子能让他不被外界察觉地观看到外部世界。那无数动人的童话或许就是在此处诞生的吧！

哥本哈根是一个很容易游览的城市，你不必急着将市中心走完，因为哥本哈根是第一个划出行人徒步区的城市，而且这座城市的噪声污染比起欧洲其他国家的首都要轻得多。漫步街头，你不会觉得这是在一个国家的首都旅游，只会觉得来到了一个童话世界，一切都那么的美妙！

英国的首都伦敦

伦敦位于英格兰东南部，跨泰晤士河下游两岸，是一座有717万人口的国际大都市。它是英国的首都，也是全国政治、经济、文化与交通的中心，也是世界金融中心之一。伦敦交通发达，古迹众多，素有"英国旅游中心"之称。伦敦以其悠久的历史屹立于世界名城之林。

伦敦是围绕着伦敦城逐步发展而成的。伦敦在行政上分为33个区，伦敦城是单独的一个区。伦敦城外的 12 个区叫"内伦敦";"内伦敦"以外的 20 个区叫"外伦敦"。伦敦城加上内、外伦敦合称"大伦敦"市,面积共 1580 平方千米。伦敦最早是由罗马人建造的。约在公元 1 世纪左右,英国在罗马的统治下成立了伦敦尼姆行政总部,并计划以泰晤士河作为重要的运输通道。然而要连接河道两岸就要有桥,于是人们就选择了在伦敦塔到城区一带修桥。此后,那里便迅速发展成为一个重要的城镇。

伦敦

伦敦既是有着 2000 年悠久历史的王朝都城,名胜古迹美不胜收,也是一个车水马龙的现代化大都市。泰晤士河是这座城市的生命线,它绵延 300 多千米,两岸风景秀丽。28 座建筑风格迥异的桥梁把泰晤士河两岸连成一片,其中最出名的一座桥是滑铁卢大桥,这座桥是英国人为纪念威灵顿将军击败拿破仑而命名的。这些桥中最漂亮的要数伦敦塔桥,这座塔桥气势十分磅礴,在两个巨大的桥墩上分别建有 5 层楼的高塔;桥面是开启式的,每当有高过桥面的船只通过时,桥面可以分开吊起;连接双塔顶层的是一条高出水面 140 米的行人桥;游人可以站在塔顶观赏附近美丽的风景。

伦敦是一个文化名城,这里有丰富多彩的艺术形式和娱乐形式。歌剧、音乐剧、古典音乐、摇滚、爵士乐等,应有尽有,而且票价非常便宜。伦敦的剧场特别多,大多上演莎士比亚、萧伯纳的作品。剧场大体可分为两种,一种是商业性大剧院,以著名演员演出的著名作家作品为主;一种是小型剧院,偏向艺术性,在那里可以观赏到一些初出茅庐的作家的创作,剧场气氛轻松愉快。在伦敦欣赏古典音乐也是非常惬意的事情,音乐厅音响效果非常好,每年伦敦都要举行"古典音乐夏季盛会",邀请世界著名的指挥家和乐队在皇家艾伯特大厅演出。伦敦的摇滚或爵士音乐会也不少,而且票价不高。这些多种多样的选择,可以让你在伦敦拥有精彩的快乐时光!

法国的"浪漫之都"巴黎

巴黎是法兰西共和国的首都,也是世界著名的繁华大都市。这座历史名城,素有"世界花都"的美称,这里的人们都很追求浪漫,因此也有法国"浪漫之都"的美誉。巴黎位于法国北部盆地中央,横跨塞纳河两岸。市区面积 105 平方千米。巴黎市区及其周围 7 个省合称为大巴黎区。巴黎市的人口有 230 万多,大巴黎区的人口有 1007 多万,因此巴黎也是世界上人口最多的都市之一。

巴黎不仅是法国,也是西欧的一个政治、经济和文化中心。历史上,巴黎是法国历代王朝的都城,是几个资产阶级共和国的首都,也是法国资产阶级革命的发源地。今天,法国政府的许多行政机关、党派团体及省级行政机构依然设在这里,一些重要的国

巴黎

际组织也设在巴黎。巴黎还是法国的经济中心,全国最大的工商业城市。巴黎的工业生产总值约占全国的1/4,工人数量约占全国的1/5,汽车工业居全国首位。巴黎的轻工业,如传统的服装、化妆品、装饰品和时髦家具等,都享有世界级的声誉。巴黎的香水驰誉全球,有"梦幻工业"之称,被法国人视为他们的国宝。巴黎的金融业、证券业、保险业也十分兴盛,这里有世界重要金融市场之一的巴黎金融市场。巴黎的商贸业也很兴隆,欧洲最大的"四季商场"就坐落在巴黎的拉德芳斯区。著名的巴黎国际博览会、现代化的特罗卡德罗展览馆,将巴黎变成了一个"博览会城"。巴黎还是法国的交通枢纽,每天的客流量达 1300 万人次,全国的陆路交通都向巴黎集中,形成一个辐射状的交通网。

除了这些政治、经济方面的特点外,巴黎最大的特点就是它的美丽与浪漫。巴黎的标志"埃菲尔铁塔",就像一个钢铁巨人一样,高高地耸立在巴黎市中心的塞纳河畔。藏满各种艺术珍品的卢浮宫位于塞纳河右岸,以收藏丰富的古典绘画和雕刻而闻名于世,是法国文艺复兴时期最珍贵的建筑物之一。位于塞纳河中心城岛上的巴黎圣母院是一座哥特式建筑,它不仅因雨果的著名小说《巴黎圣母院》而出名,更因为它是巴黎最古、最大和建筑史上最出色的天主教堂而出名。香榭丽舍大街是巴黎最美丽的大街,在这条街的两旁,分布着巴黎主要的名胜。香榭丽舍大街东头就坐落着著名的爱丽舍宫,法国总统就住在这里。在香榭丽舍大街的终点处是戴高乐广场。在这个广场上,有一座著名的门,那就是"凯旋门"。

在巴黎游览,最大的感受就是这里的浪漫气氛。你经常可以看见对对恋人在花团锦簇中窃窃私语。成片的青草,似锦的繁花,再加上充满诗意的热恋,这一切都让人觉得只有巴黎才能当得起"浪漫之都"的美誉!

"欧洲首都"布鲁塞尔

布鲁塞尔是比利时首都,人口约 100 万,它是全国的政治、经济、文化中心,位于荷比法铁路干线的心脏处。布鲁塞尔也是北约秘书处、欧洲经济共同体总部和 900 多个国际机构的所在地,素有"欧洲首都"之称。

布鲁塞尔市中心的市政厅建于公元 12 世纪,四周的哥特式建筑物就像熊熊燃烧的火焰。市政厅的尖塔高达 85 米,塔顶有一尊 5 米高的布鲁塞尔城守护神塑像。厅内,天花板上绘着美妙绝伦的图案,藏有历史名人的巨幅肖像画以及著名画家鲁本斯的巨幅油画。市政厅附近还有佛拉芒建筑艺术与巴洛克建筑艺术相结合的古老行会楼、路易十四的皇宫以及马克思召集会议的"天鹅咖啡馆"。大广场以北"狗街"的转弯处竖立着世界著名的"小于连"像。这座铜像是个高半米、光着身子叉腰撒尿的儿童,形象十分逼真。据说这位名叫于连的小男孩一泡尿浇灭了进犯者的炸药导火索,拯救了全市居民,故立此像来纪念他。听说比利时有个礼节性的规定,如有某国元首到布鲁塞尔

布鲁塞尔

访问，小于连就要穿上该国元首送给他的服装。另外还有许多人精心为小于连设计了多种多样的服饰，光是一个商店里出售的小于连服装照片就有几百种之多。

布鲁塞尔的鲜花广场是举世闻名的。每隔两年的 8 月，布鲁塞尔市政府都要在大广场举行为期 4 天的"大广场鲜花地毯节"。"鲜花地毯"主要由带块茎的秋海棠组成，共 100 万朵。每到那时，大广场就变成了一片花的海洋。在中心广场附近，有一条只准步行的食品一条街。那条街街道狭窄，街面上摆着桌椅，客人可以坐在街面餐桌边悠然自得地品尝美味。店家还将本店的特色菜和各种海鲜摆在一个斜立的摊床上，以招徕顾客。

布鲁塞尔西北郊有一座建于 1958 年的原子能博物馆。博物馆前有一个原子球广场，现在它几乎成了布鲁塞尔的象征。在原子球广场附近有一座大型体育场，每年这里都要举行比利时足球甲级队的决赛。离开原子球广场，就可以到王宫花园游览。这个花园是完全开放式的，周围没有护栏，也没有大门。花园正对着比利时王宫，有大片的草地和树林，还有几处纪念性建筑，现在这里已经成为布鲁塞尔的市民们休憩和娱乐的公共场所。

在布鲁塞尔旅游，最大的收获或许就是能感受到这里人拥有的那种团结与友好的精神吧！

如果要到欧洲旅游，布鲁塞尔是不可错过的一站。

葡萄牙的"温暖港口"里斯本

葡萄牙的首都里斯本，位于该国西部，城北紧靠辛特拉山，城南邻接塔古斯河，是欧洲大陆最西端的城市。里斯本城分布在 7 座郁郁葱葱的山冈上，波光粼粼的塔古斯河从城南流过。这里由于受大西洋暖流的影响，一年中大部分时间温暖如春，因此有"温暖港口"之称。

里斯本最初是由迦太基人建立的，迄今已有 2000 多年的历史。历史上的里斯本是希腊的贸易站，后来成为古罗马的市镇。中世纪初期，里斯本先后被西哥特人和摩尔人侵占。从公元 1245 年起，在成为葡萄牙王国首都后，里斯本的城市规模逐渐扩大。1755 年，里斯本发生了一场大地震，城市遭到严重破坏，今天的里斯本是在地震后的废墟上重新建立起来的。

里斯本

里斯本城区呈方格状布局，保持着古老城市的风格。那里有古朴幽雅的圣·乔治城堡，还有建筑精美的圣·文森特教堂。各种规模的巴洛克式房屋同现代建筑群交错排列，相互辉映。美丽的公园、宽阔的广场、别致的纪念碑遍布全城；许多用黑、白双色石子铺成的马路上满布着式样美丽的图案，小汽车在上面风驰电掣般驶过，别有一番情趣。里斯本的街头巷尾到处莺歌燕舞，百花盛开。市立花园的水池中，天鹅游弋，更是充满了诗情画意。

里斯本那明媚的阳光，悠久的历史，使人们从世界各地慕名而来，据说这里每年接待游客超过 100 万人次。里斯本的旅游景点很多。坐落在大西洋边的一座山巅上的圣·

乔治城堡，是全市的制高点之一。这里山崖隆起，大西洋波涛猛烈地冲击着陡峭的崖壁，发出雷鸣般的响声，使这座城堡显得更加气魄雄伟。站在城堡上，极目远眺，全城景色尽收眼底。这里虽然位于山巅，但流水淙淙，每到夜深人静时，泉水声清脆悦耳，犹如一曲曲美妙动听的乐章。在山上，人们可以观赏各种旧式大炮，游览古战场遗址，缅怀古城堡经历的不平凡岁月。1580年，西班牙人入侵葡萄牙，唐·安东尼奥率领里斯本人民，团结一致，以城堡为据点和侵略者展开了殊死搏斗。最后，里斯本城几乎全部陷落，但却一直无法完全攻克。英勇的里斯本人民坚持斗争达半年之久，给侵略者以沉重的打击。今天，这里已被辟为旅游胜地，每天前来参观的人络绎不绝。里斯本市内也拥有许多极富文化价值的古建筑，比如：矗立在里斯本港入口处的圣·耶鲁米教堂，以及与此教堂相邻的圣·耶鲁米修道院和在塔古斯河入海口处的贝伦塔等。圣·耶鲁米教堂的大殿长92米，宽25米，被6根八角柱隔成了3个跨间。这6根八角柱上布满了文艺复兴时期的浮雕。大殿南侧的两个门洞上、沿护墙和尖顶上都排满了雕像，这些全都是古代的艺术珍品。

里斯本市内的绿化很好，几乎每一处空地都种上了花草。在精心的保护下，里斯本草木常青，四季鲜花不断。里斯本的街道就像一个大果园，街道两侧长满了柠檬、橄榄、无花果以及柑橘等果树。市区内有大小公园、花园250多个，里面的景致千姿百态。大多数的花园中都有水池、喷泉、塑像，是人们游玩和休息的好去处。市区西南方的森林公园占地10平方千米左右，那里古树参天，常有野生动物出没。每逢周末，市民们就结伴来到这里，进行野营、打猎和其他活动。市区楼房的墙上爬满了紫藤、凌霄和常青藤，很多人家还将花草种在盆里，吊在空中，形成绿色的立体空间。里斯本的市郊大多是农舍、葡萄园、公园和林地。到处都有的绿色植物使得里斯本犹如一个绿色的天堂！生活在那里的人们是无比幸福的！

意大利的"七丘城"罗马

罗马是意大利的首都和历史名城，它是古罗马帝国的发源地，也是文艺复兴时期的艺术宝库之一。罗马地处意大利河下游的丘陵地带，因建城于7个山丘口，故有"七丘城"之称。

罗马是一个世界知名的旅游胜地，那里到处都是历史遗迹，其中最为出名的要数古罗马的科洛塞奥斗兽场，它被称为"世界八大名胜"之一。斗兽场又叫竞技场，因为这里也曾举办过马车及文艺表演之类的竞赛。斗兽表演分为三种：兽与兽斗、兽与人斗、人与人斗。角斗士搏斗时，场地上铺满了沙子；兽与兽、兽与人斗时，为了使场景逼真以吸引观众，场上会布置一些灌木丛、树木和假山。这种野蛮、没有人性的娱乐直到公元405年才被西罗马帝国的皇帝霍诺留宣布停止。

罗马

罗马有"露天历史博物馆"的美誉。除了上面说的古罗马斗兽场之外,罗马还拥有众多的历史古迹,如:罗马输水道、古罗马城废墟、圣·保罗门外的金字塔、奥古斯都墓、巨大的浴池遗址、尼罗皇帝的金宫、埃特鲁斯科的文化遗迹、君士坦丁大帝的凯旋门、大赛马场、古代大道等。在这些历史古迹中,万神殿是吸引游客最多的地方。那是一座具有2000多年历史的著名古建筑,整个建筑没有一根柱子、一扇窗户,当你站在殿中时,你就会发现阳光可以从一个大圆屋顶直照进殿内,显得十分的壮观。

罗马的建筑别具一格,其中尤以教堂、宫殿和广场最具特色。在罗马,最高大、最古老和最奇特的建筑都是教堂,估计全城共有300多座教堂和300多座修道院。其中,卡布金教堂以"残骸教堂"而闻名,"民众圣母院"则以艺术价值极高的装饰成为罗马名胜。罗马的广场很多,它的每个街角和每个交叉路口,必定有一个广场。其中著名的广场有:古罗马的象征"圆柱广场",以水神喷泉而著名的"共和国广场",作为罗马艺术中心的"西班牙广场"以及以象征意大利独立和统一的"威尼斯广场"。罗马的宫殿建筑同样雄伟壮观。现在作为总理府大楼的基季宫是巴洛克式的建筑;现为"艺术博物馆"的威尼斯大厦是罗马文艺复兴时期的宫殿建筑;而现为总统府的魁里纳尔宫则是一座希腊艺术风格的建筑,宫内珍藏的名画和精美工艺品不计其数。

罗马,这个美丽的城市,虽然历经了历史的沧桑,但正如人们常在那里的许愿池边许下的愿望一样,它必定会重现旧日的繁荣。

智利的朝觐圣址圣地亚哥

圣地亚哥是智利的首都,也是南美洲的第四大城市。它位于智利的中部,坐落在马波乔河畔,东邻安第斯山,西边距离瓦尔帕来索港约100千米。碧波荡漾的马波乔河从城边缓缓流过,终年积雪的安第斯山守卫在一边,使整个圣地亚哥显得风韵十足。

圣地亚哥是座拥有400多年历史的古城。公元1541年,西班牙殖民者瓦尔迪维亚率领150名骑兵来到这里,在现在位于市中心的圣卢西亚山上修筑了西班牙在南美洲大陆的第一座炮台,并在山下用泥砖和草木建筑了一批原始住宅区,这就是圣地亚哥城的雏形。1818年4月5日,经过智利独立战争中的"迈普之战"后,圣地亚哥成了智利的首都。19世纪,智利发现了铜矿。随着铜矿开采规模的扩大,圣地亚哥城得到了迅速的发展。今天的圣地亚哥是

圣地亚哥

一座现代化的城市,面积有100多平方千米,人口534万,是智利最大的城市,也是全国的政治、经济、文化和交通中心。

圣地亚哥气候宜人,夏季干爽温和,并不太热,最热的1月份平均温度是20℃左右;冬季清凉多雨雾,也不太冷,最冷的7月份平均温度也有8℃左右。宜人的气候使得圣地亚哥城景色非常秀丽。这里一年四季郁郁葱葱,绿草如茵,各种鲜花争奇斗妍。圣地亚哥美丽的城市背景更是令人赞叹,从市区可以远望白雪皑皑的安第斯山顶峰;清晨可以看见云雾缭绕的雪峰;中午,在阳光普照之下,峰顶显得光芒四射;傍晚,有夕阳映照下的

朵朵白云飘荡在山腰。随着天气变幻和朝阳、夕照相互交替，雪峰不时地呈现出银灰、银白、淡青、浅紫或深红等各种色彩，有时还交相辉映着多种色彩，形成一幅幅迷人的画面。

　　由于智利是世界上第三大产铜国，所以在圣地亚哥市，人们处处都能感受到铜的存在，处处都可以见到铜的青辉。在市区漫步，眼前不时会出现一座座精雕细琢的纪念铜像。这些铜雕刻都是千姿百态，栩栩如生，其中最引人注目的是耸立在市区宪法广场上的一尊铜像，这尊铜像塑的是智利民族解放运动的先驱沃伊金斯将军。你看他横刀跃马，显得十分威武。在圣地亚哥旅游，让人目不暇接的铜像使你觉得仿佛置身在铜像的世界中，别有一番情趣。在智利人的家中，到处都能看见闪闪发光的铜制器皿：铜碗、铜盆、铜壶、铜杯、铜烟具等，一般每件器皿上都雕有人物、风景、花草以及兽类等，让人不得不惊叹他们工艺的超绝；商店里的铜制手工艺品更是新颖别致，手工精细到令人爱不释手。宾馆、饭店以及居民家庭的门窗、桌子等都是铜镶边或有铜的装饰。

　　在那里置身于铜的世界，生活于美妙的自然风光中，怎不叫人陶醉？

德国的"森林与湖泊之都"柏林

　　德国的首都柏林是一座古老而美丽的城市，它扼守着东、西欧的交通要道，往北距离波罗的海，往南距离捷克均不到 200 千米的距离，地理位置十分重要。柏林城的边缘被森林、湖泊、河流环抱，因此有"森林与湖泊之都"的美誉。鸟瞰柏林，柏林城仿佛处于一片绿色的海洋中，美丽之极。

柏林

　　这座城市有着悠久的历史。早在 13 世纪时，柏林已成为一个贸易集镇，随着贸易规模的扩大和影响的逐渐深远，到 17 世纪时，柏林已经发展成为一个地方性的政治、经济和文化中心。1871 年，柏林成为普鲁士"德意志帝国"的首都，从此变得更具国际影响力，其城市规模也得到了进一步的扩大。到了魏玛共和国时代，柏林作为"二十年代黄金时光"的舞台达到了它光荣历史的顶峰，在第二次世界大战前，它一直是德国的首都和最大的城市。但是，随着纳粹政权的上台，繁荣的柏林笼罩上了一层阴暗的色彩。德国的战败，更让柏林雪上加霜。由于美、苏两国意识形态的纷争，被占领的城市分裂成了东、西两个柏林。1961 年 8 月 13 日的夜晚，"柏林墙"修筑了起来，自那之后，柏林的人们陷入了骨肉分离的悲惨境地。然而，亲情与和平的力量是巨大的，1989 年 11 月 9 日，柏林墙上被开出一个洞，两个柏林从此合在了一起。随着第二年德国的统一，柏林恢复了首都的地位。

　　柏林的景色十分优美。著名的"菩提树街"，是欧洲最有名的林荫大道。此外，用乳白色花岗岩筑成的勃兰登堡门，有 800 年历史的圣母教堂，古老的市政厅，"博物馆岛"上的建筑群，共和国"水晶宫"，洪堡大学等都是闻名世界的景点。在古老的夏洛特堡宫周围分布着埃及博物馆、古董博物馆、史前早期博物馆和应用美术馆等重要的文化建筑，这些馆中收藏着许多珍贵的文物和艺术品。历史悠久的"威廉皇帝纪念教堂"是一座八角形的教堂，它充分体现了古代建筑的精华。1957 年落成的会议大厅是一座银色的、屋顶呈蚌壳状的大型建筑,这座建筑是现代建筑的杰出代表。

　　柏林的文化事业非常发达,它是世界重要的学术交流场所之一,也是不比巴黎逊色的艺术之都。这里格外引人注目的就是表现主义风格的绘画和出色的电影成就,两年一度的柏林国际电影节吸引着许多世界级的影星和众多的电影爱好者的关注。现在的柏林已经成为国际知名的文化交流中心,正吸引着越来越多的游客前来观光旅游。

欧洲文明的发源地雅典

　　雅典是希腊的首都,也是希腊最大的城市和工业中心。这座被山岭和大海围抱着的城市,一直以来就被人们认为是欧洲文明的发源地,它以其丰富的历史遗迹而著称。

　　雅典建城至今已经有5000多年的历史。公元前8世纪,爱奥尼亚人在这里建立了雅典城,它当时是古希腊城邦的盟主。古代雅典是西方文化的源泉,雅典人对艺术、哲学、法律、科学等许多学科都做出了杰出的贡献。雅典鼎盛时期的公元前5世纪,出现了许多不朽的大师。悲剧作家欧里庇德斯、喜剧作家阿里斯托芬,哲学家苏格拉底、柏拉图、亚里士多德,历史学家希罗多德等都在这里诞生或居住,这些光辉的名字永存在了人类的历史中。

雅典

　　现在的雅典是全世界旅游爱好者的度假胜地。那里有着清新的空气和宜人的气候,每年大约有600~700万世界各地的游客到来。去那里的人们可以见识到人类古老而灿烂的文明,因为雅典是希腊的古文物中心,至今仍保存着很多古代文化遗址。在这些古文化遗址中,最著名的要数雅典卫城。参观雅典卫城最大的感受是:你会觉得突然回到了2500年前。没错,地处一座小山丘上的卫城是公元前500年雅典人的艺术杰作。由于年月久远,卫城保留下来的部分已经很少,山门便是其中之一。山门建于公元前437年到公元前432年,是一座五开间的多立克式建筑。山门的中部开间较大,净空3.85米,山门有许多石柱,每根石柱均高8米多,设计比例恰当,显得挺拔刚劲,毫无笨重感。在门内的中央道路两侧,混用了三对直径1米、柔和的爱奥尼式柱子。爱奥尼式柱子一般只用于内部,但这里二者混用并没有造成不协调。除了卫城的石门,充分体现雅典建筑艺术的就是帕提农神庙和伊瑞克提翁庙。"帕提农"原意为"处女宫",是守护神雅典娜的神庙。神庙总面积约为2100平方米,全用白色大理石砌成,铜门镀金。庙檐满布着各种各样的雕刻,用红、蓝等色装饰,显得十分惹眼。这座神庙也是一座多立克式多柱建筑。充分显示了雅典雕刻艺术的辉煌。其中,尤以描绘雅典娜诞生和雅典娜与塞顿争夺雅典保护权的雕刻最为著名,显示了超绝的工艺水平。伊瑞克提翁神庙是一座规模不大的爱奥尼式建筑。它使用了6个女郎雕像作为柱子。整个建筑装饰繁复,但却色彩淡雅,与金碧辉煌的帕提农神庙形成了鲜明的对比。

　　雅典既是欧洲文明的发源地,又是一座建筑艺术的殿堂,正如恩格斯在评论古希腊建筑时所说的:"希腊建筑如灿烂的、阳光普照的白昼!"

埃及的"千塔之城"开罗

埃及的首都开罗位于尼罗河三角洲顶点以南 14 千米处,是全国的政治、经济和文化中心,也是非洲最大的城市。开罗是现代与古代文明相交融,东方与西方色彩相辉映的城市。

开罗是埃及的文化中心。著名的爱兹哈尔大学、开罗大学、艾因·沙姆斯大学就坐落在开罗市内。开罗素有"中东好莱坞"之称,这里每年生产 70~80 部电影作品,为阿拉伯国家提供精神食粮。除了文化上的优势,开罗还是埃及的经济中心。开罗市内有钢铁、石油、化工、机械、纺织等许多现代化工厂,全国大约 1/3 的工业企业集中在此。开罗也是重要的交通枢纽,30 余条航空线将埃及同世界各地连接了起来。开罗还是举足轻重的国际性大都市,国际博览会建筑群是中东地区最大的展览会场,

开罗

每年春季都要在此举行国际博览会;许多国际会议,如阿拉伯首脑会议、非洲统一组织会议、不结盟国家首脑会议等,都要在这里召开。

开罗有着悠久的历史,市内古迹遍布。距市中心 13 千米处的吉萨地区是举世闻名的金字塔所在地,近 80 座金字塔散布在那里。正如人们所知道的一样,这些金字塔中,最出名的就是被列入世界七大奇迹的胡夫大金字塔。这座金字塔是埃及第四王朝法老胡夫在大约公元前 2560 年建造的,修建这座金字塔是为了作他死后的墓地。大金字塔建成时的高度是 145.75 米,但随着岁月的流逝,它的高度已经降低了 10 米。迄今为止,世界最高石质建筑物的桂冠仍戴在它头上。金字塔在历史上曾经激发了人们无尽的想象力,据说拿破仑 1798 年进军埃及时,曾站在金字塔前骄傲地说:"将士们,四千年的岁月在金字塔的顶端注视着我们啊!"除了金字塔,开罗还有其他一些著名的古迹,比如坐落在开罗东部穆卡塔姆山坡上的萨拉丁城堡。这座巍峨壮观的城堡建于 1176 年,是国王萨拉丁抵御十字军东侵的古建筑。城堡上有一座穆罕默德·阿里清真寺,这座清真寺建于 1840 年,具有土耳其建筑风格。除了这座清真寺,开罗城内还有 250 多座清真寺,其中以爱资哈尔清真寺最为著名。开罗诸多的博物馆则展示了它悠久的历史和丰富的文化遗产,这里最著名的博物馆便是昆虫世界博物馆。博物馆里收藏了埃及丰富多彩的昆虫和鸟类标本。这里的另外一座博物馆里则收藏着神秘的太阳船,它是 1954 年在金字塔的南面被发现的。人们普遍认为它是在胡夫的尸体入葬前,被用来运送胡夫尸体的。

开罗悠久而光荣的历史放射着迷人的光辉,现代的卓越成就更增添了它的魅力。

澳大利亚的最大港口悉尼

悉尼是澳大利亚最大的城市和港口,它位于澳大利亚的东南海岸。悉尼是澳大利亚新南威尔士州的首府,是著名的国际旅游胜地之一,每年都吸引着无数的旅游观光者前

来休闲、度假。悉尼的历史很久远。1788 年英国第一批移民在此登陆并定居下来,使悉尼成为澳大利亚的发源地。如今,悉尼已经成为大洋洲的最大城市。

悉尼工业先进、商业繁荣、文化事业发达,是一个以行政、商业贸易和娱乐为主的现代化国际大都市。现在的悉尼可以说已经融合了世界上大多数种族和国籍的人。

说到悉尼,不能不说到著名的悉尼歌剧院。在澳大利亚的悉尼大桥附近有一个三面环水的奔尼浪岛,这座岛上矗立着一组好像群帆泊港的建筑群,这就是举世闻名的悉尼歌剧院。悉尼歌剧院占地 1.8 公顷,坐落在距海面 19 米的花岗岩基座上,最高的壳顶距海面 60 米,总建筑面积 88000 平方米。歌剧院内有一个 2700 座的音乐厅,一个 1550 座的歌剧院,一个 420 座的小剧场。此外,还有用于展览、录音、酒吧、餐厅等的大小房间 900 个。悉尼歌剧院造型十分独特,八个薄壳分成两组覆盖着两个大厅,另外有两个小壳置于小餐厅上。壳下掉挂钢桁架,桁架下才是天花板。两组薄壳彼此对靠,外面是乳白色的贴面砖。它吸引了成千上万的旅游者前来参观,现在已成为悉尼的标志。

悉尼歌剧院的建成还有一段趣事。1956 年,澳大利亚总理凯西尔有个担任乐团总指挥的好朋友古斯申,应古斯申的要求,政府决定出资在奔尼浪岛上建一座歌剧院,并向全世界征集方案。30 个国家送来了 223 个方案,这些方案由美国著名建筑师沙里宁等人组成的评委会进行评选。沙里宁因故来迟,而且他对评出的十个方案均不满意。之后,他却从被淘汰的 213 个方案中挑出了丹麦建筑师伍重的方案。沙里宁认为此方案如能实现,必能成为建筑艺术的精品。这个方案是一个草图,其最大的特点是由一组薄壳组成,形如海滨扬帆,富有诗意。沙里宁说服评委们采纳了这个方案。但是,当把方案付诸实施时,却遇到了不可克服的困难:一方面是实际实施上的困难;一方面是财政预算上的困难。但是由于工程主体结构已经完成,欲罢不能。最后政府三人小组取代伍重负责,工程才得以继续进行。从 1973 年起,历时 17 年,耗资 5000 万英镑,悉尼歌剧院才告落成。

无论是经济行业,还是文化艺术行业,悉尼都走在时代的前头。悉尼是座完美的城市,悉尼人很幸运,因为命运把他们冲上了这片美好的海滩!

美国的"新阿姆斯特丹"纽约

纽约是美国的第一大城市,有人口 700 多万。它位于纽约州东南的赫德森河口,整个城市由曼哈顿区、布鲁克林区、布朗克斯区、昆斯区和里士满区以及周围 60 多个卫星城组成。纽约是世界著名的金融中心,也是最大的国际交流中心之一。

纽约城的历史可以上溯到哥伦布发现新大陆时。1492 年,哥伦布发现美洲大陆后,欧洲殖民者纷纷前来建立贸易点,这里逐渐形成了自由港,这就是纽约的前身。1626 年,荷兰人从印第安人手中廉价买下曼哈顿岛建立贸易站,并按荷兰首都阿姆斯特丹的名字将这个地方命名为"新阿姆斯特丹"。1664 年,英国舰队来到这里,荷兰人无力与之抗

世界大百科

地理百科

纽约

争,遂将新阿姆斯特丹送给英国人。英王查理二世将这片土地交给了他的弟弟管辖。于是,国王的弟弟便将领地从英国的约克郡迁到了新阿姆斯特丹,并将其改名为"纽约",即"新约克"。

纽约是美国的最大海港,那里水深港阔,是个天然良港。纽约港规模庞大,设备先进,可以同时停泊400多艘远洋巨轮,年吞吐量超过1.3亿吨,是目前世界上的三大港口之一。纽约是一座繁华的大都市,市中心的曼哈顿区聚集着美国的大垄断资本家开设的银行、保险公司以及闻名全球的证券交易所等,这些都体现了它的金融中心地位。纽约市内高层建筑林立,雄伟壮观的摩天大楼随处可见,被恐怖分子袭击的"世界贸易中心"有110层,高411米,由5栋建筑物组成;另外,克莱斯勒大楼的高度也在300米以上,是纽约的最高建筑之一。举世闻名的百老汇大街,长29千米,建有众多的剧院、舞厅、夜总会等,是纽约的娱乐场所。在曼哈顿区的中心,有一片被人们称为"纽约绿洲"的中央公园,公园南北长4千米,东西宽800米,园内湖泊、山石映衬,满是翠林绿地,可说是纽约的"世外桃源"。公园东侧的城市博物馆里,收藏着从史前到现代5000年间的艺术珍品,是美洲最大的博物馆,可同巴黎卢浮宫和大英博物馆相媲美。公园西侧的自然历史博物馆占地9公顷,有19幢建筑,是世界上最大的博物馆之一。纽约市的哈莱姆街区是黑人聚居区,居民总数100万以上,这里的街道拥挤破败,房屋低矮陈旧,失业人口众多,同曼哈顿的富丽堂皇形成了鲜明对比。

纽约是一座新旧融合的城市,在一切繁华的背后,最能体现这个城市精神面貌的便是矗立在港口的自由女神像,她象征着纽约人民对自由与和平的热爱、追求。

奇闻趣事

上下五千年、纵横八万里、浩瀚无穷的大千世界，以及广袤无垠的宇宙空间给现代的人们留下了数不清的谜团。这些谜团像梦一样时时与人为伴，却又让人百思不得其解。

风俗是人类生产和生活过程中自然形成的，反映了不同历史时期各民族对世界的不同认识和对生活的独特理解。在世界各民族的不同风俗中，寄托着人类某种真实的情感和美好的愿望。

一种风俗的形成需要很长时间，一种风俗的传入和被接受主要视其与该民族的文化兼容与否及兼容程度。每个时代的风俗行为，最典型最鲜明地表现着该时代的精神。每个民族的风俗行为，最真切地折射着该民族的本质。

新西兰人的"碰鼻礼"

大千世界，无奇不有！既有人以接吻传达爱意和尊敬，也有人以握手传达相同的感情，这些问候方式反映了各地习俗的差异。生活在新西兰的土著毛利人流行着一种"碰鼻礼"，那是一种十分奇特的礼节。

如果你到新西兰去旅游，当你坐在一个毛利人家里时，这家的主人很容易就会凑上前来，用他的鼻子去碰你的鼻子。这种时候，你千万不要惊慌，因为这表明主人要对你行"碰鼻礼"了。你需要做的不是急忙躲开，而是热情地向他伸出鼻子，接受他的礼节。如果你这样做了，主人会更加喜欢你，你便能得到更好的待遇。

毛利人是新西兰的土著人，他们是最早生活在这片土地上的人。由于历史悠久，加上没有接受多少现代文明，所以毛利人至今都保留着许多独特的传统习俗。正是这些传统习俗，使得热情好客而又

新西兰人的"碰鼻礼"

民风淳朴的毛利人至今能聚族而居，不但没有灭绝，而且部落越来越大，形成了独特的民族文化。在这些传统习俗中，最主要的习俗是哈卡舞、"碰鼻礼"以及雕刻，正是它们使得毛利人的传统文化能够保留下来并且发扬光大。毛利人的哈卡舞体现了他们勇敢善战的一面，这种舞蹈是用于战前鼓舞士气的；雕刻是用来纪录家谱和传统习俗的方法，它体现了毛利人尊重传统的一面。

毛利人是一个信仰原始多神教并且崇奉祖先的民族，他们在重大的节日中会举行许

多祭祀。在这样的节日里,"碰鼻礼"是每个毛利人都必须行的礼节。他们相互之间会用鼻子去触碰对方的鼻子两到三次,然后才分开。据说,碰鼻子的次数越多,时间越长,表明越尊敬对方。"碰鼻礼"是一种十分严肃的礼节,毛利人在碰对方鼻子的时候都很虔诚,一边碰鼻,一边为对方祈祷和祝福。第一次去那里的人,见到这个场景往往会大吃一惊!毛利人的礼节的确显得太过热情了,当有客人来到时,他们就会派出部落中跑得最快的人,挥舞着长矛或短剑,又蹦又跳地在客人面前做鬼脸。接下来,客人受到的待遇将会是由部落中最德高望重的人向其行"碰鼻礼"。来这里的客人往往会有受宠若惊的感觉。

毛利人不仅是一个热情好客的民族,而且是一个十分有趣的民族。由于他们经常凑在客人面前去碰鼻子,因此会很累。毛利人解决这个问题的办法是:母亲从小就把孩子的鼻子夹在自己的双膝里,希望用这个办法把他的鼻子变得更高更长,以减轻他的碰鼻"负担"。结果,许多毛利人还真的有很长、很高的鼻子。

夏威夷人的草裙舞

夏威夷是世界上旅游爱好者的天堂,这里气候宜人,树木茂盛,物产丰富,景色美丽,海滩沿岸更以湛蓝的海水、淡黄色的细纱、随风摇摆的椰子树、与海相接的蓝天吸引着世界各地的人们。

夏威夷人认为,音乐是神的赐物,所以岛上到处飘扬着夏威夷皇家乐团演奏的悠扬乐曲,人们边劳动边吟唱夏威夷风情的歌曲。其实,夏威夷最负盛名的不是音乐,而是草裙舞,它可以说是夏威夷文化的象征。

夏威夷人的草裙舞

草裙舞最开始是纯宗教性质的,它的由来有这么一个传说:居住在夏威夷的舞神卡拉为了招待她的姐姐火神佩莱,就穿着草裙跳起了舞。火神佩莱非常喜欢妹妹的舞蹈,就高兴地用火焰点亮了整个天空。后来,人们都学舞神跳这种舞,并把它称为"草裙舞",还有人将之誉为"打开心灵的窗户"。人们群舞并不是为了娱乐,而是为了表达对神的敬意。所以,刚开始的一段时间,草群舞只能在举行寺庙祭祀活动时表演出来,平时则很少表演。草裙舞的动作都有它特有的含义,比如表现战争场面是希望一场未来的战争能够平息,更多的动作是表达人们盼望丰收的愿望。

草裙舞曾经一度被禁止,原因在于跳舞时候的着装过于暴露。男人跳草裙舞时只在腰间缠一根绳子,而女人更夸张,不穿上衣。因此,欧洲来的传教士们当权时就禁止了草裙舞。但是夏威夷的人们还是秘密地跳草裙舞,直到卡拉考阿国王在1874年开始执政,草裙舞才又成为公开的活动,这时有一个要求就是女人不得裸露上身并且要穿上长裙。现在人们所能看到的草裙舞已经不是最开始的纯宗教性质的舞蹈了,它成为用尤克里里琴伴奏的娱乐性的舞蹈,叫作"奥瓦纳草裙舞",又被称为"现代草裙舞",这就是现在在夏威夷看见的草裙舞。

夏威夷还有专门的草裙舞学校，想认真学好草裙舞的人很多，学校生意兴旺，草裙舞老师也受到极大的尊敬。其中，很多学员是马戏团派来的，他们学习草裙舞并不是为了娱乐，而是有着商业目的。草裙舞在 20 世纪 20 年代的时候就成为马戏团表演中风行一时的节目。也正是马戏团的表演才使得草裙舞能够风靡世界上的每一个角落。

自从 1964 年起，这里每年四月都在大岛希洛举行纪念卡拉考阿国王的梅里女王节，还有米哈米哈王草裙舞大赛，这两个盛会吸引着众多舞蹈家和游客们，也使得小小的夏威夷更加热闹。

犹太人的婚礼习俗与宗教

犹太人是世界上最为古老的民族之一，他们对上帝虔诚的崇拜体现在犹太人生活的每一个细节，婚礼上的各种习俗也不例外。

犹太人婚礼上最为重要的一道仪式是"七项祝福"。"七项祝福"可是由来已久的，早在公元 500 年犹太法典写成的时候，"七项祝福"中的六项就被纳入了，后来又添上了一项。为什么是七项呢？因为"七"代表着上帝创造人类世界的七天时间，犹太人对造物主的崇拜由此可见一斑！这七项祝福都有着特定的含义：第一项祝福表示新婚夫妇对喜结良缘都有着无比喜悦的心情；第二项祝福既表达对上帝创造世界的感谢，也表达对亲友对他们祝福的感谢；犹太人都认为，要不是上帝，他们连性命都没有，何来幸福的婚姻生活，上帝不仅创造了他们的生命，而且创造了他们的灵魂，使他们懂得如何去爱，这就是第三项和第四项祝福要表达的意思；第五项祝福是在场的所有人一起祷告的，大家都祈求耶路撒冷能够重生，被毁的圣殿能重放异彩；亚当夏娃能在没有多余人存在的世界里真心相爱，并且对彼此的爱恋在生活琐事中有增无减，这就是新婚夫妇对往后生活的最高希望——第六项祝福的内容；第七项祝福是表达对天堂的向往，他们祈祷自己能够从被流放的状态中解脱出来，到达一个安静祥和的世界。

"七项祝福"是犹太人婚礼上的主要程序，而婚礼的大框架则是"品酒祝福"。新婚夫妇在婚礼过程中要品两次酒，第一次品酒代表着两人的婚姻神圣无比；第二次品酒的内容就是"七项祝福"，从七个方面表达对上帝的崇敬和感谢。

新婚夫妇用来盛酒的杯子也有特定的含义，犹太人认为那是生命之杯，杯中的美酒是亲友以及上帝对他们的美好祝福。新婚夫妇还要将美好的祝福一饮而尽，表示他们今后不管贫穷、富裕、健康、疾病都要不离不弃。品酒程序后，酒杯就变成了另外的含义了，新郎要用右脚将酒杯踢碎，象征对耶路撒冷圣殿毁灭的怀念，并以此来提醒人们永远都不要忘了圣殿毁灭时的悲伤。

婚礼的仪式并不是在教堂里举行的，而是在一个具有特殊含义的彩棚里举行。彩棚是临时搭起的，由鲜艳的布料或围巾做顶，用竹竿撑起四角，这象征着新婚夫妇的新房。彩棚要做得四面开放，表示对亲友的欢迎。彩棚虽不是教堂，但也少不了上帝的出席，鲜艳的布料或围巾就是上帝的象征。

现在，犹太人遍布世界各地，与异族通婚非常多，许多人的宗教信仰也改变了，但这些传统的风俗习惯却都保留了下来。

老挝人美妙歌声牵姻缘

歌声是最动听的语言形式,许多民族都擅长歌舞,不论快乐、忧伤、喜庆、痛苦都用歌唱的方式来表达,似乎只有歌声才能把内心世界展示给他人。流行于欧洲的歌剧,就是歌唱在艺术上最完美的体现之一,它能够在人们表达情感时发挥重要的作用,歌剧也因其动人的旋律、铿锵的语调、如诗般的对白吸引着众多观众,久盛不衰。

民间流行的山歌就是歌剧的原始形态,它充满着生活气息,随时随地抒发感情,和谐地调和着人与人之间的关系。看过我国早期著名电影《阿诗玛》的人,肯定对里面动辄就来的几段山歌难以忘怀,正是这些即兴的情歌使得有情人终成眷属。

老挝人也同中国的白族人一样,美妙歌声牵姻缘!老挝人大多都能歌善舞,这种本领在缔结良缘、寻找终身伴侣中发挥着重要的作用。老挝的年轻人别的方面是否优秀对终身大事似乎不是特别重要,但要是一个五音不全的小伙子想尽快找到一个愿意陪伴他终身的女孩还是不容易的。因为对歌求爱是老挝人选择、追求配偶的重要方法,小伙子们大多都是用歌声来表达爱慕之情,博得心爱姑娘的欢心的。

对歌求爱的场所是祭神会。在祭神会上,待字闺中的姑娘们围成一个圈,把小伙子们包围在圈中。小伙子们都跪在自己心爱的姑娘面前,他们一点也不像中国传统那样认为"男儿膝下有黄金",他们觉得跪在心爱的姑娘面前是自己的荣幸。一般来说,每个姑娘面前都会有一个小伙子,没有人会落单。小伙子们双手合在胸前以表示真心实意,仰望着笑盈盈的姑娘就唱起了情歌。对歌有一定的模式,内容也大体相似,但也要看小伙子们的自由发挥,他们要用最动听的歌声打动心爱的姑娘。通常,歌词都是赞美姑娘的美貌,以讨得姑娘的欢心。当然歌词也不是千篇一律,但也不外乎几种:赞美姑娘的眼睛比天上的星星还要亮、姑娘的秀发比湄南河的支流还要多、姑娘的眉毛像月牙那样弯弯的、姑娘的身段优美异常,越是甜蜜的话越受欢迎,不过也要根据姑娘的实际情况来赞美,马屁可不能乱拍。如果姑娘觉得这个小伙子不错,那她就回唱他。姑娘表示接受眼前的人后,还要让他去征得她父母的同意,这样小伙子就算是"得逞"了,这对刚成的恋人就离开祭神会,"另开小灶"去了。要是姑娘看不上小伙子,那她大可以贬低他,嫌弃他的相貌、气度等,小伙子也不恼怒,接下来寻找下一个目标。祭神会到最后,歌声停了,几对恋人也成了,他们开始进一步的了解,直到最终缔结良缘。

越南苗族人的抢婚习俗

抢婚习俗在越南几个少数民族中流行,除了前面说的娄娄族外,越南的苗族也有这样的习俗。

苗族是一个民风淳朴的民族,他们遵从着世世代代流传下来的习俗,有着独特的民族风情,这在年轻人的婚姻方面就可以看出来。现在的苗族年轻人仍然盛行"抢婚",下面就来看看这个"抢婚"到底是怎么回事。

到了结婚年龄的苗族小伙子都显得"贼眉鼠眼",因为他们在物色心上人呢!小伙子看上某个姑娘后,当然不能上来就抢人。他首先要做的是调查这个姑娘是否有了归宿,如果这个姑娘还未出阁，那么他就可以实施他的下一步计划——"抢人"。要是她已经是别人的妻子了，那即使他再怎么中意这个姑娘也无济于事了，只能寻找下一个目标。

"抢人"也不是乱来的，讲究天时、地利、人和。小伙子要事先了解姑娘平时的生活习惯，主要是探明姑娘日常出入的路径，比如串门、赶集、去做农活等的路上。抢亲的小伙子光靠自己的力量也是不够的，需要伙伴们的帮助。他们纠集起来，埋伏在姑娘独自经过的路上，一拥而上，把她劫走。这个"抢"，可不是土匪、路霸那样的暴力，而是

越南苗族人

众人哄闹着将姑娘围在中间，一起到小伙子的家里。回家后，大家就杀猪，大摆庆功宴，昭示众人抢亲成功。苗族姑娘的家人早在姑娘长大成人的时候就做好了女儿被抢的心理准备，女儿彻夜不归也不十分着急，等着第二天别人来告知下落。第三天，小伙子就请媒人到姑娘家去说媒，一般来说，说媒都会成功。因为姑娘家都知道，如果自家女儿不喜欢这个小伙子的话，那她也有逃跑的权利和机会，不会两天都不回家。

亲事成了自然好办，小伙子家给姑娘家送些彩礼，举行隆重的仪式，婚姻就算成了。至于彩礼的多少，要看姑娘家里的要求了，如果两家历来有交往，就可以"便宜"点。姑娘家里要是觉得小伙子家条件不好，也可以宽限一年的时间，他们也不愿意让自己的孩子刚嫁过去就过苦日子。如果姑娘不喜欢抢婚的小伙子，那她就要凭着自己的聪明和勇敢，逃出小伙子家。逃婚成功，小伙子不用送彩礼了，但他要向姑娘家里赔礼，送上酒、鸡和钱等。另外，还要给姑娘所在的村寨赠送更多的食物和钱。

现在的年轻人在社会交往中很多都已经暗生情愫，这样，抢婚对他们来说就成了一种形式，但这也是他们成亲必不可少的一道程序。

缅甸男子想结婚要先出家

在中国的寺庙里，当了和尚可不是轻易能够还俗的，更别说一开始没有断结婚的念头就去剃度。但在缅甸这个有着奇特风俗的国家里，事情就不一样了。

缅甸是一个佛教国家，以佛教为国教，国民都尊敬三宝、尊重僧侣，缅甸国民有95%的人都是虔诚的佛教徒，身穿袈裟的出家人更是随处可见。缅甸人认为，人生的两大重要事情是：出家、结婚，在我们看来这两者似乎是相互矛盾的，但在缅甸就不那样了，反而出家是结婚的必经之路。送孩子入寺当僧人，是整个缅甸国家的习俗。当男孩子长到十四五岁的时候，父母就有义务将他送到寺庙里当一次和尚。当和尚可以说是缅甸男子的成人仪式，如果不那样做的话，他就别想找到愿意与他成亲的女子，甚至会被认为犯了天大的罪恶。这可是父母担当不起的罪过，因此即使家里再穷，哪怕倾家荡产，父母也要筹集钱财送孩子进寺院当和尚，还要为孩子举行隆重的入寺仪式。缅甸孩子出家容易，还俗也容易，只要脱下袈裟，就可以立地还俗了，手续不是特别麻烦。还俗后，男孩也就到了可以成家立业的年纪了。

缅甸人将和尚置于非常值得尊重的地位，人们普遍认为"一人出家，全家沾恩"。所

以即使那些只将出家当和尚作为成人仪式的男孩也非常用心地学习禅家功夫，毫无怨言。

禅家讲究慢，做事心平气和，于是一个个调皮的青少年们一改原有的调皮性子，走路、吃饭、坐禅、拜佛都慢悠悠的。缅甸有先当和尚后成家立业的习俗也不无好处，学会了心平气和做事的年轻人更容易成就事业，对社会、家庭都有好处。其中最为突出的好处就是缅甸社会治安良好。缅甸是一个多民族的国家，通常来说，民族众多，民族关系难以处理，社会就变得动荡不安，但事实上这里民族冲突给社会带来的负面影响如杀人、放火、强奸、抢劫等大奸大恶的犯罪事件不多，在缅甸的街道上都能感受到佛家的一团和气。一般的缅甸人也在佛教的熏陶下非常有教养，不会说脏话。这得归功于佛教对人们的教诲，佛教教给了人们孝敬父母、尊敬师长、关爱幼小、奉持五戒十善等行为规则。

缅甸男子想结婚得先出家的风俗习惯在信仰佛教的国家中是稀奇的，但缅甸也得益于这种奇特的风俗，有了高素质的国民和良好的社会治安。

肯尼亚巾帼"娶妻"

肯尼亚部落的基锡族人非常重视财产的继承，所以如果一段婚姻中夫妇俩没有生育能力，或者由于年纪较大了都没有孩子，或者离婚独身的女人，或者是没有孩子的寡妇，她们的财产将来可能没有人继承，作为女方，她就有权利和义务娶一个"媳妇"，给她生一个孩子，最好是个男孩，为她传宗接代、继承财产、养老送终。而她所要娶的"媳妇"，在相貌上不会有过高的要求，但一定要年轻，尚未出嫁，因为她的任务就是生孩子。还有一个"硬性"的条件就是，这个"小媳妇"必须是本地或本部落的，这样不仅婚后能够有力地控制她，更重要的是为了保持本民族血统的纯净。"小媳妇"家人虽然将女儿嫁给了一个不同寻常的人家，但他们也不会因此在经济上遭受损失。同正常的婚娶一样，要求明媒正娶，娶亲的"女丈夫"挑中哪家的姑娘后，不得擅自行动，要委托媒人上姑娘家里提亲，然后约好时间相亲，如果双方都没有意见，那就先订婚。"女丈夫"要付给姑娘家一笔数目可观的彩礼，绝不少于正常婚姻的数目。订婚后，还要举行隆重的婚礼仪式，正式结为"夫妇"。

有道是："巧妇难为无米之炊！""小媳妇"和"女丈夫"怎能生出小孩呢？这当然也是"女丈夫"的责任了，她娶了"媳妇"后，还要另外在本族选一个年轻力壮的小伙子跟"小媳妇"洞房花烛，让他们一直同居，直到"小媳妇"怀孕。

"小媳妇"生下的孩子，并不认他的生父，而是喊"女丈夫"为"父亲"。孩子也是"女丈夫"理所当然的个人财产，从小在"父亲"的怀抱中长大，也像正常的父子关系那样继承她的财产、为她送终。而生下孩子的"小媳妇"则没有权利索要她的亲骨肉，其实这种婚俗下的女人也根本意识不到这是她的权利，反而认为是应该的。至于与"小媳妇"同居的小伙子则更是没有任何父亲的地位。

这种奇特的"巾帼娶妻"制度在肯尼亚的一些部落中仍然盛行着，究其根源，在于落后的社会经济制度。当然，在现代文明的冲击下，许多有现代意识的女性都会自己选择如意郎君，获得真正的爱情。看来，随着社会的进步，对妇女来说极为不幸福的婚姻陋习也会慢慢地取消吧！

英国人的婚礼习俗

如果上面讲到的许多婚礼习俗都让人觉得匪夷所思的话，那么英国人的婚礼习俗则让人觉得异常的浪漫与甜蜜。相应地，这浪漫与甜蜜的婚礼习俗就显得十分注重细节上的精致与完美。也许正是由于英国人的这种生活风气，才使得他们的婚礼习俗变得格外高贵、典雅与引人注目吧！下面就让我们来看一看英国人注重细节、意义重大的婚礼。

首先是新郎给新娘赠戴戒指的习俗。夫妻双方佩戴结婚戒指的风俗在世界各地都有，但是在英国，这项风俗发展得格外精致。英国人把婚姻大事看得极为重要，这充分体现在他们对戒指的区分上——既有订婚戒指，也有结婚戒指。这两种戒指不仅佩戴的时间不同，而且在做工上也有很大的不同。订婚戒指是双方订婚时和结婚前佩戴的，一般由金子打造，上面并不镶嵌钻石；而结婚戒指是由新郎在教堂里举行的结婚仪式上为新娘戴上的，这时的戒指上要镶上宝石，因为那意味着夫妻双方的爱情犹如宝石般璀璨夺目，永恒不变。英国人的结婚戒指还有一个与众不同之处，那就是戒指内侧会刻上铭文，铭文的内容则因佩戴者的不同而各有特色。一般来说，英国人喜欢刻上夫妻双方名字的开头字母，这象征着两人永远都在一起。

其次是教堂中结婚仪式结束之后的撒纸屑礼节。我们经常会在英国图片中看到这样的画面：一对新人身着礼服缓缓步出教堂，周围的亲朋好友则向他们挥洒五彩斑斓的纸屑，整个场面显得极为开心与和睦。关于英国人在婚礼上撒纸屑的习俗还有一个历史典故。在 15 世纪末期的时候，有一次，统治英国的国王亨利七世带着他的王后到布里斯托尔旅行。一路上他们掩饰得很好，一直都没有被人发觉。后来，布里斯托尔的一个面包师的妻子认出了国王和王后，一时她也不知道如何表达自己的感情，便从楼上朝着国王和王后撒起了家中的面粉麦粒。她一边撒麦粒，一边高声叫道："欢迎你们，陛下！祝你们长寿、幸福！"由于她的这一举动，布里斯托尔的人们都认出了亨利七世，他们于是也跟着向国王和王后撒麦粒，并齐声恭颂，整个布里斯托尔都沸腾了！从那以后，英国人就形成了一项新的风俗——在重大的节日或庆祝的日子里，向人群撒麦粒。但是，麦粒撒多了会造成浪费，于是，人们就改用五彩纸屑代替麦粒来挥洒，以示庆祝。这项风俗最终也影响到了婚礼习俗，新人在结婚时亲朋好友都要向他们撒纸屑，以制造快乐、祥和的气氛。

除了上面说到的两个习俗之外，英国人的婚礼习俗还有新娘戴白头纱、婚后度蜜月、按不同时间庆祝结婚周年等，每一项风俗都显示出英国人特有的浪漫风情。

非洲人的头顶绝技

上个世纪八十年代的时候，电影《少林寺》风靡了整个中国，大家都恨不得自己是少林寺的俗家子弟，学得一身好武艺，惩恶除奸！特别是电影中表演的那套铁头功，更是令人惊叹不已！事实上，这种我们羡慕的功夫在非洲大陆显得十分平常，因为那里的人都有一身"铁头功"：学生们头顶着厚厚的书包赶往学校，妇女们头顶着盛满水果蔬菜的篮子，工人头顶着几大麻袋的重物，农民装扮的人头上放着刚收割回来的几斗谷粮……

世界上大多数人都习惯于用手拎东西，稍微重一点的则用肩扛，更重的就由众人抬，再不然就借助机器。但在非洲却显得那么奇特，那里的人习惯头顶东西走路，不管这东西有多重(当然是在一定的承受范围内)。其实，头顶重物对于从来都没有试过的人来说，走一小段路可能不是什么大问题，但能够在这一小段路中让头上的东西不会摔倒在地似乎不是一件容易的事，这也就是非洲人头顶重物之所以被称为"绝技"的原因！

非洲人的头顶绝技

看过一部非洲的电影，其中给人印象最深的两个镜头是：一个小伙子头上顶着一根又长又粗的木头，双手驾着摩托车在马路上疾驰而过；还有一个镜头是一名非洲妇女头上顶着灌满井水的水缸，轻轻松松地从井边走到远处的家中，路上一点都不担心水会洒出来，双手还把孩子抱在胸前喂奶。这两个镜头给人的感觉就不仅仅是非洲人的"铁头功"了，更令人惊叹的是他们头顶重物时保持平衡的能力，称之为"绝技"一点都不为过！

非洲人的"头顶绝技"可不是我们轻易能学得来的！那是他们自身身体特征提供的便利以及后天持之以恒的培养得来的特殊技能。非洲人虽然长得各不相同，但他们却有着一个共同的头部特征——那就是他们的头发非常适于"头顶绝技"的技能。世界各地人的头发都不一样，非洲人头发的特点是硬、多、细。而且非洲人很喜欢将头发养长了一簇簇盘在头顶，这样就仿佛在头顶上套了一层海绵垫子，柔软而富有弹性。有了这样的头发，头顶上的东西就不会容易滑下来了，头发起到了缓和摩擦和碰撞的作用，还对重力均匀分布起很大的作用。有这么好的优势，非洲人能练成"头顶绝技"就不足为怪了，当然，先天也要靠后天的培养才行。他们都是从小就开始练习这种功夫的，比如上面说到的头顶书包上学的小学生。

想练铁头功的人是不是都有了恨不得生为非洲人的念头了呢？

马来西亚古兰经送葬仪式

马来西亚是一个有很多回教徒的国家，那里的回教徒葬礼完全遵守着回教教义的规定。在这个炎热的东南亚岛国，这样的葬礼显得十分庄严而又肃穆。

在回教徒的葬礼上，从开始到结束，人们都要念诵古兰经。其实，念经的目的就是为了让死者的灵魂得到安息，使其能安静地生活在"天国"之中。下面就让我们来看看回教徒的古兰经送葬仪式吧！

马来西亚的回教规定，回教徒死后，应该在六个小时内安葬，绝对不能因任何原因有所拖延。这样规定的原因在于：回教认为，教徒死后灵魂要尽快升入"天国"，不能让其再沾染上任何人间的污秽了，因此必须马上下葬。于是，当一个回教徒生命垂危之际，一场葬礼就开始准备了。教徒弥留之际，教徒的家人就要请教堂的主事到病床前为其念诵古兰经，一直要持续到教徒安葬之后。教徒去世后，他的家人要兵分两路办置丧事：一些人急忙来到教堂,贴讣告通知其他教友,另一些人则去请人来主管操办丧事。回教徒的丧事因为有时间的限制,显得十分紧张。在一部分人七手八脚地为死者挖墓穴的同时,另一部分人则在家中协助教堂主管"料理"死者的尸体。后面这件事的程序极为复杂:首先,将死者的尸体平放,两脚并拢,双手交叉(右手上,左手下)放在胸前;其次,用白布将死者的头顶至下巴部分包住,再用白布遮盖好死者的尸体,然后人们就将其抬到一个铺好白布的平台上,接受众人的拜祭和瞻仰。为了节约时间,瞻仰的人只能是至亲好友,而且在此过程中,必须保持绝对的安静,以免打扰死者的灵魂。

短暂的瞻仰结束后,葬礼继续进行。接下来的事情是由"沐尸师"为尸体"沐浴"。"沐尸师"先用清水和肥皂将尸体清洗干净,然后抹上防腐、防蛀的黄檀木粉和樟脑。在给尸体"沐浴"后,人们一边给尸体裹布和穿绣有古兰经经文的衣服,一边齐声诵古兰经。在一片经文念诵声里,死者遗体被装进棺材,运到墓地。墓地里的葬礼仪式同样繁复。先要由教堂主管打开棺木,拆除捆扎尸体的白布,然后重新封上棺材,面向麦加圣地放进坟墓里。直到这时,马来西亚回教徒的葬礼才算全部结束。

如果死者在天有灵,看着如此繁杂而又匆忙的葬礼,他会有什么样的感觉呢?

印度教徒的火葬

如同前面说到的回教徒死后念诵可兰经送葬一样,印度教徒死后,按照印度教的教义规定,应该进行火葬。虽然印度教徒火葬的时间也比较短,但是比起回教徒的葬礼来说,印度教徒的火葬算是十分简便的了。

印度教徒的火葬

印度教徒去世后,"享受"不到回教徒死后"睡"的铺白布的石台,他们只能躺在一个简陋的担架上。之所以说它简陋,原因在于它是由死者亲属随意寻得的竹、木棍搭成的。"睡"在担架上的印度教徒要接受婆罗门祭司的念经以便超度亡魂,这个过程显得十分神秘诡异:死者的身上覆盖着厚厚的鲜花花瓣,突显神异气氛的是一盏放置在死者头顶前方的油灯。这盏油灯是具有宗教性的。在印度教徒看来,人的肉体生命就如同一盏油灯一样,终有一天会油尽灯枯,但是人的灵魂却是永生不灭和永恒存在的,肉体只是灵魂的一个临时寄居地。当一个人的肉体生命走到尽头的时候,灵魂就会脱离肉体,或升入西方极乐世界,或坠入十八层地狱。有了这样的观念,印度教徒在对待死者的肉体时就显得十分随意了,这决定了接下来葬礼仪式的简单化。

待到念经超度结束,死者就由四个人抬着离开家门,来到印度恒河边,准备进行火葬。恒河是印度教徒举行火葬仪式的重要地点。在河边,经常可以看到许许多多的焚尸堆在燃烧。印度教徒之所以选择在这里"火葬",是因为他们认为只有圣河圣洁的水才能完全清洗肉体的污秽,使灵魂得到彻底净化。因此,当送葬人来到河边时,他们首先做的一件事就是将尸体放在河水中浸泡一下,或者捧着河水淋在尸体上。之后,火葬就要开始了。送葬的人用长短不一的木头堆砌成一个很大的木柴堆,上面铺着引火用的干草。

为了使火燃得更大,他们还在木柴堆上浇一些酥油。接下来,尸体被放到高耸的木柴堆上,它也被浇上了一些酥油。为了压住焚烧尸体时发出的恶臭,尸体上还要放很多的檀香木片。在准备工作完成后,死者的儿子就可以执行点火仪式了。他先要拿着一把干草到其他焚尸堆上去引火,然后沿顺时针方向绕柴堆点七圈,最后才把火种放到木柴堆的底部。不一会儿,木柴堆就燃出了熊熊大火,在一阵阵木柴燃烧的噼吧声和一股股冲天的浓烟中,死者的灵魂就飞入了极乐世界。

千奇百怪的吃鸡蛋风俗

鸡蛋是一种既好吃又营养的食物,世界上几乎所有地方的人都喜欢吃。然而,鲜为人知的是,吃鸡蛋还有许多象征意义,并且在这些象征意义作用下,世界各地形成了一些十分有趣的吃鸡蛋风俗,让人觉得耳目一新,大家不妨一观。

在有些地方,鸡蛋是跟人的生育联系在一起的。也就是说,那里的人认为鸡蛋具有生育繁衍的象征意义。至于为什么会有这样一种象征意义,人们有着许许多多的解释。其中最确切的解释是,那些地方的人认为,人类生儿育女跟飞禽下蛋是一回事,生孩子就是“下蛋”。这种观念在法国的一些偏僻的山村和罗马尼亚颇为流行。某些法国村庄里的新娘,在结婚那天会在裤裆里塞上一两个鸡蛋。当步入洞房时,她们便故意跌倒,让鸡蛋顺势滚落在地,如果成功的话,新郎及其家人就会十分高兴,因为这意味着娶的媳妇一定很能生小孩。比起罗马尼亚妇女对鸡蛋的喜爱,上面的法国女人可说是小巫见大巫了。罗马尼亚的女人认为多吃鸡蛋就能多生养儿女,因此,她们就连平常都大吃特吃鸡蛋,恨不得鸡蛋就是她们的主食。除了法国和罗马尼亚之外,在土耳其,鸡蛋也与生育联系在一起,人们同样也认为鸡蛋是生育的象征,只不过,这种观念却产生了与法国和罗马尼亚不同的效果:后两国的妇女认为吃鸡蛋能多生子女,而土耳其的妇女如果不想谈婚论嫁,就绝对不能吃鸡蛋,因为她们认为,只要吃鸡蛋就意味着她们想要结婚或做妈妈了。

鸡蛋不仅与生育联系在一起,而且与爱情的完美、圆满联系在一起,象征着感情的神圣与坚贞!南斯拉夫的青年男女就极为重视鸡蛋在谈恋爱中的作用,他们认为鸡蛋是纯洁爱情的代表。这里的原因不难理解:鸡蛋是圆的,而且四周都没有裂缝,这意味着感情牢固,不会破裂,当然也最圆满了。在南斯拉夫,女青年通常会向男青年赠送鸡蛋作定情信物。这时如果这个男青年对女青年有爱慕之情的话,他就会接受并吃下鸡蛋,如果他拒绝接受或接受后不吃鸡蛋的话,就说明他并不是特别喜欢她,这两个人的感情就会因此而破灭。

当然,接受鸡蛋并不总是有上面说的那些幸福美好的象征意义,在有的地方,人们认为吃鸡蛋会导致终生不育,因此那里的妇女一辈子都不吃鸡蛋,这个奇怪的风俗在尼日利亚十分流行。而在摩洛哥,那里的妇女十分害怕当着丈夫的面吃鸡蛋,因为不知什么原因,摩洛哥男人总爱臭骂吃鸡蛋的老婆,所以,那里的女人想吃鸡蛋也只能偷着吃了。

以上的事情,在我们这些一般将鸡蛋当普通食物的人看来就很有意思。

尼泊尔的"神牛""神猴"和"神树"

尼泊尔是一个充满神迹的国家,那里的人们将许多动物和植物称作神明。尼泊尔多动物神和植物神,其中最为人所津津乐道的是"神树""神猴"和"神牛"。关于这些神明,尼泊尔人至今流传着许多美丽动人的神话和传说。

让我们先来看看"神树"的故事。传说很久很久以前,尼泊尔有两个美若天仙的姑娘,她们是亲姐妹。在命运的安排下,姐姐嫁给了天上的一位神仙,而妹妹则十分不幸地嫁给了人间的"鬼王"。从此以后,本来快乐生活在一起的姐妹俩有了不同的境遇:姐姐因为嫁给了善良正直的神仙,生活得无忧无虑;妹妹则因嫁给了吃人肉又喝人血的"鬼王",生活得十分痛苦。无可奈何之下,妹妹就只好天天来到一棵大树下祈祷,希望天上的姐姐、姐夫能为人间斩妖除魔。天长日久,妹妹的诚心打动了这棵大树,它就将妹妹的不幸和心愿转告了姐姐。姐姐听后,就带领着天兵天将将"鬼王"铲除了。从那以后,人间又恢复了安宁,妹妹也到天上过上了快乐逍遥的生活。人们为了表彰大树的"功劳",便将其尊称为"神树",直到今天,仍可见到有人伏倒在树下,祈求"神树"的保佑!

第二个神迹是"神猴"。有学者做过考证,《西游记》中孙悟空的原型其实就是古代印度传说中的哈奴曼神猴。尼泊尔深受印度文化的影响,因此在尼泊尔人的心目中,猴是一种神奇的动物,至今香火不绝的加德满都王宫中心广场的哈奴曼神猴像,便是尼泊尔人崇奉猴的标志。有人做过统计,在尼泊尔大大小小上千座庙宇中,平均每座庙里住有300多只猴子,这些调皮的家伙简直是这个国家的一宝!

最后是关于尼泊尔人的"神牛"传说。同印度一样,尼泊尔是个崇拜牛的国家。只不过,那里人崇拜的是黄牛,不是水牛。而且,尼泊尔人崇拜牛不是由于宗教信仰,而是由于这样一个古老的传说:相传尼泊尔的建国者是博利菲比·萨哈国王在一次战役中被敌人打得落荒而逃,困在了一个贫瘠荒凉的山谷里。眼看着就快撑不下去的时候,山谷的深处跑来了一头黄牛,它用甘甜的乳汁救活了国王和他的部下。在恢复元气和体力后,博利菲比率领部队杀出重围,并最终打败敌人建立了尼泊尔。建国之后,国王感怀黄牛的救命之恩,于是颁布法令,不准宰杀黄牛,违者处以重刑。他还将每年的八月定为"牛节",封黄牛为"国兽""神牛"等称号。这种对黄牛的崇拜一直持续到了今天,每年的八月,尼泊尔人就会给黄牛献上鲜花和水果,称颂它伟大的功绩。平时黄牛在尼泊尔也备受尊敬,在公路上,从来就是车让牛,没有牛让车的。

俄罗斯人的"澡堂文化"

世界上的澡堂到处都是,但有一个国家的澡堂却非常特殊,因为在那里,人们形成了一种有趣的"澡堂文化",这个国家就是俄罗斯。

"澡堂文化"的含义很广,但大致说来,我们可以把它理解为人们围绕着澡堂形成了一些独特的生活方式和风俗习惯。

小小的澡堂之所以能形成独特的文化,主要在于它所提供的服务能满足顾客的多种要求。俄罗斯的澡堂可不像我们通常所说的澡堂,它不但提供各种洗浴,如俄罗斯浴、土耳其浴和芬兰浴等,而且提供桑拿、按摩等服务。更让人叫绝的是,俄罗斯的澡堂还开设有酒吧和音乐厅。到这里来洗澡的人在一番冲洗后,可以带着浑身清爽的感觉悠闲地喝啤酒、听音乐,惬意至极!因此,每到周末或节假日,来澡堂洗澡的人就络绎不绝,他们用热水和蒸气洗去身上的疲惫后,就坐在酒吧和音乐厅里舒服地闲聊,天南地北的大事小情无所不谈,久而久之,澡堂就成了人们交流思想感情的最好去处,甚至许多学者、文人也把这里当成了举行文化沙龙的首选之地。

除了提供一个交流场所这个作用外,澡堂还养成了俄罗斯一些奇特的风俗习惯。在俄罗斯的许多地区,流传着这样一个说法:产妇最好是到澡堂去生孩子。这是为什么呢?原来,俄罗斯人认为,每家每户都有自己的"家神",其中一些"家神"不喜欢产妇和婴儿,如果在家中生小孩,"家神"或许会出来作怪,可能导致生产不顺利。但是,"家神"有一个弱点—怕热。因此,俄罗斯人想到了澡堂的高温,于是他们就形成了送产妇去澡堂生小孩的风俗。俄罗斯人还有一个习俗与澡堂有关——结婚仪式。在结婚的前一天,新娘会邀上未来丈夫到澡堂幽会;结婚的第二天,新婚夫妇要再次去澡堂,一直要吃完新娘母亲专门上门烤制的面包和鸡才能离开。据说,这种仪式象征着新婚夫妇会恩爱百年,白头偕老。

正如上面说到的那样,到澡堂洗澡的不仅有普通人,还有许多名人,甚至宇航员都会去那里洗澡。科学家的研究和实践均证明,澡堂的高温和热水的淋洗可以帮助运动员迅速恢复体力,对于有些运动员,还能起到很快减肥的作用。据说,苏联举重冠军古谢维奇就是在澡堂减的肥。对于宇航员,在澡堂洗澡就更有好处了,因为那能帮助他们适应温度和氧气浓度的变化,十分有利于他们在宇宙中的科学考察。正是由于澡堂的这些作用,俄罗斯的澡堂已经成为世界闻名的地方。俄罗斯人的"澡堂文化"也在人类的历史中独放异彩!

如果去俄罗斯,最好去他们的澡堂体会一下那里的异域风情!

大和民族的和服

日本民族又称大和民族,其民族服装也被称作"和服"。现在的"和服"已经成为日本国的象征。

历史上最早关于和服的记载是在成书于公元3世纪时的《魏志·倭人传》中,书中写道:"用布一幅,中穿一洞,头贯其中,勿需量体裁衣。"后人据此推测,最原始的和服或许就是这个模样。到了日本的大和时代,日本与中国开展了频繁的海外文化交流,吴越地区大批擅长纺纱、织布的能工巧匠应倭王的邀请来到了日本国,在将纺织技术教给日本人的同时,也深刻影响了日本人的服饰文化,从那以后,日本的和服就开始具有了中国服饰的风格,比如使用丝绸布料等。14世纪时,隋唐文化泽被天下,日本也深受其惠,尤其是唐代的服饰文化传到日本后,日本的和服逐渐开始定型,和服的一些最基本的特征得以产生,如宽大的衣身和色彩、图案上的雍容华贵等。日本的和服除了受到中国古代服饰文化的影响之外,还受到了西方文化的影响。日本传统和服主要标志之一的背包,就是受基督教传教士的服饰影响而产生的。只不过,最早的时候,背包是放在腰上的,被叫作腰包,后来才逐渐转移到了背后。

日本人在比较正规的工作场所，一般是不穿和服的。而一旦到了逢年过节或是某些具有纪念意义的日子里，他们就会穿上和服，在一种宽松、舒适的感觉里欢度节日。日本人在各种文艺活动中也离不开和服，在日本，你去喝茶或看艺妓表演传统舞蹈，就会看到和服的影子。

日本的和服种类众多，人们按照不同的标准将它们分成了男、女和服和已婚、未婚和服等几种不同类型。先来看男士和服与女士和服之间的差别。比较起来，无论在款式上，还是在色彩上，女士和服都要比男士和服显得更加灵活多样：女士和服的色彩艳丽，男士和服则是呆板的深色；女士和服的腰带据说有 200 多种打结方式，男士和服对打结方式没有多大要求。因此，和服之所以呈现出千姿百态，主要应归结于女士和服的种类繁多，其中最主要的是已婚和未婚和服两类。已婚和服又称"留袖"和服，袖口长长的；未婚和服又称"振袖"和服，手臂露在外面。这两种和服又根据场合的不同，在色彩、图案、式样中有所不同。比如，未婚女子外出约会或购物，一般都身着染有碎花的"中振袖"和服，看起来既时髦又青春洋溢；已婚妇女

大和民族的和服

出席婚礼，则爱穿染有五个花纹的黑色和服，人们俗称为"黑留袖"和服，这种和服的最大特色就是能显出已婚妇女的成熟美和典雅端庄的气质。

和服的种类如此之多，式样又如此新颖，日本被称为"和服国家"是理所当然的了！

着白衣的民族——朝鲜

朝鲜是一个古老民族，这个民族素以宽和谦逊和讲究礼仪而闻名于世。朝鲜民族的精神品格深深地影响了他们的服饰，其最大的特点就是喜欢穿白色的衣服。白衣象征着纯洁、朴素和大方，这正是朝鲜民族精神品格的真实写照。

朝鲜人普遍流行穿白衣的习俗为自己换来了"白衣同胞"的称号，也为朝鲜赢来了"白衣之国"的美名。每当假日，行走在朝鲜的各大城市，放眼望去，一片耀眼的白色。朝鲜人的白色服饰并不会带给人死气沉沉、呆板的感觉。相反，爱美的朝鲜人特别懂得如何打扮自己。白色只是服装的主色调，如果仔细观察，你就会发现在朝鲜人（尤其是朝鲜妇女）的衣服上，常会有色彩鲜艳的配饰。朝鲜人的白衣本就宽大，艳丽的色彩铺洒在白色的布料上，一阵风吹过，就如同千万幅漂亮的帛画在飘舞，令人赏心悦目！

现代化的都市生活没能让朝鲜人忘记自己的悠久传统。平时上班，大家都穿着正规的职业装；而到了节假日，人人就纷纷寻出漂亮的白衣，把自己打扮成一个真正的朝鲜人。朝鲜人无论男女老少都爱穿白衣。可别小瞧了这身衣服，它可有着许多讲究呢！白衣分成上、下装两部分，先来看上装。朝鲜人的白衣上装，无论男装女装，统称为"照格里"，这是一种很短的上装。朝鲜男士的上装较之女士的上装显得长一些，通常是一件类似对襟衫的小白衣，外面套上淡青色的一个坎肩；朝鲜女士的上装没有扣子，只用一条丝

带将其系住，丝带的颜色五彩斑斓，随主人而定。朝鲜人的白衣下装在男女装上也有很大的区别：男士一般穿白色的"灯笼裤"；女士一般穿白色的长裙。女士的白色长裙十分宽大，有时甚至拖到了地上。这些白色长裙一般都配有色彩鲜艳的饰带，微风徐徐中，显得十分飘逸。男士的白色"灯笼裤"裤管肥大，裤腰和裤腿处则收缩得很小，那样子有些像充了气的皮囊。白色"灯笼裤"当中最出名的当数一种叫作"巴基"的样式。这种裤子的裤管和裆部宽大异常，其设计目的是便于席地而坐。在这种裤子的裤腿上，男士们通常扎上一条丝带，它的作用是不让过多的冷空气进入腿部，预防风寒。

上面说到的都是普通朝鲜人的"白衣"，如果是有权有势的王公贵族以及有较高地位的人士，他们的"白衣"就更加讲究了。比如，朝鲜过去的士大夫常罩上一袭长袍，以显示自己的学问深广博大；而在朝廷做官的人，则依官品和职位的高下，严格区分出很多种服饰，其中最常见的就是在肩、袖上绘有火、龙等图案，以昂贵的黑丝绸做领子的冕服。

如此喜爱白色服装的朝鲜民族，在世界服饰文化中不独树一帜才怪呢！

视牛如神的印度人

印度是一个养牛大国，在这个国家里，共养了两亿多头牛，它们使得印度成了不折不扣的"牛国"。印度牛的数量占到了世界上牛总数的四分之一还多。这么多牛，再加上印度的人口本就众多，印度的城市景象也就不难想象了。在印度牛像人一样在大街上散走，它们甚至还直闯商店，随意吃东西。有时候，还会看见牛卧在火车站的候车室里，那样子就仿佛它们要出门旅行。令人恼火的是，牛还在公共场所随地大小便，对城市环境造成极为不好的破坏。然而，尽管牛给人们造成了诸多不便，印度人却一点都不嫌弃牛，反而将牛视为神明。

印度人为什么会视牛为神明，并近乎疯狂地崇拜它呢？这既有宗教信仰上的原因，又有着历史的原因。先来看看前者。印度人大多信奉印度教，在

视牛如神的印度人

印度教的教义中，牛是天上的一尊神，它同婆罗门的地位相当，均是由造物主在同一天制造出来的。印度教徒还认为，印度人崇奉的希瓦神的妻子便是这尊神牛的化身，因此印度人便将牛称为"圣牛"，并相信它身上的任何一样东西都是神圣无比的，甚至包括牛的排泄物也一样。除了宗教信仰上的原因外，印度人之所以崇拜牛，还有历史原因。相传印度人的祖先是雅利安人，他们过着四海为家的游牧生活。过游牧生活是绝对离不开牛的，因为牛在这种生活中起着十分重要的作用：雅利安人要逐水草而居，搬家是常有的事，这时候牛就成了最好的运输工具；雅利安人生活在气候寒冷的北方，牛皮是他们御寒的最佳衣料。除了这些之外，牛肉、牛奶及奶制品可以食用，牛屎可晒干做燃料，牛尿可以清火，凡此种种都使得雅利安人的生活片刻都不能离开牛。在长年累月的游牧生活中，他们与牛建立了非比寻常的感情，他们爱牛简直胜过了爱自己的生命。后来，他们便认为牛是上天派来帮助他们渡过各种生活难关的帮手。自然而然地，人们就由最初的珍爱牛变成了崇拜牛，最终将牛视为神明。这种传统一直延续到今天。

在印度，牛的地位相当高。牛像人一样，老了可以进养老院去安享晚年。而且，印度每年都有一次"敬牛节"，届时，人们将无数的鲜花和铜铃献给牛，以祈求平安和幸福，围观的人摩肩接踵，非常热闹。

柬埔寨人的斗鸡习俗

柬埔寨是一个有着悠久历史和独特文化的民族，他们有着许多奇异的风俗习惯。比如在民间娱乐项目上，他们有一个最大的特色，便是让动物相斗来取乐。他们的动物相斗娱乐有斗牛、斗鸡、斗鱼等，其中最为人津津乐道的是斗鸡。顾名思义，斗鸡就是人为地让两只鸡打架。但是，要产生这样的效果并非易事。在斗鸡之前，鸡主人要挑选体格健壮的雄鸡进行驯养，教会它们一些搏斗技巧，这通常要花费很长的时间和很多的精力。到了斗鸡那天，在一浪接一浪的叫喊声中，鸡主人将自己的宝贝抱到场上，让它向对方的鸡挑战，到了两只雄鸡都怒发冲冠的时候，斗鸡就开始了！

柬埔寨人的斗鸡习俗现在已经十分普及，还有着一套健全的规则。斗鸡比赛实行一轮淘汰制，分场次和人次进行。通常，两只鸡上场之后，场外就有人计时，一轮比赛的时间是五分钟。比较传统的斗鸡比赛采取燃烧香烛的计时方法，一般说来，燃完三分之一或二分之一的香，比赛就结束。在如此短的时间里要决出胜负，比赛的激烈程度可想而知！斗鸡比赛可以看成是鸡之间的"摔跤"比赛，在这种比赛中，鸡被斗伤甚至被斗死都是十分常见的现象。

柬埔寨人的斗鸡习俗

斗鸡的场面十分惨烈，只见场地上灰尘翻滚，鸡毛飞舞，两只雄鸡凶狠地撕咬踢打，咯咯的鸡叫声和人们的吆喝叫好声混杂在一起，整个场面非常壮观。虽然只有五分钟的时间，但是比赛途中也有专门的休息时间，这段时间主要用于让"鸡壮士"恢复体力。这时，鸡主人便会忙不迭地帮自己的宝贝擦血、浇水、扇风，那样子看起来好像拳击运动教练在为自己的高徒服务！激烈的比赛很快就结束了，一般说来，两只鸡中总有一只会成为胜利者。虽然胜者同样被咬踢得遍体鳞伤，但它看来还是一副趾高气扬的样子。而另一只鸡则垂头丧气，有的甚至没打完比赛就中途败走，狼狈地逃出战场。得胜鸡的主人常常抱着自己的鸡英雄四处炫耀；斗败的鸡主人就像自己的鸡一样，满心忧伤地抱着鸡离开比赛场地。

作为一项娱乐节目，斗鸡的确既有趣，又精彩。但是千万不要将这种娱乐活动当成了赌博的手段。那样的话，斗鸡就失去它原有的乐趣了！

"马背上的民族"——蒙古

世界上有许多民族因为饲养某种牲畜，如羊、牛、马等，就被称为"骑在该种牲畜背上的民族"，像澳大利亚就被称为"羊背上的民族"，而蒙古人则因马匹众多被称为"马背上的民族"。

"马背上的民族"很早之前便闻名于世，例如成吉思汗的铁骑就曾让无数对手闻风丧胆。当他们驰骋征战于大漠和草原时，他们的坐骑就是脾气暴烈的蒙古战马。蒙古人爱马，更爱驯马，尤其喜欢驯养烈性的马。为了将烈马驯服成乖巧的战马，蒙古人创造了一套独特的方法，用这种方法驯养出来的马既保留着野性，又十分通人性，特别善于作战，蒙古族至今仍流传着许多战马救主人的感人故事！蒙古人训练烈马的方法极富感情，他们对马从不打骂，而是使用十分温和的言语，犹如在教一个不懂事的孩子一样。这一点充分体现了蒙古族人民宽广豁达的胸襟。

"马背上的民族"——蒙古

蒙古族是个爱马的民族，他们对马就如同对自己的家人一样，关怀备至！除了为马群备上草料、水料之外，蒙古人还会将马棚打扫得干干净净，就像打扫自己的帐篷一样。除了在"物质生活"上尽量满足马的需要，蒙古人还特别注重马的"精神生活"：蒙古人经常给自己心爱的马配上漂亮的马鞍和其他饰物，这些饰物使用的材料通常是价格昂贵的白银、黄金以及珠宝。装上了这些饰物的马，看上去简直就是一匹从天而降的宝马，显得十分俊逸，精神百倍！

蒙古族人不仅爱马，而且认为马就是自己的骄傲！在蒙古人看来，拥有一匹好马就好比拥有了数不尽的财富和令人称羡的荣誉。有了骄傲的好马，蒙古人自然会拿出来炫耀一番了！因此，他们经常举行赛马大会。蒙古人的赛马大会主要举行两项比赛：一种是赛走马，一种是赛奔马。从名字我们可以看出，赛走马比的是马的行走，重点是看马走得是否稳健、潇洒和美观，可以将之比做马的模特赛；赛奔马比的是马的奔跑，重点是马的奔跑速度和耐力，由于赛程较长，一般有 25～35 千米，因此可以将之比做马的马拉松赛。这两场比赛的参赛马及其主人在年龄上有些不同，赛走的马一般是 5 岁以上的成年马，其主人也是中年人；赛奔跑的马是年轻马，其主人是十二三岁的男孩。之所以有这样的安排，与这两项比赛的比赛状态有很大的关系。中年人骑着马来回漫步，显得十分稳健；年轻人骑着马长途奔跑，则显得矫健异常！

"天苍苍，野茫茫。风吹草低见牛羊！"或许，只有美妙的诗句才能形容蒙古族人民那令人羡慕的生活。

印第安人的图腾崇拜

世界上有许许多多的偶像崇拜现象，如基督教之崇信上帝，伊斯兰教崇拜真主穆罕默德等，这些偶像崇拜多属于宗教信仰上的。但是，在古老的印第安人部落里，却流传着另外一种偶像崇拜——对"图腾"的崇拜。这种崇拜显得与宗教信仰上的崇拜有很大的差异。

在印第安部落中，人们经常可以在广场上看到高达几十米的木柱子，木柱子上雕刻有各种动物和人的图案,木柱子的顶端要么塑着一个太阳,要么塑着一种怪兽,或者是塑着一种植物等,这根古怪的木柱就是印第安人的"图腾柱"。

印第安人崇拜的"图腾"到底是什么东西呢?其实,图腾崇拜也可以看成是一种宗教信仰,只不过,这里的宗教指的是祖先,即对祖宗的崇拜和信仰。在印第安语中,"图腾"的意思是"它的亲属"与"它的标志",这里的它指的就是印第安人的祖先。有些让人不解的是,印第安人总把自己的祖先想象成一种动物、一种植物、一种自然现象、一种天体,比如动物中的乌龟、蛇、鸟等,植物中的红杉树等,自然现象中的风雨雷电等,天体中的太阳、月亮等。他们认为正是这些动植物和自然现象,还有天体创造了自己,自己与之有着紧密的亲属血缘关系。另外,印第安人还常在自己部落的显要地方绘制自己"祖先"的图案,比如上面说到的"图腾柱"就是展现印第安部落祖先"风采"的地方,"图腾"也因此成了印第安人部落的标志。印第安人普遍认为自己的"祖先"或"图腾"是部落及自身安全的保护者,只有通过对它们的顶礼膜拜,部落才能免遭天灾人祸,才能使得部落兴旺发达,因此,在印第安人部落里,图腾祭拜是常见的事。在所有的仪式中,竖立图腾柱的仪式是最隆重的。仪式通常要在正午举行,届时,部落中所有的人都要戴上绘有图腾标志的面具参加。在一片歌舞声和击鼓声中,十几个大力士将一根几十米长的木柱子竖立在部落广场中央。接着,印第安人就在酋长和祭司的带领下,向木柱子顶端的"图腾"叩头作揖,以示崇敬之情。图腾祭拜的日子,也往往成为部落的重大节日。

印第安人的图腾崇拜不仅反映在图腾祭拜活动上,还反映在印第安人的生活习惯上。我们常会觉得印第安人的服装和发式古怪异常,其实,他们是在极力模仿"图腾"的样子。比如有一个印第安人部落崇拜鸟,族人就把自己的发型做成鸟的形象,还要配上五颜六色的饰物加以衬托。图腾崇拜对印第安人生活的影响之深由此可见一斑!

总之,印第安人的图腾崇拜可以说是他们的精神支柱。

印加人的太阳祭

传说很久以前,太阳神降临美洲,看到荒凉的原野上什么庄稼都没有,人们吃草籽野果,披树叶兽皮,仁慈的他就从天国里带来了金灿灿的种子,以及长长的木锄。勤劳的印第安人用木锄刨开了沉睡的大地,撒下了金色的种子。于是大地上就长出了玉米,结出硕大的果穗和晶莹如玉的子粒。在漫长的岁月里,印第安人就依靠种植和采集太阳神赐予的玉米作为食品,用它的秸秆作为柴薪,用它的苞叶编织衣物,如此世代相传,繁衍不息。后来,印第安人一直把玉米视作太阳神的化身,认为是它拯救了万物生灵,给人们带来了幸福。还传说,印加帝国的古都库斯科就是太阳神吩咐他的儿子卡巴克修建的。

印加人的太阳祭

至今印第安人的印加部族仍保持着祖先们的生活传统,延续着一年一度的太阳祭。太阳祭是一个盛大的传统节日,源于印加帝国的鼎盛时期,是为了感谢主宰世界的太阳神和至高无上的印加王。每年6月24日天还没亮的时候,居住在库斯科城一带的印加人就汇集在萨卡萨瓦曼城堡前高大的祭坛周围。他们身穿象征太阳的红色服装,插着羽饰,戴着象征四方神的面具,或扮成古印第安武士,参加传统的节日。

人们静待火红的太阳慢慢升起。当太阳逐渐升高并移向天顶的时候,隆重的祭祀仪式就开始了。代表高原、森林、草原和海岸四个区域的战士队伍首先进场,接着是坐在"月亮宝座"上的"王后"来到广场中央,她将和"印加王"一起主持祭典。"印加王"头戴象征权力的"利亚鸟图"王冠进场。这时鼓声大作,战士们将手中的谷物撒向四处,向神表示一年的大丰收。

过了一会儿,原先鼎沸的人群鸦雀无声,一起聆听"印加王"向太阳神作唱诗般的祈祷。祈祷完后,"印加王"在圣歌声中迅速跑到广场中央,在高高的祭坛上燃起用玉米酒作为燃料的圣火,熊熊的火柱直冲云霄。人们依照一定的顺序走近祭坛,献上自己精心制作的祭品,通常是用玉米粉精制而成的圆形糕饼。当玉米酒浆从陶瓮中倾泻出来,地上燃起了火焰的时候,太阳祭达到高潮。

接着骆马作为祭品被抬上了祭坛,"祭司"在震耳欲聋的鼓号声中将骆马的心脏剖出来,然后还大声称赞:"伟大的神啊! 为了报答您的恩赐,请接受这新鲜的血吧! 请永远保佑我们的帝国!"

此时人们开始了集体庆祝:乐队演奏印第安舞曲;大家围着火堆,载歌载舞,欢声雷动,群峰震撼。直至黄昏,狂欢的人群伴随着落日的余晖,怀着对仁慈的太阳神的谢意,满载着希望的种子返回家园。

土著人食虫奇俗

世界各地有许多的土著人,他们不仅在宗教信仰上迥异,在生活习惯上也存在着巨大差别,比如在饮食文化上,世界各地的土著人便有着各种奇特的风俗。土著人的食虫习俗便是其中的一个例子。

在普通人看来,吃昆虫,尤其是吃那些又肥又腻的昆虫,是一件令人恶心的事。然而,在土著人看来,昆虫是一道美味佳肴。不仅如此,现代营养学家还告诉我们,许多昆虫富含蛋白质、铁、钙等人体必需的微量元素,其含量甚至超过了人们日常食物中所含的营养物质含量。

美国加利福尼亚州的印第安人喜欢吃飞蛾及其幼虫,他们认为那是部落图腾赐予的食物。他们捕捉飞蛾的方法十分简单,就是在傍晚的时候燃上一堆柴火,喜欢光亮的飞蛾见到火便会自动冲到火焰上来。印第安人捉到飞蛾后,先用木板把他们压碎,然后兑上水,做成糕饼状,晒干后就可以食用了。至于飞蛾幼虫,这些印第安人采取的方法是用烟熏。幼虫抗不住时,就会从松叶上掉下来,被印第安人逮住。印第安人常把捕捉来的幼虫晒

土著人

干后密封起来,吃的时候只需用水煮成糊状就行了。吃飞蛾及其幼虫还比较能让人接受,让人吃惊的是这些印第安人还吃一种叫"大腹蚁"或"红蚁"的蚂蚁。"大腹蚁"是蚂蚁群中的王后,有专门的工蚁服侍,每天吃甘甜的蜜汁,因此长得大腹便便,大约有一公分长。印第安人最爱吮食"大腹蚁"的腹部,因为那里十分香甜,那情形有些像在吃葡萄。

非洲的土著人特别爱吃蝗虫。蝗虫是一种害虫,"蝗灾"就是它们的杰作,那个时候,一阵绿黑色的影子之后,原来还郁郁葱葱的地方顷刻就会变成一片荒地。非洲许多地方长年颗粒无收,除了干旱的原因之外,还有一个重要原因就是"蝗灾"。因此,土著人吃蝗虫,一来可以美餐一顿,二来可以杀害虫,一举两得。他们在捕获蝗虫后,一般是将其翅膀和后腿卸掉,然后在火上烤着吃。如果捕获量特别大,他们便将蝗虫晒干并保存起来,待到喝粥的时候撒上一把,味道就跟虾仁粥一样。

在非洲东部的尼亚萨湖地区,那里的土著人同样一举两得:他们捕食巨大的蚊子。据说,那里的蚊子大得吓人,最大的有一根成年人的食指长。土著人为了捉住它们,制作了一种带长柄的半球状笼子,在傍晚的时候兜捕巨蚊。捉到巨蚊后,他们就将其放进一个模型板汇总,压碎并晒干,一道美味就做好了!土著人没事时,常会抓上一两把,边聊天边吃蚊子,一幅悠然自得的样子!

除了上面这些食虫习俗之外,世界上还有许多奇特的吃昆虫风俗。可以说,食虫风俗几乎可以跻身世界饮食文化之林了。

物产资源

在亚洲:日本是樱花之国,菲律宾是椰子树生长的宝地,西亚被称为世界石油的宝库……

在欧洲:荷兰鲜花遍野,德国啤酒飘香,瑞士是钟表王国,瑞典是"欧洲锯木场"……

在非洲:塞内加尔盛产花生,索马里盛产骆驼和乳香,莫桑比克被称为"腰果的王国"……

在美洲:墨西哥是仙人掌的沃土,潘帕斯草原是"牛的天堂",美国盛产红杉,哥伦比亚"黄金遍地"……

每个国家都受到了造物主的青睐,拥有令人羡慕的自然条件和资源。让我们一起体验每一个国度的平凡与神奇,感受真实世界的精彩之处吧!

"樱花岛国"日本

一提到日本,人们首先想起的就是或怒放枝头,或随风飘舞的樱花。的确,樱花已经成为日本的标志,它为日本赢得了"樱花岛国"的美名。

日本是东亚的一个岛国,面积不大。这个四面环海的国家,气候状况极为复杂,大多数时候属于海洋性季风气候。由于受季风影响,日本的夏天和冬天的天气差异巨大,一个热得要命,一个冷得吓人。但是,这两季的持续时间都很长,共占去了八个月的时间。相反,日本的春天和秋天时间很短,气候宜人,是日本天气最好的季节。阳光灿烂的春天,是美丽的樱花争奇斗妍的季节。

日本的樱花

每年春天的 3 月 15 日到 4 月 15 日,是日本著名的"樱花节",那是一个举国上下共赏樱花的节日。一到那时,日本到处樱花盛开,日本人扶老携幼,走出家门,漫步在花的海洋中。由于樱花的花期只有 7 天,所以日本人必须抓紧时间赏花,不然就会错过与美丽结缘的机会了。这样短的花期,虽说不上"昙花一现",但它同样使得樱花在日本人心目中高贵异常。因此,日本人便将樱花奉为"国花"。樱花节时,游人如织,日本各大新闻媒体也争相报道与樱花有关的新闻,仿佛一夜之间日本人全都赏花去了。

日本人形成赏樱花的习俗不是一天两天的事情,早在一千多年前,樱花就已经成为日本上层贵族钟爱的花品。日本历史上有许多喜爱樱花的天皇,比如公元 7 世纪时的持统天皇，他就曾多次到奈良的吉野山上去赏樱花。一时间，权贵们纷纷效仿，在各自的官邸和住房前栽种樱花，极尽附庸风雅之能事。据说从那以后，日本赏花诗中的主角便由梅花变成了樱花。日本能形成今天这样举国同赏樱花的风俗要归功于江户时代的几位统治者，他们打破了只许权贵皇室才能栽种、赏玩樱花的旧习，将它普及到老百姓中去，于是，樱花便在日本各地生根开花了。

春天到日本去旅游，在公园里和街道两旁到处生长着花朵硕大华美的樱花树，这就是著名的染井吉野樱。染井吉野樱是一种杂交樱花树，是由大岛樱和江户彼岸樱结合而成的。除了十分常见的染井吉野樱之外，日本还有几百种樱花，正是这些种类繁多、美丽淡雅的樱花将日本点缀得古朴宁静。

日本人喜爱樱花，尤其喜爱它那盛开时的洁白素雅和飘飞时的潇洒扬逸。每年樱花将谢时，日本人就爱站在漫天飞舞的"樱花雪"中，感受那种沁人心脾的芳香，体会那种花残败落的忧伤，他们是将樱花视为良友了。

"世界椰王"菲律宾

说到椰子，中国人的脑海里通常马上就会浮现出海南岛那美丽的椰林风光：在海风的吹拂下，沐浴在亚热带强烈日光中的一大片椰子树，在白色的沙滩上迎风起舞；绿色的椰树叶与泛蓝的海水相互辉映，让人不觉心醉！的确，海南岛是中国的"椰子王国"，此外，在世界上还有一个"世界椰王"，那就是位于亚洲东南部的群岛国菲律宾。

同中国的海南岛一样，菲律宾也属于热带海洋性气候，常年气候炎热多雨。菲律宾是一个群岛国，它的土地总面积只有将近 30 万平方千米，它共有 7107 个岛屿，这些岛屿中著名的岛屿有：吕宋岛、萍马岛和巴拉望岛等。菲律宾不仅岛屿众多，山也多，全国几乎有一半的土地是山地。在那里旅游，最大的运动项目就是爬山。

如此多的山地和岛屿，加上如此炎热多雨的气候，自然就成了椰子树生长的宝地。如果叫一位画家到菲律宾写生，他的画中出现最多的肯定是椰子树宽大厚实的叶子，因为在这里，椰子树随处可见：湖畔、海滩、丛林，甚至在菲律宾人的民居前都是摇曳多姿的椰子树。碧波荡漾的大海、白色的海滩以及翠绿色的椰树，一起构成了一幅风光秀丽的热带风景画。

菲律宾的椰子树

在菲律宾群岛上，椰子树种类繁多，椰子的产量也很多。我们知道，热带岛国一般都盛产鲜美可口的水果，菲律宾也一样。在那里，椰子、香蕉、芒果和凤梨是最主要的四种热带水果，其中又以椰子的产量最高。现在，菲律宾椰子的产量和出口量都占到了全世界椰子产量和出口量的 60%以上，这是一个让菲律宾人民十分骄傲的数字。所以，菲律宾才被誉为了"世界椰王"。

虽然菲律宾是一个群岛国,但是它并不以渔业生产为主要经济来源。在那里,农业才是第一产业。菲律宾多雨,主要农产品是水稻,除此之外,椰子就是仅次于水稻的"农作物"了。在菲律宾,椰子树的种植面积共有 310 公顷。在这么大的土地面积上,菲律宾人创造出了占农业生产总值 5% 到 8% 的椰子。

椰子浑身上下都是宝——椰子汁甘甜可口,可以消暑;椰子杆坚硬结实,可以做成木材;椰子树叶宽大厚实,可以盖房屋。由于有良好的气候条件,菲律宾出产的椰子质量特别优良,那里的椰子自然成了远销海外的珍贵热带水果,每年都要为菲律宾创造巨大的外汇收入。

由此看来,椰子生长在菲律宾是适得其所,菲律宾被称为"世界椰王"也是名副其实!

"芒果的故乡"印度

吃过芒果的人都不会忘记它那诱人的清香和细腻的口感,吃了一次还想吃。这个世界上真正有这个口福的人应该算是印度人,因为他们就生活在芒果的故乡。

印度是一个盛产热带水果的大国,据说那里出产的热带水果有上百种。水果生产与农业生产,是印度人发展经济的主要手段。印度之所以有着这样的经济结构,与那里的气候状况是分不开的。印度是南亚次大陆的一个半岛国,它濒临孟加拉湾和阿拉伯海,海岸线长达 5560 千米。由于紧靠大海,常年受季风影响,印度属于典型的热带季风气候,天气复杂多变。在印度的东南部,持续高温,年平均气温有 26~29℃。这样的气候条件是极有利于热带水果生长的。在丰富的热带水果资源里,印度的芒果一枝独秀,被当地人誉为"水果之王"。

印度的芒果

印度被称为"芒果之乡"是有一定道理的,这主要体现在以下几个方面。首先,印度的芒果具有独特的宗教含义。在印度,大多数人都信奉佛教和印度教。这两种宗教均把芒果看成圣果,对它礼遇有加。如果你去逛印度的寺庙,你经常会看见那里种有高大的芒果树,它们都生长得枝繁叶茂;在庙堂中,你会遇见正在给佛祖敬献芒果的僧侣,前来拜佛烧香的善男信女也手捧着芒果不住地祈祷。芒果与印度人的宗教信仰间的密切关系,由此可见一斑。

其次,芒果能给印度人带来不菲的收入,是印度财政税收的主要来源。据印度农业部门的统计,印度的芒果产量约占世界总产量的 65%,位居世界第一位。这样多的芒果,不仅可以用来供奉佛祖,而且可以用来日常食用,还可以用来加工制造芒果产品,远销海外。据说,印度的芒果在世界上 80 多个国家都能吃得到。

再次,芒果在印度百姓的日常生活中,发挥着巨大的作用。印度人的婚礼喜庆是绝对离不开芒果的,因为在他们看来,芒果是圣果,能给新人带来喜气和吉祥。印度人结婚时,喜欢用芒果树枝搭建通向婚礼大棚的牌楼,新人要从楼下走过,这象征着合合满满,白头偕老。

芒果在印度人的生活中很重要,印度人还因此形成了独特的"芒果文化"。在印度,上至国家元首,下至平民百姓,都将芒果奉为"国果"。每年的7月上旬,印度人都要在首都新德里举行盛大的"芒果节",庆祝芒果的丰收,传达喜庆和自豪。随着这个节日的日益知名,印度的芒果也越来越受到世界各国人民的喜爱了!

如果去印度,一定要记得好好品尝那里的芒果啊!

盛产珍珠的巴林

巴林由大大小小35个岛屿组成,面积将近700万平方千米,是波斯湾一个美丽的群岛国。在阿拉伯半岛诸国之中,巴林犹如一个清纯动人的姑娘,在蓝色的波斯湾边戏水。那里四季常春,景色宜人,被人们称作"海湾的珍珠"。

巴林

巴林不仅被人们美誉为"珍珠",还盛产珍珠。巴林之所以能名满全球,原因就在于它丰富的珍珠产量。巴林是一个岛国,四周的阿拉伯海水天然是珍珠生长的好地方。巴林出产的珍珠,颗粒饱满,光泽度好,是制造装饰品和营养滋补品的上等材料,因此巴林也就成了世界珠宝行业的宠儿!

我们知道,珍珠需要生长在盐度不高的淡水海域中,巴林位于阿拉伯海中,那里气候炎热,海水多含很高的盐量,怎么会出产好珍珠呢?其实,巴林之所以能出产质量好的珍珠,原因在于它得天独厚的地理位置——它的沿海有很大一片的淡水区域,这是怎么一回事呢?原因主要有两个。其一,巴林虽然属于热带沙漠气候,常年干旱少雨,但是它的地下水含量十分丰富。大量的地下水长年累月地流入巴林的近海,就使得沿海一带的淡水含量比较多。如果说地下水的注入不足以导致海水变淡,那么下面这个原因就肯定能达到这样的效果。只要你细心观察,你就会发现有一条大河从巴林注入阿拉伯海,这条大河就是著名的幼发拉底河。汹涌澎湃的幼发拉底河源源不断地经巴林汇入大海之中,就将巴林海域又苦又咸的海水冲淡了。

巴林是世界上最早发现有海洋珍珠的国家。现在的巴林有着世界上最大的采珠场,虽然受到石油开采的影响,但它的采珠业仍然稳健地向前发展着。在20世纪30年代,巴林的采珠业一度达到有史以来的最高纪录—采珠船共有1500多艘,年采珠收入达到200万英镑之多。这么多的钱拿来分给人口不足60万的巴林,自然让岛民们的生活好起来了。

虽然巴林近海的珍珠多,但是采珠业仍受季节影响。每年的6~10月是采珠的旺季,因为那时正值夏季,是珍珠产量最高,质量最好的时候,那时的巴林人个个忙得不亦乐乎;在一阵忙碌之后,进入10月,一直到来年的4月,巴林的天气都十分寒冷,珍珠产量变少,巴林人将这段时间称作"零采",此时的采珠业进入了淡季,巴林人也可以休息一下了。

既盛产圆润光华的珍珠,又有着美丽动人的景色,使得巴林光彩夺目!
到巴林游玩,少不了要采购一些珍珠做纪念品!

啤酒飘香的德国

德国是欧洲中部的一个大国,国土面积将近36万平方千米,是欧洲诸国中邻国最多的国家。德国的物产十分丰富,其中最具特色的便是啤酒了。德国啤酒具有浓烈香醇、口感舒适等优点,正是它使得德国成了一个啤酒飘香的国家。

德国的啤酒都是用啤酒花加上其他原料做成的。啤酒花也是德国的一大特产。在20世纪80年代中期到90年代晚期之间,德国啤酒花的种植面积一直保持在25000公顷的范围内,总产量在3万到45000吨之间。这样的一个啤酒花生产大国,出口量也居高不下,至今仍然位居世界首位。德国的啤酒花不仅产量与出口量大,而且由于有适宜的天气和地理条件,这里出产的啤酒花质量也十分优良,在国际市场上享有好评。

慕尼黑啤酒节

德国啤酒的制作工艺十分复杂,大致说来主要有以下几个步骤:首先须将已经发芽的大麦加热,经过过滤后再加上啤酒花加热,这一步做出来的是浓缩啤酒液。其次,待浓缩啤酒液冷却之后,往里面注入水,放进酵母,最后是封入发酵瓶中密存。大概5~8天之后,新鲜的德国啤酒就做成了。经过这一番精心的酿造,德国啤酒比起其他啤酒来就显得更香醇可口,更令人回味无穷了。其实,这里说的只是一般德国啤酒的酿制方法,若要酿造出许多德国小镇上风味独特的啤酒,那就需要一些更高的工艺要求,有的甚至还要使用祖传秘方才能做成呢!就拿放啤酒花来说吧,如果放的是香味花,那么啤酒会清香扑鼻,如果放的是苦味花,那么啤酒就会苦得令人咋舌!

德国是一个名副其实的啤酒飘香的国家,这一点仅从那里啤酒生产商的众多"啤酒文化"上就能看出来。德国现在共有啤酒生产商1300多家,每年的啤酒产量仅次于美国,位居世界第二。德国的啤酒不仅产量高,而且种类众多,有人曾走遍德国,尝遍德国啤酒,结果统计出五千多种不同名字和风味的啤酒。在德国,比较常见的啤酒是小麦啤酒、淡啤酒、黑啤酒和无苦味啤酒。当然,要品到那些极具乡土气息的啤酒,就只有亲自到德国的小镇一游了。在千百年悠久的饮啤酒史中,德国人已经创造了独特的"啤酒文化",这集中体现在每年十月的"啤酒节"上。"啤酒节"本是为纪念巴伐利亚的路德维格王子和萨克森国的希尔斯公主的婚礼而设立的,这个重大事件发生在1810年的十月。从那年之后,每年的十月,德国人便会喝着风味独特、香醇甘美的德国啤酒,吃着自制的面包,在大街小巷中又跳又唱,一派狂欢景象!

鲜花遍野的荷兰

只要把鲜花和国家连在一起,许多人自然会联想到荷兰。的确,荷兰的花特别的多,多得让人数不清。有人甚至将荷兰比作"鲜花遍野的地方"，这个比方是再恰当不过了。

荷兰原名"尼德兰"，英文名字叫作 Nederland。在英语中，Neder 是"低"的意思。现实中的荷兰的确如同它的名字说的那样，地势平坦异常。据说，荷兰最高的法尔塞山海拔也仅 321 米，而其他的许多地区甚至低于海平面以下。比如，鹿特丹港附近的海拔竟然低于海平面近 7 米，简直可说是陷到地下去了。

鲜花遍野的地方——荷兰

虽然荷兰的地势低，但是这里阳光充足，气候宜人，是一个十分适合旅游观光的好地方。事实也是如此，荷兰是世界知名的旅游大国。据统计，仅在上个世纪末的几年中，每年到荷兰观光旅游的世界各地游客就有 70 万之多。直到今天，旅游业仍然是荷兰经济的支柱产业。据说，每年荷兰从旅游中得到的利润大大超过了其他出口行业。

到荷兰去旅游的人，十有八九是冲着荷兰的花去的。一提到荷兰的花，人们首先想到的就是高贵典雅的郁金香。的确，荷兰是一个郁金香大国，那里出产的郁金香无论是数量上，还是在品质上都堪称世界第一。在某种程度上，郁金香已经成为荷兰的象征，它与风车、木鞋、奶酪并列为荷兰"四宝"，荷兰甚至还被称为"郁金香的国度"。但是，荷兰人喜欢的花绝对不只是郁金香，可以毫不夸张地说，举凡天下美丽的花，荷兰人都非常喜爱。这一点，可以从荷兰人种植的品种繁多的花上看出。在郁金香之外，荷兰人最喜爱的花莫过于风信子、黄水仙和茨菇花了。去荷兰旅游的人，往往会选择从海牙至阿姆斯特丹之间的沿海路线，其原因就在于那里简直就是一片花的海洋。每年的三月份到九月份，各式各样姹紫嫣红的鲜花竞相开放，争奇斗妍，把古老的"风车之国"装扮得春意盎然。一到那时，小小的荷兰就到处都是游客，热闹异常。

在荷兰人眼中，鲜花是日常生活中绝对不可缺少的部分，它们已经融入荷兰人的生命中去了。在荷兰，无论是城市还是乡村，几乎家家户户都种花。走在荷兰的大街小巷，到处都是花的影子，到处都是花香，人就如同身处于童话世界的"花国"里一样。其中，阿姆斯特丹的阿斯梅尔花市是世界最大的花卉市场。除了在国内销售之外，荷兰的鲜花还要销往国外。据统计，荷兰的鲜花会远销世界 125 个国家和地区！

综上所述，古老而美丽的荷兰不愧是一个鲜花遍野的地方。

钟表的王国——瑞士

说起瑞士，人们首先想到的或许就是那里出产的钟表吧！的确，瑞士的手表已经成为瑞士的象征，所以人们还给瑞士取了一个气派的名字——钟表王国。

瑞士的制表业历史十分悠久，据说早在 18 世纪的时候，瑞士的大街小巷就到处都有钟表作坊了。只不过，那时的作坊全是手工作业，生产的钟表也全是机械传动式的，没有现在钟表种类这么繁多。现在的瑞士钟表制造业不仅制造传统的机械传动表，还制造全自动表、石英表。当然，技术上的不断拓新是为了打开更广阔的市场，毕竟不是每一位顾客都买得起极富收藏价值的老牌手表。

虽然瑞士的钟表行业已经扩展了种类，但是传统的机械表仍然是生产的主流。只不过,在外形和款式上,现在的机械表显得更为复杂和奢华。领先的产品思路使得瑞士钟表在世界钟表行业中一直称雄。从 20 世纪 70 年代起,石英表越来越流行。同时,瑞士传统机械表也很受顾客欢迎。一直到今天,瑞士都垄断着世界名表的绝大部分份额。

瑞士钟表

来瑞士旅游的人,除了欣赏这里的城市风情之外,还有一项重要的活动:购买值得收藏的瑞士手表。瑞士手表从 18 世纪末起就一直有着严格的等级标准。人们按照"瑞士钟表协会"定出来的技术和原材料标准,将瑞士手表分成五级,每级又有一、二、三类。因此,如果要想选上称心如意的手表来收藏的话,知道一下各类钟表的大致情况是很有帮助的。其中,第一级第一类的手表如"江诗丹顿"等,由于数量非常少,价格奇高无比,因此除豪门世家,一般人是收藏不起的;至于第一级的其他两类,如众所周知的"劳力士""欧米茄""西马"和"万国"等,它们的价格并不是那么昂贵,十分适合收藏。另外有一点需要注意,并不是所有的瑞士手表都有收藏价值的,因为到了第四、五级的手表,虽然也是机械传动式的,但是机芯却极为俗气,没有多少收藏价值。

瑞士之所以被称为"钟表王国",并不仅仅在于它生产的手表数量多、质量好,还在于它生产的一些名牌手表,已经深入人心,以至人们一说起瑞士手表首先想到的就是它们。在诸多名牌中,最为突出的是"劳力士"和"欧米茄"。劳力士手表公司是由汉斯·威尔士多弗在 1908 年创办的,由于品质优良,现在已经成为瑞士名牌手表的典范之作,早就获得了瑞士钟表协会颁发的品质鉴定书。欧米茄手表公司是在一家手表装嵌工场的基础上发展起来的,它的创始人是路易·勃兰特和他的两个弟弟。现在的欧米茄公司已经成为全瑞士最大的手表制造商,是人们公认的瑞士手表业的象征之一。

森林之国——瑞典

瑞典是北欧的一个国家,它位于斯勘的纳维亚半岛的东南部,面积仅有 45 万平方千米。别看瑞典是一个人口不足一千万的小国,但是那里人均占有的森林面积是世界上最大的。据统计,每个瑞典公民平均拥有三公顷多的森林。

瑞典是现在世界上森林覆盖率最高的国家之一,在大约 45 万平方千米的土地上,64% 的土地都是一片绿色。在这样的一个地方,有发达的林业是十分自然的事情。有人做过一个测算,就算是按照目前拥有的森林面积算,瑞典每年都能够获得 8500 万立方米的木材增长量。因此瑞典被人们誉为"欧洲的锯木场"。

森林之国——瑞典

瑞典之所以拥有这么大的森林覆盖率,原因在于那里的气候状况和地理状况都十分适合树木生长,尤其是适合在瑞典十分常见的针叶林和阔叶林的生长。我们知道,针叶林的生长需要有比较寒冷的天气,而阔叶林的生长则需要有比较温暖的天气。这两个条件,恰好瑞典都具有。瑞典的北部,属于典型的亚寒带针叶林气候,天气寒冷异常,这也使得瑞典成为一个北欧国家,那里到处都是成片的松树和柏树。瑞典的南部,则属于典型的温带阔叶林气候,降雨较多,因此十分适合于白桦树和杨树的生长。正是这样两种不同的气候,使得瑞典成了一个森林茂密的国家。

众所周知。木材是价值极高的绿色自然资源,它的用途十分广泛,举凡家具装饰、房屋建造等行业都离不开木材的使用。但是,木材有一个很大的缺陷,那就是:它并不是一种在短期内能够再生的资源。一棵树被砍倒之后,如果不及时补栽幼苗,在原来的一片绿色里就有了一个空缺;如果很多人都这样做,估计再大的森林都经不住折腾。有一段时间里,瑞典这个"欧洲锯木场"就面临着以上问题。虽然瑞典政府在保护森林资源方面做了很大的努力,但是由于人力与资金方面的缺乏,工作的成效并不大。比如,人们在木材的生产中,更多的是关注成本、运距和利润问题,而对于保护森林资源等很重要的生态与社会问题,却几乎没有人想得到和顾及得到。因此,那时的瑞典虽然仍保持着较高的森林覆盖率,但是如果再不及时制止某些乱砍滥伐森林的行为,它的"欧洲锯木场"称号也不能保持多久了!

目前,瑞典针对这些问题采取了果断和有效的措施,注重将保护绿色自然资源与发展生态旅游业结合起来。现在,瑞典已经恢复了几分昔日的光彩,那些掩映在绿色树木之中的古老建筑,使瑞典显得更加的美丽而宁静了!

"棉花之国"埃及

说到埃及,人们首先想到的就是干旱的气候,黄色的土地和漫天的风尘。但是,这只是埃及的一面,埃及还是一个日照充足,有尼罗河进行灌溉的国家,因此埃及是世界上少有的沙漠中的农业国。埃及盛产棉花,还被誉为"棉花之国"。

埃及所有的产棉田几乎都集中在著名的尼罗河三角洲。尼罗河三角洲是由尼罗河冲积而成的。这条河从南到北流贯埃及全境,境内长度就有 1350 千米,是世界上最长的河流。当尼罗河流到埃及首都开罗北部时,巨大的河水冲击力将两岸的沙土卷下水,形成了面积大约有 2.4 万平方千米的一个三角洲,这就是尼罗河三角洲。尼罗河三角洲是一块十分重要的土地,它 2.4 万平方千米的面积仅占埃及国土面积的 4%,但就在这样一小块地方上却生活着全埃及绝大部分人口。所以说汹涌澎湃的尼罗河不愧为埃及人民的母亲河。

尼罗河是一条给埃及人民带来福泽的河,正是有了它的定期泛滥,尼罗河三角洲才会有利于农作物生长的肥沃土地。除此之外,埃及温暖干燥的气候环境,长而强烈的日照时间,均使得尼罗河三角洲成为一处发展农业的好地方。

有人或许要问,为什么埃及没有成为产水稻或者小麦的大国呢?这有着极为深刻的历史原因。在历史上,埃及曾经是英国的殖民地。在那之前,埃及本来也是一个种植大量水稻的国家。但是,英国殖民者来了以后,为了满足其本国发展纺织工业对大量棉花的需求,他们就对埃及人民采取了许多高压措施,强迫他们将原来种植水稻的农田改成棉花田,大量种植棉花。从此以后,埃及的棉花种植面积就占到了所有土地面积的三分之一。不仅如此,英国殖民者还强迫埃及人民必须只种棉花。这样的高压措施使得埃及的农业生产变成了典型的单一经济,许多重要的农产品需要进口。这种情况直到1952年埃及共和国建立后才有所改善。

建国后的埃及人民虽然改变了不合理的单一农业经济,但是长久的历史却使得棉花生产成为埃及的重要经济部门。埃及出产的棉花具有许多优点,比如棉绒长、纤维细,棉纺织品的抗拉性强、光泽度好等,这使得埃及成为世界上著名的产棉国。不仅在质量上领先,埃及的产棉量也不落后。据统计,在上个世纪末期,埃及平均亩产皮棉140斤,是当时世界平均亩产的两倍;这里生产的长绒棉和超长绒棉占到了世界产量的二分之一,是世界上最大的长绒棉生产国。

钻石与黄金的"暴发户"——南非

在一般人的印象中,非洲是一片贫瘠的土地,经济落后,而且在一些部落里还有许多现代人难以接受的奇风异俗。是的,这是非洲通常给人的印象,而令人想象不到的是,在非洲还有一个盛产贵重金属金刚石与黄金的国家,那里也因此成了非洲经济水平最高的国家。这个国家就是南非。

金刚石是世界上最硬的物质了,只要用上一小点,就足以使切割工具变得无坚不摧,耐磨材料寿命延长。另外,金刚石也是加工钻石的原料,它有很强的折光力,在光线的照射下能折射出五颜六色的光芒,璀璨耀眼,这可是金刚石所独有的特点,因此由它加工而成的钻石深得人们的喜爱,并且佩带钻石饰品也成了拥有财富的象征。比如,英国女王王冠上镶嵌的"非洲之星",就为王冠增添了不少光彩。

南非钻石矿

其实,南非开采金刚石的时间不长,只有110多年的历史。第一个发现金刚石的是一个在河边玩耍的小孩。这个小孩很快成了富翁,之后,一阵开采热潮就开始了。

现在南非金刚石的年产量有800~900万克拉,这是一个比较抽象的概念,800万克拉有多少呢?世界上最大的钻石卡里南也就3106克拉,而它也因为太重,没有人买得起。这样,我们就可以想象800万克拉有多少了吧。"金刚石之都"是指南非的金伯利城,这是一个因开采金刚石而兴起的城市,那里集中了南非大部分的金刚石。虽然南非出产大量的金刚石,是金刚石的"帝国",但是由于加工技术不及刚果和俄罗斯,首饰的产量落后于它们,排名世界第三。

在南非,与金刚石齐名的是黄金,这可是金属中的"王牌"。在中国,黄金都是以钱以两来论重量的,而南非总储藏量为2.5万吨,每年生产的黄金就有700吨,产量最多的年份有1000吨。这样的产量使得它成为世界上最大的黄金生产国,占世界产量的60%以上。

南非国内黄金最多的地方是奥兰治河的支流瓦尔河流域,这片区域一直延伸500千

米,呈现出半圆形,因此这里被称为"金弧"。在"金弧"分布着世界上最大的金矿——乌尔尼夫斯金矿,其最高年产量是 66 吨。

除了钻石和黄金这两种最令南非人民骄傲的矿产之外,南非还有许多金属和非金属,如铀、铂、锰、钼、镍、钴、锡等。其中,铀年产量达到 1 万多吨,位居世界第三;铂金产量也很高,能够提供世界上需求量的 70%。

作为世界五大矿产国之一的南非,它的传统行业是农业,金刚石与黄金的开采只是在一个多世纪前才兴起的,因此,南非才被称作"钻石与黄金的暴发户",它也因此成了非洲最富有的国家。

最大花生生产国塞内加尔

花生是一种富含花生油、蛋白质和淀粉的食物,在世界上许多国家和地区都有种植,但是,在这个世界上有一个"花生之国",那里的花生是老少咸宜的食品,是当地财政的主要来源,更是形成那里独特文化的主要原因,这个国家便是塞内加尔。

塞内加尔是非洲最西部的一个农业大国,那里流淌着波涛汹涌的塞内加尔河。那里地处热带,气候干燥少雨,土地往往疏松易散,非常适合花生生长。千百年来勤劳质朴的塞内加尔人民就在这块土地上大量种植花生,取得了举世瞩目的成就。别看塞内加尔是一个面积不足 20 万平方千米的小国,但是它的花生平均年产量却在 100 万吨以上,在 20 世纪 70 年代中叶,塞内加尔的花生产量达到了历史最高峰,年产花生 148 万吨,成为非洲最大的花生生产国。除了在花生的产量上,塞内加尔称得上是世界一流,在花生油的制造和出口上,塞内加尔也堪称世界之最。虽然花生总产量排到了世界第四,但在花生油的出口上,塞内加尔却位居世界第一,是当之无愧的"花生之国"。

塞内加尔巨大的花生产量和花生出口量,自然为塞内加尔人带来了无数的财富。塞内加尔政府的主要财政收入就来自花生的加工和出口业,花生生产和销售已经成为国家的经济支柱,因此,花生被塞内加尔人看作是比稻谷还要重要的农作物。他们常常说:"没有稻谷就没粮,没有花生就没钱,花生收成好,一切都很好!"从这句话我们可以看出花生对于塞内加尔人的日常生活到底有多重要了!花生的确是塞内加尔人最喜爱的食物,他们吃花生的方法多种多样,生吃、盐煮、油炸等等,小小的花生到了塞内加尔人手中绝对变成美味佳肴!

花生对塞内加尔人日常生活的影响之深不仅反映在吃和收入方面,而且反映在那里的独特文化上。的确,花生给塞内加尔人带来了太多的好处,因此塞内加尔人对花生既喜爱又尊重,从而形成了奇特的"花生文化"。这一文化的表现形式便是那里一年一度的"花生节"。"花生节"在每年的花生收获之后举行,届时,塞内加尔各地都要举行一种名叫"垒花生"的比赛,那是整个花生节中最热闹、最吸引人的节目。"垒花生"比赛比的就是谁垒的花生高,谁垒得快。每次的比赛都要上百人参加,五十个人分为一组,相互协作将装满花生的袋子堆成一座小山。"垒花生"比赛的目的是为了让大家产生一种合作的精神,同时也表达出人们丰收之后的喜悦之情。

如果您喜欢吃花生,那最好是去塞内加尔一游!

"世界铝乡"几内亚

几内亚是非洲西部的一个国家,面积很小,不到25万平方千米。它位于大西洋沿岸,海岸线长达300千米,是撒哈拉沙漠以南的非洲国家之一。这个东西只有800千米长,南北只有500多千米宽的小国,有着"世界铝乡"的美称。

走在几内亚的土地上,常发觉脚下一片红色。原来,这就是能够提炼出铝的铝土矿,它们是深红色的矿石,将几内亚的土地都染红了。这样看来,几内亚的铝土矿储藏量一定相当丰富。事实也的确如此,据目前的探测显示,几内亚地下蕴藏着240亿吨铝土矿,这个储量是世界铝土矿总量的2/3。几内亚的铝土矿不仅储藏量丰富,而且含铝的品位也很高,从目前探明的情况来看,这里的铝土矿含铝品位有58%以上,最高可达65%。几内亚真不愧是"世界铝乡"!

"世界铝乡"几内亚

在几内亚,由于铝土矿的地质位置距地面很浅,最深不过30米,最浅则不到1米,所以几内亚人开采铝土矿十分方便。在独立前,几内亚的铝土矿开采业受到了很大的破坏。1958年独立后,铝土矿业才得到了飞速的发展。目前,几内亚已经建成了三个大矿区,其中,博克—桑加雷迪矿区是最大的一个,年产铝土矿量达到了160万吨,大约是全国总产量的1/3。几内亚的铝土矿开采还有很大的挖掘潜力,因为现在每年只能开采出1200多万吨,只占全世界总量的15%,还不及铝土矿藏量并不多的澳大利亚。当然,这是由于资金、技术、能源等多方面条件的限制所导致的。

尽管如此,几内亚的铝土矿产量也还是排名世界第二的,铝土和氧化铝的出口量则位居世界首位,每年都要为政府赚取上亿美元的外汇收入,已经成为几内亚外汇收入的主要来源。目前,几内亚正在加大对铝土矿开采业和铝制品加工业的资金和技术等方面的投入,希望能够在不久的将来更好地利用这些"上帝赐予的宝物"为国家和人民带来更大的收益。

盛产骆驼和乳香的索马里

索马里是非洲大陆最东端的一个国家,它位于太平洋、大西洋和印度洋交界处的索马里半岛上,也是亚、欧、非三大洲的交通要道,具有十分重要的交通和战略作用。索马里是亚丁湾南面一个历史悠久的国家,那里不仅有着灿烂的古代文化,而且有着丰富的特色物产。其中,骆驼和乳香是索马里享誉世界的物产。因为盛产骆驼,索马里被称为"骆驼王国",因为盛产乳香,索马里又被称为"乳香之乡"。下面就让我们来分别看一看这两种让索马里人们自豪和骄傲的物产吧。

众所周知,索马里是非洲大陆一个炎热的国家,在这样干燥、少雨的地方,是不太适合牛、羊和马生存的,因为这些动物不能耐旱。但是有一种动物能适应这里的环境,那就是骆驼。在索马里的沙地里，可以见到许多的骆驼。这种十分耐旱的动物根本不害怕干旱少雨的生存状况，因为它们有一种特殊功能——储存食物和水，它们能储存食物和水的奥秘就在于它们背上高高的驼峰。由于骆驼有这样的"特异功能"，索马里便大量地饲养起骆驼来。据统计，索马里是现在世界上人均拥有骆驼数量最多的国家，因此它才被誉为"骆驼王国"。索马里人对骆驼是十分有感情的，原因就是他们能从骆驼身上得到许多的"宝贝"：骆驼肉可以

骆驼

吃，骆驼奶可以喝，骆驼皮可以做帐篷等。正因为骆驼浑身上下都是宝，所以索马里流传着这样一句话："家里养几头骆驼就不愁吃穿了！"

　　除了骆驼，索马里还盛产乳香。索马里生产乳香的历史十分悠久，早在1700多年前，这里就有一个专门生产和出口乳香的城邦，因此索马里被人们称为"乳香之乡"或者"香料之邦"。乳香是一种香料，它是由乳香树的树皮渗出的树脂凝结而成的，是一种胶状香料。除了作为香料使用之外，乳香还是一种活血、化瘀、行气、止痛的名贵药材，它可以用来治疗跌打损伤，腰肌劳损等多种外伤，具有十分高的药用价值。用途如此之广的乳香，自然是索马里人的至爱。索马里人非常懂得如何利用乳香的香气来驱走汗臭。由于他们长年生活在炎热少雨的热带，淡水资源十分宝贵，别说用水来洗澡，就算是平时饮用，索马里人对水也极为珍惜。但是，合不得用水洗澡却带来一个坏结果——他们常常浑身酸臭异常，尤其是当他们聚集在一个屋里时，空气更是难闻至及！怎样解决这个问题呢？索马里人想到的办法就是燃烧乳香，让它释放出更浓的香烟，以香制臭。结果，只要浓烟一起，屋中顿时香气扑鼻，沁人肺腑，起初的那股恶臭一下子就全没了。现在的索马里人，不仅利用乳香来给自己除臭，还将它们出口到国外。乳香生产已经成为索马里农业生产的主要组成部分。

"绿金之国"加蓬

　　"绿金之国"中的"绿金"，指的是绿色的森林，人们把绿色的森林称为"绿金"，足以证明森林资源的宝贵，它就如同金子一样。世界上有这样一个国家，它因为拥有丰富的森林资源而被称为"绿金之国"，它就是加蓬。对于那些将绿色的森林看成金子般宝贵的人来说，加蓬是一个令人向往的国度。

　　加蓬的森林资源是那样的丰富，以至于加蓬人形成了一种独特的"绿色森林文化"，这种文化充分体现在了它的国旗和国徽上面。先来看加蓬的国旗，它是由绿、黄、蓝三条平行的长方形构成。其中，绿色位于最上方，它象征着加蓬丰富的森林资源。在加蓬共和国的国徽上，更是直接以一种在加蓬十分常见的大树——奥库梅树和绿色的主色调来反映加蓬森林资源的丰富。

　　加蓬共和国被称为"绿金之国"是十分符合实际情况的。估计在世界上再也没有第二个国家能像加蓬那样遍地树木，绿树成林了！据统计，在加蓬不到30万平方千米的国土上，有80%的地方覆盖着森林，森林面积大概有2200多万公顷。加蓬不仅是世界上森

林覆盖率最大的国家之一，也是世界上原木储存量最多的国家之一。据说，加蓬的原木储存量在非洲仅次于刚果和喀麦隆，大约有4亿多立方米。在加蓬盛产着两种巨大无比的树木——奥库梅树和奥齐戈树。其中，奥库梅树的年产量为250万立方米，位居世界第二位。正是由于这个原因，加蓬人才将它画入了国徽，由此也可见那里人们对它的喜爱与尊重。

"绿金之国"加蓬

加蓬之所以有如此丰富的森林资源，自然与那里的气候状况有关。同许多赤道横贯国境内的非洲中西部国家一样，加蓬也属于典型的热带雨林气候，既高温又多雨，空气中含水量很大，非常潮湿，因此十分适合各种热带植物的生长。在加蓬，种类多样的热带植物像是找到了自己的天堂一样，快乐地生长着，到处都能见到它们青翠挺拔的身影。

然而，近年来，许多非洲国家的热带雨林都遭到了史无前例的破坏，加蓬也不例外。由于多年来毫不节制地乱砍滥伐，加蓬的热带雨林面积大大缩小了，一大片一大片的绿色正在从加蓬国土上迅速消失。为了及时抢救加蓬的森林资源，使加蓬成为名副其实的"绿金之国"，2001年的2月，人们在法国巴黎召开了一次"加蓬未来森林业和环境"问题的研讨会，会议讨论了如何保护和可持续利用加蓬森林资源的问题。为了贯彻这次研讨会的精神，2002年的1月，加蓬审议通过了新的《森林法》，决定以法律来切实保护加蓬的"绿金"。看来，加蓬再次变得绿意盎然是指日可待的事了！

"牛国"马达加斯加

马达加斯加在世界第四大岛马达加斯加岛上，位于非洲大陆的东南部，隔着莫桑比克海峡与非洲大陆相望。它的土地面积将近59万平方千米，其中用于养殖牲畜的牧草面积为41%，森林面积为40%，耕地面积仅有4%。

马达加斯加有温暖的热带海洋气候，加上充足的雨量，因此这里四季常青，不仅有着高大的椰子树，更为重要的是有一片茂盛的草原。在这样的自然条件下，牛就成了理所当然的动物"主宰"。马达加斯加的牛中有一种牛叫驼峰牛，这种牛的脊背上长着类似驼峰的凸起。马达加斯加全国共有牛1500多万头，其中驼峰牛就有1400多万头，所以马达加斯加被称为"牛国"。

"牛国"马达加斯加

牛在马达加斯加人的日常生活中起着重要的作用。牛是经济落后地区的重要交通工具，在农村一般都是通过牛车来运载东西的，那里的牛车是非常传统的"二牛抬杠"高轮车。马达加斯加人不仅充分利用牛的力气,还非常喜欢吃牛肉。在各种重大节日和喜庆日子,牛肉宴是必不可少的,用于葬礼祭祀和招待宾客是养牛的一个重要目的。另外,马达加斯加无论是传统还是现代的艺术品,很多都是以牛为素材的。有些地区的人们还将牛宰杀后,留下牛头,抹上石灰,挂在墓地四周作为装饰。

既然牛在马达加斯加人的日常生活中扮演着如此重要的角色,马达加斯加人自然就以拥有数量众多的牛为荣耀。事实上,拥有牛的数量已经成为划分社会等级的标准:谁拥有的牛多,谁就是"大人物",并且更有可能在社会生活中握有实权。

也正是由于牛的重要地位,在马达加斯加流行着"偷牛光荣"的习俗。虽然马达加斯加的法律规定了偷牛是犯法的,但是人们却并不把这种行为看成是可耻的,因为在这个牛的国度里每个人都很珍爱自己的牛,能将牛偷到,说明偷牛贼智勇双全,所以他会受到人们一定程度上的赞赏。在马达加斯加南部,姑娘们选择心上人的标准除了看小伙子是否有牛之外,还要看小伙子能不能偷到牛。在姑娘们看来,偷牛成功的小伙子基本上是值得依靠的人。

矿业和农牧业发达的澳大利亚

澳大利亚是 17 世纪初欧洲人发现的大陆,它面积有 770 万平方千米,位于南太平洋和印度洋之间,占有了大洋洲的绝大部分土地。它四面都是海洋,海岸线长达 36750 千米。广阔的土地上有着多种地形,东部为山地,中部是平原,而西部则是高原。

澳大利亚有一个形象的名字——"坐在矿车上、骑在羊背上的国家",可见澳大利亚矿业和农牧业的发达!

澳大利亚有着非常丰富的矿产资源,是世界上重要的矿产资源生产国和出口国。采矿业发展迅速,是澳大利亚国家经济中的重要部门、主要支柱之一,出口总额占所有出口商品的 40%,许多个别矿产的出口甚至超过了澳大利亚的羊毛。目前已经探测开发的矿产资源有 70 多种,许多储量都是世界上最多的,如铅、镍、银、钽、铀、锌等。另外,黄金、煤、铁、锂、锰、镍、银、铀、锌等的产量也在世界上名列前茅,而且矿石品质都很高。具体地来说,铁矿石的产量在世界上居第二位,次于俄罗斯,但论出口量可是澳大利亚占世界第一位的;主要分布在澳大利亚东南部的煤炭,产量位居世界第九位,出口量居第二位。

澳大利亚的农牧业非常发达,与采矿业同为澳大利亚经济的支柱。农牧业用地 4.6 亿公顷,占全国土地面积的 59%。农业方面,主要农作物有小麦、油籽、棉花、大麦、蔗糖等,除少部分供本国人民自用之外,大部分都出口,是世界上重要的农产品出口国之一。

澳大利亚最为著名的是羊毛出口。澳大利亚气候炎热干燥,但有丰富的地下水,牧草丰茂,非常适宜羊的生长和繁殖。原本,在殖民地时期,澳大利亚这块刚被发现的大陆上没有任何高级哺乳动物,现在广为分布的羊群其实是 18 世纪末殖民者从西班牙带过来的 29 只美利奴羊的"后裔"。这 29 只美利奴羊在澳大利亚大量繁殖,仅仅过了 30 年绵羊就已经达到 6000 万只。20 世纪 70 年代,绵羊达到 1.8 亿只,创历史最高纪录,羊毛产量也达到了 90 万吨,都位居世界首位,是世界上最大的羊毛和羊肉出口国。近年来,澳大利亚羊的数量有所下降,在 1981 年时有 1.34 亿只,占世界的 12%,居世界第三位,但羊毛和羊肉的出口量仍占世界第一位,羊毛出口量占世界总羊毛出口量的 50% 以上。

现在澳大利亚主要的财政收入都来自采矿业和农牧业,这两个部门都在国民生产总值及出口贸易中处于命脉位置,澳大利亚也因此在世界诸国中独享"坐在矿车上、骑在羊背上的国家"的称号。

"鳄鱼之都"巴布亚新几内亚

新几内亚岛是位于西南太平洋的岛屿,是仅次于格陵兰的世界第二大岛,它西邻印度尼西亚,南面则隔着托雷斯海峡与澳大利亚相邻。新几内亚岛主要由北部的新几内亚和位于南部的巴布亚两部分组成,其他大大小小的岛屿总共有 800 余个,如有新不列颠、新爱尔兰、布干维尔和布卡等岛屿。巴布亚新几内亚国位于新几内亚岛的东半部,这是一个年轻的国家,历史上一度被殖民者侵占,直到 1975 年才成为一个独立国家,但仍在英联邦成员国中。

巴布亚新几内亚位于南太平洋,气候温暖湿润,总体地势低而平,境内有大片沼泽地。这样的自然环境是鳄鱼生长的沃土,大量的鳄鱼在此安居乐业,繁衍后代,巴布亚新几内亚也有"鳄鱼之国"的称号。

巴布亚新几内亚的鳄鱼

鳄鱼可是地球上的元老了,它们在地球上已经生存了一亿多年,是与恐龙同时代的脊椎两栖动物,现在一般生存在南美洲、非洲、东南亚等地区。鳄鱼现在也有濒临灭绝的危险,比如我们国家的扬子鳄就成了一级保护动物。鳄鱼看起来凶神恶煞,一点都不能让人产生可爱的感觉,但人们却还是很喜欢它,这是因为鳄鱼对人们非常有用:鳄鱼皮是非常坚实耐用的,用鳄鱼皮制成的皮鞋、皮带、皮包等都得到人们的青睐;鳄鱼肉也是一个"宝",可以制成药材医治哮喘病,也是宴席上的上好菜肴。

正是因为鳄鱼有诸多用处,才使得它们难逃厄运。巴布亚新几内亚的野生鳄鱼已经不多了。那些殖民国家的商人为了取得鳄鱼皮,吃鳄鱼肉,在这里大肆捕杀鳄鱼,致使几个世纪以来,野生鳄鱼的数量急剧减少。这种状况直到巴布亚新几内亚独立后才得到缓解。勤劳聪明的巴布亚新几内亚人民认识到,鳄鱼是本国的一个优势,所以就大力保护这一宝贵自然资源,采取了一系列行之有效的措施,比如限制对野生鳄鱼的捕杀量,对外国人捕杀鳄鱼的行为予以禁止。这样,野生鳄鱼的数量就不再急剧减少了。不过,这么做也只是使野生鳄鱼不至于灭绝,接下来,对浑身是宝的鳄鱼该如何利用呢?巴布亚新几内亚人民又开始大力发展鳄鱼饲养业。几十年努力下来,现在巴布亚新几内亚全国已经有了 300 多个鳄鱼养殖场,总共饲养了 2 万多条鳄鱼,目前的政府计划在未来的几年内达到 10 万条。现在,鳄鱼的捕捞、养殖和鳄鱼皮加工,已经成为巴布亚新几内亚的重要产业,每年单是出口的鳄鱼皮就有 3 万张,为该国换取外汇 1000 万美元,是巴布亚新几内亚的重要经济支柱。

长相丑陋的鳄鱼之所以深得巴布亚新几内亚人们的喜爱,是因为它们是他们的衣食之源,怪不得巴布亚新几内亚会有"鳄鱼之国"的称号了。

"鸟粪天堂"——瑙鲁

瑙鲁是位于赤道附近、太平洋西南的一个岛国。它的国土面积只有 24 平方千米,海岸线全长 19 千米,也就是说环绕全岛,就算是漫步也只需要半天时间。岛上人口不多,只有 1 万余人。当然,算起人口密度来,瑙鲁还以每平方千米约 416 人成为大洋洲人口密度最高的国家之一。

可别小看了这个小小的岛国,它的国民生产总值在太平洋地区独占鳌头,人均国民年收入在 1 万美元以上,这在世界上也是领先的。瑙鲁人仿佛生活在富庶的世外桃源,岛上不但环境优雅,而且富得流油。

"鸟粪天堂"——瑙鲁

为什么一个"弹丸之地"能如此富足呢?用瑙鲁人的话来说,就是因为"我们住在处处鸟粪的天堂里"。这个"鸟粪"可不是一般的鸟粪,而是"点石成金"的鸟粪:瑙鲁小岛上的大量鸟粪经过千万年的成矿作用,形成了富含磷酸盐的矿石。而且,这种矿石中的磷酸盐含量达 37%,是世界上品质最高的磷酸盐矿。在瑙鲁,这样的矿石真是遍地都是,有 60% 的地区覆盖着,有 6~10 米那么厚,总储量 1 亿吨。

瑙鲁的财政收入主要就来自磷酸盐矿的加工和出口,磷酸盐工业收入占国内生产总值的 90% 以上。自从 1907 年开始开采以来,年产量逐渐增加,现在年产量达到 200 万吨,是世界上排名第五位的磷酸盐生产国,其产品主要销往澳大利亚、新西兰及日本等国。瑙鲁磷酸盐公司是负责磷酸盐矿的生产单位,属于国家经营,每年上亿美元的利润,50% 要上交国家,剩下的由长期信托基金组织管理。

瑙鲁虽小,但交通系统非常完善,环岛公路连接着沿海各个居住区,居民一般都有私人汽车或摩托车。除了公路外,还有方便的铁路线,从中部磷酸盐矿区一直通向沿海。发达的交通系统,其实也是为运输磷酸盐矿石服务的。

瑙鲁磷酸盐的总储藏量是一亿吨,但开发了一个世纪后,剩下的也不多了,大约只有 3000 万吨了。一旦挖掘完,那子孙后代是不是又会恢复到瑙鲁未发现磷酸盐时那般贫穷?瑙鲁政府早就未雨绸缪了。一方面,政府知道本国的渔业资源丰富,但未形成规模开发,产量仅供当地需求,所以现在就积极开发该产业,以便在磷酸盐开采完后,渔业成为新的经济支柱。另一方面,政府将大部分磷酸盐收入用于海外投资,发展海运、空运服务等,投资总额达到 3.4 亿澳元,为磷酸盐矿枯竭后的经济发展做准备。瑙鲁最著名的海外房地产投资要数澳大利亚墨尔本 52 层的"瑙鲁之家"大厦了,其总投资有 2000 余万澳元。以后,只有 1 万余人的瑙鲁子孙后代就是靠着这个比本国面积还大的大厦收取租金,也足以生活得无忧无虑了。

红杉帝国——美国

美国幅员辽阔,地大物博,有着许多独具特色的物产,加利福尼亚州的红杉树就是一个。正是因为这世界闻名的红杉树，才使得美国的众多雅称中多了一个"红杉帝国"。

原本红杉树遍布世界各地，但由于第四纪冰川的作用，只有美国这里的红杉树得以保存下来。美国加利福尼亚州多雨、多雾，自然使得那里成了喜爱潮湿的红杉树的乐土。现在加利福尼亚州北部海岸，从圣弗朗西斯科往北直达俄勒冈州界，坐落着一座座红杉公园，那一片片挺拔壮观的红杉树林简直令人叹为观止！

红杉帝国——美国

红杉树是恐龙时期生长的巨大的、常青树的后代，是地球上最古老的植物之一。一般寿命是800~3000年，最多可活4000年，这个寿命在植物界仅次于芒松，现在已经发现的红杉树中，最大的树龄达到4900多岁。一般成熟的红杉树可高达95米，树干直径5~11米。最大的一株红杉树名叫"谢尔曼将军"，树龄约4000岁，重约300万公斤，称得上是"世界树王"了！

红杉树为什么能活这么久、能长这么高呢？这是因为红杉树的树皮非常厚，一般的也有30厘米，树皮含脂量很小，树身就像海绵一样有很强的吸水性能，所以一般的病虫不会使得它生病死掉，也不容易被火烧毁。不但如此，红杉树生长也很快，成活率很高，甚至切成了碎片的树根也能长出新树来。这样巨大而又成长迅速的树，一向被认为是世界上最有价值的树种，自古以来就广泛地应用于生产、生活：印第安人将倒下的树木凿空，用作独木舟，可以承载三四十人；或者用来建造房屋，在树主干做成的巨大空间里，卧室、客厅、厨房，一个都不少。

红杉树被认为是世界上最有价值的树种，其商业性的木材砍伐自从19世纪后期就大大发展起来了，那期间有大批的红杉树被砍伐。随后，美国政府意识到了红杉树的珍贵，在环保主义者的提议下，很早就建立起了红杉树国家公园。

位于加利福尼亚州的红杉树国家公园可谓壮观之极！高高的红杉树矗立着，茂密的枝叶把天空都遮住了，公园的路上有着几世纪落叶形成的寂静的"地毯"。红杉树国家公园不仅有红杉树，还有许多罕见的、濒临灭绝的海洋生物和陆地生物，比如海狮、驼鹿、麋、黑熊、秃鹰、河狸和褐色塘鹅等。

喜欢旅游的人都将加利福尼亚州的红杉国家公园视为家庭度假的理想之地，所以，向来寂静的树林也不乏游人的足迹。

仙人掌的沃土——墨西哥

一提起仙人掌，人们通常会想到墨西哥。的确，仙人掌是墨西哥的象征。现在墨西哥城的宪法广场左侧，立着一座台基，上面是铁铸的一个图案：一只鹰叼着一条蛇雄踞在仙人掌上。这个图案在墨西哥的国旗、国徽和货币上都能看见，可见它的不同凡响。关于这个图案的来由有一个神秘的传说：在远古时代，印第安阿兹特克部族过着游牧生活，居无定所。有一天，他们得到神的启示：不断向南迁，当看到一只兀鹰叼着一条蛇，停在仙人掌上时，就可以在那里定居。他们就照着神的启示做了。果真，有一天，他们看到了神所启示的那种情景,于是就在那里居住下来,从此安居乐业,并在那里创建了具有发达文明的特诺奇蒂特兰城,也就是今天的墨西哥城。

墨西哥的仙人掌

在墨西哥,不论在山丘、盆地,还是在高原、平川,仙人掌都随处可见,因此墨西哥有着"仙人掌之国"的称誉。墨西哥的仙人掌种类繁多,约有世界已知仙人掌品种的一半以上,其中还有一些是墨西哥独有的品种。对我们来说,普通所见的仙人掌也就那么回事,也许还不能让人产生美的感觉,很多人认为那只不过是绿色的柱状体上长满刺的普通植物。见过墨西哥仙人掌后,你或许就不这么认为了。墨西哥的仙人掌姿态万千、风采各异,上面还开满了五颜六色花,有红的、绿的、紫的、白的和粉的,一般花朵有的颜色,仙人掌都少不了。

仙人掌对墨西哥的人们有着不一样的意义。仙人掌的用途很广,不同品种的用途也不一样,有的品种的果实可以当作水果食用,有的品种的叶片能成为餐桌上的佳肴,还有的能用作酿制饮料、制糖和酿酒的原料,光是这些功能就使得仙人掌在墨西哥很受欢迎了。

不仅可以食用,在干旱、半干旱地区种植的仙人掌,更是固沙保田的优良物种。另外,仙人掌也是墨西哥人们保护家园的最佳选择:密集成行的仙人掌会形成一堵绿色围墙,围墙上还布满了刺针,既可以防盗贼又可以防野兽,像卫兵一样忠实地保卫着主人的庭院。

既然仙人掌有这么多的好处——不仅可供欣赏,还可以食用,还能用来保卫家园,那为什么别的地方不种植,只是在墨西哥普遍生长呢?这是因为只有墨西哥才有仙人掌最适合的土地。仙人掌比较喜欢干旱的气候,而在墨西哥,除了墨西哥湾沿岸地区的降水量较多之外,境内大部分的内陆地区降水都十分稀少,特别是北部地区,降水量不到250毫米,属荒漠、半荒漠地区,很适宜仙人掌的生长。

"黄金遍地"的哥伦比亚

黄金,在世界上任何一个地方都被作为财富的标志,多少人为了它碰得头破血流,而在一个地方,黄金却遍地都是,那就是南美洲的哥伦比亚共和国。

就像西方殖民者当初到东方探险,是受了马可波罗将东方写成遍地是黄金的游记的影响一样,在14世纪初的时候,"黄金梦"驱使着西班牙殖民者跑到美洲大陆,四处寻找传说中的"镀金人之国"。确实,当他们到哥伦比亚时,发现这儿还真如同传说中的那样,是一个遍地黄金的地方。于是,不管是地下的还是水里的,不管是黄金矿石还是已经制成了精美艺术品的黄金,殖民者们都不放过,通通冶炼成金锭运回本国。印第安人的财富就这样被掠夺了。

现在的哥伦比亚在历史上饱受侵略,其盛产黄金的历史也有几千年了,它的黄金储量和产量在世界上都占首位,并以此闻名于世,有着"黄金之国"的美称。而传说中的"镀金人之国"，就是哥伦比亚首都波哥大的古老的奇布查部族。传说中，奇布查部族的酋长在传位加冕、祭天拜神时都浑身涂满金粉，到神圣的瓜达维达湖沐浴朝拜。而族人则身披金器和金制的装饰品站在湖岸观礼。礼仪完毕后，专门带来上供给神的金银、宝石、翡翠纷纷被抛入水中。在这个仪式上，还有头戴金盔、身披金甲、脚绑金护腿的真正"镀金人"沉入湖底，表示对神的敬意。由此可见哥伦比亚的黄金之多，在生活中的作用之大！

古代哥伦比亚的黄金不仅多，而且加工工艺也堪称整个美洲之最，是哥伦比亚古文明的象征。观赏黄金加工工艺，体会哥伦比亚古文明的最佳地点就是首都波哥大圣坦德广场的黄金博物馆。这个哥伦比亚人民引以为自豪的博物馆是世界上的黄金博物馆中最大、最奇特的一个，里面珍藏的是哥伦比亚各个历史时期的三万多件黄金饰品。这些都是印第安人在西方殖民者的掠夺之下偷偷藏起来的，或者是印第安人原来也没有发现、历史悠久的艺术品。哥伦比亚的黄金吸引着世界各地的游客，作为欣赏黄金的最佳博物馆，这里每天都要接待成千上万的游客。博物馆里不仅有黄金，还有一种美丽、珍贵不亚于黄金的矿石——祖母绿宝石。游客们都为这些灿烂耀眼的艺术品惊叹不已！

早在 17 世纪的时候，哥伦比亚的黄金产量就已经占到了世界黄金产量的 40%。随着世界各地黄金挖掘的不断进行，在 19 世纪中期的时候，这里只占世界黄金产量的20%。当然，在今天，虽然经过了几个世纪的不断开采，黄金储藏量逐步减少，但黄金产业仍然是哥伦比亚的重要产业部门，哥伦比亚也仍旧以"黄金之国"的美名闻名于世！

南美的石油国——委内瑞拉

波斯湾沿岸的沙特阿拉伯、科威特、伊拉克、伊朗、阿联酋等国家是世界闻名的石油大国，那里的人们都因为石油而衣食无忧。在南美洲也有这么一个因为石油而瞬间富庶无比的国家，那就是委内瑞拉共和国。

虽然委内瑞拉的印第安人在一千多年前就会用石油照明、治病，用沥青堵塞船缝，但委内瑞拉进入"石油时代"的时间并不久，是从 1922 年著名的马拉开波湖岸边的高产油井第一次喷油后才开始的。几十年以来，石油在委内瑞拉国内占着掌控经济命脉的地位，并且在世界石油生产和出口中都占有重要地位，所以委内瑞拉有了"南美的石油国"的称号。

委内瑞拉

委内瑞拉全国的领土面积为 91 万平方千米，其中五大石油沉积盆地的面积就有 40 多万平方千米，占了全国总面积的一半。这五大石油沉积盆地广泛分布于马拉开波湖、马加里塔岛和委内瑞拉湾沿岸以及东部奥里诺科河下游北岸各州。其中，最主要的三个石油开采区为西北部的马拉开波湖油区、东部奥里诺科河平原油区以及西南部的阿普雷和巴里纳斯油区。马拉开波湖油区又是"重中之重"，它的石油储量是委内瑞拉全国的四分之一，并且囊括了委内瑞拉几乎所有的原油产量。

随着石油开采区的不断发现,委内瑞拉的石油产量迅速增加,委内瑞拉也成为世界上主要石油生产国和出口国,石油贸易量占世界总量的五分之一左右,有时甚至超过一半。现在委内瑞拉已经探明的石油储量有27亿多吨,名列世界第十、拉美第二、南美第一。近年来,委内瑞拉政府在原先未曾进行全面勘探的海湾和大陆架地区,又发现了储油丰富的重质油带,目前大略估计那里的石油储量是其现在全国石油总储量的四倍。看来,委内瑞拉发展石油产业的潜力还很大,足以富民强国!

在1922年以前,地处热带的委内瑞拉是一个以生产和出口农产品为主的农业国。进入"石油时代"后,委内瑞拉的经济支柱就是石油产业了,农业几乎被荒废,食物约半数依靠进口,形成了比较单一的经济结构。这样过分依赖国际市场的经济,给委内瑞拉国家和人民带来了不利影响。一旦西方国家封锁对委内瑞拉的石油进口或是封锁对它的食物出口,那委内瑞拉会迅速遭遇困境。因此,委内瑞拉政府正采取措施,大力发展农业和制造业,以促使国民经济向多样化方向发展。这样虽使得委内瑞拉石油出口在世界上所占位次有所下降,但"南美石油国"的霸主地位仍未动摇。

咖啡王国——巴西

咖啡的故乡是非洲的埃塞俄比亚。早在四千多年前,善于经商的阿拉伯人就将咖啡传到了世界各地。味香、提神的咖啡深得世界各地人们的喜爱,所以现在咖啡遍布全球。

现在,世界上种植咖啡最多的地方不是埃塞俄比亚,是巴西。有着850万平方千米土地面积的巴西,处在热带和亚热带地区,气候湿热,是咖啡生长的好地方。另一方面,咖啡这种需要大量土地而对技术、资金要求不高的农作物,也非常适合劳动力、土地众多的巴西。第三,国际市场上咖啡的需求量也大大增加,巴西的咖啡生产也就迅速发展起来了。

巴西全国有39亿7000万棵咖啡树,一般都是大规模地种植,大大小小的咖啡种植园有50万个,种植面积约220万公顷,从业人口达600多万,年产

巴西的咖啡

咖啡200万吨左右,是世界上生产咖啡最多的国家,远远地将咖啡的故乡埃塞俄比亚抛在了后面,所以巴西被人们誉为"咖啡王国"。从19世纪到20世纪60年代这段时间里,咖啡占其国家出口总收入的三分之二左右,算起国内咖啡的销售量和咖啡种植业解决的从业人员,可以说是咖啡支撑起了整个巴西的国民经济,而这个世纪也被称作巴西的"咖啡繁荣时期"。巴西咖啡在世界咖啡市场上的影响也很大,远销世界许多国家,是国际咖啡市场上的最大供货方,年出口创汇近20亿美元。在二十世纪初的时候,巴西咖啡的产量就达到了世界总产量的四分之三。也就是说,一旦巴西的咖啡脱货,那么世界上大多数的咖啡爱好者就喝不上咖啡了。

巴西人不仅会种咖啡,而且也爱咖啡。20世纪60年代的时候,巴西人均咖啡消费量高达5.8公斤/年。在之后的年代里,随着碳酸饮料和果汁的出现,传统的咖啡饮料在巴

西的地位有所减弱。但巴西人的人均咖啡消费量仍很高,超过 3 公斤/年,位居世界之首。现在在巴西,无论在城市还是乡村,各式各样的咖啡屋仍随处可见,人们几乎随时随地都可以喝到浓郁芳香的热咖啡,而且咖啡屋并不只是喝咖啡的场所,还是人们彼此交流的场所,朋友聚会、情侣谈心,咖啡屋都是最佳的选择。

巴西咖啡的种类繁多,它的调味不仅与出产地有关,而且与烘焙的程度有关。比如,北部沿海地区生产的咖啡具有典型的碘味,巴伊亚地区冲洗过的咖啡耐人寻味。如同茶叶的制作一样,味道由烘焙的程度来决定。如果要香味柔和、味道适中的咖啡,则用中度烘焙,若要苦味强烈的咖啡,则用深度烘焙。虽然巴西的咖啡大多是用来出口的,但人总是有私心的,许多上好的咖啡只有在巴西的国内市场才能找到。

气象万千

"午夜太阳州"阿拉斯加的风景奇特美丽;喜马拉雅山南麓的乞拉朋齐是"世界雨极"。

南极极点寒冷到可怕,寒冷的挪威却有迷人的夏天。

阿塔卡马沙漠除了荒凉和孤寂外只有大片黄沙,勤劳的非洲人民却给了无生气的撒哈拉沙漠带来了希望。

富士山美丽动人,印度尼西亚的"雷都"雷雨交加。智利"寒冷国"不冷,厄瓜多尔"赤道国"不热……

每个国家都有自己独有的气候,正是这多变的气候造就了不一样的国度。这是一个多彩的世界,让我们一同领略这变幻万千的风光吧。

"午夜太阳州"阿拉斯加

阿拉斯加是美国最后一个纳入的州,也是美国 50 个州当中面积最大的州,大约占了美国本土面积的五分之一,同三个法国的面积一样。"阿拉斯加"在当地阿留申群岛土著居民的语言中,就是"辽阔的土地"的意思。阿拉斯加位于北极圈内,是一个天寒地冻的冰雪世界。

阿拉斯加州素来有"午夜太阳州"的称号,那是因为它位于北极圈内,有着特有的极昼现象。每年的 5~8 月之间,这里的大部分地区整日整夜都能看到太阳,出现极昼现象。在寒冷的北极,就算是在太阳二十四小时的照射下,气温也还是那么低。虽然有时候太阳昼夜不落,但太阳在这里也属于斜射,阳光微弱,对冰雪的融化起不了很大的作用,只有表层的冰层能融化,地下深处的冰层根本无法解冻。在南部沿海地带,由于太平洋暖流的影响,气温没有那么低。5~8 月的极昼时期,这里绿草成茵,鲜花盛开,夜里也不会冷得无法工作,许多人还通宵捕鱼。

阿拉斯加

一提起阿拉斯加州的冬天,可能很多人都会不由自主地打一个冷战,那里实在是太冷了!冰天雪地是那里给人留下的第一印象。这个州是 1867 年的时候,由美国国务卿威廉·西华德从沙皇俄国手中花 720 万美元买下来的,因此这里就有了"西华德的冰箱"的戏称。阿拉斯加州大部分地区都在北纬 60°以北,一直延伸到离北极仅有 2000 米的巴罗角。"西华德的冰箱"可比我们一般的冰箱冷得多,年平均气温在 0℃ 以下,最冷的冬季气温在零下 20℃ 以下。这里根本就看不到土地,地面全都被冰雪覆盖着,有的地方的冰块深达 90 米。水是更不可能存在的了,全都被冻成了冰块,这里横贯东西的育空河封冻期长达九个月。

这里的气候非常恶劣,不知道什么时候晴空万里就会变成刮风、下雨、下雪的天气,所以不管什么季节去那里旅游,保暖的衣服可得多带些。尤其是在冬季,最好穿上六七层的衣服,包括带有毛领的皮大衣、羊毛围巾、滑雪面具或者巴拉克拉法帽、手套和靴子,这可一点都不夸张。还有要注意的是要喝大量的水,因为如果脱水的话就容易被冻伤。

这么寒冷而又气候恶劣的地方怎么会有人前去旅游呢?可不能小看了爱斯基摩人和印第安人的原始部落,以及美丽的自然景观的吸引力。这里可是世界上最富传奇色彩的爱斯基摩人的驻守地,他们的热情好客吸引着世界各地的旅游爱好者。另外,这里远离喧嚣的都市,保持了原始的生态面貌,自然景观奇特美丽。有些人还在 5~8 月间专门来这里看世界上其他地方看不到的午夜太阳奇观。

"世界旱极"阿塔卡马沙漠

阿塔卡马沙漠位于智利的北部,是一个高出海平面很多的沙漠。阿塔卡马沙漠非常长,从秘鲁南部的边境一直延续到它的北部,全长 1000 多千米,是一个极度干旱少雨的地方,被人们称为"世界旱极"。

阿塔卡马沙漠之所以会成为"世界旱极",原因有很多。大致说来,主要是由以下几种因素共同作用导致的。首先,阿塔卡马沙漠的大多数地方是成串成串的盐碱盆地,这样的地方自然长不出什么植物。由于少了植物对地下水的吸收与蒸发,这里的天空中就很难形成雨云,也就很难产生降雨。其次,阿塔卡马沙漠位于安第斯山脉的正西面,如果没有了这座天然屏障,阿塔卡马沙漠完全可以在来自亚马逊河的湿空气作用下形成降雨。但是,正是地理位置上的差异,使得阿塔卡马沙漠年复一年地见不

阿塔卡马沙漠

到一滴甘霖。再次,令许多气象学家捉摸不透的是,阿塔卡马沙漠虽然没有接受到来自亚马逊河的湿润空气,但它接收到了来自南极的寒流,然而,这也没有使阿塔卡马沙漠形成降雨,只形成了大量云雾。

在上面这些因素的综合作用下,阿塔卡马沙漠成了世界上最干旱的地方。人们做过一个计算,从史料记载的 16 世纪的一次降雨以来,直到 20 世纪 70 年代,这里才下了又一场雨,整整 400 年都没有下一滴雨!在阿塔卡马沙漠的中心处,有一个被气象学家叫作"绝对沙漠"的区域。从它的名字就可以知道它就是"世界旱极"中的旱极了。这里有历史记载以来就一直都没有下过雨。如此干旱少雨的气候环境,当然是不适合植物、动物生存的。别说其他的植物,就连最耐旱的仙人掌在这里也根本看不见!这里除了大片黄沙之外,就只有荒凉和孤寂了!

　　然而，令人难以置信的是，在阿塔卡马沙漠北部地区，竟然还生活着上百万的人。连那些耐旱的动物都灭迹的地方，人又是怎样生存下来的呢？这些人吃什么，喝什么呢？如果到那里去看过，你就不得不佩服那里人艰苦卓绝的精神和富于智慧的创造。原来，他们是靠"榨取"浓浓的湿雾来获取淡水的。上面提到过，阿塔卡马沙漠有大量南极寒流带来的湿雾，人们便从这当中吸纳水分。在村庄附近的山岗上，人们挖掘了一列列的壕沟，壕沟上方密密麻麻地布满了丝网。当浓浓的湿雾越过山岗时，便会在丝网上凝结成水，这些水则可以通过壕沟里的管道流到村庄中。就这样，那里的人们解决了饮水问题。千万不要小看了这种取水法，每天人们都能从密网中获得上万升的水，这些水不仅可以供给人、牲畜便用，还可以用来灌溉农田呢！

　　阿塔卡马沙漠地区的人的确创造了人类生命史上的一个奇迹！

"世界火炉"撒哈拉沙漠

　　位于非洲北部的撒哈拉沙漠，不仅以 770 多万平方千米的面积雄踞世界沙漠之首，而且也以高温闻名于世界，得到了"世界火炉"的称号。

　　在撒哈拉沙漠，终年热浪滚滚，暑气逼人，这里的年平均温度为 28.7℃，绝对最高温度 49℃。在一片黄沙的沙漠里，热量很快就被沙粒吸收，温度急剧上升，最热的时候，光秃秃的沙堆被晒得滚烫，温度达到 80℃。我们在电视上经常能看到生活在沙漠的非洲人把生鸡蛋埋在沙堆里，不一会儿，鸡蛋就熟了。如果不戴手套去拉汽车门的话，那可惨了，手会立即烫起水泡的。天气热，当然就会不断地往外冒汗，但在撒哈拉沙漠，人却"不出汗"。当然是假的，其实人会出很多汗，只不过汗水刚一冒出体外，就立即蒸发光了。

　　沙石容易吸热，也容易散热，所以这里的昼夜温差很大，最大的差距有 40℃。经常是白天如同在火炉里一样，晚上就到了地窖，需要盖被子。

　　撒哈拉沙漠不仅炎热，而且干燥。这里可以说是仅次于智利阿塔卡马沙漠的干旱地带，年平均雨量不足 100 毫米，在最干旱的地方常年见不到一滴雨。比如埃及部分的沙漠地带卡格，就曾经连续 17 年没有下过一滴雨。

　　狂风也经常光顾这里，天气可以说是变化无常，刚刚还是晴空万里，顷刻可能就狂风大作了。顿时，沙尘满天，飞沙走石，天空也变得昏暗了。最为恐怖的是冬天的"哈马丹风"，那股狂风卷起的沙石会形成黄色的沙尘大柱，铺天盖地而来，一根根 100 米到 700 米高的沙柱狂号乱舞，严重妨碍了人们的出行，甚至对建筑物造成严重的破坏。

　　炎热、少雨、多风，如此恶劣的气候是怎样形成的呢？这主要是因为撒哈拉沙漠处在北回归线附近，常年受副热带高气压下沉气流的控制，不容易形成降雨。

　　通过上面的形容，是否觉得撒哈拉沙漠根本就是一个不毛之地呢？其实不然，这里并不荒凉。在此穿行的尼罗河为沙漠增添了生命的气息，潺潺的水流灌溉着两岸的土地，有的地方还形成了绿洲，翠绿的枣椰树在一片黄海中显得那么突出，总是给沙漠中苦行的人们带来希望。勤劳的非洲人民在沙漠上种植了各种农作物，那些逐水草而居的游牧民族也为这个了无生气的沙漠增添了一些热闹。在这里，最富有动感的要数能够适应沙漠环境的狐狸、羚羊、跳鼠、鸵鸟等动物了，它们在黄海中显得是那么有活力！

　　人类就是这么的伟大，即使在"世界火炉"中也能找到自己的定位点，生存下来，并且发挥人类的最大潜能！

"世界雷都"茂物

低纬度地区通常是雷雨的多发地带，如印度尼西亚、非洲中部、墨西哥南部、巴拿马、巴西中部，这些地方一年四季雷雨不断，经常雷电交加。而这些地方中能够称最的要数印度尼西亚的茂物市，它是世界上雷雨最多的地方，有"世界雷都"之称。

据气象学家统计研究，全球每分钟有三四十个地区有雷雨天气，且每次雷雨都伴随着多次闪电，算来全球每秒钟要发生一百余次闪电。而被称为"世界雷都"的印尼茂物，在这些统计数目中，占很大的比重。在那里，一年中有 322 天电光闪闪，这个数字比爪哇岛的平均雷日 220 天还多 46%，我国雷暴最多的西双版纳的 128 天雷日就更不能与之相比了，只有它的 60%。茂物 322 天的雷日中有 105 天是只打雷不下雨，剩余的 217 天里则是雷雨交加。这样，一年下来有 1400 多场雷雨，一天都有四、五场，所以每天时不时都能听到轰隆隆的雷声。1400 场的大雨，雨量肯定不低，高达 4618 毫米。

为何茂物会有如此多的雷雨日呢？这取决于它所处的地理位置。茂物市坐落在爪哇岛西部，处于海陆交错的山地之中，三面被山包围；南面紧靠着高原，耸立着好几座海拔 2000～3000 米的火山。茂物地区日照强烈，爪哇海在强烈的日照下蒸发出很大的湿热气团。这些湿气团到了茂物，由于四周围高山的阻拦，无法通过，只得顺着高山上升。而这里起伏的山岭里热量分布不均匀，空气很容易上下对流，形成积雨云，这样就产生了雷雨。

茂物市的雷雨同世界各地的一样，多是在中午爆发的，上午常常是晴空万里，接近中午的时候，空中的积雨云开始形成，到了午后就雷电交加，倾盆大雨一泻而下。所幸的是雷雨来得急，去得快。

在茂物修筑房屋极为不便，常常因为雷雨的到来而无法进行，能一天到晚连续作业的时日不多，而且茂物的房屋和世界上其他地方的有很大的不同，这里没有平房，屋顶造得特别陡，一般在 45°以上，这是为了方便泻水。人们的出行计划也通常受阻，或者干脆把活动安排在室内。雷雨就像一把双刃剑，给茂物人们带来诸多不便，也带来了不小的利益。这里常年下雨，没有寒暑季节变化，气温比较稳定，使身处热带的茂物非常凉爽，非常适合生活。雨过天晴后空气特别新鲜，土地也在雷雨的滋润下格外肥沃。因此，茂物在印尼的历史上是一个有名的古都，现代又是雅加达的"夏都"，更是炎热时节印尼人们的避暑胜地。这里不仅别墅遍布全城，还以南洋最大的茂物植物园而名扬天下。

"雾都"伦敦

英国的伦敦素来有"雾都"的称号，许多人应该也看过狄更斯的《雾都孤儿》，里面就不乏对烟雾缭绕的伦敦城的描写，引起了很多人对那片天空的向往。下面我们就来了解"雾都"独特的气候现象吧。

位于西北欧的大不列颠群岛濒临辽阔的大西洋，在终年盛行的偏西风影响下，来自热带的墨西哥湾暖流浩浩荡荡地流向这个岛国。暖流带来的暖湿气流登陆后受地形抬升,形成了大量的降水。这样就形成了英国温和湿润的海洋性气候。

"雾都"伦敦

英国的海洋性气候湿润而温和,冬天不冷,夏天不热,终年温暖。在那里1月份的平温气温在4℃以上,7月份的平温气温为17℃,一年四季温差不大。雨量充分,年降水量大约有800毫米,分布也比较均匀。

"国外有气候,在伦敦只有天气",这句话是伦敦人对那里天气的概括。气候指的是一年或一段时间内气象状况特点的总结,而天气指的是短时间内,影响人类活动的气象特点的综合状况。伦敦人这么说是因为伦敦天气多变,而且变化莫测,一日之内,忽晴忽阴又忽雨。这种天气也形成了英国绅士独有的装束:一顶帽子,一把雨伞,即使是在阳光明媚的早上出门也是如此。多变的天气也为人们提供了话题,在伦敦即使是最沉默寡言的人都喜欢谈论天气。

每年的9月到第二年的1月是英国的雨季,整天阴雨连绵,飞雾弥漫,似雨非雨,似烟非烟。在3月至6月的旱季,雨水少,阳光充足,算是英国的黄金季节,但天空中也还会有薄薄的烟霭。这主要是由湿润的海洋性气候导致的。

关于伦敦的烟雾,可能使我们印象最为深刻的要数1952年冬天时发生的烟雾中毒事件,也正是这起事件,伦敦烟雾才有了"空中杀手"的名称。那个时候烟和湿气连续四五天积聚在大气层中,烟雾在伦敦城里四处弥漫着。在这种气候条件下,能见度极低,飞机被迫取消航班,汽车即便白天行驶也须打开车灯,行人走路都极为困难,只能沿着人行道摸索前行。在烟雾笼罩几天后,大气中的污染物不断积蓄,不能扩散,许多人都感到呼吸困难,眼睛刺痛,流泪不止。短短的四天内就有4000多人因此丧生。这一事件发生的原因在于烟雾中长期存在的工业排放物。此后,英国政府采取了措施,重视环境保护,颁布了第一部《空气卫生法》,取得很大的成效。在半个多世纪以来,在伦敦人民的努力下,伦敦的空气状况已经变好了许多。现在的伦敦既是旅游胜地,也是消费者的购物天堂。

不冷的"寒冷国"智利

智利共和国的国名"智利"就是"寒冷"的意思,这个名字是如何得来的呢? 有好几种说法:

一说是,"智利"一词,是由印第安人的克丘亚语"奇里"演化而来的,"奇里"就是他们说的"寒冷"的意思。第一批来到智利的欧洲人是16世纪初的西班牙人,他们到达智利时,不知道这里叫什么。当时正值隆冬季节,非常寒冷,而且他们听到南部的克丘亚人对他们说:"奇里! 奇里!",便误以为此地名叫"奇里",于是他们就称这里为"奇里",后来就逐渐演变成了"智利"。

还有一种说法,"智利"在印加语中是"雪和寒冷国"的意思。相传在6世纪初期,印加帝国不断扩张土地,向南征战,到了这片地方时,士兵们感到这里的气候比自己国家的气候要寒冷得多,便把它称为"雪和寒冷的国家",之后这个名字也就流传开了。

智利真的如它的名字所表达的那样寒冷吗？其实"寒冷国"名不副实，一点都不冷。智利地处南美洲的西部，东部是安第斯山脉，西面濒临太平洋。呈条带状的智利气候分布很明显，从北到南明显地分为三带：北部是热带和副热带沙漠气候，中部是地中海式气候，南部是温带海洋性气候。接着我们就来看看这三个气候带的具体情况。

不冷的"寒冷国"智利

智利北部是热带和副热带沙漠气候。这里是副热带高气压带和东南信风带的背风坡，所以即使智利西面濒临太平洋，从大西洋吹来的潮湿空气也无法到达，这就形成了酷热而干燥的气候。"世界旱极"阿塔卡马沙漠就位于这里。安第斯山西坡的卡拉马还不曾有过下雨的记录，只能通过管道从安第斯山引水使用。

智利中部是典型的地中海式气候，总体比较温和，夏季在副热带高压控制下，气流下沉，气候炎热，干燥少雨，云量稀少，阳光充足。最冷月的气温在4~10℃之间，降水量丰沛。在位于这一地区的首都圣地亚哥、瓦尔帕莱索海港等，人们只需穿上夹衣就可以过冬。这里还是智利工业和农业的集中地，经济比较发达。

智利南部是温带海洋性气候，由于受寒流影响，气候相对于北部和中部寒冷，不过在最冷季节里平均气温也有2℃。南部地区是世界上有名的多雨区，常年受西风影响，大半年时间都会下着绵绵细雨。

由此看来，这"寒冷国"智利一点都不寒冷，甚至在它的许多地方还非常热，冬天也温度适中，适合人类居住。

现在，智利政府很重视旅游业，也吸引了很多人前去游玩。

"赤道国"厄瓜多尔

厄瓜多尔是南美洲北部的国家，东北与哥伦比亚相邻，东南与秘鲁接壤，西面是太平洋。"厄瓜多尔"这个词在西班牙语中就是"赤道国"的意思，事实上也的确如此，环绕地球中腰的赤道线横穿其首都基多北部的一个小镇，那里还立有闻名世界的"赤道纪念碑"。

一提到"赤道"，大家可能都马上联想到炎炎烈日。处于赤道地区，一般来说都在阳光的直射下，温度确实应该比其他地方高，但是也不能一概而论，纬度是决定气候的一个重要因素，却不是唯一因素，地形、海陆分布、洋流等都对气候有很大的影响。厄瓜多尔就是这么一个例子。

厄瓜多尔有五分之三的地区为高原山区，终年积雪的安第斯山脉像一条巨龙由南向北贯穿全境，将这个国家分为西部沿海平原区、中部山区和东部

"赤道国"厄瓜多尔

平原区。西部地区挨着太平洋,在秘鲁寒流的影响下,气候凉爽宜人,令人感觉不到地处赤道附近。海拔对气候有很大的影响,海拔每升高1000米温度降低6℃。因此,地势高的西部地区气温也较低。那里并不干燥,雨量充沛,平均降水量有3000毫米,到处可以见到热带雨林风光。那里肥沃的土地对农业的发展非常有利,厄瓜多尔因此可以大量出产咖啡、可可等热带作物,香蕉也是重要出产物,产量居世界第四位。

中部是一片高山,还有许多盆地,属于亚热带气候和热带草原气候。这里到处都是绵延的崇山峻岭,有名的山有科托帕帕克希火山、钦博腊索山。这两座山常年云雾缭绕,还有"赤道雪"的奇观。

厄瓜多尔的首都基多就位于中部山区,它坐落在一个海拔2800米的峡谷里,是世界上海拔第二的首都。海拔高,温度就高不了。这里年平均温度是14℃,最冷月的平均温度是13.7℃,最热月的平均温度是14.3℃,比我国南京的平均温度还低10多摄氏度。基多也有"四季如春"的美名,因为这里年温差只有0.6℃,是世界上全年温差变化最小的地方之一。基多早在1979年就被联合国教科文组织列入"世界文化遗产"名录,再加上适宜的气温,这里就成了旅游胜地,常年游人不绝。虽然基多气候宜人,但是到这里来旅游都得带上四季的衣服,因为这里一天之中天气变化很大,中午温度升高到22℃左右,子夜气温又降到7~8℃。

厄瓜多尔的东部地区地势相对来说比较低,逐渐由中部的山地变成了平原。这里有热带雨林,是典型的热带雨林气候地区,降雨量充沛,虽然气温较高,但并不觉得干旱炎热。

总之,有着"赤道国"之名的厄瓜多尔并不是人们所想的那样,它在高海拔和寒流的影响下形成了宜人的气候。

"太阳海岸"西班牙

西班牙是一个风景秀丽的沿海国家,它位于欧洲的西南部,南临地中海,是夹在大西洋和地中海之间的一个美丽岛国。那里一年四季光照充足,因此被人们誉为"太阳海岸"。

有人或许要问:"世界上有这么多的沿海国家,为什么只有西班牙被称作'太阳海岸'呢?"原因其实十分简单,因为世界上没有哪个国家有着西班牙那么充足的阳光和那么美丽动人的海岸。的确,在西班牙长达3000多千米的海岸线上,绵延分布着不知多少个白色的海滩。人们都知道,在西班牙,最多的就是三个"S",即:阳光(SUN)、海鲜(SEAFOOD)和海滩(SEASAND)。正是这三个"S"使得西班牙成了名副其实的"太阳海岸"。

"太阳海岸"西班牙

实际上,不是西班牙的每一处海岸都被称为"太阳海岸",真正被称为"太阳海岸"的只有西班牙的索尔海岸。索尔海岸位于著名的直布罗陀海峡东面，是一处举世闻名的度假胜地。除了素尔海岸之外，西班牙还有许多阳光明媚的海岸，比如被称作"阳光海岸"的鲁斯海岸和被叫作"金黄色海岸"的阿萨尔海岸，它们均是一些碧蓝的大海和白色的沙滩结合得十分完美的地方。

西班牙有着那么优美的海滩景色，是与那里的气候条件分不开的。众所周知，西班牙属于典型的地中海式气候，全年阳光明媚自然是不用说的，最难得的是那里夏季高温炎热，冬季则温暖湿润，因此十分适合度假旅游。西班牙的海岸比起希腊雅典的海岸，在日照方面有过之而无不及，是一个享誉世界的阳光海岸。游人可以在这里20多摄氏度的深蓝海水中游泳，也可以在沙质柔软的沙滩上沐浴地中海的阳光。这里无论是光照上，还是在海水质量上，均堪称世界一流，因此西班牙的海岸还被人们称为"地中海的浴池"。

西班牙人就靠着这美丽的海岸生存，他们十分懂得利用这宝贵的自然资源，因为他们知道，世界上没有哪个地方还有如此光照充足的海岸了。每年，来自世界各地的游客络绎不绝，他们大多是冲着"太阳海岸"而来的。每到这时，白色的沙滩上便彩旗招展，到处都是五颜六色的遮阳伞和帐篷。不同语言，不同肤色的人相会在这里，共同享受着上帝赐予人类的美丽阳光。

随着近年来旅游业的发展，西班牙各旅游胜地修建了许多供外国游客休息的饭店、旅馆，其中不乏实用性与观赏性兼具的建筑，看上去令人十分叹服。

龙卷风之乡——美国

除了少数几个州之外，美国大部分领土都在北纬25°～北纬49°之间，属于北温带和亚热带。由于领土面积大、地形多种多样，并受到大西洋和太平洋的影响，美国各地的气候差异很大，各有特征。在墨西哥湾沿岸，最典型的气候特征就是龙卷风，美国因此有了"龙卷风之乡"的称号。

龙卷风是形成于热带海洋上空的一种旋转风系，由又湿又暖的热带空气构成。简单说来它是一个重达亿万吨的流动空气团，这个空气团散布在半径约300英里的范围内。龙卷风有着巨大的破坏力，它常常袭击人口稠密的沿海地区，拔树毁屋，造成严重的经济、人身损失。一般说来，中型的龙卷风在一小时内凝结所放出的热能，等于16枚2000万吨级氢弹爆炸的威力。

龙卷风是如何形成的呢？龙卷风的威力来源于太阳。太阳使水从海洋表面蒸发，从而形成了雷暴云，水汽在高空的雷暴云里凝结成小水滴时，就放出热量，最终形成威力无比的龙卷风。龙卷风的形成条件在美国比较成熟。美国东面是大西洋，西面是太平洋，在它的南面则是墨西哥湾，亚热带的阳光不断使水从海洋表面蒸发，这样，大量的水汽就不断从东、西、南三面流向美国大陆。水汽多，雷暴云也就多了。直到雷暴云积聚到一定强度，龙卷风就产生了。

美国龙卷风最多的时候是春天和夏天。春天的时候，墨西哥湾吹来温暖湿润的气流，这些气流一直北上，与自北而南的冷空气在得克萨斯州到佛罗里达半岛一线交锋，激起强劲的龙卷风。在春夏之交的时候，龙卷风北上袭击阿肯色州和俄克拉荷马州等地方。夏天龙卷风则转移到内布拉斯加州和艾奥瓦州一带。直到七月份过后，美国的龙卷数量才会减少。

据近 50 年来的统计显示，美国发生龙卷风的次数至少增加了 35 倍。据科学家分析，这不仅是气候的原因，还有人为的原因。公路上高速运行的汽车相互错过时，会形成逆时针方向的空气漩涡。如果是少量的空气漩涡自然不能怎样，但在汽车众多的美国，数百万辆汽车产生的空气漩涡叠加起来，就形成一股强大的漩涡。当这股强大的漩涡遇到适宜的大气温湿条件时，龙卷风就产生了。

虽然美国人不能制止龙卷风的发生，但他们从 1946 年开始研究龙卷风的预警，以减少龙卷风侵袭带来的巨大损失。经过二三十年的研究，他们终于在 1970 年建立起了预警系统，目前龙卷风的预报准确率为 50% 左右，大大降低了龙卷风带来的损失。

"无雨之都"利马

利马位于秘鲁的东南部，与太平洋相邻，它不仅是秘鲁的首都，也是秘鲁最大的城市，还是秘鲁政治、经济和文化中心，那里居住着秘鲁全国三分之一的人口。依照常理来想，作为秘鲁如此重要的城市，那一定是个水草丰茂、土地肥沃的地方，但出乎意料的是，它坐落在一片沙漠之上，而且这片沙漠是与"世界旱极"阿塔卡马沙漠连在一起的。利马城雨量非常少，由此得到了"无雨之都"的称号。到了冬天，这里阴云密布，整个城市总是笼罩在重重的浓雾当中，但并不下雨。

"无雨之都"利马

利马的名字来源于发源自安第斯山的利马科河，这条河使得沙漠出现了绿洲，有了绿洲才有了这座城市。利马城原本是印第安人的土地，那时这里生活着将近两万名印第安人，文明也比较发达。在 16 世纪时，西方殖民使它变成了"君王之都"。1542 年，西班牙国王卡洛斯五世在利马设立总督府，它管辖着几乎整个南美洲的西班牙殖民地；1569 年利马又成为西班牙宗教裁判所的所在地。在利马成为秘鲁中心的过程中，起着重要作用的是亲手扼杀了印加王朝的殖民冒险家佛朗西斯科·皮萨罗。皮萨罗曾经认为利马是一个险恶又荒凉的地方，似乎不适合作为秘鲁的中心，但是他又认识到，一旦碰上印第安人的反抗，这里是从海上迅速撤离的最佳位置，所以西班牙殖民者才将利马作为秘鲁的中心，甚至南美的中心来建造。

说完利马的历史，下面重点来说利马的气候特征。"春雨贵如油"对利马人来说一点都不为过，也许还不够表达出利马人对雨的珍惜。利马的年降雨量只有 2 毫米，是世界上降雨量最少的城市。这里只有阴天和晴天两种气候，根本没有大风大雨，也没有雪，更没有雷鸣闪电。这 2 毫米的年降雨量，还是以毛毛细雨的形式慢慢地降下来的。所以利马会被称为"无雨之都"，同"世界旱极"阿塔卡马沙漠齐名，并有着"旱都"的称号。房屋的建造与气候状况相关，这在"雷都"印度尼西亚的茂物城和"无雨之都"利马体现得都非常充分。在茂物，由于一年四季雨水不断，那里的屋顶造得特别陡，一般在 45 度以上，以方便泻水。而在利马则正好相反，由于四季缺雨，这里的屋顶连屋脊都没有，也没有滴水檐,全部是平顶的;雨伞、雨衣也不是家庭的必备品,被商家排斥在了日用百货行列之外,不但如此,一般城市中必不可少的排水沟在利马也见不到。

坐落在沙漠上的这座城市,雨量稀少,还能够成为秘鲁的中心,不能不说是一种奇妙的现象。

日本的"地震云"

"地震云"一说是由 1948 年日本奈良市的市长键田忠三郎提出的。他在该年 6 月 27 日的奈良市的天空中发现了一条异常的带状云,好像要把天空分成两半。在三天后,日本福井地区发生了 7.3 级大地震。于是键田忠三郎就将这种"带状""草绳状"的怪云称为"地震云"。其实,关于地震云的记载,在我国古代就已经有了,只不过不像键田忠三郎那样明确,只是称作"震兆云霞"。日本九州大学工学部专门从事高空气象学研究的真锅大觉副教授认为,之所以会出现地震云,是因为在地震前,巨大的能量在地球内部聚集,导致了地热增高,使得近地层气流上升,气流上升到一定高度后,由于水汽的凝结,就会形成一条细长的带状云。另外一种观点则从"地光理论"的角度来解释地震云的产生:在地震前后,由于地球深处的岩石互相摩擦、挤压,无数的电子被放射出来,它们的大量聚集就会产生许多彩光。当大量的彩光在空中聚合起来时,便会形成不同颜色的光团,地震云就产生于这些五颜六色的光团与空中微粒的结合。

日本的"地震云"

理论上解释了,实际又是怎样的呢? 1977 年,我国有人在北京密水库附近的山坡上,从正南方向观测到一条仰角较低,东西走向呈灰白色的带状云。这个人对近几天来基岩地电与基岩发生的突跳情况进行了分析,其结果表明,在近日内,日本和阿留申地区可能会发生 6 级地震。果然,第二天,日本的小笠原地区发生了 5.8 级地震,第四天又发生了 6.5 级地震。

无独有偶,在同一时期——20 世纪 70 年代末期,键田忠三郎又在奈良市发现了地震云,他据此估计在两三天内将发生相当大的地震。结果,在第三天的时候,一场 7 级的大地震在东京南部伊豆群岛的大岛近海发生了。

一次次地震云的发现,引起了一场关于地震云的国际性学术大辩论。在这场国际性的学术辩论中,认为地震云是地震发生先兆的科学家们虽有着共同的认识,但也因地震云的成因发表不同的意见,有人从震源电磁场的理论来讨论,有人从地光学的理论来讨论,也有人认为是地震使得地热上升并在空中形成异常的云。持反对意见的是认为地震云不存在的科学家们,他们认为地震云是大气的正常现象,不足取信。目前,地震云是否是地震的必然征兆还是一个没有可靠理论依据的猜测。

"阳光富翁"巴巴多斯岛

世界上有许多阳光充沛,气候宜人的地方,但真当得起"阳光富翁"这个美名的却只有巴巴多斯岛。为什么这样说呢? 在对这个位于小安的列斯群岛最东端的小岛有所了解后,你就会相信这一点了!

巴巴多斯岛像大多数群岛中的小岛一样,是一个风景迷人的地方,这使得拥有它的巴巴多斯成了一个世界知名的旅游大国,每年都有无数的游客从世界各地到这里来观光度假。巴巴多斯岛的面积大约有 430 平方千米,海岸线长达 101 千米,西距特立尼达岛 330 千米,是西印度洋群岛中的一个小珊瑚岛。巴巴多斯岛的气候状况较为多样,它地处赤道地区,所以属于热带雨林气候,又是一个岛国,所以呈现出海洋性气候。这两种气候使得巴巴多斯岛成了一个风景绮丽的旅游胜地,也使得它成了一个阳光与雨量都很丰沛、土地肥沃的甘蔗产区。

巴巴多斯岛的甘蔗是出了名的,因为到这里旅游的游客,一登上海岸,首先见到的就是一望无际的甘蔗林。这里的甘蔗不但清脆香甜,而且产量极高。据统计,全岛有五分之四以上的土地都种植着甘蔗,每年都有大量的甘蔗被制成蔗糖,是世界闻名的"甘蔗之国"。在这个小岛上,每年最隆重的节日就是 6 月到 7 月之间(具体是 6 月后三周到 7 月第一周的周末)的"甘蔗节",那是一个全岛人载歌载舞欢庆丰收的节日。

有这么高的甘蔗产量,与巴巴多斯岛的气候是分不开的。甘蔗适宜生长在阳光充沛、雨量丰富、气温温和的地方,这几个条件,巴巴多斯岛都符合。由于属于热带雨林气候,这里常年保持着非常高的降雨量,大概有 13 年雨量都在 2000 毫米以上。有人或许要问,这么高的降雨量,为什么没使得小岛变得十分潮湿,相反,小岛却有着干爽的大气环境呢? 这就要归功于巴巴多斯岛的热带海洋性气候了。热带海洋气候区的日照十分充足,加上常年吹拂的海风,使得岛上蒸发比较大,再多的雨水也不会使小岛变得潮湿,这也是巴巴多斯岛有"阳光富翁"美名的原因。小岛上干湿适度,土质良好,非常适合大面积种植甘蔗。

巴巴多斯岛温暖如春的气候和迷人的景色,使得它犹如镶嵌在大海上的一颗明珠,璀璨夺目。它那丰富的物产和充沛的阳光则使得它与"阳光富翁"这个称号相匹配,显得既富有又活力十足!

上帝之子——"厄尔尼诺"

如果有一天,一片海域中的鱼类大量死亡,海鸟慌乱地迁徙,而且导致这些不幸的直接原因又是那片海域的海水温度异常升高,我们就可以说,这里发生了"厄尔尼诺"现象。的确,这些不幸就是"厄尔尼诺"的基本特征。

在气象地理上,"厄尔尼诺"是指出现在赤道中东太平洋的大规模海水升温现象。与日常的海水温度增高不同,发生"厄尔尼诺"现象的海域,其温度往往异常激升。另外,"厄尔尼诺"现象通常要隔几年才会发生一次,这样的频率并不算高。因此,千万不要把海水的正常升温与"厄尔尼诺"混为一谈。

不过,近些年来"厄尔尼诺"现象频繁发生,它的危害之广、造成的损害之大,让我们不得不认真看待这个有着好听名字的气候现象。"圣婴"是"厄尔尼诺"在西班牙语中的意思,这是个基督教用语,即"上帝之子"。"厄尔尼诺"对它的老家秘鲁毫无关爱之情,它在秘鲁每隔一两年就会发生一次,而且每次都会对举世闻名的秘鲁渔场造成渔业大量减产的严重损害。

"厄尔尼诺"的产生,通常的说法是:"厄尔尼诺"的产生是因为赤道太平洋地区海洋和大气平衡作用的丧失。其实,"厄尔尼诺"是一股暖流,只不过它的产生异于平常的暖流。东南信风是产生"厄尔尼诺"的罪魁祸首,在它的作用下,南太平洋的海水会向西北方向流动,导致海平面不平,即澳大利亚附近洋面会比南美洲西部洋面高。这时,一个神奇的现象就会产生——本来西北流向的海水会反过来向东南流动。这样的一个逆流便是"厄尔尼诺"暖流。科学家们用这个原理解释为什么"圣婴"总是出现在南美洲:原来,"厄尔尼诺"暖流的东南尽头就恰好在那里,这就怪不得秘鲁会深受其苦了!

另外的一些科学家提出许多不同的解释,主要有两类:一类是将"厄尔尼诺"现象与地球自转的速度相联系;一类则将"厄尔尼诺"与火山爆发相联系。持前一类观点的科学家认为,当地球的自转速度发生重大变化,尤其是自转速度变慢的时候,较强的"厄尔尼诺"现象就会发生,这是因为赤道太平洋地区的海温会在地球自转速度变慢时降低。

持第二种观点的科学家则认为,"厄尔尼诺"发生的次数和强弱程度是与火山爆发相关的。具体说来,火山活动若是处于活跃期,发生"厄尔尼诺"的次数就越多,强度也越大;火山活动若是处于低潮期,次数就越少,强度也越少。科学家们得出这个观点,主要是根据一组把"厄尔尼诺"发生与火山活动相对比的资料。

不过无论是何种解释,都不能较为完好地解释"厄尔尼诺"现象。现在,它已经成为继火山、地震之外的另一大自然灾害。

冬暖夏凉的冰岛

冰岛位于北大西洋北部,是世界上最靠近北极圈的国家。仅从冰岛的英文名字,大家就可以知道冰岛有多冷。在英文中,冰岛叫作"Iceland",意思就是"冰的大陆",寒冷异常是那里的气候特点。冰岛冷虽冷,但还有着另外一些名字,比如,人们也叫它"冰与火之国"。这是为什么呢?原来,冰岛是一个"冰火两重天"的国家。下面就让我们来看一看冰岛究竟是怎样"冰火相容"的。

由于地近北极圈,因此冰岛常年冰雪覆盖,天寒地冻。据统计,在冰岛,大约有 1/8 的国土面积被冰川占据,冰川的总面积达到了 500 多平方千米,厚度就更加惊人——足足有 1000 米。这样寒冷的地方被称作"冰的大陆"是名副其实的。

冬暖夏凉的冰岛

冰岛真正让人觉得惊奇的地方,不是那里寒冷的天气,真正让人惊奇之处在于,那里还是一个"冬暖夏凉"的地方。在这样一个冰天雪地里,怎么会有温暖的天气呢?在对具体的情况了解之后,我们再讲原因。冰岛所谓的"冬暖夏凉"自然不是绝对的,因为那里的确冷得要命。但是,如果把冰岛的天气状况拿来跟同纬度的地区相比,冰岛确实暖和得多。比如,冰岛的首都雷克雅未克,冬天时最冷才有-1℃,夏天则有11℃的平均气温,这样的气温状况自然不是很冷。但是,如果把冰岛与热带地区相比,它又非常的冷。冰岛的许多个晚上,在大风呼啸之中,气温会降到零下十多摄氏度,这时的冰岛就非常寒冷。

到底是什么原因,使得冰岛有着这么奇怪的天气状况呢?首先,冰岛虽然地近北极圈,但是却有一股暖流从那里经过,这股暖流就是著名的北大西洋暖流。暖流的流过,使得冰岛出现了温暖的气候,整个岛国都被包围在一种暖和的氛围里,自然就不太冷了。其次,也是一个最重要的原因,冰岛是个多火山的国家。据统计,整个冰岛共有火山100座,其中,活火山有24座之多,而且这些活火山每5年就要喷发一次。因此冰岛又被人们称为"冰火岛"。火山的频繁活动,使得这里的地热资源相当丰富。从地下蒸腾上来的热气,让冰岛的许多地方成了著名的"冰国花园"。位于冰岛北部的阿库雷里市,就是一个温暖如春的美丽城市。冰岛的地热资源丰富还表现在,这里有着数量众多的温泉。冰岛人十分懂得如何利用这些宝贵的自然资源。他们将温泉水通过引导系统导入温室,大量培植各种热带和亚热带农作物,这些农作物最终都成了价格昂贵的商品。不仅如此,他们还修建了许多温泉游泳馆,常年保持25℃的水温,吸引了世界各地的游客,为冰岛带来了大量的外汇收入。

五颜六色的云

人们通常这样来形容云:"高高的白云天上飘"。其实,在现实中,云并不一定都是白色的,它往往会呈现出不同的色彩。

要了解云的不同颜色,首先需要了解云是怎样形成的。说得简单一点,云就是由比较潮湿的空气,不断上升而形成的。接下来,我们就具体解释一下云的形成。我们都知道,空气中含有大量的水汽,但是这个"大量"也是有一定限度的,并不是有多少水汽,单位体积的空气都容得下。当空气中容纳了最多的水汽时,空气中的水汽压便达到了最大,人们称之为"饱和水汽压"。在这些饱含水汽的空气不断上升的过程中,气温越来越低,饱和水汽压越来越小。当饱和水汽压小到低于正常水汽压时,空气中便会凝结出小水滴,这时候,云就产生了。

那么云为什么会有不同的颜色呢?这跟云的形状有很大的关系。我们知道,下雨的时候,天上会积满厚厚的积雨云。这个时候,我们会觉得云是一片乌黑,就连天空也变得暗淡了。原来,由于云太多太厚,竟然将阳光全都挡住了,以至于云也变得很黑了。其实,如果你在雨快要结束时,注意观察云的边缘,你就会发现那里透出了阳光,之所以会有这种现象,原因就在于那里的云变薄了。除了黑色的云之外,我们还会看见灰色的云,那是比积雨云稍稍薄一点的层状云。层状云的面积很大,体积很小,所以看上去是灰色的。

其实真正奇特的云并不是黑色和灰色的云,而是红色的云,也就是所谓的"火烧云"。

在傍晚的时候,我们经常会看见遥远的天际,一朵朵奇形怪状的云堆满了天空。霞光万丈中,那些云红得发紫,简直就如同一幅美丽的水彩画,让人忍不住要赞叹大自然的鬼斧神工。那么美丽的"火烧云"又是怎样形成的呢?在日落的时候,太阳是斜射到地球上的,这时,太阳光中的短波就会被空气中的各种尘埃和水分散射掉,而红色和橙色的长波部分却没有被散射多少,所以天空中就会呈现出"大红大紫"的颜色,远远望去,好像天空都烧起来一样,这时的云就被人们叫作了"火烧云"。

千奇百怪的雪

下雪是一种自然现象,并没有什么值得奇怪的。在人们心目中,雪是圣洁无邪的标志,人们总是用一些美丽的诗句赞颂雪:"忽如一夜春风来,千树万树梨花开""北国风光,千里冰封,万里雪飘"等等。然而,当读过下面这些描写千奇百怪的雪的文字后,你就会改变对雪的一般印象了。

先来看红色的"雪"和绿色的"雪"。红色的"雪"是英国上尉罗斯于 1881 年发现的,那时他驾驶着一艘帆船正在大西洋中航行。当船航行到巴苏湾格陵兰西岸时,他突然发现在一个峡谷中有一片十分鲜艳的红色"雪"地。起初,他以为自己的眼睛花了,但同行的船员也发现了这个现象,大家都觉得有些害怕,纷纷猜测着红色的"雪"是怎么回事。为了稳定船员们的态度,罗斯决定将船泊在岸边,上岸去观察。当他和几个船员小心翼翼地踏上那片土地时,发现在雪地上到处长着一种红色的水藻。由于水藻将白雪盖得严严实实,远远望去,就如同一片红色的"雪"地一样了。绿色的"雪"同红色的"雪"同属一个道理,只不过这次作怪的是一种碧绿色的水藻。绿色的"雪"出现在 19 世纪晚期的斯匹次卑尔根岛上,这是北冰洋上的一个小岛。那时,有两个科学家来到这里考察,意外地发现地上铺着一层绿色的"雪"。当他们经过仔细观察后,他们知道,原来是风将海中的绿水藻刮到了空中,与雪混杂在一起,因此变成了"绿雪"。

接下来要看到的怪现象是黄色的"雪"和黑色的"雪"。其实,各种带有颜色的雪都是由于下雪的时候,一些杂质和雪混在一起形成的,并不是雪本身有什么颜色,因为事实上雪就是洁白无瑕的。1962 年的时候,一场黄色并略带红色的雪在俄罗斯的平扎州降下。当地人从来没有见过如此与众不同的雪,全都觉得天有不祥之兆,各种恐怖消息开始四处散播。后来,气象学家的分析打消了人们的疑虑和恐慌:下雪前不久,非洲的一阵气旋将沙漠中的黄沙吹到了平扎州上空的积雪云中,越积越多,终于变成了飘飘洒洒的"黄雪"。如果上面说到了这些所谓怪雪是由于自然力量引起的,那么下面的"黑色雪"就是人类自己造成的了!1991 年 3 月份,位于克什米尔的喜马拉雅山山坡上突然下起了一场黑色的雪,随着雪落下的还有一些黑泥和沙土。当时,正在那里登山的几位瑞士游客目睹了这一奇观,但他们不知道这是为什么,还以为是自己的登山行为冒犯了喜马拉雅山的山神,惹得他发火下了一场"黑雪"。后来人们才弄清,原来,那一年正在激烈进行的海湾战争中,伊拉克人焚烧了科威特大量的油井。石油燃烧时产生的黑色油污随风飘荡,竟然有一部分飘到了气候寒冷、极容易下雪的喜马拉雅山,于是就产生了令人惊奇的"黑雪"。

形形色色的怪雨

世界上不仅有千奇百怪的雪,还有形形色色的雨。这些雨有的如同"怪雪"一样有各种各样的颜色,有的还不是由水形成的,显得十分神秘,往往令下雨地区的人丈二和尚摸不着头脑。其实,在这些"怪雨"的背后有着极为有趣的气象原因。

"降雨"的种类繁多,但总的来说,主要分为三种:一种是颜色多样的雨;一种是由各种动物和物品构成的雨;第三种则能起到许多特殊作用,如报时等。在这里,我们将介绍的主要是前两种类型的雨。

先来看一场红颜色的"血雨"。"血雨"是法国南部小镇居民们给 1608 年降落在当地的一场雨取的名字,从这个名字,可以看出那里的人们对这场雨的恐惧心理。1608 年的一天,小镇上的人们像往常一样悠闲地生活着。慢慢地,天上积满了略带红色的雨云,眼看就要下雨了。人们开始在街上跑起来,大家都想着赶快避雨。正在这时,豆大的红色雨滴啪嗒啪嗒地砸在了房子上、人们的身上、地上。小镇居民从来没见过这个景象,全都被吓坏了,他们以为是上天降下来的灾难。其实,这场红色怪雨根本不是什么天灾,只是雨水中混进了微红色和赭石色的尘土。这场红雨的罪魁祸首实际上是来自大西洋的一个庞大气旋。

接下来让我们来看一场"蛙雨"。顾名思义,"蛙雨"就是由青蛙构成的雨。奇怪的是青蛙怎么会跳到天上去了呢?这场神奇的"蛙雨"降落在法国南部的土伦地区,那里濒临地中海。1960 年的一个下午,当地的人们目睹了生平罕见的奇观:在一阵电闪雷鸣之后,一只只绿色的小青蛙从天上落了下来。起初,人们还不以为然。但是,当小青蛙越落越多,越下越大时,人们才发觉事情不妙。当地人纷纷跑到开阔的地方去观看"蛙雨"奇观,不料却酿成小灾祸:由于从高空降落的青蛙重力势能过大,惊喜的人们被砸得鼻青脸肿,苦不堪言。这些小青蛙是从哪里来的,人们并不知情,只知道是一阵旋风将它们卷入雨中,最后随着雨降了下来。

最后要说的就是能起到特殊作用的雨。大家知道,雨水有利于植物生长,也能满足人类的饮水需求,这也是它通常的作用。但是,不为人知的是,雨也有像钟表一样的报时功能。在有的地方,人们不是通过手表来看时间,而是通过降雨来看时间。据说,它的准确度让那些揣着怀表等计时器到当地考察的科学家们都瞠目结舌,无言以对。

这些形形色色的怪雨,真让我们领略到了大自然的无尽魅力!

令人瞠目结舌的太阳奇观

这里说到的太阳奇观并不是说太阳本身出现了什么稀奇古怪的现象,而是指太阳系的其他星球与太阳一起产生的天文奇观,这种奇观就是所谓的"凌日"现象。

"凌日"现象,顾名思义,就是指地球与太阳之间,出现了太阳系中另外的星球,从而让人产生有其他星球"凌驾"于太阳之上的感觉。太阳系中最常见的"凌日"现象就是我们十分熟悉的日食现象。这里要说到的两种"凌日"现象是指"金星凌日"和"水星凌日"。这两种"凌日"分别是金星和水星跑到了地球与太阳之间,三个星球排成一条直线形成的。

　　2003 年 5 月 7 日，地球上几乎大多数国家和地区的几十亿人都亲眼目睹了一次天文奇观——水星"凌日"。这次水星"凌日"奇观持续了 5 个多小时，从世界时间早上的 5 点 13 分一直持续到上午 10 点 32 分。世界时间的上午 5 点 13 分，水星从太阳的西北角进入到太阳与地表之间的直线上，到了 7 点 51 分时，水星离太阳中心的距离达到了最小。天文学家说，由于水星运行的轨道与地球轨道有一个 7° 的交角，因此地球上的人只有在 5 月或 11 月才能观察到水星"凌日"的天文奇观。这次的水星"凌日"刚好发生在 5 月份，又恰好是在世界时间的白天，所以许多人都能看到这一奇观。

　　相对于水星"凌日"，金星"凌日"奇观显得相对有规律一些。据载，1882 年的 12 月 6 日曾出现过金星"凌日"现象，按天文学家对金星"凌日"规律的了解，出现这一天文奇观的周期依次是：8 年、121.5 年、8 年、105.5 年，如此循环。果然，2004 年的 6 月 8 日，人们看到一个小黑点缓慢地在太阳表面移动着，时间长达 6 个小时。这个小黑点就是金星。天文学家说，比起太阳系的其他星球来说，金星是十分难得凌驾于太阳之上的。这是为什么呢？原来，金星是太阳系中唯一一颗绕着太阳逆时针运转的星球，再加上金星的公转轨道基本是圆形的，所以它大致保持着一个到太阳的不变距离——1.08 亿千米。这样长的距离使得它只有在围绕太阳公转 13 圈后，才能慢慢靠近公转了 8 圈的地球，也只有在这时才有产生金星"凌日"现象的可能。这次的金星"凌日"，同样是经过了上述过程才出现的。

　　天文学家预测，下次的"金星凌日"会出现在 2012 年，因为按照他们的分组，相同时间最短的两次"金星凌日"是分在一起的，所以 8 年之后，人们有希望再次目睹这一天文奇观！

英国的海洋性气候

　　在许多英国电影中，我们经常看到绅士们出门时手中都拿着一把雨伞，即使在阳光明媚的早晨，他们也依然如故。对绅士们的这种行为，人们有不同的解释，有人说，雨伞是当拐棍用的，那是绅士们身份的象征，有人说，雨伞是用来防避大雾的。其实，绅士们带雨伞说明他们对英国的天气状况十分了解：英国是一个天气变化莫测的国家，一时天晴一时阴雨。这样让绅士们不得不带上雨伞，以防备不时而至的大雨。

　　英国的这种气候状况，在气象学中被称为海洋性气候。海洋性气候多出现在大陆沿海地区或者是一些岛屿、群岛上，主要特征有：气候温和、降雨量适中、气温的年变化不大。这样的地方十分适合人类生活，也是动植物生长的好地方。

　　英国是一个非常典型的海洋性气候国家。之所以这样，不仅因为它是一个由大不列颠岛、爱尔兰岛和其他许多岛屿组成，三面环海的岛国，还因为这里有来自热带的墨西哥湾暖流。墨西哥湾暖流是世界上最大的近海暖流，它的宽度达到了好几百千米。当它浩浩荡荡地流经欧洲西北海岸的时候，深刻地影响了英国和其他一些欧洲国家的气候，欧洲人将它称为"大西洋暖流"。

　　在"大西洋暖流"的影响下，英国的海洋性气候特征十分明显。首先，英国是一个气候十分暖和的国家。有人将英国的天气状况比做英国的绅士，总是温文尔雅，彬彬有礼。

这里一年四季的温度变化很小,几乎没有差别:冬天最冷的时候不过-5℃,夏天最热的时候不会超过25℃。其次,英国是湿润而雨量适中的国家。年平均降雨量为600毫米,而且分布比较均匀,降雨量最大的地区是西北部的山区,那里的年降雨量在1000毫米以上,而降雨量相对较少的东南部地区年降雨量也在600~700毫米之间。英国的湿润气候使得那里的空气中经常弥漫着雾霭。以往,人们总把伦敦烟雾归结为工业废气,其实,大雾也是一种十分自然的天气现象,那是由英国的潮湿空气引起的。最后,英国还是一个天气变幻莫测的国家。在英国人的天气谚语中有这样一句话:"国外有气候,在英国只有天气!"这句谚语道出了英国天气变化的速度之快。有时候在一天之内,天气就经历了晴、阴、多云、雷雨、阵雨,最后放晴的六种状况。让人觉得老天爷真是爱开英国人的玩笑。

　　生活在温和气候中的英国人,面对变化多端的天气,逐渐形成了谈论天气的习惯,也许这就是英国人喜欢对别人说"今天天气不错"的原因吧!

自然灾害

　　培雷火山爆发,圣皮埃尔的灭顶之灾;圣海伦斯火山爆发,沉睡的"雄狮"苏醒;鲁伊斯火山爆发,三分天灾,七分人祸……

　　日本关东地震、神户地震,岛国人民的自信心一同被摧毁;安克雷奇地震,是耶稣给人类带来的小苦头,还是另有原因?

　　日本三陆外海地震海啸,智利地震海啸,巴布亚新几内亚海啸——海洋给人类带来愉悦的同时,也会让人欲哭无泪。

　　密西西比河洪水,"河流之父"展怒威;孟加拉国大洪水、加勒比海地区大洪水,人类历史上空前的自然灾难。

　　飓风、气旋、干旱、尘暴、滑坡、泥石流……骇人听闻的化学药物泄露事件,是人类的罪过,还是自然的胁迫……

1985 年鲁伊斯火山爆发

　　1985 年的鲁伊斯火山爆发是一次次生灾害最大的火山爆发。鲁伊斯火山是哥伦比亚的一座活火山,它位于北纬 4.895°,西经 75.323°,海拔 5321 米。1985 年 11 月 13 日晚,鲁伊斯火山又一次爆发了。起初,人们以为这只是一次中等规模的爆发,因为据火山专家说,这次火山爆发的指数仅为 3。然而,没有人会想到,几个小时以后,在离火山几十千米远的一些城市和乡村,有超过 23000 人因火山爆发引起的泥石流而丧生。

鲁伊斯火山

　　鲁伊斯火山爆发并不是出乎人们意料之外的事。早在火山爆发前 1 年,鲁伊斯火山就已经出现了许多异常现象:1984 年 11 月,当地人开始感觉到地震,人们在火山口发现了奇特形状的气体;1985 年 3 月,人们开始频繁地感到轻微的地震,据说那时候鲁伊斯火山发生的有感地震达 17 次之多,到 4 月份时则至少有 18 次。当时,一些火山专家已经指出了有火山爆发的危险。1985 年 9 月 11 日,火山口出现了强烈的地下水喷发现象,大多数人相信火山即将爆发。由于火山爆发的征兆越来越明显,1985 年 9 月 20 日,哥伦比亚地矿局和卡尔达斯大学的工作人员开始联合制作火山灾害图,这幅灾害图的初稿于 10 月 7 日完成。专家们在当中指出,火山爆发后发生火山泥石流的可能性是 100%。11 月 10 日,鲁伊斯火山开始了连续 3 天的强烈震动,到了第三天,惨剧终于发生了。1985 年 11 月 13 日晚上 9 点，鲁伊斯火山发生了强烈的喷发，夹带着冰河飘砾和火山碎屑的火山泥石流从山顶奔腾而下。然而，由于连日暴雨，位于鲁伊斯火山附近的小镇阿尔梅罗正面临着通信困难，因而它根本没有接到任何疏散命令。就在人们快进入梦乡的时候，火山泥石流冲垮了阿尔梅罗低矮的水坝，冰冷的河水和炙热的火山碎屑流混在一起涌向居民住宅，很快就将那里及附近的村庄淹没。刹那间，夜晚的平静被打破了，到处都是呼救声和哭喊声，人们在冰与火里挣扎，企图逃离这地狱般的世界。然而，一切都晚了，火山泥石流迅速地覆盖了地面上所有的东西，人、各种动植物、建筑等等全都被淹没在泥沙中。

　　灾难发生后，人们开始了沉痛的反思。表面看来，这是一起自然灾害，但实际是天灾也是人祸。形成这次火山泥石流的原因一方面是由于鲁伊斯火山爆发，融化了覆盖在山顶的 200 平方千米的冰川，冰川融水与火山碎屑混合在一起形成了火山泥石流；另一方面是由于当地政府在防灾决策上的失误。人们在灾后的总结中看到，政府在平时就不愿承担撤离可能造成的经济、政治损失，这明显地体现在预警、通信等方面的不完善。人们认识到，这次灾难可以说是三分天灾，七分人祸！阿尔梅罗城的灾难再次向人们显示了火山泥石流的威力，也给人类留下了无比惨痛的教训和无尽的遗憾！

1815 年印度尼西亚坦博拉火山爆发

　　世界上有一些火山爆发会对气候产生十分明显的影响。有的火山爆发会使天气变冷，这是由于大量的火山灰进入大气层的缘故。火山灰源源不断地进入大气层，有时会高达 3 千米，而且它们常常在对流层和平流层经年累月地漂流，使得一些地区的太阳辐射热量减少 10%~30%，这时那些地区的天气就会变冷；另外，大气层中到处都是火山灰，它们很容易就会成为云和雨的凝结核，便于云和雨的产生，天空中的云和雨多了，自然也会减弱太阳辐射的热量，因此也会使得天气变冷。

坦博拉火山爆发

　　迄今为止，火山爆发对气候产生的影响，以 1815 年印度尼西亚的坦博拉火山爆发产生的影响最大。那一年，世界上几乎没有人可以免受坦博拉火山猛烈喷发产生的影响。

　　坦博拉火山是印度尼西亚的一个活火山，它位于爪哇岛以东一个叫作松巴哇的小岛上。1815 年 4 月的坦博拉火山爆发规模巨大，据事后估算，火山喷发到高空中的火山灰和碎石有 170 万吨之多。这次火山爆发也是一次"不同凡响"的火山爆发，据说它发出的巨响在 2500 千米之外的地方都能听见。当火山"平息了自己的怒火"以后，人们看到坦博拉火山已经"喷掉了整个山顶"，它的高度从原来的 4100 米骤减为 2850 米。坦博拉火山爆发造成了惨重的损失：大约有 1 万名居民被长达 40 千米的炙热岩浆吞没，无一幸存；火山喷发后接踵而来的海啸、疾病、饥荒又导致 8.2 万人丧生。

　　坦博拉火山爆发最引人注意的地方就是它对当时世界气候的影响。据说，这次火山爆发使得美国在第二年出现了历史上少有的冷年。1816 年 6 月，美国竟然下起了雪；7

月份人们还见到了霜。当时的人们在日记中如此写道："7月7日，我穿着厚厚的羊毛衫上班，工作完毕，放下工具回家，天气冷得需戴上手套。"那时候还出现了一段非常潮湿的时期，天上下着带有红色、蓝色以及棕色尘土的雪。1816年，这种影响持续了很长时间，以至于这一年被称为"没有夏季的一年"，当时人们都不明白这是为什么。后来气象学家终于找到了答案，原来这是坦博拉火山爆发造成的。气象学家解释说，坦博拉火山爆发喷出了大量的火山灰，这些火山灰在地球大气层中形成一个层面，它减少了太阳辐射的热量。而且，这个层面刚好就在美国的东北部。

当时的著名画家特纳用风景画描绘了坦博拉火山爆发后产生的这些奇怪的天气现象。人们普遍认为，他的画对天空的描绘不同凡响，因为那正是当时情况的真实写照。

1923 年日本关东大地震

地震，顾名思义就是"大地的震动"。看起来，地球的表面似乎十分的平静。其实，平静的大地并不平静。地球的内部每天都在进行翻天覆地的运动。这些运动有些不太剧烈，人们经常感觉不到；有些运动就显得十分强烈，这时人们就会碰到地震了。通常说来，地震是由地壳运动引起的。地壳中坚硬的岩石受到力的作用，发生了形状的改变，有时甚至发生破裂现象，于是地震就产生了。

大地的振动是地震最直观、最普遍的表现。然而，这只是比较轻微的地震现象，级别高的地震还会造成另外的一些灾害。据统计，从 1900~1979 年的 80 年间，全球共发生了600 次地震，这些地震大都产生了许多次生灾害，比如：火灾、水灾、海啸、山崩、火山爆发等，这些次生灾害与地震一起夺走了无数人的生命。其中，地震海啸是这些灾害中最为人所惧怕的。地震海啸就是在海底或滨海地区发生了强烈的地震后，继而产生的巨大海浪。这种灾害虽不太容易引人注意，但却常常造成比地震更为严重的损失。1923 年的日本关东大地震就产生了巨大的海啸，造成的损失不计其数。

1923 年 9 月 1 日，日本的东京到横滨的关东平原一带天气异常炎热。当时虽然已过盛夏，但难熬的秋老虎却不让人们清凉，闷热的天气让人心烦意乱，总觉得有什么事要发生。到了中午时分，正在家家户户炊烟缭绕的时候，灾难来临了。日本海的海底发生了一次强烈的地震，几分钟之内，往北约 80 千米的东京和横滨市的许多建筑物就变成了一片瓦砾。在东京，许多家庭正在他们传统的炭炉上烧饭，地震使得炉灶翻倒，引起了大火。火势从城市的木房屋中蔓延开来，越来越旺。惊恐的人们纷纷逃出家门，结果却发现自己已经被围困在了火墙之间。这时候，第二个灾祸接踵而至：一阵恐怖的海啸从海湾中涌起，横扫海岸，顷刻就将上万座小山瓦解，其中一座山崩解时直冲进根府川村，村民们没有一人幸免于难。海啸带来了大风，使火燃得更旺了。大火迅速将东京的高等工业学校和一个军服仓库化为灰烬，无数的居民建筑毁于一旦。火灾还没停息，海啸带来的洪水又呼啸而至。一列载有 200 多名乘客的火车被洪水冲走，坠入了相模湾底，乘客无一人生还。

无疑，这次地震造成的损失是巨大的。据灾后统计，全东京 70 万户人家的住宅几乎全被毁坏，死亡人数达到了 13 万，这真是空前的大劫难！关东地震使日本的工程师和建筑师们认识到设计抗震建筑物的紧迫性，他们努力的成效在 1987 年显示了出来，这一年的东京大地震只致使 2 人死亡 53 人受伤。

1995 年日本神户地震

地震是一种危害巨大的自然灾害,人们曾想出许多办法来加以防避。除了地震专家们使用精确的地震观测仪器对地震进行观察预测,并迅速向可能发生地震的地区报告,让其提前做好防震准备外,还有一个十分重要的防震措施,那就是在经常会发生地震的地方修建坚固的防震建筑。但这样坚固的建筑物能否抗得住地震的攻击,往往要由地震的震级来决定。有时人们会觉得,在大自然面前,人的力量真是十分的渺小! 在这点上,1995 年发生在日本神户的一次强烈地震就是一个最好的说明。

在神户发生地震之前,几乎没有人认为有灾难发生的可能。人们普遍认为,即便是发生地震,也不会造成多大的损失。为什么当时的人们这么自信呢? 原来,作为日本第二大港的神户是在第二次世界大战后重建的,那里所有的建筑物、桥梁和道路据说都极能抗震,对付一般的地震绝对不成问题。这种信心一直到灾难发生时才被摧毁。

1995 年 1 月 17 日,神户的居民们突然发现,以前的那些充满自信的断言是多么的不真实。清晨 5 时 46 分,灾难来临了。一阵紧似一阵的强烈地震摇撼着整个神户,神户城就像一艘在大风浪中行驶的小船,一会儿被拱到了浪尖,一会儿又被抛到了谷底。建筑物被连根拔起,继而轰然倒下,根本没有丝毫的抵抗力。街道被撕裂,形成了无数的大裂缝,那样子就像猛兽张开的巨嘴,正大肆鲸吞着地上的生灵。倒塌的建筑物破坏了供电线路,整个神户陷入了黑暗之中。紧接着,缠绕在一起的电线发生了短路,大火开始熊熊燃烧。恰在这个时候,"风婆"又赶来凑热闹,大火借着风势燃得越来越旺,整个神户顿时又陷入了一片火海之中。由于灾难发生在凌晨,许多市民都是在睡梦中被惊醒的。人们惊恐地逃出家门,想寻求避难之地,谁知外面更是无路可逃。也有一些懂得避难的人在知道地震发生后,迅速躲进了建筑物的墙根处,这才避开了一次大难。因为电力的缺乏和废墟上空烟雾的弥漫,急救部门的救援行动受到了很大的阻碍,救援工作一直等到第二天白天才稍微有所进展。然而,第二天弥漫的大雾同样使得救援工作困难重重。而且,大震后的数天内,神户又发生了几次较小的余震,这就更使得救援无法顺利进行。地震发生后,神户的天气又骤然变冷,当时的气温下降到了 0℃ 以下,成千上万无家可归的人不得不在帐篷里避难。据灾后统计,在这次地震中,大约有 5000 多人丧生,2.7 万人受伤,37 万人无家可归!

灾后的神户花了数年的时间才得以重建,它的经历迫使全世界对地震的破坏力作新的审视。

1964 年安克雷奇地震

为什么有的地方经常会发生地震,而且一发生就是大地震,而有些地方却几乎从来没有发生过地震呢? 这就涉及了地球上的"地震带"位置的问题。什么是"地震带"呢? 在地球上,大部分地震高发区是呈带状分布的,因此称作"地震带"。地球上共三个主要的地震带,它们分别是:环太平洋地震带、欧亚地震带和中洋脊地震带。欧亚地震带从地中海北岸开始,包括意大利半岛、西西里岛,经土耳其、伊朗、巴基斯坦、印度北部直到我国的康藏边境,世界上大约有 15% 的浅层地震、10% 的中层地震和极少数的深层地震发生在这个地震带上;中洋脊地震带主要在各大洋的洋脊上,这个地震带仅包括全球大约 5% 的地震,而且多为浅层地震;环太平洋地震带是地震发生次数最多的地震带,它包括沿太平洋的岛弧、山脉及深海沟,世界上大约 80% 的浅层地震、90% 的中层地震和几乎全部的深层地震都发生在这些地方。

安克雷奇地震

　　1964 年的安克雷奇地震就是一次发生在环太平洋地震带上的大地震。这次地震发生的日子有些特别——那天是西方著名的"耶稣受难日"。事后人们回忆说:"那是基督耶稣要人类体会他当年代人受罪时的痛苦感受!"灾难发生那天,阿拉斯加州的最大城市安克雷奇阳光明媚,由于恰逢假期,市民们有的在郊外野餐,有的在海里扬帆破浪,大多数市民都在室外欢度着假日。大约在下午 5 时 30 分的时候,一场大地震悄悄来临,它马上就打破了宁静祥和的假日气氛,人们都感觉到整个安克雷奇发生了剧烈的摇动。惊恐之后,大家开始四处逃散。

　　由于地震的中心位置是在距城东 130 千米的威廉王子海湾,因此整个震动过程只持续了 4 分钟。但就是这短短的 4 分钟,就足以使得城市的主干道裂出了一条宽 50 厘米的大缝,完整的地面分成了两半,其中一半甚至下沉了约 6 米深。不仅如此,阿拉斯加州南海岸的一个悬崖由于受到地震波的冲击,竟然滑入到深海中。强烈的地震发生后,巨大的海啸又随之而来,海啸在强风的帮助下冲上海岸,将岸上的船只挨个高高卷起,在一段空中旅行后,般只们又重重地砸在居民建筑上。令人惊奇的是,虽然经历了这样一次毁灭性的地震,但全城仅有 131 人死亡,远比其他类似的灾难造成的损失小,原因在于:那天刚好是假日,地震发生时人们都处在开阔地带。

　　尽管伤亡不大,但地震对安克雷奇乃至阿拉斯加州造成的经济损失还是巨大的。事后,当地政府加大了对防震抗震措施的投入,以期望在下次地震来临时,人们躲过灾难不是由于侥幸。

1960 年智利地震海啸

　　1960 年,在智利沿海地区发生了一次地震海啸,那是迄今为止世界上最大的地震海啸,它造成了巨大的灾难。直到今天,深受那次海啸危害的人们只要一提起那次灾难,都会不寒而栗。的确,1960 年的智利地震海啸太可怕了! 它再一次地向人类展示了自然界的破坏力。

　　灾难发生在那年的 5 月 23 日。其实,从 5 月 21 日起,在智利中南部的西海岸就已经发生了几次小的地震海啸,只不过这几次的震级不够大,并没有产生多大的破坏力。后来,震级逐渐变大,到 5 月 23 日时,竟然达到了 8.9 级。强烈的地震使海水慢慢翻滚起来,最终变成了汹涌澎湃的海啸。科学家们在灾后对智利近海进行了一次考察,找到了引发这次地震海啸的原因。原来，在智利近海发生了一次较大的地壳运动，它的力量如此之大，竟然将海底一块大约 50 平方千米的地块很快就抬升了 10 米，实在是骇人听闻！

智利地震海啸

海底的大块土地很快上升，必然会导致大海变得狂躁不安。据当时的目击者说，海啸引起的波浪最高为 25 米，就像一堵大墙朝海岸扑来，海浪冲击波的力量之大，不仅完全毁损了智利沿海的一座城市，将它的一半建筑变成了瓦砾场，而且冲毁了上百座防波堤，停泊在港口的两千多只船全部都被打得稀巴烂。在这次灾难中，智利大约有 900 多人丧生，直接经济损失达到了五亿多美元。

与其他地震海啸相比，1960 年的这次地震海啸有显著的特点——波及范围特别广。巨大的海啸波不仅在智利沿海施虐，而且横扫整个太平洋，力量所及，连日本和夏威夷也难逃劫难。海啸波 22 个小时之后就传到了日本，将日本沿岸的一些小镇夷为了平地，引起了巨大的火灾。美国夏威夷受灾更为严重，海啸波竟然将希洛湾内一块十吨重的玄武岩抛在空中，它飞出上百米之后，又重重地砸在一座钢质铁路桥上，硬生生地将铁路桥推离基座 200 多米远，其他的损失也一样惨重。在那次灾难中，夏威夷共毁损建筑 5000 多座，60 多人死亡，将近 300 人受伤，经济损失上亿美元。

如同其他地方发生的地震海啸一样，这次地震海啸同样引发了许多次生灾害，比如泥石流、火山爆发等。在智利的瑞民特湖附近，强烈的地震使得那里发生了三次大滑坡，数千万立方米的泥石流一泻而下，落入瑞民特湖中，顷刻间就使湖水涨高了 24 米多。陡涨的湖水从湖岸漫出，很快就将离湖区不远的伐尔的维亚城变成了一片汪洋。火山爆发的例子则是智利著名的死火山普惠火山的爆发。本来它从 1905 年起就一直处于休眠状态，但是地震之后，它又一下苏醒了，发生了强烈的爆发，而且一连喷发几个星期，使得附近的天空一直都乌云蔽日，毫无光亮。

1987 年孟加拉大洪水

1987 年的 7 月到 8 月间，孟加拉国境内连降大暴雨，造成恒河决口，死伤人口数以千计，几百万公顷的良田淹没在一片汪洋当中，上百万间房屋以及近千座桥梁和涵洞被冲毁，损失极为惨重。

这年的 7 月 19 日深夜，晴朗了很久的孟加拉国首都达卡上空突然乌云密布，狂风怒吼，电闪雷鸣。正在沉睡中的达卡市民们被惊醒了。他们起初以为就只是一场暴风雨。谁知，天上的雨越下越大，无情的狂风将树连根拔起，大雨从天上一泻而下，天连水，水连天，地面变成了一片汪洋。居民们的房屋开始在风雨中摇晃起来，不多久，无数的房屋就倒塌在暴雨当中。

这场暴雨造成了巨大的损失。据统计，至少有 3 万户人家流离失所，种有农作物的上万英亩耕地遭受严重破坏。受灾最严重的地区是达卡西北 144 千米的贾马尔普尔县内的 5 个区，其次是达卡西南 115 千米的纳赖尔县。暴雨使那里的房屋几乎全部被洪水吞没,上千名居民无家可归。然而这仅仅是个开始,暴风雨并没有因为人们的痛苦而有丝毫的减弱,它仍是下个不停,各地的水灾变得越来越严重。到8月2日的时候,在将近半个月的时间里,洪水共袭击了全国64个县中的25个县,受水灾影响的人口达2000万。就算是这样,洪水这个"魔头"似乎仍然没有过够瘾,孟加拉国境内许多河流的水位仍在继续上涨,更惨的是,同样遭受水灾的印度的洪水也漫延到孟加拉国,很快就使孟加拉国一些河流的水位超

孟加拉大洪水

过了警戒线。情况紧急,如果再不采取果断措施,全国将会毁于一旦。在这紧急关头,孟加拉国政府调集部队,部署在超过警戒线的几条河流岸边,日夜巡防,全孟加拉国都行动了起来,与"洪魔"展开了斗争。然而,一个月过去了,到8月20日,首都达卡及周围地区的灾情仍在继续恶化,流经达卡市的布里甘加河的河水继续上涨,水位已越过警戒线45厘米,这个城市就快陷入孤立无援的境地了:洪水切断了达卡同北部县的公路交通,同西北部及西南部的铁路联系同样被洪水冲断。更让人焦急的是,由于受洪水影响,孟加拉国的世界最大的黄麻加工厂被迫停工关闭,仓库中储存的黄麻几乎全被洪水浸泡,经济损失不可计数。

经过全国人民的英勇抗争,洪水终于在那年的10月逐渐退去。然而,损害已经造成。据事后统计,在1987年7月到9月间,孟加拉国有2000多人死亡,2.5万头牲畜淹死,200多万吨粮食被毁,千万间房屋倒塌,大片的农作物受损,直接经济损失上百万美元。如此惨重的教训,让孟加拉国政府在以后的日子里不得不加强了防洪抗灾的各项建设。

2004年加勒比海地区大洪水

洪水灾害不仅是历史上常有的事情,而且至今仍然严重威胁着人类的生命和财产安全,2004年发生在加勒比海地区的大洪水就是一个绝好的说明。2004年5月,加勒比海地区连降暴雨。由于降水量过大,海地的索莱依河很快就超过了它的警戒水位,沿岸的部分堤坝被洪水冲垮,大量的居民房屋被洪水卷走,无数的良田被淹没,海地与多米尼加两国人民的死伤数目在很长时期内都无法统计,可以说是21世纪初期的重大灾难之一。

多米尼加的部分地区和海地的东南部地区是加勒比海地区洪水泛滥的重灾区。在多米尼加,至少14个城镇被不同程度地淹没,一些地区的地面积水已经达到了20厘米,这些受灾地区的电话线路也完全中断,在海地,洪水冲走了海地东南部的大片庄稼。由于连日的暴雨,在东南部山区还发生了好几次严重的泥石流,泥石流冲毁了大量的村民住宅和乡间

加勒比海地区大洪水

公路,以至于这些地方无法与外界联系。

这次灾难之所以会造成那么严重的后果,原因就在于当地经济的落后状况。落后的经济状况主要体现在受灾地区居然连基本的,如收音机之类的通讯设施都没有,以至于当地人根本就无法收到政府的警报。在索莱依河的水位涨到警戒线、降雨量不断增大的时候,多米尼加政府于 5 月 25 日通过广播向该河沿岸的居民发出预警,告诉他们河水很快就会冲破河堤、淹没村庄,让他们立即转移。然而,由于多米尼加政府没有执行派部队紧急疏散和挨家通知的措施,再加上上面说到的原因,那里的人们根本不知道大难就在眼前,仍然平静地生活着。5 月 25 日的夜晚,灾难终于降临到那里人民的头上。洪水越过了索莱依河的警戒线,并且很快就将河两边的堤坝冲垮,汹涌的洪水就像一个恶魔般一口便将还在睡梦中的人们吞进了肚里。同样,在多米尼加首都西部 160 多公里、邻近海地的希马尼地区,也是这次洪水泛滥的受害地区。洪水也是在深夜来到这个贫困落后的地区,那里的人们同样睡得十分香甜,也是一点准备都没有就被洪魔吞下了肚。

洪水暴发后,两国立即派出了大量的救援人员进行抢救。5 月 26 日,海地的救援人员来到马波市,从泥浆和洪水中打捞起 1000 多具尸体,这时已知的两国遇难总人数已经到了 2000 左右,其中海地有 1700 人死亡,多米尼加有 300 人死亡。另外,还有大量村民无家可归。根据多米尼加和海地的报告,两国共有 1.6 万人成为灾民。他们当时就寄居在尚未被洪水淹没的山区、城镇,其中很多灾民只能依靠教堂提供的救助物资生活。

1900 年加尔维斯顿飓风

我们前面曾经说过,飓风是一种能造成巨大灾害的自然现象。简单地说,飓风就是重量达到亿万吨的流动空气团,这个空气团散布在半径约 500 公里的范围之内。飓风还有其他的一些名称,比如:在西太平洋,它被叫作"台风";在澳洲,它被叫作"畏来风"。不过,无论如何称呼,都改变不了飓风具有强大破坏力的事实。

1900 年的 9 月 8 日,一场时速 190 千米的飓风席卷了美国得克萨斯州的加尔维斯顿。在这场飓风袭击中,共有 6000 人丧生,因此这次飓风袭击被说成是美国历史上最具破坏力的一次。

得克萨斯州的加尔维斯顿市位于一个小岛上,它与美国大陆相连接的途径是一条长 3.2 千米的堤道。这个小岛在历史上就曾多次被飓风光顾过,只不过头几次飓风的威力并没有多大。1900 年 9 月 8日,飓风让那里的人尝够了苦头。那天,飓风以每小

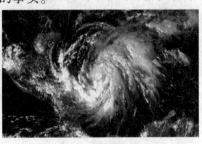

加尔维斯顿飓风

时 150~200 千米的速度袭击了这里,造成了巨大的生命财产损失。起初,飓风一直在大西洋中逗留。过了一段时间,飓风掉转脑袋,越过墨西哥湾,以每小时 217 千米的风速,突然向加尔维斯顿袭来。狂风掀起了 7 米高的排头浪,远远望去,就像一堵银白色的高墙,煞是引人注目,许多加尔维斯顿的居民经不住吸引,轻率地走到海边去观看,结果上了飓风的当,当场就有数以千计的人由于来不及逃离,被巨浪卷下去。在海边施暴之后,飓风仍不满意,于是它就开始向城市进攻了。由于劲头十足,飓风所到之处,无不是摧枯

拉朽,有的房屋甚至被连根拔起,在高空盘旋很久之后才又被重重地摔在远处的房屋上,巨大的坠力将两座房屋都变成了碎片。飓风在城市上空肆虐了18小时之后才慢慢向北转移,风势也逐渐变小。经过这一番"乱歌狂舞",飓风又造成了600多人死亡,600多人受伤的巨大损伤,整个城市也在很短的时间内被毁了大半。

天灾才过去,人祸又来临。在整座城市几乎全毁之后,因为救援不及时,没有死于这次风暴的幸存者开始死于饥饿和干渴。这真是不幸之中又遭不幸!

2003 年美国"伊莎贝尔"飓风

2003年,名为"伊莎贝尔"的飓风在美国的东海岸登陆。这个飓风的时速高达每小时160千米,伴随飓风的则是250毫米的中雨。大风和中雨使得美国的北卡罗来纳州和弗吉尼亚州南部断电达30小时之久,那两个州当时就如同两艘风雨飘摇中寻找灯塔的小船。

"伊莎贝尔"飓风在大西洋上空时的风速为每小时260千米,属于美国标准的最高级——5级飓风,在登陆时,"伊莎贝尔"已降为2级飓风。然而,气象专家们却提醒人们,千万不要掉以轻心,他们指出,比起5级飓风来,2级飓风的确威力小得多,但是它仍然可以严重破坏房屋、电线和无线发射塔,刮倒树木则更是不在话下。实际情形与气象专家们的预测相去不远。"伊莎贝尔"登陆时在北卡州的沿海掀起了惊涛骇浪,并且伴有阵阵倾盆大雨。街上的树木

"伊莎贝尔"飓风

都被吹得四处飞散,一些主要的街道被雨水淹没,行人不得不牵着手、弓着腰缓缓前行。在这次飓风袭击中,美国东海岸有至少29人丧生,近600万户居民的电力供应很长一段时间内都没有得到恢复。据美国消费者联盟的估计,"伊莎贝尔"飓风在这里可能造成了约五亿美元的损失。

飓风在东海岸肆虐一番后,转头跑到了首都华盛顿。那天中午,华盛顿就开始刮风下雨。由于早已接到了警报,绝大部分联邦政府机构、大中小学校等全都关门大吉,整个华盛顿街头空无一人。裹挟着大雨的飓风导致电力中断,以至于快到晚上时,整个华盛顿城"鬼影幢幢",情形十分恐怖。到了那天晚上,在华盛顿逗留的"伊莎贝尔"风力已经接近了每小时112千米,这种情况更使得华盛顿人民人人自危。由于担心发生洪水,一些居民用沙袋堵住了屋门,而超市和商店的日用必需品则早已被抢购一空。由于学校和机关关闭、交通停滞,往日华盛顿市中心熙熙攘攘的景象全都看不见了,道路上虽然偶尔可以看到几辆汽车开过,但总的说来,这里就如在国会山工作的约翰·马布尔说的那样:"像一座鬼城"。最终,飓风在华盛顿造成9人死亡,250万户家庭断电,1500架次航班被迫取消的严重后果。

在减弱了一些气势后,"伊莎贝尔"穿越美国抵达了加拿大。这时候的美国本土东海岸各地已经开始了灾后清理工作。美国政府对受灾最严重的北卡罗来纳、弗吉尼亚及马里兰州启动了紧急援助计划,70多辆载有急救物资的卡车紧急开往受灾地区,美国海岸

警卫队的直升机也沿着飓风路线进行巡逻,以搜救被洪水围困的居民。经过全力的营救,估计美国已经将损失降到了最低。

1999 年美国"弗洛伊德"飓风

如果让飓风在地球上选择"旅游"的地方,它首先要选的就是加勒比海地区和孟加拉湾,其次是中美洲、美国、印度,最后是南大西洋。其中,飓风最爱光临美国,由于飓风的经常光临,美国有了"龙卷风之乡"的别称。

1999 年 9 月,代号"弗洛伊德"的飓风袭击了美国东部地区。"弗洛伊德"是 9 月 14 日在美国东南部沿海登陆的,它一路北上,先后袭击了佛罗里达、佐治亚、南卡罗来纳、北卡罗来纳、纽约等州及首都华盛顿,一路上可说是所向披靡。专家们对"弗洛伊德"的到来普遍感到焦虑,据他们说,风力高达每小时 250 千米的"弗洛伊德"虽属第四级飓风,但已非常接近第五级。1992 年的"安德鲁"飓风,其直径只有 40~50 千米,在美国登陆后仍造成 16 万人无家可归、40 人死亡的严重后果;"弗洛伊德"的直径则高达 200 千米,登陆的后果是不堪设想的。

"弗洛伊德"飓风

"弗洛伊德"登陆后的表现证明专家们的焦虑是有道理的。它以每小时约 200 千米的速度前进,24 小时内就袭击了南卡罗来纳州和佛罗里达州中部地区;两天后,风速虽然降到了每小时 100 千米,但是"弗洛伊德"却转变成了更强烈的热带风暴。由于灾难降临得太迅速,当地政府不得不强制撤离居民,这个措施使得佛罗里达州的许多避难所和汽车旅馆在一天的时间内就挤满了人;这段时间里,电视台专门播出了介绍躲避飓风袭击知识的节目,这些知识包括在撤离前给自己的住宅拍照,携带个人资产的有关凭证,以便日后向保险公司索赔等。尽管采取了许多的措施,飓风仍然恣意横行,所到之处暴雨连连,许多地方变成了汪洋;交通堵塞,供电中断,人们的工作和生活受到了严重影响;人们在商店里排起了长龙,等候购买防风物资、罐头、瓶装水等生活必需品,以做好与飓风打持久战的准备;当地的一些游轮也只能离开港口另寻安全水域。

不仅普通人家受到了严重的损失,就连一些大的国家机构和商业机构也关门大吉。由于"弗洛伊德"威力太大,位于佛罗里达州中部的迪斯尼乐园被迫宣布关闭,这是这个乐园自开业以来的首次关闭;另外,位于佛罗里达州卡纳维拉尔角航天发射中心的航天飞机发射架和存放航天飞机的机库也在飓风的威胁下被迫封闭,那里的 12500 名职员暂时撤离,也是为了躲避时速高达 240 多千米的飓风袭击。

也许,如此威力巨大的飓风,其破坏力只有 2003 年的"伊莎贝尔"飓风能与之比"美"。

1990 年澳大利亚干旱

在大自然中,有两种极为相似的自然灾害,它们分别是干旱和旱灾。表面上看来,这两种自然灾害的区别不大,因为只要干旱给人们的生活造成了灾害,那它就可以成为旱灾。其实,在自然科学中,干旱和旱灾是两个不同的概念。干旱和旱灾虽然都是指大自然中的淡水总量少到了不足以满足人们基本生活需要的现象,但是干旱一般是一种长期的现象,而旱灾则属于偶尔发生的自然灾害。因此科学家常说:在某某经常下雨的地方发生了罕见的旱灾,而在某某地方则是常年的干旱少雨。

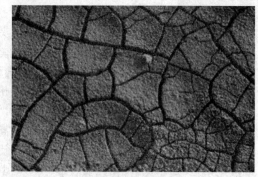

澳大利亚干旱

在旱灾和干旱造成的灾害中,最严重的当数土地的荒废和沙尘暴。而且,如果这些干旱的土地还不能得到及时治理,其干旱化的程度越来越加大,那么人类将要面临的后果就如同一句公益广告词说的那样:人类看到的最后一滴水会是自己的眼泪!下面,我们就来看一看 1990 年澳大利亚的那次旱灾。

1990 年,澳大利亚的昆士兰州发生了一次历史上不多见的旱灾。在那年开始出现干旱的时候,勤劳质朴的澳大利亚农民认为这只是老天爷在耍小脾气,加上他们早就对恶劣的气候条件习以为常了,所以他们并没有对土地的干旱持失望态度。相反,他们倒认为这说不定是个好现象,因为干旱一下,接下来就应该是甘霖和雨露!然而,澳大利亚的农民们这次错了。老天爷并不是耍小脾气,他是真发怒了——整整四年时间,昆士兰州的天空总是万里无云,烈日当空,丝毫就没有下雨的迹象。

澳大利亚的前一次严重干旱发生在 1982~1983 年之间。那个时候,两年时间没有下雨,雨终于来临时却又是倾盆大雨,结果造成了严重的洪灾。这次干旱同样危害巨大。在这段干旱时期里,据统计,有上百万只羊被屠宰,而原因就在于根本就没有足够的水可供它们饮用;羊杀光了,大量的牧民没有了赖以为生的活计,只好背井离乡,到陌生的城市寻找工作;那些留下来的人为了继续生存,只好从其他的一些地方引水,因为湖泊和水井都干涸了。不仅仅是畜牧业受到影响,澳大利亚的农业也受到了严重的影响,在四年的时间里,澳大利亚这个人口不多的国家居然从外国进口了大量的小麦。据说,这是澳大利亚被英国作为殖民地以来,第二次发生这样的状况。人都难以生存下去,更别说是动物了。澳大利亚的"国宝"袋鼠,由于找不到水源,只好狠命地啃草地。草被啃吃得太多,最后就只剩下一片光秃秃的沙地,大风吹起时,往往卷起一阵黄风,发生沙尘暴的危险又在眼前了。

1970 年萨赫勒干旱

萨赫勒是撒哈拉沙漠南部的一条 5000 千米长的条带状地区,这一地区西到毛里塔尼亚,东抵埃塞俄比亚,横贯整个非洲大陆。这块非洲大陆上少有的农业地带,在 20 世纪的 70 年代曾遭受了很长一段时间的严重干旱,以至于直到现在,这一地区仍然没有恢复元气,长期处于贫困落后的状态中。

其实,在 20 世纪的 60 年代以前,萨赫勒地区也曾是一块雨水充沛、粮食产量较多的地区。那个时候的萨赫勒地区虽然也会有干旱的时候,但是"老天爷"在一段时间的干旱之后,接着就会发善心,猛降甘霖,一到那时,雨水就十分充足。正是这些充足的雨水使得这一地区比起非洲其他地方来,农业较为发达,人民生活得也好些。但是,不知道为什

萨赫勒干旱

么,"老天爷"在 1970 年以后就不再发善心降雨了。从那一年以来,萨赫勒地区的人们几乎每年都在与干旱做斗争。由于十多年滴雨未下,那里的田地早就变成了荒原,人民也处于疾病与饥饿之中。

到底是什么原因导致萨赫勒地区久旱不雨呢? 对这个现象,现在有两种解释。第一种解释是:萨赫勒地区之所以会久旱不雨,原因在于那里的人无限度地使用土地,终于导致了土地的"变质"——沙漠化;第二种解释是:印度洋温度的升高导致了萨赫勒的干旱,提出这种解释的是美国的一位气候动力学家阿历桑德拉·吉阿尼尼。吉阿尼尼在杂志上发表文章说,他通过建立两个新气候模型研究得出,在过去 70 多年里,萨赫勒地区的植被、温室气体量和地表特征等都没有改变,这说明萨赫勒地区降雨量的减少是受近年来热带海洋温度升高的影响。对萨赫勒地区的降雨量起作用的是热带大西洋温度的变化和印度洋温度的变化,其中,印度洋温度的升高是萨赫勒地区长期干旱的最重要原因。这一结论也得到了德国基尔大学的气候动力学家莫吉布·拉提夫的赞同,他建立的另外一个模型也支持了吉阿尼尼。他们认为,萨赫勒地区在热带海洋温度升高时的干旱程度,比温度较低时的干旱程度显得严重得多,而印度洋温度的改变对萨赫勒地区的干旱影响最大。

自从萨赫勒地区陷入干旱的灾难之后,国际上的各种慈善组织就展开了救援活动。然而这些救援活动并没有取得预期的效果,因为在救援工作展开的同时,非洲大陆正在进行着各种战争,因此,救援组织面临着一个最大的障碍,即运输救援物资时的安全问题。另外,要想从根本上解决干旱问题,必须依靠现代科学技术,而这些技术的开发和使用需要大笔的资金。看来,萨赫勒地区的问题需要世界上的发达国家施予援手。

1908 年通古斯大火球

1908 年 6 月 30 日凌晨,在西伯利亚的通古斯地区,从天空中飞来了一个大火球,并且发生了震天动地的大爆炸,这就是著名的通古斯大火球爆炸事件。

事件发生后,当时就有人在《西伯利亚报》上发表了一篇题为《最奇特的自然现象》的文章,此人在文章中写道:"坐落在西北部的尼津·卡尔兰斯克村农民们看到,地平线很高的位置上出现了一个人眼难以接受的强烈发光物体。它的光呈白色偏蓝,外形是圆

柱形,从上至下运动达 10 分钟之久。当时天空清澈,能见度好。不久,此物运动方向的地平线上出现了一个黑色的云柱,很快,气温变得灼热干燥。当发光物体接近地面时,它看上去好像要裂开,从中还进出一团黑烟聚成的巨大星云,不久,传来一声巨响,好像一堆巨大的石头或一发巨型炮弹落地的声音。大地在震荡,所有建筑随之左右晃动,同时,烟云中涌出条条火舌。这时所有的人都以为世界末日已经到来了。"这段描写可以说是对通古斯火球爆炸时情况的准确描述!

通古斯火球发生爆炸时,还有许多的目击者。在许久的惊慌和恐惧之后:他们向别人讲述了当时的情景;通古斯火球发生爆炸的地点是在贝加尔湖西北 800 千米的西伯利亚中部地区,时间大致是在那天上午的 7 时 15 分,那些目击者当时正在田地里耕作。突然,他们听到一声震耳欲聋的巨响,被这声巨响所吸引,他们都不约而同地朝声响处望去,只见爆炸地点的上空升起了一个比太阳还要明亮的大火球,接着,一个圆柱形的蘑菇云腾空而起。当目击者们都低下头,用手捂住眼睛时,他们感觉到大火球释放出来的热量简直就要把自己变成烤肉;方圆几十千米内的森林也在瞬间化为灰烬,燃烧的浓烟上升到到二十多千米的高空;村庄中的许多牲畜立即就被烧死在圈中;爆炸形成的冲击波把牧民们的帐篷刮得不知去向。

通古斯火球爆炸不仅仅对爆炸地产生了巨大的破坏,还影响到了远一点的地方。通古斯火球发生爆炸时,将近 1000 千米的地方都能听到爆炸的巨响。事后有人测算,火球爆炸时释放的能量相当于上百枚原子弹爆炸所产生的能量,因为远在英国的一个气象中心监测到,当时的大气压剧烈波动了接近半个小时之久。在火球爆炸 5 个小时之后,强烈的气浪越过北海,往西到达英国伦敦,使得那里的电灯骤然间全部熄灭;同一时间,已是深夜的瑞典首都斯德哥尔摩,有人看见了如同白昼般的亮光。

从通古斯火球爆炸直到今天,世界上有许多的科学家,提出了上百种解释,试图揭开火球爆炸之谜,但至今未能有完全令人信服的解释。

1966 年阿拍迈滑坡

迄今为止,人类仍然面对着两个"泥土敌人",它们分别是滑坡和泥石流。相对于泥石流灾害来说,滑坡灾害的发生显得不太常见。然而,由滑坡所造成的危害却不能被忽视和小看,它依然是一种威胁着人类生命财产安全的严重自然灾害!

滑坡是大自然中的一种山坡地质灾害,在地质科学上,它指的是在斜坡地表上的土石体的一种重力运动形式。滑坡发生的条件与泥石流有相似之处:它们均需要大量的雨水作诱因。一般情况是这样的,在滑坡发生前,斜坡上的土壤已经吸收了大量的水分,处于饱和状态,因此,只要有少量的雨水就可以引发滑坡的发生。

滑坡灾害的发生具有难以预测的特点,一般情况下没有十分明显的征兆,因此只要一发生滑坡,就会显得来势非常迅猛,人们很难躲避,造成的危害也就非常的大。1966 年秋天,位于英国格拉摩根郡南部的阿拍迈村发生了一次滑坡灾害。那年的秋天是个多雨的季节,阴雨连绵的天气总让人觉得有什么事情要发生。果然,10 月 22 日,灾难降临了。那天早上,阿拍迈村的小学生们已经端坐在自己的座位上,正在等着老师来上课。这座位于一个堆放着大量煤矿矸石的大斜坡下的学校显得秩序井然。但是,学生和老师们都不知道，一场灾难就在眼前！上午9点刚过，已经被雨水浸透的煤矿矸石开始从斜坡上滑下，铺天盖地地朝学校扑来。在短短几分钟时间里，整个学校就被淹埋在了黑色的煤渣泥浆下面。救援人员很快就赶到了这里，然而，面对着如山的淤泥，救援人员似乎也不知从何处着手去清除，天上仍在下着的雨则使救援工作更加难以展开。救援人员只好求助于熟悉学校布局的当地人，最后，在当地人的指导下，救援人员终于将受难者的尸体挖了出来，而这时离灾难的发生已经有十来个小时了。这次灾难造成的损失是惨重的，据事后统计，共有28个成人和116个儿童丧命在黑色泥浆之中。

世界上许多国家的人都通过电视节目观看了抢救的全过程，那个场景是令人触目惊心的！然而，后来人们了解到，这次灾难本来是可以避免的。造成现在的后果，虽然是天灾，其实也是人祸，因为当地政府早就知道矸石场很不安全，早应该将其迁走。但是，这些人却由于许多不能告人的原因，没有这样做，最终导致了灾难的发生。阿拍迈灾难发生后，世界各地纷纷提供援助，700多万英镑被筹集并用作救济基金，但由于损失的惨重，这些钱对于受难家庭来说还是太少了。或许更为重要的是，人们必须认识到，自己的某些不作为会带来某些灾难性后果。

1998 年意大利那不勒斯泥石流

在地质科学上，泥石流首先是一种介于流水与滑坡之间的地质作用，由于它的破坏力大，因此常被看作是一种严重的自然灾害。要对泥石流有一个准确的认识，需要从以下方面去看，那就是：泥石流的形成过程和它的危害。我们先要了解的是泥石流的形成过程。

我们经常可以看见，当泥石流排山倒海一样往山下飞奔时，在黏糊糊的泥浆中会夹杂着许多巨大的岩石块。其实，构成泥石流的主要成分就是土和石头。原来，泥石流的源头都是一些植被不好的光秃秃的山谷，那里的岩石在自然界的风化作用下，时间久了就会慢慢崩解成无数的小石块和沙土，这些小石块和沙土就成了泥石流的"原材料"。然而，光有这些"原材料"，没有雨水的作用，泥石流也不能形成。为什么呢？原因在于只有经过雨水的浸泡作用，小石块和沙土才粘在一起，形成黏糊糊的泥浆，再加上这些泥浆的地势较高，由于重力的作用，泥浆就慢慢向下运动起来，泥石流就形成了。

接下来看看泥石流的危害有多么的大。其实，一点泥浆本不足以造成多大的危害。然而，当泥石流从它的"源头"出发后，它会经过一个又窄又陡的深谷，这个深谷被地质学家称为泥石流的"流通区"，由于这里的陡峭地势，当泥石流流过时，便获得了很大的能量，越过这一区后，泥石流的速度会越来越快，因此也就会裹挟越来越多的泥土、石块朝山下奔去，这样壮观的泥石流所具有的杀伤力就可想而知了。让我们来看一个例子吧。1998年5月6日，意大利南部的那不勒斯地区发生了一次非常罕见的泥石流灾难，造成100多人死亡，200多人失踪，2000多人无家可归的惨剧。在这场灾难之后，留下了许多悲惨的故事。其中的一个是这样的：灾难发生那天晚上，56岁的萨尔诺村村民福尔斯勒早已睡下。突然，他被门外传来的一阵怪声惊醒，于是就起身开门察看。然而，就在福尔斯勒开门的一瞬间，门外忽地涌进一股巨大的泥石流，年老体衰的福尔斯勒立刻被冲倒在地，泥浆很快就淹到了他的脖子。看到这个情况，福尔斯勒的太太惊慌失措，忙不迭地伸手到泥浆中去拉她的丈夫,然而,越来越多的泥浆涌了进来,如果她不逃,两个人都会死掉,于是她只好跳到了桌上,眼睁睁看着自己的丈夫淹没在泥石流之中。许多人就这样被泥石流无声无息地淹没了。没过多久,萨尔诺村就变成了一片泥海。

泥石流造成的危害是巨大的。然而,人类也要看到,如果没有植被的破坏和水土的大量流失,怎么会有在雨量增大时就要产生的泥石流呢?

20 世纪 80 年代的非洲大饥荒

在 20 世纪的 80 年代,世界各地都有一个喊得十分响亮的口号:"救救非洲"。这个口号的历史和社会背景就是 80 年代的非洲大饥荒。

20 世纪 80 年代的非洲,之所以会出现有史以来地球上最大的饥荒,是许多方面的原因共同导致的。首先,非洲是一块十分干旱缺水的大陆,这种状况在 20 世纪 80 年代显得尤其严重。非洲大部分地区均属于热带草原或热带沙漠气候,降水量很小,被人们称为"阳光灼热的阿非利加洲"。在非洲大陆上,50%以上的土地年降雨量在 500 毫米以下,33%的土地年降雨量只有不足 200 毫米。另外,非洲的干旱也有人为因素。现在到非洲去,除了大片大片的沙漠之外,人们很难见到绿色的草原和森林。造成这种现象的原因大部分都在于非洲各国过度放牧和不合理的种植。其次,非洲常年发生战乱。那些少数统治者常常为了个人利益争得头破血流,最终受灾害的是苦难深重的非洲人民。仗打完了,国家财力、民力也打空了,许多国家缺少粮食,发展经济又不能在短时期内见效,结果,终于爆发了波及整个非洲的大饥荒!

冰冻三尺非一日之寒!上世纪 80 年代的大饥荒从 70 年代末期就开始了。从 1977~1981 年间,非洲每年都有二三十个国家闹粮荒,人民通常吃了这顿没下顿,甚至根本就没有粮食可吃,只好挖草根吃树皮。这次粮荒最终在当地政府的积极筹措和国际社会的支持下渡过了。但是由于长期的战乱,加上 1982 年发生的特大旱灾,从 1983 年起一直到 1985 年,非洲经历了一次巨大的干旱和饥荒,受灾国家有 34 个之多,范围从南非一直延伸到东非和撒哈拉沙漠地区。这次大旱造成的损失是惨重的:首先,大约有 1.5 亿以上的人面临饿死的危险,许多国家粮食歉收,就连农业较发达的津巴布韦也出现了粮荒,西部几百万人等米下锅,在乌干达甚至还出现了同类相食的惨剧。那些饥饿的人们由于找不到食物,要么举家迁徙,背井离乡,要么掘地三尺,捕食昆虫。其次,整个非洲的水果种植业受到了重大打击。灼热的阳光哪里容得下地面的植物生存,它们很快便被晒得干枯,甚至无火自燃。饥荒发生的第一年,以生产可可出名的象牙海岸,由于天火烧光了将近 25 万公顷的可可种植园,可可颗粒无收,严重破坏了那里的经济发展。在其他一些地方,如圣多美和普林西比,大片的香蕉园也无半点收成。

这次大饥荒的影响十分深远。虽然当时的国际社会喊出"救救非洲"的口号,积极支持非洲人民渡过难关,但是由于受灾实在是太严重,直到今天,许多非洲国家还没有摆脱贫穷饥饿的状况。

1970 年秘鲁瓦斯卡兰山雪崩

秘鲁是一个多山的国家,山地面积占了全国面积的一半,安第斯山脉中著名的瓦斯卡兰山峰就位于这里。瓦斯卡兰山海拔 6,000 多米,山势十分险峻,到处都是悬崖峭壁。由于海拔较高,因此瓦斯卡兰山上常年积雪。虽然积雪使它成为一处旅游胜地,但也有不好的地方,那就是"白色死神"——雪崩常常光临这里。

1970 年 5 月 31 日,瓦斯卡兰山发生了一场大雪崩,这次雪崩很快将瓦斯卡兰山下的容加依城毁灭,住在那里的两万居民无一幸免,是迄今为止世界上最大的一次雪崩灾难。灾难发生在那天晚上的 20 时 23 分,由于在山区,天气比较寒冷,不少人都已经进入了甜美的梦乡。正当万籁俱寂的时候,从远处突然传来了一声巨响,紧接着,大地就如同得了冷热病一样开始剧烈抖动。在这阵抖动之后,大地稍微恢复了一会儿的平静。但是,这阵平静转瞬即逝,远处接着传来了几声巨响,那情形就如同天要塌下来一样。这几声巨响震耳欲聋,立刻就将人们从美梦中惊醒了。人们在黑暗中猜测着发生了什么事,但没等到他们想明白,大地又一次开始了剧烈的抖动。人们惊慌了,纷纷从床上爬起来,顾不得穿衣服就稀里糊涂地向外奔跑;那些正在夜读、娱乐和办公的人们,同样被这突如其来的巨响

瓦斯卡兰山雪崩

和抖动吓坏了,他们也马上放下手中的事情,急急忙忙地逃到屋外。当大多数人都跑到屋外时,房屋开始噼里啪啦地或塌陷或倾倒,人们这时才意识到:发生地震了!那些跑到屋外的人们,在强烈的地震中根本就站立不稳,当然就更加顾不上那些被压在坍塌物之下的亲朋好友了;那些没来得及逃离屋子的人们,立刻被压在倒塌下来的乱砖碎石之中,有的人当场被砸死、砸晕,有的人则在烂瓦碎砖中大声地呼救。此时的容加依城漆黑一片,人们在凛冽的寒风中与死神展开了搏斗。

正在这时,从瓦斯卡兰山峰方向又传来了一声巨响。过了一会儿,人们都看到,从山上飘下来无数的雪花,刹那间,山上的冰雪就如瀑布一样,紧贴着悬崖峭壁滑落下来。原来,由地震诱发的一次巨大雪崩爆发了。瓦斯卡兰山峰下顿时变成了一个冰雪覆盖着的大盆地,更多的雪崩体在"雪崩风"的带领下,瞬间就越过这个盆地,汹涌澎湃地朝容加依城扑来。巨大的气浪挟夹着从山峰上落下的冰雪和碎石,猛烈地冲击、敲打着城内的房屋。城中的房屋哪里经受得住这样的打击,立即就变成了断壁残垣。刚才还在与死神做斗争的人们,现在早已失去了抵抗力,在一片哀号声中,很多人被大雪掩埋在了地底下。

雪崩在容加依城施暴了 3 个多小时后,才慢慢平静下来。这时的容加依城已经变成了一片冰雪覆盖的世界,然而它并不美丽,因为冰雪下面是两万个逝去的生命!经历过这次劫难的人,大概永远都不会忘记那灾难来临时的恐怖景象!

2011 年日本大地震

2011 年 3 月 11 日,日本气象厅表示,日本于当地时间 11 日 14 时 46 分发生里氏 9.0 级地震,震中位于宫城县以东太平洋海域,震源深度 20 公里。地震引发大规模海啸,造成重大人员伤亡,并引发日本福岛第一核电站发生核泄漏事故。截至当地时间 4 月 12 日 19 时,此次地震及其引发的海啸已确认造成 14063 人死亡、13691 人失踪。

美国被称"龙卷风之乡"

美国被称为"龙卷风之乡",每年都会形成上千个龙卷风,而且强度大,这主要与美国的地理位置、气候条件以及大气环流特征有关。美国主要处在中纬度,春夏常受副热带高压控制,暖湿空气不断向内陆输送,雷雨云越积越多,形成龙卷风的机会也就很多。

美国多名专家指出,美国的极端天气比地球上任何其他国家都多,而全球变暖等因素,则会让极端天气更频繁出现。

美国天气历史学家肖恩？波特说,美国每年平均有超过 1 万次强雷暴天气,还有 1000 多次龙卷风。美国亚利桑那州立大学地理学教授兰迪？切尔韦尼表示,全球有 80% 至 90% 的龙卷风发生在美国。

美国气候学家杰夫？韦伯认为,

2013 年 5 月 20 日美国龙卷风

龙卷风突袭现象应归咎于向东前进的冷锋,这一冷空气进入到墨西哥湾的暖空气中后,如同插入一个楔子,使暖空气上升,从而导致龙卷风形成。而俄克拉何马州附近地区更是地处宽阔平原之上,位于"龙卷风谷"中心,时常遭受风暴袭击。穆尔市 1999 年 5 月就曾遭到龙卷风袭击,造成 42 人死亡。2013 年 5 月 20 日,美国龙卷风灾区。一连串破坏力巨大的龙卷风袭击了美国中西部地区,其中遭遇重创的俄克拉何马州目前已有 91 人死亡,其中包括 20 名孩子遇难。

国家公园

黄石国家公园

美国黄石国家公园,横跨怀俄明、蒙大拿和爱达荷三州,成立于1872年,1972年被列入国际生物圈保护区,1978年被列入世界遗产。面积8,889平方公里,几乎是台湾总面积的四分之一,是全球第一座国家公园,拥有丰富的火山地质景观,如间歇泉、硫磺池、火山泥流。公园的大部分地区是覆盖着茂密森林的火山高原,平均海拔高度2400米,周围山脉环绕,大小的湖泊闪烁其间,纵横交错的溪流群将它们彼此串联在一起。

黄石国家公园

1807年,第一位见证黄石公园壮丽景观的白人考尔特为了探寻印第安文化而进入此区。国会在1872年通过黄石国家公园法案,并由当时的总统格兰特签署成立。法案宣称,黄石公园"为了人民的利益被批准成为公众的公园及娱乐场所",同时也是"为了使她所有的树木,矿石的沉积物,自然奇观和风景,以及其他景物都保持现有的自然状态而免于破坏"。

黄石公园总面积的85%都覆盖着森林。绝大部分树木是扭叶松,这是生命力极强的一种树木。生长在黄石公园里的植物,最大的灾难便是森林大火。正是因为山火肆虐,不少树种分布得越来越稀疏。但扭叶松却凭借它顽强的生命力,不仅生存下来,而且逐年扩大自己的领地

黄石国家公园自然景观分为五大区,即玛默区、罗斯福区、峡谷区、间歇泉区和湖泊区。五个景区各具特色,但有一个共同的特色——地热奇观。黄石国家公园内有温泉3000处,其中间歇泉300处,许多喷水高度超过100英尺,"狮群喷泉"由4个喷泉组成,水柱喷出前发出像狮吼的声音,接着水柱射向空中;"蓝宝石喷泉"水色碧蓝;最著名的"老忠实泉"因很有规律地喷水而得名。

黄石公园被誉为世界上最著名的野生动植物庇护所,这里有灰熊、美洲狮、灰狼、金鹰、麋鹿、白尾鹿、美洲大角鹿、野牛、羚羊等2000多种动物繁衍生息。其中包含两种名列联邦保护的濒危物种:灰狼与吼鹤,以及三种受威胁物种:灰熊、白头海雕与山猫。此外,黄石公园也是全美国仅存一处仍有美洲野牛徜徉其中的场所。它是整个"大黄石生态系"的核心地区,而"大黄石生态系"是地球上保存最完整、面积最大的温带生态系。

黄石国家公园内的另一景观是黄石河,它由黄石峡谷汹涌而出,贯穿整个黄石公园到达蒙大拿州境内。黄石河将山脉切穿而创造了神奇的黄石大峡谷。在阳光下,两峡壁的颜色从橙黄过渡到橘红,仿佛是两条曲折的彩带。由于公园地势高,黄石河及其支流深深地切入峡谷,形成许多激瀑布,蔚为壮观。

大雾山国家公园

大雾山国家公园,位于美国的田纳西州和北卡罗来纳州的交界处,1983 年联合国教科文组织将大雾山国家公园作为自然遗产,列入《世界遗产名录》。大雾山国家公园占地200000 公顷,由于未被人类破坏,所以为植物提供了一个相对有利的生长环境。在这里发现了世界上最大的鲵群。

大雾山国家公园

大雾山国家公园历经许多磨难后于 1926 宣告建成,保存着世界上最好的温带落叶林,也是哥伦布发现美洲之前这里密布的森林的幸存者。由于土壤肥沃、降水丰富,这里拥有 1520 种花卉、130 种树木、50 种哺乳动物和27 种活蜥蜴。许多物种是世界上绝无仅有的。这些植物与在太平洋对岸发现的植物具有某种联系,这证明了地质历史时期树木和花卉通过 Bering 大陆桥从亚洲向美洲的迁移。烟囱山也代表了大约 300 万年前地球发展历史上一个重要的时期,当时超级大陆碰撞导致地壳隆升,形成连绵起伏的山脉,此后在侵蚀作用下这些山脉被风化削平。这里的地貌特征、生物演化和物种多样性都使这个公园成为最好的自然保护区。

由于山林上空总是笼罩着一层淡淡的薄雾,因此得到了大雾山这个名称。每天的不同时刻,山雾呈现出不同的景象。清晨,大雾充满整个山谷,只有高处的山峰影影绰绰闪现于远方;中午,山雾变成了缕缕轻烟,缓缓地滑过山腰;日落时分,山雾又成了玫瑰色的云帘,映衬着夕阳下紫色的山岭。

大雾山茂密的森林和物种的多样性在很大程度上与地形有关,阿巴拉契亚山脉阻挡了远古的冰川,使这里保存了很多古老的物种。大雾山国家公园位于美国东部北卡罗来纳州和田纳西州交界处南阿巴拉契亚山脉,这片郁郁葱葱的原始林地像一块未经雕凿的美玉,寂静而持久地展示着自己的原始美貌。

大雾山森林覆盖率在 95% 以上。山中多变的地形地势为植被的生长演化提供不良好的环境,植物群落随着海拔高度发生明显的变化。山地的上部是以加拿大冷杉和云杉为主的针叶林;中下部以阔叶林为主;山麓地带,高大的栎树、松树、铁杉混杂。

这里不仅自然遗产丰富,同时还拥有悠久的文化历史。从切诺基族印第安人到苏格兰——爱尔兰的移民者,这片土地多种文化和多个民族的家园。在这里您可以了解早期生活在阿巴拉契山南部的农民家庭和社区的生活方式。许多历史性的建筑依然伫立,77个具有历史意义的建筑集中在 5 个区域内,包括:伐木工棚、谷仓、教堂、磨米厂和其他各种各样的户外建筑。不过,这些先民由艰难的生存变为掠夺性的开发,伐木业几乎毁灭了这个地区的原始森林,恢复成为当今的主题。

卡奈马国家公园

卡奈马国家公园,位于委内瑞拉东南部的玻利瓦尔州。1994 年联合国教科文组织将卡奈马国家公园作为自然遗产,列入世界遗产名录。

卡奈马国家公园地处玻利瓦尔州东部高原,面积 3 万平方公里。海拔从 450 米到 2810 米起伏很大。公园 65% 的土地由石板山覆盖,这些生物地质学的实体构成的石板山极具地质学价值。陡峭的悬崖和高达 1000 米的瀑布,构成了卡奈马国家公园的独特景观。

卡奈马国家公园

卡奈马国家公园建立于 1962 年,最初占地面积为 1 万平方公里,于 1975 年增大到 3 万平方公里,以使保护其中的河流盆地的各个分水岭。

人们对该地区的了解还是相当肤浅。这里共有三个主要的地质岩层。最古老的岩层形成于 36 亿至 12 亿年前,是地下的火成岩和变质岩的岩基。16 亿至 10 亿年前,其上部形成了一个沉积盖,最早形成的岩层已经被深深地埋在了地表下面;第二层是形成卡奈马国家公园内奇特地形特征的基础,由石英岩和沙岩层构成。这些岩层的形成是靠几百万年来周围陆地的侵蚀过程而形成的砂岩山丘。

岩层日久天长中不断受到阳光和雨水的侵蚀,形成了著名的桌山。远远望去,它矗立在浓密平坦、一望无际的热带雨林中,十分壮观。桌山之间是宽阔的谷地,谷地十分平坦,生长着茂密的热带雨林。河水从桌山上流下,形成了众多的瀑布。青蛙瀑布、小蛙瀑布、宽瀑等都是著名的景点。其中最有名的是安哲尔瀑布,它以发现它的美国飞行员安哲尔命名。安哲尔瀑布从萨巴纳高地奥扬特普伊山飞泻而下,落差达 1002 米,是世界上落差最大的瀑布。

卡奈马国家公园内分布着广阔的热带稀树草原。在局部潮湿的沼泽地上,土壤相对肥沃,树木生长。森林仅在潮湿的洼地和桌山下的峡谷里有所分布。

桌山上的显花植物和蕨类植物共有 3000~5000 种,另外还发现了 900 多种其他植物,其中的 10% 是卡奈马国家公园特有的。卡奈马国家公园的兰花种类也十分丰富。委内瑞拉政府 1993 年登记在册的兰花品种超过 500 种。

卡奈马公园的动物数量虽然并不太多,但多样性十分突出。据统计,大约有 118 种哺乳动物、550 种鸟类、72 种爬行动物和 55 种两栖动物。它是美洲狮、美洲豹等珍贵动物的避难所。

公园内人口稀少,总人口不到 1 万,其中有些地方人迹罕至,人口密度每平方公里不到 1 人。佩默恩人是这里的土著居民,一般认为佩默恩人是在 200 年前移入这里的。尽管定居历史很短暂,但是佩默恩人对公园的自然环境还是产生了影响。卡奈马国家公园的岩层、瀑布、湍流、湖泊和溪流的命名,均是来自于其神话中的描述。

安哲尔瀑布从超过 1000 米的高处跌落,被风吹起,就像一条飘动着的白丝带。

奇特万国家公园

奇特万国家公园位于尼泊尔南部拉伊平原,是印度和尼泊尔之间喜马拉雅丘陵地带中为数不多的未遭破坏的自然区域之一,也是世界上已经罕见的亚洲独角犀牛的栖息之地和孟加拉虎的最后藏身地之一。这里曾是尼泊尔皇室和他们的贵宾狩猎的私人领地。1984年,奇特万国家公园被列入世界遗产名录。

奇特万国家公园

奇特万国家公园占地930平方公里,园内生长着青翠的竹林、高大壮观的婆罗双树、木棉树和享有"森林火焰"美誉的深红色二月花蕨,长势凶猛的藤蔓植物像巨蟒一样紧紧缠绕着树木,合风不透,甚至能将大树置于死地。当然这里也不乏真正的巨蟒。长有环状白毛的叶猴在树梢间跳跃荡漾,直惹得绿色的长尾小鹦鹉惊慌而逃。林间空地上,孔雀悠闲地整理着羽毛,向世人炫耀它的美丽;害羞的小鹿则一看见生人便消失得无影无踪。鹿是奇特万国家公园里一道亮丽的风景线,单生活在这里的就有五种之多。鹿以它特有的活泼成为人们注目的焦点,它们四处奔跑、尽情欢乐的身影深深地感染着周围的每个人。大独角犀牛和印度鳄是公园里最为凶猛的保护动物。

这里生活着尼泊尔唯一的一群亚洲独角犀。这种动物仅产于尼泊尔、印度及印尼的少数地区,世界上也仅有1000多只,极为珍贵。犀牛在尼泊尔被视为国宝,身高2米,体重2吨多,头呈三角形,生独角,没有毛,以青草为食,性情比较温顺,一般不伤人。

其他动物也很多,有多种野鹿、羚羊、猿猴、豹、野象及野猪等36种哺乳动物,还有350多种鸟类生活在园区。此外生存受到威胁的印度食鱼鳄、沼泽鳄、濒临灭绝的大蟒蛇,以及大型食草动物水鹿、印度野牛等也生活在这里,孟加拉虎是公园里的重点保护动物。在奇特万国家公园的东北角设有盖达(尼泊尔对独角犀的称呼)野生动物营,此外可以观赏独角犀、野鹿、猿猴及飞禽。在附近的拉普梯河上,可以乘独木舟观赏鳄鱼。公园东端还设有观赏野象的象营。奇特万还有皇家狩猎场,是1800年以来就被护养起来的。这里的生态系统同野生有蹄动物、水边森林和高大的野草组成,每平方公里的生物重量可达18950公斤,比亚洲其他任何地方都高,与非洲保护区的水平接近。

莫鲁山国家公园

莫鲁山国家公园位于马来西亚的婆罗洲岛(沙捞越州),是世界上最复杂的热带喀斯特地区。这里不仅生物物种丰富多样,而且喀斯特现象独具一格。在52864公顷的公园中有17个植物带,约3500多种植物。这里的棕榈植物极为丰富,有20多个属类的109种植物。公园中最高的山是莫鲁山——海拔2377米的喀斯特尖峰,山上有世界上最大的石灰岩溶洞群。现已探明的洞穴至少有298公里长,在各个洞中发现了大量的生物,包括数以百万只的燕子和蝙蝠。沙捞越洞穴,长600米,宽415米,高80米,是世界上已知的最大的岩洞穴。

莫鲁山国家公园最早命名于1974年10月，于1985年对公众开放。

这里地处婆罗洲倾斜地带，地形复杂多变，包含了所有主要的岩石类型。莫鲁山国家公园的气候12月到3月间受东北季风的影响，3月到10月受西南季风的影响。年平均降雨量很多，尽管降雨量有明显的季节性差异，但是这一地区全年没有明显的干季，降雨量最大的月份是4月到6月和10月到12月，最少的月份是8月到9月。

莫鲁山国家公园

莫鲁山国家公园举世无双的热带岩洞、独特的喀斯特现象和生态系统保存完好几乎没有遭到破坏，显得尤为珍贵，对于湿热带地区生态系统的进化进程的基础研究很有帮助。从生态学、地质学的角度讲，莫鲁山国家公园具有很高的研究价值。这里的动植物物种丰富，而且具有很强的地区特征。石灰岩溶洞中有大量的生物，有6种燕子，10~12种蝙蝠，以及大量的甲虫和600多种飞蛾。公园内有种类繁多的鸟类和野生动物。

加央族和肯雅族这两个当地土著民族居住在林公园边界不远的地方，他们都享有在公园狩猎区打猎的优先权。沙捞越博物馆收藏的从风洞中出土的文物显示了3000到500年前的人类痕迹。据考证，风洞曾经是古代人类的墓葬遗址。加央族人分成不同部落群体，在沿河两岸建起高脚长屋，过着是半定居的与世无争的生活。

格雷梅国家公园

土耳其的秘境——卡帕多西亚地区位于安纳利亚高原中心部的火山地带。海拔1公里以上的高原，荒凉的景色中充满着神秘诡异的气氛，让人联想到世界的末日。这里的岩石奇形怪状，裸露的岩体上寸草不生，且多孔隙。这里有土耳其安纳托利亚高原上的格雷梅国家公园，它处在内夫谢希尔、阿瓦诺斯、于尔居普三座城市的一片三角形地带，以壮观的火山岩群、古老的岩穴教堂和洞穴式住房闻名于世。

格雷梅国家公园

格雷梅国家公园是由远古时代5座大火山喷发出来的熔岩构成的火山岩高原，面积4000平方公里，由于这种岩石质地较软，孔隙多，抗风化能力差，这里的山地经过长年的风化和流水侵蚀，形成了许多奇形怪状的石笋、断岩和岩洞。山体上寸草不生，岩石裸露，人们称这里为奇山区。

与裸露的山体形成鲜明对比的是林木茂盛的山间峡谷。由于峡谷内风力较弱，日照时间短，水分蒸发少，空气的相对湿度较大，适宜植物生长，所以林木主要集中在谷中生长。格雷梅国家公园的村镇、道路、古建筑遗址也大都沿着峡谷方向分布。

与裸露的山体形成鲜明对比的是林木茂盛的山间峡谷。由于峡谷内风力较弱，所以适宜植物生长。

卡帕多西亚是公元4~10世纪土耳其中部山区的地名,格雷梅国家公园内保存有数量众多的建于古代卡帕多西亚时期的山地洞穴和地下建筑遗迹。两千多年前,土耳其先民希太部族在此凿洞而居。公元4世纪,基督教传入土耳其中部高原,在这里建起了各种基督宗教建筑。到了9世纪,有许多基督教徒来到此山中,凿洞而居,并将洞穴粉饰布置成教堂,在墙壁上画上《圣经》中的人物画像,至今仍色彩鲜明,清晰可见。公园中部有格雷梅天然博物馆,由15座基督教堂和一些附属建筑组成,其中包括一些希腊式的教堂建筑、建于11世纪的圣巴巴拉教堂及建于12~13世纪的苹果教堂等等。

格雷梅国家公园还拥有庞大的地下建筑群。1963年,在卡帕多西亚的德林库尤村地底下,首次发现了地下城镇。它有一个像一口井似的入口,向下共有8层,借助梯子上下,里面建有无数的住宅、小教堂、厨房、水井和食品的贮藏室,还有通风管道以及墓地和供逃跑用的地道,足可容纳上万人居住。时隔两年,同样规模的另一个地下城镇在凯伊马澈附近发掘,一条长10公里的地道连接着这两个地下城镇。在以后的10年中,一共发现了63处地下城镇。

如今,格雷梅国家公园已成为土耳其的最负盛名的旅游胜地,来自世界各地的旅游者不辞长途跋涉之劳,前来欣赏这山谷中的绝妙建筑。这些艺术精华的稀世奇迹,使游客们眼花缭乱,留下难忘的印象。

自然界精雕细刻、巧夺天工的造型,加上奇岩怪石的大地上绽放的基督教文化,格雷梅国家公园和卡帕多西亚石窟群,作为自然与文化双重遗产,1985年被列入《世界遗产名录》。

塞伦盖蒂国家公园

塞伦盖蒂国家公园位于坦桑尼亚共和国北部的马腊、阿鲁沙、席尼昂加三省境内广阔的塞伦盖蒂草原。这里生活着数以百万计的斑纹角马、羚羊、斑马等食草类动物和它们的天敌。1981年被列入世界遗产名录。

公园占地147.63万公顷,东邻是已被列入世界遗产名录的恩戈罗恩戈罗自然保护区,北邻是肯尼亚马塞马拉自然保护区,南与马斯瓦狩猎区相接。公园是一个巨大的、名副其实的草原生态系统,也是当今世界上数量最大、品种最多的动物群栖息地和更新世生态系统的最后遗迹。

塞伦盖蒂国家公园

坦桑尼亚地质上属前寒武纪结晶岩组成的非洲古陆的一部分,以后的地壳上升和断裂活动形成以阶梯状高原为主的地形特征。地势西高东低,东部是海拔200米以下的沿海平原和丘陵,一般仅宽10~30公里;内陆大部分为海拔1000~1500米的高原,由古老的上升地块经长期剥蚀夷平而成,地形单一,起伏平缓,间有浅平洼地。纵贯国境中、西部的两支裂谷,是东非大裂谷的一部分。谷底多陷落盆地和断层湖,两侧相对上升成为地垒式山地和高地,伴随断裂活动的岩浆喷出后形成高大的火山。

坦桑尼亚属于典型的热带草原气候。气温年较差小,沿海不足4℃,内陆仅5℃~6℃。气温随海拔高度而异。沿海低地和丘陵全年炎热,海拔1800米以上的山地终年凉爽。降水量及其年内分配主要受热带辐合带和来自印度洋的东南气流控制,达累斯萨拉姆至维多利亚湖一线以北,每年有两个雨季和两个旱季;此线以南的广大地区,11月～5月为雨季,其余为旱季。雨量分布受地形、海陆位置和大湖水域影响明显,沿海平原、山地东南坡和维多利亚湖西岸超过2000毫米,是东非降水量最多处,山地背风面和广大内陆高原年降水量一般不足800毫米,中北部在600毫米以下。

坦桑尼亚植被以热带疏林和稀树草原为主。热带疏林分布最广,约占全国面积一半。热带稀树草原约占全国面积25%。此外,山地迎风坡有茂密的热带森林,出产罗汉松属、东北绿心木、大绿柄桑、东非桃花心木等经济树种。

塞伦盖蒂国家公园内生活着35万头斑纹角马,13万只斑马,16.5万只汤姆森羚羊7000余只大角斑羚,2.7万头达马鹿,1.8万头驼鹿,4000只长颈鹿,1.5万头埃塞俄比亚疣猪,3000只水羚,2700头非洲象,500余匹河马,200余头黑犀牛……它们的五大天敌也同时在此繁衍,包括2000余只狮子,1000余只豹,225只鬃毛豹,3500余只斑纹鬣狗和约300只狼。

大群斑纹角马、斑马及羚羊的迁徙,构成了这一生态系统最大的特色。而从自然景观上看,辽阔的而没有树木的中央平原及东南大草原,与草木丛生、森林茂密的北部风格迥异。虽然动物群常年迁徙,但5、6月间的场面尤其罕见:成群结队的食草动物由中央平原向公园西部常年有水的地区移动,食肉动物紧随其后,伺机捕食。有时迁徙的动物群竟长达十余公里,这是世界绝无仅有的壮观景象,也是当今世界所能见到的最令人难忘的场面。

蓝山国家公园

蓝山国家公园坐落在澳大利亚新南威尔士州境内,距离悉尼97公里。蓝山国家公园属于大蓝山地区,该区域拥有7个国家公园,在2000年被列入自然类世界遗产。蓝山国家公园内生长着大面积的原始丛林和亚热带雨林,其中以尤加利树最为知名,尤加利树为澳洲的国树,有500多种之多,是澳洲珍贵的动物无尾熊的唯一的食品。当您步入风景如画的原始森林国家公园时,整个空气中散发着尤加利树的清香,给您一种返璞归真的世外桃源般的感受。

蓝山国家公园坐落在从海拔100米到1300米之间的高原丘陵上,特殊的地理和气候环境,孕育了种类繁多的动植物,另外据记载考证,大约16000年前,这里的地质因为火山爆发而变化活跃,后来又经

蓝山国家公园

过长年岁月的风雨侵蚀,使我们能够在今天看到各种奇形怪状的岩石和山峰。在这里分布着超过400多种动植物,充分展现了澳洲自然生态进化史的轨迹。在人们的心目中,原始森林国家公园一定是荒无人烟,其实不然,在蓝山国家公园内居住着多达8万居民,分布在7个大小村镇,人类与自然,原始与文明,能够这样长期和谐共处,在世界文化遗产中是不多见的。

蓝山名字的由来是因为那里有蓝色的雾,这个景观的形成是由尤加利树排出来的油

被太阳照射接触到而使整个蓝山发出淡淡的蓝雾。蓝山公园里有 90 种不同品种的尤加利树。白人探险家首次发现蓝山是在 1813 年,可是早在 14000 年前,澳洲原住民就已经来过蓝山。蓝山内藏有许多古老的营地,斧头刻出来的条纹,石头雕刻,石头做的生活器具都——出土。今天,这些保留下来的文化遗产都被完整地保留在蓝山里。

蓝山国家公园拥有 103 万公顷的砂岩平原,陡坡峭壁和峡谷,其间到处生长着桉叶植物。蓝山被分成了 8 个保护区,这里因为桉叶植物在冈瓦纳大陆分离后在澳大利亚大陆的典型进化适应和变异而出名。蓝山有 91 个桉叶植物种类,这里的桉叶植物根据多种不同的生长环境发生了结构和生态变异。澳大利亚的物种多样性在蓝山得到了最充分的体现。这里有已发现的维管隐花植物的十分之一物种,大量稀有物种和濒危物种,包括具有明显地域特征的进化了的古代遗留物种,这些物种现在只能在很小范围的地区寻觅到。

环境保护

沙尘暴是怎样形成的

据报道,1993 年 5 月 5 日特大沙尘暴席卷我国甘、新、宁、内蒙古四省区,致使 85 人死亡,31 人失踪,264 人受伤,12 万头牲畜丢失或死亡,37 万余公顷农田受灾,造成直接经济损失 7.5 亿元。

又有报道,1998 年 5 月 20 日内蒙古阿拉善盟额济纳旗再次发生沙尘暴,平均风速 23 米/秒,风力 8~9 级,瞬时风速达 27~28 米/秒,风力接近 12 级,最低能见度不足 10 米,持续时间长达 24 小时。沙尘暴造成该旗停电停水,交通中断,商店关门,1.2 万亩棉苗 80% 被毁,3500 头(只)牲畜死亡、丢失,30 万株胡杨被风刮断、刮倒。据初步统计,这次沙尘暴造成的经济损失 2499.3 万元。这是当年额济纳旗第二次遭受沙尘暴袭击。

沙尘暴

2002 年 3 月 18 日起,我国北方大部分地区自西向东又经历了一次强沙尘暴天气。漫天沙尘滚滚而来,天空一片昏暗。妇女用头巾把头发围住,匆匆赶路。树叶上、车顶上积了一层厚厚的沙尘。这是该地 20 世纪 90 年代以来最强的一次沙尘暴。面对漫天沙尘,人们不禁要问,为什么会形成如此强烈的沙尘暴呢?

其实,沙尘暴并非我国特有的现象。1934 年 5 月 11 日,美国西部刮起遮天蔽日的黑色狂风。这黑风暴带长 2400 公里,宽 1400 公里,自西向东蔓延。所到之处,庄稼枯萎,牲畜死亡,城市天昏地暗。这黑风暴整整刮了三天三夜,横扫美国三分之二的国土。事后美国人意识到,这是在美国中部各州大量开垦草地为耕地而遭到大自然的报复。

苏联从 1954 年起也盲目开垦荒地,到 1963 年共垦荒 6000 万公顷。结果造成新垦荒地风蚀严重。1960 年 3 月和 4 月的黑风暴席卷了俄罗斯南部广大平原地区。1963 年的黑风暴更为严重,在哈萨克被开垦的土地上,受灾面积达 2000 万公顷。

当然,沙尘暴也并非一无是处,有专家指出,沙尘物质呈碱性,它能够有效地中和酸雨。现在日本全国大多下酸雨,但每当出现浮尘天气,降雨的酸性便随即消失。浓厚的沙尘层能够反射太阳光,对抑制全球变暖也有一定的作用。沙尘粒还可以成为水汽凝结的核心,使天空中云量有所增加,一定程度上缓解了干旱地区的旱情。沙尘粒子降落到海中,对海洋生物带来了营养物质,有利于海洋植物和浮游生物的生长。正是沙尘物质在漫长的地质年代里不断积累,逐渐造就了今日的黄土高原。但是,沙尘暴造成人民生命和财产的巨大损失,给人类健康和人类环境带来巨大危害。沙尘暴成为人类面临的一个重要的环境问题。

沙尘暴是在什么情况下发生的呢?据一些科学家的研究,形成沙尘暴要有三个条件:

第一,有大面积裸露的地表和丰富的沙物质。干旱半干旱地区经人类过度开垦后,又因土地生产力低下,人们不再耕作该地,任土地荒废,造成地表有大量的细小沙物质,极易被风吹起。

第二,一些地区大气层不稳定,对流旺盛,上升气流将沙物质卷扬到高空。

第三,正逢大风天气。我国西北地区春季多大风,若遇到当地不稳定的大气条件,便会发生沙尘暴。

因此,要防止沙尘暴,人类可采取的措施是,在植被遭受破坏的地区增加植被覆盖率,尤其在那些地表分布细小沙粒的荒地、裸地,要尽快恢复自然植被覆盖;同时,要坚决杜绝滥垦滥伐现象。在我国农牧交错地带,应制定合理利用土地资源的计划,对那些不宜耕作但已开垦的土地,应逐渐恢复其草原植被。

土法炼锌得不偿失

锌是一种有用的金属。金属镀锌后可以防腐,故大量的锌用来镀在铁皮外而制成镀锌铁皮,俗称白铁皮。锌也用来制造电池和油漆。锌还能与许多金属熔合而制成合金。铜锌合金叫作黄铜,它很容易加工,人们用它制成手工艺品。黄铜还用来制造船舶的配件。2008年,国际市场上锌的价格是每吨3000多美元。

有报道,我国南方某地农村大搞土法炼锌,结果造成严重的大气污染。若继续搞下去,环境污染会越来越严重。若制止土法炼锌,那么当初借银行的贷款就无法还清,结果造成十分尴尬的局面。

锌的矿物有好多种,比较常见的是闪锌矿(ZnS)。用土法冶炼锌,会产生大量的二氧化硫,这是造成酸雨的有害物质。酸雨对人类会造成哪些危害呢?

土法炼锌

二氧化硫遇水会形成亚硫酸,并会慢慢地形成硫酸。大气中二氧化硫增多会造成酸雨,即PH值低于5.6的降雨。酸雨会造成树木死亡。前几年重庆城市降水酸度较大,其郊区大片马尾松林死亡。酸雨还会侵蚀金属建筑物。有人计算,按近几年酸雨对嘉陵江大桥钢梁的锈蚀速度,再过30年,大桥的钢梁将会被锈坏而危及大桥安全。现在,四川、广东、贵州和广西酸雨污染已相当严重,其他地区也有酸雨发展严重的情况,如长沙地区年平均降水酸度为3.84,1994年最低时达2.54。

空气中二氧化硫浓度高会严重影响人的健康,会引起支气管炎、慢性鼻咽炎等疾病。因此,大气中二氧化硫升高必须引起我们高度重视。

盆地或谷地的地形会使废气在当地上空积聚,有害气体浓度增加,造成更为严重的大气污染。攀枝花钢铁厂的生产规模比上海钢铁厂小得多,但是,攀枝花钢铁厂上空二氧化硫的浓度却常常是上海钢铁厂上空的好几倍。据一些专家的意见,造成此状况的原因是攀枝花地处谷地,空气与外界的交换受到抑制,加上炼铁所用的煤炭中含硫比较多,从而造成其上空二氧化硫浓度较大。

在废气排放较多的地方,若遇到大气层稳定的日子,大气对流受到抑制,则会造成有害气体浓度的增加。

1991 年 3 月 7 日,墨西哥的首都墨西哥城卫生部门发现,该市大气污染严重,已大大超过最高危险水平。于是,墨西哥城宣布进入环境紧急状态,学校的户外体育活动由室内活动取代,课余的体育活动也被取消,全市约一半汽车必须停驶。

墨西哥城地处高原山谷内,海拔 2200 米,城市四周大多被较高的山环抱。墨西哥城人口多,私人汽车达 280 万辆。由于空气比较稀薄,汽油燃烧不充分污染较严重。汽车排放大量废气,是造成墨西哥城大气污染的主要原因。另外,大量工厂排放废气、焚烧垃圾产生烟雾也加重污染。加上山谷的地形使其大气与外界的交换较弱。这样,在大气层稳定的日子里,有害气体难以扩散,近地层大气中污染物浓度越来越大。有人估计,墨西哥城每年死于与环境污染有关的癌症多达 5000 人!

类似墨西哥城大气污染的情况,在世界上其他许多地方也发生过。英国伦敦从 1873 年至 1962 年期间,因大气中烟尘和二氧化硫浓度增高,先后发生过 12 次严重的烟雾事件,造成数千人死亡。日本四日市在 1955~1963 年期间兴建了三座石油化工联合企业,每年排出大量粉尘和二氧化硫。该市居民此后慢性呼吸道系统患病率增加,支气管哮喘病患者达 2000 多人,死亡几十人。

我国也有专家对北京市中小学生受大气污染发病情况进行了调查。在北京市大气污染严重的地区,中小学生慢性咽炎的发病率为 30.71%,而在对照区此发病率只有 11.17%。

大气污染已引起许多国家政府的高度重视。新加坡政府通过大幅度提高汽车消费税的办法控制城市小汽车数量。尽管新加坡人均国内生产总值已位于世界前列,但新加坡平均每 8 人才拥有一辆小汽车,而一些发达国家平均每 2 人就拥有一辆小汽车。为改善城市大气质量,一些城市限制排放废气多的企业发展。例如,我国的首都北京将逐渐减少钢铁工业生产,加大对一些无污染的高科技产业的投资。通过这些努力,加上推行植树造林,大气污染的状况将会得到有效的治理。

为什么城市比周围农村气温高

上海市某中学的学生要去郊区农村参加为期一周的秋收劳动,出发之前,教师告诉学生,农村的夜晚气温比较低,要求学生多带一些衣服。结果,有些学生不以为然,仍然没有多带衣服。在农村的一天晚上,学生和农民在村前的一个小稻场上开联欢会,这些衣着单薄的学生冻得不行,到处找同学借衣服穿。他们真没想到农村的夜晚会这么冷。

1997 年,气象观测资料表明,全国最大城乡温差为 9℃,发生在北京。同年,上海城乡温差也比较大,其最大值为 6.8℃。为什么会产生这种现象呢?

其实,城区气温明显高于其四周的农村,在当今世界上大大小小城市均可观察到。城区就像一个"热岛",矗立在气温相对较低的农村"海洋"上,故人们把此叫作城市热岛效应。造成城市热岛效应有众多原因:

第一,城市人口稠密,工厂和交通运输工具排放出大量的热量。有资料说,在欧洲,城市人为放出热量占地表吸收太阳净辐射热的33%左右,某些城市人为输出的热量甚至超过地表吸收的太阳净辐射热。这是造成城市局地升温的一个重要原因。日益增多的城市汽车是一个不可忽视的因素,汽车尾气排出时的温度超过100℃。据研究,上海内环线高架路建成后,"热岛"形状由片状变为环状。

第二,城市地面高大的建筑群、柏油马路等对太阳光的反射率小,故能吸收较多的太阳辐射能量;而且城市建筑物热容量比郊区要大,白天受太阳光照射后贮存在城市地面的热量比郊区多。这样,城市比郊区能获得更多的太阳辐射能量并把它贮存起来,使得城市在夜间降温比郊区要慢。

第三,城市由于一系列原因使其热量不易散发。城市上空有污染覆盖层,尤其是其中的二氧化碳能强烈吸收地面放出的长波辐射,使大气逆辐射增强,夜间不易降温。城市建筑物密度大且参差不齐,这不仅大大减少了地面长波辐射热量的损失,而且通风不良,也不利于热量散发。城市中绿化面积远比不上郊区,加上下雨后雨水很快从下水道流走,故蒸腾和蒸发消耗热量十分有限。

由于上述原因的共同作用,我国北京、上海等城市热岛效应明显。要缓解这种热岛效应,可考虑搬迁和疏散一些高耗能企业,减少城市内的热量释放,减少二氧化碳的工业排放。另外,大面积增加植被覆盖率,有可能的话还可建一些人造湖,以及及时洒水降温,这些均可有效降低城市内气温。

绿地对城市环境的影响

新加坡处处是高大的树木、翠绿的草坪、绚丽多彩的鲜花,整个城市就像一个大花园,故新加坡有"花园城市"的美称。

你如果仔细观察,就会发现新加坡人进行城市绿化是煞费苦心的。在高层建筑之间,是花木和草坪。在人行道上,也镶嵌草皮。在一些狭窄的街道,无法种大树,新加坡人搭起棚架,种上蔓藤植物,不仅可给行人遮阳,也别有一番情趣。在旅馆和酒店里,也随处可见盆花、盆景。今日的新加坡,给人们芳草如茵、鲜花处处、整洁美观的印象。

为什么人们如此热心地进行城市绿化呢?这是因为,城市绿化对环境保护有多方面的好处。

1.城市绿化能够保持空气清新。通常,1公顷阔叶林一天可消耗1000千克的二氧化碳,释放出730千克的氧气。

2.城市绿地能够降低风速,滞留空气中的一部分粉尘。有人指出,在城镇房屋的迎风面,种几行高大松树,可使风速降低60%。树木能够减少风速,使大气中的大颗粒灰尘物质沉降至地面。植物表面的茸毛,有些植物分泌的油脂和粘性物质,还能吸附空气中的一部分粉尘。有人统计,绿化地区空气中的尘埃量,比非绿化区少50%,~75%。

3.城市绿化能净化空气。对空气中的二氧化硫、氟化氢、氯气、氮氧化物等,树木有一定的吸收作用。美人蕉、月季、丁香、菊花、银杏、洋槐,均能吸收二氧化硫。橙、柠檬、圆柏、法国梧桐等的分泌物,具有一定的杀菌能力。有资料表明,无绿化的闹市区空气中的细菌,比绿化区多7倍以上。

4.城市绿化能减少噪音。有人统计,沿着建筑物种植繁茂的树木,能使街道的噪音减少20~25分贝。

5.城市绿化能够调节气温。植物叶子表面通过水分蒸腾可以吸收大气中的热量,树荫也能挡住夏日强烈的阳光。因此,在夏天,绿化好的地区比绿化差的地区气温要低3℃~5℃。

6.城市绿化还能增加空气的湿度。植物叶子通过蒸腾作用使空气中水汽含量增加。据统计,森林中的湿度,较空旷地高7%~14%。

另外,不少植物还对大气污染物特别敏感,可以用来监测大气污染的程度。例如,红松、马尾松、桃树、枫杨等,能在大气中二氧化硫含量升高时表现出受损害的症状。雪松、杏树、白云杉、郁金香等,对大气中氟化氢含量升高特别敏感。因此,不同的植物可以用来对不同的大气污染物进行监测。

从上述分析中可见,在保护城市环境中,树木的作用一般比草地更大。因此,一些城市已经做出规定,在所有的城市绿化面积中,要保证有一定比例的树木比例;而不能把城市绿化全部搞成一片片绿茵茵的草地,尽管草地具有很好的美化环境的效果。

近年来,又有专家指出,在城市中若能恢复自然植被,会有更好的效果。自然植被对环境有较好的适应性。在一些缺水的城市,自然植被不需要耗费大量的灌溉用水。自然植被会引来昆虫,昆虫多了又会引来鸟类。这样,城市生态环境将更加宜人。

日本为何多地震

日本是世界著名的多地震国家。据统计,自13世纪以来,日本共发生3700多次灾害性地震,其中死亡人数超过1万的大地震有11次。1923年9月1日发生的关东大地震,摧毁东京房屋的73%,横滨建筑物的96%,死亡人数14.3万。1993~1995年,日本先后发生6次里氏7级以上的大地震。1995年1月17日,日本发生损失特别惨重的阪神大地震,震级为7.2级。在神户市,许多房屋倒塌,桥梁扭曲断裂,铁路和公路被毁,城市供电、供水、煤气中断,电话系统也被破坏。因为地震发生在一清早,惊慌失措的人们或披着毯子,或只穿睡衣,从屋内匆匆跑到马路上,瑟瑟发抖,惊恐万分。在短短几分钟后,神户60%的建筑物被毁,30多万人失去家园,5000多人死亡和失踪,直接经济损失超过700亿美元。

为什么日本会发生这么多的地震呢?我们知道,地球的岩石圈分为六大板块。这些板块之间处于不停的相互挤压或相互拉张等运动之中。因此,在板块内部,地壳相对比较稳定;而在板块与板块之间,岩石受力相互作用,当岩石受力达到一定程度后,就会发生错动,于是有较大能量释放,产生地震。日本位于太平洋板块与亚欧板块的交界处。密度较大的大洋板块俯冲到密度较小的大陆板块之下,因此,这一带地震特别多。环太平洋地带集中了全球80%以上的浅源地震和几乎全部的中源地震和深源地震。其中,浅源地震发生的深度在离地表70公里之内,离地表距离近,因此,其造成的损失一般比较大。这一地震带从南美洲南端起，经智利、秘鲁、墨西哥、北美洲美国加利福尼亚至阿拉斯加西岸，向西沿阿留申群岛、堪察加半岛、千岛群岛、日本群岛、琉球群岛，经我国台湾岛，再过菲律宾、伊里安岛直至新西兰。

那么，震级不是很大的地震，会不会造成人类生命和财产的重大损失呢？答案是会的。例如，1960年发生在摩洛哥阿加迪尔市的地震，震级为5.9级，不算很大。但该市4.8万居民中，死亡人数达到1.2万，造成巨大的生命财产损失。这是因为这一次地震的震源深度只有2公里至3公里，为城市直下型地震，然而这个城市建在海滩上，地基比较松软，便造成全市80%的房屋倒塌。这个城市长时间以来没有发生地震，居民对地震也无防备。结果地震发生时，因煤气管破裂等原因造成大火，震后又发生海啸，使人员伤亡数量巨大。可见，在经济发达、人口稠密的地区，若发生地震，即使震级不是很大，但往往也会损失惨重。如发生地震的城镇正好位于震中，震源又浅，城市地基松软，加上震后煤气泄漏造成火灾等原因，损失会更大。

地震发生之前常有一些异常情况发生，如地应力、地电、地磁强度会有异常变化，地下水水位会突然升高或下降，一些井会翻花、冒泡，一些动物也会出现异常情况。如1969年7月18日上午，天津居民发现水中泥鳅、蚂蟥上下翻腾，牛在地上打滚，不肯吃草。过后不久，在渤海地区发生了7.4级地震。我国在地震预报上处于比较先进水平，如我国成功预报了1975年2月4日的海城—营口地震。后来对1976年5月29日云南潞西—龙陵地震和同年8月16日四川松潘—平武地震，也都做出了震前预报。但是，形成地震的机制十分复杂，人类目前还没有完全掌握大地震发生的规律，还不可能准确无误地预报每一次破坏性地震。在地震预报领域，今后还需要进一步加强研究。

不可忽视的噪声污染

在美国的洛杉矶，有人进行了专门的调查，发现快车道沿线学校的学生，其阅读和数学的考试成绩，均低于安静地区学校的学生。据国际上某机构的统计，人在噪声80分贝以下环境中工作40年之后，噪声性耳聋的发病率为零；在噪声90分贝的环境下工作40年后，则该病的发病率达到21%；若环境噪声为100分贝，则同样工作40年后，该病的发病率高达41%。还有统计表明，在夜间，噪声突然达到40分贝，则有10%的人被惊醒；如噪声突然达到60分贝，则有70%的人被惊醒。噪声还对人的心理产生严重影响，使人感到烦恼，易发怒、激动等。甚至有人因噪声干扰而丧失理智，引发人际纠纷，造成不良后果。有人发现，噪声会导致胎儿畸形。在噪声严重的地方，人们还发现有鸟类不产卵的现象。据调查，从事同样工作的工人，长期处于高噪声环境中，高血压病的发病率要比在安静环境中高出好几倍。在法国，每5个精神病患者中，就有1个是由于噪声引起的。

噪声污染给人类带来不少危害。那么，噪声的源头在哪里？哪些环境下噪声比较大呢？

有人认为，人体比较适宜的环境声响大致介于15~35分贝。如树叶落下的沙沙声，大约是20分贝。若长时间环境声响高于50分贝，人体就会有所不适，甚至引发疾病。通常，人们说话声响为60分贝；在繁华的街道上，噪声达到70分贝；在公共汽车内，噪声约有80分贝；在地下铁道处，噪声达到90分贝。在传统的纺织车间里，噪声高达100分贝。

在此环境中,人与人间面对面讲话,有时也听不清楚。在工厂里从事锻压、铆钉作业的工人,其所受的环境噪声可以达到130分贝。在喷气式飞机飞行领域附近,噪声更高,达到140分贝。

人们尝试用许多种方法来降低噪声的危害。一些发出巨大噪声的机器,若装上隔声罩或消声器,可以大大降低噪声。植树造林,可以有效降低噪声。一条绿化好的街道,可以降低噪声8~10分贝。在国外,人们还在高速公路旁筑起专门的防噪音墙。墙中间夹着吸音效果很好的矿物纤维,使噪音明显降低。

我国于1989年颁布了环境噪声污染防治条例,做出了许多规定。例如,该条例规定,驶入市区的机动车,必须达到允许噪声标准;市区行驶的汽车,限制随意鸣笛,不准鸣笛呼人叫门,夜间禁止鸣笛。火车进入市区,禁止使用汽笛。在距离建筑工地作业现场30米处,噪声不许超过75分贝。撞击噪声,最大声级不许超过90分贝。夜间,禁止使用噪声大的施工机械设备。除特殊情况外,室外一般禁止使用扩声喇叭。使用家用电器和机械设备,其噪声影响不得超过所在区域的环境噪声标准。如果大家都严格遵守此条例,噪声污染是可以得到治理的。

地名由来

喜马拉雅山名称的由来

位于我国西藏的喜马拉雅山,是我国与尼泊尔、巴基斯坦、印度、锡金、不丹等国交界处的大山脉,它的语源有几种说法:一种说法是喜马拉雅山由梵语"雪",加上"家、家乡"组合而成的,即"雪之家,雪的家乡"之意,以这种说法最多见。另一种说法是由当地的神名而来,即"雪山之神"之意。此外,还有一种说法是喜马拉雅山由南印度的德拉维亚语"山"加上梵语"雪"而成,即雪山之意。

黑海名称的由来

位于亚、欧之间的黑海名称的由来,人们一直认为是因为它的海水是黑色的,其实黑海里的水并不是黑色的,只有当海上刮6级以上大风时,它的颜色才变暗。

苏联一位学者根据古文献考证出,最先使用"黑海"这种称谓的是黑海南岸的希腊人、波斯人、土耳其人。而这个地区的许多民族,有以不同颜色代指东西南北的习惯:黄色为东,红色为南,蓝色或绿色为西,黑色为北。因为黑海在他们的北面,所以他们便把这片海域称作黑海了。

黑海

红海名称的由来

红海是中文对外文的意译,关于它的名称的由来有着各种各样的说法,而大多数的说法往往又同红色联系起来。

一种解释说因为红海里有许多色泽鲜艳的贝壳,因而使水色深红;一种解释说红海沿海地带上有大量黄中带红的珊瑚沙,使得海水变红;另一种解释是,红海温度高,光照充足,适宜生物的繁衍,所以红海表层海水中大量繁殖着一种红色海藻,由于数量庞大使得蓝蓝的海水看上去呈现微红色,于是得此美名。

第二种说法认为红海两岸岩石的色泽是得名的原因。在古代,人们由于交通工具和技术条件的制约,只能驾船在离岸不远的海面航行。他们发现红海两岸特别是非洲沿岸,是一片绵延不断的红颜色岩壁,在日光的映照下,岸上红光闪烁,反映入水中也使海水变红。红海由此而得名。

第三种说法是把红海的得名和气候联系在一起。在红海海面上，经常有来自非洲大沙漠的西风吹来，送来一股股炎热的气流。气流中夹带的红黄色的尘雾常常笼罩着红海，天空一片昏暗。古代腓尼基人和希腊人航行到这里，看到红海这种奇异的景象，于是便将此海命名为"红海"。

第四种说法是因其地理位置而定，由于人们认为"红"是表示"南方"的意思，红海即为"南方的海"。

红海

死海名称的由来

死海是位于约旦和巴勒斯坦之间的一个咸水湖。由于地势低洼、深陷，湖面低于地中海海面392米，湖水最深处达400米，是世界上陆地最低的地方。它东西宽5~16公里，南北长75公里。

死海是一个举世闻名的咸水湖，阿德西等高山的泉水和约旦河水汇聚在这里形成湖泊。长年累月，由于大量矿物质随着河水和泉水流到湖中沉积下来，越积越多，造成湖水含盐量高得惊人。

如果把各种盐类加在一起，那么死海水里的含盐量则高达23%~35%，这一数字是世界最高的，生物在这样的咸水湖中都无法生存，于是人们把它命名为"死海"。

因为湖水含盐量极高，造成水的比重大于人的比重，所以即使不会游泳的人掉到湖中也不会沉底，甚至还可以躺在水面上看书或抽烟。

直布罗陀海峡名称的由来

直布罗陀海峡长约57公里，是世界著名的海峡，它位于西班牙最南端与摩洛哥最北端之间，是地中海的出海口，具有非常重要的战略地位。直布罗陀海峡因北岸的直布罗陀港而得名。

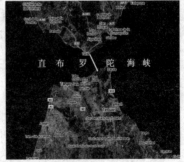

直布罗陀海峡

直布罗陀港是纪念阿拉伯将军塔里克·伊本·齐亚德取得的一次胜利而命名的。公元8世纪初，穆萨·伊本·努塞尔率领的阿拉伯军队入侵北非，一路所向无敌，一直打到今摩洛哥西海岸，并占领了重要港口丹吉尔，他任命其部将塔里克，伊本·齐亚德为丹吉尔总督。

公元711年，齐亚德又奉努塞尔之命，带领一支强大的军队乘船穿越海峡，直抵直布罗陀。登陆后，他们在那里修建了军事要塞。为纪念这次渡海作战的胜利，阿拉伯人便把登陆的地方命名为"直布尔·塔里克"，阿拉伯语意为"塔里克山"，英文译名为"直布罗陀"。

此后,这个地方慢慢发展成为一个重要的港口,这个名字也就沿袭下来。

亚马逊河名称的由来

亚马逊河全长约 6480 公里,是世界上的第一长河。它起源于秘鲁境内安第斯山麓,横穿整个南美大陆,最后径直注入大西洋。亚马逊河的得名,可追溯到 16 世纪。

公元 1541 年,西班牙殖民者弗朗西斯科·奥雷利亚纳率领一支探险队,对亚马逊河进行全面考察。由于大河两岸森林密布,渺无人迹,又常有毒蛇猛兽出没,随船带的粮食吃光后,他们面临着饥饿的严重威胁。

正当一筹莫展之际,发现附近有一个印第安人的村庄。停船上岸后,他们疯狂地抢劫村里的粮食,与手持简陋武器的印第安人发生了激战。印第安人勇敢地予以还击,尤其是那些强悍英勇的印第安妇女,更给他们留下了深刻的印象。

奥雷利亚纳想起了希腊神话中一个名叫亚马逊的女人王国,王国里的妇女英勇善战。由此,奥雷利亚纳便把乘船航行过的这条世界最长的河取名为亚马逊河,并沿用至今。

也有人说:"亚马逊"来源于印第安语。在印第安语中,称大潮为"亚马逊奴"。由于海潮可以沿亚马逊河上溯 1000 多米而得名。

好望角名称的由来

好望角位于非洲的南端,是非洲最著名的岬角。"好望角"一词正式出现于 1487 年。好望角初名"风暴角"。1486 年葡萄牙著名探险家巴托罗·迪亚士奉葡萄牙国王约翰二世的命令,率探险队沿非洲西岸向南航行,寻找通往东方的航路。

迪亚士首次到达非洲南端,在那里遇到了特大风暴,他乘坐的帆船几乎沉没在惊涛骇浪中,最后飘落在一个无名的岬角岸边,并被迫返航,迪亚士就将其称为"风暴角"。

回国后迪亚士向国王汇报了到达"风暴角"的情况。国王认为这样命名会挫伤探险家的积极性,不利于进一步探索通往东方的航路;并认为只要越过这一岬角,就有希望开辟一条新航路。所以,他在 1487 年正式将"风暴角"改名为"好望角"。

英国国名的由来

英国的全称是大不列颠及北爱尔兰联合王国。大不列颠是英国本土最大岛屿的名称,与爱尔兰岛和周围 5500 个小岛合称不列颠群岛。

不列颠一词来源于古罗马,那时人们称该岛为"不列敦尼亚"。大不列颠岛最古的名称是"阿尔比恩"即"白"的意思,这是由于大不列颠岛东南沿海岩石为白色而得名。

北爱尔兰指的是爱尔兰岛的北部。爱尔兰是因爱尔兰人得名,其原意为"西方的"或"绿色的"。

我国称大不列颠及北爱尔兰联合王国为英吉利，通称英国，该名来自英格兰一词。英格兰只是大不列颠岛上三个地区之一（三个地区即北部的苏格兰、南部的英格兰、西南的威尔士），它因日耳曼部族盎格鲁人得名。

意大利名称的由来

关于意大利国名的由来主要有两种说法较为流行。一种说法是，在远古的时候，意大利南部的卡拉布利亚区被人们习惯称作"威大利亚"（Vitalia）。

"威大利亚"的意思是小牛生长的乐园。逐渐地，当地居民根据读音的习惯把字母"V"省略了，这样就成为 Italia，即"意大利亚"。

到公元前 5 世纪的时候，这个名字传遍了整个亚平宁半岛，并在某种程度上成为半岛的名称。

公元前 6 世纪，罗马共和国正式把亚平宁半岛命名为意大利亚。在英文中 Itala 作 It-aly；中国译名是从英文转来的，所以写作"意大利"。

另一种说法是，意大利的名称是由一个古代部落名字演变而来的。古希腊人最早到达亚平宁半岛的普利亚地区附近后，把这里的维图利部落称为 Italoi。后来罗马人统治时沿用了这个名称，并把它作为半岛上很多部落的共同称呼。因此，Italia（Italoi 的拉丁文写法）这个名称产生了。

19 世纪，撒丁王国艾曼努尔二世与其父王，奋起反抗外国势力的干涉，与拿破仑三世携起手，基本上实现了半岛的统一。

为给这个统一的国家选择一个合适的名称，艾曼努尔二世选中创建罗马共和国的意大利人的民族名，把它作为统一国家的名称。现在的意大利共和国继承了这一称呼。

西班牙国名的由来

西班牙位于欧洲西南部伊比利亚半岛。古希腊人称 Liberia，古罗马人称 His-pania，其国名由来与这两个词很接近。

西班牙国名的来历，有两种说法。一种是取自 15 世纪末诞生在伊比利亚半岛上的伊斯帕尼亚王国的国名，而该国国名又缘于罗马统治时代的半岛地名希斯帕尼亚（Hispa-nia）州。古名希斯帕尼亚是一个腓尼基地名。腓尼基人和迦太基人曾在西班牙沿海一带建立过殖民地，他们把该地叫斯潘（SPan 或 szpa），意为"兔子"，因为这里野兔成群。

新地名伊斯帕尼亚的产生，是由于这一地区的拉丁语方言已不再发罗马地名希斯帕尼亚中的 H 音。而伊斯帕尼亚以后经讹传，又演变成现在的埃斯帕尼亚。

英语和荷兰语则省掉罗马地名希斯帕尼亚语头的 Hi 音节，把它读作西班牙（Spain）。这些岛域是位于印度以西的西半球，便称它们为"西印度群岛"了。

另一种说法是来源于希伯莱—腓尼基语 Espana，意为埋藏，转义为矿藏、埋藏的财富。因为伊比利亚半岛盛产黄金、银、铜等，令腓尼基人羡慕不已，因而用"Espana"命名。

山姆大叔的由来

1961 年,美国国会正式通过决议,确认"山姆大叔"是美国的象征。那么,这个称号是怎么来的呢?

山姆·威尔逊曾是纽约州一个小镇的肉类包装商。1812 年英美战争时,他曾负责为美国军队供应食品,州议会为了表彰他在战争中的功绩,通过一项提案,命名山姆大叔为州的"爱国者"。

威尔逊在被命名为"爱国者"后,又担任了战争期间的食品检查官,凡是运往前线的食品经他检查合格后,他就在箱子外面打上"US"(美国)的印记。前线战士们戏谑地将"US"解释为 Uncle Sam(山姆大叔的名字)。

"山姆大叔"称呼中两个词的开头字母为 U 和 S,恰好与美国国名的英文缩写一模一样。于是,人们根据这一巧合,就把"山姆大叔"当作了美国的绰号。

新西兰国名的由来

最初迁入新西兰的居民是面貌与中国人差不多的毛利人,故称新西兰为"毛利人群岛"。

1642 年 1 月 13 日荷兰航海家塔斯曼发现新西兰南岛。他误认为该岛是接近南美洲的斯塔滕岛的一部分,很像丹麦首都哥本哈根所在地的西兰岛,故后来将其取名为"新西兰",意为"新的海中陆地"。

加拿大国名的由来

传说在 16 世纪初,法国探险家卡蒂埃乘船横渡大洋驶抵加拿大。上岸之后,在印第安人的村庄里碰到了易洛魁部落的一个酋长。他上前询问酋长这是什么地方,也许是语言不通的缘故,这个酋长指了指周围的棚屋,高声说道:"加拿大!"意思是说"这是棚屋"。但卡蒂埃以为酋长说的是整个地区的名字,于是赶忙把字音记了下来,没想到"加拿大"竟然变成这个国家的国名。

加拿大

还有一种说法"加拿大"原为印第安人一个村庄的名字,后来成为周围一地区的统称,最后成为国名。

加拿大曾被法、英殖民者称为"新法兰西"和"英属北美洲",直到 1867 年加拿大成为英联邦的自治领土,才恢复了"加拿大"的旧称。

澳大利亚的由来

澳大利亚全称"澳大利亚联邦",位于太平洋西南部与印度洋之间,由澳大利亚大陆和塔斯马尼亚等岛屿组成。

其国名源于拉丁文 australis,意为"南方的土地"。大约在公元 150 年,希腊地理学家就曾意识到南半球有一块土地,并将想象中的这块土地称作"未知的南方大陆"。

1531 年法国制图学家奥龙斯·菲纳在他绘制的世界地图中,也设想南方有个大陆,称 Terra Australis,意即南方的陆地。

1605 年,荷兰人威廉·扬茨第一个到达澳大利亚西海岸,但他不知这就是那南方大陆。17 世纪中叶,荷兰东印度公司的船只和人员多次到达澳大利亚的西部海岸,他们把西部海岸命名为新荷兰(New Holland)。1769 年,一位英国船长又把沿澳大利亚海岸航行过的东南部和东部海湾地区称为新南威尔士。

到 19 世纪初叶,另一船长马修·费林德发现从澳大利亚西海岸,到澳大利亚东南和东部海湾地区之间,有一条连续不断的南海岸线,这才意识到澳大利亚是一块大陆。他在 1814 年 7 月 17 日出版了《南方大陆之行》一书,建议这个大陆应该叫澳大利亚,其名称来自拉丁文 australis(南方的)。

1817 年麦阔里总督采纳了这个建议,从此澳大利亚才成为官方正式使用的名称。1901 年 1 月 1 日,正式组成"澳大利亚联邦"。

新加坡国名的由来

新加坡市为新加坡共和国的首都,古称单马锡。此外新加坡也被称为叻坡、叻埠或石叻。

由单马锡改称新加坡,大约是在 1160 年。"新加"一词在马来语中是"狮子"的意思,"坡"是"岛"的意思。据《马来纪年》记载,相传室利佛逝王国的王子室利·啼利盘那,即"吉祥三界王",有一次在新加坡狩猎时,发现一处洁白的沙滩,听随从说是单马锡,便走过去。

这时,突然一只比公羊大、黑头红身、胸生白毛的野兽疾驰而过。王子问侍从是何怪兽,侍从随口称是狮子。王子认为这是吉祥之地,决定在此地建国。

随后,王子在这里建成一座城市,并被命名为"僧加补罗",其梵文之意是"狮子",马来语称"新加坡",就是狮城的意思。

19 世纪初,新加坡沦为英国殖民地后,称为新加坡。1965 年 8 月 9 日正式成立"新加坡共和国"。

纽约名称的由来

1609 年,荷兰东印度公司的英国籍雇员亨利·哈得逊驾船来到了纽约湾。并从纽约湾继续北上,第一次深入那条河流,与两岸印第安人贸易。在此以后,欧洲人把这条河命名为哈得逊河。

1624 年,一艘荷兰船"新尼德兰号"把 30 户荷兰人运到哈得逊河口。他们在这里开辟了一块殖民地,命名新尼德兰。

在新尼德兰南边不远的地方有一个小岛叫作曼哈顿岛。1626 年,新尼德兰总督把该岛从印第安人手中买了下来,然后着手在岛上建立城堡,以自己的国都把它命名为新阿姆斯特丹——即纽约的前身。

1664 年,英国人与新阿姆斯特丹的荷兰人作战,结果荷兰人战败,被迫交出城堡。新阿姆斯特丹被英国人占领后,名字也改成了"新约克"(NewYork)——纽约。

罗马名称的由来

意大利首都罗马,是欧洲最古老的城市之一,其城名的由来流传着一个有趣的传说。相传希腊人攻占了特洛伊城,特洛伊王子一家逃至台伯尔河畔寻地安身。后来,特洛伊王子的后裔西尔维娅做了战神马尔斯的妻子,生下一对双胞胎兄弟罗马路斯和里穆斯。

当时的国王得知后,派人杀死西尔维娅,还残忍地把两个无辜的幼儿放进篮筐中扔到波涛汹涌的台伯尔河,企图以此永绝后患。但幸运的是篮筐被冲到岸边。由于是神的后裔,所以一只母狼跑来,用狼乳哺喂这两个婴儿。从此,兄弟二人就一直和狼群共同生活。

直到有一天,一个好心的猎人发现了孪生兄弟,把他们从狼群中救走,并抚养成人。兄弟俩长大后,变得和父亲战神马尔斯一样力大无穷、武艺惊人。他们通过神谕知道了身世后,便杀死了国王,为惨死的母亲报了仇。后来罗马路斯在母狼哺育他们的台伯尔河畔建城,并用自己的名字罗马来作城名。

雅典名称的由来

希腊首都雅典的名字是根据古希腊神话中雅典娜的名字命名的。在古希腊神话中,雅典娜是奥林巴斯众神中的一位主要的神,由"万神之王"宙斯和"聪慧女神"莫蒂斯所生,是威力和智慧的化身,被尊为智慧之神,又是"明眼女神"、农业和园艺的保护神。

传说这个城市建成以后,雅典娜和海神波赛冬都争夺此城的拥有权。众神表示谁能给人类一件有用的东西,就以谁为这座城市的保护神,并以其名字命名城市。

波赛冬用他的三叉戟猛刺了一下岩石,岩石中跳出一匹战马,这是"战争"的象征;雅典娜用她的长枪敲一下岩石,岩石中变出一支金苹果,象征着和平。于是众神判雅典娜得胜,城市归了她,并以她的名字命名。

旧金山的由来

世界上被称为"金山"的两个地方,都与采金活动有关,其中一处是美国的旧金山(圣弗兰西斯科）。18 世纪时,这地方也确实挖出了不少金子,但挖空之后,淘金者逐渐转移,因而这地方叫作旧金山。

19 世纪中期,有个叫哈格雷夫斯的人,发现澳洲悉尼的土质与美国加利福尼亚的泥土相似,既然加利福尼亚有金矿,澳洲也应该有。这一发现轰动了悉尼城。人们涌向金矿,采金所需的物资和食品价格顿时飞涨。1869 年,人们在墨尔本附近发现一特大金块,有 70 多公斤,因而墨尔本被称为新金山。

不过,旧金山已成为固定的地名,而新金山则只是与旧金山相对的俗称而已,地名仍叫墨尔本。

旧金山

洛杉矶地名由来

洛杉矶位于美国西南沿海,是美国第三大城市,其得名与宗教有关。

1769 年 8 月 2 日,西班牙教士胡安·克雷斯皮随加州总督加斯帕尔·德·波尔托拉到此探险,正好前一天是天主教的圣母节,于是他们称其驻地一带为"崇敬的天使女王圣母玛利亚给予一小块土地的村庄"。

1779 年在此设移民点,1781 年建立城镇,均用上述全称。但通常只用其缩写 LosAngeles,意即"天使",音译则为"洛杉矶"。

白宫的由来

白宫位于美国首都华盛顿北面的宾夕法尼亚大街,包括建筑和园林在内,占地 18 英亩,主楼是幢三层的白色楼房。

白宫是由建筑师詹姆士·贺朋设计的。据说贺朋受了一座爱尔兰宫殿的影响,把白宫也设计成类似宫殿的建筑。这项建筑工程在 1792 年开始动工。

1800 年,美国第二届总统约翰·亚当斯夫妇启用这座建筑。1814 年,这座建筑不幸失火。火灾之后,为了消除火烧的痕迹,整个建筑被涂成白色。1901 年,第 26 届总统西奥多·罗斯福给这座建筑命名"white house",意即"白色的房屋"。后人根据这幢楼的颜色,称它为"白宫"。

白宫

自由女神像的由来

自由女神像是"自由照耀世界之神"的俗称。它坐落在美国纽约赫德森河口的"自由岛"上。

这座世界上独一无二的巨型铜像,是法国为纪念美国独立110周年和美国独立战争期间的美法联盟,赠送给美国的珍贵礼物。

自由女神雕像

在美国南北战争后,由法国历史学家爱德华·德·拉布莱伊提出铸像建议,由法国人民捐款,由法国艺术家奥古斯特·巴托第设计并主持建造,像内铁架由设计巴黎铁塔的工程师埃菲尔设计。

据说,女神像的模特儿是艺术家的妻子尚奈密丽,面貌是艺术家母亲的脸型。巴托第从1874年开始设计,到1884年5月全部工程才告完成。

1885年6月,自由女神像被分装成210箱,用法国拖轮运至纽约。这尊像高为46米;连同基座在内,总高92米。重225吨。女神握着火炬的右臂高插入云;左臂面刻着"1776年7月4日"字样,标明宣言发表的日期;脚上残留着被挣断了的铁链,气宇轩昂,神态刚毅,宣布获得自由,故称为"自由女神像"。像内有22层,电梯可升至10层平台上,再循盘梯可达巨像冠部的望台。

巨像的底部建筑为美国移民博物馆。1886年10月28日,由美国总统克利夫兰主持揭幕。

华尔街的由来

华尔街位于美国纽约市曼哈顿南端,西起百老汇的三一教堂,东到东河码头,是一条不到半英里长的弯曲街道。街口右边第一幢大楼墙上嵌着一块铜匾,上面写着"纽约的里程碑",记述了华尔街的来历。

1653年,这里是纽约市的北部边界。荷兰殖民主义者统治北美时期,为了防止印第安人的袭击,从百老汇到东河码头一线,筑起一道木头栅栏的围墙。后来,英国殖民者取代了荷兰的统治,拆除了围墙,建成一条宽约36英尺的街道,由于先前这里是一道墙,故称"墙街",音译就是"华尔街"。

华尔街主要因它是美国甚至世界金融的神经中枢而闻名世界。如今的华尔街已经成为美国亿万富豪的代名词。

唐人街的由来

华侨或外籍华人在他们生活的城市,往往聚居在一条街或一个区,这样的地方被称为"唐人街"。例如,美国的旧金山、纽约、华盛顿、费城、芝加哥、洛杉矶,加拿大的温哥华,澳大利亚的悉尼,菲律宾的马尼拉等城市都有"唐人街"。那么,为什么华侨或外籍华人居住的地方称为"唐人街"呢?

唐人街

我国唐代前期国势强盛,其影响波及国外。《明史·外国真腊传》写道:"唐人者,诸番呼华人之称也。凡海外诸国尽然。"清诗人王渔洋在《池北偶谈·汉人唐人秦人》中也说:"昔予在礼部,见四泽进贡之使,或渭中国为汉人,或曰唐大。谓唐人者,如荷兰、暹罗诸国,盖自唐始通中国,故相沿云尔。"可见海外各国对中国人早有"唐人"的称呼。华侨亦自称"唐人",更有把其所穿服装也称作"唐装"者。

英语中的 Chinatown 译成中文为"中国城"或"华埠",但多数人习惯译为"唐人街"。

地理之最

最著名的涌潮——钱塘江潮

钱塘江,自古以来被称为"天下奇观",农历八月十八是一年一度的观潮日,最好的地方是海宁市的盐官镇。古称浙江、浙江、罗刹江和之江,是祖国东南名川,浙江省最大河流。钱塘江全长 605 公里,流域面积 48887 平方公里,流经杭州市闸口以下注入杭州湾。江口呈喇叭状,海潮倒灌成著名的"钱塘潮"。

钱塘潮的特色包括三种:交叉潮、一线潮和回头潮。长期的泥沙淤积,在江中形成一沙洲,将从杭州湾传来的潮波分成两股,即东潮和南潮,两股潮头在绕过沙洲后,就像两兄弟一样交叉相抱,形成变化多端、壮观异常的"交叉潮";盐官位与河槽宽度向上游急剧收缩之后的不远处,东、南两股潮交会后刚好成一直线,潮能集中,潮头特别高,通常为 1~2 米,有时可达 3 米以上,这就是"一线潮"的奇观;从盐官逆流而上的潮水,将到达下一个观潮景点老盐仓。老盐仓的地理环境不同于盐官,盐官河道顺直,涌潮毫

钱塘江潮

无阻挡向西挺进,而老盐仓的河道上,出于围垦和保护海塘的需要,建有一条长达 660 米的拦河丁坝,咆哮而来的潮水遇到障碍后将被反射折回,在那里它猛烈撞击对面的堤坝,然后以泰山压顶之势翻卷回头,落到西进的急流上,形成一排"雪山",风驰电掣地向东回奔,声如狮吼,惊天动地,这就是"回头潮"。

钱塘秋潮如此之盛的原因,主要是其独特的地理条件。钱塘江外杭州湾,外宽内窄,外深内浅,是一个非常典型的喇叭状海湾。出海口江面宽达 100 公里,往西到澉浦。江面骤缩到 20 公里。到海宁盐官镇一带时,江面只有 3 公里宽。起潮时,宽深的湾口,一下子吞进大量海水,由于江面迅速收缩变窄变浅,夺路上涌的潮水来不及均匀上升。便都后浪推前浪,一浪更比一浪高。到大夹山附近,又遇水下巨大拦门沙坝,潮水一拥而上,掀起高耸惊人的巨涛,形成陡立的水墙,酿成初起的潮峰。

其实并不是所有喇叭状的海湾都能产生涌潮。海宁大潮的形成,还有一些其他原因。浙江沿海一带,夏秋之交,东南风盛行,风向与潮波涌进方向大体一致,风助潮势、推波助澜;潮波的传播在深水中快,在浅水中慢,钱塘江由深变浅的特点极为突出,这种特

殊条件,能使后浪很快赶上前浪,层层巨浪叠加,形成潮头。此外,潮涌与月亮、太阳的引力也有关。农历每月初一和十五前后,太阳、月亮和地球排列在一条线上,太阳和月亮的引力合在一起吸引着地球表面的海水,所以每月初一和十五的潮汐就特别大,而农历八月十八前后,是一年中地球离太阳最近、引力最大的时候,此时出现的涌潮,自然也就最猛烈。

世界上最寒冷的地方——南极洲

南极洲是人类最后到达的大陆,也叫"第七大陆"。它位于地球最南端,土地几乎都在南极圈内,四周濒太平洋、印度洋和大西洋。是世界上地理纬度最高的一个洲。总面积约 1400 万平方公里,约占世界陆地总面积的 9.4%。南极洲分东南极洲和西南极洲两部分。东南极洲从西经 30°向东延伸到东经 170°,包括科茨地、毛德皇后地、恩德比地、威尔克斯地、乔治五世海岸、维多利亚地、南极高原和极点。面积 1018 万平方千米。西南极洲位于西经 50°~160°之间,包括南极半岛、亚历山大岛、埃尔斯沃思地以及伯德地(玛丽·伯德地)等,面积 229 万平方公里。

南极洲

南极洲的气候特点是酷寒、风大和干燥。全洲年平均气温为-25℃,内陆高原平均气温为-56℃左右,极端最低气温曾达-89.2℃,为世界最冷的陆地。

南极洲的风也是独具个性的。冷空气从大陆高原上沿着大陆冰盖的斜坡急剧下滑,形成近地表的高速风。风向不变的下降风将冰面吹蚀成波状起伏的沟槽,风速超过 15 米/秒时,会形成暴风雪,伸手不见五指。

南极洲还是地球上最干燥的大陆,几乎所有降水都是雪和冰雹。极地气旋从大陆以北顺时针旋转,以长弧形进入大陆,除西南极的低海拔地区以外,这些气流很难进入大陆内部。但是,在气旋经过的南极半岛末端(包括乔治王岛),年降水则特别丰富,可达 900 毫米。

南极大陆 98%的地域终年为冰雪所覆盖。冰盖面积约 200 万平方公里,平均厚度 2000 米~2500 米,最大厚度为 4800 米,它的淡水储量约占世界总淡水量的 90%,在世界总水量中约占 2%。如果南极冰盖全部融化,地球平均海平面将升高 60 米,我国东部的经济特区将被淹没在一片汪洋之中。

企鹅是南极的土著居民,是南极的象征。全世界大约有 20 多种企鹅,全部分布在南半球,它以南极大陆为中心,北到非洲大陆南端、南美洲和澳洲,栖息在这些大陆的沿岸和岛屿上。

南极洲仅有 850 多种植物,且多数为低等植物,只有 3 种开花植物属于高等植物。在低等植物中,地衣有 350 多种,苔藓 370 多种,藻类 130 多种。植物的品种和数量,不仅不能与其他大陆相比,就是同北极地区相比也相差甚远。

世界喷发最多的活火山

埃特纳火山位于意大利西西里岛东岸,海拔 3200 米,是欧洲最高的活火山。在意大利的西西里岛东岸,南距卡塔尼亚 29 公里。周长约 160 公里,喷发物质覆盖面积达 1,165 平方公里。主要喷火口海拔 3,323 米,直径 500 米,常积雪。周围有 200 多个较小的火山锥,在剧烈活动期间,常流出大量熔岩。面积 1600 平方米,基座周长约 150 公里。250 万年前埃特纳火山就已经是活火山,活动中心不止一处。该山现在的结构是至少两个主要喷发中心活动的结果。历史记载大喷发发生在公元前 475 年。记录喷发次数达 210 次。最猛烈的喷发是在 1669 年 3 月至 7 月,喷出熔岩达 8 亿多立方米。

埃特纳火山下部是一个巨大的盾形火山,上部为 300 米高的火山渣堆,说明在其活动历史上喷发方式发生了变化。由于埃特纳火山处在几组断裂的交汇部位,一直活动频繁,是有史记载以来喷发历史最为悠久的火山,其喷发史可以上溯到公元前 1500 年,近年来埃特纳火山一直处于活动状态,距火山几公里远就能看到火山上不断喷出的气体呈黄色和白色的烟雾状,并伴有蒸气喷发的爆炸声。

火山喷吐出来的火山灰铺积而成的肥沃土壤,为农业生产提供了极为有利的条件。在海拔 900 米以下的地区,多已被垦殖,广布着葡萄园、橄榄林、柑橘种植园和栽培樱桃、苹果、榛树的果园。由当地出产的葡萄酿成的葡萄酒更是远近闻名,使该地区成为人口稠密、经济兴旺的地区。在埃特纳火山海拔 900~1980 米的地区为森林带,有栗树、山毛榉、栎树、松树、桦树等,也为当地提供了大量的木材。海拔 1980 米以上的地区,则遍布着火山堆积物,只有稀疏的灌木。山顶还常有积雪。由于埃特纳火山是活火山,就是在停止喷发的休止期间,内部也处在持续的沸腾状态,火山口则始终冒着浓烟,因此意大利政府将它列为“高度危险区”而禁止游人登山游览参观。但每次火山爆发时,来自意大利、欧洲各国乃至世界各地的游客,难以计数。活火山的喷射奇景加上积雪的山峰、山坡的林带和山麓的果园、葡萄园和橘子林,给当地的旅游业增添了活力。

意大利的火山活动频繁,相应地,其监测研究水平在世界上也处于前列,仅西西里岛就有四个火山监测站。离火山 4 公里远的地方设有录像系统。数据通过无线方式传输到中心台站,每天监测人员都要进行数据处理、分析,严密监视三个火山口的活动情况。由于是通过遥控的办法,避免了火山随时喷发给监测人员带来的危险。

世界含沙量最高的河

黄河发源于青海巴颜喀拉山,干流贯穿九个省、自治区,流经青海、四川、甘肃、宁夏、内蒙古、陕西、山西、河南、山东,全长 5464 公里,流域面积 75 万平方公里,年径流量 574 亿立方米,平均径流深度 79 米,是中国第二大河。但水量不及珠江大,沿途汇集有 35 条主要支流较大的支流,在上游有湟水、洮河,在中游有清水河、汾河、渭河、沁河,下游有伊河、洛河。两岸缺乏湖泊,黄河下游流域面积很小,流入黄河的河流很少。黄河的入海口河宽 1500 米,一般为 500 米,较窄处只有 300 米,水深一般为 2.5 米,有的地方深度只 1.2~1.3 米。

黄河以泥沙含量高而闻名于世。其含沙量居世界各大河之冠。据计算,黄河从中游带下的泥沙每年约有 16 亿吨之多,如果把这些泥沙堆成 1 米高,1 米宽的土墙,可以绕地球赤道 27 圈。黄河多泥沙是由于其流域为暴雨区,而且中游两岸大部分为黄土高原。大面积深厚而疏松的黄土,加之地表植被破坏严重,在暴雨的冲刷下,滔滔洪水挟带着滚滚黄沙一股脑儿地泻入黄河。由于河水中泥沙过多,使下游河床因泥沙淤积而不断抬高,有些地方河底已经高出两岸地面,成为“悬河”。

黄河从源头到内蒙古自治区托克托县河口镇为上游,河长 3472 千米;河口镇至河南郑州桃花峪间为中游,河长 1206 千米;桃花峪以下为下游,河长 786 千米。(黄河上、中、下游的分界有多种说法,这里采用黄河水利委员会的划分方案)黄河横贯中国东西,流域东西长 1900 千米,南北宽 1100 千米,总面积达 752443 平方公里。

黄河主要支流有白河、黑河、湟水、祖厉河、清水河、大黑河、窟野河、无定河、汾河、渭河、洛河、沁河、大汶河等。主要湖泊有扎陵湖、鄂陵湖、乌梁素海、东平湖。干流峡谷包括黄河干流上的峡谷共有 30 处,位于上游河段的 28 处,位于中游段流的 2 处,下游河段流经华北平原,没有峡谷分布。干流峡谷段累计长 1707 千米,占干流全长的 31.2%。

黄河每年有两次汛期,大汛是夏季,来水主要是上游的暴雨,汛期可能延续 3~4 个月。小汛是春季 3~4 月间,来水主要是上游冰雪融化,为期较短,因为每年都是在桃花开的时候,故又称桃花汛。

黄河干流总共有鱼类 121 种(亚种),干流中纯淡水鱼类有 98 种,占总数的 78.4%。主要经济鱼类有花斑裸鲤、极边扁咽齿鱼、厚唇裸重唇鱼、黄河裸裂尻鱼、瓦氏雅罗鱼、北方铜鱼(鸽子鱼)、鲤鱼、鲫鱼。黄河上游鱼类种类只有 16 种,组成也较简单,仅有鲤科、鳅两科的裂腹鱼、雅罗鱼、条鳅等。中下游鱼类大体相似,均以鲤科为主。中游有 71 种鱼类,但缺乏自然的鲢、鳙、鳊、鲂等典型平原类群的鱼类,中游上段有与上游共有的裂腹鱼和条鳅等,下游的鱼类种类和数量都较多,有 78 种,其中有多种过河口鱼类及半咸水鱼类。

公格尔山是西昆仑山脉上的第一高峰。山峰呈金字塔形,峰体陡峭,平均坡度约 45 度,山峰主要以 4 条主山脊为骨架:北山脊、西山脊、南山脊、东山脊。山坡浮雪深厚,有高差达 300 米左右的雪崩区。

公格尔九别峰是西昆仑山脉上的第二高峰,由于山上终年积雪,犹如牧民头上所戴的帽子,所以当地牧民就称它为“公格尔九别”,语意为“白色的帽子”。

公格尔山地区现代雪线约为 5900 米,因而冰川规模与冰川地貌都很发达。延伸几十公里的克拉牙依拉克冰川从公格尔和公格尔九别群峰腰间倾泻而下,冰雪厚度甚至可达百米,冰峰雪坡弯曲错落,明暗裂缝丛生其上;更有悬垂冰川,它吊卧在山体上部,似乎随时都有崩塌的可能。

世界上最美的山——梅里雪山

梅里雪山又称雪山太子,位于中国云南省德钦县东北约 10 公里的横断山脉中段怒江与澜沧江之间,平均海拔在 6000 米以上的有 13 座山峰,称为“太子十三峰”,主峰卡瓦格博峰海拔高达 6740 米,是云南的第一高峰。1908 年法国人马杰尔·戴维斯在《云南》

一书中首次使用"梅里雪山"的称呼。

梅里雪山处于世界闻名的金沙江、澜沧江、怒江"三江并流"地区,北连西藏阿冬格尼山,南与碧罗雪山相接。其主峰卡瓦格博海拔高度为6740米,位于东经98.6°,北纬28.4°,坐落在怒山山脊的主脊线上。

梅里雪山主峰卡瓦格博是云南第一高峰,为藏传佛教宁玛派分支伽居巴的保护神。峰型有如一座雄壮高耸的金字塔,时隐时现的云海更为雪山披上了一层神秘的面纱。被誉为"雪山之神"的卡瓦格博作为"藏区八大神山之首",享誉世界。

梅里雪山

梅里雪山以其巍峨壮丽、神秘莫测而闻名于世,早在30年代美国学者就称赞卡格博峰是"世界最美之山"。卡瓦格博峰下,冰斗、冰川连绵,犹如玉龙伸延,冰雪耀眼夺目。是世界稀有的海洋性现代冰川。山下的取登贡寺、衮玛顶寺是藏民朝拜神山的寺宇。每年云南、西藏、四川、青海、甘肃的藏民都要前来朝拜,有浓郁的藏族习俗,是人们登临探险的旅游胜地。

梅里雪山共有明永,斯农,纽巴和浓松四条大冰川,属世界稀有的低纬、低温(零下5度)、低海拔(2700米)的现代冰川,其中最长最大的冰川,是明永冰川。明永冰川从海拔6740米的梅里雪山往下呈弧形一直铺展到2600米的原始森林地带,绵延11.7公里,平均宽度500米,面积为13平方公里,年融水量2.32亿立方米,是我国纬度最南冰舌下延最低的现代冰川。

由于垂直气候明显,梅里的气候变幻无常,雪雨阴晴全在瞬息之间。梅里雪山既有高原的壮丽,又有江南的秀美。蓝天之下,洁白雄壮的雪山和湛蓝柔美的湖泊,莽莽苍苍的林海和广袤无垠的草原,无论在感觉上和色彩上,都给人带来强烈的冲击。

这里植被茂密,物种丰富。在植被区划上,属于青藏高原高寒植被类型,在有限的区域内,呈现出多个由热带向北寒带过渡的植物分布带谱。海拔2000米到4000米左右,主要是由各种云杉林构成的森林,森林的旁边,有着绵延的高原草甸。夏季的草甸上,无数叫不出名的野花和满山的杜鹃、格桑花争奇斗妍,竞相怒放,犹如一块被打翻了的调色板,在由森林、草原构成的巨大绿色地毯上,留下大片的姹紫嫣红。林间分布有肥沃的天然草场,竹鸡、獐子、小熊猫、马鹿和熊等动物活跃其间。高山草甸上还盛产虫草、贝母等珍贵药材。

养牛最多而不吃牛的国家

印度是世界农业大国。印度的农业以种植业为主,种植业又以粮食作物为主。在1988/89年度农村地区居民总收入中,92%来自农业(包括畜牧业),林业收入只占4%,渔业收入只占1.3%。1988/89年度,种植业内部结构是:粮食产值占种植业总产值的48.3%,油料占12.7%,蔬菜和水果占10.4%,棉花占3.8%,烟草占0.5%c,印度养牛的头数名列世界第一,1994 年达到 19298 万头,占全世界的 15%;但肉类总产量只占世界的 2.1%,奶类占 6.5%。

印度牛分三大类:水牛、黄牛和瘤牛。瘤牛是印度特有的物种,在印度非常普遍,地位一般是拉车,也有拉犁的,通常是双驾。它的模样和黄牛、水牛有非常大的区别,体形较大强壮,毛色大都是通体纯白,角没有水牛的粗,但是长而尖利,外表光滑,向上竖起,经常在三尺以上,脖子和身体连接处鼓起一、二尺见方的大肉块,这就是它的名字的来历。腿蹄较其他牛细长,有几分似马,故能奔跑,驾车确是非常合宜的。

按牛的头数,印度是要居世界首位。可是牛乳、牛肉的生产却名落孙山。这与印度的宗教习俗有很大关系。印度人口的 80% 信奉印度教。在一般印度人当中,如同恒河被视为"圣河"一样,牛也被崇拜为神物——"圣牛"。印度教教规严禁宰杀牛和食用牛肉,即使是老弱病残的牛,也仍被保留和养活着。

牛被印度教教徒视为"圣兽",印度教徒认为,牛既是繁殖后代的象征,又是人类维持生存的基本保证。就是在科学技术十分发达的今天,印度人对牛仍然是敬之如神。印度教不准吃牛肉,印度虽有养牛业,但只能提供牛奶、黄油及牛粪作燃料,喝牛奶允许的。特别是水牛奶,印度人格外喜欢。牛虽然不能宰杀吃肉,少数地方有用作役牛(民间运输、耕地)。因此,在印度的一些城市、乡村里,老牛、病牛、残牛比比皆是,牛可以到处自由游荡,神圣不可侵犯。

印度的养牛业虽然较发达,但因不准食用牛肉,更不能宰杀之,不能作役牛(民间运输、耕地)或提供牛奶的老弱病残,只能任其到处流浪,甚至在首都新德里(约有 3.5 万头流浪牛),摆脱"枷锁"的自由之牛,随处可见。如此多的牛,不能避免地造成交通、卫生、儿童和庄稼安全等方面的麻烦,成为国家的一个负担。因此印度虽然拥有多达到 3 亿头牛,人均拥有量居世界第一位,但经济上的作用并不大。

最热和最冷的海

位于亚、非两洲之间的红海,是世界上海水最热的海,它是一个面积 45 万平方公里,长 2100 公里,平均宽约 290 公里的深海,平均深度为 558 米,最深处达 2740 米。

红海的海岸陡立、形状窄长、缺少良港、水色发红。在红海之中,生长着一种藻类,名为蓝绿藻。这种藻类死后,身体变成棕红色,将海面染成红色,红海之名由此而得。

红海最特异的地方莫过于它的"热"了。地球海洋表面的年平均水温是为 17℃,而红海的表面水温 8 月份可达 27℃~32℃,即使是 200 米以下的深水,也可达到约 21℃。更为奇怪的是在深海盆中,水温竟高达 60℃!其上部的水温也有 44℃。简直就是海中的"热洞"。

红海的温度为什么如此之高呢?人们很容易用它所处的环境来解释,红海地处北回归高压带控制的范围,腹背受北非和阿拉伯半岛热带沙漠气候的影响,气候终年干熟,所以水面总是热乎乎的。

但是,海底受气候条件影响很小,为什么却热的出奇?看来,仅仅上面的解释是不能令人心悦诚服的。要揭开"热洞"之谜,还得从其他原因来探求。

自从海底扩张和板块构造学说发现以来,人们认为阿拉伯半岛和非洲之间,地壳下存在地幔物质对流,对流物质引起了地壳张裂,于是便形成了今天的红海。

这种张裂带与东非大裂谷同为一带,张裂作用已有了 2000 万年的历史。现在,仍然以每年 1 厘米的速度不断扩张。海底扩张使地壳出现了裂缝,岩浆沿裂缝不断上涌,海底岩石就被加热了,所以海水底部水温特别高。如果继续张裂下去,一两亿年之后,红海将形成一个新的大洋。

威德尔海,是南极最大的海,也是海水最冷的。这儿的海水,不断受到来自世界最寒冷的地区——南极大陆冷冰、冷风的"袭击",所以海水终年很冷。冷海水的比重要比温海水的大,冷海水下沉后,使上层的温海水再度冷却,如此反复交换,整个海域就变得特别寒冷。

最淡和最咸的海

海洋中有数量极其巨大的海水,然而又咸又苦,不适宜人类饮用,饮后对人健康有害。根据科学家的研究,供人类饮用的水,含盐指标不能超过 5‰,而地球上的海水,一般都是 35‰。

有人曾计算过,全球的海洋,大约含有 5 亿亿吨盐量。如果将这些盐类平铺在地球表面上,盐层将足有 45 米厚;如果将它堆积到陆地上,陆地将会增高 150 多米!

世界各地海洋,含有的盐量并不完全相同,有的海域盐分很低,有的海域盐分很高,浓淡之差可达 130 多倍。

北欧的波罗的海,是世界上最淡的海,盐度含量仅有 6‰,左右,该海东部和北部的一些水域,盐度则只有 26‰;亚非大陆之间的红海,是世界上最咸的海,盐度可达 42‰,个别的海底,盐度更高达 270‰,几乎成了饱和溶液。

波罗的海和红海,一"淡"一"咸",到底是什么原因使它们的盐度差别这么大呢?让我们先对它们的成因做个比较:

波罗的海所处的纬度较高,气候比较凉湿,蒸发微弱。周围有奥得、维斯瓦、涅曼等大小 250 条河流注入,每年注入的淡水有 472 立方公里,对于保持淡水环境十分有利。

再加上波罗的海四面几乎被陆地所环抱的内海形势,虽然大西洋水体盐度较大,但很难改变淡化了的波罗的海海水特性。

红海则地处北回归线附近,景况大为不同。红海纬度偏低,又位于干热地带,盐度自然很高。

科学家们还进一步发现,在发展历史中,红海曾有几度海进海退的现象。海进时期,称为封闭的浅海或海滨泻湖,有利于储存保持高浓度的海水;海退时期,浅海或海滨泻湖干涸,在海底又形成了很厚的盐层。今天海下的饱和性盐水,其盐分便是由海底的古盐层提供的。

地理谜团

地球篇

地球是怎样诞生的

　　地球是目前人类所知道的唯一有生命存在的星球,也是目前人类生存的唯一家园。她广袤丰沃的胸膛,哺育了千千万万的生灵;她巍峨挺拔的肩膀,承载着亘古绵长的历史重托。人类在自身不断发展和演化的过程中对其所生存的星球从来就没停止过探索。她的诞生就是一个神秘莫测的谜团,她的存在就是一幅撼人心魄的美丽传奇。在浩渺的宇宙中,为何只有小小地球能适合人类居住?地球到底是如何形成的?

地球

　　早在远古时代,人类就对地球充满了好奇。那时的人们认为大自然里存在的一切都是由上天创造的,一切都是与生俱来的。西方的"上帝创世说"曾经在相当长一段时间内占据统治地位,人们都相信有一个超乎人力之上的上帝创造了一切。然而,随着人们认识水平的提高和科学技术的发展,人们已经远远不相信"上帝创世说"那样荒谬的答案了。

　　在关于地球起源的各种理论中,较早就产生且比较普遍被人接受的是星云说。科学家们认为在距今约 50 亿年前,宇宙大爆炸后,太阳系星云收缩,形成了以太阳为中心的太阳系。约 4 亿年后,地球开始形成。大概在 46 亿年前,发展成现在的大小和形状,其后可能再过了 15 亿年,地球上的环境才适宜早期的生物生存。

　　另外,法国生物学家布丰在 18 世纪就创造了"彗星碰撞说"。他认为彗星落到太阳上,把太阳打下一块碎片,碎片冷却以后形成了地球,即地球是由彗星碰撞太阳所形成的。这一学说打破了神学的禁锢,曾一度引起人们的注意。此后,其他科学家继承和发展了布丰的学说,将地球形成原因的研究又向前推进了一步。

然而,1920 年,英国天文学家阿瑟·斯坦莱·爱丁顿却指出,从太阳或其他恒星上分离下来的物质都很热,以至于它们扩散到宇宙空间前还来不及冷却就消散掉了。即使在某种未知的过程下凝聚成了行星,运行的轨道也不会像现在太阳系中的轨道那样有规律。1936 年,美国天文学家莱曼·斯皮特泽又证实了这一理论。

1944 年,德国科学家卡尔·夫兰垂·克·冯·韦茨萨克对以往的"星云假说"进行了进一步发展,他认为是旋转的星云逐渐收缩形成了行星。如果把星云中的电磁作用考虑进去,就可以解释角动量是以什么形式由太阳转移到行星上去的。

随着人们在该领域研究的不断深入,目前科学家们提出的有关地球起源的学说已多达十余种。除以上两种外,主要还有以下一些学说:

1.陨星说 1755 年,康德在《宇宙发展史概论》中提出了该学说,他认为,太阳系最初是 1 团由尘与气形成的冷云,并不停地旋转。今天的天文学家利用现代望远镜,看到遥远星际间漂浮着暗黑的尘云,这种云看起来就像康德想象中的太阳系旋转云。

2.双星说此学说认为行星都是由除太阳之外的另一颗恒星产生的。假定太阳最先产生,还没有行星。后来太空中有另一个星球从太阳附近掠过,把一长物质扯了出来。掠过的星球继续飞行,而那些被扯出来的物质则凝聚成了太阳系的行星。

3.行星平面说该学说认为所有的行星都在一个平面上绕太阳转,原始的星云盘产生了太阳系。

随着人们认识水平的提高和科技水平的进步,人类对地球的形成的认识将越来越深入和趋向统一。我们有理由相信,揭开地球起源之谜并不是一件遥远的事情。

追寻地球的年龄

我们知道,树有年轮,一棵树生长的年数会在树干横切面上的圆圈数上显示出来,层与层之间的界线非常清晰。与此类似,地球也有"年轮"。科学家通过对地球上岩层的性质和变化的研究,测定地球至少有 46 亿岁了。地球形成以后,在其不断运动、变化和发展的演变中留下了许多痕迹。组成岩层的主要成分火成岩、沉积岩,和变质岩等,其来历都各不相同。通过对各种岩层的探测,人们就可以知道一些地方的地质历史。

20 世纪放射性元素和其蜕变成的同位素的发现,使人们找到了一个比较精确计算岩石年龄的方法。

根据科学方法鉴定出,在格陵兰岛西部地区发现的阿米佐克片麻岩是地球上最古老的岩石。英国牛津大学的研究人员使用铷—锶放射性同位素法,测定它已有 38 亿岁。不久前,科学家把放射性年代测定法运用到对陨星碎块年龄的测定中,发现太阳系碎屑的年龄大都在 45 亿~47 亿岁间。他们认为,在同一时期,太阳系的成员大多形成了,因此也可以推测地球大约有多少岁了。

最近澳大利亚地质学家在澳大利亚西部的纳耶山沙石中发现了 4 块岩石晶粒,它们是锆石碎块或锆的硅酸盐。探测研究表明,这些锆石大多是地球原始表壳的碎块。人们使用离子探针谱分析法,测定了这些矿物样品中铀和铅的同位素离子的相对度,从而对这些岩石的年代做出了判断。这种岩石晶粒至少已有 41 亿~42 亿年的历史,它比格陵兰西部岩石还要早 3 亿年。

根据这一发现地质学家们认为,早在46亿年前地球就同太阳系的其他行星和月球一起形成了,而且地球在它起源以后一直受到陨石的重力冲击,时间至少长达5亿年,从而使得地球原始表壳的全部形迹遭到毁坏。

在发展过程中,地壳形成了各个不同年代的地层,保存在各种地层中的各种岩石从低等走向高等,从简单走向复杂。它们留下的痕迹记录并展示着地球不断变化和发展的历史。

地质学家把地球的历史分成太古代、元古代、古生代、中生代和新生代五个时期:

太古代从地球诞生到25亿年前。那时,地球上是一片汪洋,海面散布着一些火山岛;陆地面积还很小,上面尽是些秃山。地球上的生命刚刚孕育发生,原始细菌开始繁衍发展。

元古代距今24亿~6亿年前。这个时候大片陆地出现,在海洋中海洋藻类和无脊椎动物开始繁衍。

古生代距今6亿~2.5亿年前。地壳运动剧烈,亚欧和北美大陆已形成雏形。最早出现的三叶虫兴盛一时,随后大批鱼类繁殖起来。两栖动物作为陆上脊椎动物之一,已成为当时最高级的动物,爬行类动物和有翅昆虫也出现了。

中生代距今2.5亿~0.7亿年前。大陆轮廓基本形成,太平洋地带地壳运动剧烈,大山系和丰富矿藏开始形成。那时候是爬行动物的时代,以恐龙为盛。原始的哺乳动物和鸟类也开始出现了。

新生代1亿年前到现在。地球上出现规模巨大的喜马拉雅造山运动,使得地球上海陆面貌同现在基本相似了。新生代的第三纪哺乳动物开始大量繁殖,第四纪则是人类起源和发展的时代。

随着科技的进步,人类一定能更加准确地测定地球的年龄。

海洋是怎样形成的

海洋总给人以广阔深邃之感,海洋面积为36100万平方千米,占全球总面积的70.8%,而陆地则小得多,仅为29.2%。可是你是否想过,这么多水是从哪里来的呢?

对于这个问题,自古以来人们就一直在思考。在科技不发达的古代,人们常将无法解释的事物、现象同神话联系起来,对于海水的来源、海洋的成因,同样有阡多美丽、离奇的传说。

关于海洋形成的神话在古代的巴比伦流传着这样的故事:月神马尼多克在与恶魔狄亚马德搏斗中杀死了他,并把他的尸体分成两半。月神将一半向上高举,这一半变成了太阳和月亮;将另一半向下沉落,则变成了山岳、河流和海洋。

中国古代同样有一个关于海洋形成的神话,在神话中有个力大无比的英雄名叫共工,他一怒之下触倒不周山,不周山是支撑天地的一根支柱,天地因此失去支撑而倾斜。天倾西北,石头从天上掉下来,从此西北多高山;地陷东南,于是海洋在中国东南方形成了。

时至今日,科学有了巨大的飞跃,但在海水来自何处这一问题上还没有定论。

大众较为熟知的是"同生说",即地球产生的同时,海洋也相伴而生了。这种观点将海洋的形成同地球形成的地质演变紧密联系在一起。

太阳星云在60多亿年前产生了分化,地球物质在太阳的分化时期独立出来。最初,这些物质以一个个团块的方式混杂在一起,团块在运动过程中互相碰撞结合,逐渐由小变大,一个原始的地球在这个过程中发展到一定的程度时就产生了。原始地球没有现在大片大片的蔚蓝色的海洋以及严严实实地包裹着地球的厚厚的大气。它是没有生命的,一切都未成形,地球温度也不高,各种物质混杂在一起。后来它的内部逐渐变暖,其原因是地球的增长和绝热压缩作用。地球内部的一些放射性元素开始蜕变,释放出大量的不断积累的热量。地球内部不断升温,物质在高温下开始熔解。重者在重力作用下下沉,轻者则上浮,在高温下水汽与大气从其他物质中分化出来,飞升进入空中,形成地球上的厚厚的大气层。后来水汽与大气的温度在地球表面逐渐变冷的影响下降低,水汽凝结成云,行云致雨,通过于沟万壑,雨水在原始的洼地中汇集成江河、海洋。原始水圈就是这样形成的。

研究地球内部构造和物质水分的科学家在海洋形成的问题上提出了自己的观点,他们认为地球表面本来没有水,水是后来从地球内部"挤"出来的,这就是著名的内生说。

科学家推测,原始海洋中海水只是日前的十分之一,经过长期积累才有了今天这样的规模。海水增加的最主要方式是火山活动。火山爆发时,喷射出以氯化钠、氯化钾等大量氯化物和大量水汽为主要成分的高温气体。有时这种气体喷发时甚至伴随有沸腾的水柱,因而火山活动释放出十分惊人的水分。现在每年火山爆发喷出大量温泉,其水量就高达6600亿吨。地球在几十亿年的生命史中经历了漫长的地质历史时期,许多次的火山爆发产生了大量的水,它们汇集在一起,便形成了,今天的海洋。

水是不断从地球深部释放出来的,因为几乎总会有大量气体在每次火山爆发时喷出,其中水蒸气最多时要占到75%以上。水分也存在于地下深处的岩浆中,火成岩由岩浆凝固结晶而成,里面也含有一定数量的结晶水。

但是,随着人们对火山现象研究的不断深入,发现同火山活动有关的水是地球现有水循环的一部分,并不是什么从深部释放出来的"新生水"。在世界各火山活动区与火山有关的热水中存在一种成分,叫作氚。科学家克莱因对其做了分析,证明与当地的地面水一样,具有相同的同位素比,从而确认了渗入地下的地面水在火山热水的作用卜,它们重新上升产生了氚。后来,有些科学家分析某些地区火山热力的氚,发现人工爆炸产生了高含量的氚,这就进一步说明有些火山热水只不过是新近渗入地下的雨水。那些主张地球水来自"娘胎"的研究者根据这些研究成果修正了对火山水的看法,认为在地球演化的早期,现有的地球水丛深部释放出来。

与同生说、内生说不同,一些学者认为地球自身没有"能力"产生这么多的水,他们认为海洋中大量的水来自地球之外,于是提出了外生说。但是在外生说内部,也有很大的分歧。

有些科学家说,地球水是太阳风带来的,是太阳风的杰作。科学家托维利首先提出,太阳风是太阳外层大气向外逸散出来的粒子流。他还认为电子和氢原子核——质子是太阳风的主要组成成分。托维利根据计算得出结论:地球从形成到今天,已从太阳风中吸收了大量的氢,其总量达1.70×10^{23}克。如果把这些氧全部与地球上的氧结合,就可产生1.53×10^{24}克的水,这个数字十分接近现有地球水的总量145亿吨。更主要的是,地球水中的氧与氘的含量之比同太阳表面的氢氘比是十分接近的,为6700∶1。因此他认为,地球水来自太阳风的最有力的证据就在于此。但是一些科学家发现,大气中水蒸气分子在太阳紫外线的作用下,会分解成氢原子和氧原子,从而造成地球表面的水向太空流失。当氧原子到达80~100千米气体稀薄的高热层中,氢原子就会离开大气层而进入太空,其运动速度会超过宇宙速度。人们的计算结果表明,飞离地球表面的水量大致等于进入地球表面的水量。但地质学家发现,世界海洋的水位在2万年间涨高了大约100米,至今人们还不能解释地球表面水不断增多的原因。

当人们怀疑海洋中的水形成于太阳风时,美国弗兰克等科学家提出了地球上的水来自太空中由冰组成的彗星这样一个理论。这个理论引起了科学界的广泛关注。

弗兰克等人自1981年以来研究了从人造卫星发回的几千幅地球大气紫外辐射图像,他们发现总有一些小黑斑在圆盘形状的地球图像上。每个小黑斑大约存在2~3分钟,面积约何2000平方千米。仔细研究和检测分析之后,科学家们认为这些黑斑是由一些看不见的冰块纸成的小彗星撞进地球大气层后破裂和融化成水蒸气造成的。每5分钟大约有20颗这种冰球进入大气层,它们平均直径为10米,每颗融化后相当于100吨左右的水,从而每年可增加约10亿吨水。地球大约有46亿年的历史,也就是说,地球从这种冰球中可获得460亿吨水,超过了现在地球水体总最。

在海水自何处米这一问题上,学者们的看法截然不同,每一种假说都有其合理之处,但每一种学说又都会遇到无法解释的现象,海水的真正源头至今还是一个谜。

地理现象篇

龙卷风成因探秘

在美国俄克拉荷马州阿得莫尔市曾经发生过这样一件怪事:两匹马拉着一辆大车在路上行走,车夫坐在车上,由于天气闷热,他打起了瞌睡,突然一声巨响把他惊醒。睁眼一看,两匹马和一根车辕都已经无影无踪了,而自己和车子却是安然无恙。

俄克拉荷马州的一对夫妇也遭到过这种厄运。在1950年的一个晴朗的夏日,他们躺在床上休息。一声刺耳的巨响将他们惊醒,他们俩起来看一看什么也没有发现,以为这声音是梦中听到的,于是重新又躺了下来。但是,他们忽然发现他们的床已被弄到荒无人烟的旷野,周围没有房子,没有任何建筑物,也没有牲畜。只有一只椅子还留在他们的旁边,折叠好的衣服仍好端端地摆在上面! 据说这件怪事的罪魁祸首是龙卷风。

龙卷风

龙卷风是云层底部下垂的漏斗状的云柱及其伴随的非常强烈的旋风。文献上记载的下降银币雨、青蛙雨、黄豆雨、铁雨、虾雨，还有血淋淋的牛头从天而降等现象，都是龙卷风把地面或水中的物体吸上天空，带到远处，随雨降落造成的。龙卷风中心气压极低，中心附近气压梯度极大，产生强大的吮吸作用。当漏斗伸到陆地表面时，把大量沙尘等物质吸到空中，形成尘柱，称陆龙卷；当漏斗伸到海面时，便吸起高大的水柱，称水龙卷或海龙卷。龙卷的袭击突然而猛烈，产生的风是地面上最强的。

在强烈龙卷风的袭击下，房子屋顶会像滑翔翼般飞起来。一旦屋顶被卷走后，房子的其他部分也会跟着崩解。龙卷风的强大气流还能把上万吨的整节大车厢卷入空中，把上千吨的轮船由海面抛到岸上。在美国，龙卷风每年造成的死亡人数仅次于雷电。它对建筑的破坏也相当严重，经常是毁灭性的。1925 年 3 月 18 日一次有名的"三州旋风"遍及美国密苏里、伊利诺伊和印第安纳三个州，损失达 4000 万美元，死亡 695 人，重伤 2027 人；1967 年 3 月 26 日上海地区出现的一次强龙卷，毁坏房屋 1 万多间，拔起或扭折 22 座抗风力为 12 级大风两倍的高压电线铁塔；1970 年 5 月 27 日一个龙卷风在湖南形成后经过沣水，在沣水的江心卷起的水柱有 30 米高、几十平方米大，河底的水都被吸干了。

龙卷风在世界各地都曾出现过，在中国龙卷风不多见，而在美国、英国、新西兰、澳大利亚、意大利、日本出现的次数却很多。龙卷风在美国又叫旋风，是常见的自然现象。1879 年 5 月 30 日下午四时，在堪萨斯州北方的上空有两块又黑又浓的乌云合并在一起，15 分钟后在云层下端产生了漩涡。漩涡迅速增长，变成一根顶天立地的巨大风柱，在三个小时内像一条孽龙似的在整个州内胡作非为，所到之处无一幸免。龙卷风漩涡竟然将一座新造的 75 米长的铁路桥从石桥墩上"拔"起，把它扭了几扭然后抛到水中。事后专家们认为，这次龙卷风漩涡壁气流的速度已高于音速，其威力巨大。

把高于音速的龙卷风比喻为一个魔术师一点也不为过。1896 年，美国圣路易市发生过一次旋风，使一根松树棍竟轻易穿透了一块一厘米左右的钢板。在美国明尼苏达州，1919 年也发生了一次旋风，使一根细草茎刺穿一块厚木板，而一片三叶草的叶子竟像模子一样，被深深嵌入了泥墙中。更让人不解的是一次龙卷风将坐在家中的一对夫妇和他们的大儿子和小儿子吹到一条沟里，而她的次子则被刮走不见影踪，直到第二天才在另一个市被找到。尽管他吓得魂不附体，但丝毫未受损伤。令人奇怪的是，他不是顺着风向被吹走的，而是逆着风被吹到那个市的。

尽管人们早就知道龙卷风是在很强的热力不稳定的大气中形成的，但对它形成的物理机制，至今仍没有确切的了解。有的学者提出了内引力——热过程的龙卷成因新理论，可是用它也无法解说冬季和夜间没有强对流或雷电云时发生的龙卷风。龙卷风有时席卷一切，而有时在它的中心范围内的东西却完好无损；有时它可将一匹骏马吹到数千米以外，而有时却只吹断一棵树干；有时把一只鸡的一侧鸡毛拔完，而另一侧鸡毛却完好无缺，龙卷风造成的这些奇怪现象的原因至今神秘莫测。

龙卷风的风速究竟有多大？没有人真正知道，因为龙卷风发生至消散的时间短，只有几分钟，最多几个小时。作用面积很小，一般直径只有 25~100 米，在极少数的情况下直径才达到 1000 米以上，以至于现有的探测仪器没有足够的灵敏度来对龙卷风进行准确的观测。相对来说，多普勒雷达是比较有效和常用的一种观测仪器。多普勒雷达对准龙卷风发出微波束，微波信号被龙卷风中的碎屑和雨点反射后重被雷达接收。如果龙卷风远离雷达而去，反射回的微波信号频率将向低频方向移动；反之，如果龙卷风越来越接近雷达,则反射回的信号将向高频方向移动。这种现象被称为多普勒频移。接收到信号后,雷达操作人员就可以通过分析频移数据,计算出龙卷风的速度和移动方向。为了制服龙卷风,预测龙卷风,人们正努力探索龙卷风形成的规律,以解开这个自然之谜。

"温室效应"的争议

近年来,全球气候逐渐变暖,科学家们根据长期观测得到的大量数据分析指出,全球气候在20世纪明显变暖,跟20世纪初相比,现在的平均气温上升了0.5℃,这种温暖期是过去600年里从未有过的。

全球气候在整个20世纪确实一直在变暖,但气候变暖是不是因为"温室效应"呢?会不会持续变暖呢?对此,众说纷纭。

有些科学家认为20世纪气候变暖是"小冰期"气温回升的延续,是自然演变的结果,跟"温室效应"无关。在地球存在的45亿年中,气候始终在变化,并且是以不同尺度和周期冷暖交替变化的,也就是说,20世纪气候变暖是正常的自然现象,人们不必恐慌,到了一定的时期气温自然会变冷。科学家经研究发现:第四纪也就是距今250万年前,地球上出现了多个不同尺度的冷暖变化。周期越长,气温变幅也越大。周期为10万年左右的冰期,气温变化了10℃;周期为2万年的,气温仅变化了5℃。在近1万年中,这个规律依然在起作用:10年尺度气候变化的变幅是0.3℃~0.5℃;100年尺度气候变化的变幅为1℃~1.5℃;1000年尺度气候变化的变幅为2℃~3℃。

但还有些人反对以上观点,他们认为,全球气候变暖是因为"温室效应",而人类是造成"温室效应"的罪魁祸首。近几十年来,发展迅速的工业制造业以及日益增多的汽车等,导致燃烧矿物燃料越来越多,人类向空气中排放的二氧化碳大大增加。加上绿色植物尤其是森林遭到了极大破坏,无法大量吸收人类排出的二氧化碳,因此,大气层中的二氧化碳浓度大大增加,阻碍了大气和地面的热交换,引发"温室效应"。大量的二氧化碳既能吸收热量,又阻止了地球散热,地球热交换因此失去了平衡,导致全球气温不断升高。一个权威性的政府组织IPCC对全球气候变暖的问题进行了大量详尽的研究,他们明确指出了大气中二氧化碳含量的增加是全球变暖的主要原因。IPCC的科学家们利用电脑收集了大量的技术发展预测、人口增长预测、经济增长预测等相关资料,再根据对未来100年里排放到大气中的二氧化碳数量的35种估计值,做出了7种不同模型来预测全球气候,最终的结论是气温在未来100年可能增加1.4℃~5.8℃。如果这种预测变成现实,地球将会发生一场大灾难。农业将遭到毁灭性打击;海平面将上升,淹没更多陆地,并导致淡水危机;各种自然灾害将轮番发生,生态平衡将遭到破坏。据英国《观察家报》2004年1月11日报道,由多国科学家组成的国际研究小组在最新一期英国《自然》杂志上发表研究报告称,全球变暖将导致世界上1/4的陆地动植物、即100多万个物种将在未来50年之内灭绝,这必将对人类的生存造成灾难性的影响。为此,英国多位著名气候专家在剑桥大学召开会议,商讨防止地球继续变暖的办法。

尽管"温室效应"论十分盛行,但也有不同的声音。不少科学家认为目前地球正朝低温湿润化方向发展。他们认为,尽管20世纪的气温总体上呈上升趋势,但二氧化碳浓度变化与气温曲线变化并非完全一致,20世纪的40~80年代,有过降温的过程。这种看法也不无道理,他们从两个方面提出证据支持自己的观点。

首先,他们认为,气候变化受地球自身反馈机制的影响。一方面,由于大气与海水间存在着热交换,气温升高时,热交换增强,海水吸收热量升温后,对二氧化碳的溶解度也会增加。不仅如此,气温的升高还会增加地球上的生物总量,寒冷地带由于变热,生长在那里的植物生长期变长,植物带也在高温的作用下移向高纬度的地方,二氧化碳被森林吸收后,要经过更长的时间才能回到大气层。另一方面,由于空气极度湿润,植物残体在这种情况下不能充分分解,以泥炭的形式储存到地壳,这正是碳元素从生物圈到地圈的转化过程。

其次,气温上升过程中产生的水蒸气也能起到一定程度的缓解作用。气温升高导致蒸发加剧,大气含水量增加,形成一些云,大量的太阳辐射会被这些云反射、散射掉,从而缓解气温的上升。

气象系统是十分复杂的,无论地球变暖是否因为"温室效应",我们都应该加以关注。相信总有一天我们会弄明白地球变暖的来龙去脉,从而改善环境,造福人类。

厄尔尼诺现象的产生

近些年,每当人们讨论气候和自然灾害的时候,往往会提到这样一个名词:厄尔尼诺。在各种媒体上,它的出现频率也非常高。在懂和不懂它的含义的人们眼里,厄尔尼诺显然已成了"灾星"的代名词。

厄尔尼诺是南美洲秘鲁渔民最早对影响当地鱼流的秘鲁近海暖洋流的通俗叫法,在西班牙语中是"圣婴"(上帝之子)的意思,指的是圣诞节前后发生在南美洲的秘鲁和厄尔尼诺附近,即赤道太平洋东部和中部海水大范围持续异常偏暖现象。厄尔尼现象不仅扰乱秘鲁渔民的正常渔业生产,引起当地气候反常,而且在厄尔尼诺现象强烈的年份,还会给全球气候带来重大影响。主要表现在:从北半球到南半球,从非洲到拉美,气候变得异常,该凉爽的地方骄阳似火,温暖如春的季节突然下起大雪,雨季到来却迟迟滴雨不下,正值旱季却洪水泛滥……据记载,从1950年以来,世界上共发生13次厄尔尼诺现象,其中1997年发生的并且持续至今的一次最为严重。

现在,对厄尔尼诺已有了一个基本一致的定义,用一句话来说:厄尔尼诺是热带大气和海洋相互作用的产物,它原是指赤道海面的一种异常增温,现在其定义为在全球范围内,海气相互作用下造成的气候异常。它表示一系列的海—气反常现象,主要有以下几方面:(1)东太平洋赤道以南海域冷水区的消失;(2)太平洋赤道地区东南信风的消失;(3)西太平洋赤道地区的热水向东部扩散;(4)由上述三种现象引起的一系列气候反常。据专家统计,厄尔尼诺大约每过2~7年出现一次,但却没有一定的周期性,每次发生的强度不尽相同(即表层海温的异常程度不同),持续时间也有差别,短的半年,长的持续一年以上。

但到目前为止,科学家们依然没弄清厄尔尼诺现象发生的原因。

有一种观点目前较为盛行,这就是大气因子论。这种观点认为,赤道太平洋受信风影响,形成了海温和水位西高东低的形势。与此同时,在赤道太平洋西侧的上升气流和东侧的下沉气流的影响下,信风会加强;一旦信风减弱,太平洋西侧的海水就会回流东方,赤道东段和中段太平洋的海温因此会异常升高,从而导致厄尔尼诺现象的发生。

气象学家已证实,厄尔尼诺确实会引发世界上一些地区气候异常及气象灾害,如干旱、洪涝、沙尘暴、森林大火等。因为海洋在厄尔尼诺的影响下,表面温度上升3℃~6℃,导致地球大气的正常环流受到干扰。结果全球气候都因此变得异常,自然灾害迭起,并最终影响地球陆地生态系统。

随着科技的发展和科学家经验的积累,在过去的几十年中,对厄尔尼诺的研究工作已取得较大进展。

1997年9月,科学家们利用气象监测卫星收集到了大量数据,并据此得到了一张图片。他们发现了一块水域,其水面要高出正常情况33厘米,这是因为肆虐的贸易风推动了温暖的热带海水。它表明,一次剧烈的厄尔尼诺现象正在进行中。果然,在随后的几个月中,该水域对气候的影响像预测的那样,逐渐显露出来,全球地区几乎无一幸免。

今天,天文学观测手段和计算机技术越来越先进,厄尔尼诺现象也已越来越被人们所了解,但依然有很多未解之谜需要我们继续探索研究。

海市蜃楼

19世纪时,欧洲的许多探险队进入非洲撒哈拉大沙漠进行探险。探险队进入沙漠后,所携带的饮用水一天比一天少。有一天,他们忽然发现在前方不远的地方有一个很大的湖泊,湖水在刺眼的烈日照耀下波光粼粼,湖边还映着大树的倒影。探险队员看到这一幅景象,喜出望外,欢呼雀跃地拿着水桶兴奋地向湖边跑去。但跑了很久,也未能靠近那片湖泊。

英国探险家李温士敦在非洲卡拉哈里沙漠旅行时也曾被这种现象欺骗过。当时,他正在沙漠中行走,忽然发现前面出现一个湖泊,干渴难忍的他于是朝湖的方向奔去,结果可想而知,他根本无法接近那片湖泊。

20世纪80年代人们在叙利亚沙漠地区还见到更奇怪的景观。当时,雨季刚过,夏季即将来临。火红的太阳还悬在天空中,乌云飘过后,天空洒下一阵急雨。这时在天际突然出现一弯彩虹,与虹影相辉映的是,在它下面隐现出一座市镇,蓝色的湖水、绿色的树木、白色的房屋。这些奇景是怎么回事呢?

古代人将这些奇异的现象称为"海市蜃楼"。传说蜃是一种会吐一股股气柱的蛟龙,它吐出的气柱仿佛海上"城市"中的幢幢楼台亭阁,远远看去,若有若无。

其实,海市蜃楼是光在密度分布不均匀的空气中传播时发生全反射而产生的。在沙漠中,由于强烈的太阳光照射在沙地上,接近地面的空气被迅速加热,因此其密度比上层空气的密度小,折射率也就小。从远处物体射向地面的光线,进入折射率小的热空气层时被折射,入射角逐渐增大,也可能发生全反射,人们逆着反射光线看去,就会看到远处物体的倒影,仿佛是从水面反射出来一样。沙漠中的行者就常常被这种景象所迷惑。

在海面上也会出现这样的奇景。夏季,海上的上层空气在阳光的强烈照射下,空气密度小,而贴近海面的空气受较冷的海水影响变得较冷,空气密度大,就出现下层空气凉而密、上层空气暖而稀的差异。从两层密度悬殊的空气穿越而过的光线由于短距离内温度相差7℃~8℃时,在平直的海面上或海岸,就会出现风景、岛屿、人群和帆船等平时难得一见的奇景。这是为什么呢？其实，岛屿等虽然位于地平线下，但岛屿等反射出来的光线会在密度大的气层射向密度稀的气层时发生全反射，又折回到下层密度大的空气层中来。上层密度小的空气层会使远处的物体形象经过折射后投进人们的眼中，而人的视觉总是感到物像是来自直线方向的，从而出现"海市蜃楼"的奇景。

蜃景与地理位置、地球物理条件以及那些地方在特定时间的气象特点有密切联系，不仅能在海上、沙漠中产生，柏油马路上偶尔也会看到。柏油马路因路面颜色深，夏天在灼热阳光下吸收能力强，同样会在路面上空形成上层的空气冷、密度大，而下层空气热、密度小的分布特征，所以也会形成蜃景。

对于这种奇异的景象，长久以来，人们迷惑不解，以致闹出了不少笑话。

1798 年，拿破仑率领大军攻打埃及，军队在沙漠中行进时，茫茫沙漠中突然出现一个大湖，顷刻间又消失了。不久又出现一片棕榈树林，转眼间又变成荒草的叶子。士兵们被弄糊涂了，以为世界末日来临，纷纷跪下祈求上帝来拯救自己。

第一次世界大战时，在一次会战中，德军潜艇已达美国东海岸之外，从潜望镜内向海上窥探的艇长却惊讶地发现纽约市就在自己头上，他以为自己指挥的潜艇跑错航线，进入美国海域，赶紧下令撤退。

沙子会唱歌吗

你听过沙子唱歌吗？鸣沙山的沙子就会唱歌。

世界上已发现了一百多处会"唱歌"的沙丘，这些沙丘大多集中在美洲，如美国的马萨诸塞湾、长岛、威尔斯西岸，巴西里约热内卢附近的索西哥，智利的科帕坡谷，此外还有丹麦的波恩贺尔姆岛，苏格兰的爱格岛，阿拉伯半岛，波兰的科尔堡等。人在这些地方的沙漠或沙滩上行走，都能听到奇妙的"歌声"。

不仅沙漠里的沙丘会"唱歌"，而且有些海边和湖边的沙滩也会"唱歌"。例如，在日本京都府北面丹后半岛海滨浴场上，就有两个分别名为"琴引滨"和"击鼓滨"的沙滩。琴引滨因人们脚踏沙滩时，会发出悦耳的琴声而得名；而击鼓滨则因当人脚踏沙滩时，会发出"咚咚"的鼓声而得名。这两个会唱歌的沙滩有一个共同的特点，即春天歌声悦耳，夏天则变成微弱的低音。

早在 2000 多年前就已经有有关鸣沙的记载，早的见于中国的《史记》，阿拉伯的《一千零一夜》。意大利探险家马可波罗在著作中也曾提到过中国西部和中亚地区沙漠中的轰鸣沙，他在路过此处时就"时常听到空中回荡着各种乐器奏出的音乐，击鼓声和臂膊撞击声"。1889 年，查尔斯·达尔文在他的经典著作《Voyages of the Beagle》中，提到 31 处沙丘中有轰鸣沙，它们分布在南北美洲、非洲、亚洲、阿拉伯半岛和夏威夷列岛。因为神秘，响沙也曾出现在一些小说中。鸣沙现象早有记载，但是直到 20 世纪 40 年代，才开始展开对这一奇特现象大规模地细致研究。

鸣沙是一些特别的沙子，在许多有沙子的河滩、湖畔、海滩、沙漠上都曾发现过。一般按发声不同而将鸣沙分为两大类：一类是声音较小的"哨沙"，也称"音乐沙""犬吠沙"或"歌唱沙"，哨沙在剪切移动或压缩时会发出短促和高频的声音，持续时间一般不到 1/4 秒钟；另一类则发生在规模较大沙漠地带的沙丘上，叫作"轰鸣沙"，声音大而低沉，持续时间也较长。有人研究发现，与无声的同类相比，鸣沙有着不同寻常的规则的表面，它的凹陷和凸起的部分相差仅在千分之几毫米，但是它的表面也不是完全光滑的。鸣沙的湿度通常很低，超过这个湿度，沙粒就会结得紧密，沙丘奏鸣曲也就会变成寂静音乐会了。

有的科学家提出，沙丘会"唱歌"与天然的"共鸣箱"有关，在响沙的背风坡脚下，一般分布有地下水，在地下会由于气候干燥，蒸发旺盛而形成一堵无形的蒸气墙冷气流；而在背风坡向阳的山脊线上却形成一个热气层，两者共同组成了"共鸣箱"。沙丘被风吹动或被人畜搅动后产生各种不同的声音频率，这种频率在"共鸣箱"引起共鸣后，使得沙丘的声音变大，同时在"共鸣箱"的作用下，这个声音的音量互相递加，及至发出轰响。现在，宁夏中卫响沙周围绿化造林改变了大气环境，从而影响到沙粒声的频率，破坏了"共鸣箱"的结构，因此，那儿的鸣沙已经很久不唱歌了。

还有人提出静电发声说，鸣沙山沙粒在人力或风力的推动下向下流泻，含有石英晶体的沙粒互相摩擦产生静电，静电放电即发出声响，响声汇集，声大如雷。

此外，沙子唱歌还可能与空气的湿度有关。例如夏威夷群岛考爱岛南岸有一座高18米、长800米的大沙丘，一旦人在沙丘上走动，或把沙子放在手掌中猛搓，都能听到沙丘发出"汪汪"声。人在沙丘顶跑步，则能听到沙丘发出闷雷般的声音，天气越干燥，雷声越大。科学家认为这声音大多形成于雨后，因为沙丘表层干燥，下部湿沙在蒸发过程中形成一层薄薄的空气膜，空气膜因受到震动，从而发出声音。

对于沙子为何会唱歌有着种种解释，但至今仍没有定论，还有待科学家进一步研究。

海洋篇

海火之谜

1933年3月3日凌晨，日本三陆发生海啸时，人们看到，当波浪从釜石湾口附近的灯塔涌进海湾中央时，三四个像草帽般的圆形发光物在浪头底下出现，它们色泽青紫，横排着前进，像探照灯那样向四面八方照去，光亮可以使人看到波浪中的破船碎块。一会儿，这圆形发光物被互相撞击的浪花搅碎，然后发光物就消失了。

1985年6月的一天，天空晴朗，太平洋洋面平静如镜，满载货物的50艘巴西船正在航行。突然，船队发现一片大火在前边的海面上忽然燃起，凶猛的火向船队扑来。全体船员奋力协作，终使船队逃脱厄运，才没有发生大的损失。

1986年和1987年，在大西洋和印度洋的海面上美国船队和日本船队也分别遭遇过类似的海上怪火。

这种海水发光现象被人们称为"海火"，海火常常出现在地震或海啸前后。海火是怎样产生的呢？联合国曾组织有关地质学家和海洋专家调查过海火现象。调查报告有以下3种解释：第一，由于有难以计数的可燃发光微生物群在海底聚集，随着生殖繁衍其群体日益增多乃至涌出水面，再加上光照和空气中的氧气等条件，怪火就可能酿成；第二，由于恰是可燃气体如沼气等的气源在海底,气源膨胀后可燃气体从水面冲出,与空气摩擦燃着成为怪火;第三,由于海洋波涛汹涌,巨浪互相撞击,如条件合适,水中氢氧元素便会被分开,在强光的照耀下,怪火便会发生。

一些学者认为,怪火的出现与地震关系紧密。美国科学家曾对圆柱形的花岗岩、煤、玄武岩、大理石岩等多种岩石试样进行压缩破裂试验,结果发现当有足够大的压力时,这些试样便会爆炸性地碎裂,在几毫秒内会有一股电子流释放出。周围的气体分子正是在这股电子流的激发下发出微弱的光亮。这些样品若被放在水中,水也会因它碎裂时产生的电子流发出亮光。因此,当发生强烈地震时,很多的岩石破裂,破裂过程中释放的电子流足以产生让人感到炫目的光亮。不过,在海啸发生时,不像地震那样会发生大量的岩石爆裂(当然地震海啸除外)。那么,海火又是怎样产生的呢?

怪火现象极为复杂,可能是因为不同的原因造成的,所以海火也具有不同的特征。但海火现象确实存在,且其形成机制我们尚未完全弄清,尚待继续探索。

美丽的"海底玫瑰园"

20世纪80年代,一些科学工作者在格拉普高斯海岭及东太平洋海隆进行考察。他们乘坐深潜器潜到海底,当打开探照灯时,通过潜望镜及海底电视,他们看到一幅神奇的画面,在一片生机盎然的绿洲上,生长着海葵一类的植物,还有各种动物,长达5米的鲜红色蠕虫、西瓜一般大的海蚌、菜盆似的蜘蛛、手掌大小的沙蚕等,它们自由自在地游弋着,还不时地以惊诧的目光瞅瞅它们从未见过的人类。科学家称这个美丽奇妙的世界为"海底玫瑰园"。

在离"海底玫瑰园"稍远的地方,科学家们还发现一个个"烟囱"正在"咕嘟""咕嘟"地冒烟,这些"烟囱"极为粗大,直径为2~6米,就像滚锅一样,热水上下不停地翻腾,喷射出五颜六色的乳状液体。在烟囱的周围凝结着一堆堆冷却了的火山熔岩,形状如同一束束巨大的花束,姿态万千。

在"暗无天日"的海底,为什么会存在这么丰富多彩的世界呢?

经过研究,科学家们发现这一海域的海水深达2600~3000米,"烟囱"喷出的热泉水温度却高达350℃~400℃,这里的热泉水不仅含有丰富的金属物质,而且还含有硫磺等气体。由于硫磺气的存在,从而导致硫磺细菌的繁殖。正是由于这些硫磺细菌的繁殖,加上海底"烟囱"里独特金属物质的存在,造就了这些地方奇特的生物群落。

那么,海底"烟囱"是这一海域所独有的吗?

其实早在60年代中期,在红海海底,就有人发现了多处类似"烟囱"那样的"热洞"。至今,人们在红海海底已经找到了四处"热洞"。过去人们总是用海水的盐分、气候的干燥和温度的高低,来解释红海海域特有的海洋生物群·红海的鱼类有15%是其他海洋里所没有的。现在看来,大量特有的金属物质的供应以及海底"烟囱"的存在,很可能也是红海特殊生物群落存在的一个重要原因。

1977年,英国地质学家乘坐"阿尔文号"深潜器,在太平洋的格拉普高斯海岭也观察到了正在喷溢的海底"烟囱"。1979年,美国生物学家、地质学家和化学家们,再一次乘坐"阿尔文号"深潜器,对东太平洋海岭及格拉普高斯海岭进行长时期的考察,并拍摄了大量电视纪录片。第二年夏天在继续考察时，他们又找到许多新的含矿热泉水及气体的喷溢区。科学家们认为这些水下的温泉是海底火山喷发的喷孔，随着热泉水的喷发，丰富的铁、铅、锰、锌、铜、金、银等金属物质在"烟囱"周围沉积下来，形成矿泥。也有人认为由于板块的碰撞，造成海底地层出现坼裂和扩张，地球内部喷涌而出的熔岩冷却固着成新的海底地壳。海水在地心引力作用下倾泻深入地裂中，同时形成海底环流将熔岩中大量的热能和矿物质携带和释放出来。当炽热的海水再度喷射到裂缝上冰冷的海水中，其中的矿物质便被溶解并形成一缕缕烟雾。矿物质遇冷收缩最终沉积成烟囱状堆积物，地裂中热液顺烟道喷涌而出就形成景致奇异、妙趣横生的海底热泉。

但加利福尼亚州蒙特雷水族生物研究所海洋地质学家德布拉·斯特克斯则认为，海底烟囱的构筑绝不仅仅是地质构造活动的结果，他和助手特里·库克发现，在热泉口周围生息着种类繁多的蠕虫，它们在营造烟囱中起着至关重要的作用。他们从烟囱内采集来岩心，发现上面布满了含有重晶石的凹陷管状深孔，从管洞外形来看极有可能是管足蠕虫长期挖掘的产物。管足蠕虫内脏中的细菌可从热液获取营养来维持自己的生命，细菌还可把海水中的氢、氧和碳有机地转化生成碳水化合物，为蠕虫提供生存所需的食物。这种化学反应的结果遗留下硫元素，蠕虫排泄的硫又促使海水中的钡和硫酸发生催化反应。长久以来，蠕虫死后便在熔岩中遗留下管状重晶石穴坑。蠕虫开凿的洞穴息息相通，从而使热液将矿物质源源不断地输送上来并堆集烟道。当烟囱在热泉周围形成后，熔岩上深邃的管状洞口穴就成为矿物热液外流的通道从而形成海底黑烟热泉奇观。

现在科学家仍在进一步研究管足蠕虫在海底烟囱形成中所起的作用。

海底喷泉与海底"洞穴"

泉水是地下水涌出地面而形成的。奇怪的是，在一些海边甚至在海底也有泉眼，泉水从那里喷涌出来，形成喷泉。与此相反，海水还会往里吸，形成深不见底的洞穴。

在离甘吉亚蒂村不远的黑海海面上，苏联的一艘考察船发现了甘吉亚蒂海泉，这是一个海底喷泉，水量惊人，每秒能涌出约 300 升淡水，在高水压的作用下，泉水能迅速冲破海水层直达海面，在蓝色的海面上翻腾跳跃的泉水极为壮观。考察队员用芦苇秆插进泛着白色泡沫的水里，就吸到一股清甜而凉爽的泉水。

在波斯湾的巴林群岛附近有一个海泉，当地人自古以来就一直在翻腾着的海面，用掏通了的竹竿从海底收集淡水。

在古巴南部沿海的暗礁和石岛间的海面上，也常常出现这种泉水。这种翻滚上涌的水常带甜味。经水文和地质队考察，发现古巴岛上的河流有时会突然由地面河流变成一直流到沿海地层下的地下暗流，然后又从海底冒出，成为海底喷泉。

海水是成的，但在美国佛罗里达半岛以东不远的大西洋上却有一小片直径约为 30 米的海水是淡水，令人惊讶的是，这小片海水的颜色、温度和波浪与周围的海水完全不同。

当地人早就发现了这种现象，过往船只也常常到这里来补充淡水。原来，这里的海底是一个深约 40 米的小盆地，中间有个日夜不停地喷出一股股强大淡水的喷泉，泉水在水压的作用下，从泉眼斜着升到海面。这个海底喷泉是地下自流水的一部分，其喷水量远大于陆地上最大喷泉的喷水量,每秒喷出的泉水可达 4 立方米。泉水汹涌上升,水流同周围的海水隔绝开来,因而形成了这个淡水区域。

另外,爱尔兰岛的海边有个举世罕见的喷泉,这里有块名叫"麦克斯威尼大炮"的岩石,岩石顶上有个直径为 25 厘米的孔眼与海底相通。每当海潮上涨,海水就会被压进岩穴然后喷射出一股高约 30 多米的水流,同时发出隆隆的吼声,宛如大炮在发射,"麦克斯威尼大炮"之名由此而来。

在爱奥尼亚海和亚得里亚海,还有一种"海磨坊",是一种同喷泉完全相反的情景。海面上的海水因海底的强大吸力而形成强大的漩涡,仿佛有个无底洞穴在猛烈地抽吸着似的朝着海底涌去。在希腊阿哥斯托利昂城附近海面上,就有两个每秒钟约有 6.7 立方米的水被吸向海底的"海磨坊"。

漩涡和喷泉虽然一个是往里吸,一个是向外喷,但是科学家发现,海漩涡的形成也与海底喷泉有关系。在石灰岩的海岸区存在着许多被水流侵蚀成的洞穴,从高处流到海底的地下暗流往往比海面高得多,在这种巨大压力的作用下,地下水冲破海水的阻碍,从海面喷出来。在地下暗流的作用下,能产生强大的水压力,附近岩洞里的水会被这种压力吸出来,在这种情况下,如果这些岩洞跟海水相连,就会将附近的海水吸进去,从而形成海漩涡。但具体的成因,还有待进一步考察。

巨人岛催人长高之谜

在浩瀚无垠的加勒比海上,有一个神奇的小岛,它的名字叫"马提尼克岛",现在人们也称它为"巨人岛"。从 1948 年起,岛上出现了一种令人们疑惑不解的奇异现象,所有成年人的身材像麦苗拔节似的呼呼往上直窜,成年男子的身高平均达 1.90 米,成年女子的身高也超过 1.74 米。不光本地土著居民会长高,成年的外地人到该岛来居住一段时期后也会很快长高。有一位记者游览了该岛后这样写道:"来到这里,好像进入了童话中的巨人世界,男人们两米多,十几岁的男孩都比岛外的普通成年人高,我在他们眼里,好像是从小人国来的,人们都围着我用惊奇的眼光向下看,好像我是立在地上的一个玩物。"

为了对"巨人岛"进行科学考察,64 岁的法国科学家格莱华博士和 57 岁的理连博士开始在岛上居住下来。两年以后,两人发现他们的身高分别增长了 2 寸半和 2 寸。此后,又有外来老年人增高的例子出现。英国旅行家帕克夫人已经年近花甲,她在该岛旅居一个月后意外地发现自己增高了 3 厘米。更让科学家们感兴趣的是,不仅人会长高,岛上的动物、植物和昆虫的增长也比较迅速。从 1948 年起约 10 年时间里,岛上的苍蝇、蚂蚁、甲虫、蜥蜴和蛇等都比通常增长了约 8 倍。特别是该岛的老鼠,竟长得像其他地方的猫一样大。

这些奇特的现象让科学家们兴奋不已,但也让他们陷入了困惑之中。关于引起这些现象的原因,科学家们意见不一。

有些科学家认为,1948 年比利山区可能有一只飞碟或是其他天外来物降落了,这个埋藏在地下的天外来物放出一种性质不明的辐射光,正是这种光使该岛生物长高。但一些科学家对上述说法持怀疑和否定态度,因为还没有确切的证据说明世界上有飞碟或其他天外来物。

有些科学家认为,这种"催高"身体的放射性物质来自该岛蕴藏的某种放射性矿物,但这种放射性物质究竟是什么,科学家们至今也不知晓。

"巨人岛"的奥秘究竟在哪里仍是一个有待于科学家们去解开的谜。

来去无踪的幽灵岛

大自然的神秘莫测常常使人类感到惊奇。在茫茫的大洋深处,一座小岛会突然神秘失踪,不久又会在另外一片海域里出现,来去无踪。科学家们把这种岛称为幽灵岛。

1707 年,英国船长朱利叶斯在斯匹次培根群岛以北的地平线上发现了一块陆地。他当时想登上这块不为人知的陆地,但经过多次尝试都无法接近这块陆地。他完全相信,这块陆地不是光学错觉,于是他便将"陆地"标在了海图上。200 年后,乘"叶尔玛克"号破冰船到北极去考察的海军上将玛卡洛夫与他的考察队员们再次发现了朱利叶斯当年所见到的那块陆地。1925 年,航海家沃尔斯列依经过该地区时,也发现过这个岛屿。但1928 年,科学家们前去考察时,在此地区却没有发现任何岛屿。

地中海也出现过"幽灵岛"现象。1831 年 7 月 10 日一艘意大利船途经西西里岛附近,船长突然发现在东经 12°42'15"、北纬 37°1'30"的海面上有一股 20 多米高的水柱喷涌而出,刹那间水柱变成一团烟雾弥漫的蒸气,升到近 600 米的高空。8 天后,当这只船再次经过此海域时,发现这儿出现了一个冒烟的小岛,四周海水中漂浮着许多红褐色的浮石和大量的死鱼。在随后 10 多天里,这座在浓烟和沸水中诞生的小岛不断地伸展扩张,高度由原来的 4 米长到 r60 多米,面积也扩展到 4.8 平方千米。由于这个小岛诞生在航运繁忙、地理位置重要的突尼斯海峡里,临近各国纷纷派人前往考察,并为争夺其主权闹得不可开交。但奇怪的事情发生了,正当人们忙于绘制海图、测量、命名并多方确定其民用、军事价值时,小岛却突然开始缩小。在小岛生成后一个多月,它已经缩小了 87.5%;又过了两个月,该岛完全消失。但它并未真正消失,在以后的日子里,它又多次出现,人们最后一次看到它是在 1950 年。进入 20 世纪后,"幽灵岛"事件也时有发生。

1943 年,设在南太平洋所罗门群岛拉包尔的日本联合舰队总部遭到美国空军猛烈轰炸。日本侦察机发现距拉包尔以南 100 多海里的海域有一个无人居住的海岛,于是对该岛进行了进一步考察,发现岛上植被覆盖良好,淡水丰富,且不在主航道上,非常适合疏散伤病员和隐藏战略物资。于是日军将 1000 多名伤病员和一些战略物资运到这座荒无人烟的海岛上。此后,日军总部一直和这里保持联系,并经常运来食品和医疗用品,谁知一个多月后,无线电联系突然中断。日军总部担心美军发现了该岛,并发动了袭击,马上派兵增援。但是他们再也没有找到该岛,1000 多人和大量物资也不翼而飞。美国侦察机此前也发现过该岛,并拍了不少照片,但后来派出军舰前来搜索时,却没找到该岛的踪影。战后,美国和日本都试图找寻该岛,但都没有结果。

'类似的事情也发生在大西洋北部。有一座盛产海豹的小岛,它是 100 多年前由英国探险家德克尔斯蒂发现的,因此也被称为德克尔斯蒂岛。大批的捕捉者来到了这个岛上,并建立了修船厂和营地。但此岛却在 1954 年夏季突然失踪了,大量的侦察机、军舰前来寻找,但均无结果。事隔 8 个月以后,一艘美国潜水艇在北大西洋巡逻时,突然发现在航道上出现一座岛屿,但航海图上从来没有这样一个岛屿。该潜水艇艇长罗克托尔上校通过潜望镜观察发现岛上原来有人居住,于是命令潜水艇靠岸登陆。经过询问岛上的居民才知道,这正是 8 个月前失踪的德克尔斯蒂岛。

那么,幽灵岛是怎样形成的呢?这种时隐时现的小岛究竟是从何而来,又因何而去呢?

法国的科学家对这类来去匆匆的"幽灵岛"的成因做了如下解释,由于撒哈拉沙漠之下有巨大的暗河流入大洋,巨量沙土在海底迅速堆积增高,直至升出海面,因此便形成了临时的沙岛。然而,暗河水在越堵越汹涌的情况下,不断冲击沙岛,使之迅速被冲垮,并最终被水流推到大洋的远处。

美国的海洋地质学家京利·高罗尔教授却提出了完全不同的观点。他认为海洋上的"幽灵岛"并非是由泥沙堆积而成的,其基础是花岗岩。它形成的年代久远,岛上有茂盛的植物和动物群,即使再汹涌的暗河流也冲击不垮的。那么"幽灵岛"为什么会突然消失呢?他认为"幽灵岛"多出现在地震频繁活动的海域,是海底强烈的海啸和地震使它葬身海底。高罗尔教授还认为,如果太平洋西北部的海底板块产生强烈的大地震使之大分裂的话,日本本岛、九州也同样会遭到和"幽灵岛"同样的命运,将沉没在碧波万顷的大海之中。

一另有学者认为,这所谓的"幽灵岛"不过是聚集在浅滩和暗礁的积冰,还有人推测这些"幽灵岛"是由古生的冰构成,后来最终被大海所"消灭"。多数地质学家则认为此类小岛是在海底火山喷发作用下形成的。他们认为,在海洋的底部有许多活火山,当这些火山喷发时,喷出来的熔岩和碎屑物质在海底冷却、堆积、凝固起来;随着喷发物质不断增多,堆积物多得高出海面的时候,新的岛屿便形成了。有的学者认为,小岛的消失是因为火山岩浆在喷出熔岩后,基底与海底基岩的连接不够坚固,在海流的不断冲刷下,新岛屿自根部折断,最后消失了。有的学者认为,可能在海底又发生了一次猛烈的爆炸,使形成不久的岛屿被摧毁。

以上现点虽然各有各的道理,但都不能说明,为什么有些小岛会一而再、再而三地"耍把戏",为什么它们在同一地点突现、消失、再突现、再消失,而与其邻近的海域却没有异常现象发生。人们除了慨叹大自然的鬼斧神工之外,也在加快研究的步伐。

亚洲篇

沙漠中的"魔鬼城"

这是一个杳无人烟却又热闹非凡的"城市"。当晴空万里、微风吹拂时,人们在城堡漫步,耳边能听到一阵阵从远处飘来的美妙乐曲,仿佛千万只风铃在随风摇动,又宛如千万根琴弦在轻弹。可是旋风一起,飞沙走石,天昏地暗,那美妙的乐曲顿时变成了各种怪叫:像驴叫、马嘶、虎啸……又像是婴儿的啼哭、女人的尖笑;继而又像处在闹市中:叫卖声、吆喝声、吵架声不绝于耳;接着狂风骤起,黑云压顶,鬼哭狼嚎,四处迷离……城堡被笼罩在一片蒙蒙的昏暗中。

这座神奇的"城市"位于新疆克拉玛依市乌尔河区东南 5 千米处,方圆约 187 平方千米,地面海拔 350 米左右。独特的雅丹地貌使这片地区被称为"乌尔河风城",当地人称之为"魔鬼城"。

"雅丹"是维吾尔族语,19 世纪末至 20 世纪初,瑞典人斯文赫定和英国人斯坦因,赴罗布泊地区考察,在撰文中采用了这个词汇。于是,"雅丹"一词就成了世界上地理学和考古学的通用术语。在地质学上,雅丹地貌专指经长期风蚀,由一系列平行的垄脊和沟槽构成的景观。"雅丹"地貌通常发育在干旱地区的湖积平原上,在新疆罗布泊东北发育很典型,世界各地的不同荒漠,包括突厥斯坦荒漠和莫哈韦沙漠在内,都有这种地形。究竟是谁建造了这种奇特的地貌,无数奇异的声音又是从哪儿来的呢?

据说,在距今约 1 亿年前的白垩纪,"魔鬼城"是一个巨大的淡水湖泊,后经两次地壳变动,湖泊变为一片广阔的沙漠,遍布着沉积岩和变质岩。千百万年风雨的侵蚀造就了深浅不一的沟沟壑壑,裸露的岩层被风雨雕琢成各种奇异的形态。这里尽是些形状奇异、大小不等的土阜、土丘,土丘又干又硬,有的拔地而起,如柱、如伞;有的匍匐在地,似狮、似虎;有的怪异,像神、像魔鬼;有的肃穆庄重,像城堡、像帐幔……干旱区的湖泊,在形成历史中往往包括反反复复的水进水退,因而发育了上下叠加的泥岩层和沙土层,风和流水带走疏松的沙土层。致密的平台形高地在暴雨的冲刷下其节理或裂隙加宽扩大,加上大风的不断剥蚀,风蚀沟谷和洼地逐渐分开形成孤岛状的平台小山,后者演变为石柱或石墩。巨大的墩台高达 12~20 米,侧壁陡立,极难攀登。从侧壁断面上可以清楚地看出沉积的层理;下部是厚厚的灰绿色砂层,最上面是一层淡红色的粉砂粘土层,这是由于碳酸钙胶结得非常坚硬,而形成一个保护层,使土丘顶面非常平坦。每当大风来袭,呜呜地风声在此处如鬼哭狼嚎,让人毛骨悚然。"魔鬼城"一名便由此而来。"魔鬼城"就像一个颓废了的古城,纵横交错的风蚀沟谷是街道,石柱和石墩是沿街而建的楼群。各种各样的造景地貌琳琅满目,惟妙惟肖,置身魔鬼城定能使你形象思维的特长得到最大限度的发挥。其实这里还真正存在着古城堡建筑、古民房遗址——艾斯克霞尔古城堡;风蚀台上还存有长方形的土夯建筑,高约 5 米,这曾是古丝路的驿站。据当地人推测,此地西面的湖泊干涸之前,这里也有村庄人家,当水源游移湖泊消失后,林木飞鸟在风沙中,部分变为化石,而此地居住的人只得背井离乡,连先祖的遗骨也移走了。

科学家在经过实地考察后,指出"魔鬼城"实际上就是一个"风都城",并没有什么鬼怪在兴风作浪,而是肆虐的风在中间发挥着作用。在气流的作用下,狂风将地面上的沙粒吹起,不断冲击、磨撩着岩石,于是各种软硬不同的岩石在风的作用下便被雕琢成各种各样奇怪的形状。

"魔鬼城"的地层是古生代的沉积岩,多为侏罗系、白垩系的红、黄、灰白及其过渡类型的彩色砂、泥岩,经过漫长岁月的积累,一层又一层相叠而成,厚薄不一,松实结合。又由于这里属于干燥少雨的沙漠气候,经过太阳的烧烤,大地在白天时一片灼热,但晚上气温会骤然下降,冷热变化十分剧烈。在热胀冷缩的作用下,岩石会碎裂成许多裂缝和孔道。沙漠地区的风面对着准噶尔盆地老风口,再加上常年受到从中亚沙漠地区而来的西北风的影响,这些风最大的风力可达 10~12 级,风力极强。夹带着大量砂粒的狂风扑打在岩石上,长年累月地对那些有软有硬的岩壁进行侵蚀,这样那些岩石也就被雕琢得十分精致而且神奇。

但是，经过实地考察，雕琢"魔鬼城"的伟大工程师绝不止有"风"，还有"雨"，即流水的侵蚀、切割，是不是"风吹雨打"就足够了呢？

富士火山在觉醒吗

富士山距东京约 80 千米，跨静冈、山梨两县，面积为 90.76 平方千米。富士山是大和民族心之故乡，素有"圣山"之称，其名字的发音"FUJI"，来自日本少数民族阿伊努族的语言，意思是"火之山"或"火神"。

富士山是一座年轻的火山，据传于公元前 286 年因地震而形成，最后一次喷发是在 1707 年。那一次喷出的岩浆曾淹没了附近两座较老的火山，砂土远扬 400 千米，形成了今日富士山的锥形巨峰。在富士山周围 100 多千米以内，人们就可以看到那终年被积雪覆盖着的锥形轮廓，昂然耸立于天地之间，显得神圣而庄严。

富士山周围有"富士八峰"，它们分别是剑峰、白山岳、久须志岳、大日岳、伊豆岳、成就岳、驹岳和三岳。富士山西南麓有著名的白系瀑布和音止瀑布。南麓是一片辽阔的牧场，绿草如茵，牛羊成群，是天然的观光胜地。在静冈县裾野市的富士山麓，开辟了面积为 74 万平方米的游猎公园，里面的野生动物共计有 40 种 1000 多头。

富士山北麓有富士五湖。它们分别是河口湖、山中湖、精进湖、西湖和本栖湖，其中最大的是面积为 6.75 平方千米的山中湖。湖东南的忍野村有被称为"忍野八海"的涌池、镜池等 8 个池塘，它们连通着山中湖。西湖岸边也有许多风景区，如红叶台、青本原树海、足和田山、鸣泽冰穴等。五湖中交通最为方便的是河口湖，湖中有鹈之岛，这是五湖中仅有的一个岛。

富士山每年都吸引着数百万人前去攀登，很多人以登上富士山为荣。日本人登富士山的历史始于平安时代(794~1192 年)中期，相传第一个登上富士山顶的人是缘之和尚，他冒着生命危险登上了富士山顶，下山时眉毛已被烤焦。在他之后，一代代僧人接踵而来，并在山顶建起了第一批木屋。现在，每年的 7~8 月被定为登山节。

有人说富士山属于"休眠火山"，不大可能再度爆发。但一些地震专家反驳说，虽说富士山已有好几百年没有喷发了，但这并不说明它就是一座死火山。

最近两年来，日本富士山周围地区发生了多起来自较深震源的低频地震，于是，有关富士山这座活火山何时喷发的揣测越来越多。据史料记载，富士山共喷发过 18 次，"但是，没有记录在案的喷发远远不止这么多次，"日本火山研究专家宫地直道指出，"对于这部分有待填补的空白，只能靠专家去实地踏勘。"可是，富士山覆盖面积较广，山体自海拔 2900 米直到山顶，均为火山熔岩、火山砂所覆盖，陡坡上整个冬季为积雪覆盖，夏天裸露的火山岩异常光滑，专家很难涉足。

2002 年秋天，日本地质专家们征海拔 1400 米高度的东北山麓钻取了直径约 8 厘米、长 130 米的连续岩芯，它的质感较酥软，大体都是细微粉粒的火山灰。岩芯中的黑色物质是由被火山岩屑流吞没的树木燃烧之后形成的碳，它们与火山灰等沉降物、泥流堆积物、熔岩等多层复杂地重叠在一起，详细分析这些层次，富士火山喷发的历史将有望揭开。

为了防范富士山的下一次喷发，日本政府已成立专门机构，组织有关专家绘制了富士火山喷发灾害预测图，预测工作按迄今最猛烈的规模做准备，并模拟演示为害范围以及相应惨烈程度。发生了 1707 年 12 月 16 日的宝永喷发，持续了 16 天，山腰的火山灰厚达 1 米，随西风飘移到江户的火山灰厚度也在 2 厘米以上。同时引发的地震达 8.4 级，有 2 万多人死亡，8 万多间房屋毁于一旦。按富士火山灾害预测图所做的测算，同样的喷发如果发生在今天，不算人身伤害，损失也将超过 2 万亿日元。

专家组预测，富士山的喷发可能有两种类型，一种可能是从山腰流出熔岩，另一种可能是从山顶大量喷出火山灰。前一种喷发如果发生，火山熔岩的一部分可能会到达日本铁路大动脉的东海道新干线，由于熔岩流动速度较慢，灾害发生时还能来得及组织人员避难。但如果后一种喷发发生，火山灰将危及整个首都圈，要是赶上雨天，还将引起停电，并将导致道路交通中断。

看样子，现在富士山的子民们能做的只是祈祷"圣山"别再怒吼。

土耳其的地下城市

由火山熔岩侵蚀而成的卡帕多西亚高原位于土耳其境内，面积 4000 平方千米。迄今为止，人们在这里已发现了 36 座地下城市。熟悉这一地带的人认为，地下城市的数量肯定远不止这些。这些地下城市大多是 13 层以上的立体建筑，在最低的一层人们甚至发现了闪米特时代的器物。现在人们已经描绘出了这些城市的俯视图，地下城市相互间以一系列地道连接在一起，其中连接卡伊马克彻和代林库尤的地道，就有 10 千米长。地下城里有储物室、起居室、水井、通风井、捉拿入侵者的陷阱，每所房合都能住数千人。

关于卡帕多西亚地下岩洞的存在和消失，史书上全无记载，始终是未解之谜，最早发现这一奇迹的是法国一位访问土耳其的密使。他是法国国王路易十四（1643～1715 年）所派的，他偶然经过此地，见到这些不可思议的、已被废弃的岩洞教堂群，回欧洲便宣布了这一重大发现。然而，起初却没人相信他的"神话"，都说他是疯子，世间哪有这样美妙的地方。后来消息传开，渐渐有人前来探访，土耳其也有移民前来垦荒。20 世纪初，这里才有稀稀疏疏的村落，居民大都利用废洞安身。人们与洞穴为伴，习以为常，未引起考古学家的注意。

直到，963 年，特兰古丘村一农民灌地时，在他院子底下忽然掘出一个洞口。在其他村民的协助下，他架着梯子进入井口，通过 8 层过道，见到一个恍如迷宫的地下村落。这个爆炸性的新闻，引起了世界注目，从此人们开始了系统的考古发掘。

卡帕多西亚地下岩洞都有门有窗，还有些门洞离地面 6 米以上，要费很大的劲才能爬进去。顶部凿成圆穹，底部凿留圆柱、攻门、台阶，四面琢磨出十字架、神像、神龛、祭坛，还绘有壁画。很显然，有些洞穴是一个个玲珑的教堂，小教堂可容几十人，大教堂可容上百人。这些岩洞打通后由地道串联起来，就成了四通八达的村落。

在纯粹手工劳作的年代，没有开凿机械和运输车辆，如何从坚硬的熔岩层中掏出这么大的空间，清运出这么多土石？卡帕多西亚地下岩洞的工程绝不亚于埃及金字塔。靠什么神力完成了这个浩大的工程？规模如此庞大的地下城是什么时候建成的？是谁建造的呢？用途又是什么呢？据史料记载，在基督教早期，这一新生宗教的信徒为了寻找避难之地来到了此地。最早的一批大约在公元 2 世纪或 3 世纪,以后一直延续到拜占庭时期,也就是阿拉伯军队攻打君士坦丁堡(即今伊斯坦布尔)的时候。但反对此种说法的人提出,当时的基督教徒的确曾在这里避过难,然而他们并不是真正的建造者,在他们到来之前地下城市就已存在。那么地下城市到底是谁在什么时候修建的呢? 现在仍没有明确的解释。

但有一点可以肯定,那就是这一带的地基是由凝灰岩构成的,因为附近就是火山群。从地质学角度来看,约在 800 万年前卡帕多西亚是火山活动的中心,后经风化侵蚀,其他松质灰岩被冲走,玄武岩层留了下来,形成了今日所见的岩锥、悬崖地貌。这里的地层并非"死硬",一片玄武岩硬壳包着松软的凝灰岩。火山喷发剧烈时,也可能留下隧洞式的熔洞。只要有黑曜岩,即火石,地基就十分容易被凿空,而火山在这一地区十分常见。就这样,也许花了不过一代人的时间,地基就被掏空了。

问题是人们为什么要修建这些地下城市? 为什么要躲避在地下? 一个最有可能原因是由于对敌人的畏惧。那么敌人又会是谁呢?

但是在地面上,敌人肯定能看到耕种过的土地和没有人烟的房屋。而地下城市里建有厨房,炊烟通过通气井冒出地面,很容易被敌人发觉。人们都知道要把呆在地下城市里的人们饿死或者封闭通气通道将他们憋死是一件轻而易举的事。由此看来,人们恐惧的似乎不是地面上的敌人,而是能飞行的敌人。

根据闪米特人的圣书《科布拉·纳克斯特》中的记载,所罗门大帝曾经利用一只飞行器把这一地区搞得鸡犬不宁。不仅他本人,他的儿子,所有服从他的人,都曾乘坐过飞行器。阿拉伯历史学家阿里·玛斯乌迪曾描述到所罗门的飞行,并大致介绍了他的部族。当时的人类出于对飞行器现象的恐惧从而建立了大量的地下城,这是很有可能的。也许他们曾被剥削、奴役过,所以每当报警的呼喊响起来的时候,就纷纷逃进地下城市。不过这种说法也仅仅是一种推测。仅根据闪米特人的圣书中的记载,并不能让人信服。

今天的卡帕多西亚欣欣向荣,昔日的石穴有的改造为住宅,有的修整成旅馆、饭店,招揽游客。大的洞穴饭店高达 6 米以上,同时可容上百人进餐。依山新建的现代化旅游设施、电灯、电话与中世纪洞穴相映成趣,别有一番风味。

"世界屋脊"——喜马拉雅

喜马拉雅山在西藏高原的南侧,是一条近似东西走向并向南延伸的弧形山系,也是世界上最高大的山系。它分布在中国、巴基斯坦、印度、尼泊尔、锡金和不丹等国境内,其主要部分在中国和尼泊尔交接处。

关于喜马拉雅山的形成,藏族有这样一个传说:很早很早以前,这里是一片一望无垠的大海,岸边长着茂密的森林,飞禽走兽无忧无虑地在这里生活着。可是突然有一天,海里来了条长着五个头的毒龙,它捣毁了森林,正当飞禽走兽们走投无路的时候,大海的上空飘来了五朵彩云,变成五个仙女,她们来到海边施展法力,降服了五头毒龙。在众生的苦苦哀求下,五仙女同意留下来与众生共享太平之日。她们喝令大海退去,于是,东边成了茂密的森林,西边成了万顷良田,南边成了花草茂盛的花园,北边成了无边无际的牧场。最后,那五位仙女则变成了喜马拉雅山脉的五个主峰,屹立在西南部边缘之上,守卫着这幸福的乐园。为首的珠穆朗玛即是今天的世界最高峰,当地人民尊敬地称它为"神女峰"。

喜马拉雅山是世界上最年轻的山脉之一,它由许多平行的山脉组成,东西全长 2450 千米。由北向南分为柴斯克山、拉达克山、大喜马拉雅山、小喜马拉雅山和西瓦利克山等 4 带,主脉以大喜马拉雅山最为高峻。大喜马拉雅山脉通常分为三段:阿里普兰以西到印度南迦帕尔巴特峰为西喜马拉雅山;普兰以东那木尼那峰到亚东绰莫拉利蜂之间为中喜马拉雅山;亚东以东到雅鲁藏布江大拐弯处南迦巴瓦峰为东喜马拉雅山。大喜马拉雅山脉平均海拔在 6000 米以上,高峰林立,超过 7000 米的高峰有 50 多座,8000 米以上的山峰有 16 座,世界第一高峰珠穆朗玛峰就耸立在中国和尼泊尔边境。

地质学家认为,这条山系的各山脉,是地壳隆起时把一个被称为"占地中海"的古代深海海沟里极厚的沉积岩层推出海面而形成的。

那么又是什么原始力量造成如此庞人的隆起呢?大多数地质学家认为,力量来自大陆漂移。

一亿多年前,印度次大陆从非洲南部分裂出来之后,向北漂移。古地中海海沟受到印度次大陆和亚洲大陆的挤压,压皱了的沉积岩被迫从海底上升,填平以前的海道。

7000 万至 6500 万年前印度板块与欧亚大陆板块发生大碰撞,印度板块于是向下楔入古地中海海沟。在其后 3000 万年间,古地中海海底被陷入的印度板块不断推起。

约 3000 万年前,地壳活动剧烈,造山运动的速度大为加快,喜马拉雅山脉开始急升。随着印度板块继续陷入古地中海海沟,板块顶部的岩石层层重叠,岩石这种波浪式"逆掩断层"披称为"推复体"。推复体在印度陆块上逐个往外推,最后,这些推复体都褶皱起来,把古地中海海沟填塞了 250 英里。

早期喜马拉雅山脉和今天的阿尔卑斯山差不多高,那么它是什么时候成为地球上最高的山峰的呢?

瑞士地质学家海根认为喜马拉雅山脉庞大的结晶岩石主脉不断升高,是由于印度板块的不断挤压,逼使此核心区的岩石向上升。而其他地质学家认为,结晶岩石山峰惊人上升,是地球不停走向"地壳均衡"的反应:如果地壳某处下降,另一处就会上升。

至于哪种说法更合理呢,还有待进一步考证。

北非篇

神异巨制——沙漠岩画

在世界文明发源地之一的非洲有许多史前原始岩画,这些岩画精美绝伦,分布极为广泛,约有十多个国家,如阿尔及利亚、埃塞俄比亚、埃及、莫桑比克、肯尼。亚等都有这种原始的艺术作品保留下来,而且数量非常多,流传也很广。

这些岩画有相当复杂的表现形式和手法,还有丰富多彩的内容。粗犷朴实的笔画使用的是水混合台地上的红岩石磨成的粉末冷制而成的颜料,由于颜料中的水分能充分渗入岩壁内,长久接触后发生化学变化,使颜料融进岩壁。因而很多年后,画商依然鲜艳夺目。

早在 1721 年,一个葡萄牙人旅游团从委内瑞拉出发到莫桑比克旅游观光,一个旅游团成员偶然在岩壁上发现了一幅画着动物的岩画。随后人们又发现了位于阿尔及利亚东部的巨大的颜料库,它位于撒哈拉沙漠中的恩阿哲尔山脉,这条山脉长 800 千米,宽 50~60 千米,岩画的主要颜料就是那里蕴藏着的丰富的红砂土矿藏。1956 年,一个法国探险队在这片广阔的山区里竟发现了 1 万多幅作品。

科学家们根据这些岩画所反映的内容,推断撒哈拉地区以前并不是沙漠,这里曾生存着一群生活在旧石器时代和新石器时代的人们,他们的谋生手段是猎取大型水栖动物,也放牧羊群。大量考古资料证实,公元前 8000 年至前 2000 年,在地质学上是非洲寒武纪的潮湿期,那时撒哈拉地区并不是沙漠,而是一片布满热带植物的草原,这种草原正适合狩猎。

非洲原始岩画中,有许多神秘的人物形象,有的是手持长矛、圆盾的武士,他们乘坐战车迅猛飞驰,仿佛雄伟的战士;有的场面则是人们射击野鹿和狩猎野牛,他们手持弓箭,个个身材魁梧。科学家们由此得出以下结论:当时战争频繁,甚至成为人们的职业,而在经济中占突出地位的是狩猎。画面上有些人戴着小帽子,身缠腰布;有些做出敲击乐器的样子;有些做出贡献物品的样子,仿佛是描述祭神的画面。其中还有画着巨大圆脑袋的人像,他们的服饰非常厚重笨拙,除了两只眼睛,脸上什么也没有,而且表情呆滞。人类发明了宇宙飞船以后才明白这些画面的意思,现在的宇航员穿上宇航服、戴上帽子后,与那些圆头人像有着惊人的相似。

究竟是谁创作的非洲原始岩画呢?许多人认为是当地的土著布须曼人创作的。布须曼人的文化中心正是撒哈拉地区,在这个中心地区发现的许多岩画都可以证明这一点。北边的塔西里,南边的非洲中部及南部,东边的埃及的岩画都是从这个中心地区传播出去的。

而一些欧洲学者则坚持认为外来文化的传播创造了非洲史前岩画,有的干脆说非洲史前岩画是欧洲史前岩画的复制品。他们认为首批欧洲移民尼安德特人在公元前 5 万年左右来到非洲,大批克罗马侬人在 4000 年后移居非洲,他们是欧洲史前岩画的创造者,是他们把岩画带到了非洲。

但不少专家指出,岩画中表现了非洲一些部族的人种特征,例如非洲人一般都是高耸臀部,这是欧洲史前岩画中不可能有的。非洲岩画究竟是天外来客的随心之作,还是非洲土著布须曼人的智慧结晶,或是欧洲史前岩画的复制品?现在仍然众说纷纭。然而非洲岩画的发现对世界原始文化研究有着重要的意义,它能使我们了解、考察非洲原始部族的生活与社会形态,这一点是毋庸置疑的。

而在所有的非洲原始岩画中,撒哈拉大沙漠的壁画尤为壮观。

那些充满神秘色彩的沙漠壁画是德国探险家巴尔斯于 1850 年在撒哈拉考察时无意中发现的,有鸵鸟、水牛及各式各样的人物像。由于缺乏考古知识,当时这些壁画并没有引起他的重视。

23 年后科学家专门对这些壁画进行了考察,结果发现在画中记述的都是 1 万年以前的景象。

后来，在撒哈拉大沙漠中部的塔西利台地恩阿哲尔高原上人们又偶然发现了一处巨大的壁画群落。这个壁画群落长达数千米，伞都绘在岩阴上，上面刻画了远古人们的生活情景，五颜六色、色彩雅致。亨利·罗特于1956年率法国探险队进入沙漠，第二年，他们回到巴黎，带回面积约11.6万平方英尺的壁画复制品及照片，成为当时轰动世界的考古新闻。

在沙漠中还发掘出许多的村落遗址，它们都是新石器时代的人类遗址。从发掘出的大量文物来看，撒哈拉在距今1万年至4000多年间是一个草木茂盛的绿洲。当时在这里劳动、生息、繁衍的部落和民族，创造了高度发达的文化，磨光石器的广泛流行和陶器的制造是其主要特征。当时的文化已发展到相当高的水平，从壁画中的撒哈拉文字和提斐那文字可以看出这一点。

壁画中绘有很多的马匹，还有形象生动、神态逼真的鸵鸟、大象、羚羊、长颈鹿等，甚至有描绘水牛形象的壁画。科学家断言，以塔西利台地为起点，南到基多湖畔，北到突尼斯洼地，构成了撒哈拉地区庞大的西北水路网。台地在多雨期出现了许多积水池，沿着这些积水池，繁殖出各种各样的动植物，撒哈拉文化得到高度发展，昌盛一时。

人们同时发现，只有极少数地区才有关于骆驼的壁画，而且这些骆驼形象的壁画都属于非洲岩画的后期作品。

据推测，大约在公元前400年至前300年左右，撒哈拉成为沙漠，骆驼才从西亚来到这里，罗马共和国的疆土扩张时期也在此时。根据壁画内容可以推测当时人们很可能喜欢在战争、狩猎、舞蹈和祭祀前后在岩壁上画画，用画来鼓舞情绪，或者表达对生活的热爱。这些画生活气息非常浓郁，非洲人民勤劳勇敢、乐观豪迈的民族性格和鲜明的地方特色得到了充分的体现。

正如前文所说，另外一些学者以人种学为研究方向，认定并非由非洲本土的布须曼人绘制了岩画，其中之一的根据是布须曼人对透视法一无所知，而非洲岩画中却充分运用了这一技法。在西班牙东部、北非、撒哈拉、埃及等地区岩画之间的相似之处，一些考古学家推测在遥远年代，从地中海有一群人漂泊到好望角去了，当他们漫游到撒哈拉及东非大平原时，那里是一片充满生机的绿洲，正是他们理想的狩猎区和栖息的家园，而后他们停留在山区高原，在那里创作了许多最早的非洲岩画，他们就成为最早的狩猎者以及狩猎艺术家。

然而这些只是他们的主观猜测和臆想，毫无根据可言。至于说岩画不是布须曼人的作品，原因是他们不懂透视法则更显得荒谬。因为即使说后来的布须曼人不懂岩画知识和技巧，也并不代表那些已灭绝的布须曼人不懂。这种知识与技工5只有极少数人才能掌握，而且传授方法非常神秘，所以后来的布须曼人看不懂前人所画的岩画并不足为奇。何况因年深日久不少岩画已模糊不清，后来者也难以辨认了，以人种学观点为依据是一种种族偏见，缺乏足够的说服力。

还有个别学者认为很难弄清岩画究竟是非洲本土的古老艺术还是外界文化的辐射，而且他们认为任何伟大艺术都是国际性的，没有必要把任何艺术都贴上民族的标签，这种工作是毫无意义的。如同世界其他地区的画廊一样，非洲文化也兼容诸多民族及其原始宗教派别的艺术。尽管这种泛论并不能让所有的人满意，但它提供的认识非洲岩画出处的思路仍有可取之处。

撒哈拉大沙漠的岩画究竟是谁绘制的呢？这至今仍是一个未解之谜,如果能找到答案,将会对人类更全面地认识撒哈拉大沙漠的史前文明和发展历程有不小的帮助。

阿苏伊尔幽谷中的谜团

阿苏伊尔幽谷位于阿尔及利亚的朱尔朱拉山的峡谷中,是非洲最深的一个大峡谷。可是,该峡谷到底有多深,人们从来就没有探查清楚。至于该谷底到底是什么样,就更没有办法知道了。阿苏伊尔幽谷以其神秘和深邃吸引了无数勇敢的探险者来探寻它的奥秘。

1947年,阿尔及利亚和一些外国专家试图探明阿苏伊尔幽谷的深度,他们组成了一支联合探险队,第一个勇敢者是一个身强力壮又有丰富经验的探险队员。他系好标有深度标记的保险绳,朝着幽谷下边看了一眼,就顺着陡峭的山崖一步一步地滑了下去。

时间一分一分地过去了,保险绳上的标记也在100米、300米、500米地往下移动着。探险队员一步一步下到505米的时候,他觉得身体有点不舒服,可仍然没有看到谷底,他怀着恐惧的心情拉了拉保险绳,上边的探险队员赶紧把他拉了上来。

这次探险活动就这样结束了,可是阿苏伊尔幽谷对人们来说还是一个谜。

此后,不同的考察队纷纷赴阿苏伊尔幽谷进行考察,但都没有什么结果。直到1982年,对阿苏伊尔幽谷的考察才有了新的进展。

1982年,阿苏伊尔幽谷又迎来了一支考察队。第一个队员下到810米深的时候,说什么也不敢再往下走了,只好爬了上来。这时候,另一个经常和山洞打交道的有经验的队员已经系好保险绳。

保险绳上的标志已经移到了800米、810米、820米,最后达到了821米。山顶上的人们不禁为这个队员捏了一把汗:现在,他的情况怎么样了?离谷底还有多远呀?他在干什么呢?

其实,那个洞穴专家沿着刀削斧凿般的峭壁一步一步下到821米深度的时候,突然出现了一种莫名其妙的恐惧,他深深地吸了一口气,稍微休息了一下,却发现自己连朝谷底深处看一眼的勇气也没有了。于是,这一次的探险活动也结束了。

阿苏伊尔幽谷探险家们所创下的最高纪录就是821米。至今无人知晓阿苏伊尔幽谷究竟有多深,那神秘的谷底到底有些什么东西。

尽管目前阿苏伊尔幽谷对人们来说还是一个未知领域,但它仍将继续吸引着探险家们,也许在不久的将来这个谜团就会被解开。

东非大裂谷的未来

从北面的叙利亚到南面的莫桑比克,东非大裂谷穿越20个国家,延绵6700多千米,差不多是地球圆周的五分之一。这道裂口宽达100多千米,从周围高原到谷底的峭壁高达450到800米。东非大裂谷气势宏伟,景色壮观,是世界上最大的裂谷带,有人形象地将其称为"地球表皮上的一条大伤痕"。

东非大裂谷其实并不是谷，因为在整条裂谷中，既有崇山，也有高原，而且在伊所比亚南部更分成两支，直到坦桑尼亚与乌干达边界的维多利亚湖地区才重合起来。在这个地球上最长而不间断的裂口内，可以找到地球的最低点、世界最高的火山、地球上最大的湖泊。

东非大裂谷起自叙利亚，形成约旦河谷与死海。死海海面比平均海平面低400米，是各大洲中的最低点。这个地区气温很高，水分迅速蒸发，含盐量约为30%，是海水的10倍，就是不会游泳的人也能轻易浮在水面上。

距东非大裂谷起始点约800千米处，海水侵入，这道口子沿着亚喀巴湾和红海延伸，到伊索比亚宽阔的扇形达纳基勒洼地才转入非洲大陆。这片平原曾被盐度与死海相当的盐水淹没过，有些部分在海平面150多米以下。所有水蒸发后，留下了一层盐层，有些西方有5000米厚。

东非大裂谷

在沿东非大裂谷形成的湖泊中，坦噶尼喀湖、马拉维湖和维多利亚等淡水湖泊由于四周有干旱荒漠阻隔，湖水里生活着数百种其他地方没有的鱼。

三个湖中最浅的维多利亚深100米，这个湖也是形成最晚的，只有近75万年的历史。此湖形成时，西面的土地隆起，把数条河流的河道截断，结果河道加深加宽，成为小湖。维多利亚湖本身也经历变迁，在泛滥时会把原来与外界隔绝水体中的生物接收过来，在干旱期，湖中生物又会回复与世隔绝的生活。

形成裂谷的地方都位于地壳的"热点"上，温差与密度的差别令熔岩升向地壳表面，沿着裂谷的轴线火山活动频繁。非洲大陆上的最高峰——乞力马扎罗山与肯亚山就在裂谷的轴线上，第三大火山坦桑尼亚北部的恩戈罗山已坍塌的火山口成为非洲最佳野生动物保护区，火山口内有一个天然灌溉系统，全年水分充足。西面的塞伦盖蒂平原可容下比恩戈罗多一百倍的动物，但生活在这儿的200多万头动物，在干旱季节则要迁徙到有水草的地方。

古往今来，东非大裂谷一直引人注目；当今世界，东非大裂谷的未来命运，更是举世关注。

美国地理学家约翰·乔治，曾在1893年对裂谷进行了5个星期的实地调查。他推测：东非裂谷不是由河流冲刷而成，而是因为地壳下沉，形成了一个两边峭壁相夹的沟谷凹地。现在越来越多的科学家试图通过勘测东非大裂谷，寻找板块分离的答案。大陆漂移说和板块构造说的拥护者在研究肯尼亚裂谷带时注意到，两侧断层和火山岩的年龄，随着离开裂谷轴部的距离的增加而不断增大，从而他们认为这里是一起大陆扩张的中心。2003年1月，来自美国、欧洲国家和埃塞俄比亚的72位科学家按计划分别抵达了埃塞俄比亚的各个地点，他们将协作完成非洲历史上最大的地震勘测。科学家们推测，火山活动频繁的东非大裂谷的"伤口"将越来越大,最终将变成海洋。但是,反对板块理论的人则认为这些都是危言耸听。他们认为大陆和大洋的相对位置无论过去和将来都不会有重大改变,地壳活动主要是作上下的垂直运动,裂谷不过是目前的沉降区而已,将来它也可能转向上升运动,隆起成高山而不是沉降为大洋。

东非大裂谷未来的命运究竟如何,人类只有拭目以待。

欧洲篇

踩在"火球"上的冰岛

冰岛意为"冰冻的陆地",位于格陵兰岛和挪威中间,靠近北极圈,为欧洲第二大岛。这个岛国约有75%是海拔400米以上的高原,其余为平原低地。被冰雪覆盖的面积约占全国面积的13%,境内有许多冰川,其中东部的瓦特纳冰川是欧洲最大的冰川。冰岛不但寒冷多雪,还是世界上火山活动最活跃的地区。因此,冰岛又被人们称为"冰与火共存的海岛"。

关于冰岛有这样一个传说,曾经有一位巨人站在北大西洋这个海岛南岸的一个高海岬上,一动不动地监视海面,提防北欧海盗入侵抢掠。今天,往日的海岬已经变成岛内的一座山峰,位于维拉杰迪附近,当时淹在南岸海底的岩石陆架在火山活动作用下。也已升出水面,大大增加了海岛的面积。

公元7世纪时,爱尔兰僧侣最早抵达冰岛,他们视此为隐修之地,一直到9世纪初期。传统上,公元874年~930年之间被定义为冰岛的"垦殖期",当时斯堪的那维业半岛上的政治动荡,迫使许多北欧人向西流亡。最先来此垦殖的是挪威人,他们于公元874年安身于一个有温泉热气的地方,他们给它起名为雷克雅维克,意为"烟笼湾",就是现在冰岛的首府。

冰岛地形特殊,虽然国名为"冰"岛,岛上却有200多座火山,几乎整个国家都建立在火山岩石上,大部分土地不能开垦,是世界温泉最多的国家,所以被称为冰火之国。大自然的伟大力量在冰岛呈现出温柔、粗犷、奇特、怪异、虚幻、甚至残酷、无奈,在这个岛上可以领略到冰川、热泉、间歇泉、活火山、冰帽、苔原、冰原、雪蜂、火山岩荒漠及瀑布。冰岛地质与洋底相似,其基岩以玄武岩和火山岩屑为主。大陆的基岩上还有一层花岗岩,但冰岛却基本没有。冰岛目前的岩石,大部分早在6000万到4000万年前凝固而成。由于冰岛长期有火山活动,化石极为稀少,所以鉴定地质年代差不多只限于利用岩石中所含的放射性同位素。

冰岛的200多座火山中,有30多座为活火山,史上曾记载的爆发次数就多达150多次。冰岛位于大西洋的海沟上,每次海沟扩张,都会引发火山爆发和地震。18世纪时,频繁的火山爆发毁坏了冰岛1/4的土地,让冰岛人多年看不到太阳。近年来,科学家通过红外线探测器已找出5个地温上升的地区,表示可能有火山爆发的危险。自从公元12世纪以来,冰岛最有名的火山——赫克拉峰每个世纪都约有两次大爆发。

1947 年,赫克拉峰开始了最猛烈的一次爆发,整个地区的天色变为一片昏暗,风把一些火山渣和火山灰吹到冰岛以东 1000 英里外的斯堪的纳维亚半岛。熔岩一股一股地从峰顶的火山口流出,一直流了一年多。熔岩停止流出后,加上新喷出的岩层,赫克拉峰的火山锥加高了 450 英尺。第二年春天,火山爆发停止后,深厚的火山气还继续沿山坡流下,凝聚在附近的山谷中,导致放牧的牲畜常被熏死。

位于冰岛南端的威斯特曼群岛,大约 1 万年前在火山喷发后,它们才从北大西洋海底升起成为今天的样子。威斯特曼群岛由 16 个小岛组成,其中最大的一个叫海姆依岛,在冰岛语里是"故乡的岛"的意思。海姆依岛碧波环绕,重峦叠嶂,绿草如茵。但海姆依岛上的两座活火山随时有爆发的危险,埋在冰层底下的火山,一旦苏醒,则掀开冰盖,将大量冰块喷发出来,造成奇特的喷冰现象。1973 年火山突然爆发,四处曼延的岩浆和直冲云霄的火山灰,毁了岛上三分之一的村落,湮没了数百幢民宅。但面对随时可能爆发的活火山,当地人却并没有表现出恐惧和逃避,他们依然安居乐业,生活得悠闲自在。同时,火山也成为海姆依岛最吸引人的景观之一,游客们来此不仅是为了欣赏当地的美景,还盼望能探寻当地奇特的火山地貌,体会与火山为伴的感受。

为了降低火山喷发的危险,科学家们一直在对冰岛进行密切观测,哪一天火神会发威呢?

通向大海的四万个台阶

有这样一个神话,爱尔兰巨人麦科尔砌筑了一条路,从他在爱尔兰北部安特里姆郡的家门穿过大西洋,到达他的死敌苏格兰巨人芬哥尔所在的赫布里底群岛。但狡猾的芬哥尔先发制人,在麦科尔还未采取行动前先来到爱尔兰。麦科尔的妻子机智地骗芬哥尔说,熟睡中的麦科尔是她襁褓中的儿子。芬哥尔听了很是害怕,心想襁褓中的儿子已如此巨大,他的父亲一定更加巨大。于是惊慌地逃到海边安全的地方,并把走过的路拆毁,令砌道不能再用。

另一种传说则要平和、浪漫得多。传说,中古爱尔兰塔拉王的武士芬恩·麦库尔爱上了内赫布里底群岛中斯塔法岛上的一位身材高大的美女。为了把这个美人脚不沾水地娶回阿尔斯特,芬恩建造了这条通往斯塔法岛的石路……

今天在爱尔兰北部海岸的贾恩茨考斯韦角,我们看见的数以万计的多角形桩柱,据说就是巨人麦科尔砌筑的。这些桩柱大部分高 6 米,拼在一起成蜂巢状,构成一道阶梯,直伸入海。从高空望下去,砌道就像沿着 270 多千米长的海岸,由人工砌筑出来的道路,往北一直延伸到大西洋。这些屹立在大海之滨已有数千万年之久的岩层,以其井然有序的排列组合及美轮美奂的造型,令无数游人叹为观止。

贾恩茨考斯韦角的桩柱可分作大砌道、中砌道和小砌道三组,人们饶有兴趣地给这些桩柱起了些古怪的名字,如被峭壁隔开的"烟囱顶"和"哈米尔通神座"观景台。

早在 17 世纪,学者们就开始研究它的起源,"巨人之路"及其周围海岸也因之很快发展成为一个科学家们频繁光顾的地质学研究场所。撇开神话不谈,关于这条砌道是怎样形成的,就有多种认识。曾有人认为这些桩柱是海水中的矿物沉积所成。

今天，大部分地质学家都认为砌道的形成源自火山活动。约在五千万年前，爱尔兰北部和苏格兰西部的火山活动活跃，从火山口涌出的熔岩冷却后僵化，在新爆发之后，另一层熔岩又覆盖在上面。熔岩覆盖在硬化的玄武岩层土上冷却得很慢，收缩也很均匀。熔岩的化学成分令冷却层的压力平均分布于中心点四周，因而把熔岩拉开，形成规则的六角形。这个过程发生一次后，基本形状就确定下来了，于是便在整层重复形成六角形。冷却过程遍及整片玄武岩，这样就形成一连串的六角形桩柱。在首先冷却的最顶上一层，石头收缩，裂成规则的菱形，当冷却和收缩持续，表面的裂缝向下伸展到整片熔岩，整片玄武岩层就被分裂成直立的桩柱。千万年来，坚硬的玄武岩柱不断被海洋侵蚀，就成了高低不一的模样。石柱的颜色则受到冷却速度的影响，石内的热能渐渐散失后，石头便氧化，颜色由红转褐，再转为灰色，最后成为黑色。不过，地质学家的这种观点还有待进一步考证。

永生在岩画上的神牛

欧洲的原始岩画主要分布于法国拉斯科洞穴以及西班牙的阿尔塔米拉岩穴中，完成于距今3万年到1.2万年期间。拉斯科洞窟位于法国多尔多涅省蒙尼克镇附近，从远古时代起，它的洞口就被障碍物全部堵塞住，直到现在洞口也还没有找到。1940年的一天，四个当地的少年在玩耍时，丢失了他们的狗，在找小狗的过程中他们挖开洞顶爬进去，结果发现了那些万年前的岩画。这个洞窟包括著名的野牛大厅和一些陡峭的走廊，绝大多数的岩画描绘的是动物，有野牛、马匹、红鹿和野山羊，还有一些意义不明的圆点和几何图形。在洞窟的地面上，还发现了作画用的木炭、颜料和雕刻工具等。

在欧洲其他地方的岩画中，有许多是描绘祭祀场面的，这些祭祀与狩猎行为密切相关。有些祭祀活动就是在狩猎的过程中进行的。不过，在原始欧洲的岩画中，人类的形象表现则是寥寥无几的。

原始岩画创作时有效地利用了岩壁的隆起和凹陷以及纹路，进行彩绘。当时的创作者使用的颜料是矿砂，他们把各色矿砂掺和在一起以获得不同的色彩效果，并以蕨草与羽毛为画笔。有人猜测欧洲洞穴岩画的起源，一是劳动，体现原始人的狩猎生活；二是娱乐，在生产劳动的空暇时间通过作画来得到愉悦，释放紧张的情绪；第三是一种对自然物的膜拜，如洞穴中的鬃犁代表女性，马指男性，但这种巫术绘画模仿的是动物的生命神采。这种岩穴绘画的巫术认为石壁上的动物灵魂能保佑部落中的人健康，不受意外的损伤，并且在狩猎过程中获得更多的猎物。

究竟是什么人画的这些岩画？他们为什么要创作这些岩穴画？又是用什么工具创作的……

科学家们利用放射性碳测出，那些画是在公元前3万至1万年间，或先或后画在穴壁上的。这段时期比人类有文字记载的历史早4倍左右！

当时西欧居民以克洛麦农人为主，他们与现代人同种，但通常比现代人矮小，他们主要以狩猎、捕鱼、采集为生。从克洛麦农人的岩穴图画可知他们具有极高的智力和灵敏的感觉，他们相信来世再生，亲人死后他们在坟墓里放置食物和工具，陪伴死者踏上冥途。他们可能还相信，动物也有灵魂，例如，在一个岩穴内，就刻着一匹小马正从一匹奄奄待毙的大马腹里跃出来。

岩穴图画可能还有着严肃的宗教目的。那时候，猎捕大野兽是十分艰难的，于是人们想靠施用符咒的方法镇住猎物，他们相信只要把动物的图像刻画在穴壁上，它就不能再有抗拒人的力量。为了保证行猎成功，画者可能画一根长矛贯穿野兽，并且利用这种图画来教导年轻猎人哪些部位最易致命。还有一种观点则认为，绘画的主要功用是增加动物的生育力。

当时的画者又是如何工作的呢？有人推测，他们先用尖的燧石在穴壁上刻画出动物轮廓，然后着色。他们从含氧化锰的泥土或从木炭和油烟中取得黑色，从铁矿中取得褐、红、橙、黄等色，把铁矿矿石用石头磨成粉末，然后与动物血液、植物汁液或动物脂肪混合在一起制成颜料。然后或用手指或用毛皮、羽毛制成的刷子上色，也或者用中空的芦笔管或兽骨把颜料吹到穴壁上。

某些图画上那些一万多年前涂上的油脂颜色，至今还可以用手指抹污！这些古代美术作品为什么能保存到今天？原因是，岩穴通风良好而且适中，里面温度和湿度一直保持不变，空气中的水分恰能维持颜色不致干枯脱落。最重要的是，这些岩穴的入口都因过去的岩崩而封闭了，无人可以进去破坏。但拉斯考岩穴开放后，成千上万观光客带进穴内的汗气、体热和微生物，加上电灯的使用，使穴内的图画遭受的破坏，比过去 1.5 万年还要严重，结果 1963 年拉斯考岩穴被迫关闭。

贝加尔湖为什么会有海洋生物存在

贝加尔湖位于俄罗斯东西伯利亚南部，中国古代称"北海"，那里曾是中国古代北方民族主要的活动地区，汉代苏武牧羊即在此地。"贝加尔"一词源于布里亚特语，意为"天然之海"。该湖湖面狭长弯曲，好像一轮弯弯的月亮镶嵌在崇山峻岭中，它长 636 千米，平均宽 48 千米，最宽处 79.4 千米；面积约 31500 平方千米，是世界上第七大湖泊。贝加尔湖是全世界最深也是蓄水量最大的淡水湖，容纳了地球全部淡水的五分之一，相当于北美洲五大湖的总水量。

贝加尔湖是由地壳的深裂谷或积水而形成的。2000 万年前，这里曾发生过强烈的地震，地壳岩层发生大断裂，大块土地塌落下去，形成了巨大的盆地，急流的河川向着盆地飞奔而来，形成了瀑布，不断地注入湖中。至今，仍有色楞格河等 300 多条河流注入该湖泊，但只有一条河——安加拉河从湖泊向北流去，奔向叶尼塞河，年均流量仅为 1870 立方米/秒。在湖水向北流入安加拉河的出口处有一块巨大的圆石，人称"圣石"。当湖水上涨时，圆石宛如滚动之状。相传很久以前，湖边居住着一位名叫贝加尔的勇士，他有一个美貌的女儿安加拉。有一天，海鸥飞来告诉安加拉，有位勤劳勇敢的青年叶尼塞非常爱慕她，安加拉听了怦然心动。但贝加尔断然不许，安加拉只好乘父亲熟睡时悄悄出走。贝加尔猛醒后，追之不及，便投下巨石，以挡住女儿的去路，可女儿早已离去。从此，那块巨石就屹立在湖中间。贝加尔湖中还散落着 27 个岛屿，最大的是奥利洪岛，面积约 730 平方千米。湖滨夏季气温比周围地区约低 6℃；冬季约高 11℃ 相对湿度较高，具有海洋性气候特征。在冬季，湖水冻结至 1 米以上的深度，历时 4~5 个月。但是，湖底深处的温度一直保持 3.5℃ 左右。

贝加尔湖蕴藏着丰富的生物资源，是俄罗斯的主要渔场之一。湖中生活着 600 多种植物和 1200 多种动物，其中 3/4 是世界其他地方寻觅不到的。奇怪的是贝加尔湖是淡水湖，但湖里却生活着许许多多海洋生物，如海螺、海绵、龙虾等。在贝加尔湖里还生活着世界上唯一的淡水海豹，它们喜欢成群结队活动，冬季时常在冰中咬开洞口来呼吸。由于海豹一般是生活在海水中的，人们曾认为贝加尔湖由一条地下隧道与大西洋相连。在欧洲的典型湖泊中，通常只有几种端足类动物（虾状甲壳动物）和扁虫，而贝加尔湖却有 200 多种端足动物和 80 多种扁虫。而且有些种类还十分奇特，有一些端足类动物呈杂色斑驳，与环境色彩混为一体。贝加尔湖底还有 1~15 米高像丛林似的海绵，这在其他湖泊里是找不到的，奇形怪状的龙虾就藏在这个"丛林"里。

贝加尔湖形成的年代不过几千万年，而 5 亿多年来西伯利亚中部从未被海洋淹没过。这里的地层曾经发生过剧烈的断裂，有的下降为狭长的洼地，有的上升为高山。洼地积水成了湖泊，从而形成了狭长而深邃的断层湖。那么，海洋生物又从何而来呢？有一种观点认为，这些生物是从海洋通过河流迁移过来的；也有人认为，这些海洋生物就产生于本地。

在苏联，贝尔格院士等人在对贝加尔湖的奇特生物现象进行研究后认为，贝加尔湖中真正的海洋生物只有海豹和奥木尔鱼，它们可能是沿着江河从北冰洋旅居到贝加尔湖的。那么，海豹和奥木尔鱼又是在谁的驱使下，从北冰洋跨越 2000 多千米来到贝加尔湖这样一个淡水湖来生活的呢？而且更令人不可思议的是，这些动物如何知道有贝加尔湖的存在，又如何知道这个湖会适合它们生存呢？还有，海螺、海绵、鲨鱼、龙虾等生物又是通过什么样的方式来到贝加尔湖，并长期在此湖生存的呢？

关于贝加尔湖的生物来源问题，至今科学家们尚未给出明确的答案。但我们相信，随着科学研究的进一步深入，这一问题终究会水落石出的。

美洲篇

通向远古时空隧道

在美国亚利桑那沙漠中部，有一条长约 515 千米的大峡谷，最深处的格拉尼特峡位于托罗韦帕高地北缘下 800 米处，深 1600 米，最宽处达 29 千米。峡谷峭壁由岩石构成，岩纹清晰可见。谷底为浅黑的片岩（一种容易裂开有变质岩）和富含化石的花岗岩。大峡谷气象万千，被公认为北美洲的一大奇景，连罗斯福总统都慨叹那是"每个美国人都应该一看的胜景"。

大峡谷大体呈东西走向，平均谷深 1600 米，全长 350 千米。大峡谷谷底宽度不足 1000 米，最窄处仅 120 米。"科罗拉多"在西班牙语中意为"红河"，这是由于河中夹带大量泥沙，河水常显红色而得名。有人说，在太空唯一可用肉眼看到的自然景观就是科罗拉多大峡谷。

相传,大峡谷形成于一次大洪水中。当时,人类被上苍变成鱼才得以生存下来。从此以后,当地的印第安人不吃鱼类,到现在也没有改变。其实,大峡谷是在汹涌澎湃的科罗拉多河水所夹带的大量泥沙碎石所产生的巨大的侵蚀切力下形成的。大峡谷地区最古老的岩层形成于寒武纪,是由于地球内外力的相互作用而形成的。峡谷两岸随处显露着形成于不同地质年代的地层断面,岩层清晰,还保持着原始状态,是一部生动的地质"教科书"。1919 年,大峡谷被设立为国家公园。

峡谷中的地形奇特多变,有的尖如宝塔,有的像奇峰耸立,有的如洞穴般幽深。根据外形的特征,人们给它们起名叫狄安娜神庙、阿波罗神殿、婆罗门寺宇等。

光怪陆离的红色巨岩断层分布在峡谷两岸。值得一提的是,在阳光照耀下,红褐色的土壤和岩石呈现的光彩五颜六色,或紫色,或深蓝色,或棕色,颜色随着太阳光线强弱的不同而变化。这种神奇的景观以其特有的魅力吸'引着来自世界各地的游人。

最早来到这里的欧洲人,大抵是西班牙的一名骑士德科伦纳多及其队伍。1540 年他率领 300 人,到此寻找黄金。他们在峡谷边缘,缘着水声找了蓝天,也没找到通往河边的路径。如果找到的话,他们一定会大吃一惊:估计那时的河道仅宽 1.8 米。

300,多年后,艾甫斯上尉带领探险队来到这里。他从加利福尼亚湾起锚,沿科罗拉多河上溯,两个月后他登上岸,在南里姆骑着骡子沿着岩架行进。后来他是这样记述岩架的,距陡峭深渊的边缘不到 8 厘米,渊深 300 米;另一边,一堵陡直岩壁差不多触及他的膝盖。可见科罗拉多大峡谷是多么的陡峭。

一般人来到大峡谷,只觉满目苍凛。其实,大峡谷国家公园有多种野生动植物,已查明的陆地动物有 90 余种,鸟类 180 多种。植物有罂粟、云杉、仙人掌、冷杉等。大峡谷里仍有早期印第安人的泥墙小屋废墟。乘直升机飞到哈瓦苏峡谷上空,还可俯瞰到哈瓦派印第安人的居地。

五万年前的陨石坑

每天有多达几百吨的陨石进入地球的大气层,但大部分都十分小,仅几毫克。一般陨石进入大气层的速度在 10~70 千米/秒,仅仅较大的陨石经大气层摩擦后迅速减速至每小时几百千米并随着声闷响撞击到地表,其中由于几百吨重的陨石减速不大,撞击到地表时造成陨石坑。陨石是宇宙中小天体的珍贵标本,因此,研究陨石为研究太阳系的起源和演化、生命起源提供了宝贵的线索。

美国亚利桑那州弗拉格斯塔夫市附近的巴宁格陨石坑(又称流星陨石坑)是一颗小行星撞击地球的极好例证,被撞出的陨石坑直径 1200 米,深 200 米,猛烈的撞击使坑口周边隆起,高出周围沙漠达 40 多米。它是由约 5 万年前一铁质流星撞击形成,根据陨石坑的大小推算,这颗流星可能重达 90 万吨,直径 100 米。在遇到地球大气层阻力时,大多数流星会燃烧或粉碎。科学家们认为,这颗流星如此之大,运行速度如此之快,以至它能整块抵达地球。它冲落地面发生爆炸,其能量可能是 1945 年 8 月毁掉日本广岛市的原子弹的 40 倍。

当 1871 年人们发现这个洼地时,都以为它是塌陷的火山口。1890 年,有人在洼地岩屑中发现了碎铁。于是,一些科学家开始怀疑那可能是外太空物体撞击地球所留下的痕迹,而并不是火山口。

但最初人们不理解为什么在巴宁格陨石坑看不到陨石本身。这个庞然大物给人们留下了一个大坑和坑边几块陨石铁片,为什么便没了踪影。有人估计陨石就落在坑下几百米的地方,可是谁也没有去挖出它来加以证实。有些人则以为陨石被埋在地下了。后来科学家们推测,这块巨石在落地时已击成碎块了。

费城一位采矿工程师巴宁格博士,深信坑里埋有富含铁质的巨大陨石,于是他把那块土地买了下来,并于1906年着手钻探。经过勘查,他发现坑口东南面的岩层比其他方位的岩层高出30米,由此他断定陨石自北面掉落,以低角度撞击地面,留在坑口东南缘地下。于是,钻探工作在东南缘继续展开。但1929年,钻探工作被迫停止。

1960年,有人在坑里发现两种罕见的矽:柯石英和超石英。这两种物质,可以在极大压力和极高的温度下制造出来。在坑内找到这两种物质,足以证明坑口由巨大撞击力造成。巴宁格的信念获得证实,为了纪念他,陨石坑现在就以他的姓氏命名。

由于巴宁格陨石坑与月球表面上的环形山非常相像,科学家们利用它来做研究,美国宇航员在那里进行训练。一些游客也被获准前来参观,他们顺着一条很陡的小道花1个小时才可以走到陨石坑底。

地球表面曾一度布满着陨石撞击的伤痕,已发现的撞击陨石超过120个,大部分是2亿年以内形成的。科学家认为6000多万年前落入地球的巨大陨星导致了地球上许多动植物的灭绝,那时70%的生物绝种都是由于陨石撞击地球造成的。估计直径为10千米的陨星在白垩纪后期击中了地球,这导致了恐龙的突然灭亡。巨大的陨石还可以造出很深的陨石坑,这个深度足以穿透地壳层,导致大量的火山喷发。如果陨星落入海洋,会导致海啸、巨大的潮汐……

陨石降落是壮观的,但其危害也是巨大的。只有真正揭开陨石之谜,才能造福人类。相信不久的未来,经过科学家们的努力,是可以如愿的。

守时的间歇泉

河流湖泊,只不过是陆地上水源的一小部分,其余的大部分都隐藏在地下的天然水库中。地下水有时用不着掘井也看得到,例如从地下涌出大量沸水的间歇泉。

间歇泉的形成需具备以下条件:首先,地表岩层下要有能把岩层底部烧热的熔岩(火山岩浆)。其次,岩层中要有直通地面的通道,且通道四壁要坚实,能承受得住喷泉的喷发力。最后,还要有地下水源,遇到熔岩烧沸后,被迫向上喷出。地下间歇泉的水因通道狭窄而无法上下对流,底部的水很快便烧沸,而上面的水还是很冷。下面的水受上面水柱压力,就和高压锅的作用一样,导致沸点提高。通道末端的地下水越来越热,水温远远高出正常的沸点。而上面的冷水因得到底部沸水蒸发出来的水汽的加热,膨胀起来,涌出泉口。泉水排出后,底部水所受的压力突然下降,使过热的沸水化为蒸汽。沸水突然从液体变成气体产生了巨大的爆发力,于是把水和水汽一起喷出泉外。

间歇泉主要分布于岩块可以上下左右移动的断层或裂缝上。世界上比较壮观的间歇泉散见于冰岛、新西兰和美国怀俄明州的黄石公园,其中以黄石公园为甚。黄石国家公园,占地面积8990平方千米,坐落在美国西部的蒙大拿、怀俄明、爱达荷三州交界处。

公园以间歇喷泉、温泉、矿泉沉淀物及火山气体而闻名于世。黄石国家公园始建于 1872 年,又称"大众公园"或"休憩圣地",是美国设立最早、规模最大的国家公园,也是世界最大的自然保护区之———"生物圈保护区",同时兼具生物学研究价值和环境教育价值。1978 年,黄石国家公园被联合国教科文组织作为自然遗产列入《世界遗产名录》。

公园内有多处胜景,如湖光、山色、喷泉、峡谷、瀑布等,其中最独特的风貌是被称为世界奇现的间歇喷泉。全园有间歇喷泉 300 处,全世界一半以上的间歇喷泉都集中在这里。比较奇特的是由 4 个喷泉组成的"狮群喷泉",喷泉出现水柱前,先会有蒸汽喷出,同时发出像狮吼的声音,接着才有水柱射向高空。另外,还有"蓝宝石喷泉",因为水色碧蓝而得名;"城堡泉"因外形像城堡而得名;每隔 50 多分钟喷发一次的"老信徒泉",每次可以持续喷发四五分钟,喷出的水柱有 40 多米高。

老信徒间歇泉是黄石公园里最有名的喷泉,位于一个高约 12 英尺的圆丘的中央,这个圆丘由间歇泉本身喷出的矿物堆积而成。从前老信徒间歇泉是每 60~65 分钟喷发一次,现在的规律已大不如前,有时隔 90 分钟,有时则隔 30 分钟喷发一次。每次喷水通常都先来一阵短促的喷发,然后慢慢升起一根美丽的水柱。起初水柱升得很慢,过一会儿才向上猛喷,在 115~150 英尺之间上下跳动。

老信徒间歇泉的喷发虽然不像钟表般准确,但已是很难得,因为只要渗入地下的水量或地下岩层温度略有变动,都会影响到喷泉喷水,甚至可能导致它不再喷水。比较起来,其他间歇泉喷水多半都不算有规律,有时几分钟喷一次,有时几年才喷一次。

黄石公园还有许多不能喷发的间歇泉,有些是冒蒸汽的水池,有些是经常冒泡的温泉。其成因通常在于地下通道的形状,沸水在没有累积到足以爆发的膨胀力之前,就排到别处去了。不能喷发的温泉之中,以硫磺泉最引人注意。硫磺泉大多数只排出少量泉水,但泉口的边缘却积满一层厚厚的鲜黄色的硫磺。

一项最新的研究发现,地震也会影响到间歇泉的喷发。1959 年 8 月美国蒙大拿州地震前数月,老信徒间歇泉喷发的相隔时间,比正常时缩短数分钟。地震后不久,又比正常延长几分钟喷一次。据推测,地壳的压力把间歇泉的断层弄歪,阻碍了地下通道中蒸汽和沸水的正常流通,不过对整个自然作用过程科学家们还未确切了解。

神奇的尼亚加拉瀑布

怪亚加拉大瀑布是驰名世界的大瀑布,坐落在纽约州西北部美加边境处,位于尼亚加拉河的中段。这条河流发源于伊利湖,向产北流入安大略湖,公长 58 千米,但是因为伊利湖与安大略湖地势相差 100 多米,当河水流经陡峭的断岩带时,便形成了气势磅礴的大瀑布。

尼亚加拉瀑布以山羊岛为界,分为中拿大瀑布和美国瀑布两部分,由三股飞瀑组成。两处瀑布的水源虽来自同一处,可是只有 6% 的水从美国瀑布流下,其他 94% 的水是从加拿大瀑布流下。其中,在河东美国一侧的两条瀑布,有着"彩虹瀑"和"月神瀑"的美称,后者因其极为宽广细致,很像一层新娘的婚纱,又称婚纱瀑布,两瀑布中间隔着兰那岛。在河西加拿大一侧的飞瀑最为壮观,形状有如马蹄,故称马蹄瀑。马蹄瀑与前两瀑布相距约二三百米,但看上去基本是"三位一体"的半弧形。

历史上的尼亚加拉瀑布,曾是美国和加拿大两国争执不休,甚至兵戎相见的必争之地。812~1814年间,两国曾多次为此发动战争。后来,双方签订了《根特条约》,规定尼亚加拉河为两国所有,以中心线为界。从那时起近200年来,加美两国享有一条和平的边界,双方都在各自的一边设立了尼亚加拉瀑布城。150多年前,拿破仑的弟弟耶洛姆·波拿巴曾携新娘到瀑布度蜜月,开创了到此旅行结婚风俗之先河。据统计,每年来尼亚加拉瀑布旅游的游客约400多万人,其中,情侣、恋人数不胜数。

尼亚加拉瀑布

"尼亚加拉"一词来自印第安语,意即"如雷贯耳"。关于这个瀑布有一则动人的传说:从前,有一位美貌的印第安姑娘被部落的酋长相中。酋长想娶她为妻,但姑娘不愿意,于是,在新婚之夜,她独自划着独木舟沿尼亚加拉河而上。在河水中,姑娘变成了美丽的仙女,后来经常出现在大瀑布的彩虹中。

尼亚加拉瀑布原本是人迹罕至、鲜为人知之地,几千年来,只有当地的印第安人知道这一自然奇观。在他们实际上见到瀑布之前,就听到如同打雷般的声音,因此他们把它称为"OngLfiaatlra"(后称 Niagara),意即"巨大的水雷"。据传,欧洲人布鲁勒于1615年领略到尼亚加拉瀑布奇观。1625年,欧洲探险者雷勒门特第一个写下了这条大河与瀑布的名字,简称为"Niagara(尼亚加拉)"。

据说尼亚加拉瀑布已存在约1万年了,它的形成在于不寻常的地质构造。在尼亚加拉峡谷中岩石层是接近水平的,每英里仅下降19英尺~22英尺。岩石的顶层由坚硬的大理石构成,下面则是易被水力侵蚀的松软的地质层。激流能够从瀑布顶部的悬崖边缘笔直地飞泻而下,正是由松软地层上的那层坚硬的大理石地质层所起的作用。更新世时期,巨大的大陆冰川后撤,大理石层暴露出来,被从伊里湖流来的洪流淹没,形成了如今的尼亚加拉大瀑布。通过推算冰川后撤的速度,瀑布至少在7000年前就形成了,最早则有可能是在2.5万年前形成的。但具体形成于何时还有待考证。

神奇的"黄泉大道"

特奥蒂瓦坎古城位于墨西哥首都墨西哥城东北约40千米处,坐落在墨西哥波波卡特佩特大山和依斯塔西瓦特尔火山的山坡谷底之间。

4000米长、45米宽的"死亡大道"是这座古城城内的主要干道,有人称因当时活人被祭司从这条路送到神殿祭神,这条大道成为牺牲者人生之路的最后一段,故得名"死亡大道"。也有记载,在公元10世纪时,最早来到这里的阿兹台克人,沿着这条大道来到这座古城时;发现全城没有一个人,他们认为大道两旁的建筑都是众神的坟墓,所以就给它起了这个奇怪的名字。

黄泉大道北端东面,屹立着修复了的太阳金字塔。太阳金字塔坐东朝西,正面有数百级台阶,拾级而上,可直达顶部。塔建在长225米、宽222米的塔基之上,66米高的塔共5层,体积达100万立方米。太阳金字塔上,原有一座太阳庙,是当年杀人以祭祀太阳神的地方,但现在已不存在了。

黄泉大道北端有月亮金字塔,共分 4 层,高 45.79 米,全塔体积 37.9 万立方米,是当时用来祭祀月亮神的。广场可容数万人,可见当年祭祀规模之大。

城堡中原有羽蛇神庙,但现在保存下来的只有庙基,庙基斜坡上,至今仍可见惟妙惟肖的羽蛇神。宗教上层人物和达官贵人的住所——蝴蝶宫位于月亮金字塔南面,为全城最豪华的地方,宫殿的圆柱上刻有色彩明丽、精致巧妙的浮雕。在整个古城遗址里,至今仍可见当时的地下排水系统纵横交错,密密麻麻,多如蛛网,这充分展现了当时高超的排水技术。

1974 年,一位名叫休·哈列斯顿的人在墨西哥召开的国际美洲人大会上声称,他在特奥蒂瓦坎找到一个适合所有街道和建筑的测量单位。通过精确的计算,这个单位长度为 1.059 米。例如特奥蒂瓦坎的羽蛇庙、月亮金字塔和太阳金字塔的高度分别是 21、42、63 个"单位",其比例为 1∶2∶3。

哈列斯顿在测量黄泉大道两边的神庙和金字塔遗址时,发现"黄泉大道"上那些遗址的距离恰好表示着太阳系行星的轨道数据。任"城堡"周围的神庙废墟里,地球和太阳的距离为 96 个"单位",金星为 72,水星为 36,火星为 144。"城堡"后面有一条特奥蒂瓦坎人挖掘的运河,离"城堡"的巾轴线为 288 个"单位",刚好是木星和火星之间小行星带的距离。离中轴线 520 个"单位"处有一座无名神庙的废墟,这相当于从木星到太阳的距离。再过 945 个"单位",又是一座神庙遗址,相当于太阳到土星的距离。阿走 1845 个"单位",就剑丫"黄泉火道"的尽头——月亮金字塔的中心,这刚好是天王星的轨道数据。一假如再把"黄泉大道"的直线延长,就到了塞罗戈多山山顶,那里有一座小神庙和一座塔的遗址,其距离分别为 2880 个和 3780 个"单位",'刚好是冥王星和海王星轨道的距离。

难道这一切都只是偶然的巧合?又假如说这是建造者们有意识的安排,那么"黄泉大道"很明显是根据太阳系模型建造的,特槊蒂瓦坎的设计考们肯定早已了解整个太阳系的行星运行的情况,并了解了太阳和各个行星之间的轨道数据。那么在混沌初开的史前时代,又是谁给建筑特奥蒂瓦坎的人以启示的呢?

大洋洲和南北极地区篇

原始洞穴中的神秘手印

在澳大利亚有许多远古时期的洞穴,洞穴中画有许多奇怪的东西,例如军事武器的简化符号、抽象化的飞行器、人的手臂等等,还有各种各样的手印。

这些神秘的手印引起了考古学家的注意,他们考察了澳大利亚的民俗传统,发现在澳大利亚中部地区的土著居民中十分盛行一种贮存祖先灵魂的灵牌,当地人称其为"珠灵牌"。这种灵牌用木板或石板制成,外形为长卵形或椭圆形,长度从几英寸到几英尺不等。土著居民把珠灵牌看作是祖先"不朽而又不能被创造的"精神实体,他们认为,自从天地开创以来,祖先一接触地面,珠灵牌就被散布在地上了,这其中还包含着尚未诞生的灵魂。不论男女老人少,人人都有一块珠灵牌。据说这块牌上附有死者的特性,其占有者能传承死者的特性,·如果占有者将珠灵牌不慎遗失,将会被认为是最大的不幸。

由于珠灵牌至关重要,所以由部落里权力最高的人——图腾酋长保管。附在牌上的灵魂被分为两部分,收藏于室内的珠灵牌上依附着一部分,另一部分灵魂则会钻入从旁边经过的妇女的身体中,从而再度出生为一个婴儿,所以土著居民认为每个人都是图腾祖先的转世。对于妇女怀孕与男子是否有关系这一点,当地的土著人持根本否定的态度。他们认为妇女怀孕是某一个图腾祖先的神灵进入母体的结果,因此即使某人的妻子生了一个混血儿他们也不会感到丝毫惊奇,而只是觉得这很可能是她吃了欧洲人的白面粉的原因。正因为如此,珠灵牌成为每个人生命中最神圣的东西。据说如果当地土著人为了举行某种仪式,必须从洞穴中移走珠灵牌时,就要在这个洞穴的入口处留下该珠灵牌所有者的手印以"让灵魂知道"。

在当地的土著人中还盛行着这样一个习俗当一个人结婚的时候,应在神庙中留下他右手的印记;而在他死去之后,则在神庙中留下左手的印记。从这些资料中可以推测出原始洞穴里的手印是旧石器时代的,它不仅表示一种企图去控制的力量,也很有可能是作为一种参与神圣仪式而留下的印记。但也有人认为这些手印是岩画作者留下的符号,意思是"我在这里"。'

另有一些专家则提出了这样的观点,认为手印与狩猎巫术有关。A·R·韦尔布鲁真就认为在洞穴中印上手印是为了唤起"狩猎者的巫术能作用于被符号化了的动物",或者是作为一种变感巫术的手段,以祈求使动物不断繁殖。还有人认为,它是一种为多生子而做的巫术留下的印记,目的在于想联系上"母神"。

S·古德恩则认为手印是一种"自残"行为,他说"自残了的手印像一个悲剧合唱中的叠句那样,在那里永远地呼唤着要求帮助和怜悯"。

此外,还有一种"为艺术而艺术"的解释,认为这些手印仅仅是属于儿童和妇女的,他们或是为了好玩,或是一个"审美显示",所以在岩壁上印上手印。也有人认为手印只是婴儿的,是成年人把它印在岩石上面的,以此表示婴儿对某种社交活动的参与。而有的专家则认为所有手印均是作为妇女的性符号而存在的,与手印相伴的是一些点和短线的男性性符号。

澳大利亚原始洞穴中的神秘手印会是谁留下的呢?它是在什么情况下留下来的呢?以上种种推测,我们又究竟该相信哪一种呢?目前没有人能够告诉我们问题的答案,看来我们也只有耐心等待谜底的揭开。

"梦幻圣殿"——艾尔斯巨石

乌卢鲁国家公园地处澳大利亚中心,属干旱地区,占地 1325 平方千米,为当地土著居民拥有,主要景点是艾尔斯巨石和奥尔加岩山。

艾尔斯巨石比周围荒漠平原高出 348 米,总长 3 千米,非常宽广,西低狭、东宽高,雄伟壮观,如巨兽卧地。石上鸟兽不栖,寸草不生,圆滑光亮,偶尔可以看到出没其中的蜥蜴。石上有许多奇特洞穴和裂缝，它们是因为风化而形成的。南壁上的裂缝在夕阳之下，极似一个完整的人头盖骨。另有一根依附于岩壁之上的石柱，人称袋鼠尾，长 200 多米。每天早晨天际露出一丝曙光，艾雅斯巨石开始明亮起来，渐渐显出轮廓。太阳射出第一道光线后，岩石便迸发出绚丽的色彩，嫣紫绯红各色在石壁上以惊人的速度互相追逐。随着日光照射程度的变化，岩石呈现出不同的颜色，有淡红、紫红、橘红、大红、赭红等颜色，到黄昏时，色谱上的所有颜色都显示过了。

艾尔斯巨石

这块岩石的主要成分是长石砂岩，还有铁的各种氧化物。正是因为这些成分，这块岩石每天随着时间的推移显出各种颜色。在风雨的侵蚀下，岩石上形成许多洞窟和水池，还有些看上去很像兽形或人形的沟壑和裂纹。下雨时，岩石呈现出另外一番景象，雨水填满水洞后四散溢出，瀑布般的雨水浇灌了干涸的溪流和沙地，为草木的生长提供了肥沃的土壤，青蛙、昆虫和鸟类也开始活跃起来。

巨大的艾尔斯巨石是平原地区最为壮观的地理特征，对生活在沙漠的人们来说，它具有十分重要的地位。人们不仅为它的巧夺天工而惊叹，同时还可循着历史的踪迹回到遥远的过去。据当地土著传说，艾尔斯巨石是他们祖先在天地形成时期开辟路径留下的标记。最早到澳大利亚的土著是 5 万年前从东南亚的岛屿迁来的。他们是游牧民族，有六七百个部落，他们以捕猎为生，使用独特的飞镖和投矛器，此外还采摘水果和植物根茎。每个部落都是由多个自治团体组成，成员包括一名男子和他的兄弟妻儿等。女性享有平等地位，两性各有自己祭祀的地方和仪式。

土著认为这块土地是祖先留给他们守护的，而艾尔斯巨石更是这块土地上最重要的部分，它上面的每道裂缝对土著都有重大意义。对于当地的土著来说，艾尔斯巨石不仅仅是奇观，更涵盖了悠长的文化与神圣的先祖双重意义。

当地土著人视巨石为神圣不可侵犯的圣物，但许多旅游者仍然在那里取走一块岩石作为旅游纪念品。有趣的是，在过去的 10 年里，成千上万块石头从世界各地寄回来，一些偷走石头的游人甚至不顾及昂贵的国际邮费。许多寄件人在附信中称，这种红色岩石给他们带来了坏运气，因此他们决定将它物归原主，其中一名德国旅游者居然寄还了一块重达 9 公斤的石头。一名英国旅游者称，"自从我们把石头带回来之后，我的妻子就得了中风，而孩子们也遇到一些可怕的事情。我们什么也没做，但是运气相当背。"据称，这种情景每天都发生。这块充满着神秘和传说的赤色巨石，难道真是土著祖先留下的守护神？

神秘的"无干谷"

南极大陆素有"白色大陆"之称，95%以上的面积为厚度惊人的冰雪所覆盖。但千里冰封的南极洲也有绿洲，你相信吗？

1974 年 2 月末的一天，领航员班戈带领一架美国飞机在南极大陆的南印度洋沿岸上空飞行,突然他惊呆了。他发现一片无雪的土地,周围的冰墙就像一个扇形的屏风。山谷中没有积雪的土地中间,分布着一些不冻的湖泊。后来,人们给它起名"班戈绿洲"。

所谓南极绿洲,并不是像沙漠绿洲那样——郁郁葱葱的树木花草之地,而是探险家、科学家由于长年累月在冰天雪地里工作,当他们发现没有冰雪覆盖的地方时,不禁倍感亲切,便将这些地方称为南极洲的绿洲。南极绿洲占南极洲面积的5%,含有干谷、湖泊、火山和山峰。

在南极洲麦克默多湾的东北部,就有三个相连的谷地:维多利亚谷、赖特谷、地拉谷。这段谷地周围是被冰雪覆盖的山岭,但奇怪的是谷地中却异常干燥,既无冰雪,也少有降水,到处都是裸露的岩石和一堆堆海豹等海兽的骨骸,这里便是一个神秘的"无雪干谷"。

当科学家们探测至此,他们对于岩石边的兽骨百思不得其解。最近的海岸离这里也得有数十千米,而远一点的海岸则要有上百千米。习惯于在海岸旁边生活的海豹一般情况下不会离开海岸跑这么远,可这些海豹偏偏违背了通常的生活习性来到这里。那么,海豹为什么要远离海岸爬到"无雪干谷"呢?

一些科学家认为,这些海豹来到这里是因为在海岸上迷失了方向。在这个没有冰雪的无雪干谷地区,海豹们因为缺少可以饮用的水,力气耗尽而没能爬出谷地,最后干渴而死,变成了一堆堆枯骨。

由于存在着鲸类自杀的现象,一些科学家认为这些海豹跑到无雪干谷地区就像鲸类一样是自杀。可是并没有充足的理由证明这是海豹自杀,因而有些科学家认为,这些海豹可能是受到了什么惊吓,在一种什么东西的驱赶下才到了这里。那么海豹在过去的年代里到底是惧怕什么而慌不择路呢?又是一种什么样的东西将它们驱赶到这里呢?这真是令人费解。

除了神秘的兽骨,无雪干谷还有许多让人无法解释的景观。

科学家们发现一个面积达2500多平方千米的"不冻湖",湖水已被严重污染,时有间歇喷泉涌出水面。科学家们对这个湖所处的地理环境进行了一系列考察,发现在它附近不存在任何火山活动等地热现象。为此,科学家们对于出现在这严寒地带的"不冻湖"现象感到百思不得其解。

一些科学家在分析了"不冻湖"现象后认为,这个湖实际上是一潭死水,它被群山环抱,因而热量很容易聚集。这里的冰层起到了一个透镜的作用,而透镜的焦点就在湖面上,冰层将太阳光聚集在湖面上,成了湖上的一个热源。此外,当阳光照在四面冰山上的时候,就有一部分阳光被折射到这个"聚焦镜"上,经过漫长的岁月,就形成了这一冰川上的"不冻湖"。

但也有人对此提出异议,为什么湖上的冰不会因为太阳光的照射而融化呢?如果湖上的冰起到透镜的作用,那么,在其他的地方为什么没有形成这种特殊的"透镜"呢?尽管有多种多样的猜测和解释,然而到现在为止还没有一个令人满意、使人信服的结论。科学家们仍在对"不冻湖"进行更加深入的研究。

更加令人难以置信的是,科学家们在这个千里冰封的世界里还发现了一个水温较高的"热水湖"。

新西兰在这个无雪干谷的腹地建立起一座考察站,并根据考察站的名字,把考察站的旁边一个湖取名为"范达湖"。一些日本科学家在1960年实地考察了无雪干谷的范达湖,奇异的水温现象使他们感到惊讶,水温在三四米厚的冰层下是 0℃ 左右,水温在 15～16 米深的地方升到了 7.7℃,到了 40 米以下,水温竟然跟温带地区海水的温度相当,达到了 25℃。科学家们对范达湖这种深度越大水温越高的奇怪现象兴奋不已,纷纷来到这里进行考察。

日本、美国、英国、新西兰等国的考察队从各个角度对这一疑团加以解释,争论不休。其中有两种学说颇为盛行,一种是地热说,一种是太阳辐射说。

坚持地热说的科学家们提出这样的观点:罗斯海与范达湖相距 50 千米,在罗斯海附近有墨尔本灿和埃里伯斯两座活火山。前者是一座正处于休眠期的活火山,后者至今仍在喷发。这表明这一一带的岩浆活动剧烈,因此会产生很高的地热。在地热的作用下,范达湖就会产生水温上冷下热的现象,然而有很多证据却表明,在无雪干谷地区并没有任何地热在活动。因此,这一观点并不足以解释上述现象。

坚持太阳辐射说的专家们则认为,在长期的太阳照射下,范达湖积蓄了大量的辐射能。当夏天到来时,强烈的阳光透过冰层和湖水,把湖底、湖壁烘暖了。湖底层的成水吸收、积蓄了大量剩余阳光中的辐射能,而湖面的冰层则是很好的隔离屏障,阻止了湖内热量的散发,于是产生一种温室效应。南极热水湖含有丰富的能有效蓄积太阳能的盐溶液,这就是范达湖的温度上冷下热的原因。但有许多人并不同意此种说法。他们认为:南极夏季日照时间虽长,但很少有晴天,因此地面能够吸收到太阳的辐射能很少,再说又有 90% 以上的辐射能被冰面反射。另外,暖水下沉后必然使整个水层的水温升高,而不可能仅仅使底层的水温升高。这样一来,太阳辐射说的理论似乎又站不住脚了。

美国学者威尔逊和日本学者鸟居铁经过多年的研究,提出了新的论点:虽然南极的夏季少晴天,致使地表只能吸收很少的太阳辐射,但是透明的冰层对太阳光有一定的透射率。这样,靠近表层的冰层会或多或少获得太阳辐射的能量。此外,冬季凛冽的大风会将这一地区的积雪层吹得很薄,而每到夏季,裸露的岩石又使地表能够吸收充足的热量。日积月累,湖水表层及冰层下的温度便有所上升,最后达到融化的程度。由于底层盐度较高,密度较大,底层不会上升,结果就使高温的特性保留下来。同时,在冬天时表层水有失热现象,底层水则由于上层水层的保护,失热较少,因而可以保持特别高的水温。据一些科学家的观测记录显示,此说法还是有一定说服力的。

神奇的南极威德尔海

在南极,有一个极为神秘的海叫作威德尔海,它是南极的边缘海,南大西洋的一部分,位于南极半岛同科茨地之间,最南端达南纬 83°,北达南纬 70°,宽度在 550 千米以上。它因 1823 年英国探险家威德尔首先到达于此而得名。许多探险家因为它的魔力而视其为畏途,那么,威德尔海到底具有什么魔力呢?

流冰的巨大威力是喊德尔海最大的魔力。南极的夏天,在威德尔海北部,经常有大片大片的流冰群出现。这些流冰群首尾相接,像一座白色的城墙,连成一片,有时还会有几座冰山漂浮于其中。有的冰山有一两百米高,方圆两三百平方千米,就像一个大冰原。在流冰群的缝隙中船只航行异常危险,说不定什么时候流冰就会把船只撞坏或者使船上驶入"死胡同",再也无法冲出,航船便永远留在这南极的冰海之中。1914 年,威德尔海的流冰就吞噬了英国的探险船"英迪兰斯"号。

在威德尔的冰海中航行,风向对船只的安全意义重大。在刮南风时,流冰群会散向北方,这时就会有一道道缝隙在流冰群之中出现,在缝隙中船只就可以航行。如果北风刮起,流冰就会挤到一起,船只就会被包围。所以,在威德尔海及南极其他海域,一直有"南风行船乐悠悠,'一变北风逃外洋"的说法。至今,各国探险家们还不敢违背这一信条,足见威德尔海"魔力"之大了。

威德尔海的另一魔力就是绚丽多姿的极光和变化莫测的海市蜃楼。船只航行在威德尔海中,就像飘游在梦幻的世界里。它那变幻莫测的自然奇观,既使人感到神秘,又令人恐惧。有时,船只正在流冰缝隙中航行,突然陡峭的冰壁出现在流冰群周围,好像冰壁将船只包围,挡住了去路,似乎再没有出路,使人惊慌失措。霎时,这冰壁又不复存在了,使船只转危为安。有时,船只明明在水中航行,突然间好像开到冰山顶上,船员们顿时被吓得一个个魂飞胆丧。不知有多少船只被大自然演出的这一场场闹剧引入歧途,有的爱幻景迷惑而进入流冰包围的绝境之中,有的竟为避虚幻的冰山而与真正的冰山相撞。